阎崇年史学文颖集

序跋卷（上）

青岛出版集团 | 青岛出版社

图书在版编目（CIP）数据

阎崇年史学文颖集 . 1, 序跋卷 . 上 / 阎崇年著 . —青岛：
青岛出版社 , 2023.7

ISBN 978-7-5736-0655-6

Ⅰ . ①阎… Ⅱ . ①阎… Ⅲ . ①序跋—作品集—中国—当代
Ⅳ . ① I217.2

中国版本图书馆 CIP 数据核字（2022）第 243754 号

YAN CHONGNIAN SHIXUE WEN YING JI

书　　　名	阎崇年史学文颖集
分 册 名	序跋卷（上）
出版发行	青岛出版社（青岛市崂山区海尔路 182 号，266061）
本社网址	http://www.qdpub.com
策　　　划	贾庆鹏　刘　咏
责任编辑	刘　坤　刘芳明
照　　　排	青岛新华出版照排有限公司
印　　　刷	青岛国彩印刷股份有限公司
出版日期	2023 年 7 月第 1 版　2023 年 7 月第 1 次印刷
开　　　本	16 开（710mm×1000mm）
总 印 张	60
总 字 数	800 千
书　　　号	ISBN 978-7-5736-0655-6
定　　　价	298.00 元（全四册）

编校印装质量、盗版监督服务电话　4006532017　0532-68068050

自序

　　我从1952年上中学时发表第一篇小文章,到2022年,70年间,发表的长文短简有616篇,出版的著作(含各种不同版本)有102种。出版的书比较整齐,查找起来也还方便;但发表的文章时间较长,载体繁多,星散零落,查找很难。青岛出版集团前任董事长孟鸣飞先生、现任董事长兼集团总经理贾庆鹏先生,原出版社总编辑刘咏先生和青岛新华书店副总经理蔡晓林,青岛出版社编审、项目负责人刘坤等给予关切,热情提出将我已发表的零散文章加以归拢,汇总推出《阎崇年史学文颖集》。盛情感人,且加催促,受之有愧,拒之不恭。于此,我非常感激,也非常感谢,由是,动手整理这些如乱麻般的文章。为什么这么说呢?因为愚想这些文章有几个特点:

　　第一,时间拉得太长。70年间,多次搬家,许多文案或残或缺,集拢麻烦。既然要汇总,便东寻西找,经初步检索,找出若干篇。查电脑所存,因其多次升级,有的不相兼容,致打不开文件,再找刊发的杂志、报纸、图书,尚有遗漏,难以求全。

　　第二,文章载体多种。集内收录文章的载体有学术刊物——中央单位、高等院校、省市县所属单位刊物,报纸——中央的、省市的、地市的机关报、都市报、日报、晚报等，书籍——学术类、文化类、艺术类和科普类图书等；印刷方式也不同，有油印的、铅印的、激光照排的；出版地亦不同——海内海外的，江南塞北的……不同载体文章，融于文颖一书。

第三，文章体裁多样。蒐集的文章，有的是论文，在学术刊物上刊载；有的属论文，却在报纸图书上发表。因其载体不同，文体和注释也有不同要求。大报大刊，文章可以长些；小报小刊，文章必须精短。所以集中著录的文章，长者万余字，短者千字文。长文短文，合于一书，颇有风格迥异之感。看书如看戏，长的如《梁山伯与祝英台》的"十八相送"，可以连看七个夜晚；短的如曹雪芹《红楼梦》的"黛玉葬花"，一首诗可以演一场戏。看文字长的累了，切换成文字短的；看文字短的不解渴，切换成文字长的。但在一个集子里，长短文章间杂，也有谐和之感。

第四，文化环境变化。严格说来，所有论著都有时代的印记，古今中外，盖无例外，只是表现形式不同，或明或隐，或迂或直，或扬或抑，或文或白。在某个特定时段，有些话必须说，即使作者没说，编辑也要用你的笔说。如清代数学家明安图、医学家王清任，元代农学家鲁明善，就被"冠"以法家数学家、法家医学家、法家农学家等名号，因为那时在"评法批儒"，大概编辑也有苦衷，不给明安图、王清任、鲁明善等戴上"法家"的帽子，则有稿难发、书难出之虞。这对于年轻朋友来说似是难以理解的。我想，原文不动，保持旧貌，也是一种知识，并有历史之感。

第五，文章风格各异。我想，文集有时像一身衣服。譬如一身西服，面料、格调、式样都是统一的，但一件百衲衣就不同了。

百衲衣是用多种不同颜色、不同材质、不同形状的衣料拼缀,用不同针线缝制而成的衣服。在旧社会,有的家庭为着小孩健康成长,故意将衣服做成百衲衣给孩子穿,以图吉祥免灾。《百衲本二十四史》就是取多种版本之优长而集成的。

第六,书分四册付梓。本文集收录文章内容大体分作四类:一类是自著书的自序和跋文,二类是为友朋撰写的序言和跋语,三类是关于史学评论的文章,四类是其他文章,如往事回忆、读史感悟、史料考据、读书杂识等。以上只是大体划分,并不"泾渭分明",只是为读者提供一个眉目清晰、方便阅读的线索而已。

总之,将不同时期、不同载体、不同风格、不同内容的各种文章汇编成具有"百衲"特点的文集,编辑刘冰、刘芳明、秦玥、李丹的艰辛和清苦,既应当感谢,更值得尊敬!

最后,特别感谢原国家新闻出版总署副署长、原国家新闻出版广电总局副局长、全国政协文化文史和学习委员会副主任、中国版权协会理事长阎晓宏先生对本集出版给予的关心和支持!

是为自序。

目　录

《努尔哈赤传》前言

爱新觉罗·努尔哈赤是我国历史上杰出的政治家，是满族的民族英雄。

努尔哈赤，在满文版的《玉牒》①中写作 𐰖，其罗马字母转写体为 nurgaci，一般写作 nurhaci。本书援引满文，除个别几处外，均以罗马字母转写。nurgaci 或 nurhaci 一词，不见于《满文老档》。在满文体的《满洲实录》中，清太祖的名字被贴签。经查检，贴签之下为空白。清史界有人认为，清太祖起名时尚无满文，时用蒙古文，其名字或为蒙古文。据查，蒙古文中找不到它的含义。也有的学者鉴于蒙古文是在回鹘字母的基础上创制的，因之试图从回鹘文的角度探求其语义。在回鹘文中，nur（努尔）是"光明"的意思；haji（哈吉）是"朝圣"的意思。清太祖的名字 nurhaci，如由维吾尔语经蒙古语而被满语所吸收，那么在满语中应当出现这一语汇。但是，在女真文和满文中均未见 nurhaci 一词。可见上述诠释似不可通。另有一说认为努尔哈赤意为"野猪皮"。据金启孮先生笺示：

> 唯幼时曾闻满文专家舍亲松贤前辈说过，努尔哈齐系"野猪皮"之义，舒尔哈齐为"小野猪皮"，雅尔哈齐为"豹皮"。

---

① 《玉牒》（满文），康熙三十六年修，中国第一历史档案馆藏。

其说必有根据。后阅西伯利亚通古斯各族民俗，小儿多喜以所穿之某种兽皮之衣，以为乳名，可反证松贤之说确实无误矣。

满语 nuheci（奴可齐）意为野猪皮。朝鲜史籍记载清太祖的名字为"乙可赤""奴可赤"，似即 nuheci 的对音。在《明神宗实录》中称其为"奴儿哈赤"。"奴可赤"似为"奴儿哈赤"之急读。在满文创制以后，人们遂将"努尔哈赤"的对音写成满文体 nurhaci。于是，nurhaci 之原意便费解。上述陋释或有疑词，但不妨仁者见仁，智者见智。同时，在我国东北方言中，"齐"与"赤"音同，满文体 nurhaci 应译作努尔哈齐，现从习惯，仍称努尔哈赤。

我研究努尔哈赤始于八年之前。记得白寿彝先生说过："研究学问要寻根溯源。"我学习和研究清代的历史，遇到诸如官庄旗地、八旗制度、清室先世、满族语文等问题，需到清军入关前去寻溯其根源。在研究清入关前的历史时，努尔哈赤像一块巨大的磁石，吸引着我研究的兴趣。我把研究之浅得写成拙文《论努尔哈赤》[①]。文章发表后，蒙杨向奎先生函嘱写一本《努尔哈赤传》。于是前后断断续续地历时六年，三易其稿，不揣谫陋，滥竽纂述。对努尔哈赤时期历史的初步研究表明，努尔哈赤建立的后金实际上成了清朝的雏型。后金大汗努尔哈赤制定的章法，成为清朝制度的奠基石。后来清朝的重大政策，多能在这里找到它的影子。这使我们得到一点启示：努尔哈赤是一把历史的钥匙，它可以打开清朝堂奥宫殿之门。

[①]　《论努尔哈赤》，载于《中央民族学院学报》，1977 年第 4 期。

我国满族杰出的政治家努尔哈赤，藉明朝后期东北地区做历史政治舞台，演出了一幕又一幕的历史活剧，长达四十余年。努尔哈赤果敢而巧妙地利用当时阶级斗争和民族斗争的形势，凭借着人民群众的力量，结束了元、明三百多年女真诸部分裂的局面，完成女真一统大业；推动女真社会生产力发展，颁布女真社会改革措施，促进满族社会由奴隶制向封建制过渡；通过创建八旗与创制满文，以物质和精神的纽带密切满族的内部联系，促使满族形成为一个新的稳定民族共同体；反抗明朝封建统治者的奴役，建立后金政权，制定各种政策，奠下后来建立清朝的基础；重新统一祖国东北地区，为清朝前期抵御外来侵略、划定中国东北版图提供了历史条件。因此，努尔哈赤为中国统一的多民族国家的发展做出了重要的历史贡献。当然，像其他杰出的历史人物一样，努尔哈赤也有其历史、阶级与民族的局限性，但不可苛求。既然杰出人物是历史的，便应当对其功过给予历史的说明。

对努尔哈赤的历史评价，历来众说纷纭，褒贬不一。明朝官私文献骂他为"奴贼"，清朝御用史家则奉他为"圣贤"。他们出于民族偏见、唯心史观，自然不能对努尔哈赤做出公允的评价。在评论努尔哈赤时，他们各执一端，或为了反题而舍弃正题，或为了正题而舍弃反题。辛亥革命之后至中华人民共和国成立以前，似乎没有见到记述努尔哈赤的传记著作和评价努尔哈赤的专题论文。这个学术上的空白，留待后来的史学工作者去填补。

中华人民共和国成立已经三十三年。我国史学工作者力求以马克思主义作为指导来研究努尔哈赤。学界近年来对努尔哈赤的评价主要有两种不同的意见：一种认为他是奴隶主阶级的政治家，另一种认为他是封建主阶级的政治家。笔者认为努尔哈赤是我国满族封建主阶级的政治家，但在记述其历史活动时，兼采前说之长。

本书依据《满文老档》《清实录》《明实录》和朝鲜《李朝实录》中的有关史料，参酌官私记载、档册榜文、金石谱乘、文集图录进行左右采获、分类排比、错综铨次、去芜存精，试以年为经，以事为纬，将努尔哈赤一生的主要活动做一个概略的叙述，力求复原其本来面貌。但本书不是研究努尔哈赤的终结，恰恰相反，它是研究努尔哈赤的肇始。

《努尔哈赤传》，北京出版社，1983 年 6 月

《清帝列传·天命汗》序

　　爱新觉罗·努尔哈赤是中国历史上杰出的政治家、军事家。他的姓名与业绩不仅垂诸中国史籍，而且载记于世界史册。

　　努尔哈赤之所以成为杰出的英雄人物，是因为他依托于由地理与历史、社会与民族、家庭与自身的诸多条件编织而成的网络，这个网络的集结点则使他获得了事业的成功。

　　一个杰出人物的成长，依赖于一定的地理条件。所谓"地灵人杰"，"地灵"指的就是地理条件。我国史学界过去受斯大林在《论辩证唯物主义与历史唯物主义》中轻视地理因素的褊隘理论影响，在研究历史人物时很少阐述与其有关的地理条件。历史上任何一位杰出人物的成长，都同其所处地的地理条件有着密切的关系，在古代尤其是这样，努尔哈赤就是一个例证。努尔哈赤出生于明建州左卫苏克苏浒河部的赫图阿拉（今辽宁省抚顺市新宾满族自治县永陵镇赫图阿拉村）。赫图阿拉处于四面环山的河谷平原之台地上①。这里土地肥沃，林木茂密，气候温和，雨水丰沛，农、林、牧、猎、采、渔多种经济发展，距辽东首府辽阳不远不近，既有通道达抚顺而便外联进取，又扼山隘、锁重关以资御内固守，可以形成满洲崛兴的根据地②。而女真扈伦四部中的哈达部长王台、辉发部长王机砮、叶赫部长清佳砮和杨吉砮、乌拉部长布占泰等

---

① 《兴京厅乡土志》，第 3 卷。
② 《兴京二道河子旧老城·代序》日文版，首卷。

之所以未能完成女真一统大业，地理条件是重要因素之一。仅以自然条件中的地理位置而言，哈达、辉发和叶赫距开原太近，或依附于明朝，或被明军攻破，不易独立发展。叶赫与哈达稍为强大，但在五年之间连遭明军三次重创，首领被杀，栅破民亡，"城中老少皆号泣"①。乌拉（今吉林省吉林市龙潭区乌拉街满族镇）则距辽阳太远，形不成打击明军的威慑力量。建州不同于扈伦四部，它毗连抚顺，却为山河阻隔；地近辽阳，又为关山封闭。努尔哈赤在此暗自发展，黄衣称朕，明廷却昏昏然而不明真相②。后金汗努尔哈赤就是利用了建州的地理条件，以赫图阿拉为中心，辟建基地，创建政权，组建军队，壮大力量，从而奠下他一生事业的重要基础。

　　一个杰出人物的成长，除了要依赖于一定的地理（即空间）条件外，还要依赖于一定的历史（即时间）条件。一些历史人物因生不逢时，其作用未能得到充分展现。人们说的"时势造英雄"，虽过分强调了"时势"，但亦有一定道理：因无时势，便无英雄。努尔哈赤降生于明嘉靖三十八年（1559），其后，经隆庆、万历、泰昌、天启、崇祯五朝，明朝进入后期，其时政治腐败，财政竭绌，边备废弛，民不聊生。嘉靖年间"南倭北虏"③，明廷疲惫不堪；万历帝二十几年不上朝，纪纲紊乱；泰昌帝登极一月，梓宫两哭，"三案"搅得明廷乌烟瘴气；天启帝是位好木匠，但不是个好皇帝；崇祯帝虽想励精图治，却刚愎自用，自毁长城。明朝后期的腐败

---

① 瞿九思：《万历武功录》，第 11 卷。
② 《明神宗实录》，第 583 卷，万历四十七年六月庚午。
③ 朱国祯：《涌幢小品》，第 30 卷，第 12 页。

为努尔哈赤的崛兴提供了历史机缘。在历史上，契丹阿保机、女真阿骨打、蒙古铁木真的勃兴都以中央王朝的衰微为契机。在努尔哈赤兴起之前，建州女真首领董山、李满住、王杲、王兀堂和阿台，皆因未遇上述契机，相继败死。仅以成化三年（1467）为例，其时李满住、董山等三卫合居，建州女真颇有统一之势；但明朝当时国势强盛，先将董山诱斩[①]，又派兵与朝鲜军会攻建州，"捣其巢穴，绝其种类"[②]，共擒斩一千余人，李满住及其子李古纳哈也遇难。建州女真首领遭杀害，屯寨被血洗，部落残破殆尽，无法实现统一。在明朝中期，建州女真先后遭到朝鲜军三次侵袭、明军三次征剿。建州女真面对强盛的明王朝，既无法崛兴，也不能产生努尔哈赤式的民族英雄。努尔哈赤是在其先辈洒满鲜血、崎岖曲折的道路上，借明末衰微之机，聚女真部民之力，愤然起兵反明，完成统一大业的。

一个杰出人物的成长，除了依赖于一定的时空条件外，还要依赖于一定的社会条件。努尔哈赤不是作为个人，而是作为群体利益的代表出现在历史舞台上的。他必须顺应历史的趋势，反映社会的需要，代表部民的利益。其时，女真社区的社会生产与商品交换都有很大的发展。女真所需的铁器、耕牛、布匹、食盐，所产的人参、皮张、马匹、东珠等都需要通过"贡市"与"马市"进行交易。但是，一方面明朝的错误政策影响着女真的经济发展，先借"贡市"诱杀建州左卫指挥使、右都督董山；又借"马市"计杀叶赫贝勒清佳砮和杨吉砮；还动辄停止贸易，使建州女真一

---

① 《明宪宗实录》，第44卷。
② 《李朝实录》，第43卷。

次即腐烂十万斤人参。于是，努尔哈赤最终成为在专横而腐败的明王朝官员的凌辱与杀戮下女真人利益的维护者。另一方面女真的自身分裂与杀伐也影响着其经济发展，女真"各部蜂起，皆称王争长，互相战杀，甚且骨肉相残，强凌弱，众暴寡"[①]。有的女真首领为了争夺可直接同明廷"贡市"贸易的"敕书"而大动干戈，攻战不已。因此，社会的有序协合、地区的经济发展是历史运动的趋势。努尔哈赤的兴起，正是这种社会趋势的反映。

　　一个杰出人物的成长，除了要依赖于一定的时空与社会条件外，还要依赖于一定的群体条件。努尔哈赤作为满族共同体的缔造者，自然要反映本民族的利益。在他起兵之前，女真分为四大部：建州女真、海西女真、东海女真和黑龙江女真。建州女真又分为建州本部五部——苏克苏浒河部、哲陈部、浑河部、董鄂部、完颜部以及长白山三部——讷殷部、朱舍里部、鸭绿江部。海西女真即扈伦四部：哈达部、辉发部、叶赫部、乌拉部。东海女真与黑龙江女真又各分为若干部。海西女真与建州女真为女真的主体部分，其各部首领都想实现女真的统一，但他们相继谢世。建州首领王杲被"槛车致阙下，磔于市"[②]，其子阿台也被杀；哈达首领王台死后，内讧不休；叶赫贝勒清佳砮、杨吉砮被诱杀于开原中固城关帝庙，清佳砮之子布寨贝勒战死，杨吉砮之子纳林布禄贝勒病亡；乌拉贝勒满泰被部下所杀；辉发贝勒王机砮死后，子孙自乱。那些各自称雄的女真首领先后死去，这就为努尔哈赤的表演让出了历史舞台。

---

① 《满洲实录》，第1卷，第6页。
② 《清史稿·王杲传》，第222卷，第9126页，中华书局本。

一个杰出人物的成长，除以上论述的条件外，还需依赖于一定的家族条件。这主要是指其家族历史、家庭教养、文化环境和经济地位等。在经济文化落后、血缘纽带牢固的少数民族地区尤其是这样。家族先世显赫官爵的灵光能佑助其后裔树立族中威望，砥砺其后世建功立业，并藉此向朝廷邀取爵赏，强固其在部族中之地位。努尔哈赤就是这样：他的先祖猛哥帖木儿受永乐帝封为建州左卫指挥使；二世祖董山受封为右都督，掌建州左卫印；三世伯祖脱罗执掌建州左卫，先后多次入朝；祖父觉昌安、父亲塔克世在劝降叛明的孙女婿时阿台时死于兵火，努尔哈赤因其父被大明误杀，受"敕书三十道，马三十匹，送还尸首，坐受左都督敕书"[①]。后明封他为建州左卫都指挥使、都督佥事、龙虎将军等职爵。在建州女真中，具有如此家庭条件者，努尔哈赤是独一无二的。但是，家族条件同以上其他四种条件一样，都是帮助努尔哈赤事业成功的外在因素；助其事业成功的内在因素，则在于他的自身条件。

杰出人物的成长，客观条件只提供了可能性，而主观与客观条件相统一才能提供现实性。在努尔哈赤所处的时代，具备上述五种客观条件者，不仅其一人，但为什么只有努尔哈赤能成为满族英雄、后金国汗？这就关系到努尔哈赤自身的性格特点。

独立人格　努尔哈赤十岁丧母，继母对他寡恩。后其父听从继母之言，令其分户出居，家产所予独薄。他少年便抛却依赖心理，走上独立生活的道路。努尔哈赤在挖人参、采蘑菇等劳动中，

---

① 《清太祖武皇帝实录》，第1卷，第4页。

加强了独立心态；在往来抚顺"马市"等贸易中，磨炼了独立意志；在同蒙古人、汉人等的交往中，增强了独立性格。独立人格与驯顺奴性是两种不同类型的心态，后者会使人庸碌无为，前者则能使人奋发进取。独立人格是努尔哈赤一生功业的起点，他因具备这种健康的独立人格，才能够以"十三副遗甲"愤然起兵，大战于萨尔浒，后建立后金，自称后金汗，建元天命。

丰富阅历　子曰："父母在，不远游，游必有方。"[①]不远交游，囿于狭境，思想封闭，难做大事。朱元璋不为游僧，恐其后未必能成为明太祖。努尔哈赤囿于赫图阿拉，必定成不了后金汗。他不仅到抚顺贸易，还先后八次亲自到北京朝贡，长途跋涉两千余里，熟悉了汉区情状，目睹了京城繁华。这对于一个后来有所作为的人来说，是有巨大影响的。他还在明辽东总兵李成梁帐下做过仆从，又会蒙古语文，并略通汉语。在与努尔哈赤同时代的女真诸首领中，具有像他这样的文化层次与见识阅历的，是没有二例的。

勇敢沉着　面临重大之事与危难之时，努尔哈赤既勇敢又沉静，这是政治家、军事家需要具备的基本素质。努尔哈赤在做重大决策时，能高瞻远瞩，力排非议，扫除障碍，夺得成功。万历二十一年（1593），叶赫纠合哈达、乌拉、辉发等九部联军，兵三万，分三路，向建州古勒山而来。其时努尔哈赤兵不满万，侦骑报警，建州官兵闻之色变。但努尔哈赤收到警报后，就寝酣睡。其妻富察氏把他推醒后，问道："尔方寸乱耶，惧耶？九国兵来攻，岂酣寝时耶？"努尔哈赤从容答道："人有所惧，虽寝，不成

---

① 《论语·里仁》。

寐；我果惧，安能酣寝？前闻叶赫兵三路来侵，因无期，时以为念。既至，吾心安矣！"[1] 努尔哈赤说完之后，呼呼入睡，安寝如故。翌日获古勒山大捷。

长于计略　努尔哈赤有心计，多谋略。如他攻抚顺：佯称赴市，潜以精兵，外攻内应，以计略取胜。又如他对女真各部：远交近攻，分化瓦解，联大制小，各个征抚，逐步完成女真诸部的统一。再如他对明朝的两面政策：既朝贡称臣，又暗自称雄。在此前的女真首领中，哈达王台只称臣不称雄，老病而死，未能完成女真的统一；建州王杲只称雄不称臣，身首异处，也未能完成女真的统一。努尔哈赤则吸取女真的历史经验，依据彼此力量变数，针对称臣与称雄的关系，分做四个时期，施行动态策略：初始，只称臣、不称雄；继而，明称臣、暗称雄；尔后，既称臣、又称雄；最后，不称臣、只称雄。总之，努尔哈赤采取了既称臣又称雄的策略，暗自坐大，待形成气候，建元称汗，夺占辽东。

知人善任　努尔哈赤襟怀大度，不计小怨。他率兵攻翁科洛城时，先被守城的鄂尔果尼以矢射中，血流至足；又被守城的罗科以矢射颈，血涌如注。努尔哈赤伤愈后兵破此城，擒获鄂尔果尼与罗科，诸臣请诛之，以雪前恨。努尔哈赤说："两敌交锋，志在取胜。彼为其主，乃射我，今为我用，不又为我射敌耶！如此勇敢之人，若临阵死于锋镝，犹将惜之，奈何以射我故而杀之乎！"[2] 于是，命给二人释缚，分别授为牛录额真。这样，努尔哈赤逐渐建立起以五大臣、八大贝勒为核心的坚强领导集团，率官将，统

---

① 《清太祖高皇帝实录》，第 2 卷，第 14 页。
② 《清太祖努尔哈赤实录》，第 1 卷，第 7 页。

军民，完成了女真一统大业。

综上，努尔哈赤成为杰出的英雄人物，其前述五方面的外在条件与五方面的内在条件，既相互联系，又错综联结。而外在条件与内在条件所编织网络的集结点，就是清太祖努尔哈赤在通往杰出英雄人物道路上获得成功的秘密。

努尔哈赤对历史发展所作的贡献，略举其大端，有如下十项：

统一女真各部　女真自金亡之后，各部纷争，不相统属，元明三百年来，未能实现统一。努尔哈赤自万历十一年（1583）起兵，于万历四十七年（1619）吞并叶赫，经过三十六年的征抚，"顺者以德服，逆者以兵临"[①]，基本统一了建州女真、海西女真、东海女真和黑龙江女真。后其子皇太极又继续扩大和巩固了这种统一。女真各部的统一结束了元明三百年来女真内部彼此杀伐、骨肉相残的混乱局面，促进了女真地区诸部的生产发展与经济交往，也有利于女真文化的发展。努尔哈赤在统一女真各部的过程中，依其不同情况，采取不同策略。他对东海女真的招抚，办法很是高明。东海虎尔哈部纳喀达部长等率军民归附，他在衙门宴会后，让想留下的站一行，愿回家的另站一行，然后优赏留下者。许多原说回家的人，见如此厚赏便留下不回去了。留下的人托回去的人给家人、乡亲捎口信说："上以招徕安集为念，收我等为羽翼，恩出望外，吾乡兄弟诸人，其即相率而来，无晚也！"[②]后来出现军民"望风争附"努尔哈赤的局面。

统一东北地区　明初，朝廷在东北地区设有奴儿干都司和辽

---

① 《清太祖武皇帝实录》，第1卷，第3页。
② 《清太祖高皇帝实录》，第5卷，第26页。

东都司，以实施对这一地区的管辖。但后来随着明朝的衰落，朝廷已不能对东北地区实行有效的统治。努尔哈赤兴起后，不仅基本统一了女真各部，而且基本统一了东北地区。后皇太极继续统一东北地区。崇祯十五年（1642），皇太极诏告天下：

> 予缵承皇考太祖皇帝之业，嗣位以来，蒙天眷佑，自东北海滨（鄂霍次克海），迄西北海滨（贝加尔湖），其间使犬、使鹿之邦，及产黑狐、黑貂之地，不事耕种、渔猎为生之俗，厄鲁特部落，以至斡难河源，远迩诸国，在在臣服。[①]

就是说，东到大海，南近长城，西达青海，北至贝加尔湖、外兴安岭、库页岛一线的广阔地域，明奴儿干都司、辽东都司和漠南蒙古辖境内的各族人民均已被置于清初疆域的管辖之内。这就为后来康熙二十八年（1689）中俄《尼布楚条约》的签订奠下了基础。

创建八旗制度　先是女真人狩猎时，各出一支箭，每十人中立一总领，称为牛录额真（意为箭主），后以其为官名。努尔哈赤起兵后将部众分为若干牛录。万历二十九年（1601），努尔哈赤对建州军队进行整编，每三百人为一牛录，设牛录额真一员，共设四旗，分别以黄、白、红、蓝为标志。万历四十三年（1615），努尔哈赤又对建州军队进行扩编，将原有四旗析为八旗，规定每三百人设一牛录额真（佐领）。每旗约有七千五百人，八旗共有

---

① 《清太宗实录》，第61卷，第3页。

五六万人。增添的四旗在原来旗帜的周围镶边，黄、白、蓝三色旗帜镶红边，红色旗帜镶白边。这样，共有八种不同颜色的旗帜，称为八旗，即满洲八旗。后来又逐渐增设蒙古八旗和汉军八旗，共二十四旗，但统称为八旗。八旗制度"以旗统军，以旗统民"①，八旗同时还是统管行政、经济和宗族的组织。八旗的兵丁"出则为兵，入则为民"②，平时耕猎，战时出征。努尔哈赤以八旗制度为纽带，把女真社会的军事、政治、经济、行政、司法和宗族统制起来。他把女真的部民按照军事方式分为固山、甲喇、牛录三级，加以编制，从而使分散的女真各部联结成为一个组织严密、生气蓬勃的社会机体。

制定满族文字　金亡后，通晓女真文者日少，至明中期女真文已逐渐失传，邻近蒙古地区的女真人则使用蒙古文。努尔哈赤兴起后，建州与朝鲜、明朝的公文由汉人龚正陆用汉字书写；在向女真人发布军令、政令时则用蒙古文，但一般女真人既看不懂，又听不懂。努尔哈赤为适应社会发展，遂倡议并主持创制满文。万历二十七年（1599），努尔哈赤命额尔德尼和噶盖用蒙古字母来拼写满语，创制满文，这就是无圈点满文，又称老满文。但满文初创，不甚完备。天聪六年（1632），皇太极又命达海对老满文加以改进，在字母旁加圈点，改进和固定了字母的发音与书写形式，并设计了十个拼写外来语（主要是汉语）的特定字母。这种改进后的满文叫加圈点满文，又称新满文。满语属阿尔泰语系通古斯语族满语支，满文是拼音文字，有六个元音字母、二十二个辅音

①　《清朝文献通考》，第179卷，第6391页，商务印书馆。
②　《清太宗实录》，第7卷，第5页。

字母、十个特定字母。字母不分大小写，在构成音节出现于词首、词中和词尾时，均有不同的形式。满文书写形式自上而下，行款自左至右。努尔哈赤主持制定满文是满族发展史上的一块里程碑，是东北亚文明史上的一件要事，也是中华文化史上的一件大事。

促进满族形成　女真各部的统一、东北地区的统一、八旗的创建、满文的创制使得新的满族共同体出现在中华民族大家庭之中。满族是以建州女真为核心，以女真为主体，吸收部分汉族、蒙古族、达斡尔族、鄂温克族、鄂伦春族、锡伯族、赫哲族等组成的一个新的民族共同体。为了反映这个满族共同体的历史事实，民族名称需要规范化。于是，后金汗皇太极于天聪九年（1635）十月十三日（公历 11 月 22 日），诏谕满洲的名称：

> 我国原有满洲、哈达、乌喇、叶赫、辉发等名，向者无知之人，往往称为诸申。夫诸申之号，乃席北超墨尔根之裔，实与我国无涉。我国建号满洲，统绪绵远，相传奕世。自今以后，一切人等，止称我国满洲原名，不得仍前妄称。[1]

从此，满洲族的名称正式出现在中国和世界的史册上。在这之后，满洲族涌现出一大批政治家、军事家、文学家、艺术家、科学家、语言学家等，而满洲族肇兴的领袖就是努尔哈赤。

建立后金政权　努尔哈赤在起兵征战之后，初步统一建州女真。于万历十五年（1587）在佛阿拉建城，并在此接见朝鲜使

---

[1]　《清太宗实录》，第 25 卷，第 19～20 页。

者。万历四十四年（1616），努尔哈赤在赫图阿拉即汗位，建立后金。两年之后，他发布"七大恨"告天，向明进攻，此时他已起兵三十五年。后金汗努尔哈赤陷抚顺、败杨镐，取开原、下铁岭，克沈阳、占辽阳，夺广宁、据义州。他作为一个边境地区满洲族的首领，以赫图阿拉为中心，参照蒙古政权、特别是中原汉族政权的范式创建政权，从而建立巩固的基地，以支持其进一步的发展。其子皇太极于天聪十年（1636）四月即皇帝位，改元崇德，定国号"大清"。顺治元年（1644），多尔衮辅佐顺治帝入关，后统一全国。自努尔哈赤于天命元年（1616）建立后金始至宣统三年（1911）止，清朝共历二百九十六年。在中国历史上，少数民族建立全国政权的只有两个，一个是蒙古族，另一个是满洲族。努尔哈赤则是满洲族首领、清王朝的开创者和奠基人。

丰富兵坛经验 努尔哈赤自二十五岁起兵，至六十八岁去世，戎马生涯长达四十余年，有人称他"用兵如神"[①]，是一位优秀的军事统帅。他缔造和指挥的八旗军，号令严肃，器械精利，纪律整肃，赏罚严明，兵马精强，勇猛拼搏，在十七世纪前半叶，不仅是中国最富有战斗力的军队，而且是世界上最强大的骑兵部队。努尔哈赤统帅这支军队，先后取得古勒山之役、哈达之役、辉发之役、乌拉之役、抚清之役、萨尔浒之役、叶赫之役、开铁之役、沈辽之役、广宁之役、觉华岛之役等十余次大捷。他在军队组织、军队训练、军事指挥、军事艺术等方面，都为军事史的发展做出了贡献。特别是在作战指挥艺术上，他对许多军事原则，如重视侦察、

---

① 《光海君日记》，第144卷，十一年九月甲申。

临机善断、诱敌深入、据险设伏、巧用疑兵、驱骑驰突、纵向强攻、横向卷击、集中兵力、各个击破、一鼓作气、速战速决、用计行间、里应外合等，都能熟练运用，极大地丰富了中华古代军事思想的宝库。

制定抚蒙政策 努尔哈赤制定绥服蒙古的政策是清廷对蒙古治策的基石。自秦、汉以降，匈奴一直是中央王朝北部的边患。为此，秦始皇连接六国长城而为万里长城。至有明一代，庚戌与己巳之年，京师两遭北骑困扰，蒙古问题始终未获彻底解决，故而徐达与戚继光又大修长城，包城砖，建敌台。努尔哈赤兴起后，对蒙古采取了完全不同于中原汉族皇帝的做法。他绥服漠南东部蒙古，后皇太极统一了漠南蒙古。康熙时绥定了漠北喀尔喀蒙古。经康、雍、乾三代，清廷再定漠西厄鲁特蒙古。而清廷对蒙古的基本政策是清太祖努尔哈赤制定的。这是中央政权（元朝除外）对蒙古治策的重大创革。努尔哈赤用编旗、联姻、会盟、封赏、入围、赈济、朝觐、重教等政策，加强对蒙古上层人物及部民的联系与统治。漠南蒙古被编入八旗，成为其军政的重要支柱；喀尔喀蒙古实行旗盟制；厄鲁特蒙古实行外扎萨克制。努尔哈赤推行的联姻不同于汉、唐的公主下嫁，而是与蒙古族互相婚娶，真正成为儿女亲家。宗教也是一样，清尊奉喇嘛教，以加强同蒙、藏的联盟。清朝对蒙古的绥服，"抚驭宾贡，夐越汉、唐"①。似可以说，中国两千年古代社会史上的匈奴、蒙古问题，到清朝才算得到解决。后康熙说："昔秦兴土石之工，修筑长城。我朝施恩于喀尔喀，使之防备朔方，

① 《清史稿·藩部一》，第518卷，第10790页。

较长城更为坚固。"①而清朝对蒙古的抚民固边政策，其经始者就是努尔哈赤。

发展社会生产 努尔哈赤认为建州女真不同于食肉衣皮的蒙古，而是以种田吃粮为生。他重视种粮植棉，规定出征不违农时。如牛马毁坏庄稼，牧者要受惩罚；根据部民收成好或坏，额真会受到奖励或惩处；推行按丁授田、种植粮棉等。他注重采猎经济，发明了人参煮晒法，使部民获得厚利，"满洲民殷国富"②。他关注采炼业，万历二十七年（1599），建州"始炒铁，开金、银矿"③，开始较大规模地采矿、冶炼。他尤重手工业生产，包括军器、造船、纺织、制瓷、煮盐、冶铸、火药等。他对进入女真地区的工匠"欣然接待，厚给杂物，牛马亦给"④。他曾说："素称东珠、金、银为宝，何其为宝，寒者可衣乎？饥者可食乎？国中所养之贤人知人所不知，匠人能人所不能，彼等宝为宝也！"⑤他还关切商品交换，加强建州同明朝、蒙古和朝鲜的贸易，促进经济交流，推动经济发展。

重视社会改革 努尔哈赤在四十余年的政治生涯中，不断地进行着社会改革。在政权机制方面，他逐步建立起以汗为首，以五大臣、八大贝勒为核心的领导集团，并通过固山、甲喇、牛录三级组织，将后金社会的军民统制起来。尔后，他创立八和硕贝勒共议国政制，八和硕贝勒并肩同坐，共议大政，断理诉讼，即

---

① 《清圣祖实录》，第 151 卷，第 19 页。
② 《清太祖武皇帝实录》，第 2 卷，第 2 页。
③ 《满洲实录》，第 3 卷。
④ 《李朝宣祖大王实录》，第 134 卷，三十四年二月己丑。
⑤ 《满文老档·太祖皇帝》，第 23 册，天命六年六月初七日。

实行贵族共和制，但这一制度在他死后未能完全实施。在经济体制方面，他先后下令实行牛录屯田、计丁授田和按丁编庄制度，将牛录屯田转化为八旗旗地，将奴隶制田庄转化为封建制田庄，从而形成封建八旗军事土地所有制。在社会文化方面，随着八旗军民迁居辽河流域，女真由牧猎经济转化为农耕经济，初步实现了满洲社会由牧猎文化向农耕文化的转变。

与一切走完其事业历程的杰出人物一样，努尔哈赤一生的事业有准备期、兴始期、发展期、鼎盛期和衰暮期。自努尔哈赤出生起到其二十五岁起兵之前是其政治军事生涯的准备时期。从万历十一年（1583）含恨起兵至万历二十一年（1593）打败联军，他攻克图伦、统一建州、建佛阿拉、大战海西，故这段时间是其政治军事生涯的兴始时期。从万历二十一年（1593）打败联军至万历四十四年（1616）登极称汗，他统一海西、绥服蒙古、创建八旗、创制满文，故这段时间是其政治军事生涯的发展时期。从天命元年（1616）黄衣称朕至天命七年（1622）进占广宁，他大败杨镐、夺取沈辽、迁都辽阳、进兵辽西，故这段时间是其政治军事生涯的鼎盛时期。从天命七年（1622）辽西移民至天命十一年（1626）兵败身死，他强令剃发、迁民占田、兵败宁远，故这段时间是其政治军事生涯的衰暮时期。后金汗努尔哈赤在晚年，即他生命的最后五六年间，犯下了严重的错误。

滥施威权、治策失当，是努尔哈赤晚年的一个错误。八旗军攻陷沈、辽后，占据辽东，进兵辽西，所向披靡，十分顺利。但是，他在顺境之中，实行了两项失当之策：一是命令汉人剃发，一是强令汉人迁移。金初女真进占汉人居住区后，并未以汉人剃发作为降服的标志。后金汗努尔哈赤占领辽东后，强迫汉人剃发①，引起镇江等地汉民的反抗，成千上万的辽东汉民遭到屠杀。后多尔衮在关内强行剃发易服之策，造成了一场民族的大悲剧。另外，建州兵每攻破一部即毁其城而迁其民，将迁来的部民编丁入旗，均作安置。后金汗努尔哈赤占领广宁后，强迫辽西的汉民背井离乡。汉民扶老携幼，哭声震野，迁往辽东。这就既损害了辽民的切身利益，又破坏了正常的社会秩序，从而引起了辽东地区的动荡。

分田占房、清查粮食，是努尔哈赤晚年的又一个错误。八旗军攻占沈、辽后，下令在辽海地区实行"按丁授田"，即将汉民农田以所谓"无主之田"为名加以没收，分给八旗官兵。这种做法虽给移居辽东地区的广大八旗官兵以田地，但对辽东众多汉民自耕农来说无疑是一种剥夺。后多尔衮率清军入关，沿袭其父遗策，在京师占房，在京畿圈地。前述辽西汉民东迁后，无亲无友，无房无粮。努尔哈赤下令命大户同大家合，小户同小家合，"房合住，粮合吃，田合耕"。实际上，大量迁居的汉民，耕无田，住无房，寒无衣，食无粮。他们"连年苦累不堪"②，生活甚为悲惨。同时努尔哈赤又命令清查粮食，申报存粮，按口定量，不许私卖。辽东汉民地区本为自给自足的自然经济，房、田、粮是他们赖以生存的基础和根本。后金汗在这三项关系汉民生计的重大问题上，举措轻率，政令严重失误，造成社会震荡。

轻薄文士、屠杀汉儒，是努尔哈赤晚年的另一个错误。后金汗努尔哈赤弓马起家，崇尚骑射。他虽主持创制满文，但厚武薄文，

---

① 《满文老档·太祖皇帝》，第71册，第693页。
② 《明清史料》，甲编，第8册，第765页。

对巴克什不够珍视。额尔德尼创满文，兼通蒙古、汉文，被赐号"巴克什"，为满洲之"圣人"，后被杀[①]；满文另一创制者噶盖，也在创制满文的同年被杀[②]。他们是否有该杀之罪姑且不论，即或有之，以高墙圈禁，让其继续研究满洲文字与满洲文化，教书授徒，翻译汉籍，亦会对社会更有益处。努尔哈赤进入辽沈地区后，虽对汉族工匠加以保护，给以优遇，但对汉族儒士未能给予特殊的保护与重用，屠杀过多，吃了大亏。史称努尔哈赤"诛戮汉人，抚养满洲"[③]。抚养满洲，重用满人，于理可通；而诛戮汉人，屠杀汉儒，实为错举。皇太极承袭汗位后才调整了对汉官、汉儒的政策，使他们逐渐受到重用。后来，汉族知识分子受到清廷重用并参与决策是清夺取并巩固全国政权的一个重要因素。

骄傲轻敌、兵败宁远，是努尔哈赤晚年的再一个错误。后金汗努尔哈赤一生戎马，驰骋四十余年，几乎没有打过败仗，可谓历史上的常胜统帅。但他占领广宁后，年事已高，体力衰弱，深居简出，怠于理政。他对宁远守将袁崇焕没有真知灼见，对宁远守城炮械也没有侦知实情。他未全面分析彼己，便贸然进兵，图克期攻取。但是，宁远不同于广宁，袁崇焕也不同于王化贞。努尔哈赤以矛制炮，以短击长，以劳攻逸，以动图静，吞下了骄兵必败的苦果。后金有一位叫刘学成的人，上书分析宁远之败的原因。他说："因汗轻视宁远，故天使汗劳苦。"[④] 刘学成直言陈明：后金

---

① 《满文老档·太祖皇帝》，第 50 册，天命八年五月。
② 《清史稿·噶盖传》，第 228 卷，第 9254 页。
③ 《清太宗实录》，第 64 卷，第 8 页。
④ 《满文老档·太祖皇帝》，第 71 册，天命十一年三月十九日。

汗努尔哈赤骄傲轻敌，兵败宁远。《左传》曰："君以此始，必以此终。"[①] 努尔哈赤以兵马起家称汗，又以兵败宁远身死。这是历史的偶然，还是历史的必然？

有人把杰出的人物称作创始人，因为他的见识要比别人的远大些，他的胸怀要比别人的宽广些，他的洞察力要比别人的深邃些，他的毅力要比别人的坚韧些，他的愿望要比别人的强烈些，为实现其愿望——所采取的手段要比别人的高明些，所付出的努力要比别人的更多些，而他对人类的影响也要比别人的深远些。清太祖努尔哈赤正是如此。他把女真社会生产力发展所造成的各部统一与社会改革的需要加以指明，把女真人对明朝专制统治者实行民族压迫的不满情绪加以集中，并担负起满足这些需要的责任。他在将上述的社会需要、群体愿望由可能转变为现实、由意向转化为实际的过程中，能够刚毅沉着、豁达机智、知人善任、赏罚分明，组成坚强、稳定的领导集团。他对女真、蒙古、朝鲜、明朝分别采取不同的政策。其时，后金南有明朝，西有蒙古，东有朝鲜，北有海西，陷于四面包围之中——努尔哈赤没有四面出击，而是佯顺明朝，结好朝鲜，笼络蒙古，用兵海西；对海西女真各部又采取远交近攻，联大灭小，按照先弱后强的顺序各个吞并的策略；进而坐大形势，黄衣称朕，挥师西进，定鼎盛京。他通过建立八旗和创制满文，以物质和精神两条纽带去组织、协调、激发、聚结女真的社会活力，实现历史赋予女真各部的统一与社会改革的任务，并为清朝建立和清军入关统一中原奠下基石。

---

① 《左传》，宣公十二年。

　　清太祖努尔哈赤于十六世纪后期和十七世纪初期活跃在中华统一多民族大家庭的历史舞台上，他一生十功四过，瑕不掩瑜。爱新觉罗·努尔哈赤是中华民族发展史上杰出的政治家、军事家。

　　《清帝列传·天命汗》，吉林文史出版社，1993 年 5 月

《阎崇年集·努尔哈赤传》序

拙著《努尔哈赤传》是我研究清史的学术习作。初稿完成于文革期间。文革结束后不久，承蒙北京出版社总编辑田耕先生不弃，同我要去书稿，准备出版。

1981年，书稿就像飞机起飞前一样，开始滑行并排队，等待起飞指令；1982年，责编闻性真先生费心血，做编辑；1983年，《努尔哈赤传》正式出版。有朋友告诉我：《努尔哈赤传》是国内外第一部研究努尔哈赤的学术传记。

但是，由于时代的文化烙印，书中有文革语言和文风的残迹，姑存原貌，不必改它。

1993年，恰逢《努尔哈赤传》出版十年，吉林文史出版社要出版"清帝列传"丛书，我对拙著做了一些修改和补充，以《天命汗》为书名出版。

2003年，适逢《努尔哈赤传》出版二十年，朱诚如先生主编的《清朝通史》出版，我撰写了《清太祖朝》和《清太宗朝》两卷，由是我重新温习努尔哈赤的历史并对《努尔哈赤传》一书做了订补。

2013年，巧逢《努尔哈赤传》出版三十年，中华书局要出版我的《清朝开国史》，值此之际，我对努尔哈赤的研究再做修改和补充。

本想对《努尔哈赤传》做一次大修、大改、大增、大补，乃因时间所限，只有期待来日。

记得邓广铭先生跟我说过：一本书每十年修订一次，如修订五次，可能就是一本好书。我希望，2023 年第五次修订的《努尔哈赤传》能够出版。那时，我对《努尔哈赤传》一书，可能会是：多些心血，少些遗憾——这就是我的期待。

我期待这一天的到来。

《阎崇年集·努尔哈赤传》，中国友谊出版公司，2014 年 5 月

《努尔哈赤传》（增订版）序言

　　《努尔哈赤传》的初稿纂于 1966—1976 年期间，这个时期给我们留下了至为深刻而永不磨灭的印记。在这十年当中，我本人有幸写下一部《努尔哈赤传》书稿。

　　《努尔哈赤传》于 1983 年由北京出版社首次出版。后朋友查阅国际文献目录才知道并告诉我：《努尔哈赤传》是中外第一部研究清太祖努尔哈赤的学术专著。因此，《努尔哈赤传》的出版引起了国内外史学界、民族学界、满学界的关注。是为《努尔哈赤传》的第一个版本。1992 年，台北文史哲出版社出版了繁体字、竖排版的《努尔哈赤传》，是为本书的第一个海外版本。

　　本书初版后的十年间，正值改革开放，我受邀到日本、美国、蒙古国等国家，以及中国台湾、中国香港等地区，进行学术访问和学术交流，看到了原未经眼的图书档案，增长了原未历练的学术见识。这时，吉林文史出版社正在筹划出版一套"清帝列传"丛书，约我撰写第一本清太祖努尔哈赤传。我在《努尔哈赤传》（第一版）的基础上，修订、补充约 10 万字，因其丛书的书名通用清朝皇帝年号，故而改名为《天命汗》，于 1993 年出版。是为《努尔哈赤传》的第二个版本。

　　而后的十年，朱诚如先生主编《清朝通史》，邀我撰写清太祖朝史和清太宗朝史各一卷，每卷 50 万字。撰写一百多万字的两卷书，既费时，又费力，时间紧，且费神。这也好，我重新检视《努尔哈赤传》，并从皇太极对后金社会的改革和发展入手，反观努尔哈赤的功过、得失、错误，甚至罪恶。这样，我对努尔哈赤有了新的认识，对原书加以修正和增补，这就是北京出版社出版的《努尔哈赤传》(第三版)。是为《努尔哈赤传》的第三个版本。

时间又过了十年。2013年，一些朋友在筹划出版《阎崇年集》(共25卷)，这又给了我一次修订《努尔哈赤传》的机会。此版由中国友谊出版公司出版，是为《努尔哈赤传》的第四个版本。

屈指一算，又过十年。现在，值《阎崇年文集》出版之际，我再对《努尔哈赤传》做修订、增补，是为《努尔哈赤传》的第五个版本。

从1963年我确定并着手研究清朝开国的历史到2022年，我不间断地收集资料、分析研究、与其他学者切磋交流，阐析论述清朝开创者、奠基人努尔哈赤，并撰著《努尔哈赤传》，孜孜以求，回首算来，近六十年矣。六十年间，文化环境不断变化并留下印记。拙著《努尔哈赤传》同中外古今所有著作一样，无不打上时代之文化印记。

下一个十年，并不算很远。我内心祈望：能在2033年出版《努尔哈赤传》第六版。这将由哪家出版社付梓，要看缘分，顺其自然；不过，在其出版之时，邀约一些朋友，坐一坐，喝杯茶，当是学坛的一段佳话。

还是以北京大学历史学系教授兼系主任，曾任中国史学会主席团成员、中国宋史学会会长、著名历史学家邓广铭先生说的那句堪为至理名言的话作为结尾：一本书，出版后，如果能每十年修订一次，修订和出版五次，这一定是一本好书、可以传世之书！

愚虽不才，却心向往之。

　　是为《努尔哈赤传》（第五版）序言。

　　《努尔哈赤传》（增订版），华文出版社，2022 年 9 月

《袁崇焕资料集录》前言

1984 年 6 月 6 日是明末优秀的军事统帅、著名的民族英雄袁崇焕诞生四百周年纪念日。为示纪念，并飨读者，我们撰辑了《袁崇焕资料集录》。

袁崇焕字元素，广西藤县人，祖籍广东东莞。生于明万历十二年四月二十八日（1584 年 6 月 6 日）。万历三十四年（1606）举于乡，万历四十七年（1619）举进士，天启初官福建邵武知县。天启二年（1622）朝觐至都，被擢为兵部职方主事。他深为大学士、蓟辽督师孙承宗所倚重，力主营筑宁远，守关外以捍关内。袁崇焕统率辽军，先后获丙寅（1626）宁远之捷、丁卯（1627）宁锦之捷和己巳（1629）京师之捷。一扫明军望敌而溃的暮气，使久经疆场的后金汗努尔哈赤及其子皇太极屡受重挫。但是，明季阶级矛盾、民族矛盾和统治集团内部矛盾盘根错节、交互激化，导致了袁崇焕悲剧的结局。崇祯三年（1630），袁崇焕因阉孽诬陷、后金设间、崇祯昏庸而被含冤处死。

明亡清兴，清人佚名辑《袁督师事迹》（一卷），收《明史·袁崇焕传》、钱家修《白冤疏》、程本直《矶声记》和《漩声记》、余大成《剖肝录》及袁崇焕文十三篇、诗十一首。道光年间由伍崇曜雕梓，后搜入《岭南遗书》。至清末民初，尚留传有《旧抄本袁督师事迹》一卷，末附《袁督师行状》，惜未寓目。宣统年间，陈伯陶开始编纂《东莞县志》，对袁崇焕事迹采访殊勤。尔后，张伯桢于1913年编《袁督师遗集》，其子张次溪又于1941年编《袁督师遗稿遗事汇辑》，张氏父子用心良苦，绩不可泯。但因其囿于所限，未见之书甚多。如官书仅采《明史》《开国方略》及《东华录》等，而《明实录》《清实录》《李朝实录》及《满文老档》等均未得见。又如私人著述佚名《今史》、周文郁《边事小纪》、茅元仪《督师纪略》、孙承泽《畿辅人物略》、万斯同《明史》、谈迁《北游录》及朝鲜李肯翊《燃藜室记述》等，也未见征引。另如袁崇焕之父袁子鹏墓碑记、袁氏家谱及与其生平有关之明刻本志书，亦未及见。自《袁督师遗稿遗事汇辑》出版至今已逾四十年。为了加强对明清之际历史的探讨，尤其是加深对袁崇焕的研究，亟须将有关袁崇焕的资料网罗搜集，因此我们在前人的基础上，编纂了《袁崇焕资料集录》。

本书将搜罗到的袁崇焕研究资料分为十集。第一集是官书中的袁崇焕资料汇录。从《明实录》《满文老档》《清实录》《李朝实录》等书中集录袁崇焕资料十四万余字。其中《满文老档》中有关袁崇焕的资料为辽宁大学历史系李林同志译出，译文力求忠于满文原意，但因系首次将其译为汉字，待商之处在所难免。《崇祯长编》虽为汪楫所辑，因系抄录档案邸报，亦归入官书。第二集为私人撰述中的袁崇焕资料汇录。选取《今史》等三十八种册籍，凡十四万余字。明末清初，私人著述册籍浩繁，且有的存目无书，不见插架，深恐挂一漏万；有的为钞本，衍误颇多，未及逐一考厘。而所录资料，其内容相同者，或并录，或互见，以便读者。第三集是《袁督师事迹》，以伍氏雕梓为底本，略加参酌。第四集是采录的档案与金石方面的袁崇焕资料，其中《袁子鹏墓碑记》是初次公诸于世。第五集是辑录方志与谱乘中有关资料。所录通志、府志、县志资料以能见到有关方志本最早刻本或钞本为尚，但对《东莞县志》和《藤县志》，自崇祯以降各种版本，多酌予选录。谱乘中《袁氏家谱》亦照家藏原钞本录出。第六集选录崇祯元年（1628）至今三百五十余年以来人们对袁督师的颂悼诗赋。第七集为杂录，纂入程本直、余大成等与袁崇焕关系至切之人的材料。第八集收录《三管英灵集》中袁崇焕诗六十六首，殊为难得；但该集所辑袁崇焕诗之流嬗待考。第九集为补遗。第十集是附录。首列《袁崇焕疏文编年索引》，其中有的疏咨时间待考，依其内容暂附系年；有的存题缺文；有的详略悬殊、文字迥异；还有的原无标题而由编者拙拟。草就疏文索引，以便读者经纬；次列《袁崇焕研究论著目录》，尽量集辑近百年来海内外研究袁崇焕的论文与著述目录，以备考阅；复列《本书参考书目》一百种，注明本书征引与参考书目及其版本，以便考征。

本书所收资料均依原文照录，取消抬头空格，至若"虏""贼"等封建统治者对少数民族及其首领的诬称，概不加引号，以存原貌。集录原资料时，各书记载间有讹误、异文之处均仍其旧，但个别之处，或附按语，或予校订。如将努尔哈赤第八子、四贝勒皇太极误作其第四子，余大成《剖肝录》中将崇祯二年（1629）己巳误刻作"乙巳"，梁启超《袁督师传》中将"犄角"误印为"粗角"，王在晋《三朝辽事实录》中将宦官陶文误作"陶文佐"，《明熹宗实录》中将祖大寿写作"祖天寿"等，均信手厘正。将改正的错字或补录的缺字另加括号列出。全书据原资料编排，加以分段标点，原文没有标题的，酌加标题，以清眉目。

关于袁崇焕的资料，尤其是野史笔记，册类繁多，限于见闻与篇幅，搜录不周，遗漏恐多。而对收入之资料，间有重复，亦有疏误。编排处理未必妥帖，校勘标点亦多舛错。凡诸失误，均切望读者不吝补充和教正。

本书在编纂过程中，承蒙中国社会科学院历史研究所谢国桢研究员、北京大学历史系商鸿逵教授和许大龄教授、北京师范学院历史系齐治平教授、中国历史博物馆史树青研究员以及北京师范大学历史系顾诚、中华书局胡宜柔、中央民族学院历史系陈梧桐、北京市社会科学研究室姜纬堂、北京图书馆善本部徐自强等师友俯嘱宝贵意见或提示资料照片，吕孟禧同志指正疏误，莫乃群先生为本书题签作序，谨致谢忱。

《袁崇焕资料集录》，广西民族出版社，1984 年 4 月

为《北京古今十讲》所作前言

1984 年 11 月 30 日至 1985 年 2 月 1 日，北京市社会科学研究所和北京电视台联合举办了北京史电视讲座，共十讲。这个讲座对整个北京的发展历程做了简明而通俗的介绍。

北京是中国历史名都，也是世界历史文化名城。北京的历史源远流长。从北京猿人揭开北京历史的第一页开始算起，距今已有约七十万年。从新石器时代初期，燕山南北几种不同文化融合形成燕文化开始，距今已有约一万年。而从琉璃河商周古城写下北京建城的历史开始，至今也已有三千余年。自公元前十一世纪，周武王封召公奭于燕到全国解放前，北京曾先后为下列各代都城：燕、前燕、大燕、刘燕、辽、金、元、明、清、民国（初期）。当今，北京又是中华人民共和国的首都。在这漫长的历史演进过程中，自西周以来，北京先为方国的都邑。秦和两汉时期，北京发展成为统一中原王朝的北方重镇，同时逐渐形成长城内外民族凝聚的一个"熔炉"。辽代的陪都南京（燕京）拉开了北京作为都城的历史序幕。至金代的中都，北京才第一次成为皇都——北中国的政治中心。尔后，在元、明、清三代长达六百多年的时间里，北京一直是中国统一的多民族国家的政治中心。中华民族五千年的精神文明和物质文明在北京这座城市里达到了光辉灿烂、登峰造极的境地。中华人民共和国成立之后，北京作为十亿各族人民的政治中心和文化中心，更是在日新月异地发展、前进。像北京这样拥有如此悠久历史的古都，不仅在中国六大古都中是首屈一指的，而且在世界十大名都中也是仅有的。

北京的历史文化，不仅居住在北京的一千万人关心它、热爱它，中国十亿各族人民关心它、热爱它，身居海外的华侨、华裔关注它、向往它，世界上许多国家的朋友也关注它、向往它。仅从这次北京史电视讲座播出后的反映来说，观众就有大中学生、中小学教师，有干部、工人、农民、战士、居民，还有专家教授、旅京侨胞和外国朋友等。对观众惠予的关怀与支持，谨敬谢忱。

在北京史电视讲座播放时，有的观众做了记录，还有的观众将各讲的内容全部录了音，并利用工余时间和周末整理成文字。这使我们深受感动。同时，我们也不断地接到观众的电话或来信，要求将北京史电视讲座的讲稿出版。我们觉得，电视讲座受时间的严格限制，讲稿写得过于简略；电视讲座的讲稿需配合画面，画面选择和讲稿详略也待斟酌。总之，以电视讲座的形式讲述北京史是个尝试，北京史电视讲座的讲稿也很不成熟。但应读者之需，现将讲稿出版。我们诚恳地期待读者的批评意见，以便进一步修改充实，使它再提高一步。

《北京古今十讲》，北京市社会科学研究所、北京电视台，

北京日报出版社，1985 年 10 月

为《北京史研究》所作前言

北京是中华人民共和国的首都，是全国的政治中心和文化中心。北京的历史，可以上溯到约七十万年前的"北京人"。北京的城史，据文献记载和考古发掘，始自于商。在我国漫长的封建社会中，先后有燕、前燕、大燕、刘燕①、辽、金、元、明、清和民国（初期）十个政权或朝代在北京建都（辽时为陪都）。北京逐渐由方国都邑、北方重镇、北中国政治中心而发展成为全国政治中心。

北京史料册帙浩繁。近年来在北京琉璃河董家林村考古发掘出的礼器铭文表明，北京早在商末周初就开始了有文字记载的历史。尔后册籍有关北京的载录，史不绝书。北京最早的地方志书，据《隋书·经籍志》著录为《幽州图经》，其时北京称幽州。至元末，记载北京及北京地区历史与地理的志书有熊自得的《析津志》（又称《析津志典》）。明代除永乐《顺天府志》和万历《顺天府志》外，《长安客话》《帝京景物略》《宛署杂记》《潞水客谈》和《明宫史》等记载北京历史的专书日益增多。明亡清兴，除康熙《顺天府志》和光绪《顺天府志》外，还出现了许多记载清代京师的专书和研究北京历史的学者。其中孙承泽、朱尊、缪荃孙等均成绩斐然。民国年间，吴廷燮、瞿宣颖、张次溪等治北京史尤勤，但他们主

---

① 五代时刘守光夺取幽州（今北京），即皇帝位，称大燕皇帝，为同安禄山所称大燕相区别，我们称其为刘燕。

要是搜集与纂辑北京的史料。

北京解放以来，北京史的研究取得了一个又一个可喜的成果。北京史的专业和业余研究工作者盼望着能够建立一个群众性的学术团体，以加强联系与协作，进行切磋与交流，并有计划地开展北京史的学术研究。

1980 年 9 月，北京史研究会成立会暨首届北京史学术讨论会召开。会后，北京史研究会将这次学术讨论会的论文编印成《北京史论文集》（第一辑），收文四十一篇。翌年 10 月，北京史研究会召开 1981 年学术年会。会后，北京史研究会将这次学术年会的论文编印为《北京史论文集》（第二辑），收文二十七篇。北京史研究会 1982 年学术年会收到论文四十余篇，但由于种种原因，未能将提交这次学术年会的论文结为专集印行。

1983 年 12 月，北京史研究会举行了第四届学术年会，提交年会的论文共四十余篇。我们将其中的二十三篇编为《北京史论文集》（第三辑），承蒙北京燕山出版社领导和编辑同志的大力支持，论文集得以首次正式出版。北京史研究会今后拟将每届学术年会的论文（包括年会外的重要的北京史相关论文）继续选编，结集出版。我们将同有关方面共同努力，克服困难，将这项工作坚持下去，并争取做得更好些，为首都社会主义精神文明建设和祖国历史科学繁荣做一点微薄的贡献。

《北京史研究》由北京史研究会委托北京市社会科学院历史研究所负责编辑。

《北京史研究》像历史科学园地中的一株幼苗，虽稚嫩脆弱，但充满生机。在祖国精神文明的春风雨露中，它定会茁壮成长，开花结果。

　　最后，我们热切地希望广大读者，对本集不吝批评指疵。

　　　　《北京史研究》，北京市社会科学院研究所，

　　　　　　北京燕山出版社，1986 年 8 月

为《中国古都研究》（第二辑）所作后记

1983 年 9 月，中国古都学会在西安市成立并举行了第一次学术讨论会。会后将提交大会的四十余篇论文选编结集为《中国古都研究》，共收论文十八篇。1984 年 11 月，中国古都学会在南京市举行第二次学术讨论会。提交大会的论文有七十五篇。会议期间，由史念海、陈桥驿、潘一平、蒋赞初、苏天钧、徐伯勇、宫大中、叶骁军和阎崇年等组成论文编选组。论文编选组在听取诸专家、学者意见的基础上，经过反复研究，议定将十六篇论文结集为《中国古都研究》（第二辑）出版。在论文集编选过程中，朱启銮和曹子西先生惠予关切，徐丹俍同志做了部分史料校订与文字加工的工作。

下面略作赘言。

古都学是一门既古老又新兴的学科。中国都城史的研究需要同很多学科密切配合。近年来，中国古都的研究取得了很大的进展，但大多是从历史地理学的角度进行研究的。这是很重要的，却也是不够的。自班固《汉书·地理志上》中的"京兆尹"始，都城列入地理志。司马彪的《后汉书·郡国志》也踵袭。到清代《四库全书总目提要》则把有关都城的史籍归入《史部·地理类》。都城是一个王朝或政权的政治中心，也往往是其经济中心。以往有关都城的政治与文化的史料，相对而言，比较多些；但经济的史料支离破碎，残缺不全。新中国成立以来，关于农村经济史的研究日益增多，但关于城市经济史、尤其是都城经济史的研究则较少。南京古都学术讨论会上，提交的论文中与经济史相关的只有两篇，仅占会议论文总数的百分之二点六七，即是一例。党的十一届三中全会以来，随着城乡经济体制改革步伐的加快，大家愈来愈重视经济史的研究。因此，关于中国古代都城的研究，除了应继续强化考古、历史、地理、社会、文化、民族、城建、宗教、军事、水利、建筑、园林、交通和城市规划等领域外，还应当重视对都城经济史料的搜集、整理工作。

在加强中国古代都城经济史研究的同时，中国历代都城变迁的规律也值得探讨。中国是一个历史悠久、幅员辽阔、民族众多、都城屡迁的国家。中国历史上重要的王朝或政权的都城数以十计。中国历代都城之多、变迁之频，在世界历史上是罕见的。都城的变迁，其因素是多方面的，如历史与地理、政治与军事、经济与民族、水道与交通、社会与民俗等。然而，在研究某一王朝或政权选址定鼎时，既要将诸种因素加以综合考虑，又要对主导因素进行深入探索。

中国历代都城的变迁，有一个值得注意的好现象，就是呈东西南北"大十字形"迁移的特点。都城是王朝或政权的政治心脏。《历代宅京记》载："卜都定鼎，计及万世，必相天下之势而厚集之。"《太平御览》载：《五经要义》曰：王者受命创始，建国立都，必居中土。所以总天地之和，据阴阳之正，均统四方，以制万国者也。"但是，天下之势和疆域中土是在变化的。自商、周迄隋、唐，中原王朝国土东西长而南北短。《汉书·地理志》载："初雒邑与宗周通封畿，东西长而南北短，短长相覆为千里。"故周、秦、汉、唐的都城在东西摆动，两京均东西设置，以求适中，制内御边。上述都城东西摆动的趋势，可见于《谷山笔麈》卷之十二所载："汉、唐以长安为西京，洛阳为东京；五代及宋以洛阳为西京，汴梁为东京。"总的说来，自汉至宋，都城在自西而东迁移。

但是，北宋以后，金、元、明、清的都城在南北迁移，其两京多南北设置。对于都城呈东西与南北的"十字形"迁移的这种特点，徐元文在《历代宅京记·序》中指出："天下之势，自西而东，自北而南，建瓴之喻，振古如兹。"其后，赵翼在《廿二史札记》中又以"地气说"指出：

> 秦中自古为帝王州，周、秦、西汉递都之。……隋文帝迁都于龙首山下，距故城仅二十余里，仍秦地也。自是混一天下，成大一统。唐因之，至开元、天宝而长安之盛极矣！盛极必衰，理固然也。是时，地气将自西趋东北，故突生安、史以兆其端。自后河朔三镇，名虽属唐，仅同化外羁縻，不复能臂指相使。盖东北之气将兴，西方之气已不能包举而收摄之也。东北之气始兴而未盛，故虽不为西所制，尚不能制西；西之气渐衰而未竭，故虽不能制东北，尚不为东北所制……契丹安巴坚已起于辽，此正地气自西趋东北之真消息……至一二百年，而东北之气积而益固，于是金源遂有天下之半，元、明遂有天下之全……此王气全结于东北之明证也。

徐元文和赵翼虽都看出了都城转移的趋势，但未科学地论述其因。中国古代都城自东西向南北迁移之因主要有二：

其一，经济重心东移。《谷山笔麈》卷十二载："三代以前，江北繁盛，江南旷阔；汉、晋以下，江南富实，江北凋敝。"到南朝时，江南日盛，《宋书》卷五十四载："地广野丰，民勤本业，一岁或稔，则数郡忘饥。"到唐朝则影响国家财赋，韩愈在《送陆歙州诗序》中说："当今赋出于天下，江南居十九。"至明、清，孙承泽在《山书》卷六中写道："给事中李世祺疏言：'窃观天下财赋，大半取给东南。'"经济重心东移，京师要仰仗东南漕运，但航道日益凋敝，物资转输维艰，成为都城东移的原因之一。

其二，东北民族崛兴。周、秦、汉、唐的民族袭扰主要在西北，但慕容儁以蓟城（今北京）为都，特别是安禄山以范阳（今北京）为大都，下洛阳，陷长安，此二则是东北少数民族崛兴的历史信号。其后《辽东志》卷一载："天下之治乱，候于辽之盛衰；而知辽之盛衰，候于夷夏之兴废。"及辽、金、元、清，契丹、女真、蒙古、满洲相继崛起于辽东，先在北中国定鼎，进而号令全国。于是，对中原王朝汉族统治者的主要威胁变成来自东北的契丹、女真、蒙古和满洲，从而长安、洛阳、开封和南京失去了在军事上制内御边的作用，中国都城开始了自南向北的移动。

中国古代社会前期，都城主要在西安，后期都城主要在北京。在辽、金、元、明、清五代，除明代之外，北京都是少数民族所建立政权（明迁都北京也与防御蒙古有关）的都城。中原王朝汉族政权和东北少数民族政权为着仰漕江南和制内御边，都将都城作南北移动——北京成为其交合点。于是北京成为元、明、清三代全国的都城。

中国古代都城呈东西南北"大十字形"迁移是中华民族经济发展与民族融合的必然结果。

《中国古都研究》，中国古都学会，

浙江人民出版社，1986 年 9 月

《中国历代都城宫苑》前言

中国是一个历史悠久、幅员辽阔、民族繁盛、人口众多的国家。中国历代的都城宫苑，既表现了各自的文化神韵，也反映出共同的文化风采，有着美的山水、美的建筑、美的园林、美的艺术，不仅是中国文化史上的灿烂星汉，而且是世界文化史上的壮丽奇观。

就历史观角度的中国文化而言，它有文人文化和民间文化之分，也有城市文化和农村文化之别。在城市文化中，历代都城是其时王朝或政权的政治中心和文化中心（抑或经济中心），集中了一个时代全国或地域文化的精华，成为中华文化的聚焦点，是中华民族珍贵的文化遗产。中国历代的都城，自夏末商初直至清代，先后继承，彼此交融，从而形成了内容丰富的都城文化。因此，研究中国文化史，应予中国都城文化以重要的位置。

随着社会精神文明的不断丰富和中外文化交流的广泛开展，中国历代的都城宫苑越来越多地受到国内人们的关注，更引起域外人士日益浓厚的兴趣。因此，出版界需要一本介绍中国历代都城宫苑的书籍面世。

1983 年 9 月，第一次中国古都学术讨论会在西安市举行，同时成立了中国古都学会。北京紫禁城出版社的刘北汜先生和万依先生倡议出版《中国历代都城宫苑》，将各个重要都城的城池、宫殿、苑囿、艺术等加以系统、全面的介绍。它的内容既要有科学性、又要有知识性，语言既要准确严谨、又要生动晓畅。这一倡议得到各地研究都城历史文化的专家、学者的赞成和支持。于是商定由十七位来自不同古都的同志分头撰稿，嘱我主编。我自惭谫陋，但辞谢不允，只有率尔操觚，促成其事。

《中国历代都城宫苑》除拙撰北京之章外，其余各都城的撰著者有：

南京——江苏省社会科学院历史所副研究员、中国地方史志协会理事沈嘉荣；

苏州——苏州大学历史系副教授、苏州大学地方志研究室主任吴奈夫；

扬州——扬州师范学院历史系副教授秦子卿；

沈阳——沈阳故宫博物院院长铁玉钦；

杭州——杭州师范学院历史系副教授、地方史研究室主任林正秋；

洛阳——洛阳古代艺术馆馆长宫大中；

西安——北京市社会科学院《北京史苑》编辑徐丹俍；

郑州——河南省社会科学院历史所助理研究员王珍；

开封——开封市博物馆馆长徐伯勇；

邯郸——邯郸市文物保护管理处处长陈光唐；

曲阜——曲阜市文物管理委员会主任孔祥林；

广州——广州市文化局文物处副处长、广州市文物博物馆学会副会长邓炳权；

福州——福州市文化局副局长曾意丹；

太原——太原市文物管理委员会金川民；

成都——四川人民出版社《旅游天府》杂志负责人喻光韶；

银川——宁夏计划委员会国土处主任工程师汪一鸣和宁夏文物考古研究所副所长许成。

此外，俞美尔主任工程师等为本书绘制地图，许多朋友为本书提供照片，谨申谢忱。

本书撰写时间仓促，各地著者联系不便，考古新获未及采择，文中疏误一定不少，请各位专家和广大读者不吝指正。

《中国历代都城宫苑》，紫禁城出版社，1987年6月

《古都北京》前言

　　我奉献在尊敬的读者面前的《古都北京》[①]是一部伟大东方古代文化艺术博物馆的图文并茂的历史实录。

　　这部书的缘起是在 1984 年 9 月 5 日。那天，北京朝华出版社的编辑马悦女士突然光临我的研究室，约我撰写《古都北京》。这在我平静的心湖中，如谢灵运《山居赋》所云"拂青林而激波，挥白沙而生涟"，激起层层涟漪。我想，撰写《古都北京》很难。中国历史悠久，幅员辽阔，民族繁盛，人口众多。将她的政治心脏和文化中枢——古都北京以文图并茂的历史实录的形式献给读者，并非易事。然而，我觉得作为北京的一个市民，向中国、向世界介绍古都北京，责任在肩，义不容辞。

　　北京城是一项伟大的文化工程，也是世界文明史上一个壮丽的文化奇观。只有中国才有北京，也只有中国这样的国家才能创造北京。在这座城市里，中华民族五千年的精神文明和物质文明达到了光辉灿烂、登峰造极的境地。北京这座东方历史文化艺术的璀灿宝库，不仅居住在北京的一千万人关心她、热爱她，中国的十亿各族人民关心她、热爱她，海外的华侨、华裔关注她、向往她，世界各国的朋友也关注她、向往她。每年有数以千万计的同胞和朋友从四域八方来到北京，以饱览她那瑰丽的雄姿、巍峨

[①] 《古都北京》中、英文版本由北京朝华出版社于 1987 年同时出版。1993 年又出版法文、德文和日文版。

的宫殿、优美的园林、奇魅的艺术。但是，不论是到过还是未到过北京的同胞和朋友，很多人都希望能有一册反映北京历史文化艺术的实录在书斋插架，闲暇时能够信手翻阅，一览北京。因此，我作为北京的一个市民，便率尔操觚，滥竽纂述。

像每个人都有自己的性格一样，古都北京也有它的特征。那么，古都北京有些什么特征呢？

历史悠久，源远流长，是古都北京的第一个特征。北京历史长河的源头可上溯至大约七十万年前的北京猿人。尔后像滔滔江河，越往下游，河面越宽、河床越深。到元、明、清三代，北京历史江河的激浪，更如"天排云阵千雷震，地卷银山万马奔"。试想，在中国六大古都——西安、洛阳、开封、南京、杭州、北京之中，历史比北京悠久的有几座呢？我不揣冒昧，在本书中，就从北京猿人开始叙述，向读者展现古都北京的历史文化风貌。

主客分明，布局宏大，是古都北京的第二个特征。以明清的北京城而言，它是作为封建皇帝治居之所而设计和建造的。君王为主，臣民为客；君权为主，神权为客——这就是北京城设计的主题。美国首都华盛顿城是美国独立战争胜利的产物，也是美国民主和独立的象征，故在其城市设计中突出国会大厦，林肯纪念堂亦四面开放。然而，作为明清皇帝治居之所的北京城，则以一条中轴线纵贯南北，皇宫位于全城的中心。城池宫殿、坛庙苑林、衙署寺观、市井民舍在中轴线两侧依次对称展开，规制恢宏，格局严整，主次分明。它的城垣由宫城、皇城、内城、外城叠次分为四个方阵（外城因财力不足未能围成方形），呈封闭式，层层相套，等级森严，界限分明。北京城的园囿——宫城的御花园、皇城的太液池、内城的坛庙苑林、近郊的三山五园也都布局有序，呼应相连。这一整套的都城规划设计都是传统思想和精湛艺术的完美结合。

宫殿园林，珍宝荟萃，是古都北京的第三个特征。北京从金代成为皇都，至清末宣统帝退位，历时近八百年。古都北京不仅集中国历代王朝都城规划建设之大成，而且集中华民族自古以来文化艺术之精英，是一座伟大的艺术宫殿。雄伟的殿堂，肃穆的坛庙，壮丽的城池，秀美的园林，配置以亭轩台榭，陈设以奇宝异珍，点缀以山石花树，绕流以玉泉金水，北京城成为一座宛若仙境的宫殿花园城市。

各族文化，熔冶一炉，是古都北京的第四个特征。北京南襟河济，北连朔漠，位于中原农耕民族和塞外游牧民族交汇之地，历来为中华民族内部各族融汇和相争之区。正是由于各兄弟民族长期的争局和融合（还有其他原因），中国经济、政治、文化中心的东移，北京才成为元、明、清三代的都城。北京城的建筑和园林也汇合了各个民族之长。四方民族，杂居北京，他们的衣食住行、坊里习俗、宗教信仰，使北京的市井生活，更加色彩斑斓。

《古都北京》内容头绪纷繁，错综复杂，我力求执简驭繁，博观约取。中国17世纪著名画家石涛说过："搜尽奇峰打草稿。"本书不是绘画，作者也不是石涛，但《古都北京》却像一轴画卷，将历史文化胜迹一幅幅地展示出来。本书再现北京历史文化时，内容务求丰富，史料务尽翔实，图片务冀精美，结构务期严谨。本书的叙述以时间为经：自石器初晖、青铜文明、燕都蓟城、北方重镇、三燕建都、辽代南京、金代中都、元大都城、明代北京至清代京师，划分段落，纵向铺叙。复以事物为纬：自历史事件、名人胜迹、城池宫殿、坛庙寺观、园林陵寝、教育科技、文化艺术、帝后生活、坊巷市俗至岁时节令，分设纲目，横向铺叙。这样经纬交织，纵横错综，以复原古都北京的历史文化面貌。古都北京灿烂的历史文化如经天日月，本书则不若爝火之光。虽纂述并不惬心，但也是辛勤的收获。

写到这里，我想起了中国"千人糕"的古老故事。故事的大意是说，一盘丰盛的糕点，要有人耕田种麦、有人磨麦成粉、有人养鸡生蛋、有人榨蔗制糖等，经过多人之手方能制成，而不是糕点师一个人的杰作。同样，《古都北京》的成书吸取了历史、考古、文物、古建、园林和历史地理等学术研究的成果，还经过编辑、翻译、摄影、设计、绘图、印刷等多人之手。为此，谨向各方及诸位敬申谢忱。

《古都北京》，朝华出版社，1987 年

《中国古都北京》（原版）序

我们奉献在读者面前的《中国古都北京》是一部伟大东方古代文化艺术博物馆的图文并茂的历史实录。

这部书的缘起是在 1984 年 9 月 5 日。那天，北京朝华出版社的编辑马悦女士突然光临我的研究室，约我撰写《中国古都北京》。这在我平静的心湖中，有如谢灵运《山居赋》所云"拂青林而激波，挥白沙而生涟"，引发了漫漫思绪，激起了层层涟漪。我想，撰写这本书很难，但又很有意义。中国历史悠久，幅员辽阔，民族繁盛，人口众多。将她的神经中枢和政治心脏——古都北京，以图文并茂的历史实录形式奉献给读者，并非易事。然而我觉得：我的曾祖父、祖父、父亲和我，祖孙四代，久居北京；我是研究历史学的；我熟悉北京、喜欢北京、研究北京……这些都激动了我写古都北京之心。因此，作为北京的一个市民、一个学者，向中国、向世界介绍中国古都北京，责任在肩，义不容辞。

北京城是地球表面上一项伟大的文化工程，也是世界文明史上一个壮丽的文化奇观。只有中国才有北京，也只有中国这样的国家才能创造北京。在这座城市里，中华民族五千年的精神文明和物质文明达到了光辉灿烂、登峰造极的境地。北京这座东方历史文化艺术的璀璨宝库，不仅居住在北京的一千多万人关心她、热爱她，中国的十三亿各族人民关心她、热爱她，海外的华侨、华裔关注她、向往她，世界各国的朋友也关注她、向往她。每年有数以千万计的同胞和朋友从四域八方来到北京，以饱览她那瑰丽的雄姿、博大的气魄、巍峨的长城、蜿蜒的运河、壮丽的宫殿、优美的园林、奇魅的艺术、灿烂的文化、古典的民居、鲜活的民俗……但是，不论是到过还是未到过北京的同胞和朋友，很多人都希望能有一册反映北京历史文化艺术的实录在书斋插架，闲暇时能够信手翻阅，一览北京。因此，我作为北京的一个市民，便率尔操觚，滥竽纂述。

像每个人都有自己的性格一样，古都北京也有她的特征。那么，古都北京有些什么特征呢？

历史悠久，源远流长，是古都北京的第一个特征。北京历史长河的源头可上溯至大约七十万年前的北京猿人。尔后像滔滔江河，越往下游，河面越宽、河床越深。至元、明、清三代，北京历史江河的激浪，更如"天排云阵千雷震，地卷银山万马奔"。试想，在中国七大古都——安阳、西安、洛阳、开封、南京、杭州、北京之中，历史比北京悠久的能有几座呢？我不揣冒昧，在本书中，就从北京猿人开始叙述，向读者展现古都北京的历史文化风貌。

主客分明，布局宏大，是古都北京的第二个特征。以明清的北京城而言，它是作为封建皇帝治居之所而设计和建造的。君王为主，臣民为客；君权为主，神权为客——这就是北京城设计的主题。美国首都华盛顿城是美国独立战争胜利的产物，也是美国民主和独立的象征，故在其城市设计中突出国会大厦，林肯纪念堂亦四面开放。然而，作为明清皇帝治居之所的北京城，则以一条中轴线纵贯南北，皇宫位于全城的中心。城池宫殿、坛庙苑林、衙署寺观、市井民舍在中轴线两侧依次对称展开，格局严谨，主次分明。它的城垣由宫城、皇城、内城、外城叠次分为四个方阵（外城因财力不足未能围成方形），呈封闭式，层层相套，等级森严，界限分明。北京城的园囿——宫城的御花园、皇城的太液池、内城的坛庙苑林、近郊的三山五园，也都布局有序，呼应相连。这一整套的都城规划设计，都是传统思想和精湛艺术的完美结合。

宫殿园林，珍宝荟萃，是古都北京的第三个特征。北京从金代正式成为皇都，至清末宣统皇帝退位，历时近八百年。古都北京不仅集中国历代都城建设之大成，而且集中华民族自古以来文化艺术之精粹，是一座伟大的艺术宫殿。雄伟的殿堂，秀丽的园林，配置以亭轩台榭，陈设以奇宝异珍，点缀以山石花树，绕流以玉泉金水，北京城成为一座宛若仙境的宫殿花园城市。

各族文化，熔冶一炉，是古都北京的第四个特征。北京南襟河济，北连朔漠，位于中原农耕民族和塞外游牧民族、关外渔猎民族交汇之地，历来为中华民族内部各族融汇和相争之区。正是由于各兄弟民族长期的争局和融合（还有其他原因），中国经济、政治、文化中心的东移，北京才成为元、明、清三代的都城。北京城的建筑和园林也汇合了各个民族文化之优长。四方民族，杂居北京，他们的衣食住行、坊里习俗、宗教信仰、岁时纪胜使北京的市井生活更加色彩斑斓。

世界文化，密切交融，是古都北京的第五个特征。辽南京的清真寺（今牛街清真寺）是北京对外文化交流的一例。到了元代，大都是当时一座具有国际性大都市性质的城市。明代早期郑和下西洋是中外文化交流史上的盛事。《明史·外国传》载述了八十多个国家或地区，可见其时中外文化交往之一斑。晚明利玛窦将西方近代文明带到京师,《坤舆万国全图》、《几何原本》、自鸣钟等使北京士大夫耳目为之一新。清代康熙时任耶稣会士南怀仁为钦天监监正。后在英国出现中华风格的园林,法国人将其称为"英华园庭"。晚清外国陆续在北京设立使领馆,中西方文化交往出现新的特征。

《中国古都北京》内容头绪纷繁,错综复杂,我力求执简驭繁,博观约取。中国17世纪著名画家石涛说过:"搜尽奇峰打草稿。"本书不是绘画,作者也不是石涛,但《中国古都北京》却像一轴画卷,将历史文化胜迹一幅幅地展示出来。本书再现北京历史文化时,内容务求丰富,史料务尽翔实,图片务冀精美,结构务期严谨。本书的叙述以时间为经:自石器初晖、青铜文明、燕都蓟城、北方重镇、三燕建都、辽代南京、金代中都、元代大都、明代北京、清代京师至民国北京,划分段落,纵向铺叙。复以事物为纬:自历史事件、名人胜迹、城池宫殿、坛庙寺观、园林陵寝、教育科技、文化艺术、帝后生活、坊巷市俗至岁时节令,分设纲目,横向铺叙。这样经纬交织,纵横错综,以复原中国古都北京的历史文化面貌。古都北京灿烂的历史文化如经天日月,本书则不若爝火之光。虽纂述并不惬心,但也是辛勤的收获。

这里,我特别要提到摄影大师严钟义先生。我和他在20世纪80年代相识,曾经有过非常愉快的合作。相隔多年后,我们又重温旧谊,推出新版《中国古都北京》,献给中国的读者,也献给世界的朋友。

写到这里,我想起了中国"千人糕"的古老故事。故事的大意是说,一盘丰盛的糕点,要有人耕田种麦、有人磨麦成粉、有人养鸡生蛋、有人榨蔗制糖等，经过多人之手方能制成，而不只是糕点师一个人的杰作。同样，《中国古都北京》的成书吸取了历史、考古、文物、古建、园林和历史地理等学术研究的成果，还经过编辑、摄影、设计、绘图、印刷等多人之手，为此，谨向各方及诸位敬申谢忱。

《中国古都北京》，中国民主法制出版社，2008 年 1 月

《古都北京》（2016年版）后记

《古都北京》先后有三个版本，我分别做交代。

先说第一个版本。在三十年前的一个星期三的下午，朝华出版社的编辑马悦突然来到我的办公室。她说要出版一本图文并茂的《古都北京》，邀请我撰写文字稿。我一口谢绝，理由一是力不胜任，二是没有时间。马悦编辑叨叨不绝，非要我写不可。到了下班时间，我们不欢而散。下一个星期三下午，她不约而至，就坐在我的办公室，一直到下班。那时，我们不坐班，只是每周三到班一天。于是，连着四个星期三的下午，马编辑都在我的办公室坐着，既不影响我的工作，也不催促我写稿子。我真服了马悦编辑的执着精神。由是，我便敷衍着答应下来，施缓兵之计，想拖延一下。可是，下一个星期六，马编辑便到我家催我写提纲。办法照旧，每个周六她都在我家坐等提纲，一连四周。我没办法，只好答应。我放下手头的急活，写出书稿提纲。不料，她取走提纲后，第二天下午又到我家，说一夜没睡，看了提纲，经过研究觉得可以。接着，要我拉出五百幅照片目录，每幅都要注明"突出什么"。我只好从命，花三天时间拉出照片目录，注出突出重点，比如天坛圜丘，我注明三个字"突出天"。然后，该社的摄影师严钟义先生按图索骥，或配片，或拍照，或外找，不到三个月，照片已配齐。而后，《古都北京》的第一个中文版本出版。其间，编辑马悦、摄影师严钟义、设计师魏明等，不知有多少个不眠之夜，严钟义甚至在印刷车间睡觉，因为每印一页都要经过检验。随后其英文版、德文版相继问世。《古都北京》获得 1987 年法兰克福、1988 年莱比锡两个国际图书荣誉奖，并成为国家和北京的高端礼品书。

次说第二个版本。《古都北京》出版 20 年后的一个晚上，中国民主法制出版社杨瑞雪社长、中央电视台高峰副台长夫妇，邀请我和夫人立红在紫玉饭店吃饭，席间谈及拙著《古都北京》。杨社长提出重新出版，并强调这本书在迎接 2008 年北京奥运会的背景下问世，有着特殊意义。我很愿意同真诚热情、秀外慧中的杨社长合作，定下来以《中国古都北京》作书名重新出版。

事情既定，我便联络二十年前合作的摄影家严钟义先生。多年未联系，情况不明。打过去电话才得知，他因晚间跑步锻炼不慎跌碎髌骨，正在家养伤。我前去造访，当年的小严先生拄着双拐迎接，已成老严先生。可喜可贵的是，他二十多年来执着摄影，寒暑不懈，新片积累盈千累万。我们一谈即合，新的合作就于当天开始。

这次作业程序，先由立红女士将《古都北京》文字稿录下、重新斟酌、补充史料、纂出初稿，严钟义先生精选图片、补充文字和图片说明、加以表识，我做补充、筛选、修改、统纂；再由严钟义工作室进行版式设计，复由中国民主法制出版社编辑部主任刘海涛先生编辑、审稿，最后由杨瑞雪社长定稿、出版。杨社长给作者充分的时间和热情的支持，是我敬重的一位社长。书中图片，还要感谢故宫博物院胡锤主任、首都博物馆祁庆国主任等。

2008 年是在北京举行奥运会的一年，世界上二百多个国家和地区的朋友、中华各族的同胞、全球数以千万计的华人，或亲临北京，或关注北京。值此之际，出版了《中国古都北京》中文版、英文版、普通本、精装本、礼品本共五种版本，尽了我们的义务，也尽了我们的责任。

再说第三个版本。人间事情，循环往复。2015 年初，朝华出版社汪涛社长、梁惠编辑又找我谈《古都北京》第三个版本的出版事宜。时距《古都北京》第一个版本出版已近三十年，距第二个版本也已七年。他们想借 2022 年冬奥会在北京和张家口举行的契机，再次修订、充实出版《古都北京》，并逐步推出中文、英文、法文、德文、西班牙文和阿拉伯文六种文字的不同版本。

这次出版《古都北京》的突出特点是"四新"：一是吸取近年考古、文物、文献等学科学术研究的新成果，做文字修订、梳理与增补；二是严钟义先生汇集了新拍摄、新积累的图片，对其加以丰富、调整、充实；三是吸取前两个版本的优长，改进其不足，重新进行创意、设计、调整、装帧；四是逐步推出中、英、法、德、西、阿六种文字的不同版本，以扩大影响。

用三十年时间打磨一本书。本书三个十年，三次出版历程，就是不断求真、求善、求美的过程。

求真 例如前门箭楼的箭窗个数，各书记载不同，哪个数字可靠？当年严钟义先生骑着摩托车，我坐在他的摩托车后座，我们二人一起到前门箭楼仔细数，反复数，才将核定的数字落到书中的文字上。后来又得到正阳门管理处郭豹主任提供的全面详细、经过考据的数字。又如安定门外西黄寺塔名，各书记载不一：是"清净化域塔"，还是"清净化城塔"？我们两人前去核实。到了之后，天已漆黑。找手电，没有。怎么办？严钟义和我用手摸碑文，确定是"城"字，不是"域"字。后又查《妙法莲花经》。其中的《化城喻品》讲了一个故事：众人要到很远的地方，路途险恶，旷无人烟。众人不愿前进，中途欲退。一位导师告诉大家，你们不要畏难，前面有一座城，可以休息。众人听了，心中大喜，于是进入化城，得以休息。众人消除疲劳后，情愿久居，不想前进。导师告诉众人说：刚才的大城，是我为了让你们住下休息所做的化城。你们既已得到休息，不再疲倦，就灭掉化城吧。众人没办法，只能继续前进。"化城"的典故就出于此。乾隆帝御撰《清净化城塔记》也可作证。从而我们断定塔名是"清净化城塔"，纠正了相关著作中"清净化域塔"名之疏误。

求善 "善"字在《论语》中多次出现。如子谓《韶》："尽美矣，又尽善也。"我们追求"尽善"。孔子曰："三人行，必有我师焉。择其善者而从之，其不善者而改之。"在编纂过程中，我们尽量选择好的地方学习之、吸取之。总之，就是追求"善"——心善、目善、言善、行善，做人善、做事善，这是本书的旨归。雍和宫迈达拉大佛像高二十六米，在房间照相拉不开距离。严钟义先生就爬到楼上，脚踩几厘米厚的积尘进行拍摄，为求善也。

求美 为了拍摄长城早霞与晚霞的不同景观，严钟义先生在寒冬夜里出发去长城，等上半宿，才能拍上长城早霞；拍长城晚霞也是如此辛苦。他在拍摄颐和园十七孔桥、凤凰岭明代瑞云庵塔等照片时，都是经过常年观察，寻找时机，揣摩角度，反复拍摄，精中选优，最终著于书中，这些则是求美的实例。

总之，经过撰稿、摄影、翻译、编辑、设计、审校、印制、装订等多道程序，步步严谨，节节精进，《古都北京》以新面貌面世。

《古都北京》，朝华出版社，2016年10月

《燕步集》序

拙著《燕步集》，尺泽鲋鲵，片羽吉光，自觉形秽，献给读者。以"燕"与"步"名集，是因为：在燕以求学，在燕而治史；学步以自勉，趋步而不息——故定名为《燕步集》。

我从 1977 年至 1987 年的十年间，先后在报刊、论文集、电视和电台上发表史文百余篇。从中遴选三十三篇，三十五万余字，分为七组，结成论集。其中，《评康熙帝》撰写于 1964 年"下放劳动"时月夜野外值班的草棚里，发表于 1975 年，收入本集时作了修改。本集的七组文章，《论努尔哈赤》等四文为第一组，对清入关前的历史进行了探讨；《论袁崇焕》等六文为第二组，将袁崇焕与努尔哈赤两个角立人物及其历史舞台作了比较研究；《论戚继光》一文为第三组，为纪念明代大军事家、民族英雄戚继光逝世四百周年而作，从一个侧面探讨了明嘉靖以降朝政衰微、"南倭北虏"、蓟镇防务与清兴背景等问题；《评康熙帝》等七文为第四组，试就清迁鼎燕京后几个重要历史人物及与其相关的政治、民族、八旗与文化环境等问题进行探索；《清入关前满洲的社会经济形态》等四文为第五组，就清代的经济、外交、法制与文化等若干问题，初作探述；《北京文化的历史特点》等八文为第六组，就北京史与都城史的一些问题作探讨；第七组为《打开中国地方志宝库的钥匙——评〈中国地方志联合目录〉》等三篇书评。这三篇书评分别发表在《中国社会科学》《历史研究》等报刊上，其中《学习北京史的津梁——评〈北京史话〉》一文入本集时，将曾被删掉的一段文字加以收录，恢复其原貌。

《周易》言："天行健，君子以自强不息。"学术研究如日月经天，江河行地，自强勉力，无有止息。驻足于以往成就，犹同于作茧自娱。本集的问世既是对以往史学探微的小结，更是今后史学研究的起点。当以此作为砥砺，苦研索，勤黾勉。

当前学术论著出版之难，不言而喻，中外皆然。承蒙北京燕山出版社社长兼总编辑、编审刘珂理先生和编审、副总编辑宋惕冰先生嘱出此集，编辑室主任赵珩先生为责任编辑，虽翻检旧作，但俱不尽意。愧将所收诸文划一体例，订正史料，修琢文字，付之桑梓。祈望读者不吝大政。

拙集承赵守俨先生题签，谨致谢意。

《燕步集》，北京燕山出版社，1989 年 10 月

《袁崇焕学术论文集》前言

　　《袁崇焕学术论文集》现在同读者见面了。对于它的出版原委，我在此略作说明。

　　《袁崇焕研究论文集》与《袁崇焕学术论文集》为姊妹篇。故先从《袁崇焕研究论文集》的结集与出版说起。

　　1980年夏，我在撰写《论明代保卫北京的民族英雄袁崇焕》时，见各书对袁督师籍贯记载殊异。查阅县志，亦未解惑。1981年，我去两粤进行有关袁崇焕的历史文物与历史遗迹的实地考查。在广西壮族自治区南宁市，我见到了自治区政府副主席、区政协副主席、区历史学会会长莫乃群教授。我向莫乃群先生建议于明代杰出军事家、民族英雄袁崇焕的研究做三件事：一是调查袁督师的遗迹，二是编纂袁督师的资料与传纪，三是召开纪念袁崇焕诞生四百周年学术讨论会。莫老均表俯同，惠予支持。尔后，莫老请李笑和昌孟禧同志陪我顺西江而下，至梧州地区的藤县和玉林地区的平南县。藤县领导派卢围同志陪我去藤县和平南县实地考查了位于两县界河——藤江两岸的新、旧白马村。考察中访耆老、探故居、寻遗迹、拓碑文、查志书、阅谱乘。回到县城后，县委宣传部李部长晚间到住处看我，提出他们正在修县志，望我将袁督师的资料汇集成书，以便参阅。我高兴地答应此事，后编纂《袁崇焕资料集录》，该书于1984年由广西民族出版社出版。同时，我建议1984年6月在藤县举行纪念袁崇焕诞生四百周年学术讨论会，李部长表示要研究一下。当天夜里二时许，我正在翻阅县志时，李部长来找我，说县领导刚在会上决定，欢迎在藤县举行此会，会议费用由县里解决，并就有关事宜与我交换了意见。之后，卢围和霍俊同志陪同我再顺西江而下，至广州、赴东莞，进行学术考察。我们在东莞县（今东莞市）博物馆有关同志的陪同下，实地考察了温塘和水南等地有关袁督师的文物遗迹。尔后，我回到北京，撰写了《袁崇焕籍贯考》（载于《历史研究》1982年第1期）。后来，在莫乃群先生的主持下，经过积极筹备，"纪念袁崇焕诞生四百周年学术讨论会"于1984年6月在广西藤县举行。大会从提交的论文中遴选了三十九篇，共五十二万余字，编纂为《袁崇焕研究论文集》，于同年由广西民族出版社出版。

先是，在藤县纪念袁崇焕诞生四百周年学术讨论会临近结束时，有的同志提议，鉴于袁督师一生的主要功业在宁远即今辽宁兴城，望能在兴城举行第二次袁崇焕研究学术讨论会，并委我为此做些学术联络工作。我虽愿为促成在兴城召开这样的学术会议而尽绵薄之力，但要寻找适当的机会，使上述建议能够得到兴城方面的赞同与支持。

1985年秋，我到长春市参加全国第三次清史学术讨论会后，回程时到兴城进行学术考察。兴城县（今兴城市）委书记王恩福同志和宣传部部长李久林同志等和我会面时，提出要拍一部历史电视连续剧《袁崇焕》，我表示支持。他们又要我担任该剧的历史顾问，我也应允。同时，我建议在兴城举行袁崇焕研究学术讨论会，他们即予支持。此后，便开始了筹备工作。1987年，我在日本东京东洋文库清史研究室讲学时，传递了将在中国兴城举行袁崇焕学术讨论会的信息。日本明治大学神田信夫教授、日本大学松村润教授、立教大学石桥秀雄教授、京都大学河内良弘教授、东北学院大学细谷良夫教授、关西大学松浦章教授、东京外国语大学亚非语言文化研究所中见立夫副教授、日本大学加藤直人专任讲师和国士馆大学石桥崇雄讲师等，均对这次学术讨论会表示有很大兴趣，并愿意赴兴城莅会（后石桥秀雄教授和河内良弘教授因故未能与会）。同年底，电视剧《袁崇焕》在兴城开机，我又到了兴城。值此之际，我就袁崇焕学术讨论会的具体问题同有关方面详加商议。1988 年 8 月，"国际袁崇焕学术讨论会"在兴城举行。莫乃群先生原定莅会，因故未能成行，派吕孟禧先生到会祝贺，并表示愿意出版这次学术会议的论文集。

会后，经过研究，请拟入集论文的作者对论文加以修订，严核史料，统一体例，约期搜齐。文稿汇集后，先由我统编，再由吕孟禧先生复稿，尔后定稿，交付出版。本集共收论文二十一篇，综述三篇，资料两篇，附录一篇，分为十组。集中论文就袁崇焕研究及与之有关诸问题进行了广泛而深入的探讨。其论述之广度与深度都有所开掘，亦有所突破，是国内外袁崇焕研究学术成果的最新展示。

本集中的神田信夫教授所作《袁崇焕与皇太极的往来书信》和松浦章教授所作《明末袁崇焕与朝鲜使臣》两文，由吉林社会科学院历史所杨旸副研究员译出，论文集的编辑出版得到莫乃群先生的关怀，承蒙广西人民出版社出版，谨并志谢。

《袁崇焕学术论文集》，阎崇年、吕孟禧主编，

广西人民出版社，1989 年 12 月

《戚继光研究论集》前言

　　明代伟大的军事家、杰出的民族英雄戚继光，结束了"一年三百六十日，多是横戈马上行"的戎旅生涯，于万历十五年十二月腊日在其乡里山东蓬莱病逝，享寿六十春秋。戚继光辞世至今，已逾四百年。现在呈献给读者的《戚继光研究论集》，既是对戚继光逝世四百周年的纪念，也是对四百年来戚继光研究成果的展示。

　　关于《戚继光研究论集》出版的原委，在此略作说明。戚继光的军事思想、丰功伟业、诗文光华与高尚情操，不仅为时人所赞誉，而且为后人所景仰。我是山东省蓬莱县人，对乡里先贤戚继光早怀敬慕之情。后读康熙《蓬莱县志》和《戚少保年谱耆编》等书，知戚继光的祖母阎氏，系与愚先祖同宗；及学了中国史和世界史，益知戚继光不仅是中国历史上的杰出人物，而且是世界历史上的著名人物。然而，戚继光逝世四百年来，学界对他的研究虽有成绩，却不很深入。据不完全统计，20 世纪以来，报刊发表论述戚继光的文章五十余篇，出版机构出版研究戚继光的专书十余本。这与其他杰出历史人物的研究论著相比，数量较少，深度也不够。戚继光的军事论著与军事实践既是中华民族武库中的闪光利器，也是世界人类武库中的宝贵财富，但对戚继光军事思想研究及其在军事史上地位评价的学术论著几乎空白。而且，戚继光"封侯非我意，但愿海波平"的清白人品、高风亮节，于现今的精神文明建设而言，也是一个历史的范本。因此，值戚继光逝世四百周年之际，将戚继光的研究与宣传向前推进一步，是完全有必要的。

基于上述想法，1987 年 1 月 20 日，我给蓬莱县委书记孙德汉同志写信，建议在蓬莱县举行全国性的纪念戚继光逝世四百周年学术讨论会。2 月 3 日，孙德汉同志复信说："您来信谈到的纪念戚继光活动一事，我们想到一块了。在您来信之前，我已查阅了有关资料，最近已提到县委常委扩大会上进行了初步探讨。我特去了戚继光的水师营遗址、牌坊、祠堂、墓地等地方，看来有些文物需要修复，县委已决定在今年 5 月 1 日至 10 月 1 日，陆续修缮开放戚继光祠堂、水城、振扬门、水师营（博物馆）、古战船展室、太平楼、戚继光事迹展览、戚继光塑像、戚家牌坊和芝山戚继光墓等景点。至于学术讨论会如何构思、安排，需做哪些工作，请您为主考虑意见。"不久，经过研究协商，"纪念戚继光逝世四百周年学术讨论会"筹备组成立了。

1987 年 10 月 15 日至 18 日，纪念戚继光逝世四百周年学术讨论会在山东省蓬莱县举行。全国高校、科研、文博、新闻单位，以及军事史研究院校方面的专家、教授等六十余人聚集蓬莱，就戚继光所处的国内外环境，当时的政治、经济、军事、文化与民族关系，对戚继光抗倭评估、守蓟功绩、兵书价值及其在军事史上的地位等学术问题，进行了热烈的讨论。会议期间，大会决定将提交的部分论文及有关文章结集出版，并责成我主编。我既感不安，又义不容辞，便同有关同志商议，选定入集篇目，再请作者修订；又约请专家撰写了几篇论文。美籍华人黄仁宇教授在《万历十五年》中有《戚继光——孤独的将领》一文，我们经征得作者及中华书局同意，将其录入本集。

本集共收文三十三篇，分为十组。第一组三篇，对戚继光的生平业绩及其贡献作了较为全面的论述。第二组八篇，重点阐述戚继光的军事思想及其在军事史上的地位。第三组四篇，对戚继光的爱国主义思想与崇高品格作了探述。第四组八篇，分论戚继光在山东、浙江、福建、蓟门、天津等地区的抗倭、"御虏"功绩。第五组两篇，探论戚继光与汪道昆的关系并评论戚继光诗歌的艺术特色。第六组两篇，对戚继光著作的版本与流传作了考述。第七组一篇，考辨戚继光的籍贯为山东蓬莱人。第八组一篇，收录美籍华人黄仁宇教授的《戚继光——孤独的将领》。第九组两篇，著录纪念戚继光逝世四百周年学术讨论会的开幕词和闭幕词。第十组为附文两篇，即《戚继光研究论著目录》和这次学术讨论的学术综述。对收入本集的诸作，作者文责自负，史料自核，我则主要是划一体例、统一编纂。

戚继光逝世四百周年学术讨论会的举行及相关论文的结集出版，是戚继光逝世四百年以来的一桩盛举，也是学术界的一件盛事。在这里，应当特别感谢蓬莱县委书记孙德汉同志对文化事业之重视，并感谢县长刘炳敏同志、县委宣传部部长尹传水同志以及其他诸位同志对此次会议之热情，还要感谢知识出版社对本集出版的大力支持。

全国人民代表大会常务委员会副委员长、现任中国史学会主席团主席周谷城教授为本书题词，谨致谢忱。

《戚继光研究论集》，知识出版社，1990 年 2 月

《中国市县大辞典》序言

　　《中国市县大辞典》经各层次、各地区、各方面的共同努力，现在出版问世。

　　《中国市县大辞典》是一部集资料性、知识性、科学性等属性于一身的工具书。我国是一个历史悠久、幅员广阔、民族繁盛、人口众多的大国。市、县数量多，四域八方，星罗棋布。了解市情、县情是认识国情的基础。然而，对于市、县历史与现状、自然与社会、人文与经济的介绍，地方志书太繁，不便查阅，某些手册过简，失于疏略。因此一部繁简适中的反映市县资料的工具书正是大家所需要的。于是，试以《中国市县大辞典》作为纽带，将全国市、县的历史与地理、政治与经济、社会与文化、人口与民族、交通与胜迹等资料，纵横诠次，稽实载述，以利于读者辨方域、识沿革、广查考、博见闻。特别是对诸多市、县，或实地考核文献，或以新资料填补空白，均载记了可资利用的社会文化内容，具有可贵的价值。

　　《中国市县大辞典》全书收录截至 1988 年 12 月 31 日全国 2370 个建制市、县的辞条（台湾市、县暂缺）。这些市、县的分类统计见下表：

市			县（旗、区）	总计
直辖市	地级市	县级市		
3	183	248	1936	2370
434				

《中国市县大辞典》的主要内容，包括市、县的位置面积、自然环境、历史沿革、人口民族、行政区划、矿藏资源、经济发展、文教卫生、城建交通、新闻科技、历史文物、名优特产、旅游资源等。这部《中国市县大辞典》对于研究历史地理、文物考古、社会经济、水利交通、民族文化以及从事经济、政法、文教、新闻、出版等实际工作的同志，对于各方面、各部门和各行业，对于国内外的纵横网络联系，都会有一定的参考价值。

《中国市县大辞典》的编纂说明，略举如下：

第一，稿件来源——主要由各市、县的史志办公室或政府办公室提供稿件，部分稿件由有关自治区、市、县党校提供，撰写人拟稿后，经有关领导审核并加盖公章，甚至经市、县长审批。

第二，统计资料——直接源自该市、县的统计局，截止时间为1988年12月31日。其中有的市、县在时间上稍作变通。援引数据多为第一手资料，经过核审，翔实准确。

第三，编写体例——虽然先发样稿、力求划一，但统汇两千余市、县稿件，出于数千人之手，难得修齐，容有参差，只能趋大同而存小异。

第四，编排顺序——按1989年《中华人民共和国行政区划简册》编排。此外，为便于读者查阅，正文后附有中国市县地名索引。

第五，补写稿件——个别市、县出于种种原因，屡经函催，未掷稿件，只有请人补写，不足之处，尚希鉴谅。

第六，字数限制——辞条的一般最高限制字数，县1200字、县级市1500字、地级市2000字、直辖市3000字，以避免文字多寡悬殊而比例失衡。各市、县来稿大体按上述约限，过长者稍作删节，但亦略有短长。

《中国市县大辞典》的编纂得到中共中央党校出版社和各市、县领导及诸多同志的热情支持。在编撰出版过程中，中共中央党校出版社总编辑耿立、副总编辑叶佐英同志始终给予热情的支持和指导。中共中央党校出版社总编室编辑组长刘扬名、编辑陈保群同志，中共北京市委《学习与研究》杂志社颜吉鹤主任编辑，北京市社会科学院城市问题研究所宋俊岭副研究员、徐育敏助理研究员和解繁、李云、和梅同志，中共西藏自治区委员会党校悦登平措同志、浙江省地方志学会常务理事周金奎同志、云南省昆明市地方志办公室赵丕德同志，以及青海省西宁市地方志办公室的陶宛竹同志，都付出了辛勤的劳动。中共中央党校培训部新疆班的韩寿昌同志在征集新疆地区稿件的工作中曾给予热情帮助。在补写稿件中引用各有关书籍资料，恕不一一开列书名和作者，在此一并表示谢意。

《中国市县大辞典》承蒙中国管理科学研究院田夫院长支持并撰序，谨致谢意。

《中国市县大辞典》，中共中央党校出版社，1991 年 8 月

《燕史集》序

我的《燕步集》承北京燕山出版社于 1989 年出版。星霜荏苒，已经九载。我的《燕史集》又承北京燕山出版社于 1998 年出版。一位美国教授同我说过，他们把给自己连续出书的出版社称作"我的出版社"，意在表明著书者同出版方的亲切关系。蒙北京燕山出版社出版我个人论文的姊妹集，这不仅是我个人的幸运，更展示了出版方的襟怀。

《燕史集》是论述北京历史文化的结集，共收文三十九篇，分为十组，凡三十余万字，述积学之所得，申管窥之所见。金自矿出，需经淘炼；玉从石出，要经琢磨。纂著通史，如淘金；撰著燕史，似琢玉。研治燕史，似易实难。其难有六：一是时间漫长，经古纬今，顾此兼彼，难以贯通；二是领域宽广，史学诸科，林林总总，纷绪万端，难以综理；三是资料庞杂，经史子集，多未辨正，难以整合；四是庙堂所在，五代帝都，干枝交错，难以梳理；五是学人荟萃，各代各科，多有名家，疏误之瑕，难以藏饰；六是国际交流，大都以降，海外资料，庋藏四域，难以沟通。综此六难，研究燕史，务勤务精，惟慎惟危。

自 20 世纪 90 年代初以来，我致力于满学的研究，而较少深涉北京史。回首检读本集所收文章，往事历历在目。现将拙文结集出版，既是对过去燕史研究的总结，又是对一段学术生涯的纪念。

浅著杀青问世，任由读者品评。杜甫诗云："日月笼中鸟，乾坤水上萍。"治学境界，亦当如是。

《燕史集》，北京燕山出版社，1998 年 1 月

《满学论集》序

在本书开头，将要说的话，分作三点，率尔自序。

一

我学习满洲史、清代史，先从三个"实录"即《清实录》《明实录》和《李朝实录》入手。但是，像皇室先世、官庄旗地、八旗源流、满洲文字等问题，不追根探源，总搞不清楚。探究治学的方法，也要寻根溯源。满洲史、清代史的"根"在哪里？"源"在何处？其地之根在山海关外，其时之源在清入关前。记载满洲兴起和清朝开国之史事，主要为满文册档。其现存最为原始、系统、详尽、珍贵的清太祖和太宗时期编年体的满文史料长编是 20 世纪 30 年代重现的《无圈点老档》（又称作《旧满洲档》《满文老档》《老满文原档》）。因此，研究满洲史、清代史，尤其是研究早期的满洲史、清代史，应当学习满文。经于厚茹女士介绍，从 1964 年冬，我随做过光绪朝佐领的满洲正黄旗那寿山先生学习满文。那先生时年八十二岁，但精神矍铄，十分健谈。他以清朝学者舞格的《清文启蒙》为课本，从十二字头教起。遗憾的是，那老在"文革"时含冤去世。我原本就学得不好的满文因受各种因素影响而浅尝辄止。

后来我在研究满洲史、清代史的过程中，脑子里经常思考两个问题。其一，早期的满洲史、清代史之研究，只用汉文资料而不用满文档案，有很大的学术局限性。海外杰出的满洲史、清代史学者多通满文；而中国大陆的满洲史、清代史学者多不通满文。愚想：到21世纪中叶，不懂满文的满学、清史学者盖不能成为满学、清史研究的国际大家。其二，研究藏族的历史、语言、文化、宗教的学科为藏学；研究蒙古族的历史、语言、文化、宗教的学科为蒙古学；研究满族的历史、语言、文化、宗教的学科，何不称其为满学？1989年10月上旬，辽宁省民族研究所张佳生先生邀请我到丹东市出席"首届满族文化学术研讨会"。会间，我向一些朋友提出建立满学学科的设想，得到同仁的赞许。回北京后，我将脑中酝酿的关于建立满学专业研究机构——北京满学研究所的想法，在是年10月31日写成书面文件，于11月13日上午正式向有关方面建议：

我国的藏学（西藏社科院）、蒙古学（内蒙古社科院）、维吾尔学（新疆社科院）、伊斯兰学（宁夏社科院）都有专门的研究中心或研究所，但满学没有。满族是我国一个重要的少数民族，曾建立过长达二百六十八年的清朝，留下了丰富的满学文化宝库。但在民国时期，满学研究受到歧视。新中国成立后的一段时期，满学研究也未得到应有的重视。党的十一届三中全会后，应当说加强满学研究的条件已经具备。据我所知，我国台湾有一批人在研究满学。日本的东京和京都等地都有一定的满学研究力量，并成立了日本满族史研究会。美国、俄罗斯、英国、意大利、波兰和德国等国都重视对满学的研究。近一年来，我接待了来自美、俄、日、英、意五国的来访学者。他们认为：满学研究中心应当在中国，在北京。但北京的满学研究（在某些方面）不仅落后于国外，落后于我国台湾，也落后于我国的东北地区。黑龙江省委党校设置了满语研究所，辽宁省民族研究所也重视这方面的研究。满族的根源在东北，但其干流在北京。北京研究满学有着得天独厚的条件，也有着义不容辞的义务。北京应当并可以成为国内满学研究的一个重要学术阵地。我曾就这个问题同市民委、原满族上层人士、清史界和民族史界的一些同志交换过意见，大家一致认为北京应当设立满学研究所。因此，我建议：北京设立满学研究所。

当天傍晚即得到时任北京市委副书记的王光先生和时任北京市委常委、宣传部部长的李志坚先生的亲自电话答复：支持建立北京满学研究所，并决定在北京社会科学院设立满学研究所。当月22日，我乘飞机离开北京，赴美国讲学和访问。1990年5月22日，我按规定的期限回到北京。回京后，我立即着手筹建满学研究所。1991年3月6日，北京社会科学院满学研究所成立，我担任所长。这是我国第一个满学的专业学术研究机构。

同年5月13日，北京社会科学院举行"加强满学研究，增进民族团结"座谈会。北京满学研究所成立的信息正式向海内外公布。随之，美联社驻北京记者魏梦欣女士对我做了专访，说明满学所的成立引起了国际上的重视。1992年7月，《满学研究》第一辑出版。同年8月，"首届国际满学研讨会"在北京前门饭店举行。1993年3月24日，以研究满学为宗旨的高层次民间学术团体——

北京满学会正式成立。美国的《世界日报》对此做了报道。继北京社会科学院满学研究所建立之后，中央民族大学成立满学研究所、辽宁省社会科学院成立了满学研究中心，四平市和丹东市等地也成立满学研究机构。此外，黑龙江省建立满语研究所并出版《满语研究》，辽宁省也出版了《满族研究》。北京满学研究所的建立、《满学研究》的出版、国际满学研讨会的举行、北京满学会的成立，以及各地满学研究机构的建立、满学专业刊物的出版和满学群众学术团体的成立，是满学作为正在兴起的国际性学科的新起点和新标志，表明满学作为人文科学中一门独立的学科，已经得到满学界和学术界的认同。

二

人们说起藏学、蒙古学来，并不感到陌生。但说起满学来，似乎觉得陌生。"满洲学"一词在西文中出现较早。17世纪末、18世纪初，西方来华的耶稣会士学会满文。而后，法国人张诚（Jean Francois Gerbillon）著《满洲语入门》。到18世纪中，法国另一位耶稣会士钱德明先后编纂《满洲文法》和《满法辞典》。到19世纪，满洲学研究在欧洲盛况空前。他们创造了Manchoulogy这个专门名词，它的汉译是"满洲学"。在现代英语中，Manchou通常写作Manchu，所以Manchoulogy可以写作Manchuology。现代英文Manchuology也写作Manchu Studies。

在汉文里，有清一代称满语为"清语"，满文为"清文"。那时的"清语""清文"为"国语""国文"，其学问便是"国学"，根本没有"满学"这一说。辛亥鼎革，民国建元，民族偏见影响深广，"蒙藏委员会"中，有蒙、藏而无满族。民国时期更没有"满学"的概念。中华人民共和国成立后的前二十五年间，政治运动不断，学术空气疏薄，也没有"满学"这一概念。1978年，国家实施改革开放政策，为人文科学中满学这个学科的建立创造了学术文化氛围。1991年北京满学研究所成立后，从新闻媒体到学术论著，"满学"一词为满学界接纳，被学术界接受，也得到社会认同。

"满学"的界定，我于1992年在《满学研究》第一辑《满学研究刍言》中，做了如下表述：

> 在人文科学的诸多学科中，满学算是一门比较新兴的学科。满学作为一门新兴的独立学科，它的定义即界说之内涵及其外延，需要有个科学的界定。谨就满学的定义，浅述管见，冀求探讨。
>
> 满学的定义，诸多方家，各申所见。简括而言，关于满学定义诸说，以其界说的范围来划分，有狭义与广义之别。美国夏威夷大学陆西华（Roth Li）博士认为：用满文作满洲研究之学，叫作满学。上述满学定义，以研究者是否用满文作为研究手段，来规约满学的界定。无疑，用满文研究满洲之学，应是满学；然而，这个满学定义比较偏颇。因为定义应揭示概念内涵及其外延的逻辑关系，要指出概念所反映对象的本质属性；而上述满学界说之狭义性，在于未能揭明满学所内涵的逻辑关系，也未能指明满学所反映的本质属性。按照上述的满学定义，不仅会将绝大部分研究满洲历史文化

和研究清代历史的学术成果，排除在满学的学科之外，而且会将绝大多数研究满洲历史文化和研究清代历史的专家学者，排除在满学的学者之外。显然，用满文研究满洲之学叫作满学的定义，是满学的狭义界定。

同满学狭义界定相并行的是满学广义界定。满学的广义界定，是从满学所反映对象的发展变化中，全面地探究其内在联系，从而具体地揭示其本质特征。由是说，我认为：满学即满洲学之简称，是主要研究满洲历史、语言、文化、社会及其同中华各族和域外各国文化双向影响的一门学科。在这里，研究满洲历史、语言、文化和社会，是满学定义的内涵与核心；研究满洲同中华各族和域外各国文化双向影响，则是满学定义的外延与展伸。

在上文中，我还分析和论述了满学作为人文科学中的一门独立学科，其赖以建立的六项条件或六块基石：第一，满族历史悠久；第二，满族建立清朝；第三，满族文献宏富；第四，满族人口众多；第五，满文特殊价值；第六，满学国际交流。

上述的满学定义暨相关分析，管窥之见，肤浅粗略，仅供讨论，冀得共识。

三

从1989年倡议建立满学研究所，到1999年召开"第二届国际满学研讨会"，日月荏苒，整整十年。十年来，我先后在海内外学术刊物、论文集上发表满学论文若干篇。从中选出十八篇，结成《满学论集》，由民族出版社出版。以此作为庆祝满文创制四百周年以及"第二届国际满学研讨会"即将召开的一份学术礼物。

本集论文分为七组。第一组，《满学：正在兴起的国际性学科》和《中国满学研究五十年述评（1949—1999年）》共三万七千余字，主要讨论满学的定义、条件、渊源、历程、价值及其影响。第二组，《满洲神杆及祀神考源》和《满洲贵族与萨满文化》共三万八千字，主要探讨萨满文化的几个问题。第三组，《辽西争局兵略点评》《论宁远争局》和《论觉华岛之役》共六万余字，就后金—清与明朝在辽西二十二年之间的重大争战进行论述和考评。第四组，《北京宫苑的民族特征》《后金都城佛阿拉驳议》和《清宫建筑的满洲特色》共三万八千余字，主要探索满洲都城的历史演变及其建筑的民族特点，其中《北京宫苑的民族特征》是我在美国哥伦比亚大学的演讲稿；《后金都城佛阿拉驳议》是我在日本东洋文库清史研究室的演讲稿。第五组，《论天命汗》和《努尔哈赤传·前言》共一万八千余字，是我多年研究清太祖努尔哈赤的一点心得。第六组，《〈无圈点老档〉及乾隆钞本名称诠释》《〈无圈点老档〉乾隆朝办理钞本始末》《〈无圈点老档〉及乾隆钞本译研述评》和《〈无圈点老档〉乾隆朝办理钞本长编》共十二万余字，是我近年来对《无圈点老档》及其重钞本研究的浅见薄识。第七组，《满洲初期文化满蒙二元性解析》和《新疆察布查尔锡伯学术考察记》共二万三千余字，前者为1997年我在乌兰巴托第七届国际蒙古学学术会议上宣读的论文；后者为我和赵志强、徐丹俍、江桥四人终生难忘的察布查尔之行学术与友谊的纪念，由我们四人合作、我执笔完成。最后，以《满学研究》卷首语和笔者满学、清史论著简目作为附录。《满学论集》共收文二十篇、计三十六万余字。

满学是正在兴起的国际性学科。满学不仅是民族之学，而且是科学之学。科学没有民族的藩篱，科学也没有国家的经界。世界在研究满学，满学已走向世界。满学正在冲破民族的藩篱与国家的经界，成为国际人文科学中一门真正独立的学科！

天星运旋，地河奔流；学术日新，创获时有。治学务勤务精，著述惟慎惟危。史秉真，哲臻善，文求美。走笔成文，著书立说，史之真、哲之善、文之美，兼而苞苴，庶列上品。拙集问世，觍颜自警；期再寸进，亦殷呈政。

《满学论集》，民族出版社，1999 年 7 月

《满学研究》卷首语

第一辑

《满学研究》第一辑现在同读者重新见面了。

本来《满学研究》第一辑已于 1992 年出版，为什么到 2000 年又同读者重新见面呢？其中的曲折缘由，在这里交代一下。

1991 年 3 月 6 日，北京社会科学院满学研究所正式成立。北京满学所成立后，决定要做几件事情，其中的两件：一件是 1992 年 8 月在北京举行首届国际满学研讨会，另一件是在会前出版《满学研究》第一辑。

当时，所里只有我和徐丹俍君、赵志强君三个人。我们便着手《满学研究》第一辑的约稿、编辑和出版准备工作。在哪家出版社出版呢？多方奔走，几经联系，诸出版社做出回复：或开价太高，或婉言回拒。正在犯难之时，吉林文史出版社尚尔元编辑到北京找我，征求我对出版选题的意见。我建议他们出版一套"清帝列传丛书"，一帝一本，他很高兴。随之我将《满学研究》第一辑出版之事同他商量。尚编辑慨然应允出版，不要补贴，稿费照付。我们达成默契。1992 年 2 月 1 日，《满学研究》编委会在王府井穆斯林大厦餐厅举行工作餐会，尚尔元编辑应邀莅席。餐会后，我将编委会通过的《满学研究》第一辑书稿当场交给尚尔元编辑，并与其约定当年 8 月 1 日前出书。

《满学研究》第一辑书稿发排后不久，尚编辑工作发生变动。事情虽有变化，但《满学研究》第一辑总算在首届国际满学研讨会开幕的前一天赶运到会场，每位与会学者都得到了一本书。然而，我们手头反倒没有书。电话打到出版社，社里也没有书。根据出版社反馈的信息，《满学研究》第一辑销路很好，书出不久便脱销。后来朋友从香港书店里买了仅余的三本送我，我才有了《满学研究》第一辑。

《满学研究》第二辑定稿后，我和徐丹俍先生专程到长春，将书稿交给吉林文史出版社。但出版社又有人事变动，一个月之后，书稿被退回。后来得到的解释是，因为这部学术论文集赔钱。稍后，北京燕山出版社陈文良社长同意出版。好事多磨，陈文良先生的工作又发生变动。经胡增益教授相助，书稿转到民族出版社。这样，《满学研究》从第二辑起就由民族出版社出版。但是，国内外读者纷纷求购《满学研究》第一辑，并以缺少首辑为憾。

民族出版社戴贤社长、徐春日主任、才让加主任、曾小吾编辑等提议：如果吉林文史出版社同意，可以考虑将《满学研究》第一辑由民族出版社重印出版，并将第一套八辑——正红、正黄、正白、正蓝、镶红、镶黄、镶白、镶蓝陆续出齐，完整配套；但第一辑的重印出版需要得到吉林文史出版社的同意。

为此，1999 年 12 月 4 日（星期六），我打电话给吉林文史出版社邱莲梅总编辑，陈述了上面的意思。邱总编辑表示要同张志浩社长商量。8 日下午 2 时，邱莲梅总编辑回电话给我，说："《满学研究》第一辑由民族出版社重印事，同张志浩社长商量了，同意。"我说："是否要个书面材料？"邱总编辑说："无须书面材料，不会发生纠纷。"我将上述情况转告民族出版社。于是，民族出版社决定重印《满学研究》第一辑。

《满学研究》第一辑的重印采用照相制版。原书因编辑人员变动等造成的校对疏误，因系重印，不再纠正，保持原貌，敬请鉴谅。

《满学研究》第一辑的内容分为九组。第一组为阎崇年的《满学研究刍言》一篇，后以《满学：正在兴起的国际性学科》为题，由《北京社会科学》（1993 年第 1 期）转载。这篇论文提出了满学的定义："满学即满洲学之简称，是主要研究满洲历史、语言、文化、社会及其同中华各族和域外各国文化双向影响的一门学科。"文中论述了满学作为独立学科赖以建立的六项条件或六块基石，即满族历史悠久、满族建立清朝、满族文献宏富、满族人口众多、满文特殊价值、满学国际交流。这篇文章还论述了满学的发展轨迹和研究成果等。第二组为鞠德源教授的《清朝皇族的多妻制度与人口问题》等三篇关于清代制度和猛哥帖木儿的论文。第三组为李燕光教授的《清代的八旗汉军》等三篇关于八旗研究的论文。第四组为台湾大学历史系陈捷先教授的《三田渡满文清太宗功德碑研究》等三篇关于满、汉文献研究的论文。第五组为德国马丁·稽穆教授的《满洲文学述略》等五篇关于满洲文化的论文。第六组为中国台湾李学智研究员（教授）的《〈清文启蒙·清文助语虚字篇〉补缀札记》等三篇关于满语文研究的论文。第七组为中国台湾庄吉发研究员（教授）的《中国台湾的满学研究》等两篇关于中国大陆和台湾满学研究的学术综述。第八组为关孝廉研究员（教授）的《〈旧满洲档〉谕删秘要全译》等两篇关于满文文献的重要文章。第九组为满学家王钟翰教授、陈捷先教授和神田信夫教授的学术传记。第十组为意大利乔·斯达里教授的《威尼斯大学对满族和锡伯族研究的十年》专文。第十一组为新宾和本溪两个满族自治县的介绍。以上共 28 篇文章。

《满学研究》第一辑编委（按姓氏笔划排列）：王戎笙先生为中国社会科学院历史研究所清史研究室主任、研究员（教授），王思治先生为中国人民大学清史研究所教授，许大龄先生为北京大学历史系教授，任世铎先生为中国第一历史档案馆副馆长、原满文部主任、研究员（教授），周远廉先生为中国社会科学院历史研究所研究员（教授），阎崇年为北京社会科学院满学研究所所长、研究员（教授）。他们都是当代满学研究的著名学者。《满学研究》的编辑部，由徐丹俍、颜吉鹤、屈六生、赵志强和阎崇年组成，徐丹俍先生为编辑部主任。尚尔元先生为本辑的责任编辑。

本辑能够重印出版，应感谢民族出版社的领导。谨志上言，以示谢意。

第三辑

《满学研究》第三辑现在同读者见面了。我作为《满学研究》第一、二、三辑的主编，有些话写在本辑的卷首。

满学是满洲学的简称，是研究满洲历史、语言、文化、社会及其同中华各族和域外各国文化双向影响的一门学科。1991 年 3 月 6 日，第一个以研究满学为宗旨的专业学术机构——北京社会科学院满学研究所正式成立。在筹建满学研究所的同时，《满学研究》的出版工作也在筹备当中。经过两年多的努力，第一部刊载海内外满学研究最新成果的学术丛刊——《满学研究》的第一辑于 1992 年 7 月由吉林文史出版社出版。全辑共收录文章 28 篇，33 万余字。它的问世得到了海内外各界的热情关怀和大力支持。

1992 年 8 月，"首界国际满学研讨会"在北京前门饭店举行。海内外研究满洲历史、语言、文化、宗教、八旗、社会等方面的专家、教授齐聚一堂，围绕满学进行切磋与交流。组委会将审定后的会议论文、文献编纂为《满学研究》第二辑。鉴于吉林文史出版社人事变动，改由民族出版社出版。但是，筹措出版资金遇到困难。经多方筹措，终于得到资助。1994 年 12 月，《满学研究》第二辑正式出版。此辑收录文章 38 篇，32 万字。

《满学研究》第三辑共收录文章 20 篇，30 万字。本辑有两个明显的特点：其一是国外作者层面拓宽，海外学者的论文几乎占总篇数的 30%，其中日本明治大学神田信夫教授、日本大学松村润教授、美国耶鲁大学历史系白彬菊教授、德国科隆大学嵇穆教授以及蒙古国沙·毕拉教授等外国学者的论著，使此辑内容更广泛地反映了海外满学研究的新成果；其二是刊载长篇学术论文，如有的论文长达六万言。本丛刊今后每辑都将刊登学术品位高、资料丰实、见解创新的长篇论文，字数可达三五万字。此外，因戴逸教授不仅在清史研究领域有杰出成就，而且在满学研究方面有突出贡献，故本辑刊出介绍清史学家、满学家戴逸教授的专文。

《满学研究》作为学术性丛刊，它的出版遇到了缺乏资金的难题。1994 年，由于全国政协委员、满族企业家陈丽华女士的赞助，北京满学研究基金会注册登记，正式成立。基金的利息每两年可以资助一辑《满学研究》的出版。希望基金会能够日益壮大，以保证《满学研究》的继续出版，并使之逐步提高学术水准。

《满学研究》的封面，第一辑采用红色，第二辑采用黄色，分别象征正红旗、正黄旗，尔后将陆续以白色、蓝色、镶红色、镶黄色、镶白色和镶蓝色作为封面颜色，以期前八辑封面色彩同八旗的颜色相契合。

《满学研究》的编委，王戎笙先生是中国社会科学院历史研究所清史研究室主任、研究员（教授），王思治先生是中国人民大学清史研究所教授，许大龄先生是北京大学历史系教授，任世铎先生是中国第一历史档案馆副馆长、原满文部主任、研究员（教授），陈捷先先生是台湾大学历史系主任、教授，周远廉先生是中国社会科学院历史研究所研究员（教授），胡增益先生是中国社会科学院民族研究所研究员（教授）。他们都是当代中国满学研究的著名学者。《满学研究》编辑部有中国第一历史档案馆满文部主任屈六生研究员（教授）、满学研究所赵志强副研究员、徐丹俍和江桥助理研究员（讲师）。

《满学研究》是满学园地中的一株新苗，欢迎大家关心、扶持、爱护和指导，并望赐大作，以为之增辉。

第四辑

《满学研究》第四辑现在同读者见面了。现将编者的话写在本辑卷首。

本辑内容有一个显著的特点，就是以《无圈点老档》及其乾隆抄本之演变、翻译、利用和研究的论述为主。这个立意说来话长。

1991年3月6日北京社会科学院满学研究所成立之后，便确定以《旧满洲档》与《满文老档》的比较研究作为本所较长时期内集体共同研究的课题。1992年8月12日，承蒙神田信夫教授在北京赠送译注《满文老档》一部，共7册。同年9月18日，又承蒙秦孝怡院长在台北故宫博物院赠送《旧满洲档》影印本一部，共10册。1993年1月，北京社会科学院满学研究所将《旧满洲档》与《满文老档》之比较研究正式列为集体研究课题。所内的同仁策划与这项研究课题同步出版关于《旧满洲档》与《满文老档》比较研究的《满学研究》专辑。鉴于《满学研究》第二辑刊载了1992年北京国际满学研讨会的论文，而《满学研究》第三辑出版时这方面的稿件准备不甚充分，时过五年，本辑才以《无圈点老档》及其乾隆抄本之演变、重现、贮藏、传播、翻译、利用和研究等方面的论述作为全辑文章的主体。

本辑文章的第一组在《论〈满洲老档〉》的总题目下，收录论述三篇，近七万字，是北京社会科学院满学研究所同仁长期辛劳的成果和群体智慧的结晶。其中《〈无圈点老档〉及乾隆抄本名称诠释》一节，主要探讨其称谓问题。《满文老档》一名，自内藤湖南为始，近百年来，相沿已久，颇有歧异，似应商榷。本所就此问题相争相议不下百次；又同所外有关专家、教授多次交谈，切磋议论。我们不是标新立异，只是讨个共同说法。文章出来，抛砖引玉，经过讨论，冀求共识。《〈无圈点老档〉乾隆朝办理抄本始末》一节，主要依据历史档案将其过程加以缕述。现在似可以说，我们已基本将《无圈点老档》乾隆朝办理抄本的全部过程理顺清楚。《〈无圈点老档〉及乾隆抄本译研述评》一节，对百年来关于《无圈点老档》及其乾隆抄本之演变、翻译、利用和研究的历史与现状，做出描述，力求中允。或挂一漏万，或抑扬不当，翘盼批评，以待修正。

同组的文章，还另特约六位专家撰写。《无圈点老档》又称《旧满洲档》《老满文原档》《满文老档》等，现藏于台北故宫博物院，故特邀台北故宫博物院研究员庄吉发教授就此撰写专论。《无圈点字档》（底本）和《加圈点字档》（底本）、《无圈点字档》（内阁本）和《加圈点字档》（内阁本），现藏于中国第一历史档案馆，特邀该馆关孝廉研究员就此撰写专论。《无圈点字档》（崇谟阁本）和《加圈点字档》（崇谟阁本），现藏于辽宁省档案馆，故特邀该馆佟永功研究员就此撰写专论。本所赵志强所长和江桥副研究员第一次提出《无圈点字档》（上书房本），并据档案做出论证，其文收入本辑。白洪希女士就《无圈点字档》（崇谟阁本）和《加圈点字档》（崇谟阁本）同盛京崇谟阁之关系，亦著专文，一并录入。

本辑文章的第二组汇集本世纪以来中外已出版的关于"老档"各种译本的序言、前言共十篇，既反映其演化轨迹，又便于读者查考。

本辑文章的第三组收录宋承绪先生、万依和黄海涛先生、日本细谷良夫教授以及杨珍女士的四篇论文。

本辑文章的第四组刊出两篇资料：一篇是满、汉对译《胤禛奏折选译》，另一篇是《〈满洲老档〉论著目录》，收集或有缺漏，恳望指正增补。

本辑文章的第五组刊出纪念许大龄教授的专文。许大龄教授生前是北京大学历史系教授、著名明清史专家和《满学研究》编委。我们特请北京大学历史系主任王天有教授著文，介绍许大龄先生的生平及其学术贡献，以示悼念。

本辑文章的第六组介绍著名满学家、清史学家王思治教授和周远廉教授。

本辑文章的第七组仍沿前例，介绍满族自治县、乡。

《满学研究》的编委有所变动。本辑的编委：王天有先生为北京大学历史系主任、教授，王戎笙先生为中国社会科学院历史研究所原清史研究室主任、研究员（教授），王思治先生为中国人民大学清史研究所教授，任世铎先生为中国第一历史档案馆副馆长、原满文部主任、研究员（教授），陈捷先生为台湾大学历史系主任、教授，周远廉先生为中国社会科学院历史研究所研究员（教授），胡增益先生为中国社会科学院民族研究所研究员（教授）。他们都是当代中国满学研究的著名学者。《满学研究》编辑部由中国第一历史档案馆满文部主任屈六生研究员（教授）、满学研究所所长赵志强副研究员、江桥副研究员、徐丹俍先生、和梅女士等组成，并特约刘邦烈先生为本辑编审。

本辑封面的底色为满版蓝色，以期同第一辑的满版红色、第二辑的满版黄色、第三辑的满版白色，分别象征正红旗、正黄旗、正白旗和正蓝旗；尔后四版陆续以镶边红色、镶边黄色、镶边白色和镶边蓝色为封面，分别象征镶红旗、镶黄旗、镶白旗和镶蓝旗，以期封面的色彩同八旗的颜色相契合。

首届全国满学研究优秀成果的获奖作品在此刊出，以飨读者。

为了使读者了解《满学研究》第一、第二、第三辑的内容，现将前三辑的目录附列本辑卷尾，以便查阅。

第六辑

《满学研究》第六辑，现在同读者见面了。

本辑是"第二届国际满学研讨会"的论文专辑（下）。

先是，1992 年 8 月 15—17 日，"第一届国际满学研讨会"在北京前门饭店举行。会后，将这次研讨会的论文结集为《满学研究》第二辑，由民族出版社出版。至是，1999 年 8 月 10—12 日，"第二届国际满学研讨会"在北京华北大酒店举行。经主办单位和编委会共同商定，将这次学术研讨会的论文结集为《满学研究》第五辑和第六辑，仍由民族出版社出版。

会后，《满学研究》编辑部认真阅读提交大会的论文，并对其进行纂辑加工：编排顺序，统一体例，适当删节过长文字，原样照排英文论文。尔后，经过编委会研究，统一原则，最后审定。

因研讨会的论文数量较大，一辑容纳不下，故分为两辑刊载。《满学研究》第五辑，主要内容为总论和历史、经济、政治和民族等方向的相关研究，以及这届研讨会的开幕式上的讲话、开幕词和闭幕词等。同前几辑一样，设有《满学家》专栏。《满学研究》第六辑，主要内容为语言、文化、档案、文献和人物等方面的相关研究。同前几辑一样，也设有《满学家》专栏。

《满学研究》的编委有所变动。本辑的编委：王天有先生为北京大学历史系主任、教授，王思治先生为中国人民大学清史研究所教授，王戎笙先生为中国社会科学院历史研究所原清史研究室主任、研究员（教授），支运亭先生为沈阳故宫博物院院长、研究员（教授），朱诚如先生为故宫博物院副院长、教授，任世铎先生为原中国第一历史档案馆副馆长、研究员（教授），陈捷先先生为台湾大学历史系主任、教授，周远廉先生为中国社会科学院历史研究所研究员（教授），胡增益先生为中国社会科学院民族研究所研究员（教授），阎崇年为北京社会科学院满学研究所研究员（教授）。编委都是当代满学研究的著名学者。《满学研究》的编辑部仍由中国第一历史档案馆学术委员会主任屈六生研究员（教授）、北京社会科学院满学研究所赵志强所长、徐丹俍先生、江桥副研究员以及阎崇年组成。曾小吾女士为本辑的责任编辑。

本辑封面的底色为满版黄色镶红边，即黄色镶红边——以期封面的色彩同八旗镶黄旗的颜色相契合。

为了使读者了解《满学研究》第五辑的内容，现将该辑的目录附列本辑的卷尾，以便查阅。

本辑的出版得到民族出版社戴贤社长、徐春日编审、才让加主任等的热情支持，谨致谢意。

第七辑

《满学研究》第七辑，现在结集问世。本辑是以研究八旗制度为主题的"第三届国际满学研讨会"的论文专辑。

先是，1999 年 8 月 10—12 日，值满文创制四百周年之际，第二届国际满学研讨会在北京华北大酒店举行。在会议结束时，大家希望 2002 年在北京举行以研究八旗制度为主题的国际满学研讨会。经过三年的筹备，由北京社会科学院、沈阳故宫博物院、中国紫檀博物馆和北京满学会共同主办的以研究八旗制度为主题的第三届国际满学研讨会于 2002 年 8 月 28—30 日在中国紫檀博物馆举行。承北京满学会终身荣誉会长陈丽华女士的盛情邀请，会议及出席会议的专家教授的食宿均安排在中国紫檀博物馆的丽华阁。这就为与会专家教授开展学术研讨提供了极好的条件与氛围。会间，与会专家教授进行了认真而热烈的学术研究讨论；会后，大家对自己提交研讨会的学术论文进行了认真而严肃的修改，通过信函或电子邮件发到《满学研究》编辑部。编辑部和编委会根据讨论意见，决定将大部分论文收入本辑刊出。

本辑文章内容，分为下列九组。

第一组为八旗制度总论方面的四篇论文：杜家骥教授的《清初八旗的排列次序及相关问题考察》、周远廉教授的《八旗制度和"八旗生计"》、兰书臣教授的《八旗兵制的动员之制》、杉山清彦教授的《清初正蓝旗考》。其内容包括八旗列序、八旗经济、八旗军事和八旗职官等方面。在清初满洲八旗中，正蓝旗是最为多灾多难的，屡遭不幸的。正蓝旗的旗主贝勒（或主旗贝勒）几遭重大打击，几经重大变故。因此，以正蓝旗为范式，进行历史与逻辑的考察，既有意义，又有价值。以上四个方面的论文内容，有的是国内外学者没有涉足过的，有的则是著者提出最新见解的。

第二组为探讨八旗都统衙门、旗地施舍、新疆满营的三篇论文：阎崇年和郗志群教授的《京师八旗都统衙门建置沿革及遗址考察》、刘小萌教授的《清代北京旗人施舍土地现象研究》、吴元丰教授的《清代乌鲁木齐满营述论》。这组论文的一个特点是从地域的视角研究八旗的几个问题，或是文献与踏察相结合，或是石刻与文献相印证，或是边疆与民族相联系，于学术领域、课题内容、研究方法都进行了新的尝试，归结出了新的成果。

第三组为论述满洲八旗的四篇论文：铃木真博士的《关于镶白旗和硕雍亲王胤禛与藩邸旧人》、孙启仁先生的《清初满族跪拜礼简述》和王艳春副研究员的《八旗满洲萨满祭祀所用神幔探微》。满洲八旗是八旗制度的核心，也是八旗研究的重点。镶白旗同雍亲王的关系一文，独辟蹊径，独具新见。此外，八旗的跪拜礼仪与萨满神幔两文，也都做出了新的论述。

第四组为关于八旗蒙古的五篇论文：徐凯教授和常越男博士的《蒙古氏族与八旗满洲旗分佐领》、赵德贵教授的《清前期蒙古旗分佐领研究》、楠木贤道教授的《清太宗皇太极的册封蒙古王公》、达力扎布教授的《清代八旗察哈尔考》、村上信明博士的《乾隆时期的翻译科举政策与蒙古旗人官僚的兴起》。这些论文都丰富了八旗研究的内容，并为本辑增辉。

第五组为研究八旗汉军的四篇论文：柯娇燕教授的《八旗汉军的起源与内涵新见》、张玉兴教授的《包衣汉姓与汉军简论》、绵贯哲郎博士的《清初的旧汉人与清皇室》、刘凤云教授的《清康熙朝汉军旗人督抚简论》。这些论文都对八旗汉军做出了深入而细致的研究。

第六组为八旗文献方面的三篇论文。陈捷先教授的《论〈八旗通志〉》、齐木德道尔吉教授的《一封同治元年的诰封书》和杨海英博士的《对十份世管佐领承袭宗谱的研究》。这些论文或从宏观或从微观对八旗进行了深入而又富有新意的探讨。

第七组为本届学术研讨会开幕、闭幕式的开幕辞、讲话、致辞、总结讲话以及会议的学术综述。

第八组同前几辑一样，为《满学家》栏目。本期介绍的满学专家是中国第一历史档案馆满文档案与满语文专家屈六生教授和关孝廉教授。

第九组为《八旗制度研究论著索引》，以供研究者参阅。

最后，《满学研究》第六辑刊登的韩国汉城大学成百仁教授的《〈御制清文鉴〉和〈御制增订清文鉴〉》一文，由于校对的疏忽，出现若干错误。承蒙成百仁教授来函指出，刊文勘误，并致歉意。

本辑在编纂过程中，金启平研究员通审了初稿，徐丹俍先生复审了二稿并编排目录、统一体例、处理文字，赵志强先生编审了部分文稿，其中有些稿件的部分问题又经过编辑部的同仁再次交换意见，复经编委分头审稿，尔后主编做了通审，最后出版社做了终审。尽管如此，仍有疏误，尚望同仁俯予指正。

《满学研究》的编委中新增了故宫博物院万依研究员、天津南开大学历史学院冯尔康教授。《满学研究》的编辑部，仍由中国第一历史档案馆学术委员会主任屈六生研究员（教授）、北京社会科学院满学研究所赵志强所长、《满学研究》编辑部徐丹俍主任、金启平研究员、江桥副研究员、和梅女士以及晓春组成。

本辑封面的底色为满版白色镶红色，即白色镶红边——以期封面的色彩同八旗镶白旗的颜色相契合。

本辑的出版得到民族出版社的大力支持，敬申谢意。

《满学研究》，民族出版社，1992—2002 年

《20世纪世界满学著作提要》序言

在我的书案上，我经常翻阅的一部书就是《四库全书总目提要》。中国古典文献，数量之多，浩如烟海，穷毕生精力，难卒读万一。若时常阅读《四库提要》，对于经史子集，多知其一二，亦心惟其义。推而言之，满学是一门新兴的国际性学科，学术积累较少，资料基础薄弱，更需要一部《满学著作提要》，以方便习者查阅。

"满学"一词，20世纪90年代才开始在中文报刊、论著文献中正式出现。近年来，"满学"一词在学术论著的书名中只出现了十余次，其中包括《满学研究》（七辑）、《满学论集》、《爱新觉罗氏三代满学论集》、《满学朝鲜学论集》等。由此看来，"满学"的确是一门新兴的国际性学科。关于"满学"定义的界定，我于1992年在《满学研究》第一辑《满学研究刍言》中，做了如下表述：

> 满学即满洲学之简称，是主要研究满洲历史、语言、文化、社会及其同中华各族和域外各国文化双向影响的一门学科。在这里，研究满洲历史、语言、文化和社会，是满学定义的内涵与核心；研究满洲同中华各族和域外各国文化双向影响，则是满学定义的外延与展伸。

回顾20世纪的100年，世界各国学者在满族的历史、语言、文化、八旗、社会、人物、档案、宫苑、宗教、民俗诸方面，都做了广泛而深入的研究，出版了一批优秀的学术著作。如果能将百年来的满学著作加以汇集，做出提要，结集出版，既是对20世纪满学学术成果的总结与检阅，也是对21世纪满学学术研究的一种推动。因此，思绪发于胸臆之内，构想生于方寸之间，冀望编辑出版一部《20世纪世界满学著作提要》，给学者们提供一本具有学术性、参考性、资料性、实用性的工具书。

开展这项艰巨繁杂的工作需要有一定的学术条件。1991年，北京社会科学院满学研究所成立；1992年，首届国际满学研讨会在北京成功举办；1993年，北京满学会成立；1994年，北京满学研究基金会建立；1996年，北京社会科学院满学资料中心成立；1997年，"满学研究优秀成果评奖"活动举行；1999年，第二届国际满学研讨会在北京举行；2002年，第三届国际满学研讨会在北京举行；2003年,第四届国际满学研讨会在辽宁抚顺举行。同期，北京满学会从成立以来,每年举行一届学术会,已经连续举办10次；学术丛刊《满学研究》已经出版七辑；进行了多次广泛的双边或多边学术访问与交流活动。以上学术机构的建立和学术活动的举行结成了一张国际性的满学学术网络。这些有利的学术条件为实现上述学术构想提供了可能性。

1999年1月中旬，我同满学研究所赵志强、徐丹俍二君谈及编纂《20世纪世界满学著作提要》的想法，一经挂怀，推之不去。2月初，我到北京社会科学院图书馆看书，同王超湘馆长谈及此事。他表示：这很有意思，也很有价值。当晚，王超湘馆长给我打电话，说他同院里科研处韩长霞处长、马仲良副院长商量应当设立此项

课题，高起祥院长也给予支持。随之院图书馆决定成立"20 世纪
世界满学著作提要"课题组，并提出要我担任课题组的组长。

事情有了眉目，我稍释于怀；但我的事情很多，所以婉谢担
纲。转眼之间，春节临近。王超湘馆长利用春节假期，拉出了《20
世纪世界满学著作提要》书目的长篇索引，令人感动。春节之后，
经过商量，课题组由院图书馆、院满学所共同组建，王超湘（院
图书馆馆长）任组长，赵志强（院满学所所长）、徐丹俍（《满学
研究》编辑部主任）任副组长，组员（中间有变动）有滕仲日（院
图书馆副馆长）、张淑英（院图书馆副研究馆员）、金启平（院满
学所研究员）、江桥（院满学所副研究员）、晓春（院满学所助理
研究员），我亦为诸成员之一，并做一些统筹、咨询、协调、指导
工作。

同年 3 月中旬，"20 世纪世界满学著作提要"课题组举行成立
会议，商定由徐丹俍先生起草《凡例》。后几经讨论、修改，初步
定下《凡例》之草稿。"样稿"则按满族历史、语言文字、调查报
告三个方面，请胡增益、赵志强、徐丹俍三位先生分别拟稿。后
课题组对三份"样稿"进行多次讨论，"样稿"撰者也相应地做了
多次修改。

同年 4 月下旬，北京满学会举行第六届学术年会。会上专家
们讨论了"提要"的《凡例》（草稿）和"样稿"（草稿），以及《20
世纪世界满学著作提要·书目索引》（征求意见稿）。经过专家学
者的讨论、修正、补充，对内容再一次做了修改。这项工作直至 8
月初才告一段落，《20 世纪世界满学著作提要》的架构基本成型。

同年 8 月 10—12 日，第二届国际满学研讨会在北京举行。莅

会的百余位海内外专家、教授就此再次进行讨论，并在会下广泛交换意见。此间,我同海外及中国台湾地区部分专家、教授商量"海外及中国台湾地区满学著作提要"，请以下教授给予支持：

中国台湾：陈捷先教授（台湾大学）、庄吉发教授总牵头。

日本：神田信夫教授（明治大学）、松村润教授（日本大学）为顾问,华立教授(大阪经济法科大学)、楠木贤道教授（筑波大学）、杉山清彦教授（大阪大学）总负责；

韩国：成百仁教授(汉城大学)、任桂淳教授(汉阳大学)总指导；

美国：韩书瑞教授（普林斯顿大学）、司徒琳教授（印第安纳大学）、罗友枝教授（匹茨堡大学）、柯娇燕教授（达特茅斯学院）、张海惠博士（匹茨堡大学）等负责美国的满学著作；

德国：马丁·嵇穆教授（科隆大学）负责德文文献等；

意大利：乔瓦尼·斯达里教授（威尼斯大学）提供由他主编的西文资料；

俄国：庞晓梅研究员（俄罗斯科学院彼得堡分院）负责俄文著作；

蒙古国：图木尔研究员（蒙古国科学院）负责蒙古国著作。

在国内，胡增益研究员于满族语言文字、屈六生研究员于满文档案文献译注、张佳生研究员于满族文化、孟慧英与宋和平研究员于萨满教、张秉成教授于纳兰性德研究、穆鸿利教授于女真语言文字等，都认真地做了大量的学术工作。

及2003年初，本课题的结项期限已至。然而，完成的提要数目仅为总数的三分之一，且海外160余条尚未完稿，令我心急如焚，寝食难安。此时，我想起《论语·述而》中孔子"发愤忘食，

乐以忘忧"之言。先师的志尚与境界，促我奋然，责任在肩，既
"意在斯乎"，又"何敢让焉"！不久，非典型肺炎降临，举国惊
恐，北京尤甚。尔后我审读与督催海外稿件，所缺之文，请君补写，
并同徐丹俍、金启平、王超湘诸君跑图书馆，拾遗补缺，校对调理，
时届年末，总算告竣。

"满学著作提要"这项课题，跨越时间长，分布地域广，牵涉
国别多，语种很复杂，过程中遇到的困难比我们原先设想的多得
多。因此，这个课题从策划酝酿到结题出书，寒来暑往，历时五载，
个中甘苦，冷暖自知。

本提要涵盖的国家和地区有：中国、日本、美国、韩国、蒙古国、
英国、法国、德国、意大利、俄罗斯、加拿大、葡萄牙以及中国
台湾地区和中国香港地区等。现收录满学著作提要606条、参考
存目252条，共858条，计50万字。

日文著作提要，多有著者简介，内容详细，资料准确，文字洗练，
介评兼俱，有利于我国读者掌握更多的学术信息，实不忍割爱其
篇幅。

英文著作提要，为了多收录些信息，采录面稍宽，先由美国
匹茨堡大学图书馆张海惠博士收集、复印、梳理、提供英文资料，
尔后由北京师范大学常书红博士等翻译、编写成中文提要。

本书《补充参考存目》，系由徐丹俍先生选编；《著（编、译）
者索引》由王超湘先生编制。

本书的出版，北京市社会科学界联合会张文启常务副主席、
张兆民秘书长，北京社会科学院朱明德院长、科研处高尔强处长
等都给予了支持。王超湘、赵志强二君做了大量的学术与协调工作。

徐丹俍先生、金启平研究员最后通审并通校全稿。课题组全体同仁齐心协力，撰写"提要"的专家、学者们也都为此付出了辛勤劳动。民族出版社的领导、编辑给予了关心与支持。谨向诸君致以谢意！

一书未见为羞，一字疏误为耻。我们尽了心力，仍然存在缺憾——尚存遗珠，间有讹误；容找机会，再行订补。且后发现按著作内容分类有不当之处，因杀青时限，不便做调整，特为说明，敬请谅解。

人贵有自知之明，但做总比不做好。祈望同道俯予指正。

《20 世纪世界满学著作提要》，民族出版社，2003 年 12 月

《袁崇焕传》序

明朝后期，为辽东边事，朝廷错杀了两个人：一个是努尔哈赤的父亲塔克世，另一个是蓟辽督师袁崇焕。万历朝误杀了塔克世，崇祯朝错杀了袁崇焕，从而引发出一连串的历史事变：前者，努尔哈赤含恨起兵，成为明亡清兴的关键历史节点；后者，朱由检自毁长城，加速了明朝的灭亡——"自崇焕死，边事益无人，明亡征决矣！"通俗地说，万历帝误杀了塔克世，大明王朝自己制造了焚烧朱家王朝大厦的纵火者；崇祯帝错杀了袁崇焕，大明王朝又自己杀死了保护朱家王朝大厦的救火者。

历史逻辑，值得深思：前因后果，因缘相报——袁崇焕是努尔哈赤的克星，皇太极又是袁崇焕的克星。

本书主要是写袁崇焕的一生，写他如何打败天命汗努尔哈赤和天聪汗皇太极；又写崇祯帝如何中反间计、杀袁崇焕而使皇太极成为袁崇焕的克星。本书重点写明兵部尚书、蓟辽督师袁崇焕登上历史舞台的最后十年——袁崇焕为辽事而投笔从戎，为辽事而施展才华，也为辽事而建树功勋；因辽事而召唤仇神，因辽事而惨遭冤杀，也因辽事而名垂千古。

袁崇焕留下了滴滴血、声声泪、字字金、句句玉的至理名言：

顾勇猛图敌，敌必仇；奋迅立功，众必忌。任劳则必召怨，蒙罪始可有功，怨不深则劳不著，罪不大则功不成。谤书盈箧，毁言日至，从古已然，惟圣明与廷臣始终之。

撰写袁崇焕的生平传记，使我想起《于谦全传》第五回《石灰吟》诗云：

千锤万击出深山，
烈火焚烧若等闲。
粉骨碎身全不惜，
要留清白在人间。

《石灰吟》形象地概括了英雄豪杰生命历程的四种精神境界，也形象地概括了袁崇焕生命历程的四种精神境界。

袁崇焕平生第一大历史功绩，就是夺取宁远大捷。袁崇焕能够夺取宁远大捷的原因，用他的话来说就是"凭坚城用大炮"。这个历史经验概括得很确切，也很精辟。我认为，袁崇焕获得宁远大捷，自然有其政治的、军事的、策略的、思想的、经济的、地理的、民族的、文化的、指挥的、武器的原因；然而，袁崇焕取得宁远大捷的主要经验，可以概括为两句话、八个字，就是"指挥正确"与"武器先进"。

袁崇焕夺取宁远大捷之后，又先后夺取了宁锦大捷和京师大捷。宁远、宁锦、京师三次大捷，奠定了袁崇焕的历史地位。

袁崇焕的性格，凸显一个"敢"字——敢走险路，敢担责任，敢犯上司，敢违圣颜。他为坚持真理而不怕披荆斩棘，不怕承担责任，不怕得罪上司，甚至于不怕违逆天颜。袁崇焕的这种性格，既成就了他的丰功伟绩，也造成了他的人生悲剧。

袁崇焕的精神，主要是爱国、勇敢、求新、清廉。《宋史·岳飞传》记载："或问天下何时太平，飞曰：'文臣不爱钱，武臣不惜死，天下平矣！'"袁崇焕的确做到了——当文官不爱钱，做武官既不爱钱又不惜死。他能够爱国亲民，任劳任怨，知难而上，敢于创新。他居官十年，其间俭朴清廉，兢兢业业，勤勤恳恳，坦坦荡荡，熠熠煌煌，其"父母不得以为子，妻孥不得以为夫，手足不得以为兄弟，交游不得以为朋友"。

袁崇焕留给后人的座右铭是：

杖策只因图雪耻，横戈原不为封侯。

袁崇焕的德言与功业、勤政与清廉、无私与无畏、冤死与风骨，动天地、泣鬼神、撼人心、贯古今。袁崇焕之死不仅是他个人的悲剧，也不仅是大明王朝的悲剧，还是中华文明的一幕悲剧。袁崇焕以陨星的悲鸣与光亮划破君主专制沉寂与黑暗的天庭，换来千万人的智慧与觉醒。

早在 1984 年，我就打算写一本《袁崇焕传》。出版社为此发布了新书预告。时间已经过去二十年，这个文债始终没有偿还，我的心中甚为愧疚。现在承蒙中华书局出版这本《袁崇焕传》，以了结我多年的心愿。

《袁崇焕传》，中华书局，2005 年 10 月

《正说清朝十二帝》（增订彩图珍藏版）序

　　读朱熹《四书集注》，有一点感悟。学术之研究，有三种境界：能俗而不能雅，能雅而不能俗，既能雅又能俗。所谓"能雅能俗"，就是化俗为雅，茹雅为俗，亦俗亦雅，大雅大俗。

　　由是，联想到历史学。对于历史学的功能，各家说法不一。史学之功能，愚以为有五：一是传承，二是文化，三是社会，四是资治，五是学术。这五者之间，既有区别，又有联系，可谓"五元一体"。我在中央电视台《百家讲坛》栏目讲"清十二帝疑案"，在中华书局出版《正说清朝十二帝》，冀以史学的五项功能，贯穿清史"正""细""慎""通""新"五说，试图帮助受众走出清史、清帝、清宫的"戏说"误区。

　　一是"正说"。人类历史演变主要靠文字、文物、口述和音像去传承，其中文字是文明史传承的主要载体。历史如果没有文字记载，今人怎么会知道秦皇、汉武、唐宗、宋祖？通过文字的形式传承历史，贵在一个"正"字。《汉书·艺文志》载："左史记言，右史记事。"记言记事，中正求真。许慎《说文解字》曰："史，记事者也。从又，持中。中，正也。"又曰："又，手也，象形。""史"，就是用刀笔记言载事，持中公正。因此，"中正真实"是历史学的基本特征。

　　"正说"就是按照历史原貌，向广大受众中正地、真实地讲述历史。"正说"是针对"戏说"而言。20世纪80年代以来，长达二十年间，中国的影视和文学作品对中国古代史，特别是对清朝历史、清朝皇帝和清朝宫廷情有独钟，戏说成风。这既引发了民众对清史的关注，又使得人们对其疑惑不解。人们普遍期待正说清史，如同久旱望甘霖。"正说"讲的是历史，"戏说"编的是故事。小说家、影视家对清史、清帝、清宫进行戏说，塑造人物，编创故事，那是艺术家们的事。对受众来说，看"戏说"时应知道这是"戏"，瞧的是热闹，不可以当真。史学家对清史、清帝、清宫进行正说，传承历史文脉，提高受众文化素养，这是史学家们的事。对受众来说，看"正说"时应知道这是"史"，了解的是"真实"，不必图热闹。"正说"与"戏说"人们都需要，既不能要求史学家去"戏说"，也不必苛求影视家去"正说"。然而，史学工作者有责任、有义务向广大观众和读者正面讲述真实的历史人物、真实的历史事件、真实的历史故事。

二是"细说"。历史是有血有肉、丰富多彩的。教科书和史学著作通常是概括地梳理历史发展脉络，阐述重大历史事件，评述重要历史人物。"细说"是把学术视野聚焦在历史长河中的一些人物与事件上，对其进行深入、细致的叙述。这些人物与事件多为观众、读者所关注的重点、热点、疑点。人们往往需要了解历史人物与历史事件的细节，并期望专家学者给予特别的关心、详述、解惑和诠释。这就给历史学者一个机会，尽可能细致地讲述历史。我在"清十二帝疑案"和《正说清朝十二帝》中突出"正说"的同时，也注重"细说"。比如，人们需要了解光绪帝的死因，我就把有关光绪帝死因的五种说法，详列档案、文献、论著中的观点与资料，综合分析，深入浅出，加以解说，使之可雅俗共赏；既有鲜明的观点、丰富的史料，又有细致的讲说、深入的分析，并寓见解于叙述中。《圆明园惨遭焚劫》播出后，有的观众来信说"受到生动的爱国主义教育"。这既得益于"细说"，也得益于"慎说"。

三是"慎说"。电视台的讲座、出版社的图书都面向社会广大受众，必须乾乾翼翼、谨谨慎慎，正像《诗经·小雅·小旻》所言的"如临深渊""如履薄冰"。每一个人物，每一件史事，每一条分析，每一个论断，都要力求做到：文有征，言有据，不虚美，不隐恶，求真求是，科学缜密。讲稿、书稿可能有错误，正确的态度是：闻过则喜。我的《正说清朝十二帝》问世一年多，已经重印十六次，每次都对个别疏误进行修正。我们既不能掩盖错误，也不能文过饰非。这里我讲一个"半字师"的故事。《巢林笔谈》云："东海一闺秀作蓝菊诗云：'为爱南山青翠色，东篱别染一枝花。'佳句也。予以别字尚硬，为去其侧刀，人称为半字师。"我则碰到"一字师"的读者。《正说清朝十二帝》中转引光绪帝《围炉》诗："西北明积雪，万户凛寒飞。惟有深宫里，金炉兽炭红。"中国传媒大学张蔚同学来信说："飞"字从韵律上应作"风"字，建议我查对一下。我托故宫博物院的一位资深研究员查对光绪帝《清德宗（光绪）御制诗集》，得到的回复是"风"字。我没有亲自核对，心里忐忑不安。于是，我亲自去故宫博物院图书馆再查对原文，发现"寒"字应作"严"字。因此说做学问应当亲自查阅第一手史料。严肃的历史学研究应当文直事核，言必有据。史学工作者应有责任感，让社会上广大的观众与读者对讲座或书稿既觉得可亲，又觉得可信。

四是"通说"。司马光《资治通鉴·进书表》云："监前世之兴衰，考当今之得失，嘉善矜恶，取是舍非，足以懋稽古之盛德，跻无前之至治,俾四海群生,咸蒙其福。"我在《百家讲坛》栏目中，横向讲了清朝十二个皇帝，纵向讲了清朝十二个专题，既有横向阐析，也有纵向探索，贯通了清朝全史、清朝列帝所演绎的内在联系。清朝的兴衰、成败、治乱、福祸之镜鉴，需要集中地、系统地进行解说。比如，清朝的十二帝各有其历史贡献，也各有其治策弊端。那么，清朝的兴、盛、衰、亡，有些什么经验与教训呢？我说过：清太祖努尔哈赤既播下了"康乾盛世"的种子，也埋下了"光宣哀世"的基因。显然八旗制度是其"种子"与"基因"的一个表征。八旗制度是清朝根本性的社会制度。八旗盛则清兴，八旗衰则清亡。又如，清朝图强维新的八次历史机遇，单独看一次维新机会的丧失,可能看不清事物的本质。如果将顺、康、雍、乾、嘉、道、同、光八朝的历史机遇丧失贯通来看，纵横联系，论考行事,承敝通变，即可从中找到一条鲜明的线索,进而得到一点新的启迪。

　　五是"新说"。学术研究贵在创新。历史学的学术功能应包含促进学科自身发展。我在《正说清朝十二帝》一书中运用了一些新视角、新资料、新的分析方法、新的论述方式。比如，关于顺治帝，从其同母后、叔王、爱妃、洋人、僧人五个方面的关系切入。又如，关于康熙帝，则从其对自己讲学习、对朝政讲勤慎、对臣民讲仁爱、对西学讲吸纳、对子孙讲教育五个方面切入。再如，关于道光帝，分析道光朝鸦片战争失败的历史责任，既应看到其失败之必然性，又要剖析其失败之偶然性——指出道光帝应对鸦片战争失败负主要历史责任。另如，关于"辛酉政变"，以往学者多从"承德集团"与"北京集团"对立的两极进行"二元分析"。我则从帝后、朝臣、帝胤三股政治势力的对抗与整合作出"三元分析"。对咸丰帝则分析其"错、错、错"——错坐了皇帝宝座、错离了皇都北京、错定了顾命大臣。复如，关于宣统帝，对现行教科书、专著所论的"张勋复辟"提出新见，切磋商榷。"复辟"一词，"复"者意为恢复，"辟"者意为君位。张勋作为一个长江巡阅使、安徽督军，其有何"辟"之可"复"？因之，我以"张勋兵变，宣统复辟"为题展开对这段历史的阐述。

总之，"正说""细说""慎说""通说""新说"，旨趣在于体现史学传承、文化、社会、资治、学术的功能。这种尝试，尚在求索。对待历史，要在敬畏，应当敬畏历史。为什么要"敬"？因为吸取前人经验会得到宝贵的智能；为什么要"畏"？因为重蹈前人错误会受到历史的惩罚。看待历史，既不能浮躁，也不能片面。社会上有两种极端的倾向：一种是忘却历史的耻辱，另一种是抹去历史的辉煌。正确的态度是既不要抹去历史的辉煌，也不要忘却历史的耻辱。同样，对待清朝的历史，既不要忘却清史的耻辱，也不要抹去清史的辉煌。应正视以往的辉煌，要记住历史的耻辱。总结历史经验，牢记历史教训，劝奖箴诫，自强不息，如《尚书大传·卿云歌》曰："日月光华，旦复旦兮！"

上文为笔者于2005年3月31日在中央电视台"清十二帝疑案"学术研讨会上的发言稿（有修改），代为序。

《正说清朝十二帝》（增订彩图珍藏版），

中华书局，2006年4月

《正说清朝十二帝》（漫画版）序

《正说清朝十二帝》原本是我在中央电视台科教频道，也就是CCTV-10《百家讲坛》栏目所讲的内容。现将其画成漫画，配上文字，编辑成为漫画版《正说清朝十二帝》，同您见面。

为什么要出漫画版《正说清朝十二帝》呢？《正说清朝十二帝》（图文本）一书于2004年10月由中华书局出版。此书出版以后受到广大读者的欢迎和喜爱，已经印了17次，总印数达35万余册。海外的读者希望出版它的繁体字版，于是香港中华书局出版了繁体字版《正说清朝十二帝》，台湾联经出版公司也出版了繁体字版《正说清朝十二帝》。它还被翻译成韩文本。2006年4月，中华书局又出版了《正说清朝十二帝》（增订彩图珍藏版）。但是，许多小朋友希望出漫画版《正说清朝十二帝》。现在，广大小读者的愿望由叔叔、阿姨们经过辛勤的创作和编辑实现了。

其实，中国古代很早就有了图画书和文字书。大家听过"河图洛书"的传说吗？这个故事是说，在遥远的上古伏羲氏时，有一匹龙马从黄河中出现，背上驮着"河图"；大禹时，又有一只神龟从洛河里出现，背上负着"洛书"。通俗地说，"河图""洛书"里的"图"就是图画书，"书"就是文字书。可见我国很早以前就不仅有文字书，而且有图画书了。后来的图画书就愈来愈多了。著名的《孔子圣迹图》就是将孔子的事迹画成图画，配上文字，编辑成书给大家看。到了清朝，有一部很有名的书叫《满洲实录》，也是既有图画又有文字。这本书共有 83 幅图，插图线条精美、粗犷鲜活；书中还有汉文、满文和蒙古文三种文字。既有图画，又有文字，图画随文字走，文字说明图画。当时的读者在阅读这本图画书的时候，边看图画，边读文字，一定觉得很有兴味。

现在摆在大家面前的这本漫画版《正说清朝十二帝》，希望小朋友们能喜欢。当您看到书中有错或是需要改进的地方，请告诉出版社的老师，我们一定重视您的意见，对其加以改进，使它更好。

祝您天天快乐，月月成长，年年幸福。

谢谢！

《正说清朝十二帝》（漫画版），现代出版社，2006 年 6 月

《明亡清兴六十年》（上）序

　　《明亡清兴六十年》是我在中央电视台科教频道（CCTV-10）《百家讲坛》主讲系列历史讲座48讲的讲稿。讲稿有四种稿本：一是文案稿，二是播出稿，三是录音稿，四是综合稿。现将取前三种稿本优长而成的综合稿稍加润色，结集出版。全书讲述的时间跨度，从明万历十一年（1583）努尔哈赤起兵，到清顺治元年（1644）福临定都北京，其间整整60年。这60年历史的特点是四个字——"明亡清兴"：乃胜乃败，斯兴斯亡；兴亦悲壮，亡亦悲壮。为什么呢？我想起了贤哲释迦牟尼。

　　释家三世的哲学是要用三双眼睛看世界——过去、现在、未来。这是智者的思维，也是贤者的思维。因为不了解过去，就不能科学地认知现在；而不了解现在，就不能科学地认知未来。历史学正是认知过去的学问。因此，在文明的时代，智者应学历史，不学历史不能成为智者；贤者应学历史，不学历史不能成为贤者。那么，中国历史的江河，源远流长，曲折回旋，日夜不息，奔腾向前，为什么要选取明亡清兴这段历史来学习呢？

　　明亡清兴的60年是中国历史上天崩地解、山谷陵替、格局剧变、悲欢离合的时代。在明亡清兴的历史舞台上：格局，雄伟壮阔；人物，群星灿烂；事件，繁复跌宕；故事，生动有趣。人们都在表现，也都在表演：真与假、善与伪、美与丑、智与愚、勇与怯、廉与贪。明亡清兴的60年，又是近代社会的缩影。凡是近代社会的重要元素——贫与富、夷与夏、官与民、中与西，都在这里展示；求民生、求自由、求平等、求民权，也都在这里交汇、碰撞、融合。明亡清兴的 60 年，亦如《尚书·虞书·大禹谟》云："人心惟危，道心惟微。"就是说人心不安、道心不明。正义者不安其死，不义者鸡犬升天。而治国平天下，应当明道安民，道明则民安，民安则国泰。

300 多年来，人们在思考：明朝何以亡？清朝何以兴？其道其理，亦显亦隐。一个人、一个群体、一支军队、一个民族，其兴衰、其成败，虽仁者见仁、智者见智，却都可以从中找到自己需要的结论和答案、经验和教训、思考和启迪、聪明和智慧。因此，每位后来人——不同年龄、不同性别、不同职业、不同阶层、不同文化、不同地域、不同民族、不同宗教、不同肤色、不同国籍，都可以从明亡清兴 60 年的历史中，学到宝贵的智慧并找到自己的影子。

在灿若星汉的人物中，我选取袁崇焕作为一面折射明亡清兴历史的镜子，是因为他所身历的大喜大悲惊天地、泣鬼神。袁崇焕值得后人景仰的仁、智、勇、廉及其浩然正气和爱国精神，既是其时志士仁人的理想和追求，也是中华传统文化的精髓。30 年来，我一直在研究袁崇焕，出版了《袁崇焕研究论集》、《袁崇焕资料集录》(合)、《袁崇焕传》和《袁崇焕》，多次倡议或主持袁崇焕国际学术研讨会，考察全国同袁崇焕相关的历史遗迹及袁崇焕在海外华人圈中的影响；也出版了《努尔哈赤传》《清朝通史·太祖朝》《清朝通史·太宗朝》和《满学论集》，进而从明与清两个视角，加深了对明清之际 60 年历史的考察与思索。

在明亡清兴历史的背后，西方一些国家正在兴起。在我们重新阅读这段历史时，应当既看到中国，又放眼世界。要避免两种认识上的误区：或倨傲自矜，或过于悲观。应取的态度是：既不能盲目自大，又不可妄自菲薄；既讲求历史的科学性，又力戒历史的片面性。

真实是历史科学的生命，玄幻则是历史科学的肿瘤。历史的大众传授要深入浅出，只有深入才能浅出，相左的"浅"是浅薄；历史的大众传授要雅俗共赏，只有大雅才能大俗，相左的"俗"是庸俗。观众和读者需要的是浅明而不是浅薄，是通俗而不是庸俗。无论是历史的学术表述，还是历史的通俗表述，都有一个共同点，就是它的真实性与科学性。表述史学的著作忌长——能省一个字，就不多一个字。知理虽易，实行则难。一部儒家经典《大学》才1753 个字，字字推敲，句句雕琢。太史公司马迁的《史记》也不过 526500 字。

我说过，历史应当受到敬畏：为什么要"敬"？因为吸取前人经验，会得到宝贵的智慧；为什么要"畏"？因为重蹈前人错误，要受到历史的惩罚。这里补充一句：对历史的传承与表述，也应当采取敬畏的态度。

本书的旨趣在于同广大读者进行"求知、求真、求励、求悦、求鉴"的对话。

——求知，历史会提供丰富有趣的知识；

——求真，历史会提供江山风雨的真实；

——求励，历史会提供修齐励志的经验；

——求悦，历史会提供赏心悦目的愉悦；

——求鉴，历史会提供参政资治的通鉴。

我们应从明亡清兴 60 年的历史中，学习胜利者的智慧与修养，记住失败者的愚蠢与骄纵。

《明亡清兴六十年》（上），中华书局，2006 年 8 月

《明亡清兴六十年》（下）跋

　　《明亡清兴六十年》（上）已于 2006 年 9 月由中国中央电视台科教频道（CCTV-10）《百家讲坛》播出，讲稿同时由中华书局出版。在《明亡清兴六十年》（下）于《百家讲坛》谢幕、中华书局出书之际，我在这里交待一下读者、观众、记者的几个问题。

　　有读者、观众问：您是怎样处理学术化与大众化的关系的？

　　历史学的发展经过为神服务、为君服务、为民服务三个时期。现在已经进入 21 世纪，史学的"神本主义""君本主义"都应当走下殿堂，史学应当为民服务，迈步走向民众广场。21 世纪的史学为民众服务，仍有多种功能——如学术、文化、资治、教化、传承，其中最重要的是学术研究功能与大众传承功能。前者，主要是学术研究；后者，主要是大众传播。

　　关于学术与大众的关系，王光先生将其概括为三种形态：向大众讲学术，向大众讲大众，向学术讲学术。这里我想起《论语·子路》曰："为君难，为臣不易。"套用这句话，我认为：为学术难，为通俗不易，为电视通俗更不易。其原因之一是自己必须具有渊博的学术涵养。给受众一杯水，自己需要准备一桶水。自己明白十分，能使受众接纳五分就算不错。向学术讲学术难，向大众讲学术更难。因为：第一，必须把学术搞清楚，不能以己昏昏而使人昭昭；第二，观点、史料引文向学仁讲述，直接引述即可，而对其翻译、解读、诠释使大众能听懂，当然比直接引用更困难；

第三，由学术到学术是一种文化升华，由学术到大众也是一种文化升华。所以《礼记·学记》曰"教然后知困"，又曰"教学相长也"。在普及历史知识的过程中，特别是我在中央电视台主讲了《清十二帝疑案》和《明亡清兴六十年》两个栏目之后才知道其难，教了之后才使彼此长进。

所谓"学术—大众—学术"，就是说以学术研究为出发点，向大众普及历史知识，最后达到学术之效果。历史知识的普及，过去主要是通过纸质媒介，要求文字简明、准确、通俗、生动等；现在电视媒体对主讲者除上述文字要求外，还要求具备声音、形象等多项条件。因此，在普及传播科学知识时，电视媒体比纸质媒体要求更高。制片人万卫先生概括说，《百家讲坛》的主讲人要具有学术涵养、电视能力和人格魅力三大因素。这是对《百家讲坛》开播六年来上千位主讲人经验与教训的一个总结。

对史学的学术化当前没有争议，有争议的是：史学要不要民众化？史学的学术化与民众化应是怎样的关系？所谓"时尚史学""通俗史学""摇滚史学""娱乐史学"等都是值得商榷的论点。史学是一种科学，摇滚是一种艺术，史学何以摇滚？在探讨史学的学术化与大众化的关系时，既不应把高雅与通俗分隔，也不应把精英与大众分隔，高雅与通俗、精英与大众是互相联系的，而不是对立的。那种认为"只有精英的东西是高雅的，大众的东西是低俗的"的观点是没有历史根据的。历史本来就是通俗的。《诗经》中的"风"包括民歌、民谣等，后来由俗化为雅，成为儒家经典。《论语》是由孔子的学生将其讲课时的笔记整理而成。《论语》在当时是很通俗的，后来才成为儒家经典。至于说"时尚史学"，史学从来都很时尚。孔子修《春秋》，使乱臣贼子惧，不就是一种时尚嘛！一些时尚的名词后来成了典故。在中国历史上，"学术化"与"大众化"之间没有不可逾越的鸿沟。于是出现了"注""疏""论""解""考""传""案""释"等学术表述形式。同样，现代的"又红又专""上山下乡"等名词在若干年之后都要考据、要诠释，否则人们看了不懂，这不就成为一种学问了嘛！因此，不要把高雅与通俗、精英与大众两者绝对化、对立化。那种轻蔑史学大众化的学术贵族态度是不可取的。

史学学术化与史学大众化，其思维与表述的路径不同：史学的学术化主要是提出问题、搜集史料、审慎考据、分析论证、科学表述、做出新论，是一个求真求是的逻辑过程。而史学的大众化主要考虑对象的十个不同——不同年龄、不同性别、不同职业、不同阶层、不同文化、不同时间、不同地域、不同民族、不同宗教、不同国籍。传播的知识应尽量既有引人入胜的故事，又有深厚扎实的史实，述而有据，作而意新，以通俗语言深入浅出，准确表述，雅俗共赏，从而满足广大受众的愿望与要求。但是，史学大众化不是史学小说化，因为小说与历史不同——历史精彩处可以充当小说读，小说精彩处忌讳当作历史看。

有读者、观众问：学者应当在书斋里，您为什么要出现在荧屏上？

我认为："学者"的形态是多元的——有学术型学者，如长期在书斋里从事学术的开拓与研究的学者；有教育型学者，如孔子说的"述而不作"，长期以教书为主，而不以研究与著述为主的学者；有编辑型学者，如一些从事书、报、刊、影视、网络等媒体的编审、编导等高级职务者；还有管理型学者、活动型学者等等。其实，我学历史至今已有 50 年，从研究清史至今也有 44 年。在这漫长、孤寂的寒窗生活中，2004 年和 2006 年，我出来两年晒晒太阳，难道不可以吗？况且，我也在国内外多所大学讲学，在大学兼课。我在北京大学开《清朝开国史》课，进行"传道、授业、解惑"，听课的学生限定 50 人。我在《百家讲坛》主讲《清十二帝疑案》《明亡清兴六十年》，据统计每一讲的观众多达千万人，也是在"传道、授业、解惑"。二者的相同之处都是在"课堂"或"讲坛"讲课；不同之处仅是"课堂"或"讲坛"的空间大小而已。电视是当代最为强势的媒体，学者应当与时俱进，对其加以利用，传承历史，以尽天职。试想，这是否犹如在雕版印刷、活字印刷的时代，去埋怨人们为什么不用甲骨、竹简做文字载体而用纸张呢？这岂不是堂吉诃德式的见解吗？

学术的研究与普及是否有矛盾呢？应当说既有矛盾，也有统一。史学在大众传播的过程中，教学相长，相得益彰。学术力求通俗，通俗中有学术。以明清萨尔浒大战为例，其胜其败，就是一个"分合观"的问题。战争指挥者智慧的精华在于：尽最大的努力，将敌人的力量分，而将自己的力量合——以合对分者胜，以分对合者败。因此，要感悟"分合观"的智慧：在军事上，将敌人的力量分，而将自己的力量合，以合胜分；在政治上，将对立的力量分解、分化，壮大自己，以多胜少，以强胜弱；在工作上，将复杂的问题分解开，集中力量，分别解决；在学习上，将难点分开，逐个化解，分步解决。这样，在普及中有提高，在提高中又有普及。史学的学术化与大众化相辅相成，相得益彰。

有读者、观众问：您在《明亡清兴六十年》里，是否有"抑明扬清"之嫌？

我回答："没有！"我是按照明亡清兴六十年的历史原貌讲述的，尽量求真求是，力求公允客观、把握历史天平、不带民族偏见。在讨论明清的历史时，我选定了"明亡与清兴"这个历史背景，如果选择"明兴与清亡"可能就不会引起上述个别人的误解。其实，在讲明史时，我曾充分肯定于谦、戚继光、袁崇焕等人的德言事功，颂扬他们的历史业绩。我既批评太监魏忠贤专权乱政，也褒扬太监郑和下西洋的壮举。而在讲《明亡清兴六十年》时，我自然要探讨明朝灭亡的原因，探寻其演化，分析其矛盾，揭露其弊端，鞭挞其罪恶；我也自然要探索清朝兴盛的原因，分析其条件，探求其动因，总结其经验，感悟其智慧。同样，我在讲清朝衰亡的过程中，必然要批评其签订不平等条约，割地、赔款、丧权、辱国的罪孽！

这里需要指出：我们应当敬畏历史，明朝衰亡的悲剧不仅仅是汉族的，也是中华各民族的；同样，清朝兴盛的活剧不仅仅是满族的，也是中华各民族的。中华各民族发展的历史，其经验，其教训，都是中华民族共同的文化财富。

最后，《礼记》中提到的"大道不器"应为励志向学之本，以此同读者分享，并作本文结语。

《明亡清兴六十年》（下），中华书局，2007 年 1 月

《清宫疑案正解》后记

早在 2003 年末，《紫禁城》杂志酝酿改版，故宫博物院副院长兼该刊主编李文儒先生同常务副主编左远波先生商定，改版后的《紫禁城》杂志设立《清宫百谜》专栏，约我每期撰稿一篇，长期连载。我粗算了一下，清朝十二帝，以每朝平均十个疑案计，大约应有上百个疑案。我答应试写几篇，然后看看再说。

2004 年《紫禁城》杂志正式改版，在《清宫百谜》专栏中刊出了我的《努尔哈赤姓氏之谜》，作为首篇，投石问路。同年出版六期，刊出拙文六篇。

2005 年《紫禁城》出版六期，除一期特刊没有《清宫百谜》栏目外，又刊出我的五篇文章。

2006 年我为《百家讲坛》主讲《明亡清兴六十年》，每周一讲，十分繁忙，无暇继续为《紫禁城》杂志的《清宫百谜》专栏撰稿。此其一。又因为常务副主编左远波先生转到紫禁城出版社，接任的朱传荣常务副主编不好意思像左远波先生那样，每一期都三番五次地、不厌其烦地打电话催稿，而是尊重作者，不常电催，我便借机喘了口气，拖欠了一年的稿子，借此谨致歉意。此其二。于是，《紫禁城》杂志的《清宫百谜》专栏暂时停了下来。

话分两头说。到 2006 年 12 月 10 日，我终于完成了《明亡清兴六十年》最后一讲的录播，还没有离开录播现场，北京电视台科教部制片人于瀛等一行便来约我，说北京电视台将于 2007 年改版，新开了一个上星栏目《中华文明大讲堂》，让我为这个栏目开讲清史，每周一讲，不要少于三个月。她还说这是北京市委常委、宣传部蔡赴朝部长点的名。我勉为其难，仓促准备。讲什么呢？焦急中我想起了此前曾经写过的"清宫百谜"系列，于是跟《中华文明大讲堂》栏目商定开讲《清宫疑案正解》。由于播出期间碰到春节，广大观众希望我讲清宫如何过年，还希望我讲清宫皇子的教育。所以，《清朝宫廷过年》和《清朝宫廷教育》两讲也列入《清宫疑案正解》总题目之内。

《清宫疑案正解》的制作采用了主讲人、主持人和观众三方讲述、对话、交流的形式，大家一齐努力。由于时间紧迫，我几乎推掉了所有其他的事情，集中精力进行准备，而北京电视台科教部领导和《中华文明大讲堂》栏目的朋友更是为此夜以继日、废寝忘食地筹备。科教部主任陈虎还亲自为这个系列讲座撰写广告语。节目播出一段时间之后，制片人于瀛告诉我，收视率逐集高升，达到2.68%，位列同时段全国电视台所有栏目之首。这是出乎意料的，也是广大观众的厚爱使然。

应广大观众和读者的要求，现将《清宫疑案正解》的电视讲稿加以整理，由中华书局出版。北京电视台台长刘爱勤先生拨冗撰写了本书序言。近三年来，中华书局已经先后出版了拙著《正说清朝十二帝》《袁崇焕传》和《明亡清兴六十年》（上、下）。

本书出版之际，向北京电视台的领导、制片、编导、摄像等诸君，向中华书局的领导、编辑、发行等诸君，深致谢意。

《清宫疑案正解》，中华书局，2007年3月

《清朝皇帝列传》（增订图文本）前言

　　《清朝皇帝列传》自 2002 年出版，至今已经五年。新见一些资料，发现一些疏误。

　　一书未见为羞，一字疏误为耻。

　　于前者，有人说书籍浩如烟海，怎能逐一阅读？我则说，就研究课题而言，重要文献、经典之书，必须阅读，应该是"一书未见为羞"。

　　于后者，有人说出书有错误率，怎能一字不错？我则说，就严肃书籍而言，慎之又慎，如临深渊，如履薄冰，应该是"一字疏误为耻"。

　　即使以这样的标准律己，我还是常常发现一些书籍没有读，一些错误没有改。

　　语云：取法乎上，得乎其中；取法乎中，得乎其下。我说"一书未见为羞，一字疏误为耻"，意思就是在做书的时候，力求"取法乎上"，期望"得乎其中"。这也是修订本书、重新出版的基本原因。

　　我的《正说清朝十二帝》在中华书局出版后，全国各地读者就曾诚恳地、不断地指出疏误。我抱着"一字疏误为耻"的态度，每加印一次，就修正一次。我的准则是闻过则喜。到目前为止，《正说清朝十二帝》已经重印 24 次、修订 23 次。

　　这本《清朝皇帝列传》主要是写清朝皇帝的身世、家庭、性格、素质、情感、悲喜、业绩、成败。分解开来，是清代十二位皇帝的传记；整合起来，又是一部清朝的历史。此次增订出版，新配插图310余幅，其中不少图片十分稀见。本书与《正说清朝十二帝》为姊妹篇，各有特色，互为补充。

历史是镜子，也是艺术；历史可以借鉴，更可以欣赏。

阅读清朝十二位皇帝的传记，看到的是辉煌或晦暗，是杰作或败笔，是谋略或诡诈，是争战或宴乐，是狂涛或微澜，是宫阙或茅舍，是社稷或亲情，是欣笑或哀泪；欣赏清朝的历史，得到的是增长学识、激发智慧、愉悦心境、陶冶情操、明辨善恶、砥砺意志、恢弘格局、坦荡胸怀。

本书承蒙文化部副部长、故宫博物院院长、中国紫禁城学会会长郑欣淼先生欣然作序；故宫博物院副院长李文儒先生、紫禁城出版社社长王亚民先生热切关心，积极支持；紫禁城出版社编辑室主任、责任编辑左远波先生改正疏误，选配图片；王主玉编审、金启平研究员、徐广源先生通读书稿，给予指正；解立红女士讨论内容，参与修订。

谨致诚挚的谢意！

《清朝皇帝列传》（增订图文本），

紫禁城出版社，2007年4月

《康熙大帝》序

2008年3月至5月，中央电视台《百家讲坛》栏目播出我的系列历史讲座《康熙大帝》，这个系列讲座的文案稿与录音稿整合后，就成为这本文二十万字、图近二百幅的《康熙大帝》书稿，现在由中华书局出版。

事情缘起，其实很早。

2006年12月10日上午11时，我在中央电视台《百家讲坛》录制现场，终于讲完了《明亡清兴六十年》的最后一讲第四十八讲。整整一年，无间晨夕。这时，我如释重负。当晚，我和夫人约请《百家讲坛》冯存礼、魏淑青、万卫、王晓、解如光、高虹、吴林、马琳、那尔苏诸君在一起小叙。席间，万卫先生说："阎老师，您稍微歇一下，接着录康熙！"我当时一愣：怎么还要讲啊！观众喜欢看吗？所以我含糊回答："想想再说。"

2007年4月，我应美国华美协会的邀请到美国进行学术与文化交流。在纽约联合国总部大厦贵宾餐厅的饭桌上，一位先生问："阎教授，您下面讲什么？"我反问："您说呢？"答："讲康熙！"不久，我去芝加哥。我国驻芝加哥领事馆徐尽忠总领事请我和阎鹏吃巴西烤肉，当地的一些留美博士、专家都不约而同也有上述想法。5月，我应邀到台湾进行学术与文化交流。联经出版公司发行人林载爵先生问我下一步讲什么。我还是反问。他回答："讲康熙。"5月底，我应邀到马来西亚作演讲，他们指定的题目是《康熙盛世》。12 月，我应周曾锷先生邀请到新加坡进行学术与文化交流，周先生又提出这个问题，他的看法也是同样的。我的脑子里产生了一个结论：海内外的不少华人希望我能在《百家讲坛》讲讲康熙。

我对讲康熙还有点信心。这信心是从哪儿来的呢？早在 20 世纪 60 年代初，我就决定研究清史。从何入手呢？从人物研究开始。从研究谁开始呢？我选了康熙。当时主要读《大清圣祖仁皇帝实录》，看《起居注册》（康熙）等。1964 年，我写出长篇论文《评康熙帝》。这篇论文几经周折，时过多年才获发表，而且鉴于当时的文化环境，被编辑作了"穿靴戴帽"的处理。这是我的第一篇清史学术论文，后来收在拙著《燕步集》里。尔后，虽然研究重点转到清入关前的时期，但我对康熙朝历史的关注从未懈怠。1983 年《努尔哈赤传》出版后，中国档案出版社等几家出版社曾约我写《康熙帝传》，我很想写，也做了准备，但因为当时忙于单位的课题无暇分心，而没有承应。后来，我写过《论雅克萨之战》《明珠论》《纳兰性德与吴兆骞》《郭琇论》《张吉午与〈康熙顺天府志〉》《康熙皇帝与木兰围场》和《康熙大帝》等文，均不够深入，也不够系统；但四十多年来我一直没有放弃对康熙朝历史的学习与关注，时时、事事、处处，始终萦绕于心。

这次，我想试试，通过完成《康熙大帝》系列讲座，对康熙朝历史做一次系统的梳理，实现多年的夙愿。

事情定下之后，我将能找到的有关康熙帝的资料全部汇拢，集中精神，夜以继日，进行准备。2007 年 7 月 3 日，在北京社会科学院贵宾室举行了一场小型的"神仙会"，张永和、马琳、那尔苏、宋志军、李洪超、左远波、解立红、阎崇年八人与会，就篇目、讲法交换想法。李岩先生也提出颇中肯綮的意见。7 月 13 日，《百家讲坛》制片人万卫先生专门举行《康熙大帝》研讨会，该栏目全体领导、编导和部分主讲人出席。我在会上就《康熙大帝》的基本构思作了抛砖引玉的发言。讲康熙帝，要处理纵与横、君与民、俗与雅、古与今、事与人、负与正、满与汉、文与武等八个方面的关系：（1）纵与横——于横向比较与纵向比较的关系，纵横兼顾，而突出横；（2）君与民——于君王与民众的关系，君民兼顾，而突出民；（3）俗与雅——于通俗与高雅的关系，雅俗兼顾，而突出雅；（4）古与今——于古代与当今的关系，古今兼顾，而突出今；（5）事与人——于事件与人物的关系，事人兼顾，而突出人；（6）负与正——于负面与正面的关系，负正兼顾，而突出正；（7）满与汉——于满族与汉族的关系，既不扬满，也不抑汉，力求站在中华民族的立场上观察与讲述；（8）文与武——于文治与武功的关系，康熙帝的一个特点是"经文纬武"，因此讲述时尽量文武兼顾。这次研讨会，我得到不少启发和收获。

有人说：我讲《康熙大帝》，背后有一个团队。这是一个客观的表述与概括。感谢这个没有组织而又意诚心一的团队！

我同《百家讲坛》打交道五年，互相切磋，逐步磨合。我的体会是：《百家讲坛》之"百家"，就主体而言，是指科教频道，包含的内容何止百家？涵盖的学者何止百家？就客体而言，广大观众，平民百姓，又何止百家？《百家讲坛》之"讲坛"，这个平台承载的是"科学"与"文化"，传播的是"德先生"（民主）与"赛先生"（科学）。

有人说：1988 年美国历史学家海登·怀特提出了"影视史学"的概念。他对"影视史学"的诠释是："以视觉影像和电影话语来表现历史和我们对历史的见解。"这是一个崭新的课题，时间尚短，需要探索。

历史学有许多分支，近年来社会史学、心理史学、计量史学等都受到重视。相比之下，影视史学更年轻、更稚嫩，需要更多的学人关注、探索。

就电视讲座而言，《康熙大帝》至少应满足五个基本要求：

一、删繁就简。康熙朝的历史，人物众多，事件纷繁，怎样节缩为二十多个专题？力求既删繁就简，又大事不漏。

二、深入浅出。康熙朝的历史，资料繁多，浩如烟海，怎样选择典型的、重要的、生动的、准确的资料？力求既深入浅出，又不流于俗套。

三、清晰表述。康熙朝的历史，千头万绪，错综复杂，怎样高屋建瓴，执一驭千，多而不乱，繁而不杂？力求作出有逻辑的、有条理的清晰表述。

四、张弛有度。康熙朝历史的讲述，要从容不迫，但不能失之于弛；要情感动人，但不能失之于张——既不过于张扬，又不过于松弛，而力求张弛有度。

五、史论结合。康熙朝历史的讲述，不能有史无论，也不能空论无史，而是要有史有论，史论结合，相得益彰。这里，司马迁的"寓论断于叙事"的经验值得借鉴。

此外，我在讲述《康熙大帝》的过程中，还侧重五个视角：

一是国际视角。将康熙帝置于当时大的世界历史背景下进行全景观察。我重在阐明一个观点：康熙朝处于西方大国两次崛起高潮之间。因此，康熙朝处在国际环境有利、周边国家协和的外部氛围中。

二是平民视角。将康熙帝从神坛上请下来，从一个人的生命过程的视角来看他的出生、成长、事业、终老的轨迹。他的经验与教训也是每个普通人的精神财富。

三是电视视角。讲解康熙大帝的场所，既不同于讲堂，也不同于茶馆，而是超越时空的平台。其困难在于：简明、清晰、准确、中允、通俗、生动。

四是公正视角。康熙帝是二百多年前的古人，要排除清朝拥满派与民国反满派对其各执一端的片面观点，而尽量给以公允客观的评价。

五是人文视角。康熙帝是位特殊的历史人物，不同读者、不同观众有自己不同的解读。通过解读康熙帝的人生轨迹，期待国人自信、公仆自鉴、青年自励、各界自勉。

在这里，谨对文化部副部长、故宫博物院院长、中国紫禁城学会会长郑欣淼先生暨学会同仁，北京满学会终身荣誉会长陈丽华先生暨学会同仁，北京社会科学院同仁，敬示谢意。

在这里，对为《正说清朝十二帝》《明亡清兴六十年》《清宫疑案正解》以及本书的封面、腰封照片精心摄影的高虹先生，致以谢意。

最后，诚恳希望读者给予批评指正。

《康熙大帝》，中华书局，2008 年 5 月

《阎崇年图文历史书系》（全八册）总序

这套《阎崇年图文历史书系》，包括《明亡清兴六十年》（上）、《明亡清兴六十年》（下）、《正说清朝十二帝》、《清朝皇帝列传》（上）、《清朝皇帝列传》（下）、《康熙大帝》、《中国都市生活史》和《古都北京》，六种八册，现由中华书局整体统编，同海内外广大读者见面。《易·系辞上》说："河出图，洛出书。"本书系以"图文历史"为特色，既继承中国传统文化，又体现当代特色。在这里，有些话，写在前面，做个交待。

本书系的六种八册书，原来出版的时间有早有晚，开本有大有小，图片有多有少，文字有繁有简，需要整齐划一，加以梳理，一起推出，方便读者。

最早出版的是《古都北京》。那是在 1985 年，二十五年以前，这是一部被"逼"出来的书。那时我比较年轻，不分昼夜，精力集中，奋笔疾书，终于结集成书。书中照片的主要摄影者是摄影大家严钟义先生，还有故宫摄影大家胡锤先生等。有了他们的精美摄影，魏明精心设计，马悦扬鞭督稿，这部《古都北京》荣获了法兰克福和莱比锡两个国际图书荣誉奖。这次紧缩照片，修订文字，重新与读者见面。

其次出版的是《中国都市生活史》。台湾文津出版社向我约稿，要求繁体字、竖写，二十万字。当时我在美国讲学，由好友刘如仲先生约定。我于 1990 年 5 月回到北京，如仲兄告知：未征得同意，已代我签约，四十天交稿，否则违约，要交罚金。朋友约，不可违。于是，我赶紧到北京社会科学院图书馆借了一大摞书，拟了提纲，动起手来。从动笔，到交稿，仅有四十天时间。我计划每天写五千字。出版社供给特制的稿纸，每页双面、竖格，可写五百字，所以每天定额是十页稿纸。几点完成定额，几点关灯睡觉。有时开会耽误，夜里加班补上。有时写顺手，一天七千字。三十八天，一气呵成。回想往事，我百感交集。此书因在台湾用繁体字出版，大陆读者很难看到。中华书局决定将其纳入本书系，提供给读者。俗话说："萝卜快了不洗泥。"当时赶任务，文字难免很粗糙。就算是那个时代留给读者的一个小纪念品吧！

复次出版的是《清朝皇帝列传》。新世纪开始，紫禁城出版社编辑左远波先生，邀我写本书，我婉言谢绝。小左软磨不成，改为以利相诱：这本书放在故宫书亭，每年参观故宫的游客有几百万人，以百分之一计，至少卖一万册，每册稿费一元，可以有一万元稿费。当时我刚退休，想到外地、外国旅游，靠退休金是不行的，有了这笔稿酬，不就有旅游费了吗？写吧！结果交稿出版后，销路并不好，那点稿费根本不够旅游费，上了小左的"当"。但是，我一向认同：塞翁失马，焉知非福。我认为：世界上没有失败的事情——此处是失，彼处是得；此处是得，彼处是失。还是《道德经》说得透彻："祸兮，福之所倚；福兮，祸之所伏。"万万没有料到的是本书惹了"大祸"。为什么这样说呢？我以下面的事实来说明。

最后出版的是我在中央电视台《百家讲坛》栏目主讲清史系列的"三驾马车"——《正说清朝十二帝》《明亡清兴六十年》和《康

熙大帝》。

2004 年《百家讲坛》栏目推出"清十二帝疑案"系列。本来设计的是，请十二位清史专家分别讲十二位皇帝的"疑案"。我最早出版过《努尔哈赤传》，给大家留下一点印象，在诸位演讲人中，就首先点到了我。我在《百家讲坛》讲完清太祖努尔哈赤之后，电视台要我讲努尔哈赤的儿子皇太极，尔后又要我讲皇太极的儿子顺治帝，尔后是顺治帝的儿子康熙帝，以及康熙帝的儿子雍正帝、雍正帝的儿子乾隆帝，一直到清末帝宣统皇帝。为什么会这样安排呢？佛家讲：一切皆有因缘。这个因缘是《百家讲坛》的制片人聂丛丛女士看了我写的《清朝皇帝列传》。事后聂老师跟我说："在《清朝皇帝列传》中，您系统、全面、通俗、精炼地讲了十二个皇帝的疑案和故事，再加上我们对您演讲的总印象，才下决心，突破先例，由您一人担纲一个系列的电视讲座。"接着，万卫老师又要我讲《明亡清兴六十年》和《康熙大帝》。讲稿经过修订，就形成了由中华书局出版的《正说清朝十二帝》《明亡清兴六十年》和《康熙大帝》。

本拙著"阎崇年图文历史书系"之六部八册书，前后时间跨度整整二十五年。这次由宋志军和李洪超二位先生全面通读，修正文字，核对史料，平衡图片，划一版式，组成书系，呈现在读者的面前，希望大家给予批评指正。

《阎崇年图文历史书系》（全八册），中华书局，2010 年 5 月

《大故宫》（原版）序

《大故宫》的有关想法，写在前面，做个交代。

一 事情缘起

在中央电视台《百家讲坛》讲《大故宫》，同时出版《大故宫》一书，这个想法酝酿了多年。直到 2010 年底，我才与《百家讲坛》制片人聂丛丛、副制片人那尔苏，长江文艺出版社副总编辑金丽红、副社长黎波等朋友达成共识，定了下来。从 2011 年初开始，我就全身心地投入搜集资料、实地考察、撰写文稿和电视录播的工作之中。在落笔本篇文字时，已到 2012 年初，殚心竭虑整整一年，《大故宫》第一部二十集即将播出，而《大故宫》（第一册）也即将付样。

《大故宫》的一个特点是"大"。我讲过的《正说清朝十二帝》是以清朝十二个皇帝的生命轨迹为线索，围绕清宫疑案，讲述清朝历史；我讲过的《明亡清兴六十年》是以袁崇焕为典型人物，仅涉及明清"甲乙鼎革之际"六十年的历史；我讲过的《康熙大帝》则更为单纯，是以康熙皇帝的生命轨迹为经线，以历史事件为纬线，讲述康熙朝六十一年的历史。上述三个系列都属于历史学的范畴。但这次讲《大故宫》不同，它既包含历史学，还涉及建筑学、文物学、文献学、档案学、艺术学、园林学、规划学、故宫学和满学等；而且时间跨度近六百年，内容涉及历史、人物、时间、建筑、文物、宫廷、园林、艺术等。方方面面，林林总总，太大，太杂。

我有自知之明。故宫内外，专家济济。论古建，我不如古建专家；论器物，我不如器物专家；论书画，我不如书画专家；论文献，我不如文献专家；论档案，我不如档案专家；论宫史，我也不如宫廷史专家……但是，借用《百家讲坛》这个平台全面讲述《大故宫》，传承与弘扬中华文明，总得有人做吧！不过为什么由我来做呢？

转念一想，事有阴阳。困难属阴，解难属阳。重要的是，我身后有一个学术团队支持我，帮我解难。故宫博物院原院长、中国紫禁城学会会长郑欣淼先生暨学会同仁，故宫博物院院长单霁翔先生暨故宫博物院专家，北京社会科学院院长谭维克先生暨院里同仁，北京满学会荣誉会长陈丽华先生暨学会同仁，以及晋宏逵（故宫博物院原副院长、古建专家）、陈丽华（故宫博物院副院长、宫廷历史文物专家）、吕舟（清华大学国家遗产中心主任、教授）、秦国经（中国第一历史档案馆原副馆长、明清档案专家）、钱晓云（原《故宫博物院院刊》编审）、左远波（故宫博物院研究室研究员）、金卫东（故宫博物院书画部研究员），还有冯乃恩（故宫博物院办公室主任）、黄希明（故宫博物院古建部专家）、周功鑫（台北故宫博物院院长）、冯明珠（台北故宫博物院副院长）、张永和（著名剧作家）等诸位朋友，热情襄助，玉成拙作。

就我个人来说，我曾任中国古都学会常务理事兼秘书长，考察并了解了许多历史古都；曾任北京史研究会常务理事兼秘书长，参观、研究了北京的历史与文物；任北京满学会会长，对明清故宫研究有新的视角、新的成果；任职于北京社会科学院历史所、满学所，研究课题也多同故宫有关；学习明清历史，"大故宫"正是明清历史研究和关注的一个焦点；而忝居中国紫禁城学会副会长，使我有更多的机会参观故宫、了解故宫、学习故宫、研究故宫。以上这些阅历和知识不是我的资本，却为我讲《大故宫》提供了责任、信心、勇气和力量。

二　世界瑰宝

讲《大故宫》，要先看世界，再看中国。

先看世界四大文明古国。古埃及的文明中断了，古印度的文明中断了，古巴比伦的文明也中断了，唯有中国的文明没有中断。

在古埃及文明中，古埃及法老的宫殿建筑遭到战争与自然的毁坏，没有存留下来。古埃及给人留下深刻印象的是金字塔群，而不是宫殿建筑群。我们今天看到的是古埃及法老的陵墓——金字塔，建筑宏伟，令人震撼；但不是宫殿，故令人遗憾。

在古印度文明中，古印度的宫殿建筑也没有完整地保存下来。人们一说起古印度建筑，就要提泰姬陵了。泰姬陵位于阿格拉市，是莫卧儿帝国皇帝沙贾汗为他的爱妻建造的陵墓。陵墓始建于1631年（一说1632年），用纯白色大理石修砌而成，陵前水池倒影，月光之下，如临仙境，被誉为"世界完美艺术的典范"，并被列为"世界新七大奇迹"之一。印度的阿格拉古堡，城里虽然有内宫和外宫，但宫殿建筑群没有被完整地保存下来。古印度帝王的宫殿建筑群或为历史残迹（如阿格拉古堡），或被夷为平地。人们当下所能看到的泰姬陵，不是帝王的宫殿，而是王后的陵墓。

在古巴比伦文明中，当年瑰丽的宫殿早已不复存在。今人已几乎看不到其古代叱咤风云的帝王时代的宫殿建筑。不过，被视为"古代世界七大奇迹"之一的"空中花园"尚留存于文字记载中——相传公元前6世纪，新巴比伦国国王尼布甲尼撒二世为他的王妃建造了一座特别的花园，采用立体造园手法，在高二十多米的阶梯与平台上栽植各种树木花卉，从远处看去，花园犹如悬在空中，因此叫空中花园。空中花园闻名遐迩，今人已经不能看到它的原貌，只能在文学描述中领略它的瑰丽与风采。

古希腊曾有壮美的殿宇，但现在也只能根据帕特农神庙的遗存去遥想它昔日的辉煌。

古罗马有斗兽场、万神殿（潘提翁神殿）等恢宏建筑以及罗马帝国在各地域的宏伟瑰丽的宫殿，但大多是历史残迹。人们只能赞叹罗马皇宫往昔的光辉，遗憾其没能留下古代完整的宫殿建筑群。

在美洲玛雅文明等古文明中，或有伟丽宫殿，今已荡然无存，只留下太阳金字塔、月亮金字塔以及神庙等历史残迹，令人惊叹，供人凭吊，却没有完整的宫殿建筑群存世。

那么，世界上现存的古老宫殿，有哪些在人们的心目中留下了华丽风采呢？譬如：

法国巴黎的卢浮宫和凡尔赛宫。卢浮宫本来是中世纪的一座城堡，自14世纪查理五世时期改建为皇宫。后经法国太阳王路易十四和拿破仑·波拿巴等人的多次改建、扩建，才具有后来的规模，成为法国一座富丽堂皇的宫殿。但是，卢浮宫与明清故宫相比，仅以面积来说，卢浮宫的建筑面积相当于紫禁城建筑面积的四分之一。凡尔赛宫的建筑面积尚不及故宫建筑面积的九分之一。

俄罗斯先后有两座重要的皇宫：彼得堡的冬宫和莫斯科的克里姆林宫。彼得堡冬宫于1762年（清乾隆二十七年）建成，于1837年（清道光十七年）遭到大火焚毁，后来加以重建，大体上是现在人们看到的样子。但是，彼得堡冬宫的建筑面积，仅相当于北京紫禁城建筑面积的三分之一。克里姆林宫，俄文原意是"内城"，有城墙与护城河，且位于莫斯科市中心。有人称克里姆林宫为世界上最大的建筑群之一。克里姆林宫后来多次扩建，但扩建后的面积尚不及北京紫禁城面积的二分之一。

英国的白金汉宫于1703年（清康熙四十二年）由白金汉公爵兴建。1825年（清道光五年），英王乔治四世将其作为王宫，并予重建。1837年（清道光十七年），维多利亚女王移居白金汉宫。但是，白金汉宫的面积约相当于北京紫禁城面积的五分之一。

日本现存的御所（皇宫）主要有两处：一是京都的御所，二是东京的皇宫。京都于公元794年（唐德宗贞元十年）开始为日本首都，被日本誉为"千年古都"。京都给人们留下了许多著名的建筑，如东寺、金阁寺、御所。京都御所的面积约为11万平方米，地面不像北京故宫以墁砖铺地，而是用石子铺地。日本京都御所面积不到北京故宫面积的六分之一。1868年（清同治七年），日本明治维新开始，后明治天皇将都城从京都迁到江户，并改江户名为东京。日本东京的皇宫自然比京都御所高大、宏伟，但其面积尚不及北京故宫面积的三分之一。

此外，世界上还有其他古代宫殿遗存或遗迹，如泰国、柬埔寨、尼泊尔等国的皇宫（王宫），虽其建筑、装饰、历史、文物各有可赞之处，但其或为历史残迹，或规模较小，本文不述及。

由上可以看出，明永乐十八年（1420）建成的北京皇宫是世界上现存最大、最完整的古代宫殿建筑群。

三 故宫特色

关于中国已知最早的宫殿，有学者认为是河南偃师的夏朝宫殿遗迹。之后，河南安阳有殷商宫殿遗迹。《史记·殷本纪》载：殷纣王"以酒为池，县肉为林"，日夜纵乐，导致覆亡。秦阿房宫、汉未央宫、唐大明宫，还有在北京建都的辽南京宫城宫殿、金中都宫城宫殿、元大都大内宫殿和明南京宫殿都遭到焚毁或平毁，早已不复存在。现在能看到的"两宫三院"就是北京故宫、沈阳故宫、北京故宫博物院、沈阳故宫博物院和台北故宫博物院。沈阳故宫建成时间较晚，始建于天命十年（1625），清太祖、太宗、世祖三位皇帝在此治居，比明朝北京皇宫晚建219年；规模虽小却具特色，占地6万余平方米，有建筑100余座、500余间；院藏文物2万多件。

北京明清故宫，简称故宫，又称紫禁城，1987年被联合国教科文组织列入《世界遗产名录》，这标志着北京故宫不仅是中华文化珍宝，而且是世界文化瑰宝。它是世界上现存规模最大、保存最完整的木结构宫殿建筑群，也是世界上最大的历史文化艺术博物馆。缘此，我要向国人、世人介绍中国北京明清故宫。

《百家讲坛》本系列电视讲座的题目以及本书的书名为什么叫"大故宫"呢？

第一，规模大。故宫平面呈长方形，南北长961米，东西宽753米，占地面积达72万多平方米。故宫内有各类殿宇房屋9000余间，金碧辉煌，宏伟壮丽；外有高10米的城墙，城墙的四角各有一座瑰丽的角楼；城外有一条宽52米、长3530米的护城河环绕。这里是清朝鼎盛时期1300万平方公里版图、四万万人民和中华五千年文明的一个集中展现。

第二，历史久。北京故宫于明永乐四年（1406）开始修建，明永乐十八年（1420）基本建成，之后又不断重建、修建、改建、增建。先后有明朝十四位皇帝、清朝十位皇帝共二十四位皇帝在紫禁城治居，统治中国近五百年。故宫从开始兴建至今已经六百余年。在世界现存皇宫的建筑史上，连续五百年不间断地使用的皇宫只有北京的故宫；而在中国历史上，连续五百年不间断地使用的皇宫也只有北京的故宫。

第三，珍宝多。北京故宫现珍藏文物包括建筑、陶瓷、书画、碑帖、铜器、玉石器、生活用具、雕塑、珍宝、典籍、档案等，经过郑欣淼院长等故宫人七年全面认真的清点，有180余万件；台北故宫博物院珍藏传世珍宝约65万件、档案约40万件；还有分藏在国家博物馆、国家图书馆、沈阳故宫博物院、承德避暑山庄、南京博物院、颐和园管理处、天坛公园管理处的文物，以及中国第一历史档案馆藏的1000余万件明清档案、200余万件满文档案等，都是中华五千年文明的精华，是中华各族人民智慧的结晶。

第四，涵盖广。大故宫的范围不仅包括紫禁城，而且包括与故宫相关的坛庙寺院、皇家园林、行宫陵寝，以及沈阳故宫和避暑山庄、木兰围场，明中都和明南京相关历史遗迹等，还有台北故宫博物院收藏的南迁文物珍品等，凡原内务府管理的范围，大体涵盖在"大故宫"之内。

第五，子午线。故宫的建筑严格地遵循对称规则，沿一条南北走向的子午线即中轴线，依次排列，对称展开，无论是平面布局、立体效果还是建筑形式，都显示出庄严、雄伟、壮丽、中和的气度。这条中轴线向南北延伸，就是北京城市中轴线，从永定门到钟鼓楼，长约7.8公里。整个布局讲究平衡，东西南北匀和对称。东西——天坛对先农坛，太庙对社稷坛，文华殿对武英殿，东华门对西华门，东六宫对西六宫；南北——前三殿对后三宫，太和殿对保和殿，乾清宫对坤宁宫；中——太和殿与保和殿之中为中和殿，乾清宫与坤宁宫之中为交泰殿，天安门与午门之中为端门，正阳门与天安门之中为大明门（大清门）等。这条子午线即中轴线的中心就是故宫；故宫主要建筑坐北朝南，太和殿的皇帝宝座恰在中轴线上，体现着皇权至高、至尊、至重、至威的地位，也体现了中华传统文化——中正安和理念的精髓。

总之，伟大的中华、伟大的历史、伟大的文化、伟大的智慧成就了伟大的北京故宫！在当今世界上，亚洲、欧洲、非洲、美洲等所有现存宫殿，就其占地面积之广阔，建筑组群之雄伟，珍藏文物之丰富，连续时间之绵长，蕴含理念之深邃，文化影响之久远，综合起来而言，北京故宫可谓无与伦比。

故宫是复杂的，多面的。有人用"血朝廷"来揭示帝制时代皇宫阴暗、冷酷、血腥、暴虐的一面。但是，故宫的建筑、器物、服饰、书画、典籍、档案等早已不是皇家的财富，而都是士人、匠师、能工、夫役等用鲜血、智慧、汗水和生命凝聚的，是中华民族的珍贵财富。后人对中华文化遗产应抱以敬畏之心、赞颂之意、骄傲之情、欣赏之趣，而行守护之职、关爱之举、学习之行、弘扬之责。

四　六把钥匙

俗话说：学到用时方恨少。准备讲课，深感困难。困难在于八个字：亦事亦理，入耳入心。如何让学术研究成果走出书斋、面向大众、普惠社会，为观众和读者所喜闻乐见？这就要雅俗共赏——雅很难，俗也不易，雅俗共赏则更难。这就必须做到：亦事亦理，入耳入心。故事和道理入耳、入心，事理圆融，很难做到。有故事，没有道理，不够深刻；讲道理，没有故事，未必好听。能入耳，未必能入心；既能入耳，又能入心，确实不容易。这是我在本讲座中的一个心结。

这次讲《大故宫》，我力求把握六个要点：

第一，空间为序。以往讲《正说清朝十二帝》《明亡清兴六十年》《康熙大帝》，主要是沿历史人物的生命轨迹，以时间为顺序，逐渐演绎推进。这次讲《大故宫》不同，是以空间为顺序，以故宫的建筑空间作为讲述的线索。每一讲都先设定一个空间的概念，再讲在这个空间里的时间、人物、事件、建筑、文物等。就像拼图一样，先有一张总图，然后将其分拆开来，进行微观展示，再一块一块拼接，整合成一幅全图。

第二，影像为长。《大故宫》一个最大的优势是不仅有人物、有事件，而且有建筑、有文物——人物可描叙、事件可叙述，建筑、文物则更适合以影视方式展现。影像比文字和讲述更形象、更直观、更有韵致、更生动。因此，《大故宫》这个题材的文字与影像可以形成最佳拍档。

第三，文化为魂。人物、事件、建筑、文物等要有一根主线贯穿，这条主线就是文化，就是性灵。人们了解人物、事件、建筑、文物、历史，不仅是要丰富知识、欣赏艺术、拓展视野、提高素养，而且要得到启示、增长见识、陶冶性情、净化心灵。简单地说，贯穿人物、故事、建筑、文物、历史的思想理念和文化内涵应是"大故宫"的精髓与灵魂。

第四，合纵连横。有些历史题材虽然具有地域性，但不具有国际性。大故宫却不同，明清故宫已被列为世界文化遗产，具有国际性。这就需要将中国明清故宫同亚洲、欧洲、非洲、美洲等现存的宫殿相比较，在比较中认识中国明清故宫建筑的伟丽、文化的辉煌。物以人存，以物见人，从而了解中国之伟大，中华之伟大。

第五，史艺联通。历史是一门科学，电视是一种艺术。历史的、学术的内容，通过影像、声音、语言、文字等手段表现出来，又使抽象的、逻辑性思维蕴含其中。这是一个科学与艺术相互联通转化的过程——既将史实、理念转化为可视、可听的艺术，又将可视、可听的艺术转化为科学的道理；既值得探索，也值得期待。

第六，中正安和。北京、故宫有一条贯穿南北的子午线即中轴线，要突出"中"；中轴线上北京内城的正阳门，突出"正"；作为皇城正门的天安门，突出"安"；故宫的太和门、太和殿、中和殿、保和殿，突出"和"。总之，"中正安和"的理念体现了中华传统文化的精髓。譬如，"和"字为重，和合为尚。具体说来，如大智大慧者所说的"六和"——自己和悦、人我和敬、家庭和睦、自然和顺、社会和谐、世界和平。

综上，以故宫建筑空间为线索，以传统文化为脊梁，以同大故宫相关的典型历史、人物、事件、文物、古建、艺术、园林、哲理等为主要内容，全面展现大故宫，进而体现大故宫既是中华文化的精粹，也是世界文化的瑰宝。

五 团队力量

《大故宫》电视节目的播出与书籍的出版是众多师长、朋友共同智慧的结晶，我个人仅为一个代表符号。在这里，对为《大故宫》的播出和出版给予指导和帮助的所有师友，谨致敬谢！

感谢中央电视台《百家讲坛》冯存礼、聂丛丛、那尔苏、王晓、高虹、吴林、杨静，以及编导孟庆吉、王珊、迮（zé）方乐；感谢长江文艺出版社金丽红、黎波、安波舜、郎世溟、陈亮，以及马琳（电视编导），还有出版社约请为本书审稿并配图的左远波等诸君。

爱新觉罗·启骧先生为《大故宫》题写片名和书名，至为敬谢。

特别要感谢我的家人。不客气地说，我的家庭是一个学术型的家庭。在整个写作和录制《大故宫》的过程中，夫人和儿子阎天等帮着我提供信息、查找资料，远从美国传来资讯，核对史实，商量提纲，讨论讲稿，先行试听，反复修改直到敲定。家人的后勤服务使我得以专心地做点事情，最终完成《大故宫》的播出和出版。

本书重在采信第一手历史资料，主要是"三实录"——《明实录》《清实录》《李朝实录》，"二史书"——《明史》《清史稿》，"一档案"——明清大内档案；参阅万历《大明会典》、光绪《大清会典》、《日下旧闻考》、《国朝宫史》、《清宫述闻》、《酌中志》和《春明梦余录》等官私册籍；吸纳郑欣淼著《故宫与故宫学》《天府永藏》，单士元著《史论丛编》，万依主编《故宫辞典》，北京故宫博物院的"学刊""院刊""紫刊"，台北故宫博物院的《故宫文物月刊》等学术研究成果，以及一百年来各位贤达的相关论著。恕不一一列举，在此敬致谢忱！

故宫六百年，特点是在变：历史在变，建筑在变，名称在变，功能在变，主人在变，陈设在变，器物在变，记载在变。一切都在相互联系的变化之中。因时间、篇幅、资料、平台、视野和知识等所限，只能选取故宫纷繁万象中的若干个点，动中取静，静中取动，突出重点，择例讲述。因此，以偏概全，详静略动，欠缺之憾，敬请见谅。

《大故宫》，长江文艺出版社，2012 年 3 月

《大故宫》（纪念版）序

2020 年是北京故宫建成六百周年。《明太宗实录》永乐十八年（1420）十一月初四日记载："爰自营建以来，天下军民，乐于趋事，天人协赞，景贶骈臻，今已告成。"因北京皇宫坛庙告成，永乐皇帝在奉天殿（今太和殿）暨殿前广场，接受朝贺，大宴群臣。这就表明，从故宫建成的 1420 年到 2020 年已整整六百年了。故宫六百年的历史包括明代故宫、清代故宫、民国故宫和新中国故宫四个历史时期。

我从 2012 年到 2020 年，先后八年，撰著"故宫系列"八本书。2012 年，《大故宫》一、二、三部在央视《百家讲坛》播出，同名图书由长江文艺出版社出版。2017 年，《御窑千年》在《百家讲坛》播出，同名图书由读书·生活·新知三联书店出版。2020 年，《故宫六百年》（上下册）在华文出版社出版；《大故宫六百年风云史》先在喜马拉雅音频分享平台播出，随之同名图书由青岛出版社出版；《故宫疑案》由中国民主法制出版社出版。为纪念故宫建成六百年，故宫出版社将《大故宫》重新增订、配图、编辑面世。

上述"故宫系列"八书，可以分作三种类型：其一，《大故宫》开创了以电视视频与图书结合的形式系统讲述故宫历史与文化的先河。它以故宫建筑空间格局为线索，横向讲述大故宫的文化精粹。其二，《故宫六百年》及《大故宫六百年风云史》开创了以网络音频与图书结合的形式系统讲述故宫历史与文化的先例。它以故宫历史演进轨迹为线索，纵向讲述故宫六百年来的历史与文化。其三，《御窑千年》和《故宫疑案》则选取故宫历史文化中为人们津津乐道的专题，条分缕析，剥茧抽丝，逐层开解，进行诠释。以上电视视频、网络音频、纸质图书三种形式互相补充，各展所长，相得益彰，立体推进，受众所及，远达海外，影响之广，超出预料。

"故宫系列"诸书，愚以耄耋之微力，借八年之时间，广汇资料，潜心撰写，传播故宫六百年的历史与文化。当这项文化工程落下帷幕时，愚百感交集，也颇感欣慰。

故宫是中华历史文化的一部伟大教科书。这是因为：从时间来说，它反映了中华五千年文明的精华；从地域来说，它以紫禁城为核心，并涵盖两宫三院即北京故宫、沈阳故宫、北京故宫博物院、沈阳故宫博物院和台北故宫博物院，故宫姻系——皇家坛庙寺观、西苑南苑、三山五园、避暑山庄、木兰围场、明清陵寝、王府宅邸、江南织造、景德镇御窑，以及武当山金殿等；从文物来说，据 2016 年统计数据，北京故宫典藏珍品凡 23 类，共1862609 件（套），还有原故宫藏品南运后现藏台北故宫博物院的 65 万件藏品，也有文物南迁返回后暂存南京博物院的 2176 箱、104735 件（套）藏品，亦有后来移交国家图书馆的善本秘籍，以及现珍藏在中国第一历史档案馆的档案——1000 多万件（套）明清档案、200 多万件（套）满文档案等，故明清故宫藏品总数应当是以千万计；从建筑来说，故宫内宫殿楼阁、亭馆台榭、奇珍异宝、名花异木应有尽有，故而说故宫是中国历代宫殿园囿的集大成者，是一座中华古代建筑实物的博物馆；从人物来说，明清六百年来，中华各界名人几乎都直接或间接地同故宫有着文化与精神的联系；

从事件来说，明清六百年间的重大历史事件都同当时作为皇权中心的故宫有着密切的关联。总之，明清六百年来，中国政治、经济、文化、军事、交通、国际交往的中心在北京，北京的中心则在故宫。

故宫，这座中华文明的文化宝库，包罗万象，纷华灿烂，但百川有源、万树有根——其根其源，斯光斯华，就是中华民族的优秀传统文化。一切科学最高、最后都通向艺术和哲学。于艺术，故宫从宏观到微观、从总体到珍品，都散射着艺术的光辉。因此，故宫是一座庞大的艺术宝库。于哲学，司马迁说"究天人之际，通古今之变"，联通天、人、古、今的关系就是哲学。故宫所体现的精神是中华传统文化的精粹；故宫所彰显的理念是中华传统哲学的精髓。如"中""正""和""安"的精神和理念，就是传统哲学的思想体现。

就中与正而言，《周易正义》云："中正之气，成就万物""大哉乾乎，刚健中正"。北京城是按照《周礼·考工记》中都城中正型理论建造的，北京城和紫禁城有一条贯穿南北的子午线（即中轴线），突出一个"中"字。中轴线上北京城的正阳门突出一个"正"字，乾清宫内宝座上方悬匾御书"正大光明"也突出一个"正"字。《周易正义》云："居中得正""处正得中"。中则正，正则中。这体现了儒家文化大中至正的哲学理念。

就和与安而言，《周易正义》云："保合大和，乃利贞。"《论语·学而》云："礼之用，和为贵。"二者都突出"和"。宫城三大殿，明初分别为奉天殿、华盖殿、谨身殿，突出"天"——皇权神授；明嘉靖重修三大殿后，依次改名为皇极殿、中极殿、建极殿，突出"极"——皇权；清初重修三大殿后，依次改名为太和殿、中和殿、保和殿，突出"和"——社会协和。太和殿前三门——太和门、协和门、熙和门，也都突出"和"的理念。皇城六门——天安门、长安左门、长安右门、东安门、西安门、地安门，都突出一个"安"字。上述由神权的"天"到皇权的"极"，再到社会的"和"，反映出帝制社会虽然发展缓慢，但是思想理念却在不断进步。

"中正和安"——中则正，和则安。这体现了中华优秀传统文化的精华与核心。《礼记·中庸》言："中也者，天下之大本也；和也者，天下之达道也。致中和，天地位焉，万物育焉。"当然，"中正和安"在帝制时代只能是一种理念、一种期望，实际上是不可能真正完全实现的。

新版《大故宫》由故宫出版社出版，其特点是"新"。"新"在何处？一是"文新"。这部书首印至今，有人统计发行量超过百万册。其间，良善建议被接纳，疏误文字被订正，从而文字更准确、更精练、更鲜明、更晓畅一些。二是"图新"。全书图片做了调整、完全换新，内含插图150余幅，图片为故宫资料库中的原片，更清晰、更精美、更贴切、更大幅——书中配有可拉开插页。三是"书新"。全书的纸张、设计、排版、图片、色彩、印制、装帧等，大气、凝重、隽美，令人耳目一新。

行笔至最后，特别感谢全国政协文化文史和学习委员会副主任、中国版权协会理事长阎晓宏，故宫博物院院长王旭东，全国政协委员、故宫博物院原常务副院长、故宫出版社社长王亚民，故宫出版社宫廷历史编辑室主任王志伟，以及其他诸君的关爱和支持；感谢为本书提供初始创意的长江文艺出版社金丽红副总编和黎波副社长、《百家讲坛》那尔苏制片人；本书最后修订完成于烟台紫金山庄,感谢李林才先生的热情关心和真诚襄助。谨此三躬,虔敬致谢!

《大故宫》（纪念版），故宫出版社，2021 年 1 月

《清朝开国史》（全二册）自序

　　清朝开国史的时间范围在清史学界主要有三种分法：第一种，清朝开国史百年说，即从明万历十一年（1583）努尔哈赤起兵到清康熙二十二年（1683）康熙帝接受明延平郡王郑克塽归顺、统一台湾，整一百年；第二种，清朝开国史六十年说，即从明万历十一年（1583）努尔哈赤起兵到清顺治元年（1644）明朝覆亡、清迁都北京，约六十年；第三种，清朝开国史二十八年说，即从后金天命元年（1616）到清崇德八年（1643）崇德帝死、顺治帝立，共二十八年。以上诸说，各有道理，各有短长。本《清朝开国史》的时间断限，取清朝开国史六十年说。

　　《清朝开国史》的出版令我觉得自己有"出版红运"。世间之事，无巧不有。近四十年来，我逢"3"就有"出版奇缘"：1983年，我的《努尔哈赤传》由北京出版社出版；1993年，我的《天命汗》由吉林文史出版社出版；2003年，我的《清朝通史·太祖朝》和《清朝通史·太宗朝》由紫禁城出版社出版；2013年，我的《清朝开国史》又确定由中华书局出版；我企望能在2023年将我的《努尔哈赤传》和《清朝开国史》再次修订出版。一部书能够每隔十年修订出版一次，连续出版五次，当是一件有幸之事。

　　在这里，我把学术历程做个简略回顾。我在把两个通史——《中国通史》和《世界通史》粗学一遍之后，从1963年初开始，转向学习清史，屈指一算，已经五十年。从1980年我转入专业研究清史、满洲史及北京史领域到现在也已三十余年。我作为一位布衣学者，尽个人心力之所及，主要做了三件事：

第一，清朝开国史的学习与研究。撰写了《努尔哈赤传》《袁崇焕研究论集》《清朝开国史》和《清史论集》等论著，并发表若干篇论文，总字数达三百多万字。有人说，关于清朝开国史的论著，目前我发表的字数是最多的。这一点，我并没有做数字核实，但的确是殚心竭虑，并得益于时代惠赐。

第二，满学的学习、开拓与研究。此前，关于满洲的历史与文化，中外学者，多有研究，但以学科而言，有蒙古学、藏学，却没有满洲学（即满学）。从 20 世纪 80 年代后期开始，我和国内外同仁一起，筚路蓝缕，开创满学，给出满学定义，创立北京满学会，出版《满学论集》，主编《满学研究》和《20 世纪世界满学著作提要》，倡议并主持第一届至第五届国际满学研讨会。满学已被接纳为人文社会科学的一个新学科。

第三，利用电视平台系统讲述历史。历史科学的传播素有口述、图书、报刊、教学、文物等载体，近世又增加了广播、电影、电视、网络等新载体。十年来，我在中央电视台系统讲述、相应出版了《正说清朝十二帝》《明亡清兴六十年》《康熙大帝》和《大故宫》四个系列。这种学者通过语音、影像、文字三位一体系统传承历史科学，凭借电视、广播、网络进行全球性的中华历史文化传播的行为，不仅产生了巨大的社会影响，而且被誉为独着"影视史学"的先鞭。

现将以上三个方面的文字成果汇集，选取研究清朝开国史的部分，加以梳理，重新整合，形成《清朝开国史》一书，由中华书局出版。这是我五十年学习与研究、撰著与讲述历史文化的阶段性成果，也是今后学术历程的新起点。

一个严肃的学者，虽然享受不到常人所享受到的快乐，但是能享受到常人享受不到的欣慰。我一直认为学者也许可以有五段学术人生路程：第一段是二十岁到四十岁，重在学习；第二段是四十岁到六十岁，重在贡献；第三段是六十岁到八十岁，重在升华；第四段是八十岁到一百岁，重在大有；第五段如能过百岁，则登上了圣寿学者的行程。

事物有阴阳，格物无止境。回过头看，深感吾学术著述之稚嫩，多有遗憾。然而，作为一段学人的历程，记录下来可促使我砥砺前行！

人生贵在立志、勤学、顿悟、践行。惟志惟学，尚悟尚行；日新日慎，知行知止——这是我五十年学术生活的自勉。

我要把一个学者做好！这是我过去努力做的，也是我今后要尽力做的。

是为序。

《清朝开国史》（全二册），中华书局，2014 年 5 月

《清朝开国史》（修订本）自序

万事万物，有本有始。《老子》曰："能知古始，是谓道纪。"《大学》曰："物有本末，事有终始，知所先后，则近道矣。"古代先贤，在在提点，江河有源泉，事物有本始。做人做事，治学治史，要一以贯之，应重本重始。

本，许慎《说文解字》曰："本，木下曰本，从木从丁。""根"字的原意是木在土下的部分，故根与本二字相通假。

始，许慎《说文解字》曰："始，女之初也。"段玉裁注云："释诂曰：初，始也。"又曰："初、裁皆衣之始也。"女红做衣，第一刀为始。"初"字的原意是初始。

初涉清史，无从下手：时间跨度漫长，空间广袤辽阔，资料海量多，人事万般繁，千头万绪，从何入手？我困惑了一段时间。师友之建议，亦各有高见，何取何舍，难以定断。到20世纪60年代初，受白寿彝先生启示，治学要寻根溯源。汲取先贤经验，经过慎重思考，遂定探根本，着力抓初始。清朝历史像一条巨河，它的水之源、流之始，在于清朝开国的这段历史。于是，我决定从清朝开国史研究入手。粗略了解后，我发现清朝开国史，既是片处女之地，也是座学术之矿。于是，我从"一档二史三实录四杂著"基本史料入门，所谓"一档"即《满文老档》，"二史"即《明史》和《清史稿》，"三实录"即《清实录》《明实录》和《李朝实录》，"四杂著"即官书文献、文集笔记、金石碑刻、谱牒家乘等，在这些史料里面一泡就是二十年。其间，始将努尔哈赤先世、生平事迹等史事，分解为一个一个专题，进行了一个一个破解，先后写出若干篇学术论文，继在资料和论文的基础上，撰写《努尔哈赤传》——1983年由北京出版社出版。清太祖之前朝史、当朝历史，既已关注；其后清太宗朝史、顺治朝史，关注不够。由是延展到清太宗朝、明崇祯朝、清顺治朝以及国际大势四个视角，研读相关史料，将清初两朝历史打通，到2003年，由紫禁城出版社出版《清朝通史·太祖朝》和《清朝通史·太宗朝》，这又是二十年。再经过十年的积累、扩充、研究和打磨，到2013年，完成《清朝开国史》著述，翌年由中华书局出版。而后，再经十年的补缺、修订，2023年，由华文出版社出版《清朝开国史》（修订本）。斗转星移，我的须发全白，屈指一算，已过一个甲子。

研究清朝开国历史的一个重要意义，正如我在《正说清朝十二帝》中所论述："清太祖努尔哈赤既播下康乾盛世的种子，也埋下光宣哀世的基因。"就是说，要了解清朝的兴盛，应从清朝开国的历史中去寻找、探索其种子；要了解清朝的衰亡，应从清朝开国的历史中去挖掘、追寻其根因。

就治学而言，我赞成荀子"重壹"的古训。《荀子·解蔽》曰："好书者众矣，而仓颉独传者，壹也；好稼者众矣，而后稷独传者，壹也；好乐者众矣，而夔独传者，壹也；好义者众矣，而舜独传者，壹也。"

历史经验告诉我：做事、治学，贵专一，忌旁骛，多"成於壹"，而"蔽於两"。

拙著《清朝开国史》（修订本），分作上下两卷，凡一百二十万字，现由华文出版社出版。

　　是为自序。

《清朝开国史》（修订本），华文出版社，

2023 年 3 月

《阎崇年集》总序

回首研史五十载，我主要做了三件事：研究清史，倡议创立满学，在中央电视台系统讲述历史。拙著《阎崇年集》则是这三件事的集中文字体现。

有阳有阴，方成事物；有善有恶，方成世间。我在人生道路上受到贵人指点、友人襄助、亲人关爱、小人磨砺，尤受教于白寿彝、杨向奎二师，受助于陈丽华、聂丛丛、赵宗智三位女士，心田铭恩，没齿不忘。否则，或栖栖无为，或庸庸虚度。

《老子》曰："飘风不终朝，骤雨不终日。"人生做事，贵在有恒。多年以来，我撰文百余篇，结集数十本，承蒙郎世溟君美意、刘扬责编，合为《阎崇年集》付梓，以地球公转一周节气为序，分作两阙：

左阙，侧重于格物求真，九种十二卷，包括《努尔哈赤传》《清朝开国史》（四卷）、《燕步集》《燕史集》《袁崇焕研究论集》《满学论集》《清史论集》《清史大事编年》和《袁崇焕传》；

右阙，侧重于大众普及，八种十二卷，包括《正说清朝十二帝》《明亡清兴六十年》（两卷）、《康熙大帝》《大故宫》（三卷）、《清朝皇帝列传》（两卷）、《中国古都北京》《中国都市生活史》和《演讲录》。

附集《合掌录》是星云大师和我的对话录。

以上共二十五卷。

一个人做成事情，需要"四合"——天合、地合、人合、己合。我借此机会，将"四合"送予朋友们，与大家分享。

是为总序。

《阎崇年集》，中国友谊出版公司，2014 年 5 月

《阎崇年集·清史论集》序

我八十年的人生，虽经历了太多不幸，但还是很幸运。

20世纪80年代，作为访问学者，我到了美国。时任美国耶鲁大学历史系主任、美国历史学会主席的史景迁（Jonathan D.Spence）教授，邀请我到该校访问并作演讲。我送给他的见面礼是北京燕山出版社出版的我的第一本论文集《燕步集》。史景迁教授接过书时说："我们美国教授认为，一个历史学教授能出版一本个人学术论文集是一件荣耀的事情。"而后，我陆续出版了《燕史集》《袁崇焕研究论集》《满学论集》，现又出版《清史论集》。作为一个历史学者，能够出版五部个人史学论集，尽管水平不高，还是很幸运的。

对我来说，更为幸运的是，能够在以下四个领域里，格物求真，研究传承。

第一，对清朝开国史的研究。1983年由北京出版社出版《努尔哈赤传》，1994年由文史哲出版社印行《袁崇焕研究论集》，最近由中华书局出版《清朝开国史》，还有一些论文。

第二，对北京史的研究。出版《中国古都北京》（中、英、德文本）、《燕史集》、《北京文化史举要》等，还发表了几篇论文。

第三，对满学的研究。20世纪80和90年代，我和中外同行一起共同创立满学这门人文社会科学的新学科，相应建立了北京满学会，连续举办五次国际满学研讨会，并主编《满学研究》（第一辑至第七辑）和《20世纪世界满学著作提要》等，出版了《满学论集》。

第四，在中央电视台《百家讲坛》栏目讲述历史。我由于偶然的机会情不自愿地走上了中央电视台《百家讲坛》。十年之间，主讲并出版了《清十二帝疑案》（书名为《正说清朝十二帝》）、《明亡清兴六十年》、《康熙大帝》和《大故宫》四个系列一百八十八讲、七册书，加上在北京电视台《中华文明大讲堂》栏目主讲的《清宫疑案正解》十二讲和出版的一册书，共二百讲、八册书，开创了一个人以电视讲座的形式，系统地传播、普及历史知识的先河。其受众之广、影响之大是此前所有历史传播方式所不可比拟的。

学术研究，贵在不器。《礼记·学记》里有句话："大道不器。"孔颖达疏解："大道不器者，大道亦谓圣人之道也，器谓物堪用者。夫器各施其用，而圣人之道弘大，无所不施，故云不器。不器而为诸器之本也。"不器而为诸器之本，就是不器而高于诸器、大于诸器。孔子也说过类似的话。《论语·为政》说："君子不器。"朱熹注解说："器者，各适其用而不能相通。成德之士，体无不具，故用无不周，非特为一才一艺而已。"

治学，既在器，又不器。在器亦不器，不器亦在器。在器不易，不器难为。陆贾《新语》说："书不必起仲尼之门，药不必出扁鹊之方。"孔子为文圣，扁鹊为医圣，既要尊重文圣孔子和医圣扁鹊，又要出新于孔子之门、创新于扁鹊之方。格物治学，要在"不器"，不断开拓，不断求新。

要"大道不器"，就要勇敢坚韧。真想做出点成绩，在器里装着大概也难。澳大利亚医学教授、医生巴里·马歇尔跳出"器"，反对主流医学观点，对胃溃疡、十二指肠溃疡病因的性情阴郁说等提出挑战，通过研究得出幽门螺杆菌才是导致胃溃疡、十二指肠溃疡的主要诱因的结论，从而获得 2005 年诺贝尔生理学或医学奖。中国历史上，凡是有大成绩的学者，如郭守敬、李时珍、徐光启、宋应星、徐霞客、朱载堉、王清任等，有大创新的书画家，如怀素、八大山人等，都是在"不器"中做出成绩的。

"不识庐山真面目，只缘身在此山中。"身在潮流里，心要超脱点。潮流凶猛，怒浪滔天，随波逐流，难成大器。一个严肃的学者，要卓尔不群，沿着目标，乘风破浪，执着向前。

《阎崇年集·清史论集》，中国友谊出版公司，2014 年 5 月

《阎崇年集·清史大事编年》自序

　　《清史大事编年》原是《中国历史大事编年》中的一个部分，出版已经三十年。关于它的缘起和经过，在这里补个交代。

　　20 世纪 80 年代初，本书的两位主编张习孔和田珏先生分别找我，谈及《中国历史大事编年》一书编纂的动议。因此，我从同张习孔和田珏两位先生的关系说起。

　　张习孔先生毕业于辅仁大学历史系，后在北京教师进修学院（今北京教育学院）历史教研室（历史系）任教。20 世纪 50 年代末和 60 年代初，他接受了一项任务，就是为吴晗先生主编的《中国历史小丛书》和《世界历史小丛书》做具体组织、联络工作。习孔先生为此而广为人知。任该院历史教研室（历史系）主任的田珏先生毕业于北京大学历史系，为人和蔼聪慧，博学多识。我和习孔先生是街坊，经常互相串门，喝水聊天（那时没有茶叶，只以一杯白开水招待师友）。他派给我一个活儿——为《中国历史小丛书》写《北京史话》，后这套书由中华书局出版。

　　而后，我们多次议及编写《中国历史大事编年》之事。大体同时，田珏先生也找我说此事。田、张二公邀劝由我撰写该书的清代部分，因有上述关系，我便答应下来。

　　这部书从远古到"五四"，有多人参与，我负责撰写清代顺治元年（1644）到鸦片战争（1840）前的重大史事。

　　当时《清实录》没有影印出版，更没有数字化。我曾在故宫博物院明清档案部（今中国第一历史档案馆）查阅《清实录》，但是为专题研究而阅读的，并不系统。要重读《清实录》可不容易，因《清实录》原本属珍贵历史档案，影印本也被列为善本书，借阅条件苛刻，查阅受到极大限制。如必须开具单位介绍信，且每封信期限两周，阅读时间也极不方便。幸好我在"文革"前，从琉璃厂旧书店买了蒋良骐的《东华录》和王先谦的《东华录》，并买了《清史稿》，还有其他相关书籍。这就为撰写《清史大事编年》准备了基本的文献史料。于是，我将清史二百年的重要事件、人物、典制、灾异、文献等，做卡片，"梳辫子"，参酌司马光修《资治通鉴》先做史料长编的经验，拉出一个清史大事史料长篇，择其要再核对《清实录》和清宫档案，然后参考其他历史典籍，吸收近人学术成果，历时三年，日夜爬梳，三易其稿，终于杀青。

这部书于1987年由北京出版社出版，全书凡五册，近三百万字。出版后，一印再印，一版再版，被教育部列入全国高等学校文科教材编选计划，产生了一定的影响。

我在编纂《清史大事编年》的三年过程中，把顺治、康熙、雍正、乾隆、嘉庆、道光（部分）六朝的《东华录》重新通读了一遍，用力虽苦，获益却大。后来同《清实录》对照阅读，奠下了我系统研究清史的一块史料基石。

时光荏苒，事至当下，重见旧稿，感慨万千。其中一点，当今学子治学，有电脑，有网络，有文献的电子版，查阅和检索史料便捷，与往昔比，可事半功倍。

事属既往，因是旧稿，基本不动，如发现疏误，即予纠正，其余文字，保存习作原貌，留着初始记忆。特此赘言，敬希鉴谅。

《阎崇年集·清史大事编年》，

中国友谊出版公司，2014 年 5 月

《清史大事编年》补序

《清史大事编年》一书本是五卷本《中国历史大事编年》中的一卷。这套书的缘起，是在20世纪70年代末。主编张习孔先生，毕业于辅仁大学历史系，时任职于北京教育学院历史教研室，曾负责吴晗主编《中国历史小丛书》的组稿撰写和学术联络等工作；另一位主编田珏先生，毕业于北京大学历史系，时任北京教育学院历史教研室主任。田珏和张习孔先生与国家教委有关方面交流意见，共同感到：刚恢复高考，大学历史系学生需要一套编年体的中国历史教学参考书，而北京市的中学历史教师也需要这样一部书。于是他们发起组织几位史学同仁撰写《中国历史大事编年》。他们把这个设想跟我商量，我觉得很有必要；后来他们邀约我撰写其中清代卷书稿，因都是朋友，虽我当时很忙，但不便婉谢，就答应下来。

编著图书之先，发凡起例为要。两位主编请几位先生分别发凡起例，然后逐条讨论修定。正如本套书的"前言"所载："直至今日，今人编著的类似历史大事记一类的资料性工具书，尚付阙如。为了适应广大中学文科教师从事教学和高等院校文科学生及一般干部群众学习祖国历史的需要，在北京出版社的倡议和组织下，我们分工合作，积五年的时间，编纂了《中国历史大事编年》这部带有参考资料性质的历史工具书。本书已列入国家教委一九八五至一九九〇年高等学校文科教材编写计划。"《中国历史大事编年》在体例上以编年体为主,兼采纪事本末体之长;在编纂上以年为经,以事为纬,编年系月,按月排比史事。按照统一编写体例,我撰写了清代卷书稿。

有一个情况需在此说明。从完整性与系统性考虑,本书历史时限应从明万历四十四年(1616)努尔哈赤建立后金到宣统三年(1911)溥仪退位,共二百九十六年历史。然而,当时全书分段体例规定:顺治元年(1644)以前,归明代史卷范围;道光二十年(1840)以后,归近代史卷范围。这从全套书总体安排来看是合情合理的,但于这本《清史大事编年》来说则是"无头无尾"的。后来我想将其头尾补齐,总因为忙而未如愿。

事情是在四十多年前做的,当时查找资料,抄卡片,做笔记,局限太多,非常困难;至于核对史料,就更加困难。本次重印保存原貌,稍做订正,没有大动。因此,本书之欠缺,祈读者见谅。

是为补序。

《清史大事编年》,华文出版社,2022 年 9 月

《阎崇年讲谈录：读史阅世五十年》后记

近十年来，我在国外、国内，在各地、各单位的演讲次数较多，数以百计。演讲的录音稿、文字稿，散杂搁置，未及整理。一天，九州出版社黄宪华社长来电话，说要出一套"讲谈录"丛书，第一批四本，约我一本。我当即同意，为什么呢？原因有五：

九州出版社先后给我出了两本书：《阎崇年讲中国古代都市生活》与《合掌录：阎崇年对话星云大师》。这两部书都是黄宪华社长亲自策划、直接负责的。感于情谊，其因一也。

陈捷先教授和我共同主编的《清代台湾》由海峡两岸的专家学者共同编著成书，也是在九州出版社出版的。其因二也。

九州出版社的"台湾文献史料出版工程"，皇皇巨著，共六百册，我忝列这套丛书的编委。其因三也。

近年来，不断地有观众、听众、读者通过电话、信函、短信、面谈等形式，表达希望将我的演讲稿出版的心愿。其因四也。

前不久，在外地有读者拿着以我名义出版的演讲录伪书让我签名留念，如果有了正版《阎崇年讲谈录》，会给热心的以及关心我的读者提供一个真实的版本、正确的信息。其因五也。

由是，我欣然应允黄宪华社长的盛情约稿，遴选出十四篇演讲的录音稿或文字稿，交童丽慧责编。时限很紧，有些原稿未及整理就仓促交出，给小童编辑带来了繁重的工作量。

值春明谷雨《阎崇年讲谈录：读史阅世五十年》出版之际，向黄宪华社长、童丽慧责编、九州出版社，表示诚挚的敬谢。

《阎崇年讲谈录：读史阅世五十年》，

九州出版社，2014 年 5 月

《阎崇年自选集》序

本集缘起于几年前发生的一件小事。九州出版社编辑李勇先生自己出钱买了《明亡清兴六十年》，通读全书，提出疏误。我知道后，即给先生寄去《明亡清兴六十年》（彩图珍藏版）一部，表示敬谢。李勇先生升任总编室主任后找我约稿。我盛情难却，便与他商量。鉴于已经出版了 25 卷本的《阎崇年集》，他提议出版《阎崇年自选集》，此事又得到该社黄宪华社长的关心和支持。于是，李勇先生虽日常工作繁忙，却利用晚间和周末通读了我的五本论文集——《燕步集》《燕史集》《袁崇焕研究论集》《满学论集》和《清史论集》。就我所知而言，除我本人和《阎崇年集》责编刘扬女士外，李勇先生是第三位通读过上述五本论文集的人。他拟出选目，经过我们共同商量以及同阎天讨论，几番沟通，最后从五本论文集共 113 篇拙文中，"矬子里拔将军"，取 28 篇，增新著 1 篇，共 29 篇，结成本集。

本集 29 篇文章分为五组：第一组《森林文化之千年变局》等 2 篇，为综论类；第二组《论努尔哈赤》等 8 篇，为人物类；第三组《论宁远争局》等 6 篇，为争战类；第四组《论满学》等 5 篇，为满学类；第五组《张吉午与＜康熙顺天府志＞》等 5 篇，为考据类；第六组《明永乐帝迁都北京述议》等 3 篇，为京师文化类。

著名清史学家孟森先生的《明清史论著集刊》，上册收文 19 篇，下册收文 25 篇，续编收文 45 篇，合计 89 篇。时过近百年，先生史学著述仍具学术价值。这说明学术论著应当经得起历史的、地域的、学术的、国际的检验。

少时自视本领大，白发方知学问小。学术著作，贵在恒久。一个历史学者，穷毕生精力做学术论文，一年二三篇，总数也不过数十篇而已。除去应景、应急、应命之作外，真正能够做到观点新、资料新、论述新的力作，能有几篇？而论文中，几年之后，几十年后，几百年后，令人感到读之有用、品之有味的，又能有几篇？

一生颠簸，志在于学。吾五十岁始在清史中攀登，六十岁始在满洲学中开拓，七十岁始于影视史学中奔波，八十岁始感才疏学浅识短。

阿曼的一位智者纳塞尔先生说：我四十岁那年，定格为四十岁，以后我永远四十岁。四十岁后，忘记年龄！这是人生的睿智之见。

学术之路漫长，求真之心弥坚。用屈原《离骚》中的话做本序结语："路曼曼其修远兮，吾将上下而求索。"

《阎崇年自选集》，九州出版社，2016年3月

《天朗集》绪言

以"天朗"名本集，缘自《兰亭序》。书稿已集，书名难定。事情也巧，丁酉年三月三日，我在故宫博物院冰窖茶室喝茶，随手展阅《冯承素摹王羲之兰亭序》，当默诵"是日也，天朗气清，惠风和畅"时，雾霾顿散，天朗气清。于是顿悟，将本集定名为"天朗集"，如蒙再续，则名之为"气清""惠风""和畅"也。书名既定，遂邀书法大家杨再春先生题写书签，而自撰《绪言》。

绪，繁体字作"緒"，十四画。《说文解字》曰："緒，丝耑（端）也。从系，者声。"段玉裁注云："抽丝者得绪而可引。"绪的本意是蚕茧丝的开头，人们常说头绪。因此将文章开头的话称作绪言。

绪言，现多用序，而少用绪。《说文解字》云："序，东西墙也。"引申为序。段玉裁注云："传曰：序，绪也。此谓序为绪之假借字。"序，有次序之义，《荀子·君子》："长幼有序。"绪言，引申为序言。序言，含有评介、赠言之义。前者如杜预的《春秋序》，后者如韩愈的《送孟东野序》。绪，也作叙，如许慎《说文解字叙》。现今写在书前面的话多用"序"。本文用绪而未用序，是按《说文解字》"绪"字原意也。

本书是应崇贤馆馆主李克先生之邀，在诸多自序、序言、跋语、评论等文中遴选出十一篇，文字略作调整，分为两卷付梓。

《天朗集》是我的第一部线装书，献给已故和健在的恩师、亲友，向他们致敬和感谢！也借此机会与读者交流，共同进步！

《天朗集》，北京联合出版公司，2017 年 8 月

《御窑千年》序

2004 年，我在《正说清朝十二帝》一书的扉页上写道："历史是镜子，历史也是艺术。它可以借鉴，更可以欣赏。"最近，我的朋友严钟义先生说："一切科学到了最高境界，就是哲学和艺术。"哲学探讨规律性，艺术追求真善美。科学的研究既通往规律性，又通向真善美，向科学的最高境界攀缘。鉴于此，我将与御窑之缘作为本书的开笔。

一 御窑之缘

2010—2012 年，我写了《大故宫》第一、二、三部，并在中央电视台《百家讲坛》讲述《大故宫》，共六十六讲。当时，我就关注到了宫廷文化的一个重要载体——皇家御窑与瓷器。御窑，以国家之财力，尽天下之资源，聚全国之巧匠，集士人之智慧，曾经烧制出不可胜数的精美绝伦的瓷器——在当时的皇宫供皇室专享，体现皇家至高无上的权力与尊贵；而作为文化礼物和贸易货物，瓷器体现中华传统文化礼遇四邦的精神与艺术魅力。御窑瓷器经皇宫兴替传承，以不同方式流传，如今已经成为全民共有、共享的国家财富、文化遗产，更成为全世界共有、共享的文化财富、艺术珍品。由是，我开始关注御窑与瓷器。

2014 年，我应邀到景德镇参加学术研讨会，出席中国文化遗产日活动，参与清代镇窑复烧点火与明代葫芦窑开窑活动，并参观珠山明清御窑遗址。御窑与瓷器再一次撞击了我的心灵。2015年我应邀参加"窑神"童宾大型青铜像落成揭幕仪式及学术研讨会。当仰望矗立在景德镇古窑民俗博览区广场的"窑神"童宾塑像时，我心情澎湃，肃然起敬，心底生发出要为伟大工匠精神大声讴歌、撰写实录的强烈愿望。

为此，我查阅了历史古籍、档案文献、府县志书、文集笔记、彦士新著、期刊论文、院馆珍粹；又考察了古窑遗址、博物馆藏、考古发现，参观工艺、访问艺人，参加古窑复烧、开窑仪式，目睹并体验了瓷器制作的七十二道工序。从中，我体会到御窑文化的博大精深，感知到瓷器艺术的真善美。

当翻阅相关目录之学时，我感到非常惊讶！关于御窑，关于陶瓷，虽有宋人蒋祈的《陶记》，明人王宗沐的《江西大志·陶书》，清人朱琰的《陶说》、蓝浦的《景德镇陶录》、唐英的《陶冶图说》等，填补前贤之所缺；但这数量与汗牛充栋的古籍相比，实在可悲！一部《四库全书》，采入书籍三千四百六十一种、七万九千三百零九卷（《四库全书总目·出版说明》），而关于御窑和陶瓷之作，居然阙录。御窑瓷器贡献巨大，影响深远，相关著述却很少。这是多么可悲的缺憾，又是多么可叹的往事！但这也不必苛求，自有其历史因缘。

重道轻器、厚理薄技，是中华传统文化的一个弊憾。为什么中国近世落后挨打，割地赔款，备受欺凌？原因之一就是重道轻器，厚理薄技。明清以来，统治阶层片面地将"器"蔑之为"雕虫小技""奇器淫巧"，不重视科学技术的发展与创新，以致科技落后，每受侵略，屡屡挨打。无论过去，还是现在，乃至未来，中国人需要：既重道，又重术；既厚理，又厚器；既重知，又重行；既厚士，又厚工。

回想起来，御窑和陶瓷其实一直徜徉在我的学术考察之中，福建的建窑、德化窑，浙江的龙泉窑、德清窑，河南的钧窑，山东的博山窑，广东的潮州窑，广西的中和窑，辽宁的辽阳窑，等等。还有出土过大量陶器的诸多文化遗址，都曾在我不经意间跟我相遇。这种缘分来自哪里？

第一，瓷器是中华文化的伟大符号。瓷器是中国历史文化的一项伟大创造，是中国对世界文明的伟大贡献。甚至在英文中，"中国"和"瓷器"共用一个单词"china"。为什么"瓷器""中国"的英文都叫作"china"呢？瓷都景德镇，"古昌南镇也"。相传瓷器销往海外，一些外国人不知道这种器物该叫什么，只知道来自昌南，于是将"昌南"谐音作"china"，就这样"china"不仅成了瓷器的英文名字，而且成了中国的英文名称。要想理解"China"（用作中国国名时，第一个英文字母是大写C），就不能不懂"china"（用作瓷器名称时，第一个英文字母是小写c）。总之，以一种优美器物即瓷器的英文名称作为中国的英文国名，既是瓷器的骄傲，也是中国的自豪。

第二，御窑是宫廷文化的重要载体。御窑是帝制时代的产物，依托国家力量，荟萃了瓷器文化的精华。皇宫有御窑，更能成其大；御窑为皇宫，更能显其贵。因此，要深入理解中华历史文化，尤其是宫廷文化的精髓，就应当了解御窑文化。

第三，景德镇是御窑瓷器创新基地。宋代，全国的名窑、窑场所生产的产品众多，争奇斗胜，许多产品供应皇宫、官府。宋真宗景德元年（1004）赐青白瓷产地浮梁镇名为"景德"，开了乡镇历史之先河。此后，景德镇的瓷器脱颖而出，景德镇逐渐发展成瓷都。

总之，御窑与瓷器，是对历史的敬畏，是对人类的贡献，是对生命的理解。这些吸引着我去了解、研究、著作、讲述御窑的历史文化和生动故事。

由是，我萌生了一个念头：撰著《御窑千年》，以此为载体，挖掘与御窑及瓷器相关的历史、人物、事件、典制、技艺、文化、艺术、著作、遗址等，弘扬中华传统文化，传播优秀工匠精神，与广大读者共享、共思。

二　御窑之思

景德镇，北宋真宗以景德年号赐名。或曰：皇帝赐名之地不仅有景德镇，还有绍兴。不错，绍兴也是御赐地名。《宋史·本纪第二十六》记载：绍兴元年（1131）正月初一，"帝在越州，帅百官遥拜二帝，不受朝贺。下诏改元（绍兴）"。又载：同年十月，"升越州为绍兴府"。然而，赐名"绍兴"与赐名"景德"有所不同：其一，"景德"赐名于北宋，在先；"绍兴"赐名于南宋，在后。其二，景德为镇，绍兴为府。御赐镇名，更显重视。北宋真宗赐镇名景德，景德镇奉御董造瓷器。而后，北宋设全国唯一的瓷窑博易务，元代设浮梁磁局，明代设御器厂，清代设御窑厂。景德镇的窑场从普通的窑场发展成为御窑，窑火旺盛，瓷器精美，供给皇家，千年未绝。全国各地的其他历史名窑也为御窑的发展做出了贡献，但因本书容量所限，不能一一阐述，留下些许遗憾。

关于《御窑千年》之名，做"御窑"与"千年"双重思考。

先说"御窑"。御窑，有狭义与广义之分——既可以指皇家御用窑场及管理机构（狭义），又可以指烧造过御用瓷器的窑场（广义）。就狭义而言，御窑贯穿明、清两朝；就广义而言，御窑萌芽于宋、元，成熟于明、清。广义的御窑，历史已逾千年。

再说"千年"。千年，或有异议：明设御器厂，清设御窑厂，至今只六百多年，哪里有千年？这里考虑的是广义的御窑。朝廷之窑，先有官窑，后有御窑，而官窑已绵延千年。另外，景德镇获御赐镇名、奉御董造，可以作为御窑的一个起源标志，应是符合历史事实的。景德镇的御窑历史特点是：立足本土，吸纳融合，不断创新，薪火千年。从彼时起，景德镇窑火不断，传承不断，被誉为"千年瓷都"，既当之无愧，也当无异议。

陶瓷的历史，也是陶瓷工匠的历史。陶瓷工匠是陶瓷历史的主体。在陶瓷生产过程中，陶瓷工匠贡献巨大。他们中的一些人或以身殉职，或以器名世。有联云："瓦缶胜金玉，布衣傲王侯。"瓷土烧造的瓷器，在国际拍卖市场，一件价值竟破亿元。这两句诗再次表明："瓦缶"胜过了"金玉"，"工匠"傲视着"王侯"！

然而，中国自秦始皇以降的皇权时期，有关陶瓷艺术，存在一种现象：士人的艺术与工匠的艺术，二者分裂，不相契合。但是，从宋朝以降，特别是元朝以来，士人的艺术与工匠的艺术逐渐开始结合。如元朝宫廷画师绘出的官样被交到景德镇官窑烧造。明朝尤其是清朝的很多宫廷书法家、画家，甚至皇帝，参与其事。"郎窑""年窑""唐窑"就是生动的史证。文人的艺术与工匠的艺术既相贴合，又相融合，并蒂开出瓷器艺术的灿烂新花。

"御窑千年"本是明清史学研究的应有之义，更是明清宫廷史研究的应有之义。在中国，研究宫廷历史，不知御窑，是个缺憾；于历史，学点瓷器知识，学术视野会更加拓展。历史与瓷器，要互相观照。从历史看御窑，由宏观到微观；从御窑看历史，由微观到宏观。御窑与瓷器是我研究的短板。我在如饥似渴地学习的同时，力求借用自己的学术积累，从历史学的角度，运用史学研究的方法，让历史研究与御窑瓷器，若浩浩沧海与潺潺河溪，宏观与微观，双方对话，彼此观照，从而既使历史生动，也使器物厚重。从历史的角度看瓷器，会更高、更远、更深、更广；从瓷器的角度看历史，会更亲、更真、更善、更美。

历史学的研究，不像音乐、舞蹈、绘画、书法等那样倚重才华，而是更重积累。长年积累、厚积薄发是历史学研究的特点。所谓史学家成功于史才、史学、史识三要素，似可以说，没有多年积累，没有高见卓识，就难以在史学上取得大成绩。历史学者的学术视野，不仅是一个点、一条线、一个面，而更是一个体，一个多维度的体，一个变化着的流。因此，历史学研究需要既关注局部、又关注整体，既关注过去、又关注发展。对历史人物、历史事件、历史文物、历史册籍、典章制度、历史演变，没有长年积累，没有透彻见识，就难以从总体上把握所研究对象的真实性、整体性、演变性、规律性。因此，我在写作《御窑千年》的过程中，不但力求从细节上去了解、去把握，而且着力于从总体上去认识、去阐述。

在撰著《御窑千年》的过程中，我不仅做了文化梳理，还做了学术考证。譬如，《清史稿·唐英传》记载："顺治中，巡抚郎廷佐所督造，精美有名，世称'郎窑'。"这就是说，"郎窑"的"郎"指的是郎廷佐。但我做出考证，此"郎"不是指郎廷佐，而是指郎廷极。又譬如，《清史稿·郎廷佐传》《清史列传·郎廷佐传》《清国史·郎廷佐传》《八旗通志初集·郎廷佐传》等，均将郎廷佐任江西巡抚排在顺治十一年（1654），但据清宫档案，此事系发生在顺治十二年（1655）二月。我依据清宫档案和《清世祖实录》等档案与文献做出考证，纠正疏误。另譬如，《清史稿·唐英传》说唐英是"汉军旗人"。针对这个学术定断，我提出新见。再譬如，关于元青花瓷的发现与研究，我查阅了英国人罗伯特·洛克哈特·霍布森于1929年发表的论文原文、美国人约翰·亚历山大·波普于1952年出版的著作原书，及其后来学者相续之研究，对元青花的学术史进行了考证。由是我再次体会到，学重考据，亦贵探源。有鉴于此，我在《御窑千年》中力求体现学术的原创性精神，尽力探索千年御窑之灵魂。

三　御窑之魂

御窑千年的历史表明：中国瓷器文化始终贯穿着一条主线，不是姓"皇"，而是姓"新"，就是不断创新。创新既是御窑之魂，也是瓷器之魂。在这里，我想起朱熹的《观书有感》，诗云：

> 半亩方塘一鉴开，
>
> 天光云影共徘徊。
>
> 问渠那得清如许？

为有源头活水来。

此诗之旨趣为"言日新之功"。诗分四层，从后向前因果递进：因源头活水，方渠清如许；因渠清如许，才光影徘徊；因光影徘徊，故方塘如鉴。因此，朱熹这首诗的精粹是"活水"，也就是"日新"。正如《礼记·大学》引述汤之《盘铭》所说的"苟日新，日日新，又日新"。御窑千年，贵在求新。由此，我联想到"御窑千年"的历史文化，在精美瓷器的背后，隐藏着的精华是"新"，是思想创新、管理创新、技艺创新、产品创新！创新，既是中国瓷器文化发展之动力，更是中国瓷器文化绵延之生命力！宋代的青白釉，"青如天，明如镜，薄如纸，声如磬"；元代的青花瓷和釉里红，一改单一颜色瓷器的局面，开创彩色瓷器的新境界；明代的斗彩、五彩，斗奇争艳，色彩缤纷；清代的珐琅彩、粉彩，各种色彩、各种绘画，都可以纵情而灵动地展现在瓷器上——在国内一马当先，在世界独领风骚！

为什么景德镇能成为中华瓷器之都、创新基地？为什么这个创新基地窑火千年、长盛不衰？这是应当思考、研究、总结和回答的问题。研究这些问题可以为今人提供历史的经验、智慧的启迪。

缘此，粗思浅述，兹举四点：

其一，形成一流创新基地。《荀子·劝学》："积土成山，风雨兴焉；积水成渊，蛟龙生焉。"积土成山兴风雨，积水成渊生蛟龙，就是搭建一个创新平台，形成一个创新生态。关于清乾隆、嘉庆时期的景德镇，督陶官唐英在《陶冶图说》中提到："民窑二三百区，终岁烟火相望，工匠、人夫不下数十万，靡不借瓷资生。"景德镇在当时已成为瓷器创新基地。

其二,汇集大批创新人才。汇集宫廷画局(或画院)的一流绘画、书法名家,结合民间一流的制胎、修模、彩绘、上釉、窑火等能工巧匠,使得景德镇瓷器生产的每个环节均有优秀创新人才从事生产,各种人才之间又密切配合。如制瓷修模之名匠,唐英《陶冶图说》言:"景德一镇,群推名手,不过两三人。"可见制瓷人才、创新人才之难得、可贵。

其三,投入大量创新资金。要想成品创新,必须加大投入。每一件创新瓷器都需要大量投入。其时,创新产品的资金是从国库、内帑、关榷、盐商、捐纳等多方面筹措,保证了瓷器创新的投入和运作。国盛瓷则盛,国衰瓷则衰。在封建王朝时期,瓷器的盛衰折射着王朝的兴替。

其四,构建一流创新体系。皇帝下谕旨要求创新,臣工按旨慎勤落实,各个方面,互相配合,尽心尽力,克尽厥职。想别人所未想,做别人所未做,能别人所未能,成别人所未成,烧造出新奇唯一、空前精美的瓷器。

创新思维可鉴,创新瓷器更美。

四 御窑之人

《诗经·大雅·文王》云:"济济多士,文王以宁。"御窑瓷器,重在得人。

探索御窑的历史,既要重器,也要重道;既应重物,也应重人。制瓷人为御窑烧造瓷器献出了汗水、心力、智慧和生命。"窑神"

童宾是其英烈，"瓷神"唐英是其英杰。唐英为人——"未能随俗惟求己，除却读书都让人"，唐英为官——"真清真白阶前雪，奇富奇贫架上书"。这是真的心扉、善的心灵、美的心境。唐英，不幸也奴仆，有幸也奴仆。他之不幸在于出身奴仆，没有享受八旗特权，而任劳、任怨、任贫、任贱，与工匠"同其食息"；他之有幸，也在于出身奴仆，没有成为八旗子弟，而善书、善画、善艺、善陶，被誉为"陶瓷神人"。御窑历史记载着对他的评价：御窑千年史，唐英第一人。从瓷器历史来看，无论是在当时的中国，还是在当时的世界，唐英都可以说是站在引领瓷器潮流创新的前沿。因此，不但在中国瓷器史上，而且在世界瓷器史上，唐英都应当有重要的历史地位。

在这里插一段闲话。我同中央电视台《百家讲坛》的联系已有十四年。关于与观众、听众的关系，从演讲人来说，应当要努力追求"四个明白"：一要"学明白"，就是自己要把讲的内容弄明白，不能"以己昏昏，使人昭昭"；二要"写明白"，自己心里明白，不一定能用文字表述明白，因此讲稿要尽量写明白；三要"讲明白"，写明白不一定能讲明白，要力求讲得雅俗共赏，事理圆融；四要"听明白"，自己觉得讲明白了不够，还要让观众、听众看明白、听明白。因此，学明白、写明白、讲明白、听明白，应是一位教师、一位讲者对观众、听众、读者、网民细心体察、热心关注的目标。

回过头来说本书。《御窑千年》不是一部陶瓷史，而是选择将明清故宫存量最多、档案记载最详、文献记述最丰、社会影响最大的御窑瓷器作为重点来探讨宫廷与御窑瓷器的历史与文化之关系的一部作品，难免有以偏概全、顾此失彼之虞。瓷器之选择，以北京故宫博物院、台北故宫博物院、沈阳故宫博物院、南京博物院和景德镇市陶瓷考古研究所、高安市博物馆的藏品为主，酌予兼收其他博物馆的珍藏。

本书分为四个单元、共十六讲，即宋代两讲、元代两讲、明代五讲、清代六讲，最后以"瓷器之路"一讲为结尾。本书插图共一百三十七幅，尽量选取有代表性的、博物院（馆）收藏的、宫廷旧藏的、极其精美的瓷器照片，图随文走，以供赏阅。

最后，经过三年多的学习与思考、构思与撰著、编辑与校对，《御窑千年》终于同广大读者见面了。考卷算是交了，心力算是尽了，分数是多少？成绩又如何？借用佛家的话收尾："只结善缘，不问前程。"

是为序。

《御窑千年》，生活·读书·新知三联书店，2017年4月

《森林帝国》引言：赫图阿拉之问

本书以"赫图阿拉之问"作为"引言"，分作三目，简略阐述。

一　问题缘起

赫图阿拉，今辽宁省抚顺市新宾满族自治县永陵镇赫图阿拉村。赫图阿拉是满语的汉语音译，hetu 原意是横，ala 是岗，汉语直译作"横岗"，也译作"平顶山"。赫图阿拉是一座小山城。这是"女真多山城"的一例典型。赫图阿拉的地形罕见，地貌奇特，呈椭圆柱形，平地凸起，像一个"高桩馒头"，高 10~20 米，上筑城墙，高约 6 米。它三面环山，四面临水，凭借天险，易守难攻。它土壤肥沃，雨量充沛，气候温和，宜于生存。赫图阿拉周围，漫山遍野森林覆盖，至今森林覆盖率达 80%，负氧离子在每立方厘米 20000 个以上，PM2.5 在每立方米 10 微克以下。赫图阿拉内城面积为 246000 平方米，合 369 亩，相当于北京故宫面积的三分之一。山上只有一口井，今人称作"汗王井"，已历 600 多年，经实测井口水距离井旁地面仅 3 厘米，伸手可掬，常年充盈。赫图阿拉的地理区位，西距抚顺约 100 公里、距沈阳约 200 公里，远离辽河平原重镇辽阳，既可隐蔽信息、暗自发展，又可进军开拓、图谋大业。这里是满洲发祥的基地，也成为森林帝国崛起的基地。

努尔哈赤以赫图阿拉为基地，统一女真各部，创制满文，创建八旗，建立后金，建元天命，黄衣称朕，奠定了清朝的根基，也奠定了森林帝国的基业。赫图阿拉后被清尊为"兴京"，就是清朝兴起的京城。后金天命六年即明天启元年（1621），努尔哈赤夺取沈阳、辽阳，进入辽河平原。同年，努尔哈赤迁都原明朝辽东首府——辽阳。清尊辽阳为"东京"，就是清朝东部的京城。后金天命十年即明天启五年（1625），努尔哈赤再迁都沈阳。清尊沈阳为"盛京"，就是清朝兴盛的京城。清顺治元年即明崇祯十七年（1644），顺治帝（时清睿亲王多尔衮摄政）又迁都燕京（今北京）。从此，清朝定鼎北京，入主中原，统一全国，稳定政权，长达268年，成为继西汉、唐、明之后，中国历史上第四个绵延二百年以上的统一皇朝，也是中国五千年文明史上第一个由非汉族皇帝君临天下二百年以上的大一统皇朝。[①] 在这里提出一个问题：清朝缘何能够以几十万人口、十多万军队战胜明朝一万万人口、一百多万军队，并打败李自成、张献忠数百万农民军队，且巩固统治长达268年之久？我把这道历史难题称作"赫图阿拉之问"。

问题的缘起，是在20世纪90年代的一天，著名学者、中共北京市委分管文化的副书记王光先生在北京社会科学院高起祥院长陪同下来到我家。在谈话间，他提出了一个问题：

> 当年，毛泽东主席提出一个问题：满族是一个只有几十万人口的民族，军队也不过十万人，怎么会打败约有一万万人口、一百万军队的明朝呢？而且，满族人建立清朝并巩固其统治长达二百六十八年，这究竟是什么原因？后来周恩来总

[①]　阎崇年：《清朝开国史》，中华书局，2014年，北京。

理再次提出这个问题，请大家研究一下。周恩来总理逝世已经二十多年了，至今也未曾看到有回答这个问题的论著。您研究清史，希望您回答这道历史难题。

我当即表示，这道历史难题很重要，应当回答；但是，我个人才疏学浅，知识和能力有限，恐怕回答不了这道难题。王光先生说："不必着急，积累材料，慢慢思考，不设时限。"由是，王光先生把"赫图阿拉之问"直接摆到了我的面前。

在清史研究的过程中，我时常思考"赫图阿拉之问"——读书时、著述时、行路时、品茶时，甚至于夜间蒙眬欲眠时，试图破解这道难题。一道几何证明题可以有多种证法，一道代数计算题可以有多种解法——其结果是"殊途同归"。同样，研究一个重大历史问题，可以依据不同史料，通过不同方法，进行不同论证，得出相同结论。

实际上，关于"赫图阿拉之问"，百年来，学人已从不同角度尝试着作了回答，例如：

"征服说"。强调满洲军事征服、民族压迫，进而认为中国被满洲灭亡（"满化"）了。这种史观的影响很大、很久、很广，但这无法解释清朝为什么能够统治那么久，而没有像元朝那样迅速被推翻。

"汉化说"。强调满洲吸收了汉文化元素（包括满汉地主阶级的联合），进而认为满洲被汉化了。然而，直到清朝灭亡，满洲虽有汉化的元素，但汉化很不彻底，依然作为一个民族存在。

"政策说"。强调清朝的一些具体政策，比如军事上建立绿营、政治上任用汉臣、经济上摊丁入亩、文化上开科取士等。这些都对清朝的统一和延续有作用，但解释力还是不够。

满洲先民有史可征，从商周的肃慎、秦汉的挹娄、魏晋的勿吉到隋唐的靺鞨，其中包括夫余等，一直活跃在中国的东北森林地区。公元10世纪后，契丹建立的辽和女真建立的金，先后从东北出发，占据中国的半壁江山。直到明代建州女真在东北崛起，建立后金，随后改国号为"清"，入主中原，成为中国皇朝史上最后一个大一统的王朝。那么，是什么神秘力量，联结起了这条绵延三千年的历史脉络？

东汉（25—220）著名哲学家王充（27—约97）的名著《论衡》中，讲到一个神话故事，我从中撬开了一道罅隙，得到了一丝启发。《论衡·吉验篇》记载：

> 北夷橐离国王，[①]侍婢有娠，王欲杀之。婢对曰："有气大如鸡子，从天而下，我故有娠。"后产子，捐于猪溷中，猪以口气嘘之不死；复徙置马栏中，欲使马藉杀之，马复以口气嘘之不死。王疑以为天子，令其母收取奴畜之，名东明。令牧牛马。东明善射，王恐夺其国也，欲杀之。东明走，南至掩淲水，以弓击水，鱼鳖浮为桥。东明得渡，鱼鳖解散，

---

① 《后汉书·东夷列传》记载，文字略有不同，引录如下："初，北夷索离国王出行，其侍儿于后妊身，王还，欲杀之。侍儿曰：'前见天上有气，大如鸡子，来降我，因以有身。'王囚之，后遂生男。王令置于豕牢，豕以口气嘘之，不死。复徙于马兰（兰即栏也），马亦如之。王以为神，乃听母收养，名曰东明。东明长而善射，王忌其猛，复欲杀之。东明奔走，南至掩淲水，以弓击水，鱼鳖皆聚浮水上，东明乘之得度，因至夫余，而王之焉。"中华书局点校本，1965年。

追兵不得渡。因都王夫余，故北夷^①有夫余国焉。^②

这个故事生动而又通俗地讲道：北夷橐离国王的侍婢怀孕，后来生下一个儿子。国王不喜欢这个儿子，命人将其丢弃到猪圈里，猪用气嘘这个孩子，孩子得以不死；又命人将其丢弃到马厩里，想由马将其踩踏死，而马又用气嘘这个孩子，孩子又得以不死。国王怀疑这个孩子是上天之子，让其生母抚养他，为其取名东明，并命他牧放牛马。东明擅长骑射。国王怕他长大之后夺了王位，打算派人刺杀东明。东明闻讯逃走，国王派兵追杀。东明逃到掩淲水，用弓划水。这时鱼鳖组成一座浮桥，东明得以渡过。追兵赶来时，鱼鳖散去，浮桥消散，追兵不得径渡。后来东明做了夫余国王，东夷才有了夫余国。

这个神话故事说明，满洲先世夫余之人，在内养猪，在外骑马，善弯射，居定所，既狩猎，又捕鱼，过着渔猎生活。

我由此得到一点启发：不妨从森林文化的视角，探索满洲以及清朝发展的历史与演进，进而解答"赫图阿拉之问"。

于是，放开眼界、放远视野：在亚洲的东北部，有一片广袤的土地，穿流着多条江河，分布着连绵山峦，生长着茂密森林，可谓森林莽莽，遮天蔽日，地域辽阔，江河奔流。史载这里"松林千里无际，皆太古时物"，"树海绿天数千里，万产愦盈，参密

---

① 北夷，《后汉书·东夷传》作"东夷"，应以东夷为是。
② 王充：《论衡·吉验篇》，诸子集成本，上海书店出版社影印本，1986年，第18~19页。又见《魏略辑本》卷二一。

貂鹿，利尽表海"。[①] 这片广阔的森林地带处于东经 120°~145°，北纬 42°~70° 之间。这里居住着很多族群，他们有特殊的生活方式和独特的文化形态。从公元前 17 世纪到 17 世纪的三千多年间[②]，这里的森林文化逐渐孕育出清朝这个森林帝国。

与这片森林地带，通过大兴安岭，东西相望、彼此毗连的是欧亚大草原。而那片欧亚大草原，蓝天白云，鹰隼翱翔，草原茵绿，空气清新，四无边际，苍穹如盖。可谓"天苍苍，野茫茫，风吹草低见牛羊"。[③] 其经济文化特征为草原文化。从秦汉匈奴到元朝蒙古，这里的草原文化曾经孕育出蒙古草原帝国。

中国东北部地域的森林与西北部地域的草原在地域上连成一片，因而往往被混为一体。森林文化的独特光芒常常被掩映在草原文化的光影之下。实际上，森林文化和草原文化各具特色，各展异彩，对比鲜明，值得研究。

在东北亚这片森林大地上有着劳作生息繁衍的族群和部民。他们的文化形态，我称其为"森林文化"[④]。森林文化概括了东北亚的历史、文化、语言、宗教、族群、经济、社会、习俗、饮食、起居等方面的共同特征，对中国的草原文化、高原文化、海洋文化，尤其是对中原农耕文化，产生了巨大而悠久、广博而深远的历史

---

① 魏源：《圣武记》，卷一，上海中华书局据古微堂原刻本校刊本，第 11~12 页。
② 地球北半球的森林带早于人类出现。因本文研究人类文明史，故不涉及此前的历史。
③ 《乐府诗集·敕勒歌》记载："敕勒川，阴山下，天似穹庐，笼盖四野。天苍苍，野茫茫，风吹草低见牛羊。"这正是茫茫草原的形象。
④ 严格说来，在地球北半球冻土带以南，北纬 42° 以北，包括欧洲、亚洲和北美洲的陆地存在一条森林带。南半球的森林带因与本书研究无关，故略而不述。

影响。可否以森林文化为视角、为方法论，探究并解答"赫图阿拉之问"呢？

二 研究思路

历史学的研究，有阶级史观、英雄史观、宗教史观、经济史观、帝王史观等不同视角。拙著《森林帝国》一书，以森林文化为视角，作为线索，把我的思考、我的探索、我的新见、我的论证，按时序，分地域，列章节，摆资料，陈叙述，做论析，期贤者，共讨论。

在中国两千多年帝制史上，中华文明帝国曾表现为农耕帝国、草原帝国和森林帝国三种形态。其共同特征是，以某一文化形态为纽带，实现文化的多元一统。本书对"赫图阿拉之问"的解答思路是，满洲实现了女真内部的统合，又完成了东北森林文化的统合，继以森林文化为枢纽，统合了农耕文化、草原文化、高原文化和海洋文化，实现了中华文明的大统合，建立了后金——大清这个森林帝国。这是清朝兴起、统一、鼎盛和延祚的文化根因。

这个探索与研究思路的要点是：

1. 中华古代文明主要是由五种文化形态构成的，即农耕文化、草原文化、森林文化、高原文化和海洋文化。各种文化之间相互碰撞、统合，彼此交汇、融合，但是每一地域均有其主导文化。地域与文化的对应关系是中原农耕文化、西北草原文化、东北森林文化、青藏高原文化、沿海暨岛屿海洋文化。上述各文化是中华历史舞台上的主角，它们的碰撞、交流、统合、演进，构成了中华文明史的主要内容。

2. 东北森林文化是一种独立的文化形态，它尤其区别于毗邻的西北草原文化和中原农耕文化。这种区别根源于地理因素和人为因素、自然因素和社会因素，表现在生产领域、生活领域，进而扩展到物质生活和精神生活的范围。

3. 森林帝国概念的提出，有助于澄清两个认识误区：第一，认为中华文明帝国只有一种文化形态；第二，认为文化统合就是文化征服，或文化同化。中华文明之博大，就在于其文化多元；中华文明之绵延，就在于其文化统合。

4. 女真—满洲文化属于森林文化，它能够突破地理局限，走出东北、统一中国，其关键原因在于能够依托森林文化，统合其他文化——农耕文化、草原文化、高原文化和海洋文化。其统合的过程，分为四个阶段：

一是预备阶段。商周到隋唐，森林文化逐步兴起，与农耕文化碰撞融合，其主要标志是渤海政权等。

二是尝试阶段。在辽、金时期，森林文化继续壮大、拓展，开始进入中原，探索既保留森林文化内核、又统合农耕文化元素的方案，其主要标志是辽、金两朝的尊孔读经、兴学科举等。

三是发展阶段。明朝建州女真南迁，建立后金—清政权，加强与农耕文化和草原文化的统合，其主要标志是建州女真的"文化三元"、努尔哈赤建立后金、皇太极调整政策、建立大清等。

四是完成阶段。清朝前期，满洲入关，针对中原、蒙古、回疆、藏区、海岛等不同地域、不同族群、不同文化、不同宗教，采取不同的文化统合策略与措施，建立森林帝国。

本书提出的新理念，如森林文化、森林帝国、文化统合等。

在在这里，做个简要诠释：

森林文化是北半球冻土带以南的一条森林文化带，其各族群的部民，过着定居生活，为渔猎经济，兼以蓄养、采集等。

森林帝国是以森林文化为枢纽，统合农耕文化、草原文化、高原文化和海洋文化，所建立的多元统一的中华文明帝国。它是帝国，因为它是帝制的，又是文化多元的；它是森林帝国，因为它以森林文化作枢纽，并统合多元文化。

文化统合是森林文化的一个突出特点。在中国古代社会五种文化形态中，农耕文化是一门一户的个体农桑经济，草原文化是一帐一户的个体游牧经济，高原文化是一家一户的个体自然经济，海洋文化是一船一户的个体捕捞经济；森林文化部民虽是一家一户定居生活，但其文化的一个特点是狩猎中的"围猎"，也叫"合围"。这是其他文化形态所没有的。围猎的特点是"合"，八旗组织源于"围猎"。因此，"合"是森林文化的一个鲜明特点。森林文化的部民重"合"，就是注重统合。"统合"是清朝"三祖三宗"——太祖努尔哈赤、太宗皇太极、世祖顺治帝、圣祖康熙帝、世宗雍正帝、高宗乾隆帝，执政的一个核心理念、基本国策。当然，这里也有文化碰撞，有时激烈，甚至残酷，但大的趋势，还是在统合。

统，《说文解字》："统，纪也。"纪，《说文解字》："纪，别丝也。""正义"解释："别丝者，一丝必有其首，别之是为纪。众丝皆得其首，是为统。"又"笺"曰："南国之大川，纪理众水。"段玉裁引《淮南子·泰族训》曰："茧之性为丝，然非得女工煮以热汤而抽其统纪，则不能成丝。"所以，统，就是理出丝的头绪。

合，《说文解字》："合，合口也。从人口。"段玉裁注："三口相同是为合。"

由上可见，统合的原意是从茧中抽出一根头绪，并理出丝来。人们从这个朴素的现象中，找到一个治国、治军、治学、治企的要领、理念、方法和策略，就是"统合"。统而合之，合则大，合则强，合则兴，合则安。这应是森林帝国从赫图阿拉走向辽河，走进山海关，走入中原，最后走向统合全中华的历史宝鉴。

三 本书意义

本书或有益于学术探讨：

1. 就清史而言，对"赫图阿拉之问"作出文化解答。这里，所谓文化是指人类创造的物质财富和精神财富的总称，它以地理要素及其社会要素为基础，既包括生产和生活的形态，又包括物质和精神的样态。

2. 就中国历史而言，将中国历史自商周以降三个千年，概括为五大文化相互碰撞、交流、统合、演进的过程。中国历史舞台上的主角，不仅可以是阶级、族群、宗教、君王等，而且可以是文化。

3. 就东北亚乃至全球历史而言，提出建立森林史学的课题，主张重视森林文化在中国、东北亚和全球历史中的地位。在东北地区的同一纬度带上，存在一条森林文化带，这一范围内的各个地域、各个族群，不仅文化相似，而且命运相通。

满洲森林帝国的"三祖三宗"，经过约二百年的奋争，统合了各地域、各民族，才开创了大清帝国。可以说，大国的政治家都想将国家治理成统一强盛的大帝国，但只有少数杰出政治家充分利用多种统合因素才有可能实现。

这就是本书问题缘起和格物求知的历程。《森林帝国》之全书，纵向以森林文化统合为脊骨和梁架作经线，横向以时间和空间的演变与交合作纬线，分作 10 章 34 节，按照森林文化统合、演进的轨迹，依据森林文化与草原文化、农耕文化、高原文化、海洋文化等碰撞、统合的历史，进行历史与逻辑的阐述，并以论文《森林文化之千年变局》作为附录。

书后附以参考书目，利于检索，方便读者。

仅以上面文字，作为本书引言。

《森林帝国》，生活·读书·新知三联书店，2018 年 4 月

《森林帝国》（增订版）绪论

　　《森林帝国》一书于2018年由生活·读书·新知三联书店，以中文简体字横排本出版。当年，台北联经出版公司出版其繁体字竖排本，香港中华书局也出版其繁体字竖排本。《光明日报》"读书"版将《森林帝国》评为当月中国十本好书之一。《北京日报》于2018年12月4日、《解放日报》于2018年9月15日，均以通栏标题、通版文字评介了《森林帝国》。同期，辽宁《抚顺日报》和山西《上党晚报》，也都以通栏标题、通版文字进行了报道。著名历史学家冯尔康教授以《建立森林史学开创之作——阎崇年著〈森林帝国〉评介》，详尽论析，洋洋万言，刊载于《历史教学》2018年第18期。著名历史学家、中国社会科学院历史研究所研究员兼所长卜宪群教授，亦著文加以评介。其他报刊，评介文章，多有刊载，未做统计。

　　一本小书，何以引起广泛关注和诸多评介呢？评论者共同认为：《森林帝国》是一部原创性的重要的历史学专著。

　　第一，《森林帝国》是历史学、文化学、民族学、满学等领域第一次提出并阐述森林文化史学的学术专著。森林文化是指主要生活在森林地域的族群中的人与森林暨族群中的人与人在互动中所产生的文化形态。此前，在国内外，有关植物学、森林学——树木栽培、植物保护、林业管理、森林防火等方面的论著屡见不鲜，但从森林史学、森林文化学的角度，阐述森林文化的定义、特点、范围、族群、历史、演变、文化、祀神、地位、影响等方面的论著，未见显示。一孔新见，一条真理，其初始认识总是不完备的。上述森林文化定义，既为著者初予界定，便不会是圆满无缺的，但有总比无好。随着时间推移，认知不断加深，逐步加以完善。

第二，《森林帝国》开创性地提出中华文明是由中原农耕文化、西北草原文化、东北森林文化、西部高原文化、沿海暨岛屿海洋文化等五种主要文化形态所组成的概念。在公元 21 世纪，所谓中华文明是由农耕文化一种文化形态所构成的一元观念，其论点的片面性、孤立性、后滞性、僵化性，并不符合中华历史演变的事实，因而是错误的。所谓中华文明是由农耕文化与草原文化所组成的二元观念，其论点也是违背历史事实的，因而也是错误的。所谓中华文明是由农耕文化与草原文化、高原文化所组成的三元观念，其论点也是不完全符合历史事实的、不全面的。所谓中华文明是由农耕文化与草原文化、高原文化、海洋文化所组成的四元观念，其论点还是不完全符合事实、也不完全符合历史的，因而也还是不全面的。

第三，《森林帝国》在阐述中华文明五种文化形态时，是以其族群民众基本的主要的生产方式和生活方式而言。因为任何一种文化形态一般是一元为主、兼有多元，并在历史演进中不断变化发展的，而不会是孤立的、单一的、凝固的。任何一种文化形态，因其经度纬度不同、历史时段不同、地理环境不同、山河处境不同、海拔高低不同、土壤降水不同、时代迁徙不同、临海远近不同、洋流寒暖不同、地区温度不同、发展水平不同、邻部文化不同等，故其文化多元也不同。例如，中原农耕文化区域，也有局部的草原、森林，自然也有畜牧、采集等文化元素；西北草原文化区域，也有局部的农耕、渔猎等文化因素；西部高原文化地域，也有不同的农耕、畜牧、采集等文化元素；沿海暨岛屿海洋文化地带，如海岛和海岸亦有局部的农耕、森林、狩猎、采集等文化元素；至于东北森林文化区域，也有局部的农耕、畜牧等文化元素：近江临海地区部民也有捕猎、畜养、采集、耕作经济，平原沃土地带部民也有农耕、牧猎、采集经济。总之，作为历史学术研究，在探讨某一种文化形态时，应关注其主要、主流、主体、主业，关注其基本生产方式和生活方式，也兼及其他。当然，在农耕文化中，汉族帝王也有春蒐冬狩行为①；在草原文化中，蒙古汗王、契丹大首领等也有狩猎行为。但这都是巡幸或游乐之举，而非其部民的主要生产方式和生活方式——前者的主要生产方式是农耕，后者的主要生产方式是游牧。所谓"落叶知秋"是文学语言，如果春天因刮风、虫噬而叶落，就由之得出结论："秋天到了！"这岂不是如同"刻舟求剑"之谈吗！历史哲学认为，任何一般，都有特殊；任何特殊，都有一般；或抓住一般而否定特殊，或抓住特殊而否定一般，都不是科学的态度，也不是科学的方法。

第四，《森林帝国》论述中华文化一体多元的观点，已逐渐被国人、世人所接受。其一体，主要指中华文明是一个具有内在联系的、不可分割的整体；其多元，许多人理解为"五十六个民族"，这并不错，但其所指是按族群来分，而不是按文化来分。《森林帝国》一书认为：中华文明的"一体多元"，其"一体"是中华文明的整体；其"多元"是农耕文化、草原文化、森林文化、高原文

---

① 《春秋左传正义》，鲁隐公五年（前718），十三经注疏附校勘记，中华书局影印本，1980年。

化和海洋文化。在这里，"族群"与"文化"是两个概念，虽有联系，却有区别。如同一族群的人，可以生活在农耕文化区域，也可以生活在草原文化、森林文化、高原文化或海洋文化的区域之中；同样在某种文化区域里，可以有许多不同族群、不同语言的人生活。所以，"中华文明一体多元"——应以中华文明为"一体"，农耕、草原、森林、高原、海洋五种文化为"多元"来解读。

第五，《森林帝国》一个创新之点是论述文化统合。在17—18世纪的两百年间，满洲之所以能够"以少胜多""以小治大"，应是多因一果。其中一个重要原因，就是满洲贵族以"三祖三宗"——清太祖天命汗努尔哈赤、太宗崇德帝皇太极（含天聪时期）、世祖顺治帝福临（含摄政睿亲王多尔衮）、圣祖康熙帝玄烨、世宗雍正帝胤禛、高宗乾隆帝弘历为首的执政集团，实行"文化统合"政策。先是统合森林文化地域各族群，次是统合草原文化蒙古等各族群，次是统合关外汉人等族群，次是统合中原农耕文化汉人等族群，次是统合高原文化藏族等族群，次是统合台湾等海洋文化族群，次是统合新疆各族群等，最后实现中原和满、蒙、疆、藏、台等区域全中华文明的大一统。为此，中华不同文化各族群均做出巨大的贡献。

第六，《森林帝国》以横向大文化视野观察东北亚森林文化，以纵向历史长镜头论述三千年肃慎—满洲族系之流变。满洲历史源流①，像一条江河，它是不断流动的、变化的、发展的，而不是

---

① 本书阐述森林帝国主体族群满洲之先世——肃慎的起源地，有五说：其一，燕山地带说，以傅斯年为代表；其二，今吉林市附近松花江流域说，以薛虹为代表；其三，松花江东牡丹江流域说，以孙进己为代表；其四，黑龙江中下游说，以张博泉为代表；其五，多地迁徙说，以魏国忠为代表。

凝固的、僵化的、停滞的。书中系统简明地、全面综合地梳理并论述了森林文化孕育族群中的满洲先民，如商周肃慎、秦汉挹娄、魏晋勿吉、隋唐靺鞨、渤海以及辽金女直（女真）到明清女真—满洲，其森林文脉承续，三千年绵延不绝的历史文化机理。森林文化区域的族群，随着内在族群的历史演变、外在族群的文化影响，其文化形态也在不断变化，尤其在局部地区，特别是在同其他文化形态接壤地域，其生产方式和生活方式，均在不断变化。例如，满洲先民，早期生活在黑龙江中游地带，其森林文化特色更加鲜明，而后部分部落——或因气候变化，或因战争动乱，或因人口过多，或因其他元素，南迁到松花江、牡丹江、浑江流域地带，再迁到长白山、图们江、鸭绿江、辽左河谷丘陵地带，受汉族、朝鲜族文化的影响，农耕文化成分逐渐增加，而后再南迁到苏子河、浑河流域地带，出现"耕牛布散于野"的现象，继而再南迁到辽河平原地带，其农耕文化成分中的托克索演变为庄田。尽管如此，但骑射文化仍是其主线，且一脉相承。

第七，《森林帝国》在论述中华文明五种文化形态时，将"海洋文化"贯穿全书。书中认为，"海洋文化"在中华文明秦至清的两千多年皇朝史上，既不像农耕文化、草原文化、森林文化都曾建立过中央政权，也不像高原文化曾建立过南诏、吐蕃等区域性政权，而被长期忽视，成为中华文明发展中的一块文化短板。中国从秦以来没有建立过海军，即使有水军或水师，也只是在江湖中活动，如长江水师、洞庭湖水师、鄱阳湖水师等均在江湖水域活动。清自道光以来，鸦片战争发起方的英军，英法联军，甲午海战发起方的日军，八国联军以及后来的侵华日军，都是从海上打来的，但直至光绪年间清政府才建立海军衙门，到宣统时"其能出海任战者，止海筹、海圻等巡洋舰四艘，楚泰、楚谦、江元、江亨等炮舰十余艘而已"[①]。这个沉痛的历史教训，应当记取，不能忘却。

第八，《森林帝国》提出的概念，有助于澄清两个认识误区：其一，认为中华文明只有一种文化形态，而不承认中华文明的多元性；其二，认为文化统合就是文化征服或文化同化。五千年的历史经验证明，中华文明之博大，在于其文化多元；中华文明之绵延，在于其文化统合。中华文明五千年发展的宝贵经验在于两个字——"合"与"一"，即实现中华文明多元统合，形成中华文化多元统一。当然，在强调"合"与"一"的时候，也要关注其另一面，矛盾双方，都要关注，不断协调，避免绝对。

第九，《森林帝国》论述历史文化的"合"与"分"、"一"与"多"的相互关系。纵览中华五千年的文明史，在文化关系上，"合"与"分"、"一"与"多"，既各有其利，也各有其弊，既有经验，也有教训。中华文明的"合"与"一"，是历史的主流和主干；"分"与"多"，是历史的支流和枝叶。从秦始皇到宣统帝的两千余年间，秦、西汉、东汉、西晋、隋、唐、元、明、清都是大一统的王朝，三国、东晋、南北朝、五代十国、宋辽西夏金曾是分治的王朝。"合"与"一"的最大好处在于，中原地区相对安宁，多元经济有所发展，各族人口亦有增加，百姓生活相对安宁。万里长城、京杭运河、明清皇宫、三山五园等，都是在国家和合、版图一统的

[①] 《清史稿》，卷一三六《兵志七》，中华书局点校本，1976年，第4029页。

状态下出现的，国民免去战火罹难之苦，民众享有相对和平之乐。但是在这个时期，皇权专制强化，思想专制强化，民众的悲苦加剧——如兴阿房宫、建始皇陵等给民众带来深重的灾难；如皇权专制、文字之狱等，士人受到专制思想钳制，忍受专制精神枷锁禁锢，求安求宁苟且偷生，民众缺乏热情和创新精神，导致"落后挨打"的悲剧。

第十，《森林帝国》是一部历史学的学术著作，论述的时间范围从商周到清末；阐述的地理范围重在东北亚地域。本书论证所依据的史料主要有档案、文献、考古、碑刻、文集、笔记、方志、踏查等资料，著者在著述过程中对这些资料加以筛选，适当考据，去伪存真，剪枝留干。学术著作的基础是学术史料，不可以现代艺术创作的生活模型、反映古代情景的电影片段冒充史料，来进行学术之讨论或论争。这不符合起码的学术规范和学术准则。历史学是一门科学，自然有其自身的规范。所以，学术讨论不能以想象去推理，如农作区域农民与农民之间互助和协作是有的，但在"龙口夺粮"的"三抢"大忙季节，"农忙时全村齐出动帮助一家劳作根本就是常态"之言显然是不了解古代农村、不了解古代农民、不了解古代农业的虚幻之笔。学术讨论应依据史料，不能依靠空想或推论。

第十一，《森林帝国》探索地球北半球古代冻土带以南、草原带以北的森林文化带，其中涉及东北亚的族群。从纵向来说，包括商周肃慎、汉魏挹娄、隋唐靺鞨、渤海、辽金女真、明清满洲等；从横向来说，包括阿尔泰语系满语族的诸族群——女真、满洲、鄂伦春、鄂温克、赫哲、锡伯及已经融合或消失的费雅喀、瓦尔喀，以及黑龙江彼岸的那乃、苦叶等。在这里，族群是历史学、人类学、民族学、文化学的概念，而不是指国家的范围和概念，如北美的印第安人、北欧的爱斯基摩人等[①]。

此外，书尾《经眼相关著作书目》本版做了补充。这样做是因为：其一，就历史学的清史而言，作为一个专业学者，据个人所知、所见，至少应当读书千种以上。本书列举其半，是为愿意研究此问题者，提供一份参考书单；其二，本人在阅读上述图书档案时，对前人和今人所做的记述与研究，既表感谢，更表敬意，列出其书及其作者，深致尊敬和感谢。

最后，《森林帝国》出版五年以来，著者研读新的史料，充实新的内容，重整新的架构，考据新的史料，增加新的章节，调整新的图片，采纳新的建议，扩充新的书目，充实新的成果，阐析新的观点，总之，以《森林帝国》（增订版）的新面貌同读者见面。

是为绪论。

《森林帝国》（增订版），华文出版社，2022 年 12 月

[①] 满—通古斯语族诸民族，主要分布在中国、俄罗斯和蒙古国地域。其在中国的有满、锡伯、赫哲、鄂伦春、鄂温克；在俄罗斯的有那乃（即赫哲）、乌尔奇、奥罗奇、埃文基（鄂温克）、埃文、涅吉达尔、乌德盖（有学者认为即满族）、涅吉达尔；跨中俄蒙界的有鄂温克（埃文基）；跨中俄界的民族有赫哲（那乃）等。（郝庆云教授提供）

《新编历史小丛书·袁崇焕》自序

中国历史悠久,史料浩如烟海。历史研究者若想凭个人之力全通下来极为困难,故最好选一段,或一个侧面,重点突破,以求实效。我选的是明清之际的历史,这既包括晚明,也包括前清。侧重于清初的,习称为前清史,属于清史研究范围;侧重于明末的,习称为晚明史,属于明史研究范围。前清史就是清朝开国史。我在研究清朝开国史的时候,重点研究两个历史人物——努尔哈赤和皇太极,这两个历史人物的对立面是袁崇焕。于是,在研究明亡清兴之际六十年历史的过程中,我花比较大气力研究的三个人是努尔哈赤、皇太极和袁崇焕。但我当时对袁崇焕的研究更多的是积累资料、抄录卡片,未做深入的专题研究。

1980 年是我研究袁崇焕的一个转折点。这年 9 月,要举行首届北京史学术讨论会。我要提交一篇学术论文——《论明代保卫北京的民族英雄袁崇焕》。我当时住在单位,日夜加班,汇集史料,分析研究。我在会上汇报上述论文后,北京大学许大龄教授、中国人民大学郑昌淦教授、故宫博物院刘北汜先生等给予热情肯定。但袁崇焕是广东东莞人,还是广西藤县或平南人?我越看方志,越是不解。这成为一个学术问题。俗话说:"百闻不如一见。"于是,我找院长李林(当时称所长)申请前去实地访查。申请获得批准。我借了 300 元,先到南宁市,广西壮族自治区人民政府副主席、政协副主席、广西历史学会会长莫乃群教授接待了我。我们谈及召开袁崇焕学术研讨会、出版袁崇焕传、收集袁崇焕资料等学术工作。随后我到藤县、平南县实地考察，当地提供了各种版本的县志、族谱、资料，并带我参观其遗迹。我又到广州和东莞水南、石碣、茶山、温塘等地考察，同样受到热情接待。在广州白云机场，我见可口可乐一元一桶，从未喝过，想尝尝，没舍得，带着剩下的一元钱，回到北京。其间，我同东莞县领导商量召开袁崇焕学术研讨会的事，县领导回答"忙着开放"，顾不过来；同藤县领导商量，其则深表同意，于是决定1984年在藤县举行首届袁崇焕学术讨论会。而后，在辽宁兴城、香港中文大学、广东东莞相继举行了三次袁崇焕学术讨论会，并出版相应论文集、资料集。

此外，我因研究清朝开国史，几乎跑遍了袁崇焕在关外的行迹，还曾去福建邵武考察了袁崇焕的相关遗迹。

回顾40年来，于袁崇焕研究，我写了七本书：《袁崇焕资料集录》（合），广西民族出版社，1984年；《袁崇焕研究论集》，台湾文史哲出版社，1994年；《兴城旅游风光历史文化丛书：袁崇焕》，吉林文史出版社，2003年；《袁崇焕传》，中华书局，2005年；《明亡清兴六十年》，中华书局，2006年（本来我在中央电视台《百家讲坛》讲《袁崇焕》48讲，电视屏幕上每一讲的大标题都是三个红色大字"袁崇焕"，已经录播、审片、入库、待播，但播出前约10天的一个晚上，制片人打电话给我，说："这个题目不行，许多人不知道袁崇焕，会影响收视率，经研究，建议改为《明亡清兴六十年》。"我说这不可能，中学生都知道袁崇焕。电话中说：经问卷调查，农村不识字的老奶奶不知道袁崇焕。中华书局同名书已排好版，等待节目一播出就开机印书，于是，我立即通知中华书局,将书改为与《百家讲坛》相同名称);《袁崇焕传》(修订本),中华书局,2015年;《新编历史小丛书:袁崇焕》,北京人民出版社,2019年。

本书应曲仲、安东、高立志先生之约,收入"新编历史小丛书"系列。此前,我以"袁崇焕"为题在多处演讲过。如1992年应台湾淡江大学历史系主任郑梁生教授邀请,以《抗御后金名将袁崇焕》为题,为该系师生做过演讲;2010年在国防大学为军官做过以《论袁崇焕精神》为题的学术演讲;2010年5月29日,在中央国家机关做过以《袁崇焕其人其事及其精神》为题的演讲。本书以上述讲稿等为基础,加以修订而成。

研究袁崇焕的读书过程也是自我修炼的过程。愿以此书同诸读者共同学习袁崇焕的高尚品德和爱国精神,为祖国发展和文化传承多尽些心血,多做些贡献。

《新编历史小丛书:袁崇焕》,

北京人民出版社,2019年10月

《故宫六百年》序

一

六百年前，在北京、在中国、在世界，发生了一件具有政治、文化意义的大事：明永乐十八年（1420）十一月初四日（12月8日），永乐皇帝朱棣在北京皇宫奉天殿（今太和殿）暨殿前广场举行盛典，向臣民、向天下，庄严宣告：北京宫殿"爰自营建以来，天下军民，乐于趋事，天人协赞，景贶骈臻，今已告成"。（《明太宗实录》卷二三一）以北京皇宫坛庙告成，接受朝贺，大宴群臣。这就表明，明朝北京宫殿于永乐十八年（1420）十一月初四日已经建成。

同年十二月二十九日，再次表明：

> 初营建北京，凡庙社、郊祀、坛场、宫殿、门阙，规制悉如南京，而高敞壮丽过之。复于皇城东南建皇太孙宫，东安门外东南建十王邸，通为屋八千三百五十楹。自永乐十五年六月兴工，至是成。（《明太宗实录》卷二三二）

北京故宫博物院在1987年被列入世界文化遗产。因此，故宫既是中国的，也是世界的。北京故宫有过辉煌、有过凯歌，也有过沧桑、有过悲泣。这是在中华民族历史演进过程中，一座巍巍高山的历史见证，一段滚滚江河的历史实录。

2020年恰逢北京故宫建成六百年，笔者继在中央电视台《百家讲坛》讲"大故宫"之后，应喜马拉雅之邀约，在网络音频平台讲故宫，分作100讲，每周播出两讲，共计50周，几乎占一年的时间。在整整一年的准备过程中，经过草稿、一稿、书稿、录音稿和定稿，五易其稿，虽不免有瑕疵，却是尽了心力。现应华文出版社宋志军社长之邀，讲课的文稿由该社出版。

二

北京故宫，文化元素纷繁灿烂，琳琅满目，但其核心因素，主要有以下三个：

其一，是建筑。故宫占地面积约72万平方米，房屋数量达9000余间。这些中华古典建筑，殿堂台阁，宫院亭榭，壮丽辉煌，丰富多彩。

其二，是藏品。今北京故宫博物院珍藏180多万件文物，其器物、书画、典籍、档案、珍玩、瓷器、丝绸、珠宝、家具、陈设等，物华天宝，珠玉华翠，美轮美奂。

其三，是人物。这里的人物是指宫廷建筑的设计者、建造者、使用者、守护者，从帝王将相到太监宫女，从文化精英到外域使臣，从各色工匠到宫廷帝后，都离不开故宫建筑的舞台、场景。这里的人物还指的是故宫藏品的制造者、使用者、欣赏者、收藏者。可以说，自北京故宫建成六百年来，中国几乎所有的名人，都同北京、同故宫有着直接或间接的关系。

所以，故宫的建筑、藏品、人物三者以及其他元素的互动、演绎，成为故宫六百年的历史。

三

此前，我在中央电视台《百家讲坛》讲过"大故宫"第一、二、三、四共四部，共 83 讲。所讲的文字稿《大故宫》第一、二、三卷，先由长江文艺出版社出版，近由故宫出版社出版其修订本。

《大故宫》与《故宫六百年》的相同点是，系统简述故宫的历史、文化、建筑、人物、事件、文物等。其不同点是，《大故宫》主要特点是横向，以故宫空间为经线，以故宫建筑为场景，时空交叉，讲述故宫六百年的历史故事；而《故宫六百年》主要特点是纵向，以故宫时间为经线，以故宫历史为场景，时空交叉，讲述故宫六百年的历史故事。

今人看故宫，可纵观，可横览，纵横交叉，互相切换，对故宫六百年的建筑、藏品、人物等故事会有更丰富、更系统、更全面、更立体的了解，从而，热爱故宫、关心故宫、学习故宫、守护故宫。

《大故宫》采用电视视频的形式，《故宫六百年》采用网络音频的形式，再分别通过图书的形式，用视频、音频、网络、图书四种媒体形式再现六百年的北京故宫。

故宫既是个历史大剧场，也是个历史小舞台。在这座剧场里，在这个舞台上，帝王将相、后妃女侍，百官众卿、御史谏臣，文化精英、书画名家，能工巧匠、太监宫女，佛道僧侣、域外使臣，悉数登场。其人物之精彩，事件之离奇，故事之生动，器物之精美，正邪之相搏，学人之才华，小人之奸诈，后宫之玄秘，英雄之豪气，庶民之苦难，纷繁复杂，再现了那个时代的江河波澜与涓溪暗流。我力求从六百年历史长河中，沙里淘金，金中剔沙，对精华加以展现，进行表述。

《故宫六百年》讲述明代故宫、清代故宫、民国故宫和新中国故宫四个时期的历史，从明永乐十八年（1420），到当下 2020 年，整六百年。本书按时间分作耄耋者说一、二、三、四、五、六，共计六个部分。为了阅读方便，将 100 讲的文稿，分为上下两册。

本书的筹划出版，全国政协文化文史和学习委员会副主任、中国版权协会阎晓宏理事长，中国出版集团有限公司谭跃董事长，中国出版集团有限公司党组成员、中国出版传媒股份有限公司李岩副总经理，华文出版社宋志军社长、余佐赞总编辑，张超琪、方昊飞责编，喜马拉雅陈小雨联合创始人、宋楠主任、覃方可和叶康编辑，以及左远波、王磊、胡正娟先生等给予的关心、支持和辛劳，谨此敬谢。

请看书吧！请听课吧！

是为序。

《故宫六百年》，华文出版社，2020 年 4 月

《故宫六百年》（纪念版）感言

　　《故宫六百年》于 2020 年 4 月 23 日出版，至今不到 20 个月，已加印 22 次，平均不到一个月，就加印一次。一本书的出版，书店和读者最有资格做出评判：许多报刊、网络、机构和读者，给予本书诸多嘉评、美誉和殊荣，如《光明日报·读书》版，将《故宫六百年》选入"十佳图书榜"；又如《故宫六百年》被评为"'全民阅读·全国书店之选'十佳图书"。能够在全国每年出版的众多图书中脱颖而出，而被评为"十佳图书"，这充分表明：读者至尊，读者至上！

　　在新的一年到来之际，华文出版社为满足广大读者的喜爱和收藏，对本书的内文、插图、版式、设计、装帧等用心下了一番功夫，将《故宫六百年》（纪念版）精装本献给读者，献给书友。

　　身为作者，谨向本书的广大读者、编辑者、出版者、传播者、关心者、助力者，致以衷心的敬谢！

　　　　　　　　《故宫六百年》（纪念版），华文出版社，2022 年 2 月

《大故宫六百年风云史》序

2020 年恰逢北京故宫建成六百周年，而我与故宫结缘，也七十多年了。1949 年 4 月，我第一次走进故宫博物院参观，接着在故宫西邻的清代升平署旧址读中学六年。我们曾在天安门广场上体育课，更是经常穿梭行走在故宫、景山、北海、中南海、中山公园（社稷坛）和劳动人民文化宫（太庙）等之间。在把清史作为自己的研究方向之后，我的故宫之行就增添了学术情结和研究旨趣。改革开放以后，我陆续见证和参与了故宫学术研究的许多重要节点，比如中国紫禁城学会成立，《紫禁城》杂志创刊，《故宫学刊》复刊，故宫出版社成立，《故宫志》和《故宫辞典》编纂出版等，结交了一批故宫学的著名专家和青年俊彦。

在我看来，研究明清史，离不开北京故宫。因为它是明清时期国家的政治中心、文化中心和国际交往中心，是国家政权的象征。它又是这六百年历史的核心载体，明清史上发生的所有重大事件、重要人物，都直接或间接地和故宫相关联。而且，故宫传承和留存下来的历史档案、浩瀚典籍、伟丽建筑和珍贵文物，为历史研究提供了鲜活的资料。所以，在我数十年的学术生涯里，借住在北京这一地利，我和故宫结下了不解之缘。

从 2000 年开始，我集中更多的时间和精力，着手读故宫、写故宫、讲故宫。2002 年，我的《清朝皇帝列传》（上、下册）由紫禁城出版社出版。2011 年至 2013 年，我写出了七十万字的《大故宫》，分为第一、二、三部，由长江文艺出版社出版，同期在央视《百家讲坛》讲述。《大故宫》以故宫的平面格局为纽带，串联起故宫的建筑、人物、事件和文物。2017年，我写的《大故宫》第四部《御窑千年》，由生活·读书·新知三联书店出版，同期，又在央视《百家讲坛》讲述。《御窑千年》勾勒出景德镇御窑在宋元明清千年中的沧桑变迁及与故宫的紧密关系。2019年，我写出《故宫六百年》，在此基础上，又按照网络音频课程的特点，改写出比较通俗易懂的《大故宫六百年风云史》。2020年，《故宫六百年》文稿由华文出版社出版，其音频播出稿《大故宫六百年风云史》由青岛出版社出版，我同时在喜马拉雅网络音频平台开讲同名课程。《大故宫六百年风云史》以时间为线索，讲述故宫六百年的历史故事。2020年春节，疫情来袭，利用在家避疫的几个月，我又写出了《故宫疑案》，将由中国民主法制出版社出版。至此，我的故宫研究也就暂告一个段落。

对于《大故宫六百年风云史》的筹划、出版，全国政协文化文史和学习委员会副主任、中国版权协会理事长阎晓宏，青岛出版集团前董事长孟鸣飞，均给以关心和支持；青岛出版集团董事长王为达率党委委员、董事李茗茗，青岛出版社总编辑刘咏及社科人文出版中心总经理蔡晓林，人文图书编辑部主任刘坤、编辑刘冰等，亲临小舍给予温暖的支持；喜马拉雅联席首席执行官陈小雨、副总裁李兴仁、亲子儿童事业部副总经理宋楠、制作人覃方可和叶康以及王磊先生等给予关心、支持和付出辛劳，谨此致谢。

从本书的课题策划、资料收集、文稿撰写、校样审阅、信息往来到生活保障等，我的夫人倾注心血，任劳任怨，就不言谢了。

这本书是在烟台紫金山庄写成的，李林才董事长给予亲切关怀与热心支持，谨表敬谢。

《大故宫六百年风云史》，青岛出版社，2020 年 5 月

《故宫疑案》序

2020 年，北京明清故宫建成六百周年，到农历辛丑年（2021）的正月初一日，故宫正式启用也将六百年。

在当今世界上，亚洲、欧洲、非洲、美洲等所有现存宫殿，就占地面积之广阔，建筑组群之雄伟，珍藏文物之宏富，连续时间之绵长，蕴含哲理之深邃，文化影响之久远，综合起来而言，北京明清故宫可谓无与伦比。故宫汇聚了中华优秀传统文化的精华，是中华民族和世界人民的宝贵财富。

我的故宫情结，来自学术和感情两个方面。于学术，我研究清史，涉及明史，又研究满学、北京史，故宫始终在我学术研究的视野中；于感情，从我曾祖父到北京打工，到我已经四代人居住在北京。我住过的胡同，就在新华门对面，而我读书的中学，建在清代内府升平署的旧址，我在上体育课时经常到天安门广场跑步。所以，故宫于我而言，其史料，既摆列于案头书柜；其文脉，又已经融化在血液之中。我对故宫及故宫博物院，始终抱以敬畏之心、赞颂之意、骄傲之情、欣赏之趣，而行守护之职、关爱之举、学习之实、弘扬之责。

2002 年，我撰写的《清朝皇帝列传》，由紫禁城出版社出版，是为我后来登上《百家讲坛》开讲《清十二帝疑案》和《大故宫》系列做的学术准备之一。2012 年至 2013 年，我撰写的《大故宫》第一、二、三部由长江文艺出版社出版，并在央视《百家讲坛》

播出同名节目，后在央视中文国际频道配英文字幕重播。2017年，我撰写的《大故宫》第四部《御窑千年》，由生活·读书·新知三联书店出版，并在《百家讲坛》播出同名节目。2019年，我撰写《故宫六百年》，在喜马拉雅音频分享平台讲述相关内容，后由华文出版社出版，并由青岛出版社出版通俗版《大故宫六百年风云史》。简言之，《大故宫》以故宫建筑空间为顺序，《故宫六百年》则以时间为顺序。我从这一经一纬，即以空间和时间为两种场景，以故宫所承载的中华优秀传统文化为脊梁，以大故宫的历史、人物、事件、文物、古建、艺术、园林、哲理等为主要内容，向海内外大众介绍故宫。

本来，我的故宫写作计划已经完成，不料庚子春节疫情来袭，原来的计划被打破，于是便有了这本《故宫疑案》。

这本书的由来，要回溯到21世纪初。当时故宫博物院副院长兼故宫出版社社长王亚民先生和左远波编辑，约我在《紫禁城》月刊开设专栏，撰写《故宫疑案》，计划连载一百篇。于是，我先后在《紫禁城》月刊连载了几篇，还在中国台湾地区的《历史月刊》发表过几篇，反响不错。但因我在央视《百家讲坛》讲课，实在无力分身，只好将这个题目暂时中止。2007年的一天，我在《百家讲坛》录播《明亡清兴六十年》系列的最后一讲，走出演播厅时，北京电视台制片人于瀛早已等候在门口。她对我说，北京电视台要开设《中华文明大讲堂》栏目，时任北京市委常委、宣传部部长、副市长蔡赴朝请我做第一位主讲人。

对蔡赴朝先生，我格外敬重。因为有一次我去市委宣传部办事，亲眼看到蔡部长从图书馆借了堆满一推车的图书回办公室。他的秘书告诉我，蔡部长每月借一车书、还一车书。既然是蔡部长说的，我就把任务接了下来。因为时间太紧，又要贴近大众需求，我就找出了《故宫疑案》的那些旧稿子，以《清宫疑案正解》为题进行补充修改，写出十二个疑案的讲稿，在北京电视台如期讲述。后来，讲稿先由中华书局出版，继由联经出版公司在台北出版繁体字竖排本。

2020年新春伊始，疫情来临，我宅在家里，埋头写作，修订补充旧作十二篇，增补新写十六篇，合成新书，名《故宫疑案》。我的"故宫系列"又添了一位"新成员"。

《故宫疑案》定稿后，交由中国民主法制出版社编辑出版，献给读者。

中国民主法制出版社同我的友情已有十五年了。当年为迎接2008年在北京举行的第29届夏季奥林匹克运动会，杨瑞雪社长策划，向我约稿并出版了《中国古都北京》的中文版、英文版。这本书的中文版和英文版，分成典藏本、精装本、平装本，印装精美，大气典雅，得了两个国际奖项。此后，当时的编辑室主任、现为该社社长的刘海涛先生经常向我约稿，因手头没有书稿，我一直心存歉意。所以，《故宫疑案》尚在酝酿时，我就决定将这本书稿交给刘社长，由梁惠女史做责编，在中国民主法制出版社出版。

至此，我的"故宫系列"包括：

（一）《大故宫》，长江文艺出版社；

（二）《大故宫2》，长江文艺出版社；

（三）《大故宫3》，长江文艺出版社；

（四）《御窑千年》，生活·读书·新知三联书店出版社；

（五）《故宫六百年》（上），华文出版社；

（六）《故宫六百年》（下），华文出版社；

（七）《大故宫六百年风云史》，青岛出版社；

（八）《故宫疑案》，中国民主法制出版社。

以上八册著作都是以电视、网络、图书三种传播手段相结合的形式向读者、观众和听众进行历史与文化的传播和交流。

最后，本书要说明几件具体事情：

第一，关于北京故宫。明朝故宫有南京、中都、北京三处，清朝故宫有抚顺、辽阳、沈阳、北京四处，剔除重复，地域跨江苏、安徽、辽宁、北京，时间包括明清两代。本书限于篇幅，只集录清代故宫发生的重要疑案。这是要说明的。

第二，关于历史时间。历史著作叙事、论人的时间，碰到两个问题：其一，在帝王纪年的十二月或一月，阴历和阳历有交叉，在换算上是不同的。其二，人物的年齿，有虚岁和周岁两种算法。在中国古代，只有虚岁算法，没有周岁算法，这怎么办？本书一律采用虚岁算法。如清孝庄太皇太后布木布泰崩逝于康熙二十六年十二月二十五日。这一天是阳历的 1688 年 1 月 27 日。《清圣祖实录》于孝庄太皇太后记载：康熙二十六年十二月二十五日崩，寿七十有五。记述其卒年，按阳历算法，是 1687 年，还是 1688 年？记载其寿龄是七十四岁、七十五岁、还是七十六岁？本书一律按照传统的阴历记载，但在出现帝王纪年时括注公历纪年。

其三，关于历史地名。人和事发生时的地名，随时间变化而不断变化。本书的历史地名是按人物和事件发生时的地名及其地域隶属关系记述的，为方便读者，括注今地名。今地名的行政隶属和名称也是常有变化的。本书著述时古地名加括注的今地名，其后又有变化者，不再随之变动。

其四，关于历史典籍。中国古籍有两个重要特点，一是版本多，二是太复杂，所以才有"版本学"这个学科。在古籍中，同一条引文，所据版本不同，其文字常有差异。当代有用机器核对学术著作引文的，因机器校对不可能把古籍各种版本——稿本、写本、孤本、抄本、重抄本、雕版本、活字本、石印本等全部输入电脑，所以往往出现差异。本书引文，只著书名，不注版本，亦请谅解。

其五，关于本书引文。史学著作的引文，通常有两种：一种是引录原文，另一种是引述原意。于前者，引录原文，加注引号，标注出处，使之准确无误，便于核对；于后者，引述原意，不加引号，不注出处，不失原意，力求准确。

其六，关于书中人名。清朝人名有个特点，满洲、蒙古等地的人名，汉文绝大多数是汉译的。不同时期、不同图书、不同地域、不同版本中的同一个人，往往汉译的人名不同。这样一来，很难划一。本书的处理办法是：凡是引文中的人名，一律照引不变，其他情况，尽量划一，参酌实录，兼顾习俗。

其七，关于书中数字。帝王纪年、干支纪年用汉字数字，括注公元纪年用阿拉伯数字。其他数字，因系古代历史，一般用汉字数字。

其八，关于本书定位。本书不是面向专家的学术专著，而是面向大众的历史读物。在书中适当吸取学人和自己的研究成果，因是大众读物，恕不一一标注，如有不妥之处，祈请诸君谅解。

最后，我的愿望是：永远做个一个历史的学习者、做一个历史的交流者。做历史的学习者，是说只要条件允许，每天都要读点书，学历史。历史是一本永远学习不完、永远研究不尽的大书。自然的历史、人类的历史、社会的历史、自身的历史、古今的历史、世界的历史，永远读不完。所以，锲而不舍、孜孜不倦的终身学习精神可贵。做历史的交流者，是说只要条件允许，每天都要做交流，学历史。授课、演讲、谈话、研讨、访谈、撰文、著书等都是交流。在交流中学习，在学习中交流。交流是互相的、双向的、平等的、温暖的。任何以专家自诩、盛气凌人的行为都是庸俗的、浅薄的、轻狂的、可悲的表现。

我已是一个耄耋老人。人老了常犯糊涂。书中糊涂之言，敬请贤者海涵。

《故宫疑案》，中国民主法制出版社，2020 年 6 月

《袁崇焕研究论集》自序

拙著《袁崇焕研究论集》被收入"明清史学术文库"，由故宫出版社出版，有些心语，借此道出。

1980 年初，北京史研究会要举行成立会暨首届北京史学术讨论会，规定参会者要提供一篇学术论文。我选定"袁崇焕"作为论文的主题。其原因是，我当时研究的总课题是清朝开国的历史，也就是明清"甲乙鼎革之际"六十年的历史，而袁崇焕与努尔哈赤、皇太极父子角立；同时，袁崇焕既为保卫北京而战，也为保卫北京而死。袁崇焕既是明清交替历史中关键性的人物，也是北京历史上惊天动地的人物。因此，我着实花了一番气力，长夜孤灯，深思苦索，写成论文《论明代保卫北京的民族英雄袁崇焕》。

古人云："读万卷书，行万里路。"我想：我在读袁崇焕有关历史资料的同时，也应做袁崇焕有关行迹的实地考察，读书与行路，相得而益彰。于是，我得到当时院领导李林的批准，带着三百元人民币的差旅费，到广东东莞、广西藤县和平南县进行学术考察。历时一个月，我回到北京时，还剩一元钱。此行得到广西壮族自治区人民政府副主席、广西历史学会会长莫乃群教授的支持。我们共同商定：1984 年在藤县举行首届袁崇焕学术研讨会。会后由广西人民出版社出版了《袁崇焕研究论文集》。为此，我写了长篇论文，主持编纂《袁崇焕资料集录》，于同年由广西民族出版社出版。1985 年，辽宁兴城（宁远）县委书记王恩福、宣传部部长李久林等与我会面时，提出要拍摄历史电视连续剧《袁崇焕》。我向二位领导建议，电视剧播出的同时，在兴城举行"国际袁崇焕学术研讨会"。后来，我去日本京都出席"世界历史都市会议"，顺道到东京，在"东洋文库"做学术演讲，并邀请神田信夫、松村润、细谷良夫、中见立夫、加藤直人、松浦章教授等一行到兴城莅会，他们欣然应邀。1988 年兴城国际袁崇焕学术研讨会如期举行，并于会后由广西人民出版社出版了《袁崇焕学术论文集》。

尔后，1989 年，我应邀作为访问学者，在美国进行为期半年的学术交流。1990 年 5 月，我从美国夏威夷乘飞机回国，回程路经香港停留，受到香港中文大学历史系吴伦霓霞主任到该校访问的邀请，又受到香港袁汝南堂宗亲总会袁雄昆理事长、袁雄民会长的接待，并在香港向五百位袁氏宗亲做了袁督师英雄事迹的演讲。此间，我们商定 1991 年在香港中文大学举行"国际袁崇焕学术研讨会"，会后也出版了论文集。

就这样，在十年之间，袁崇焕研究竟成为学术视野中的一个热点。我一程一程地，从北京到广东东莞、广西藤县和平南县，到辽宁兴城、锦州，还到日本东京，又到美国，再到香港、澳门、台湾，撰写了多篇研究袁崇焕的论文，行走在袁崇焕研究的学途上。后来，我到福建邵武考察袁崇焕遗迹，看了"聚奎塔"，并得到袁崇焕手书塔额的拓片。经过多年积累，我将袁崇焕所履之地一一踏查，几乎跑遍。

1992 年，作为中国大陆第一批社会科学工作者，我到台湾出席"海峡两岸清史档案学术研讨会"，并应郑梁生主任之邀，到台湾淡江大学历史系向师生做了名为《抗御后金名将袁崇焕》的学术报告。会后，我见到了文史哲出版社发行人兼总编辑彭正雄先生。

当时，他刚给我出版了繁体字竖排本的《努尔哈赤传》。彭先生说还想出版我的书，并问我有什么书稿。我说有《袁崇焕研究论集》书稿。他说可以出版。我说这本书不仅不会赚钱，还可能会赔钱。他说：我景仰袁崇焕的爱国精神，不赚钱也要出。回北京后，我汇集稿子，补充内容，梳理调整，很快交了稿。

1994 年，我又去台湾进行学术交流。当我见到彭先生时，《袁崇焕研究论集》（繁体字本）刚刚问世，油墨书香扑鼻而来。这个版本在大陆看不到，许多人求购，但渠道不通。

2005 年，拙著《袁崇焕传》由中华书局出版。

2006 年，我在央视《百家讲坛》讲述以袁崇焕为主角的《明亡清兴六十年》系列讲座，并先后到中央国家机关、高等院校等单位多次宣讲袁崇焕的爱国功业和高尚精神。

同年，故宫博物院原常务副院长兼故宫出版社社长王亚民先生和时任故宫出版社总编辑赵国英女士重视学术，弘扬文化，决定出版我的《袁崇焕研究论集》简体字本，后纳入"明清史学术文库"。由是，我对原繁体字本加以补充、修订，增加了这些年积累的研究成果。

从台北文史哲出版社初次出版《袁崇焕研究论集》繁体字本，到北京故宫出版社增订出版简体字本，时间匆匆而过，已过二十余年。而我关注和研究袁崇焕，从 1980 年撰写第一篇学术论文，到 2021 年本书出版，也有四十余年。这本论文集的出版，既是国际学术文化交流的一个见证，也是学人研究艰难历程的一段记忆。

是为自序。

《袁崇焕研究论集》，故宫出版社，2021 年 1 月

《北京文化史》自序

我祖籍山东蓬莱，朋友戏言我是从蓬莱仙境走出来的。先祖因地少土薄，不能糊口，故来京打工。那时人力比畜力便宜，面粉作坊主用人力推磨，我的先祖在北京打工，就是干这种活儿。听祖母说，我祖父只有两身衣服，一身棉衣，一身单衣。冬天过后，把棉衣里的棉花掏出来，就成为夹衣，春秋时穿。入冬以后，再把掏出的棉花絮进夹衣，就成为棉衣，冬天时穿。至于夏天，只有一条单裤，穿脏了，晚上睡觉前洗一洗，天亮前干了穿上。一年或两年回乡探一次亲，往返三千里路，背着干粮，晓行夜宿，全是步行。我的曾祖父、祖父、父亲和我们兄弟，加上我的子女，已经五代人生活在北京。曾祖父和祖父按照旧时习俗，青年来京，打工谋生，晚年回乡，百年之前，落叶归根。但从我父母双亲开始，不再回乡，叶落北京。我们就成为地地道道的北京人。对于北京人的生活、习俗、礼仪、文化，或听长辈言传，或经自身亲历，或读文献笔记，或从报刊所知，就我来说——对旧北京人的悲苦，是非常熟悉的；对新北京人的幸福，是满怀欢喜的。

我曾在天安门西侧南长街南口西大街的北京市第六中学（习称"男六中"）读书，那时的体育课经常在天安门广场上。我参加过1949年中华人民共和国成立的开国大典，白天是庆典游行，夜间是提灯晚会。回忆当时，激情澎湃，如在昨日。一瞬之间，新中国成立已71年，我同祖国的前进相伴而行，虽然道路并不笔直平坦，却是一步一步地走了过来。

经历、学志、职任、兴趣——凝聚到一点，写一本北京文化史的书。这本书，从何时开始写作的呢？

20世纪50年代，吴晗先生主编了一套"中国历史小丛书"。事未竟而风浪起，留下半拉子工程。"文革"结束不久，当时主持编务工作的北京教育学院历史教研室张习孔先生，和我是街坊，有时我们会互相串门。他找到我说"小丛书"缺《北京史话》，请我执笔。我不便推脱，应承下来，写完稿子交中华书局编辑胡宜柔先生。胡先生满怀热情，极其认真，逐字逐句推敲，逐条史料核实。经过修改，《北京史话》于1982年3月由中华书局出版。

烧炷香，礼众佛。三年后，北京朝华出版社马悦编辑约我撰写《古都北京》，三磨四催，我终于应允，由我撰写文字、严钟义先生摄影配图。1986年，图文并茂的《古都北京》中文版、英文版问世，后又出版了德文版、法文版。当时改革开放新政推行不久，中文译成西文的书很少。这本图文并茂、印装精美的《古都北京》在法兰克福和莱比锡国际书展上分获两个国际图书奖项。2008年，第29届奥林匹克运动会在北京举行，应中国民主法制出版社杨瑞雪社长、刘海涛主任之请，我和严钟义先生再度合作，将《古都北京》做文字修订和图片增删，以《中国古都北京》为书名，由中国民主法制出版社出版中文版、英文版，分作特精本、精装本、平装本三种版本。此书，中国香港、美国相关单位给了两个奖项。2016年，朝华出版社汪涛社长又重新推出了《古都北京》（修订本）的中文版、英文版、法文版。

2000年，我撰写的《屏障中原关盛衰——古代北京》一书在台北万卷楼图书公司出版，被列为"中华文化宝库"丛书之一。

2010年，中共北京市委常委、宣传部部长、北京市副市长蔡赴朝和中共北京市委宣传部副部长傅华等，共同主编一套"领导干部半日读"丛书，其中有约我写的《北京文化史举要》一书。在这本书里，我不仅更加简明地梳理了北京历史的文脉，还以更加宏观的视野，提出中华文明是由中原农耕文化、西北草原文化、东北森林文化、西部高原文化、沿海暨岛屿海洋文化所组成，并以三个千年变局为线索，对北京三千多年文化史进行重新梳理、分析与整合，重点论述自元大都以来，北京是中华文明农耕、草原、森林、高原、海洋五种文化的中心。于此，我在2012年由北京出版社再版刊行的《北京文化史举要》一书中，做了简要的论述：

> 中华古代的文化发展，大体可以概括为五种文化形态：一是中原地区的农耕文化，二是西北地区的草原文化，三是东北地区的森林文化，四是西部地区的高原文化，五是沿海及岛屿地区的海洋文化等。在古代中国，高原文化、海洋文化都具有重要地位，都对中华文明发展做出过重大贡献；但是，高原文化和海洋文化都没有在中华文化史上占据过主体的或主导的地位。而中原农耕文化、西北草原文化、东北森林文化，都时间或长或短地在中华文化发展史上，占据过主体的或主导的地位，发生过主体性或主导性的重大历史作用。

此后，2014年我在《辽宁大学学报》（哲学社会科学版）第一期发表了《森林文化之千年变局》。

2018 年 4 月，拙著《森林帝国》一书由生活·读书·新知三联书店出版。书中，我明确提出：北京是自元大都以来，由中原农耕文化、西北草原文化、东北森林文化、西部高原文化、沿海暨岛屿海洋文化五种文化所组成的全国政治中心、文化中心。

本书以上述观点为主轴，纵向以北京自有文字记载三千多年以来的三个千年、三大变局做经线，横向以中原农耕文化、西北草原文化、东北森林文化、西部高原文化、沿海暨岛屿海洋文化做纬线，经纬交织、综合分析，阐述北京作为中国政治中心、文化中心而产生、演进和发展的历史。

北京出版集团曲仲总经理约我以《北京史话》《古都北京》《古代北京》《北京文化史举要》等著作为基础，讲一讲北京文化史。于是，我重新研读档案、文集、笔记、舆图、方志、考古、石刻等史料，吸纳六十多年来北京考古新收获和论著新成果，参酌踏查笔记，补充所见史料，更新陈旧观点，进行分析综合，将拙著撰写完成。

北京的历史资料浩瀚、繁杂、广博。据统计，朱彝尊《日下旧闻》参考图书约 1600 种，于敏中等奉敕纂《日下旧闻考》又参考图书 500 余种，以上共约 2000 种，尚未包括乾隆中期后的著作，也未包括满、蒙古、藏、维吾尔、哈萨克等文字的相关著述和档案；另据统计，西方用英、法、德、意、葡、西、荷、俄、拉丁等文撰写的与北京相关的著述在 500 种以上，还有亚洲日、朝、越、泰等文字的相关著述——总计当有 5000 余种。一人之力，难以穷尽。

本书涉及政治、经济、文化等各个方面，但还是以文化的发展、演变及其影响为主线。这成为本书的一个特色。

本书于文化交流花费了较多的笔墨。除北京与亚洲的东北亚、东南亚、南亚、中亚、西亚诸国家和地区的文化交流外，对中西文化交流更多加以简要叙述。这成为本书的又一个特色。

本书于辽南京、金中都、元大都、明北京、清京师均列出一节该朝"文化殇鉴"，是因都城为其当朝的政治中心。这也成为本书的再一个特色。

金无足赤，书无完书。一切事物，都是过程。一本书的出版，只是治学旅途中的一个驿站，下站风光，尚未看到。在本书的研究与纂著中，如《尚书·大禹谟》所言："惟精惟一，允执厥中。"鉴此，自警——谦虚敬慎，拾遗补缺，架构筋骨，丰满血肉，充实修正，彳亍前行，追求寸进。拙著也尽量如此。

是为自序。

《北京文化史》，北京出版社，2021 年 2 月

《北京文化史》（增订版）序

《北京文化史》原被列入"大家京范"系列，限十五万字以内，2021 年由北京出版社付梓。书印出来之后，深感诚惶诚恐，原因何在？

其一，才疏识短学浅。我是一介素衣历史学者，岂敢列入大家作者队伍。"素衣历史学者"之"素衣"，指衣服不带"补子"。过去有官职、有品级的人，穿朝服、带补子，就是上衣胸前背后补上一块绣织品，文官为飞禽，武官为走兽；之"历史"是职业，也是谋生的饭碗；之"学者"是指学习的人——没有官职和光环的普通人。

其二，时下讲求量化。如本、硕、博毕业论文均有字数指标，一部三千多年的北京文化历史，仅用十五万字去写，显然是不够的。新版比原版增八万余字，稍微丰厚了一些。

其三，内容有所疏阙。北京的文化历史，起点久远，名人众多，事件繁杂，文物如星，新书酌加增补。《第五章　第三个千年变局·金中都》加南郊、建章宫，《第六章　第三个千年变局·元大都》加飞放泊、柳林行宫，《第七章　第三个千年变局·明北京》加迁都北京、南海子和市井生活三节，《第八章　第三个千年变局·清京师》增补部分文字，总字数增加八万余字。

其四，附录做了调整，将 1982 年出版的《北京史话》补缀书后。

其五，订正原书疏误若干处。

从《北京史话》出版到现在，已经四十年。在中外出版史上，每一部书都盖着时代文化的印记，本书也不例外。

我用下面两句来自勉：

文章不怕百遍改，

经典耐得千年读。

仅以上述文字，作为新版序言。

《北京文化史》（增订版），华文出版社，

2023 年 4 月

《中国古代都市生活史》序

本书初版，没有自序。事过 33 年，借再版之机，将其因果，做个交代。这要先从 1990 年说起。

一

1990 年初夏的一天，时任中国历史博物馆（今中国国家博物馆）研究室研究员的刘如仲先生，说见我有要事相谈，且事情很急。这时，我应邀到美国进行学术访问与学术交流刚回到北京。在国外半年，国内诸事，或公或私，积压很多，急需处理。但我与如仲先生是同庚同行好友，事情再多，也要一见，何况还谈要事呢！我们第二天见面，他没有寒暄，也没有问及访美，劈头就说："弟与台湾文津出版社约定，出版一套'中国文化史丛书'，共 60 册（后实际出版 66 册），其中一册是《中国都市生活史》，弟认为非老兄莫属，因无法同老兄联系，又急需确定作者，愚弟就为老兄做主并代签出版合同了。"他又说："每册 20 万字，特制稿纸 400 页，多出 10 页，备抄错用。"他说完，就把一沓稿纸从书包里掏出来，放在书案上。我说："刚回来，太忙啦！"他说："从明天算起，还有 42 天，限 40 天交稿，合同规定，误期按天罚款。"他强调说："稿费，每千字 10 美元，20 万字共 2000 美元。"如仲先生似乎没有给我讨价还价的余地，意思是老兄有天大的困难，也要克服并按期完成之。如仲兄是四川人，办事干脆；我是山东人，重于信义。于是，我只有勉为其难答应。

第二天，我到北京社科院图书馆借出相关图书数十种，回到家里草拟一个提纲（目录），第三天开始撰稿，自定指标：每天写10页，每页500字，一天5000字。如白天有会，则晚上加班。有时书写顺手，超出数字，以储存备用，定按期完稿。第40天的下午，我向如仲兄交了稿。

本书初稿，没打草底，繁体正楷竖排，书写工整，采用新式标点，一气呵成。回想起来，自觉惊喜——当时是怎么写的？细想原因，可能有四：

其一，讲求信义。既然答应朋友之约，就要排除万难完成。因之，集中精力，废寝忘食，不顾疲劳，按时交稿。

其二，学术准备。先是，我已研究历史多年，积累了相当丰富的史料，并曾参与筹建北京史研究会，任常务理事兼实际上的秘书长，关心并兼顾北京历史文化资料积累与学术研究；我又曾参与中国古都学会筹建并任常务理事兼秘书长，先后在北京、西安、洛阳、开封、南京、杭州六大古都参加过学术研讨会，会间进行学术参观考察，会后参与编辑《古都研究》论文集。在诸古都的学术研讨与学术考察、平时的资料积累与视野见识，都为本书的撰写做了学术与资料的准备。

其三，货币需求。中国学者有个历史传统，广言义，耻谈利。但是，古代士人，凡中进士者，多家境殷实。改革开放前，我每月工资不到10美元。记得我儿子要报考托福，需报名费25美元，这相当于我当时3个月的工资。当时内地的稿费标准是每千字人民币 10 元，人民币与美元的比价大约是 8:1。1989 年我以正教授身份到美国作学术访问，私下言及，美国名牌大学历史系正教授的月薪为 3000 到 4000 美元。1992 年我们一行数人作为大陆第一批到台湾进行学术交流的社会科学领域的教授，私下谈及工资，当时我的月薪约 60 美元，他们历史系正教授的月薪为 2000 到 3000 美元。当对方问到我们的工资时，幸亏越南科学院的一位资深教授说"我们 30 美元"，我才略感安慰。不过，改革开放后，我们的工资收入年年提升，生活水平节节提高。

其四，心里高兴。我愿意做我喜欢并能挑战自己的事情。中国古代都市生活，是中华文化的一个精彩的缩影，历史悠久，内容丰富，辉煌灿烂，饶有趣味，我愿意使之再现，为其做点贡献。

由上，就有了《中国都市生活史》的书稿以及其书的出版。

二

本书初版是由台北市文津出版社以繁体字、竖排本付梓的。这家出版社的位置在台北市建国南路 2 段 294 巷 1 号。我去台湾进行学术交流时，抽空去该社见了其创始人兼总编辑邱镇京教授及其夫人范惠美社长。文津出版社成立于 1970 年。当时尚在台湾师范大学中文研究所读书的邱镇京先生，发现学人出书很难，自己的书稿在一家著名出版社压了一年多仍渺无音信，由是发愿并成立文津出版社，确定以出版文史类图书为主旨。他还在台湾文化大学兼课，边教书、边编书，具体事务由妻子负责。两岸开放后，镇京先生经常往来北京、台北两地，便约定由刘如仲和李泽奉两位先生担任丛书主编,约请大陆专家学者分任撰稿者,出版一套"中国文化史丛书",共66册,包括婚姻史、礼仪史、武术史、数学史、兵制史、文学史、官吏史、经济史等,拙著列其一。我去拜访邱先生的一个原因是,查询《中国都市生活史》书稿的下落。邱先生遗憾地说:因为搬家,原稿已找不到了。我恳请他再找找看。后来我连续两次去台北,都去看望邱先生查询手稿事宜,均以遗憾作答。

在台北,有许多家庭式出版社或同人出版社,人数都极少,有的只有夫妇俩,如文史哲出版社,"前店后厂",即前面是书店,后面是住家;或楼下是书店兼出版社,楼上是住家。这么一家小出版社,每年出版二三百种书,且声名远播。我的《努尔哈赤传》和《袁崇焕研究论集》的繁体字本都是在这家出版社出版的。相比之下,大陆的出版社,作者群庞大,市场亦广大,条件更好,得以天时地利,出版图书更多。

三

1997年,"中国文化史丛书"在台北,由文津出版社出版。2008年,北京九州出版社黄宪华副社长(后升任社长)等三人来到我家找我,要将《中国都市生活史》的书名改作《阎崇年讲中国古代都市生活》,以简体横排、彩图珍藏版的形式由九州出版社出版发行。书前,有编者的话,择录如下:

文明的灿烂与活力,往往集中于人类的都市生活之中。然而,中华民族几千年来的都市生活,却一直没有一部通史著作。

2008 年冬天，我社一行三人登门拜访了阎崇年先生。我们坐在阎先生的"四合书屋"（阎先生所解"四合"为天合、地合、人合、己合）前。言谈之间，话题转到先生所写关于中国古代都市生活历史著作。先生说，撰写此书，因为是首创之作，其中甘苦，凡是做学问的人都是知道的。而且手稿二十万字，都是先生用繁体字一个字一个字工整地竖写完的。先生的书法很见功力，这部手稿堪称珍贵，可惜已经找不到了。因此先生开玩笑说，如果现在拍卖这部手稿，也许会卖到十几万元吧。我们几人当下对这部著作都非常感兴趣，想必对中国古代都市生活感兴趣的人、对中国古代文化感兴趣的读者，也都会喜欢这样的书。而且，阎先生的这部著作，还是中国都市生活历史领域的开山之作。

黄宪华社长等诸君的热情与诚恳感动了我，我当即决定由九州出版社在北京出版简体字、横排本的《阎崇年讲中国古代都市生活》一书，该书在 2009 年 4 月问世。

时间过得太快，转眼已过 13 年。此书早已售罄。现在，中国出版集团华文出版社原社长宋志军、现社长包岩、总编辑余佐赞商定，由传记文学编辑室主任胡慧华担任责任编辑，以崭新面貌重新出版这本书。我遵嘱为华文出版社新出的《中国古代都市生活史》写下序言。

是为新序。

《中国古代都市生活史》，华文出版社，2022 年 6 月

《讲给孩子的故宫里的明清史》序

亲爱的小朋友，你们好！我今年九十岁了，头发和胡子都变成白色的了。为什么我年纪这么大了，还要给你们写故宫的故事呢？

记得我很小的时候，住在山东蓬莱一个依山傍海的小村子里。寒冬的夜晚，我常常躺在热炕头上，听奶奶给我讲故事。因为我的爷爷和爸爸都在北京工作，他们回家探亲时也把北京和故宫的故事带回了老家，所以奶奶很喜欢给我讲北京的故事、故宫的故事。她常说："北京有几道很大很高的灰色城墙，还有绿色的护城河，城墙围起的那座城叫紫禁城，也就是现在大家常说的故宫。紫禁城里有红墙黄瓦的宫殿，是明清两朝皇帝居住的地方，在那里发生了很多很多故事。"在奶奶滔滔不绝的讲述中，我对这些故事十分痴迷，对故宫越发感兴趣。

后来，我到北京上学，爸爸特意带我去参观了故宫。不仅如此，我和故宫也格外有缘分，我在北京的住家离故宫很近，南北仅有一街之隔；读书的学校也离故宫很近，东西也仅有一街之隔。

也许在冥冥之中，奶奶给小时候的我所讲的故宫故事，深深地影响了我。大学时，我选择了就读历史系。毕业以后，我选择了研究历史的学术道路，着重研究明朝和清朝的历史。于是，故宫就进入了我的研究领域。

从 2000 年开始，我集中更多的时间和精力，着手读故宫、写故宫、讲故宫。我在中央电视台《百家讲坛》节目中同大家分享过我的研究成果,出版了《正说清朝十二帝》《康熙大帝》《大故宫》《故宫疑案》《故宫六百年》《大故宫六百年风云史》等图书,还在喜马拉雅网络音频平台上讲过《大故宫 600 年风云史》。除此之外,我在全国各地,甚至在美国、日本、韩国、新加坡、马来西亚等许多国家都讲过故宫。遗憾的是,这些年来,我给很多成年人讲过故宫,但唯独没有给小朋友讲过故宫。

三年前,北京童趣出版有限公司的总经理史妍老师邀请我给小朋友写一套"故宫里的明清史",讲讲故宫建成六百多年以来,发生过哪些有趣的历史故事,并解读故事背后的那些有益的道理。我很高兴地答应了史妍老师的邀请,写出了我这一辈子第一套给小朋友看的书。

亲爱的小朋友,不知道你有没有自己的小书架,如果有的话,我期待着你把这套书放在你的小书架上,抽空就翻一翻、读一读、看一看、想一想,从中长知识、增智慧、润品德、强身体,长大后成为一个对国家、对社会有用的人才!

《讲给孩子的故宫里的明清史》,

人民邮电出版社,2023 年 3 月

《讲给孩子的故宫里的明清史》结束语

亲爱的小朋友，故宫里的故事就暂时讲到这里了，但是还远远没有讲完，还有很多很多的故事呢！怎么个多法呢？故宫六百多年的历史故事，可以说是——

故宫人物的故事，一千零一夜讲不完，

故宫文物的故事，一千零一次读不完，

故宫建筑的故事，一千零一天看不完，

故宫历史的故事，一千零一天听不完。

啊，故宫的故事有这么多呀！是的，我以后有机会还会继续和小朋友讲故宫里的故事，让我们一起期待……

还有，也许你读过的书越来越多，小书架可能都装不下了！那就向爸爸妈妈申请，换个高些、大些的书架吧！如果你的书越来越多，多到高大的书架也放不下了，那就建立一个自己的"书屋"吧！记得给自己的书屋起个名字哟，比如我的书屋就叫"四合书屋"。

四合书屋的"四合"是什么意思呢？我读书多了，年岁也大了，逐渐体会到人生要学会"四合"——天合、地合、人合、己合。小朋友可以请爸爸妈妈慢慢给你讲天合、地合、人合、己合的道理。一定要一边学、一边做啊，千万不能做言论的"高个子"、行动的"矮个子"。

最后，祝小朋友好好读书，天天向上，人生四合，快乐一生！

《讲给孩子的故宫里的明清史》，

人民邮电出版社，2023 年 3 月

《阎崇年史学论集》总序

拙著《阎崇年史学论集》经责任编辑从我发表的学术论文中，遴选 80 篇、附录 5 篇，按类组合，分成五集——《清史卷》(上)、《清史卷》(中)、《清史卷》(下)、《满学卷》和《燕史卷》，由生活·读书·新知三联书店出版。笔行于此，体会有三。

第一，学习历史的重要性。每个人，从出生到离世，生命时间太短，生活空间太窄，亲身阅历太浅，交往师友太少。怎样能够使自己的生命，时间延长到千年、空间拓展到全球、师友延展到人类？一个好办法，就是读历史。人类在自然、社会和自身演进中，兴与亡、君与臣、官与民、正与邪、胜与败、荣与辱、浮与沉、合与分、喜与悲、健与病等，留下记忆，传给后人。历史上的圣人、贤人、智者、勇者之德功言行，既有成功宝典，也有失败殷鉴。茹古涵今，知行知止，澹泊寡欲，平满安流。学习成功者的智慧与修养，鉴戒失败者的贪婪与骄纵。从历史中学知识、长经验、悟智慧、润品德。

第二，历史研究的难点。学术研究，难在其始，苦在其中，乐在其后。历史研究的学术论文是衡量史学研究者学术水平的重要标尺。一篇具有开创性的、论据充分的学术论文，胜过 10 本平庸之作。学术论文，贵在开创：说别人没有说过的义理，用别人没有用过的资料，写别人没有濡墨的论著，能够经得住时间不断的考问。这才是一篇高水准的学术论文。愚实在不才，却心向往之。

第三，研究历史的方法。史学是一门科学，需遵循科研路径。读书人多算作"士"。许慎《说文解字》"士"云："士，事也。数，始于一，终于十，从一十。孔子曰：'推十合一为士'。"这里说了读书、做事的两个过程："始一终十"和"推十合一"。我做一个补充，就是"从一贯十"。我治史的体验是，始一终十、推十合一、从一贯十，这可以譬喻治史的三个阶段。第一阶段：始一终十，就是"博"，所研究专题的视野、史料要"独上高楼，望尽天涯路"。第二阶段：推十合一，就是"约"，研究论著的水平达到创新专精，为前人所未发、未解。第三阶段：从一贯十，就是"通"，如《淮南子》所说，在"四方上下""往古来今"中求索，亦如司马迁所说"究天人之际，通古今之变"。从"博"经"约"到"通"——贯天人、通古今。然而，古往今来，众多学者，或在"始一终十"时停步，或在"推十合一"时辍止，而能走完上述全程者，稀矣，少哉！是为治史成功者赞言，亦为自己之不才镜戒！

治史的基本方法，依然是问题、考据、顿悟、论述。

以上赘言，是为总序。

《阎崇年史学论文集》，生活·读书·新知三联书店，

2023 年 4 月

《阎崇年史学论集》后记

早在 30 年前，即 1988 年的一天，北京燕山出版社新成立不久，刘珂理社长找我，要给我出一本学术论文集。他说："经过反复研究，计划第一批出三位先生的学术著作：一位是北京大学的侯仁之教授，一位是故宫博物院单士元副院长，再一位就是您。"我立马说："还是出侯老和单老二位的吧！"他干脆回答："已经商定，您准备吧。"在侯、单二老面前，我是后学，心存敬慕，想拖拖再说。珂理先生非常认真，过些日子就催一遍，过些日子再催一遍，三催四磨，盛情难却，即翻检已发论文，做筛选修订，把稿子交了。出版社决定由历史编辑室赵珩主任做责编。书名叫什么？恩师白寿彝先生曾送我一本他的论文集《学步集》。先生"学步"，学生"跟步"，又因我在燕京读书、研究，就定书名为《燕步集》。赵珩先生请其父亲、著名历史学家、中华书局副总编赵守俨先生题签。是为我的第一本学术论文集。1989 年《燕步集》刚出版，恰逢我应邀到美国讲学，便带上《燕步集》作为与美国同行交流的"见面礼"。在美国耶鲁大学历史学系，我应系主任、时任美国历史学会会长史景迁教授之邀，在该校做学术演讲。史景迁教授在台上主持报告会时，说了一段开场白："当年钱穆教授就是在这个讲台上做演讲，今天阎崇年教授也是在这个讲台上做演讲。不同的是，钱教授穿着长袍、布鞋，阎教授穿着西服、革履。好，现在欢迎阎教授给我们做《清史研究的新资料》的学术演讲。"演讲结束之后，我郑重地将签名本《燕步集》赠给史景迁教授。他高兴地说："我们美国教授以能出版个人学术论文集而骄傲。"

1994 年，我的《袁崇焕研究论集》应台湾文史哲出版社彭正雄社长邀请，在该社出版。是为我的第二本学术论文集。1997 年，北京燕山出版社陈文良社长到我家，约我出一本关于北京史的学术论文集，由赵珩副总编做责编。这样，就有了《燕史集》的出版。是为我的第三本学术论文集。1999 年，值满文创制四百周年、举行国际满学大会，我的《满学论集》由民族出版社出版。是为我的第四本学术论文集。2014 年，《阎崇年集·清史论集》由中国友谊出版公司出版。是为我的第五本学术论文集。2016 年，《阎崇年自选集》由九州出版社李勇副社长策划并出版。是为我的第六本学术论文集。这是我零敲碎打地分卷出版论文集的阶段。

2014 年，一些热心朋友提出要出版 25 卷本《阎崇年集》，作为我 80 年人生著述的一个节点。《燕步集》《燕史集》《满学论集》《清史论集》和《袁崇焕研究论集》列在《阎崇年集》中，使我的学术论文集得以整体出版。于史学研究者而言，能够出版学术论文集，既是学术幸运，也是学术幸福；而能够连续地、集中地出版自己的五卷本学术论文集，我作为历史科学研究者的感受是：难在其始，苦在其中，乐在其后。

最后，感谢关心、支持和鼓励我的生活·读书·新知三联书店，感谢全国政协文化文史和学习委员会副主任、中国版权协会理事长阎晓宏先生，感谢中国紫檀博物馆陈丽华馆长，感谢我的夫人帮助查核史料、审读书稿和儿子阎天参与策划、讨论，感谢所有的良师益友，谨致诚挚谢意。

谨以上文，作为后记。

　　　《阎崇年史学论集》，生活·读书·新知三联书店，

　　　　　　　　　　　　　　　　2023 年 4 月

4

阎崇年史学文颖集

杂言卷

青岛出版集团 | 青岛出版社

图书在版编目（CIP）数据

阎崇年史学文颖集 . 4，杂言卷 / 阎崇年著 . — 青岛：
青岛出版社，2023.7

ISBN 978-7-5736-0655-6

Ⅰ.①阎…　Ⅱ.①阎…　Ⅲ.①杂文集－中国－当代
Ⅳ.① I217.2

中国版本图书馆 CIP 数据核字（2022）第 243294 号

YAN CHONGNIAN SHIXUE WEN YING JI

书　　　名	阎崇年史学文颖集
分 册 名	杂言卷
出版发行	青岛出版社（青岛市崂山区海尔路 182 号，266061）
本社网址	http://www.qdpub.com
策　　划	贾庆鹏　刘　咏
责任编辑	刘　坤　李　丹
照　　排	青岛新华出版照排有限公司
印　　刷	青岛国彩印刷股份有限公司
出版日期	2023 年 7 月第 1 版　2023 年 7 月第 1 次印刷
开　　本	16 开（710mm×1000mm）
总 印 张	60
总 字 数	800 千
书　　号	ISBN 978-7-5736-0655-6
定　　价	298.00 元（全四册）

编校印装质量、盗版监督服务电话　4006532017　0532-68068050

目　录

忆往

忆满学家、清史学家金启孮教授

金启孮(1918—2004)先生，满族人，原辽宁省民族研究所所长、教授，《满族研究》杂志主编，国内外著名女真文、满学、清史专家，本爱新觉罗氏，名启孮，字麓漴，为清乾隆帝第五子荣亲王永琪七世孙。父金光平（恒煦）为女真文和满文领域的著名学者。

1918年6月7日，金启孮先生生于北京。1939年入国立西南联合大学（国立北京大学）国文学系读书。1940年赴日本留学，就学于东京帝国大学文学部东洋史学科，师从日本金史专家三上次男和蒙古史、清史专家和田清诸先生。1944年回国任教。1949年后又毕业于华北大学。

1958年，先生为支援内蒙古经济与文化建设，应邀调入内蒙古大学，先后任内蒙古大学蒙古史研究室副主任、副教授、教授，长达二十五年之久。1982年又赴沈阳，主持筹建辽宁省民族研究所，任所长。后创办《满族研究》及《满族研究参考资料》两种刊物，并任主编。1989年离休。离休后定居于北京市。

先生的学术研究以女真学、满学、清史为中心，兼及蒙古学、北京史。先生自少年时受家学熏陶，通达满文、女真文；及长，在父亲的指导下，钻研满洲史、女真文，均以民族语言学、历史文化学为主要研修对象。

在女真学研究方面，先生的代表作有《女真语言文字研究》

（与金光平合著，内蒙古大学学报 1964 年以专号油印发表；文物出版社 1980 年出版）和《女真文辞典》（文物出版社 1984 年出版）。

在《女真语言文字研究》一书中，先生提出了如下学术新见：

第一，把中国史上的女真语分为四个时期：进入中原以前、金太宗到世宗时期、章宗至金亡时期、元明时期。书中详细地论述了女真语与满语、蒙古语、汉语、契丹语之间的关系。特别是提出了女真语与汉语有密切关系的论点。

第二，锦西西孤山《萧孝忠墓志》的契丹字是契丹大字，辽庆陵哀册石刻的契丹字是契丹小字。女真字脱胎于契丹字和汉字。现存女真字出于契丹大字。研究女真文字当以碑铭石刻为主要依据，石刻中又以《女真进士题名碑》最足参考。明代《女真译语》中之"来文"为四夷馆代拟，只可作为史料，不可作语言借鉴。

第三，1896 年，德国葛鲁贝用柏林本《女真译语》统计女真字共 698 个，《女真语言文字研究》指出其中有重复、误合的，实有 694 个字。《女真语言文字研究》补充了柏林本《女真译语》所没有、而见于东洋文库本《女真译语》的 13 个字和见于"来文"者的 15 个字，又补充了金石刻文 136 个字和女真文书手稿中前所未见的 44 个字，合计约 900 个字。较葛鲁贝总共多出 205 个字，符合女真文字"总数不过千字"的推断。

第四，《女真语言文字研究》一书中《女真文字的构造》《女真文字的读音》《女真语语法》等章节，均有创新性的见解。附录中的碑释五通，有三通是首次译释。

第五，《女真语言文字研究》中"女真文字对史学的贡献"一章：补充、订正《金史》猛安、谋克名及地名 26 个；补充《金史》中遗漏或有异同姓氏7个；证明奥屯良弼即奥屯舜卿；订正杨云翼为哀宗讲"帝王之学"在设益政院之前；又从女真文字释读中获知金末女真进士考试程序及策、论、诗的内容，以及金代东北各猛安、谋克中佛教宏布的情况。

《女真语言文字研究》一书出版后，受到国内外女真学、满学等各界专家学者的高度赞誉和好评，被称为"研究女真语言文字的里程碑之作"。

1979年，先生发表了《陕西碑林发现的女真字文书》（载《内蒙古大学学报》），对西安碑林石台孝经碑中发现的女真人手抄文书残页进行了深入研究，从而再一次证明了现存女真文字系女真大字的观点。

《女真文辞典》（以下简称《辞典》）为先生历时十年精心编著的一部填补业内空白之作。这部《辞典》参考汉文字书类目，分为5类、38部、11附目，共收女真字1373个。每词条先录正写字，次录异写字，正写字标明葛鲁贝、清濑义三郎、金光平关于女真字的编号，下分源、音、义、例、文五项内容，从字源、读音标音、字义、例字例句、文法，到出处、史实、文字属类和功用，细致分析，详尽阐述。从而便于使用者考索、核实、对比。

《辞典》在正文前列有部首表，书后有附录和索引，便于查索。书后按音序所编的索引亦具有重要参考价值。

此书比德国学者葛鲁贝、美籍日本学者清濑义三郎的编号排法要进步且实用得多。

《女真语言文字研究》和《女真文辞典》两本书的出版，使中国的女真语言文字研究跃居国际学术界领先地位。

除多篇民族语言文字的论文外，先生还发表了《论金代的女真文学》等数篇文化方面的论文。先生以语言学与文化学相结合的方法，开拓了女真学研究的新天地。

在满学研究方面，先生的代表作有：《满族的历史与生活——三家子屯调查报告》（黑龙江人民出版社 1981 年出版，德文译本 1984 年于汉堡出版）、《北京郊区的满族》（内蒙古大学出版社 1989 年出版）、《北京城区的满族》（辽宁民族出版社 1998 年出版）和《沈水集》（内蒙古大学出版社 1992 年出版）。

《满族的历史与生活——三家子屯调查报告》是先生于 1961 年赴黑龙江省富裕县友谊乡三家子屯（满族聚居屯落）调查的成果。时全屯 101 户，其中满族 80 户、汉族 19 户、达斡尔族 2 户；共计人口 419 人，其中满族 355 人、汉族 54 人、达斡尔族 10 人。全屯满族人皆可说满语，开会发言时用汉语，在下面酝酿时用满语。全屯的满族共有三个"穆昆"——计（计布出哈喇)、陶（托胡鲁哈喇)、孟（摩勒吉勒哈喇)，故称"三家子"。他们是康熙年间长白山下的水师之后，迁至黑龙江防守北疆，因而落户。先生将调查所得资料与过去记载此地之著作如《黑龙江外记》《龙沙纪略》《柳边纪略》《松花江下游的赫哲族》及《清实录》等官私书籍史料，一一对比印证，费时十年始成书。

这是国内第一份对满族聚居村落进行系统调查与研究的报告。其内容分为五部分：一、实物图十余幅；二、社会历史概况，分为地理位置、历史及现状、经济生活、风俗习惯等；三、满文和满语（调查重点），分为三家子屯的满文和满语、三家子屯满语语汇分类；四、传说和故事五则；五、资料，含当地的家谱和清代敕书。

以上均为第一手材料，是中国第一部对一个至今仍保留满语的村屯所进行民族学、民俗学和语言学综合研究的著作。书中所记录的一些满语语汇是连《清文鉴》都未记载的方言词语；所记录的满族民间故事在正史中多有印证；当地氏族家谱的发现，对研究八旗驻防沿革具有一定的意义。《满族的历史与生活——三家子屯调查报告》问世后，颇得中外满学界专家学者重视。1984年，意大利威尼斯大学乔瓦尼·斯达里教授将此书译成德文，介绍给西方满学界，由此在世界范围内产生了一定的影响。

《北京郊区的满族》先在《满族研究》杂志上连载，后由内蒙古大学出版社1989年结集印行。它和《北京城区的满族》皆属于先生与日本中部大学合作的满学研究项目，据实直书，以存真相。本书以北京营房中的满族人、城外散居的满族人和园寝附近的满族人为记述重点，因为先生认为满族的真正的精神和性格就存在于他们之中。本书多角度、多方面、多层次地记叙了北京郊区满族人的历史变迁和民俗风情，为历史学、民族学、社会学、民俗学及语言学的研究提供了丰富的第一手材料。比如，对园寝附近的满族人汉化过程的论述就极富灼见，他指出，园寝附近的满族人经过了一个先满洲化、然后汉化的过程。但其结果绝不是恢复原先的汉俗，而是形成了一个非汉、非满、非城、非乡的杂乱的风俗。再如，书中谈及中国古代北方少数民族是否都已被汉族同化的问题，其中北安河村中的怪姓、小名+Sa、佛坛上的怪字、特异的语言等事例与《辽史》等史料相印证，先生由此得出结论：北京郊区除汉族满化、满族汉化外，应该还有其他少数民族化的问题。

另外，书中对营房中的旗人语言也有精辟的研究，先生将营房常用词汇分为一般写法、营房中说法、满语、满汉混合语，这对满语和北京话关系的研究具有重要价值。

本书的特点是：一、著者既为北京满族老住户，其母家又有蒙古血统，且生活在满族营房中，有条件将京旗与外三营的生活习惯进行对比，将满族上层与下层的思想、心情进行对比；二、著者生于清末民初之际，亲历满族由盛而衰之过程，书中叙述详尽、描写清晰；三、因涉及北京郊区的其他民族，著者对各民族之间的相互同化问题提出了打破框架的新见解。本书鲜有虚构，都是著者亲闻，更多是亲见的事；四、本书没有受到任何已发表文章的影响，也没有受到任何框架的拘束，事实怎样，就是怎样。这些正是该书珍贵之处。

《北京城区的满族》是《北京郊区的满族》的姊妹篇。本书主要记述了先生亲自调查的北京城区满族的生活状况、宗教信仰、姓氏语言、文学艺术等方面的信息，以及其在社会变革时期的处境和活动，研究了北京内城八旗的民族文化。先生认为，北京是满族文化的大本营，欲研究满族文化，必须先研究京师八旗。17世纪中叶，以沈阳为中心的满族文化的精华全部随满人迁来北京，满人在北京内城以及西郊外三营创建了新的根据地。他们在这里吸收了辽、金、元、明历代相沿的中华文化的遗存，丰富并再一次升华了自己的文化，使满族文化达到了一座高峰。本书的特点是：一、具有难得的亲身感受；二、具有特有的语言知识；三、具有强烈的民族意识。本书为了解、研究以前北京城区的满族及相关民族的社会、历史、语言等问题，提供了不可多得的珍贵资料。

《北京郊区的满族》与《北京城区的满族》两本书，是中华少数民族史之重要著作，影响广泛，弥足珍贵。

《荣府史》是先生继承其祖父、父亲两代遗稿而完成的家史。全书共40卷，以世家、志、表、传列目，记自乾隆六年（1741年）至民国二十五年（1936年）凡196年的家族史。此书可与清昭梿的《礼府志》并称，为研究清代王公府邸历史的宝贵资料。

《沈水集》系先生关于女真学、满学的论文集，收论文26篇，分为"女真编"和"满洲编"两部分。"女真编"收论文10篇。其中《西安碑林发现的女真字文书》一文的价值前文已述。《女真制字方法论——兼与山路广明氏商榷》介绍了日本山路广明氏《女真字制研究》一书，针对山路氏女真字制字是以汉字为基字的"单轨"方法说，提出了女真字制字是以契丹字和汉字为基字的"双轨"方法说。《论金代的女真文学》是一篇填补女真文学史空白的文章，文中提出，用汉字书写保存下来的女真人口头文学和书面文学也都是女真文学。"满洲篇"收文章16篇，其中有关满洲语言和戏剧的三篇是先生与乌拉熙春合著的。《爱新觉罗姓氏之谜》驳斥了爱新觉罗氏为宋徽、钦二帝之后的误传。《三家子满族屯调查日记》实乃《满族的历史与生活——三家子屯调查报告》一书的重要组成部分，因种种原因，当时未予编入，而发表于此。

《漠南集》（内蒙古大学出版社1991年出版）一书，是先生蒙古学研究中的重要著作。先生母系姻亲多为漠南北蒙古名门，故其自幼耳濡目染，熟知清代蒙古掌故和满蒙二族的历史关系。兼之在内蒙古大学任教多年，所以先生的一部分著述涉及满蒙关系、蒙古文化。代表作有《海蚌公主考》《归化城喇嘛暴动传说考——从民俗材料看召庙与汉商的关系》《中国式摔跤源出契丹蒙古考》《清代汉译的蒙古乐曲》《丰富多彩的清代蒙古文化》。

《顾太清与海淀》（北京出版社 2000 年出版）为"海淀史地丛书"之一。先生为顾太清之后人，熟知太清家世，且因太清与海淀有密切关系，故撰写书稿介绍了这位清代女词人的生平及创作。顾太清，西林觉罗氏，满洲镶蓝旗人。其叔曾祖鄂尔泰乃清康熙朝举人，雍、乾两朝重臣。其祖父鄂昌为雍正举人、甘肃巡抚，后获罪被贬，家境败落，其父鄂实峰搬到今海淀区落户。顾太清出生、成长在海淀，道光四年（1824 年）成为奕绘贝勒之侧室。先生介绍了顾太清从与奕绘贝勒诗词唱和、相爱成婚，到丧夫、被逐出王府，最终重返王府直至暮年的坎坷经历。通过顾太清的经历可以体会到清代中后期王公贵族的真实生活。书中详细记述了顾太清因与奕绘贝勒成亲而改名换姓的经过，澄清了世人对其家世的误传；准确描述了顾太清与荣王府、奕绘正室及亲友之间的关系，为后人客观地认识历史，特别是认识当时王府、旗人的风俗习性等，提供了宝贵的资料。此外，先生还将《西林觉罗氏世系表》《顾太清（西林春）年谱》《顾太清有关海淀诗词》《奕绘有关海淀诗词》等附录于后，为研究者提供了丰富的史料。

此外，先生还同张佳生主编《满族历史与文化简编》（辽宁民族出版社 1992 年出版）一书。全书共 16 章，分别为《满族的先世》《满族杰出的历史人物》《旧满洲与新满洲》《八旗制度下的满族》《八旗姓氏和八旗人名》《满族对中国统一事业的贡献》《满族统治者的民族政策》《满族语言文字的发展演变》

《满族文学及其发展》《满族对自然科学的贡献》《满族的艺术》《满族传统风俗》《清代满族的教育》《辛亥革命前后的满族》《关向应光辉的一生》《新中国成立后满族的发展》。其中《八旗姓氏和八旗人名》论述了八旗姓氏的来源与演变以及八旗姓名的变化与特点。《满族统治者的民族政策》分析了满族统治者"因俗而治"的发展过程与成败得失。《满族语言文字的发展演变》通过对满语语法结构和语音的理论分析,阐明了满语的发展历程。《满族文学及其发展》将满族文学的发展历程划分为奠基期、始兴期、鼎盛期、衰落期四个阶段,并较详尽地论述了各个时期各种文体的发展状况及成就。《满族的艺术》从总体上论析了满族歌舞、戏曲、绘画的成就、影响及民族特点。书后附《全国满族自治县与满族乡镇通览》,满族的区域分布一目了然。此书为辽宁省民族研究所全体科研人员的集体成果。

金启孮先生既精于学问,又工于诗词。《瓠庐诗存》《鞿鞿余音》《丰州牧唱》是先生的三本诗词小集。其诗抒发心志、淡雅隽永,其词情深意蕴、佳句迭出。语也感人,情也感人。其书法遒劲婉丽、行笔温润,深得古人用笔之意,尤以女真文书法著称;世人得之,视若珍宝。

先生还相继整理出版了《明善堂文集校笺》《天游阁集》等书,为民族古籍整理工作做出了重要贡献。

先生是国际著名的学者,曾数度应邀参加与外国学者合作举行的女真学、满学研究等方面的国际学术会议。如1983年应美国奚如谷教授之邀赴美参加女真文化研讨会,同年在日本应东洋文库及圣心女子大学之邀发表中国满学研究概况、女真学研究概况方面的演讲；1987 年至 1989 年与日本中部大学合作对满族与周边民族关系进行研究；1989 年与韩国晓星女子大学合作对中国境内满 – 通古斯语言进行研究；1991 年与日本江守五夫先生合作对满族文化史与家族进行研究等。先生潜心钻研、孜孜不倦，使中国学术成就播及海外。

先生是著名的民族人士和民主人士，曾先后任内蒙古自治区第五届政协委员、辽宁省第五届和第六届政协委员、中国民主促进会辽宁省委员会常委等。

先生为满族历史、文化研究领域的名家，几十年来辛勤耕耘于内蒙古、辽宁两地。先生亦为教育人才殚精竭智，培养出一批年轻有为的学者，他的有些学生已经成为全国相关学科中的领军人物。

金启孮先生少年时秉承家学，潜心于女真文、满文之研究，及长在女真文、满学、蒙古学方面卓然成家。他治学严谨，博通大义，一生为女真学、满学、蒙古学和清史的发展进步做出了重要的贡献。先生对同志宽厚热心、朴实坦荡，对工作兢兢业业、一丝不苟，对后学谆谆教导、诲人不倦，深得各界人士的敬仰。

金启孮先生于 2004 年 4 月 10 日病逝。学人敬献先生挽联云：综古今成一家言，共仰高风尊学海；恢先世拓绝学路，是为儒学称宗师。

（未出版）

回忆史景迁教授

——大洋彼岸的中国故事讲述者

近日得知，著名历史学家、汉学家、美国耶鲁大学教授史景迁（Jonathan D. Spence）先生，于当地时间2021年12月26日辞世，享年八十五岁。惊闻此信，往事历历。三十二年前，史景迁教授曾邀请我到耶鲁大学历史系做演讲，因此我与他有过一段学术交往。热情、睿智、祥和、勤奋，是先生留给我的印象。

三定演讲主题

1989年11月22日，我应美国宾夕法尼亚大学历史系韩书瑞（Susan Naquin）教授之邀，到美国访问并讲学。我乘飞机从首都机场出发，经上海虹桥机场，跨越太平洋，到旧金山机场稍停，再飞向纽约肯尼迪机场，历二十多小时。当时年轻，心中充满新奇，精神兴奋，不知疲劳。下飞机后，在美国纽约大学读书的女儿到机场接我。

我在纽约小住还不到一周，美国许多大学，如哥伦比亚大学、纽约大学、普林斯顿大学、华盛顿大学、耶鲁大学、马萨诸塞大学、达特茅斯学院、印第安纳大学、加利福尼亚大学、加州理工学院、夏威夷大学等，历史系研究清史的教授就纷纷向我发出邀请。美国学界学术信息传播之迅速、对中国学者之热情，令我惊讶。耶鲁大学历史系教授兼系主任史景迁教授请我安排时间，到耶鲁大学历史系为教授和博士候选人做一场学术演讲。我当即答应。

因要通盘协调在美国东北部几所高校的演讲时间，我到耶鲁大学演讲的时间几经协商，最后才确定下来。然而直到我去耶鲁大学演讲的时间确定，演讲主题却还在不断更改，定不下来。起初，史景迁教授征询我想讲什么。我说，因为中美文化背景不同，学术信息多年不通，是否可以讲"清史研究四十年"。他表示，他们很需要这方面的学术知识，但要跟同仁们商量一下。不久，他回电话说，这个主题太专，可否换一下。我请他提，他说讲讲康熙怎么样。我知道此前他出版了 *Emperor of China : Self-portrait of K'ang-hsi*（中译本：《康熙：重构一位中国皇帝的内心世界》），对康熙皇帝深有研究。当然，我看的有关康熙帝的文献和档案较多，讲康熙帝是有信心的。

但时过不久，史景迁教授又来电话说，康熙的主题也太专，可否再换一个。我答应再想一想。他说，他们建议讲"清史研究的新资料"。我当时的第一反应是，这个不好讲。什么算是新资料？我们认为是新资料的，他们可能认为并不新，这就会出现认知差距，不能取得预期的效果。于是我问是否可以再商量个主题。先生以肯定又和蔼的语气说，同仁们还是希望讲这个，大家很期待。意思很明显：不必再商量，就这么定了。

我接到这个题目后，寝食不安，朝思暮想。当时我们中国大陆学者研究清史的基本资料是"一档三实录"，即《满文老档》和《明实录》《清实录》《李朝实录》。这些在当时算善本书，借阅手续极其烦琐。而据我了解，当时大洋彼岸的美国清史学界，耶鲁大学的白彬菊（Beatrice Bartlett）教授曾在台北故宫博物院看了八年满文档案，后在北京中国第一历史档案馆看了三年满文档案；"三实录"在耶鲁大学清史教授研究室都备有全套，无须去图书馆借阅；至于文集笔记，当时已影印出版四千册；方志也影印出版了五千余种，还有"方略"等。对美国学者而言，这些都不是新资料。

那么，新资料是什么？所谓过去文人赋诗，灵感出自"三上"，即马上、枕上、厕上。一天如厕时，我突然想起"石刻资料"可以补正史之阙、纠正史之误、充正史之实、释正史之疑、疏正史之解。由是，我立即回房间打开资料袋，找出自己有关石刻资料的论文，摘录编成卡片，心中终于有数了。

按照耶鲁大学历史系学术讲座的惯例，学术演讲限时15分钟，提问和回答25分钟，合计40分钟。这与我们的习惯不同。但我仔细一想，把一个新观点阐述清楚，15分钟足够了。回想学生时代，一堂课45分钟，真正重要且精彩、创新且必记的内容，15分钟足矣。从中我体会到史景迁教授在学术上"求新如渴""求精如金"的旨趣。

耶鲁讲坛上的中国教授

到1990年3月20日演讲那天，我见了史景迁教授后，送他北京燕山出版社新出版的我的第一本学术论文集《燕步集》，并签上名。他接书后高兴地说："我们教授以能出版学术论文集而倍感荣耀！"

我先参观了耶鲁图书馆，中午史景迁教授设宴款待。到了下午4时，厅堂肃静，听者就位，史景迁教授登上讲坛，说："今天，我们聚集在本系学术讲坛进行学术交流。在这座讲坛上，前有钱穆教授，他着长袍、穿布鞋，在此演讲；今有阎崇年教授，所不同的是，阎教授身着西服、脚穿皮鞋。好，现在请阎教授为我们做学术演讲！"

我先用1分钟点出要讲的主题，然后用3分钟简略排除档案、实录、官书、文集、笔记、方志、谱牒、家乘等大家所共知的史料，这些自然不算是清史研究的新资料。这时，台下的教授们都认真地注目于我——清史研究的新资料到底是什么？我提出，清史研究的新资料是石刻资料，随之阐述石刻之题记、碑记、墓志铭等对清史研究的五大资料价值，每条各阐述2分钟。最后1分钟总结。

我讲完鞠躬就座后，史景迁教授登台，请大家提问。等了很长时间，没有一个人提问。最后，教授简要小结。

会后，我们到一家湖南饭馆餐叙，白彬菊教授点菜。她问我吃辣子吗。我说，不吃，虽然心里想吃，但吃了就咳嗽。她风趣地说，她也一样，她喜欢辣子，辣子不喜欢她。这位美国女教授的辩证思维和风趣谈吐给我留下了深刻的印象。席间，有教授感叹，他们研究一辈子清史，怎么没有想到石刻资料是研究清史的新资料呢！当年暑假，耶鲁大学历史系就派出三四位博士生到北京，在今国家图书馆善本部金石组查阅清代石刻拓片。

后来，我几次去美国做学术交流，因时间短促，又多在纽约，未能与史景迁教授谋面。到2014年，犬子在耶鲁大学法学院博士毕业，我同夫人去参加其毕业典礼。遗憾的是史景迁教授休假，没有在校。虽未能见面，但我还是回到当年做演讲的讲堂，照相留念。

用故事讲述中国历史侧面

史景迁教授在教书与著书两项事业上，均做出了杰出的贡献。美国大学历史系的教授是必须亲自授课的。史景迁教授具有教书的天赋，思维睿智，学识渊博，语言生动，饶有情趣。他讲的课在耶鲁、在美国是出了名的。美国教授柯娇燕（Pamela Kyle Crossley）跟我讲，听他课的学生有三百多人，有些学生没有座位就站着听，课讲完后，全场掌声不绝。先生讲课精彩的原因之一是，他对历史的研究"根深叶茂"、融会贯通。

史景迁教授一生都致力于中国史的研究，尤其是晚明入清以来的中国历史，成绩斐然，影响深远。他完成了十几部有关中国的历史著作，包括《康熙：重构一位中国皇帝的内心世界》《曹寅与康熙》等。他跟我说，他的中文名字是房兆楹先生给起的。房先生对他说："你学中国历史，名字第一个字母'S'谐音'史'字，学历史要景仰司马迁，你就叫'史景迁'。"后来，"史景迁"三个字在世界清史学界和文化界广为人知。

《康熙：重构一位中国皇帝的内心世界》和《曹寅与康熙》两本书，在中国影响很大。前一本书中，史景迁化身皇帝本人，以第一人称的叙述方法，大胆写出一代康熙大帝的身世、经历、性格、情感、心理、生活，发挥历史想象，充分展现了康熙大帝的喜怒哀乐。这种写作方法，他称之为"自画像"（self-portrait）。

用第一人称，以自己的言语表述，这在清史研究领域尚属空前，读者由此看到一个有血有肉的中国皇帝。后一本书中，史景迁教授重点从康熙和曹寅君臣两个人物入手，展现了一个时代的历史风貌。

史景迁教授一直坚持用一个个故事讲述中国的历史侧面，他在中国读者中影响很大。有评价说他是以"讲故事"的方式写作，是学术畅销书高手，这固为其所长，但也是其不足。

早在20世纪80年代中期，哈佛大学费正清中国研究中心主任孔飞力（Philip Alden Kuhn）教授有一次跟我谈到史学研究方法。他谦虚地说："我们美国人研究清史最大的困难是汉语言文字，因此局限，读史料少，那就只能发挥我们所长，多想象，长思考。"我说："中、美学者应当互相取长补短，中国史学者长于阅读史料，却短于墨守史法；美国史学家短于史料匮乏，却长于思维创新。不能扬此抑彼，而要互补所长，共同推动历史科学发展，增进中美人民友谊。"史景迁教授就是这样一位学者。他为中国史的教学与研究，为向西方介绍中国历史文化，数十年来苦心竭力，贡献卓著，实在令人敬佩！

2021年12月

我与北京图书大厦

北京过去有四个著名的书肆，分别是东城的东安市场书肆、南城的琉璃厂书肆、西城的西单商场书肆和北城的隆福寺街书肆（现东城区内）。

当时我住家离西单商场书肆很近，从太平桥大街往东穿过劈柴胡同，就到了西单商场书肆。这个书肆面积很大，摆列着许许多多书摊，那时书摊都是私营的，一家一个书摊，一户一个门面，各显其能，服务周到。新书旧书，线装精装，中文外文，诸种版本，各色各样，琳琅满目。我常去淘的多是旧书、工具书等。我上中学用的教科书大多是淘的旧书，因为便宜。如《三S平面几何学》，淘一本七八成新的，价钱也就相当于新书的四分之一或五分之一。还有工具书，比如精装布面袖珍本《四角号码新辞典》，只要一块钱，省点"伙食尾子"就能买一本。后来想买中华书局出版的《四库全书总目》，精装本、道林纸的，书价是18元，爱不释手，却买不起。每次去摸摸，遗憾空手回。后来混熟了，问库存几本，书店老板答："两本"。我说："剩一本时告诉我。"于是我开始攒钱。大约半年后，书店老板告诉我："还剩下一本了。"我说："请给我收起来。"过了不久，钱攒够了，我就去把书取回了。我还淘了"四部备要"本的《说文解字注》等。从此，《四库全书总目》《说文解字注》就成为与我相伴数十年、我案头必备的工具书。后来，西单商场旁边新开了一家新华书店，这自然是我到西单必去看书、买书的地方。

我搬到北新华街北口的房子居住以后，离西单还是很近，从北新华街北口穿过长安街马路，过了电报大楼，就到了西单新华书店，所以周末常去淘书、看书。随着城市发展，西单商场改造，1998年5月18日，新盖的北京图书大厦开始营业。大厦营业面积1.6万平方米，出版物陈列品种多达几十万种，后拓展音像制品等至四十余万种。北京图书大厦图书品种多，服务又好，曾居全国各书店图书销售榜的榜首，很多人都赞誉北京图书大厦是全国"第一书城"。北京图书大厦是展现北京作为全国文化中心的一个亮点。虽然后来我又搬了家，离北京图书大厦远了点，但还是经常到这里看书、选书、买书。这里的书籍比较齐全，新书上架快，所以我常去。

2004年，我在央视《百家讲坛》开讲并出版《正说清朝十二帝》（图文本）后，到北京图书大厦的机会更多了。而后我在央视《百家讲坛》主讲《明亡清兴六十年》，好评如潮。说到这儿，有一件发生在西单北京图书大厦的事，给我留下了终生难忘的印象。

我的《明亡清兴六十年》讲稿由中华书局整理并出版成书。记得当时电视首播与书店售书同步进行，中华书局和北京图书大厦联合在图书大厦举办《明亡清兴六十年》的新书发布与签名售书活动。事先，中华书局和新华书店领导做了认真、精细的准备。中华书局的朋友把我接到书局会议室，我们还进行了签名售书的演练。签售前一晚，我们得到信息：下午六时，书店还没有关门，购书者已在门外排起了队，等待明天书店开门就进店购书。2007年2月11日（星期日），早上书店开门前，我们就到了图书大厦，见门前已经排起长龙似的队伍。我们从侧门进入图书大厦之后，直接到新闻发布与新书签售活动所在的八楼。上午九点，书店大门一开，排队的人开始有序地进入图书大厦。队伍从八层楼道顺序往下排，七层、六层、五层、四层、三层、二层、一层、地下一层、地下二层、地下三层，然后开始转圈排队，没有警察，没有保安，虽然书友爆满，却秩序井然。中华书局、新华书店的组织人员全力以赴，整整一天，总算下来，我签了七千多册书。记得有一位老先生排队购书并请我签名，我抬头一看，这位老先生年纪很大。这使我肃然起敬，连忙站起来说："请问您高寿？"回答："八十二。"我问："您从什么时候开始排队？"回答："我来晚了一点，从地下三层开始往上排。"我立刻请中华书局和书店的同志们给老先生搬把椅子坐，并给老先生递了瓶矿泉水。这么大的年纪，从地下三层顺着楼梯一级一级地爬，爬了十层楼，这多么让我起敬、多么让我感动，又多么值得我学习，多么激励我前进！这些排队等待签名的读者，有从广州、深圳坐飞机来的，有从昆明坐火车来的，还有从西安、沈阳、兴城、抚顺、天津、石家庄等地坐火车、汽车来的……这不是我个人的魅力，这是中华民族爱读书、善学习的力量，这是改革开放人们精神振奋和社会风貌提升的一次展现。

第二天，《法制晚报》报道，阎崇年签名售书，队伍排到（地下）车库。同日，《北京晚报》也报道，《明亡清兴六十年》首发，读者有序购"国宝"，北京图书大厦为年迈读者开绿灯。2007年2月14日，《中华读书报》报道，阎崇年西单签售再破记录，春节流行买书送"国宝"。

多年来，北京新华书店、北京图书大厦已慢慢成为传播中华优秀文化的新阵地，成为人们读书学习、启智增慧、积极进取的精神家园。

向北京图书大厦致敬！感恩北京图书大厦！祝北京图书大厦多售好书！祝北京图书大厦日新月盛！

2021 年 5 月

我眼中的"农民"申纪兰

申纪兰（1929—2020），山西省平顺县人，一位既平凡又伟大的农民。话要从我亲眼见到她的那一天说起。

2010年2月18日，我突然接到一位陌生人的电话。这位陌生人在电话中先自我介绍说："我是山西省平顺县委书记，您知道平顺县吗？"我说："知道。你们县出了一个申纪兰！"对方显得很高兴，继续说："阎老师，我想请您给我们县乡镇以上的干部做一场报告，但又怕您嫌我们穷，不肯答应。"我立即说："不是的，我去，只是时间需要商量。"对方紧逼："您什么时间合适？"我说："最近很忙，是不是过一段时间再说？"对方说："阎老师，您总是忙，干脆本周定个时间吧？"我一看，非去不可，早比晚好。对方说："那我就不客气了，您明天准备一下，我后天去接您。"于是，我们定下了去平顺的时间和车次等事宜。

我定了火车票后，20日乘火车到长治。下火车后，早有人在火车站等候。坐上车，到了县委办公楼大院前，时任县委书记和申纪兰大姐热烈迎接我。申纪兰，全国第一届人民代表大会代表，我们当年参加过代表的投票选举，时至今日，印象尤深。因为申纪兰是全国劳动模范，报纸上有介绍，我已知其名，但始终没有机会与她见面。这次一见面，一握手，她说："我是个农民，来听你做报告。"我说："来向您学习。"报告会后，县委书记约我一起吃饭，又约申纪兰。她说："我回家吃饭，下午见。"

下午，申纪兰按约定时间到了县委大楼前，县委书记说："咱们留个影吧。"于是，摄影记者很快"咔嚓"了几下，其中有一张是我和申纪兰的合影。申纪兰说："阎老师，请你到我家走走。"我们边走边聊。她说了几件事，令我印象深刻。

她说："俺是农民，种地的，赶上了好时代。'文革'时，有些人造反，不种地了。农民不种地，吃什么？我还是在生产队劳动，下地干活。1973年，领导把我调到太原，当省妇联主任，我就去了。'文革'结束后，省里要按正局级给我房子，我说不要，还是住在临时的房子里。我吃的粮食是家里分的运到太原的粮食。我是农民，吃自己种的粮食。省里按级别给我开工资，我说不要，我不领，后来，省里每月便给我发点生活补贴。在正式定行政级别时，给我定正局，我始终没要。那个时候，我的家属都可以随我调到太原，上城市户口，找个工作。我不要，因为我是农民，我要农民户口，不要城市户口。"申纪兰多次申请回农村种地。后来，她终于回到了家乡。

申纪兰有着既平凡又非凡的经历。1954年，我还在上中学，这一年，通过了第一部《中华人民共和国宪法》，同年举行全国人民代表大会代表的选举。我当时已有选举权，领了选民证，参加了投票选举。后来看到申纪兰当选为第一届全国人大代表的相关记载：1954年的夏末，二十五岁的申纪兰从家出发，先是坐毛驴，再步行，接着倒汽车，又走路，折腾了四天，才到达北京。最后，这个扎着两根麻花辫的农村姑娘当选为第一届全国人大代表。从那之后，多届全国人民代表大会都有申纪兰的身影。据统计，申纪兰连任十三届全国人大代表；共六十六次参加全国两会。这在中国历史上是唯一的、空前的，也可能是绝后的。申纪兰成为新中国农民的一面旗帜。

她自然地、顺口地述说着往事。谈话中，她的"九个不"令我震惊：

其一，我是农民，1973年任山西省妇联主任，但我要农村户口，不要城市户口；

其二，我是农民，我住农村的民房，坚决不要安排的楼房；

其三，我是农民，靠种地吃饭，不要正局级工资待遇；

其四，我是农民，我的家属也都是农民，我坚决不把他们调到省会太原生活、工作；

其五，我是农民，按农民身份退休，拒绝享受正局级退休待遇；

其六，我是农民，不担任农村干部；

其七，我是农民，要种地，我八十多岁照旧下地，吃的粮食都是自己种的；

其八，我是农民，用腿走路，不要专车；

其九，我是农民，我要生活在农村。

她带我去看她办公和居住的地方，那是村委会院里的两间东厢房。里屋有床，可以休息；外屋有锅灶，可以做饭吃饭。

申纪兰为什么能做到以上九条呢？我反复思考，得出一个结论。申纪兰打心底认为：我是农民，我是种地的，这是我的本分，因此不管给多么大的荣誉，不管给多么高的官职，不管给多么优越的条件，不管给多么特殊的待遇，我一概谢绝。不是一次两次，而是数十年如一日。在荣誉面前，在金钱面前，在地位面前，在权力面前，在优厚待遇面前，申纪兰总结出自己"三不脱离"的人生宗旨：不脱离农民，不脱离农业，不脱离农村！

申纪兰十八岁嫁到西沟村一户农家。1951 年，她二十二岁，迎来了人生中的一个新起点。平顺县西沟村成立了初级农业生产合作社，李顺达为社长，她为副社长。她带领村里妇女战天斗地、发展生产。她肯吃苦，能让人，成为一名农民劳动模范。此后几十年来，俗人追求的金钱、权力、地位、荣誉、别墅、豪车等等，在申纪兰看来，都是身外之物、过眼云烟。

所以，申纪兰是朴实的，所有想做的人都可以做到像她一样；申纪兰又是伟大的，所有想做的人又都做不到！申纪兰既是普通的农民，又是伟大的农民。这就是申纪兰精神。

申纪兰是中国五千年来亿万农民的一面旗帜。申纪兰精神将永垂中华文明的史册！

申纪兰已经走完自己的人生旅程，她留给后人的启示是：人要守住自己的本分，这既重要，又难做到。

2021 年 3 月

我与故宫缘深情浓

——我为什么写故宫

2020 年 12 月 8 日，既是北京紫禁城即故宫建成六百周年，又是明北京城建成六百周年。《明太宗实录》记载，永乐十八年十一月戊辰（初四），即公元 1420 年 12 月 8 日，永乐皇帝在北京紫禁城新落成的奉天殿（今太和殿）举行盛典，向天下、向臣民、向外国使臣等宣告：北京的都城、郊庙和皇宫，"爰自营建以来，天下军民，乐于趋事，天人协赞，景贶骈臻，今已告成"。这就表明，北京紫禁城和明北京城建成于 1420 年 12 月 8 日，到 2020 年 12 月 8 日，整整六百年。当时是同时兴建三座城，即宫城（皇宫）、皇城、京城。这三座城同时告竣，奠定了今北京城的格局和基调。

故宫已被联合国科教文组织定为世界文化遗产，所以北京故宫既是中国的，又是世界的。明北京皇宫和明北京城建成六百周年，是中国文化史乃至世界文化史上的一件大事。

从 2012 年到 2020 年，八年之间，我坚持通过电视视频、网络音频和图书文字等形式，讲述故宫的历史、建筑、艺术、人物和精神。其中，连续出版了关于故宫的八本书。这就是《大故宫》（一二三册）、《御窑千年》、《故宫六百年》（上下册）、《大故宫六百年风云史》和《故宫疑案》。许多朋友问我：为什么研究故宫、写故宫、讲故宫？

实际上，我与故宫有着特殊的缘分。这缘分，概括说来，有五种：情缘、地缘、学缘、人缘和机缘。

一是情缘：我出生在山东蓬莱一个半山半海的小乡村。因乡村地少人多且土地瘠薄，难以糊口，曾祖父、祖父、父亲、兄长四代先后到北京谋生。老家有一句民谚："为人不上京，等于白托生。"清代、民初赴京打工者多不带家眷，老了就落叶归根。他们每一年或两年回乡探亲一次，自然要讲北京、讲皇宫的故事。我的祖母很会讲故事，特别会讲宫廷的故事，这引起我浓厚的兴趣。1949 年北平解放之初，父亲带我第一次走进故宫，终于圆了我童年向往故宫的梦。

二是地缘：我到北京后，又同故宫有了地缘。我住在北新华街北口，今北京音乐厅旁边。这里同故宫、中南海、中山公园（社稷坛）、天安门、劳动人民文化宫（太庙）等南北只有长安街一街之隔。我曾在南长街南口路西的北京市第六中学读书，这里是清朝升平署的旧址。学校同故宫东西只有南长街一街之隔。我们一度在天安门广场上体育课，还参加了修整天安门广场的义务劳动，并参加了中华人民共和国成立的开国大典。可以说，课余时间，我和同学们的脚步经常"徜徉"在天安门、故宫、社稷坛、太庙、中南海。我们学校的老校工徐沛霖曾做过皇宫侍卫，学校北边的会计司胡同里住着清宫老太监，我曾经多次听他们讲过故宫和清朝的往事。直到现在，我已经在北京生活和工作了七十多年。这些都成为后来我研究故宫所特有的地缘。

三是学缘：学，既指读万卷书，也指行万里路。我学清史，因清承明制，也涉猎明史，还研究北京史、满学，而以上这些学科的一个重要的交叉点，就是故宫。我所读的文献、档案、笔记、碑刻、宫史等，多与故宫有关。因为学术研究的关系，我经常去故宫博物院明清档案部（后来的中国第一历史档案馆）查档案、看文献、开会、考察，总共有千次之多。我也写过研究故宫的学术专著和学术论文。故宫姻系中的北京三山五园、沈阳故宫、避暑山庄、木兰围场、南京明故宫遗迹，故宫文物南迁四川乐山安谷旧址、台北故宫博物院暨其山洞文物地库、台中雾峰北沟防空洞文物库房遗址等，我都多次去参观、考察过，并结识了许多跟故宫有关的学界师友。这些使我与故宫结下了深厚的学缘。

四是人缘：因学缘，结人缘。跟故宫相关联的学术团体，如北京史研究会、清代宫廷史研究会、北京满学会、中国紫禁城学会、中国古都学会等，我都在其中任职过。20世纪八九十年代，故宫成立紫禁城出版社，恢复《故宫学刊》和《故宫博物院院刊》，创办《紫禁城》杂志，成立中国紫禁城学会，编纂《故宫志》和《故宫词典》，创建清宫史研究室等。我都从朋友那里先知其事，有的还参与其中。这样，我在故宫内外结识了一批多地区、多单位、多学科、多领域的老年专家和青年俊彦，得以汲取他们的学术研究成果，对故宫及其外延有更多、更细微的了解。这些成为我读故宫、写故宫难得的人缘因素。

五是机缘：万事万物，总有机缘。我写故宫遇到过三次机缘。

第一次写故宫是2010年至2012年，值与央视《百家讲坛》和长江文艺出版社合作的机缘。成果是在《百家讲坛》开讲《大故宫》，共六十余讲，出版了《大故宫》一、二、三部，之后又补充播出和出版了其第四部——《御窑千年》。为纪念故宫建成六百年，故宫出版社将《大故宫》修订并出版。

第二次写故宫，是 2019 年至 2020 年，值与网络音频平台喜马拉雅和华文出版社、青岛出版社合作的机缘。成果是在喜马拉雅开讲《大故宫六百年风云史》，共一百讲，出版了文字翔实版《故宫六百年》（上下册）和通俗易懂版《大故宫六百年风云史》。

第三次写故宫，又是一个特殊的机缘。本来，故宫的写作计划已告一段落，但是庚子年前夕疫情来临，禁足在家，于是梳理已积累的资料，写出《故宫疑案》书稿，由中国民主法制出版社梓行。

由上，我与故宫情缘、地缘、学缘、人缘和机缘的统一，为我的故宫系列八本书，做了理性与感性的、资料与观点的、史论与体验的准备，打下了写故宫、讲故宫的学术基础。这促成我学术生涯中出版故宫系列图书目标的实现，也促成我这八年间以视频、音频、图书三种形式来解读故宫。

很巧，继《北京史话》《古都北京》《屏障中原关盛衰——古代北京》和《中国古都北京》出版之后，我"五写"的关于北京的新书《北京文化史》，也在明故宫和明北京城建成六百周年的纪念日当天，举行出版发布会。

总之，我认为，只有伟大的中国、伟大的历史、伟大的人民、伟大的文化，才能建造伟大的故宫、伟大的北京。这是我们民族自信、人民自信、文化自信的一个鲜明象征。

2021 年 1 月

怀念周远廉先生

接到中国社科院历史所同志打来的电话，说周远廉先生于2020年5月19日在四川病逝，享年九十岁。又说先生临终前叮嘱，不举行追悼仪式，不通知朋友，但嘱打电话告诉我。他们办理完周先生的丧事刚回京，就打来电话。

我很早就认识周远廉先生，近些年接触多些。白寿彝先生总主编的《中国通史》的清代卷（两册），就是由周远廉和孙文良先生主编。远廉先生约我写一部分稿子，我说白先生任总主编，我一定努力做。书出版后，远廉先生又找我，说白先生要我写一篇书评，我欣然允诺，便有了《读〈中国通史·清时期卷〉》。

2013年3月，我到四川阿坝金川参加学术活动，专程转道彭山看望周先生。在成都下飞机后，周先生到机场接我去他的住所畅谈并进午餐。他的居所在彭山岷江畔，从阳台可以看到滚滚的岷江水。周先生跟我说，这段水域有张献忠岷江沉船遗址。

2016年，远廉先生的著作《清朝兴亡史》（五卷本）在京发布，邀我出席。会后临别时我为他送行，写下了《百岁共饮南极酒》小诗一首。

2018年，我将拙著《森林帝国》寄请先生指正，先生回《历史之问与崇年之答》长信。此信刊登于《北京日报》。

我们曾相约：先生百岁，彭山相会，共饮寿酒，举杯庆贺。著名历史学家周远廉教授为人耿正，砥志研思，勤奋一生，著述等身。但是我们俩的饮酒之约，终成一梦。

附：

百岁共饮南极酒

——贺周远廉先生《清朝兴亡史》问世

格物一甲子，

朱果传世久。

巴蜀穷书生，

京华翰林俦。

十年横扫时，

昼夜写春秋。

东瀛去讲学，

老档复印求。①

清朝兴亡史，

五卷列案头。

手执董狐笔，

扬善抑恶谋。

老骥依伏枥，

岷江千古流。②

机场笑相迎，

寒舍喜拱手。

---

① 先生曾应邀去日本东京讲学，获微酬金，省吃俭用，不买家电，而购《满文老档》
复印本，背回北京做研究。
② 从先生四川成都彭山居所窗户向外俯瞰，岷江之水汩汩而流。

今日文会友

何月再聚首。

愿君百岁宴，

共饮南极酒。

2020 年

每逢端午忆儿时

　　一年一度端午节，总要怀旧忆儿时。小时候最让我期盼、高兴的有三个节：春节、端午和中秋。这三节算节日，不算节气。这里只说端午节，端午节又叫端阳节、端五节等。俗语说，时骄阳似火，催麦成熟，中午晒场，因此叫端午节；《燕京岁时记》则说，京师初五为单五，"单"音转"端"，所以叫端五节。民俗节日，约定俗成，难有定论，不必细究。总之，这个节在我的儿时记忆中留下了弥久醇香的美好印象。

　　头一个印象是吃粽子。北方多吃黍米粽子，有时家里也从集上买一点糯米包粽子，那可是稀罕物。黍米加点糯米自然味道更美，纯糯米粽子几年也吃不上一个，吃得更多的是黍米里掺小米或高粱米的粽子。祖母、母亲等在节前要先操办粽子叶。日军侵华时南北不通，粽叶难寻，家人只好用高粱叶替代，却蒸不出那别具一格的味道。叶子里加黍米、红枣、花生等包好之后，要放在锅里煮，通常是大人夜里煮，我到早上起来要上学时，便闻到满屋粽子的香味。带着粽子香味去学校上早自习，一整天都是快乐好心情。到端午节吃午饭时，我家按人头分粽子，糯米的、黍米的、混合米的搭配，每人一份。我在家里最小，有点"小特权"，祖母是最大的家长，会多分一个糯米的，她又把这个糯米的夹到我的碗里。后来到了北京，有一段时间粮食"定量供应"，每人都按定量分，我也长大了，自然按规则办，不再享受那点"小特权"。

改革开放后，各色粽子花样繁多，人们各取所需，尽情享受。

再一个印象是分鸡蛋。过端午节是一定要吃鸡蛋的。小时候家里养鸡，全家的、祖母的、姑母的、母亲的、嫂子的……小鸡们各有"户主"，集体饲养。谁的鸡下的蛋归谁收存，规规矩矩，有序不乱。过端午节时，我们将煮好的鸡蛋进行分配：全家的每人两个，祖母的每人两个，母亲、姑母的每人一个，嫂子的也每人一个，祖母、母亲、嫂子再各赏我一个，我独得十个鸡蛋。当天吃两个，其他的当点心吃。说到这里，我想起一个不知虚实的关于清朝大臣吃鸡蛋的故事。

一天，乾隆帝问身边的一位大臣："宫里不备膳，未正下班，你早饭在家吃什么才不饿？"奏答："吃鸡蛋。"帝问："吃几个？"再奏答："臣吃三十个。"乾隆帝大惊："我还吃不起三十个鸡蛋！"那位大臣急忙跪奏："臣买的都是硌破的。"那时的人不知"胆固醇"的相关知识，只知吃鸡蛋耐饿。现在鸡蛋虽吃得起，可以敞开吃，但要讲健康，要节制。

又一个印象是分荷包、小饰件。节前，家家户户做荷包（内装除虫香料）、小饰件，饰件包括用染色麻丝做成的小笤帚等。节日前，我们还会打扫卫生，在檐下、墙角、街门外插艾草。当时只觉得有趣儿，后渐悟到：时入初夏，百虫滋生，搞卫生、灭害虫是中国传统的民风民俗。

还有一个印象是收麦子。在黄河中下游地带，端午节前后正是麦收大忙的季节，也是喜获丰收的季节。这时学校放"麦收假"。小孩子虽干不了重活，但也有事情做，如拾麦穗、看场等，也不闲着。我最喜欢做的是到本村外祖母家帮忙打场，就是将收获的麦子在场上碾压脱粒、晒干入仓。我外祖母家境殷实，壮汉们将收获的麦粒一斗一斗地装入口袋，一袋盛四斗，扛在肩上，运到粮仓，倒入仓内。这时需要两个小孩：一个在场上发木签，就是往扛粮者口边递木签，让其咬住；另一个在粮仓前接木签，就是捧个小笸箩，接扛粮者吐出的木签。到晚上数签入账。

我们这些小劳动者的酬劳是中午的一顿打卤面。面卤里有一种夜里在海里打捞的"会飞"的鱼——"燕儿鱼"。端午节前后的夜里，人们将渔网用船运到海里，先平行撒网，再把渔网纲绳两端拉绳送到岸边。岸边人分作两队，同时协调拉网，网快到岸时，"燕儿鱼"乱跳乱扑腾，网拉到齐腰海水深时，大家纷纷提着篮子下海，捕捉"燕儿鱼"。参与者不分大人、小孩，鱼儿视收获多少，船主留一半，余下均分。多时每人一次能分二十几条，少时一次也能分三五条。第二天打场吃打卤面时，就有了海鲜"燕儿鱼"调味。我儿时常在夜里去海边参加这项半娱乐、半捕鱼的活动，这也是我儿时家乡端午节的一景。那时，一般家庭一年到头也难得吃一次白面的打卤面。如我家，只有祖母过生日时，才可以吃一次白面的热汤面或打卤面。至于我母亲过生日，则只能吃杂面（白面与白薯面或高粱面的混合面）。

我学历史，行笔至此，不禁想：从唐尧虞舜，经唐宗宋祖，到康乾之治，从未见所有中国人都吃饱的记载。中华人民共和国成立七十年来，中原连续无大战；改革开放以来，几乎所有中国人都能吃饱饭。这两条是中华自秦始皇统一六国以来所没有的。今天的北京人日常吃白面、粽子、鸡蛋等，各种食物应有尽有，并且人们更加讲究健康饮食。

由端午节回想：我从参加中华人民共和国的开国大典以来，亲历了天翻地覆的七十年、历史辉煌的七十年！

2019 年 6 月

开国大典亲历记

我今年八十五岁，经历事情太多，有的忘记了，有的模糊了。但我参加 1949 年 10 月 1 日在北京天安门广场举行的中华人民共和国开国大典一事，至今印象至深，记忆犹新，如在昨日，没齿难忘。

准　备

1949 年 9 月 1 日，我考入北京市第六中学（男六中）初中一年级，住校。六中是当时北京的一所名校，首任校长是蔡元培先生。六中在南长街南口路西，紧挨天安门，来自四面八方的同学常在晚饭后去天安门广场散步。

旧时的长安街，不像现在这样宽阔整洁、平坦笔直、气魄宏大、雄伟壮观。旧时的天安门广场，北面的长安左门（俗称"东三座门"，约在今北京市劳动人民文化宫南门前）和长安右门（俗称"西三座门"，约在今中山公园南门前）还在。天安门广场东西两边，皇城红色墙垣在，东墙（今国家博物馆西门附近）、西墙（今人民大会堂东门附近）在，南面中华门（大明门、大清门）也在。上面我说的皇城的三座城门各有三个门洞，交通已较顺畅。

这时的天安门广场刚回到人民怀抱不久，杂草丛生，垃圾遍地，坑洼不平，不堪入目。为了准备开国大典，大家开始清理广场。

记得 9 月 10 日下午，我们响应政府号召，共有四千多名学生参加了清理天安门广场的义务劳动，此外还有工人、解放军官兵等。广场北边竖着"建设人民首都"的标语横幅。大家用锄头除草，用铁锨铲土，工具不够就用手拔草、搬石头。我们边劳动，边唱歌。同学们都在为迎接中华人民共和国的诞生而流汗、欢歌！

因学校距离广场很近，我们在体育课或其他一些课余时间也去义务劳动。广场整理平坦后，铺上了一层黄土。上体育课时，我们就在填平的广场上跑步，踩平黄土。义务劳动休息时，我们同工人、解放军联欢，互相拉歌，气氛欢快。到9月中旬，广场平整，清爽悦目。

接着是练队，准备接受检阅。下午的课后时间和体育课时间，我们全在广场上，分练、合练、拔慢步、走正步，最后在广场上合练。开国大典结束后很长一段时间，我们的体育课多是在天安门广场上的。同学们高兴地说："我们是全国所有中学中距离天安门最近的一所。"

除了练队，还有练歌、练舞。在音乐课上，老师教大家唱革命歌曲，如《解放区的天》《团结就是力量》《咱们工人有力量》……还有练舞，为"十一"广场晚会做准备。

9月21日至9月30日，中国人民政治协商会议第一届全体会议在北平召开。会议决定中华人民共和国的首都定于北平，将北平改名为北京。

开国大典愈来愈近。大家利用课余时间扎灯笼、做彩旗，班长给大家分发竹篾、铁丝、蜡烛。同学们有的把灯笼扎成五角星形，有的把灯笼扎成椭圆形……这是因为当时的广场上没有路灯，一到晚上，漆黑一片。我们今天看到的天安门广场上的路灯，是

1959 年国庆十周年时安装的。我们当时做彩旗用的是红、黄、绿、粉等颜色的标语纸，把纸裁成三角形，用糨糊粘在细木、竹竿或铁丝条上，庆典游行时，每人手中都挥舞着彩旗。

9 月 30 日夜，走读的同学怕第二天早上迟到，多在学校教室里把课桌拼起来当床过夜。各个教室灯火通明，每个同学都兴奋不已，谁还能睡得着觉呢！说啊，唱啊，跳啊，大家兴奋极了，几乎一夜未眠，等待庆典的到来。

大 典

10 月 1 日凌晨，天刚放亮，大家心有喜事，不叫自起。洗漱之后，到饭厅吃完早餐，每人带上馒头，身着白色衬衫、深色（蓝、青、灰）制服裤子，便去集合整队。在学校操场上，参加大典的师生在听完刘万焕书记的动员后，便在操场上转圈练队、走正步、向右看（朝主席台方向看）、举彩旗、喊口号，精神振奋，意气昂扬。队伍刚出南长街南口，就看见路旁有许多夜里进城等待集结受阅的骑兵。我们的队伍很快进入广场。这天，约三十万人齐聚首都天安门广场，等待参加开国大典。广场上红旗迎风招展，歌声此起彼伏。突然，天空乌云密布，下起雨来。广场是土地，四处泥泞。同学们用雨具遮盖灯笼、彩旗，又唱又跳，高呼口号，全然忘了自己在淋雨。雨过天晴，喇叭里传来从天安门城楼上发出的声音：旧社会的乌云已经散去，中华人民共和国的阳光普照大地！

午饭时，我们各自带着饭食，学校伙食团又送来热水、菜汤。同学们边吃边聊，边唱边舞，喜不自禁，欢快兴奋。

下午3点，林伯渠同志宣布中华人民共和国中央人民政府成立典礼开始。会场上奏起了国歌《义勇军进行曲》。毛泽东主席宣告中华人民共和国中央人民政府成立，五星红旗升起，庆典礼炮鸣放，共二十八响。毛主席宣读《中华人民共和国中央人民政府公告》，随后，朱德总司令开始阅兵。当十七架飞机飞到广场上空时，大家仰望天空，数着飞机的数量，天上地上，飞机轰鸣声与万众欢呼声融为一体。庆典达到又一个高潮。我们的队伍在广场北侧，大家跷脚引颈就能看见受阅的骑兵、坦克等方阵。阅兵结束时已近黄昏，广场四周礼花齐放。之后，大家点燃灯烛，天安门广场成为红灯笼的海洋。

学生开始提灯游行。我们的队伍快速从广场转到南池子南口的长安街北侧，队伍共三十排，齐齐往金水桥行进。因东三座门只有三个门洞，队伍要分列从门洞穿行。穿过门洞之前，队伍拥挤且行进缓慢，通过门洞之后，需要狂跑才能追上前队。很幸运，我们的队列在最北侧行进，离天安门城楼主席台最近。行进到天安门金水桥最东一个拱桥前，大家不约而同地跷起脚尖走，抻长脖子看，目光聚焦在主席台正中。毛主席高大伟岸，不停地挥手。"毛主席万岁"的高呼像山呼，似海啸！毛主席则高呼："人民万岁！"后面的队伍推着前面，谁都想多停留一秒钟。大家欢呼跳跃，激动不已，队伍已不成列。过了西三座门，重新整队。同学们手提各式灯笼，举着三角彩旗，高喊口号，齐步前进。

队伍走到南长街南口，我们右转回到学校，当时已是晚上8点多。我们吃过晚饭后，又整队到天安门广场，同首都人民一起沉浸在开国大典的狂欢之夜中。

庆典的狂欢之夜，广场上人山人海，人们载歌载舞。因当时广场灯光不足，各单位人员分别带着汽灯、马灯和自己扎糊的纸灯。我们学校的学生自成一圈，旁边的女一中学生也自成一圈，分别跳集体舞、唱歌。有时大喇叭统一播放歌曲，大家伴着歌曲唱啊，跳啊！人们唱着跳着，打破了各圈的界限。于是，男六中和女一中的年轻、热情的男女同学合成一圈，一起唱歌、跳舞。平时，男六中和女一中虽在同一条街上，却如《老子》所说："鸡犬之声相闻，民至老死不相往来。"狂欢之夜的广场上洋溢着开国大典的欢乐和激情。

夜深了，人们依依不舍地离开天安门广场，留下恒久的历史记忆。

回　味

当晚在宿舍，大家回忆受检阅的飞机，有的说共十七架，有的说共十八架，也有的说共二十六架，到底是多少架？后来我在肖振邦先生的著作中找到了答案。据当时受阅飞行总领队邢海帆同志介绍，参加开国大典的受阅飞机共计五种类型十七架，编为六个空中分队：第一、二、三分队共九架P-51战斗机，各分队成"品"字队形；第四分队由两架蚊式轰炸机组成，成"一"字队形；第五分队是由三架C-46运输机组成的；最后，一架L-5通信联络机和两架PT-19教练机组成第六分队，编成"品"字队形。十七架飞机由东向西依次通过天安门上空，首先飞过天安门的九架战斗机右转弯，绕北京城墙飞行，正好衔接在第六分队的后面，再次通过天安门。因此，开国大典当日在天空中飞行的是十七架飞机，而群众在天安门广场上看到的却是二十六架飞机。

10月2日，早饭后，我们仍沉浸在昨日庆典的幸福回忆中。大家三三五五漫步到天安门，在天安门前仰望，在金水桥上驻足，在国旗下致敬，在广场上漫步，在回忆中沉思。广场西侧天桥到西直门有轨电车的当当声，更引人遐思。

10月3日，晚饭之后，我们又走出校门，在西三座门、天安门、东三座门之间往返漫步，回忆庆典当天走过的路。边回忆，边谈笑，深深感到我们亲历了中国历史上一个划时代的大典！

后来，我只要在北京参加国庆典礼的游行，都要从天安门前走过，追忆1949年10月1日参加开国大典的盛况。不管是国庆节，还是平时，我只要从天安门前路过，必仰望天安门，回忆1949年参加国庆大典的珍贵时光。2009年10月1日，中华人民共和国成立六十周年，我非常荣幸地受邀参加在人民大会堂宴会厅举行的庆祝中华人民共和国成立六十周年的国宴。同年，六中校友聚会。后来，大家的回忆文章结集出版，名为《金水桥畔不了情——情系母校北京六中》，也因天安门广场是大家的心之所系、情之所依。

今年是中华人民共和国成立七十周年，回忆七十年前参加开国大典的情景，心情激动，亦受鞭策：老骥伏枥，志在日新，为祖国、为人民贡献赤诚之心，竭尽绵薄之力。

2019年

怀念王光先生

王光（1930—2015）先生逝世已经三年了，他的高尚品格、勤学精神、音容笑貌始终萦绕在我心中。有几件与王光先生有关的事情给我留下了深刻的印象。

我最早同王光先生见面是在 20 世纪 80 年代。那时我的《古都北京》（中文、英文版）刚由朝华出版社出版。北京市社会科学院方玄初院长和我带着刚出版的新书到北京市委大楼王光先生办公室，送书请先生指正。他当时任中共北京市委研究室主任，不仅热情接待了我们，还回赠了他主编的精美画册《中国首都北京》（红旗出版社，1986 年）。他自谦地说："您的《古都北京》内容充实，图片亮眼，印装精美，定当拜读。"这次见面，王光先生给我留下了气质高雅、文肃心静的印象。

1989 年，我写了一封建议设立北京社会科学院满学研究所、开展满学研究的信。早上 8 时，我骑自行车到市委大楼外的收发室，请收发人员代为转递。当天下午 5 时许，分管文化宣传的市委副书记王光先生亲自打电话来说："李志坚（北京市委常委、宣传部部长）同志将您的报告转给了我。您建立满学研究所的建议，我同意，已经批了。"一个普通研究人员的一封信，当天送达，当天获批。王光先生作为北京市委的领导，工作之负责、办事之干练、待人之热情、品质之高尚令我感激，令我常忆，令我敬佩，令我永怀！之后不久，我应邀赴美国进行学术访问，访期六个月。

1990 年 5 月，我按期回京后，接到王光先生的电话，约我到他办公室坐坐。我按约定时间乘公交车去了市委大楼王光先生办公室。他说："我想听一听您到美国的见闻。"我边谈，他边问。其间不时有人进来，或请示工作，或送取文件。我谈及编辑出版《满学研究》之事时。他说："一定要做成学术著作，不趋时，不浮躁，要讲求学术质量，经得起时间检验——几百年后，还有人看。"这在当时的文化背景下是多么难得，又是多么可贵。谈了约两个小时，我看他太忙，主动请退。他送我走出办公室，我请他留步，他说送到电梯。到了电梯前，我又请他留步，他说下电梯。下了电梯，我再请他留步，他说再走走。出大楼到了院里，他在停靠的汽车前送我上车，等车启动后才挥手离去。后来《满学研究》第一辑出版，我去呈送，请他批评。他说："很好，就这样做！"

20 世纪 90 年代的一天，王光先生在北京市社会科学院高起祥院长陪同下来到我家。在谈话间，他提出了一个清史方面的问题：

> 当年，毛泽东主席提出一个问题："满族是一个只有几十万人口的民族，军队也不过十万人，怎么会打败约有一万万人口、一百万军队的明朝呢？而且，满族人建立清朝并巩固其统治长达二百六十八年，这究竟是什么原因？"

王光先生说："时间已经过去半个世纪，不见有人以论文或专著来回答这个问题。"

王光先生又说："后来周恩来总理再次提出这个问题，请大家研究一下。周恩来总理逝世已经二十多年了，至今也未曾看到有回答这个问题的论著。"

王光先生强调说:"您研究清史,希望您能回答这道历史难题。"

我当即表示:"这道历史难题应当回答,但是,我个人才疏学浅,知识和能力有限,恐怕回答不了这道难题。"

王光先生说:"不必着急,积累材料,慢慢思考,不设时限。"满族以少胜多且长期统治的这个问题,实际上是几百年来很多人经常关心、不断叩问的问题。而问题的起点则是清朝发祥地——赫图阿拉,所以我把这个问题称作"赫图阿拉之问"。

由此,我时常思考这个"赫图阿拉之问",读书、行路、品茶、夜眠朦胧时,都在试图破解这道难题。当然,一道几何证明题可以有多种证法,一道代数计算题可以有多种解法——其结果都是"殊途同归"。同样,研究一个重大历史问题,可以依据不同史料,通过不同方法,进行不同论证,然后得出相同的结论。

严格说来,这既是一个"赫图阿拉之问",又是一个历史文化的"斯芬克司之谜"。由此,我便不自觉或自觉地开始思考,如何解开这个"斯芬克斯之谜",如何回答这个"赫图阿拉之问"。

赫图阿拉,今辽宁省抚顺市新宾满族自治县永陵镇老城村。赫图阿拉是满语的汉语音译,hetu 原意是"横",ala 是"岗",汉语直译作"横岗",也译作"平顶山"。赫图阿拉是一座小山城,是"女真多山城"的一例典型。赫图阿拉地形罕见,地貌奇特,略呈椭圆柱型,平地凸起,像一个"高桩馒头",高 10～20 米,上筑城墙,高约 6 米。它三面环山,四面临水,凭借天险,易守难攻;土壤肥沃,雨量充沛,气候较温,宜于人类生存。赫图阿拉内城面积 246000 平方米,约合 369 亩,大致相当于北京故宫面积的三分之一。山上只有一眼井，今人称作"汗王井"，已历六百多年。经实测，今井水离地面仅 30 厘米，伸手可掬，常年充盈。赫图阿拉是满洲重要的军政核心，也是"森林帝国"的崛起基地。努尔哈赤以赫图阿拉为基地，统一女真，创立满文，创建八旗，建立后金。明万历四十四年（1616 年），清太祖努尔哈赤在赫图阿拉黄衣称汗，建立后金，建元天命，奠定了清朝兴起的根基。赫图阿拉后被清尊为"兴京"，就是清朝兴起的京城。明天启元年，即后金天命六年（1621 年），努尔哈赤夺取沈阳、辽阳，进入辽河平原。同年，努尔哈赤迁都原明朝辽东首府——辽阳。后清尊辽阳为"东京"，意为清朝东部的京城。明天启五年，即后金天命十年（1625 年），努尔哈赤再迁都沈阳。清尊沈阳为"盛京"，意为清朝兴盛的京城。明崇祯十七年，即清顺治元年（1644 年），清摄政睿亲王多尔衮又辅佐顺治帝迁都燕京（今北京）。从此，清朝定鼎北京，入主中原，夺取政权，统治全国，长达近三百年。

后来，王光先生调到中央纪委工作，任中央纪委常委、秘书长。一天，我到他办公室去看他。他又提到这个问题，问我研究进展如何。我回答说正在收集资料并进行思考。谈话间，我说："您为官清廉，是'王青天'！"他淡然地说："'青天'，我不够，但我敢说一分不贪！"后来，他送了我一本北京出版社 2002 年出版的《雁庐馀稿》。王光先生的志趣、心境，正如他在书中《师颂》一诗中所言："唯留源头清溪水，暮暮朝朝洗我心。"

王光先生赞赏廉明清官，痛恨贪腐赃官。他的《雁庐馀稿》中有一首《集贤宾　洛杉矶见闻》：

洛城春晓蜂蝶闹，
浮世尘嚣。
满街肥男瘦女，
竞斗妖娆。
梦里花枝佼好，
惊起玉颜霜凋。
几回浪饮狂歌后，
消损甚、
泪浥香巢。
拍岸波涛汹涌，
心似重锤敲。

自来东土谢相邀，
不学也风骚。
一宵春情尽耗，
民脂民膏。
翠谷芳园幽草，
正合异国藏娇。
在人前、
妄谈宗旨，
无人处、
细点金钞。
只要钟馗未到，
先任我逍遥。

词后有注："洛杉矶的朋友告诉我，此地多有国内名流高价购买的别墅。他们生活阔绰，出手大方，数十万美元甚至于上百万美元的购置费都能够一次性付清。习惯于分期付款购房的美国人对此深表惊羡。"

从以上的词和注可以清楚地看出，王光先生清正廉洁、嫉恶如仇、品格高尚。亦可以看出，他对包拯、文天祥、于谦等勇于任事、坚守清廉的官员，内心敬佩不已。

我曾写过一篇长文《论于谦》，送请王光先生审阅。王光先生阅后作《六州歌头》（读崇年同志《论于谦》有感，试用窄韵填长调。）：

凌苍浩气，

铸作《石灰吟》。

钎锤击，

洪炉炼，

身赍粉，

见晶琛。

"土木"惊兵败。

主战守，

诛阉佞，

匡弱子，

阻敌骙，

挽陆沉。

"夺门"无端祸起，

黄须儿、

兄弟相擒。

痛忠良不赏，

翻置断头砧。

地哑天喑，

万民心！

古来英烈，

轻禄爵，

鄙阿附，

耻奢淫。

忠社稷，

贞名节，

忧黎庶，

竭精忱。

叹庙廊如厕，

空孤愤，

枉规箴。

亡谋臣，

烹良犬，

走麋禽。

忠弼几人好死？

风波亭野草森森。

> 剔残灯读史，
>
> 流怨入瑶琴，
>
> 泪满秋襟。

此词歌颂忠良、廉臣，鞭挞奸佞、昏君。这阕词也是王光先生磊落光明、清醇灵魂、宽广胸襟、浩荡人生的真实写照。

后来，我到上庄雁庐去看他。2013年，我和夫人又到先生新居去看望他。时先生夫人胡阵先生去世不久，他满怀悲情，将刚整理出版的胡阵先生遗著《溪水流淌》送我。王光先生住院期间，我去医院看望他，先生仍询问我关于他所提问题的研究进展。

此后，我带着"赫图阿拉之问"不断前行。读书，何止万卷；行路，何止万里；求教，何止万人；著述，申一家言。不断阅读史料，长期野外踏查，反复探索思考，深入琢磨研究，时间已逝二十余年。现在，我要向王光先生汇报这个"赫图阿拉之问"的"答案"时，他却带着一身正气和清廉、勤奋和敏思、真诚和朴实、善良和热情，离开了人间，化作了先贤。

谨以拙著《森林帝国》，向本书的"发轫者"——王光先生致谢、致敬！且诚心期盼与广大读者交流，与学界翘楚切磋。

这就是《森林帝国》书成的一个缘起。拙著《森林帝国》，纵向以森林文化统合为脊骨和梁架作经线，横向以时间和空间演变与交合作纬线，按照森林文化统合演进的轨迹，依据森林文化与草原文化、农耕文化、高原文化、海洋文化等碰撞、统合的历史，进行历史与逻辑的阐述。《森林帝国》分作十章三十四节，在二十余年探索森林文化的格物求知历程中，我广泛收集资料，广行实地考察，苦思冥索，拾遗补阙，阐述以森林文化为特征的森林帝国的兴起衰落、发展演变、统合离散以及历史交替的过程。

我以本书《森林帝国》来纪念王光先生的发问，祭奠王光先生的英灵！

2019 年

我与首图地方文献

我最早到首都图书馆看书，是在宣武门内头发胡同的首都图书馆前身——北京市图书馆西单分馆。当时读书不是为了做研究，而是为了丰富知识。

1956年，图书馆搬到了国子监。在元、明、清三朝，北京是全国的文化中心，也是东亚的文化中心，北京的文化教育中心就在国子监。图书馆迁到国子监，在当时来说，是个最佳选择。新馆比原来老馆大多了，阅览室也宽敞明亮多了。国子监坐北朝南，为三进院落，中轴线上依次为集贤门、太学门、琉璃牌坊、辟雍殿、彝伦堂、敬一亭，辟雍殿两侧有"二厅六堂"等。到1958年，为满足北京文化发展的需要，首都图书馆成立北京地方文献组。到文献组借书、阅览、还书，都要去"六堂"中的诚心堂。20世纪60年代初，我已经确定以研究清史为学术目标，经常跑的图书馆主要有两家：一家是在府右街北口、文津街路北的北京图书馆，即今国家图书馆分馆；另一家是在成贤街国子监的首都图书馆。有一段时间，北京图书馆的善本部在文津街老馆，线装部在柏林寺分馆。柏林寺与国子监都在东城安定门里，两馆距离很近。这有个好处，就是在首图查找不到的书，往往在柏林寺馆里有；反之，柏林寺馆没有的书，在首图里常常能查到。这样我可以两边跑，查阅书时，取有舍无，节省时间，颇为方便。

1985年，首图北京地方文献组成为独立部门，改称"北京地方文献部"。首图将馆藏历史古籍图书分出来，于是就有了两个部：一个古籍部，一个地方文献部。两个部我都常去查书、看书，有几件事给我留下了深刻的印象。

第一件，对介绍信，适度宽容。当时规定，看善本书要单位开具介绍信。我那时在系统地阅读《大清历朝实录》，这算是大部头的善本书。关于介绍信的期限，不同图书馆有不同的规定：北京图书馆规定每张介绍信的有效期限是两周，首都图书馆规定的则是四周。当时，请单位开介绍信是一件很为难的事情，我不好意思常跑单位开介绍信，那就得多去首图看书。那时我单位有一位冯树桐先生，为人和善，又好看书。他单身，周末总是由他值班，我尽量在他周末值班时去开介绍信。我每次找他开介绍信时，他总说："读书是好事情，干嘛还要介绍信？我支持你读书，要开介绍信就来找我！"有时他还会给我多开一张，并把时间空着，以备用时填上。

在20世纪六七十年代，首图地方文献组的穆江山先生等，每次都热情接待我，帮忙翻卡片、查阅书目、耐心找书。穆先生对介绍信似乎不太在意，往往给他介绍信也不看。还有冯秉文先生，当时是地方文献组主任，后任首图副馆长、馆长。他熟悉地方文献和地方志，主编了《北京方志概述》。他是读书人，既有学问又谦和，体谅读书人的心理。在他那，只要有介绍信就行，甚至过期的介绍信也行。所以，首都图书馆给了我极大的关怀、热心的接待和真诚的照顾。

说到开介绍信，还有一个故事。我们研究人员不坐班，在家做研究，突然需要查资料时，就急忙忙地骑上自行车去图书馆。

我到善本部后，遇到的几乎都是熟人，打招呼，寒暄。我说要查什么什么资料。他们说："介绍信呢？"我说："出来太急，没开介绍信。"他们说："您先查、先看，回去后把介绍信开出来，一定寄挂号信寄来。"我半开玩笑地说："要是忘了呢？"他们一脸严肃地说："如果介绍信不按时寄来，月末一查缺介绍信，我们的奖金就没了！"我说："一定按时寄。"我回到家里，在备忘录上记下这件事，避免因忘了而影响人家的奖金。

第二件，北京文献，网罗汇集。北京文献太多，又太分散。张篁溪、张次溪父子家里收藏了大量关于北京地方的文献资料。张次溪之子张叔文当时没有工作。张叔文到北京市社会科学院（时北京市社会科学研究所）找我，要把家藏的北京文献全卖给北京社科所图书馆。北京社科所那时正在筹备撰写《北京通史》，我找到图书馆馆长萨兆为，说服他买下这批书。经领导同意，图书馆准备全部买下。这时，张叔文提出一个条件：解决他北京社科所的编制问题，就是连书带人一块进。所里研究后认为，进人需符合相关人事条件。我一再协调，最终没有办成。我又跟首图联系，希望他们能办成此事，收藏这批书，免得流失、散落。后来经过重重努力，问题得到部分解决——首图收购了一些重要且稀缺的北京地方文献。此后，我经常将所知道的与北京地方文化有关的新书、好书介绍给首图地方文献中心（2002年，北京地方文献部改称"北京地方文献中心"），以丰富首图的馆藏。

第三件，业务精熟，服务热情。我接触到的首都图书馆的老师、朋友，大都业务精熟、虚心学习、勤恳工作、热心服务。图书馆的工作，完全是为读者、为学者服务的工作，是为"他人做嫁衣裳"

的工作。首图北京地方文献中心成立六十年来，先后有三代学者。第一代专家学者如冯秉文、穆江山先生等，其学问、人品、服务、耐心皆为一流，工作可赞，精神可佩。第二代专家学者如原地方文献中心韩朴主任，当年，我去查找明嘉靖《通州志略》时，该书只在日本尊经阁藏有孤本，他便热心地将来之不易的复印本借我一阅，使我原先抄录的卡片资料得到印证；再如地方文献中心李诚、马文大主任等，每次我去查阅文献资料，他们都热诚相待；还有古籍部刘乃英主任，更是热心，帮助翻目录、查版本、找资料、核引文。第三代青年学者如张田，勤于读书，勤于著述，发表文章50余篇，还结集出版了《旧京一瞥》。再如肖维平书记等，真诚对待同仁，热心服务读者。总之，所有地方文献中心的老师、朋友都热诚地接待、真诚地服务读者，并为读者提供很大的方便。因此，我在首图看书感觉比在家中书房看书更舒适、更方便。

我觉得一个史学工作者能够发表论文、出版专著的前提是查阅大量图书馆的馆藏图书、报刊和档案馆的馆藏档案、文献。一些史学工作者只有发表论文、出版专著，才能评上副研究员、研究员等高级职称。而大量图书、档案的管理者为整理文献、服务读者付出了很多心血，理应受到读者的尊重。我们所有的读者、专家和学者都应当向在图书馆、档案馆服务的工作者致谢、致敬！

时值首都图书馆北京地方文献中心成立六十周年，我作为一个普通读者，向首图的老师和朋友鞠一个躬，道一声谢：师友们，谢谢啦！

2018 年

纪念单士元先生诞辰
一百一十周年讲话

今天，我出席纪念单士元先生诞辰一百一十周年活动，我内心很不平静。单老的道德文章、音容笑貌，给我留下了深刻的印象。

单老是故宫博物院的一面旗帜，是故宫学的一位导师——传道、授业、解惑者。在此，我向单老敬鞠三个躬！

第一个躬感谢单老传道，这个道就是"故宫精神"。单老是我们的榜样。他从故宫博物院成立时就在，为博物院工作长达七十多年。这在故宫博物院史上是空前的，可能也是绝后的。他热情忘我地工作，竭尽心力，爱护文物，保护国宝。故宫博物院就是单老的家，保护、研究、弘扬故宫国宝就是单老的生命。单老这种高尚的"故宫精神"，始终感动、激励着我。

我是在 20 世纪 60 年代认识单老的。那时，我常到故宫博物院明清档案部（今中国第一历史档案馆）看档案。单士魁、单士元两兄弟，是必为大家所议论的。当时，单士魁先生工作与研究的重点是明清档案部的档案，单士元先生工作与研究的重点是故宫古建部的古建。在我的印象中，单士魁先生对档案很有研究，单士元先生则对古建很有研究。因为查找档案资料的关系，我接触单士魁先生较多。两位单老先生的共同特点是：学识渊博，乐于提携后学，待人热情，谦逊祥和。二老都有可贵的"故宫精神"。

第二个躬感谢单老授业。我每次见到单老，都会向他请教问题，他也总是耐心地解答。譬如我到故宫查阅《清太祖武皇帝弩儿哈奇实录》，此书于民国二十一年（1932年）由北平故宫博物院印行。因受当时条件的限制，这个本子印刷粗糙，疏误较多。我想找它的底本核对，但底本在什么地方？很多先生都说不知道。我四处都查不到。一次，我在紫禁城城隍庙（今故宫博物院研究室）附近见到单士元先生。单老主动同我打招呼，我赶忙向单老请教："请问《清太祖武皇帝弩儿哈奇实录》的原本在什么地方？"单老说："当年印《清太祖武皇帝弩儿哈奇实录》时，我参与其事。后来，特别是近些年来，我也在找它的原本。我仔细找过了，但没找到。明清部没有，故宫图书馆也没有，是不是随文物南迁到台湾了？可能在台湾。"对于这件事情，我悬悬在念。1992年，我作为大陆第一批社会科学工作者到台北出席陈捷先教授主办的清史档案研讨会，在台北故宫博物院图书文献处见到了《清太祖武皇帝弩儿哈奇实录》的原本。当时我很兴奋，终于查到了这本书的下落。

回京后，我特意向单老报告了这一学术信息。单老听了以后很高兴，说："在世就好。"并说："如果将来有机会去台湾，我一定要亲眼看一看。"后单老到台湾看到了此书，回京后他又告诉我这个信息。后来，我得到了此书的影印本，告诉单老，他很兴奋。

第三个鞠感谢单老解惑。如我在美国哥伦比亚大学讲明皇宫与元皇宫规划差异的历史文化原因时，单老非常热情、非常耐心地为我解惑。回国后，我在紫禁城学会的学术研讨会上发言，单士元、侯仁之、罗哲文等前辈都在做笔记。他们都是老一辈的学者，还那样虚心、认真，令我感动，令我震撼。

单老之为人，极其谦和，极为热情。我们或在故宫或在其他场合同单老见面时，单老总是主动先打招呼，称"阎教授，我有问题请教"云云，弄得我很不好意思。

单老之学识，非常渊博。他的《明代建筑大事年表》等书，都是我案头必备的参考书。他有许多文稿，因为自身太忙，没有时间整理。他几次邀请我到他家坐坐，要我有时间帮他整理文稿。我愿意做这件事情，这既能帮助单老做点事情，亦能从中获得学术教益。但是，由于瞎忙，一直没做。单老已经羽化，每想起来，总感疚憾。

单老之人生态度，非常乐观。有一次同桌吃饭，我向时已九十高龄的单老祝酒说："祝单老长命百岁！"单老戏言："阎教授此言差矣！彭祖八百岁，我要超过彭祖！"他又提高嗓门说："我上不封顶！"单老的"上不封顶"成为酒桌上的一句经典话语。后来我向老先生敬酒时，总要引述单老"上不封顶"的名言。

郑欣淼院长、单霁翔院长尊重老专家，助他们出版学术著作，为他们设研究室，提供便利的研究条件，在他们百年后为其举行追思会、纪念会、学术研讨会。这种精神和做法值得各单位学习！

单老乃故宫学的先贤。我作为单老的晚辈、后学，要学习单老治学、做人的高尚品质，不断学习，不断进步。

2017 年

三沙之行

第 23 届全国图书交易博览会在海南省举行，我应邀作为嘉宾出席会议。会议有一项内容，就是由新闻出版广电总局和会议主办单位共同向三沙市赠送精品图书。我有幸于 2013 年 4 月 20 日乘飞机到三沙市，参加了赠书仪式。

七十年前，我从小学地理课上知道我国南海有东沙群岛、西沙群岛、中沙群岛和南沙群岛，南沙群岛的最南端是曾母暗沙。多年来，我一直梦想去看看南海的岛屿，但总也没有机会。我曾用"间接法"去"体验"曾母暗沙。我去马来西亚进行学术交流，主人问我是否要看赌城，我说不看，表示想看看马六甲。主人陪我看了郑和下西洋的遗迹和后人兴建的郑和庙。后来到新加坡进行学术交流，主人提出陪我参观新建的圣淘沙赌城，我又婉谢了主人的盛情，表示希望看看马六甲，再次去拜谒郑和庙。我之所以几次三番地去马六甲，是因为这里不仅离赤道很近，而且离曾母暗沙很近。看了马六甲可以疏解我想看又看不到曾母暗沙的遗憾心情。这次机会终于来了，我异常兴奋，十分激动。

20 日早晨，我们一行人来到海口美兰国际机场，乘南航飞机于 8 时 30 分升空。我们很幸运，风和日丽，晴空万里，从机上俯瞰，南海碧涛尽在眼下。飞行约 1 小时，航程 684 千米，飞机开始降落。海水的颜色在阳光下绚丽多彩，胜似油画。墨蓝、深蓝、蔚蓝、碧蓝、浅蓝、紫蓝、黄蓝、橙蓝……我从来没有见过这么漂亮的海水。

我曾见过夏威夷的海水并为之倾倒，但三沙的海水之美，更胜过夏威夷。飞机降落时，绕三沙市低飞一周，我们三百六十度俯瞰美丽的永兴岛。

三沙市因现实际管辖西沙群岛、中沙群岛和南沙群岛的岛礁及其海域而得名，永兴岛是三沙市人民政府驻地。2012 年 7 月 24 日揭牌的三沙市虽是新兴城市，却有悠久的历史。下了飞机，我们直奔市区，因为赠书仪式在市中心广场举行。时近中午，骄阳似火，这天北京最高气温是 10℃，三沙市则是 32℃。可能是因为靠近赤道，太阳几乎直射皮肤，我穿的是短袖汗衫，裸露的胳膊有灼热感，虽抹了防晒霜，但皮肤依旧被晒得紫红。联想到岛上的先民和官兵，他们开发、保护和守卫这片领土，是多么的艰辛！

这条街名"北京路"，街上有三沙市人民政府、三沙超市、中国工商银行、中国人民保险公司、邮局、电话局等。

赠书仪式之后，我们乘车观赏三沙风光。先到石岛，此岛原为独岛，现有路与永兴岛相连，最高处为"西沙老龙头"，大家赶紧照相留念。令我印象深刻的是，这里是我国西沙群岛的最高点。

永兴岛上有当年法国、日本侵略者留下的城堡和工事遗址。有一通石碑，碑文是"海军收复西沙群岛纪念碑"，落款为"中华民国三十五年十一月二十四日　张君然立"。这是 1946 年 11 月 24 日，我国海军从日本侵略者的铁蹄下收复的国土。

岛上栽种了一片椰树。1986 年春节期间，胡耀邦总书记曾亲手栽种了一株椰树，后又有多位将军相继在此种植椰树，故逐渐形成一片绿林，名"将军林"。

三沙市最南端的曾母暗沙离北京有多远？大体说来，北京到海口约 2500 千米，海口到曾母暗沙约 2000 千米，所以北京到曾母暗沙约 4500 千米。

三沙市地名碑竖立在永兴岛西渔码头，重 68 吨。石碑正面，右边刻"中华人民共和国海南省三沙市"，左边刻"公元二〇一二年六月国务院批准设立"，中间是一幅包括三沙市在内的南海诸岛图；石碑背面刻有《三沙设市记》碑文。

从海口乘船到三沙市约需 20 小时，乘飞机约需 1 小时。

2013 年

中华书局四事忆

我同中华书局之间有四件事，至今记忆犹新，没齿不忘。

头一件事是在20世纪60年代。我初学清史，初生牛犊不怕虎，想写《努尔哈赤传》，朝鲜《李朝实录》自是必看之书。这部书精装本一百册，海外进口，据说只购进五十部。我去北京图书馆（今中国国家图书馆）查阅，只能阅览，不能外借，耗时费力，非常不便。那时我常去中华书局中国古代史组赵守俨、何英芳等人的房间坐坐，得到不少知识，获得不少信息。后来我的论文集《燕步集》的书名就是赵守俨先生题写的，我书房插架的一套精装本《清国史》（十四册）是何英芳送我的。记得有一次聊天时，无意中说起我在阅读朝鲜《李朝实录》的事。德公（刘德麟）说："吴晗辑《朝鲜李朝实录中的中国史料》还没出版，但有纸型。你看这纸型就省事多了，但要李侃总编批准。"我找了李侃先生，他慨然允诺。德公说："书刚打了纸型，风向变了，不能出版，但以后总会出版的，请千万细心，一页不能丢。"我们俩商定：每次借一百页，专备一个本，借时签名，一月为期，还书销账。于是，我每月必去中华书局一趟，借还纸型，顺便聊天，前后大约有两年时间。我做了大量阅读笔记，在书稿中引用某条资料时，再去图书馆借书核对，真是事半功倍，至今感激不尽。

再一件事是在20世纪70年代后期，张习孔先生和我是街坊，我们经常走动。一次，他跟我说："'文革'结束了，吴晗先生主编的'中国历史小丛书'还要补几本,《北京史话》就请你写。"我说:"试试吧。"他催我多次,拖了些时日,我才勉强交稿。我去中华书局找责编胡宜柔先生交稿子。胡先生学问好,做事认真,心地坦诚,待人和蔼,极为敬业。我每次去都要坐一会儿,聊聊天,聊的都是学问,他不胡扯乱扯。同屋的徐敏霞是傅璇琮先生的夫人。当时物资匮乏,敏霞养海宝(一种可泡水喝的菌类),据说有营养、补身子。璇琮在工间休息时,匆匆到屋里一转,享受特殊"滋补品"。敏霞津津地介绍其好处,我也品尝过,但始终没养。宜柔先生看稿子之认真令我吃惊。他把我文中的引文、史实全部核对了一遍,凡是有出入、有疏误、有欠缺的地方,或调整,或纠正,或补充。他大段大段地补了许多有价值的史料,这篇一万多字的小稿磨审了一年多。他夫人常年有病,孩子又小,他回家照顾病妻、洗衣做饭、养育儿女,但从不发牢骚。这本小书虽署我的名字,但他的贡献比我多多了,而且他总是那么谦虚。虽然胡公已经作古,但他在我心里是一座中华民族的精神丰碑。

另有一件事是在21世纪初的2004年。中央电视台《百家讲坛》播出《清十二帝疑案》之后,找我出这本书的出版社前后有数十家。常有人问:"你为什么不给我们出版社而给中华书局呢?"我心里说:"精诚所至,金石为开。"记得一天傍晚,中华书局李岩总编带着两位副总编和宋志军主任等光临寒舍。我吃惊不已。李岩总编进门没谈约稿的事,而是跟我拉起几十年来中华书局同我的关系。我深受感动,决定将此书交由中华书局出版。此外,还要提一下这本书的书名。当时讨论了几个书名,李岩先生说:"别人'戏说',我们'正说',叫《正说清朝十二帝》怎么样?"

大家说好，我也赞成。叫"正说"的书一时成风。随后，中华书局相继出版了宋志军、李洪超当责编的《明亡清兴六十年》和《康熙大帝》等书。

还有一件事是 2009 年《清代起居注册·康熙朝》的合璧出版。20 世纪六七十年代，我常去中国第一历史档案馆（原故宫博物院明清档案部）看清宫档案《起居注册》（康熙），深感遗憾的是其残缺不全。当时不知道另一部分在台北故宫博物院图书文献处，只以为时代变迁，原档受损。1992 年，我们作为大陆第一批社会科学工作者到台北进行学术交流，参观台北故宫博物院及其地下文物库，才看到《起居注册》（康熙）的另一半在那边书架上。我当时便期盼有一天能将其合璧出版，方便读者，嘉惠学林。2008 年，我到台湾讲学，台湾联经出版事业公司林载爵发行人有同大陆合作出版此书的愿望。我同台北故宫博物院周功鑫院长、冯明珠副院长交谈，她们愿玉成此事。回北京后，我又同中华书局李岩总经理谈，他表示早有此意。我专门到中国第一历史档案馆找邹爱莲馆长谈，她也鼎力支持。经几方相关单位反复协商，多次磨合，终于在 2009 年，一部海峡两岸合作出版的《清代起居注册·康熙朝》，同开本、同装帧、同版式、同纸张、同时间，精装五十四册，合作问世，开海峡两岸合璧出版中华古籍之先例。有幸两方各送我半套，合璧为一套，且书上有以上提到的五位先生的签名。这成为我书房里海峡两岸文化交流与合作的一个珍贵纪念。

我同中华书局是好朋友，为什么这样说呢？林肯有句名言：谁给我一本我没有读过的书，谁就是我最好的朋友。中华书局经常会把出版的同我专业相关的书籍送给我，我也常常去他们的图书馆借书。还有每个中华书局人，从李总到司机，与我都是好友。

回想起来，我同中华书局交往已经五十年了。现值中华书局百年之庆，我将自己对中华书局的感触概括为一句话，正如我赠送中华书局的百年题字——学界之友。中华书局过去、现在、未来都是学界、作者和读者的朋友！

2012 年

谢国桢先生的一封索书函

谢国桢先生（1901—1982），字刚主，安阳人，是史学界前辈，学识渊博，藏书宏富。先生已过世二十三年，但有一件小事使我萦怀不忘。谢老给我的一封索书函被我保存至今，视若文物。

一

我素来景仰谢刚主先生，常去北京建国门外先生之寓庐，有时求解难疑，有时借阅图书。谢老神采奕奕，思维活跃，十分健谈。相会之时，我总是听他侃侃而谈，很难有插嘴的机会。

"文革"结束后不久，有一次我到谢老家去。他兴致勃勃地对我说："最近我很高兴，《社会科学战线》有一位周雷，坐飞机到北京来，在北京饭店请客。我去了。吃饭的时候，他向我约稿。十年没有人向我约稿了。这次，他又请吃饭又约稿，我很高兴。吃完饭回到家里，我把以前写的稿子都翻腾出来，让他拿去。"谢老深沉而又得意地说："以前我被派去打扫卫生。我一面搞卫生，一面想学问，想我头天晚上查阅的资料。想出点心得，怕忘记了，就找个地方掏出小本记录下来。回到家里，查核资料，稍加整理，抄录成文。一条一条地摘，一篇一篇地纂，积累成一摞文稿。我把抽屉里积攒的文稿抽出一篇，他们要就拿去发表吧。他们这一趟首都之行，在北京饭店请客，从北京文人的抽屉里，拿走了不少稿子。"

还有一次，谢老说："你来之前，刚走了一个人。他说自己是师范学院历史系毕业的，被分配到一所中学教历史。他一开始觉得历史这门课没有用，干脆改行，教体育。他津津乐道，跟我讲自己怎样练气功、学针灸，又怎样学打拳，就是把历史给丢了。他现在想调到中国社会科学院历史研究所做研究工作，要我给他写推荐信。我拒绝了。"谢老意犹未尽，又说："我看他不喜爱历史，如果喜爱历史，不管有多少困难，都会坚持学下去。我不但没有给他写推荐信，还批评了他。我跟他没有话说，稍坐片刻就起身送客。"谢老说："你跟他不一样，你无论什么时候都坚持学习，我们谈得来。"还说："我在'文革'期间，白天劳改，休息的时候记读书心得；下班回家，晚上读书、查资料、摘录卡片。'文革'刚一结束，福建人民出版社来人找我商量出书。我的《明代社会经济史料选编》书稿，就是在那时做出来的。等书印出来，我送你一部。"1980年，《明代社会经济史料选编》上册出版，中、下册第二年也出版了。三册书出版之后，我得到了完整的一套。

谢老有个特点，就是一边跟人说话，一边翻书或找书。有次我到谢老家借书。当时我正在修改"文革"期间写的《努尔哈赤传》书稿，需要查找王一元的《辽左见闻录》。我跑了几家图书馆都没有借到，就想到谢老家试试看。到了谢老家，我一提书名，谢老说："有！"说完，他就到书柜里信手把我要的书抽了出来。谢老收藏的《辽左见闻录》是抄本，很珍贵。谢老奖掖后进，成为一段学林佳话。据我所知，有的老先生极珍惜自己的藏书，不愿意让别人看，更不愿意借出。我说："谢老，我想借回家看，看完还您！"谢老说："借走可以，你要登记，借期两周。如果没看完，再来续借。"我以为这是一句戏言，便信口答应。谢老却随手拿出一个笔记本，让我写上书名、姓名、日期。我办完借书的手续后，装起书就向谢老告辞了。

二

过了两周，我因故没按期送还所借之书。三天后，我突然接到谢老寄来的一封信。邮戳的时间是1979年9月11日，信的落款时间是9月8日。掐指一算，我借的书刚好过期三天。谢老的这封索书函被摆在我的书桌上。这封信，我保存了二十六年，依然完好。

谢老催我还书的索书函，依照原函样式，全文转录如下：

崇年同志：好久不见。

你好。前次带去的书，不知看完了没有？

昨天，姚雪垠同志派人来，要我提供有关堂子神及清兵入关的资料，我推延他到下星期再来访问。

尊借各书请即速为掷下，以供周转，至希谅察。

此致

敬礼

谢国桢 9.8

在这里我作一点小的说明：原信"好久不见"四个字后面缺句号，我转录时将其补上了。

我接到谢老的索书函后，第二天就到谢老家，把借的书奉还，谢老当即给我"销了账"。

谢老这种严格借书、还书的习惯，同他曾在国立北平图书馆（今国家图书馆）工作的经历有关。图书馆有借书、还书制度，无论何人，都不能例外。先生可能受图书馆借书制度的影响，也可能过去曾遇到过借书不还的人，或忘了是谁借去的，以至于没法索回借出的图书。后来，我自己书多了，也有同事、学生来借书。可我没登记，时间一久，便忘记了借书者的姓名，常东寻西找，闹出笑话。至今，我仍有些借出的书未找回来，如《满族大辞典》《清实录经济资料辑要》等。后来，我也学习谢老，预备了一个本子，谁借书，就在上面登记。但我不能坚持，时登时忘，有些书被借走后就去而不返。

三

话转回来，还说谢老。由谢老的索书函联想到先生的《增订晚明史籍考》以及先生的治学精神。

《增订晚明史籍考》是一部史学名著，这部书凝聚了先生几十年的心血。先生的《晚明史籍考》一书，"滥觞"于饮冰室主人梁启超先生，梁启超先生对谢国桢先生有知遇之恩。谢老说："我没有学历，是梁任公看了我的文章，请我到大学的。我问先生：'行吗？'任公先生说：'行！'就这样，我进了大学的门。"刚主先生受梁启超先生的启发，开始收集晚明史料。他先遍阅梁启超先生的藏书，尔后得之于海盐朱希祖、东莞伦明、江安傅增湘、海盐张元济、上虞罗振玉以及吴兴嘉业堂、上海涵芬楼、平湖传朴堂等私家藏书，还宏览国立北平图书馆、故宫博物院图书馆等所藏的图书，从而得窥江南塞北之遗书、乡邦遗老之传说。先生广征博采，爬梳史料，摘录做卡，历时四载，于1931年编成《晚明史籍考》。尔后几十年，寻访朋侪，搜求不辍，"凡藏书之地，无不亟往求之"。1964年，《增订晚明史籍考》由上海中华书局出版。晚明的史籍汗牛充栋。全祖望尝言："明季野史，不下千家。"晚明史籍到底有多少？谢老借着任职于北京图书馆的得天独厚的条件，"命专理其事，俾成完书，馆中所藏之书，得悉资披览"。加上先生百折不挠的精神，总算摸出个结果。他在《增订晚明史籍考·自序》里写道："唯今斯辑，较谢山所言明季野史凡千余家之说，合已见未见之目，亦竟与之相等，固不可谓非幸事矣。"

谢老长期痴心于史料的搜辑、整理、考订和汇编。然而，史料搜求，费时费力，事倍功半，难见成效。朱希祖先生曾言："盖群众心期，往往随一时之风气，而非思千秋之绝业也。"诸多群众的凡俗心期，时而尚空论，时而重金钱。历史学界，需献身者不随一时之风气，而思千秋之绝业。

从《晚明史籍考》到《增订晚明史籍考》，再加上之前搜集资料四年，共历时近半个世纪。半个世纪，磨一本书。在那个突出"史论"的年代，不赶时髦、不慕名利、甘于寂寞、坐冷板凳，这种治学精神着实令人敬佩。《谢国桢全集》中记载，柳亚子先生曾说："这部书，我叫它是研究南明史料的一个钥匙。它虽然以晚明为号，上起万历，不尽属于晚明的范围，不过要知道南明史料的大概情形，看了这部书，也可以按籍而稽，事半功倍了。"这里似应补充一点：《增订晚明史籍考》一书不仅是研究南明史料的一把钥匙，而且是研究清初史料的一把钥匙。

谢国桢先生熟悉南明的史事与史料。于前者，先生著有《明清之际党社运动考》和《南明史略》；于后者，先生长于史料学，除前引诸书外，还著有《史料学概论》。史料汇纂考辨工作实为做学问之基础，务求搜罗广博、务权去取轻重、务必考订精审、务期阐述缜密。

谢老早已离开我们，他的一纸索书函折射出他的为人与治学品格。我从中得到一点启发：学术研究要想做出点真实成绩，必须有献身的精神、顽强的毅力，必须戒浮名、戒浮议、戒浮躁。谢国桢先生滴水穿石、一以贯之的治学精神，给我留下了深刻的印象。

2006 年

开原访古之行

2005 年 7 月 3 日早餐后，值出席第二届沈阳清文化国际旅游节活动之暇，从沈阳迎宾馆出发，张锡武师傅开车载我前往开原考察。

出发前，我向张锡武师傅说明，请他记录里程。车出沈阳高速公路口，进入沈哈高速公路。东北方向前行 25 千米，便是依路村。明清文献记载为"懿路"，"依路"当是"懿路"的异写。这里在明末曾是重要的军事要隘，也是从北面进入沈阳的隘口。

从依路北行 21 千米，到铁岭市。铁岭市北为柴河大桥，柴河河面很宽，河水丰满。当年的柴河堡，今为柴河堡村。努尔哈赤攻打沈阳、叶赫之前，先打开原、铁岭。这就为后来的军事行动做了过渡。

从铁岭北行 27 千米，到开原市。开原市为县级市，属铁岭市管辖。明清的开原城，今称"开原老城"，位于开原市东北 9 公里处。当年修铁路时，当地财主怕铁路破了"财运风水"，就让火车站设在今开原市。后来开原市发展起来，旧开原城就成为今"老城"，开原老城大多古建筑都已被毁，现复建南门城楼，门额题"迎恩门"。张东波老先生，现年八十岁。他说："我小的时候，城四门门楼都有，钟鼓楼也有，城墙也在。城门楼是'文革'时拆的，解放后老百姓把城墙拆了盖房子。城门有瓮城，很雄壮，我小时候见过。钟鼓楼也是'文革'时拆的，今已复建。城墙 1949 年前还有，1949

年后逐渐被拆掉。"

旧开原城关帝庙，在明末"演绎"过一个惊心动魄的历史故事。叶赫部贝勒清佳砮、杨吉砮兄弟到开原马市贸易，被明辽东巡抚李松设"市圈计"诱杀。事先，清佳砮、杨吉砮兄弟率领两千骑兵赴市贸易，李松率军设伏于市圈四周。清佳砮、杨吉砮兄弟不知有计，便率三百骑入市圈。明军伏兵闻号四起，清佳砮、杨吉砮等全被杀死。时明辽东总兵李成梁提兵待命，在得到清佳砮、杨吉砮被杀的信炮后，就率兵攻打叶赫城，斩千余级，"诸虏皆出寨门叩头"。

到了开原老城，我急于查找关帝庙遗址，四下询问关帝庙的现状。路边乘凉的张东波老先生说："关帝庙在钟鼓楼南，路西。我小时候见过。日占时被拆了。现在是开原市第三运输公司所在地。"随后，在热心人于丽敏女士的带领下，我走访了明末关帝庙的遗址。现在虽已没有任何明显的遗迹可循，但正在院里下棋的亢明先生指出，院内保留着一块石碑。他带我们清理杂草，石碑这才得以重见天日。从碑文可知，这是关于民国时期修庙捐助者的功德碑。

开原城墙已毁，但城垣遗迹尚存。

老城濒临寇河，寇河雨季水量很大。于丽敏女士说："我记得小时候寇河涨水，我们到城墙上避水。城门都堵死了。"

尔后，在于丽敏女士的陪同下，我们往东北驱车18千米，到了威远堡。在威远堡边门遗址处立着一块石碑，上面写着"县级文物保护单位　威远堡边门"，落款为"开原县人民政府一九八四年七月二十二日"。在这里，人们向我推荐了威远堡前文化站站长关洪业。我们边驱车边打听，找到了关先生的家。他的家和当地农民的家一样，前边有几间房，后院种菜。关先生刚退休，这一带的文物古迹他都见过，是难得的一个地方"文物通"。

结束此次开原访古之行，我们回到了出发的宾馆。

2005 年

忆溥杰先生

2月28日，爱新觉罗·溥杰先生走完了八十七年的人生旅程，在北京病逝。我因学习和研究满学，早在 80 年代初，便同逊清满洲皇族宗室溥杰先生开始交往，两人相见恨晚。溥杰先生在我的脑海中烙下了极深的印记。

溥杰先生为人谦和坦诚。先生在北京护国寺街的住宅是一座普通的四合院，北屋内间是寝室，外间是书房；南屋为客厅；厨房在西厢；东厢则为库房；院落不大，却很幽静。我初到先生寓所时，按响门铃，有人通报，先生亲自开门迎接。穿过门道，走近正堂，先生示意，换上拖鞋才可进书房。书房简朴雅致，摆设陈旧沙发，书案旁有个青花瓷缸，里面杂放着书画卷轴。有几次先生约我晚上去他寓所长谈，议清论史，竟至深夜。先生垂询我关于清帝先世、八旗制度等史事细节，并极谦逊地说："我对满族史和清朝史知道得很少，主要是小时候从《皇清开国方略》中学了一点儿。这本书是我的启蒙历史读物。"有时先生谈兴正浓，我想告退而屡屡被挽留。那时先生夫人嵯峨浩女士健在，不时从寝室来到书房，或寒暄，或斟茶，或插话。夫人贤淑、婉静、慈善、祥和，先生则热情、谦和、睿智、坦诚，二位情深意笃、和谐融洽。每当我告辞时，先生总是热情地说："欢迎您有空再来！"但因先生甚忙，我未敢轻易访扰。

溥杰先生关怀满学研究。满学即满洲学之简称，是主要研究满洲历史、语言、文化、社会及其同中华民族和域外各国文化双向影响的一门学科。这门正在兴起的国际性学科受到溥杰先生的关注。1982年，拙著《努尔哈赤传》脱稿后，北京出版社闻性真编辑有意请满族著名人士溥杰先生或启功先生题写书名。恰巧在中华书局于人民大会堂东厅举行的餐会上，我见到启功先生并提及此事。启功先生说："我即去香港，回京就写。"先生回京后，我去看望并索字。他说："在香港，别人戏称我'亲王'！事后想，爱新觉罗氏后人写祖先名字犯讳！对不起，您有别的大著我一定写。"后来在同溥老谈话时，我语及此事，先生慨然允诺，不久我即取回题签。1991年，北京市社会科学院满学研究所成立，不久便举行了以"加强满学研究，增进民族团结"为主题的学术座谈会。溥老本允邀赴会，但因小恙不能莅临，便请人送诗志盛：

> 灵犀一点辉蒸兆，
> 民族今兹本一家。
> 团结不渝期永世，
> 长城文会灿中华。

维护民族团结之情，先生此诗可添一证。1992年的国际满学研讨会在北京召开，先生虽卧病榻，却仍给予关切。尔后成立的北京满学研究基金会，先生则担任委员。去年3月，北京满学会成立，一致推举溥杰先生任名誉会长。溥老对满学颇有研究，热情洋溢，倾力支持。

溥杰先生深受海内外各届满族人士的尊重。我去溥老寓所时，常听到来自日本、美国等各界满族人士的电话或见他们来访，他们都对先生极为恭敬。我在美国讲学期间所接触的满族人士均对溥老深怀敬意。一位侨居美国的清太祖后裔，曾拿着努尔哈赤画像找我陪他去请溥老题款留念。1992年，我赴台参加海峡两岸清史—档案学术研讨会。会间，我受到台湾满族协会的盛情宴请，并应邀在该会座谈。当我走进满协大门步入过厅时，见影壁正中高挂着溥杰先生手书的"台湾满族协会"六个秀丽大字的题匾。他们将溥老题的匾挂在显著位置，表现了对溥杰先生的爱戴与景仰。去年，台北举办世界满族书画大展，恭亲王后裔爱新觉罗·毓瑞先生（书画展召集人）专程由台北来北京请溥老题墨。时先生已不能握管，故毓瑞先生特借溥老赠我的翰墨参展，以表达对先生的敬爱。翰墨诗曰：

乘势挥毫异画眉，

标奇哗众侔侜欺。

腕头气力刚浑劲，

纸上临摹守破离。

心正自然丰笔韵，

形拘只得趁丰姿。

百川汇海洵佳喻，

依样葫芦匪我思。

末署"壬戌孟夏中浣书　用笔偶得诗一律　即贻阎崇年先生两正　溥杰"。很巧，今年是甲戌年。两戌相隔，整十二载。物在人故，抚轴沉痛。

溥杰先生历尽人世沧桑。五年之前，战宪斌先生及其夫人嘱我为其所译日本船木繁所著《末代皇弟——溥杰（昭和风云录）》作序。我通读译稿，心潮跌宕，掩卷沉思，提笔写道："就溥杰先生个人际遇而言，一生共历五次大的'劫难'：清朝覆亡，从'天潢贵胄'变成'流浪王爷'；东瀛军校，自'天堂北府'落入'人间炼狱'；日本投降，由陆军中校变为囹圄囚徒；十年'文革'，从普通公民降为'专政对象'；浩妻病故，由相依伉俪成为耄期孑身。溥杰先生饱受童年社稷倾覆之苦，青年军校糜炼之苦，中年高墙牢笼之苦，老年'文革'风暴之苦，暮年幽明分袂之苦。人生之苦谁无，五劫集身有几？"写完以上文字，心中很是不安，未知先生之意如何。一次北京满族新春茶话会上，我问溥杰先生是否看了那篇序文，先生说："看了，谢谢您。"我悬着的心才终于落地。

溥老晚年体弱多病，夫人亡故，但他乐观亦豁达。他的诗文和谈话中始终贯穿着一条准则：热爱国家和民族，珍重团结。溥杰先生虽已仙逝，但他赠我的遗墨却成了一份永恒的珍贵纪念。

溥杰先生事略简传

爱新觉罗·溥杰，满洲正黄旗人，生于1907年，清道光皇帝曾孙，醇贤亲王奕譞孙，醇亲王载沣次子，宣统皇帝溥仪同母弟。曾留学日本，后任全国人大常委会委员及全国人大民族委员会副主任，善书法，自成一格。1994年2月逝世，享年八十七岁。无子；

女二：长女慧生（已逝），次女嫮生，婿福永健治；妻二：首婚妻唐石霞满洲他他拉氏，次婚妻嵯峨浩日本籍（已逝）。

1994 年

读史

康熙帝的棋看四步

　　康熙帝作为一名清朝的政治家，他看人、看事像下棋一样，能看四步。普通人能看准、看清一步，就算不错了；但他看人、看事，能看清四步。这让我深受启发，他的棋看四步可供大家借鉴。现举一个他处理蒙古问题的史例。

　　匈奴、突厥、蒙古等民族问题是中国历代皇帝，从秦始皇到崇祯帝，近两千年没有解决或没有彻底解决的一个大难题。秦皇、汉武、唐宗、宋祖、明太祖、明太宗，都没有解决这个治国安邦的大问题。

　　清初，清太宗皇太极解决了漠南蒙古的问题，但喀尔喀蒙古的问题没有解决，这一难题一直困扰着康熙皇帝。喀尔喀蒙古的问题不解决，一则影响内蒙古的安定，二则影响新疆的安定，三则影响西藏的安定，四则影响外蒙古的安定，以上四地合计六百多万平方公里，大约相当于六十个江苏省的面积。外蒙古不安定，边疆怎能安定！中原怎能安定！

　　我接着说康熙帝如何解决喀尔喀蒙古的问题。

　　当时喀尔喀蒙古分三个部——土谢图汗部、车臣汗部、扎萨克图汗部，他们都是成吉思汗的后裔。三部之间闹起矛盾，其中土谢图汗察珲多尔济把扎萨克图汗沙喇杀了，两部战争一触即发。康熙帝及时抓住这个历史时机，着手解决喀尔喀蒙古的问题。

　　康熙帝没有采取战争的手段，也没有采取谁正义就支持谁的办法，而是把三部首领和哲布尊丹巴呼图克图都请到内蒙古多伦诺尔（今多伦县）会盟。康熙帝带领理藩院尚书、兵部尚书等官员和八旗官兵前去赴盟。康熙帝问土谢图汗，把扎萨克图汗杀了，对否。土谢图汗说，不对。康熙帝让他写个认罪书，就是书面检讨，然后自己帮着妥善处理。土谢图汗的认罪书写得既认真又诚恳，康熙帝看后，给被杀的扎萨克图汗之弟策旺扎布看。策旺扎布觉得认罪书虽写得诚恳，但人被杀了，怎能写个检讨了事，要求赔偿。康熙帝表示自己会赐封他继承其兄长的汗位并给他赏赐。策旺扎布自然高兴，气也就消了，如果他哥哥不死，他还做不了扎萨克图汗呢！会盟之前，康熙帝的准备工作做得充分、细致，然后就是大家坐在一块正式协商。

正式会盟时，土谢图汗察珲多尔济先念检讨书，态度诚恳，双方和解。接着就宴会喝酒，封赐颁赏，骑马射箭，演出助兴等。康熙帝亲自骑马弯弓射箭，十矢九中，威武霸气。康熙帝让各王都射，那些蒙古王多年养尊处优，吃得肥胖，被扶上马后，一箭都没有射中，惭愧地跪下给康熙帝叩头。尔后是八旗军大检阅，阵容整齐，气势昂扬。

通过多伦会盟，喀尔喀蒙古诸部都诚心诚意地归附了清朝。从此，清朝与喀尔喀蒙古和平相处一百五十年，社会安定，人民安宁。一直到清朝灭亡，喀尔喀蒙古都没闹独立。

康熙帝在多伦会盟前后采取的棋看四步策略，足以表明康熙帝颇有远见。他在选择喀尔喀蒙古政教"双首"时，也不是只看一步、两步，而是看三步、四步。他认为喀尔喀蒙古三部中，关键是位置居中、实力最强的土谢图汗部。把土谢图汗部抓住了，喀尔喀蒙古三部的稳定问题就基本解决了。为此，他着手处理喀尔喀蒙古三部政教首领事宜：一是该部汗位传承问题，二是哲布尊丹巴呼图克图转世问题。怎样解决这两大问题呢？

康熙帝看到土谢图汗察珲多尔济年老，欲培养他的儿子噶勒丹多尔济，但因噶勒丹多尔济岁数较大，便又打算培养他的孙子敦多布多尔济，再寄望于其重孙子。这就是四代啊！怎么培养呢？康熙帝欲将亲生女儿四公主（恪靖公主）下嫁给察珲多尔济孙子敦多布多尔济，皇太后和皇后都同意这一安排后，这门亲事就定了下来。公主府建在今呼和浩特，这是清代满蒙联姻的历史见证，是全国唯一一座保存完好的公主府。后察珲多尔济和其子噶勒丹多尔济相继病逝，其孙敦多布多尔济继承汗位。这位敦多布多尔济就是康熙帝的额驸，这个额驸的儿子后来成了哲布尊丹巴呼图克图。于是，土谢图汗敦多布多尔济是康熙帝的驸马，哲布尊丹巴呼图克图则是康熙帝的外孙。就这样，政和教巧妙地结合在一起。康熙帝棋看四步，即父亲、儿子、孙子、重孙四代。

康熙帝高兴地说："昔秦兴土石之工，修筑长城。我朝施恩于喀尔喀，使之防备朔方，较长城更为坚固。"明修长城清修庙，清朝并不热衷于修长城，因为在清朝，蒙古变成了中国北部防御外来侵略的"长城"。可以说，从秦始皇以来两千多年一直没有彻底解决的匈奴、突厥、蒙古问题，清朝解决了！这是一个重大的历史功绩，也是一个重要的历史经验。

其时，关于喀尔喀蒙古，康熙帝的政治考虑是：一个是土谢图汗部行政首领，一个是喀尔喀蒙古宗教首领哲布尊丹巴呼图克图，把政和教的两个首领抓住了，就可稳定喀尔喀蒙古的大局，喀尔喀蒙古的稳定又影响到新疆和西藏的军政大局。

《老子》中写道："治大国，若烹小鲜。"康熙帝在绥服喀尔喀蒙古时，既是在理大政，又像在"烹小鲜"。康熙帝的棋看四步，既是领导艺术，也是管理艺术。这种思维模式很难完全复制，但历史经验可以借鉴。

2018 年 8 月

康熙大帝的五大缺憾

康熙大帝的缺憾，举其大端，列出五点：

第一，重八旗而未进行制度改革。八旗制度在清帝打天下时起过积极作用，但于治天下呢？则暴露出其制度设计上的严重缺陷。于政治，满洲贵族享有特权。如最高决策层、核心层的"五大"——内大臣、领侍卫内大臣、议政大臣（满洲贵族独占）、大学士和军机大臣（雍正设），主要是满洲贵族。如康熙十六年（1677年）到二十七年（1688年），满洲大学士中除觉罗勒德洪是正红旗外，其他人全是满洲正黄旗。康熙朝大学士四十八人，人口少的旗人占55%，人口多的汉人仅占45%。康熙朝十二位河道总督，旗人占了十位。于经济，旗人生计由国家包下来，旗人脱离生产劳动，缺乏谋生手段。随着社会的发展，八旗生计日益艰难，兵丁奢靡颓废。于社会，旗人与民人、满洲贵族与汉族平民分城居住，禁止通婚，同罪不同罚，同刑不同法，终世不变。八旗制度是努尔哈赤于万历四十三年（1615年）正式创立，到康熙十四年（1675年）平定三藩之乱时，历经六十年，八旗制度的弊病充分暴露。康熙帝不得不以汉人绿营为主，平息了三藩之乱。事后，康熙帝以贻误军机罪处斩了个别贪腐高官大吏，但没有对八旗制度进行重大改革。其子雍正帝在位时间短，其孙乾隆帝缺乏改革胆识，其曾孙嘉庆帝及以后则失去了改革的历史机遇。

第二，重西学而未进行推广。康熙帝是中国历史上唯一既了解西方科学文化、又精通中华传统文化的封建君主。他学习西方的天文学、数学、物理学、化学、地理学、生物学、音律学、医药学、测绘学、解剖学等，还在畅春园建立蒙养斋，被西方誉为中国的皇家科学院。但康熙帝学习西学仅仅局限于个人兴趣，并没有从国家层面上全面引入当时西方先进的科学技术，更没有将西学内容纳入科举考试。如将数学、物理学等纳入科举考试，则会对后世产生巨大影响。

第三，重人丁而未远虑人口膨胀问题。清承明制，丁纳银，地交赋，丁银与地赋分开征缴。康熙朝的人口随着社会安定、经济发展，开始较快地增长。康熙五十一年（1712年），清政府规定：盛世滋生人丁，永不加赋。即减免新生人丁的"人头税"。他的儿子雍正帝又推行"摊丁入亩"，从此废除了"人头税"。这项政策的正面影响是减轻民众负担、促进人员流动；负面影响是刺激人口过快增长，乾隆时人口达到三亿，至道光十七年（1837年），全国人口达到四亿。解决人口猛增、人均耕地减少问题的一个方法是奖励垦荒，而大量垦荒又会破坏生态平衡。制定一项重大政策，要事先考虑长远的后果。但康熙帝当时是不可能意识到这一点的，只是后人回顾历史，要从中吸取一点教训。

第四，重海疆而未创新海防制度。康熙帝在统一台湾后开放海禁，但后又宣布商贾"南洋不许行走"，还禁止天主教传教布道，阻碍了中西文化交流。康熙帝晚年嘱咐大学士、九卿等：尔等在衙门，或能办理事务，或以清白自持，亦止为身计耳。其关系封疆大事，未必深思远虑也。这里的"封疆大事"，就是指海防。他接着说："即如海防，乃今日之要务。朕时加访问，故具知原委。"大事与小事，可互相转化。他认为天下事未有不由小而至大，小者犹不可忽，大者益宜留心。这个国之大事，就是海疆问题。他沉重地说："海外如西洋等国，千百年后，中国恐受其累：此朕逆料之言……国家承平日久，务须安不忘危。"（《清圣祖实录》）话是说了，却没有落实，其子孙也不以为然。一百年多后，英国舰炮打开国门，西方列强侵入北京。

第五，重文化而未调整旗民矛盾。康熙帝为了解决满汉之间的文化冲突，采取了许多措施，做了很多事情。弱化议政王大臣的权力，就是削弱满洲贵族权力的一项措施。康熙朝有过两起较大的文字狱，皆因民族问题而起。但清朝一直未妥善处理好民族问题，特别是八旗群体特殊化、八旗贵族掌控朝纲的问题，得不到根本解决。清朝不同于明朝的致命一点就是旗民矛盾，这是当时社会的基本矛盾，也是清朝的死结。孙中山先生提出"驱除鞑虏、恢复中华"的纲领，就是将旗人与民人、满洲贵族与汉族民众的矛盾提升到政治的高度。"驱除鞑虏"带有强烈的民族主义色彩，反映了埋在汉族人民心中的积怨。清朝最后还是在旗民矛盾问题上翻了船。

总之，康熙帝在八旗制度、科学文化、人口膨胀、海防制度、旗民差异等问题上，只是扬汤止沸，而未能在制度层面进行根本改革。于是，矛盾加深，积重难返，内外受敌，清朝覆亡。康熙帝有功有过，有对有错，有成就也有缺憾。他虽有上述五项缺憾，但仍然是中国历史上一位不可多得的伟大君主。

2014 年

怎样读史

马克思和恩格斯说过："我们仅仅知道一门唯一的科学，即历史科学。"据我理解，这句话不是说历史科学以外的科学不重要，而是强调历史科学很重要。历史是先人的足迹，是亿万人经验与教训的记录。历史科学有助于提高个人的人文素养，有助于陶冶高尚情操，也有助于修身养性。

既然读史重要，那么该怎样读史呢？俗话说，一部"二十四史"，从何说起？在"二十四史"中，有确切文字记载的历史大约三千年。第一个一千年，主要是商、周。东西周约八百年，再加上商，大概是千年。其后的两千年中，秦王政二十六年（公元前221年），嬴政自以为"德兼三皇、功过五帝"，而自称"始皇帝"，从此中国开始有了皇帝。清宣统三年（1911年），辛亥革命推翻清朝统治、废除帝制。这段历史有一个特点，就是有皇帝。我将这段历史称作"中国皇朝历史"。中国皇朝历史，从秦始皇至宣统帝，总计约两千年。这两千多年的皇朝历史中，有多少位皇帝呢？有人统计共492位皇帝，有人统计共349位皇帝。据说，康熙帝也让大臣统计过皇帝数量，大臣奏报说共有211位。其统计数字之差异，主要是因为取样标准不同。这并非重点，重点是我们该如何看待这段两千多年的皇朝历史。

中国两千多年的皇朝历史大体分为前后两段：前一段约一千年，中国的政治中心主要在西安。这期间，政治中心经常东西"摆动"——秦都在咸阳,西汉都城在长安(今陕西西安),东汉都城在洛阳,唐都在长安,北宋都城在汴梁(今河南开封)。后一段约一千年,中国的政治中心主要在北京。这期间,政治中心经常南北"摆动"——辽上京在临潢(今内蒙古巴林左旗波罗城);金都先在会宁(今黑龙江省哈尔滨市阿城区南),后在中都(今北京)、开封等;明都先在南京,后在北京;清都先在沈阳,后在北京。从上述文字可以看出一个有意思的历史现象:中国两千多年的皇朝历史政治中心的变化,先是东西"摆动",后是南北"摆动",呈现"十"字形变动的特点。

就其后一千年来说,辽、金、元、明、清五朝,一个重要的共同点就是国内的民族融合。辽(契丹)、金(女真)、元(蒙古)、清(满洲),五朝中有四朝是少数民族建立的。明朝是汉族人建立的,朱元璋以"驱逐胡虏,恢复中华"为号召,但明朝最终被清朝所替代。满洲贵族打着"七大恨告天"的旗号起兵,建立清朝,后来孙中山提出"驱除鞑虏,恢复中华",推翻了清朝的封建统治。

在后一千年以北京为主要政治中心的历史中,有三个重要的历史关节点:第一个是元末明初,第二个是明末清初,第三个是清末民初。前一个元末明初关节点离我们今天较远,后一个清末民初关节点离我们今天太近,我们都不去讨论;中间一个明末清初关节点离我们今天不远不近,所以我们就其有关问题讨论一下。

这个关节点,从明万历十一年(1583年)清太祖努尔哈赤起兵,到康熙二十二年(1683年)统一台湾,前后整整一百年。当时的中国用了一百年时间,基本上实现了国家统一、社会稳定。这一百年的时间里,最关键、最激烈的矛盾和斗争主要集中在明亡清兴这六十年。解剖这段历史，对把握研究整个中国历史关节点，对治国理政方法、促进社会和谐有很大帮助。明亡清兴的原因，可以从政治、经济、文化、军事、外交、民族、吏治、制度等多方面、多角度、多层次来分析，每个问题都可以写成专题论文，合起来可以写一部百万字的大书。但是现在大家非常忙，谁有工夫读一本探讨明亡原因的百万字大书呢？我有一个习惯，就是把复杂问题简明化，把复杂的问题简明为"一"。《老子》中写道："天得一以清，地得一以宁，神得一以灵，谷得一以盈，万物得一以生，侯王得一为天下贞。"我借用《老子》中的"一"，从一个角度、一个侧面、一个切入点分析明朝覆亡、清朝兴起的原因，虽有以偏概全之嫌，却也如实指出其原因可以简括为一个"分"字与一个"合"字。分与合是对立的。明朝灭亡的一个主要原因是"分"——民族分、官民分、君臣分；清朝兴起的一个主要原因是"合"——民族合、官民合、君臣合。

司马光于《资治通鉴》中言："监前世之兴衰，考当今之得失，嘉善矜恶，取是舍非，足以懋稽古之盛德，跻无前之至治。"也就是人们常说的"以史为镜，可以知兴替"。总之，读史要考盛衰、知兴替，以史为鉴，达到至治。

2013 年 6 月

北京的堂子

北京的堂子，很多人没有见过或不大熟悉。但在百年之前，这座满族祭神祭天的庙堂，可算是北京的著名街景，也是北京最具有满洲特色的建筑之一。

"堂子"是满文 tangse（读"堂色"）的汉文音译。对此有两种解释：一说 tangse 是汉文"堂"（庙堂）的满文音译，另一说 tangse 为满洲祭神祭天的意思。

满洲的先民女真人，有祭神祭天的习俗。金代女真人在野外插柳郊祭，满洲后人沿袭了这个古老的民间习俗。清太祖努尔哈赤起兵以后，改民间野祭为庙堂祭祀。建筑堂子，呈八角形，内立神杆，众人祭祀。八角重檐是满洲建筑的一大特点，今沈阳故宫大政殿即为八角形建筑。

北京的堂子，要从清朝顺治元年（1644 年）说起。在此之前，北京没有堂子。清摄政睿亲王多尔衮率领八旗军进入北京后，清朝定都北京。多尔衮没有下令焚烧、拆毁明北京宫殿，而是对其加以保护、修缮、利用。不久，七岁的顺治皇帝也进了北京。随后，多尔衮以顺治皇帝的名义，在北京御河桥东（今正义路北口路西）建立堂子。八国联军入侵北京后，堂子遭破坏，堂子所在地划入英国驻京使馆区。清朝在今南河沿南口路东重新建堂子，新堂子有一座正中的亭式殿，呈八角形，琉璃瓦顶，还有飨殿、神杆等。20 世纪 80 年代，这座堂子被拆毁，其基址上新建了贵宾楼饭店。

从此，人们在北京看不到堂子了。

在堂子祭神祭天是满洲的头等大事。军事出征、凯旋或逢年过节等，皇帝都要亲自带领满洲贵族、王公大臣到堂子祭神祭天，但蒙古八旗、汉军八旗不参加。每年正旦（正月初一日），皇帝要谒堂子。寅时（4时左右），礼部堂官到皇宫乾清门奏请，皇帝着礼服、乘礼舆出宫。前引大臣十人，后扈大臣两人，豹尾班执枪、佩刀侍卫二十人，佩弓矢侍卫二十人，护驾皇帝一行，前往堂子祭拜。沿途街道清扫，布设仪卫，午门鸣钟，卤簿前导。不参加行礼的汉人百官及外藩蒙古王公台吉等，都穿朝服跪送。导迎乐和鼓吹乐，设而不作。到堂子后，皇帝率从祭群臣在圜殿前拜天，行三跪九拜礼，然后出门乘舆，导迎乐奏乐回銮。不参加行礼的蒙汉百官跪迎，午门鸣钟，皇帝回宫。

一般满洲八旗官兵及其眷属，没有资格参加堂子祭神祭天仪式。他们便在自家院子的东南角，立一根木杆，俗称"索罗杆子"。杆子上端安放锡斗，里面放骨头、米谷等物，以祭祀乌鸦。为什么要祭祀乌鸦呢？

有一个神话传说：清太祖努尔哈赤当年蒙难，明军追赶，眼看要追上，正好路旁树干有一个洞，努尔哈赤急中生智，钻到树洞里，乌鸦落在树洞旁。明军见树洞旁有乌鸦，误认为树洞中没有藏人，便继续追下去。明军走后，努尔哈赤从树洞里爬出逃命。这个"乌鸦救驾"的故事，可能是满洲先人以乌鸦作图腾的遗风遗俗，也可能是用神杆祭祀乌鸦的缘由。

满洲的"索罗杆子"，早年在紫禁城坤宁宫院前面有，在沈阳故宫清宁宫院前面也有，在大多数满人家院前面都有。

于堂子祭神祭天曾是满洲的第一大习俗，堂子也因此成为北京特有的满洲庙堂建筑。但今天已经看不到堂子，只能听人说古了。

2007 年 7 月

史学的学术化与民众化

史学的学术化与史学的大众化，蕴含三个问题：史学的学术化、史学的大众化、史学的学术化与大众化之关系。

我认为历史学的发展经历了三个时期：为神服务、为君服务、为民服务。

首先，为神服务——史官最早是记载甲骨卜辞的。从中国有文字记载的历史来看，最早的甲骨文是卜辞和与占卜有关的记事文字。"一切现存的事物都是由神安排的。"最早进行历史研究的"巫师"，充当了神与人之间的媒介。他们担任记录时事、起草公文、掌管文书等工作。当时，刻甲骨巫师贞人只知道把天上的吉凶现象告诉王。《汉书·艺文志》曰："易为筮卜之事，传者不绝。"因此，史学变成"神学的一个卑贱的女侍"。

其次，为君服务——史官是为国君服务的，即所谓的左史记言，右史记行。《汉书·艺文志》曰："古之王者世有史官，君举必书，所以慎言行，昭法式也。左史记言，右史记事。事为春秋，言为尚书，帝王靡不同之。"后来有"起居注"，如记载康熙皇帝言行的《起居注册》（康熙）等。就是"实录"，也是记载皇帝言行事功的，如《大清太祖高皇帝实录》《大清太宗文皇帝实录》等。

最后，为民服务——在西方，批判神学，提倡人权；在中国，批判君权，提倡民权，史学才开始逐渐从神坛、王座上走下来，走向民间。应当说，史学由为神服务，到为君服务，再到为民服务，这是历史的巨大进步。

现在已经进入 21 世纪，史学自然应当为民服务。史学的神本主义、君本主义均已退出历史舞台。

所谓时尚史学、通俗史学、摇滚史学、娱乐史学等，都是值得商榷的提法和观点。史学是一种科学，摇滚是一种艺术，史学何以摇滚？

史学从来都时尚，孔子修《春秋》，使乱臣贼子惧，不就是一种时尚吗！历史本来是通俗的，《论语》是记录孔子及其弟子言行的语录文集，后人加以整理而成。《论语》在当时是很通俗的，一些当时的词汇，后来成了典故。后又出现"注""疏""论""考""传"等学术体例。同样，等若干年之后对现在用过的一些词语进行考据、诠释，这不也是一种学问嘛！所以，不要把学术与通俗绝对化。

那种轻蔑史学通俗化的学术贵族态度是不可取的。

一、史学的学术化

历史和史学是两个概念。先有历史，后有史学。

历史的学术化，是一个曲线的过程：先通俗，后高雅，再通俗。历史的通俗化，是一个直线的过程：逐渐通俗化。

我认为史学，有注音，如颜师古注音解词；有注，有疏，有解，有传，有论。史学还有许多分科：文献学、考据学、文字学、音韵学、训诂学、年代学、目录学、历史地理学、避讳学、档案学、谱牒学等。

以《诗经》为例，有鲁、齐、韩三家传授，韩诗又有《韩诗内传》《韩诗外传》等。以《春秋》为例，有《左传》《公羊传》《穀梁传》《邹氏传》《夹氏传》等阐释。

二、史学的大众化

对于史学的学术化，当前没有争议，有争议的是史学要不要民众化？史学学术化与民众化是怎样的关系？

传统的科教片往往以传授知识为主，排斥故事，只传达结果，因此很难生动。比如拍一位科学家的研究，科教片多关注成果，而不会去展示科学家研究的过程。这种传统的科教片已经不适应新环境，因为今天受众获取信息的知识渠道已经和过去有很大不同，大多数人再也不会耐心去听所谓系统的、干巴巴的知识传授了。在纪录片《颐和园》中，建筑和园林的关系、建筑和文化的关系、建筑的历史传承等，都是通过人和故事表达出来的。即使是传达知识，导演也不会从基本的 ABC 说起，而是水到渠成地把知识融进了情节之中。

吴泽主编的《史学概论》中，有一个题目是"对历史知识的普及开始向多元化发展"，文章提到了多种形式，但是没有提到电视、广播等现代化手段。这是受当时技术条件局限所致。

语言文字的演化过程是逐渐通俗化的。《论语》书成时并不难懂，时间愈久，愈难读懂，但历史上总有许多学者在不停地对其进行注释与解读。因此，我们才能顺畅地阅读《论语》。所以说，史学通俗化是一个必然的趋势。

三、学术化与大众化的关系

关于学术与大众的关系，有三种观点：向大众讲学术、向大众讲大众、向学术讲学术。

雍正帝说："为君难。"乾隆帝说："为君难，为臣不易。"套用这句话，我认为"学术难，通俗不易"。其原因之一，是自己必须具有尽可能渊博的学术涵养。给受众一杯水，自己需要准备一桶水。自己明白十分，能使受众接受六分就不错。所以，不能以己昏昏而使受众昭昭。

向学术讲学术很难，向大众讲学术更难。原因如下：第一，自己必须先研究透彻，不能以己昏昏使人昭昭；第二，向学界讲述学术知识、史料引文时，直接引述即可，如若将其进行翻译或解读，以使大众听懂且不失原意，当然比直接引用更困难。

史学的学术化与大众化有共性，这就是它的真实性与科学性。我在《明亡清兴六十年》中说：真实是历史科学的生命，玄幻则是历史科学的肿瘤。历史的大众传授要深入浅出，只有深入才能浅出，否则的"浅"是浅薄；历史的大众传授要雅俗共赏，只有大雅才能大俗，否则的"俗"是庸俗。史学著作忌长——能省一个字，就不多一个字。虽难做到，却应共勉。一部儒家经典《大学》不过一千多字，字字推敲，句句雕琢。永乐皇帝向天下诏告北京皇宫、京城建成这样的历史事件，只用了二十六个字："爰自营建以来，天下军民，乐于趋事，天人协赞，景贶骈臻，今已告成。"可谓至精至简。历史的学术表述与是历史的通俗表述，既相互矛盾，又相互促进。

史学学术化与史学大众化的研究思维与表述路径不同。史学的学术化主要是提出问题、考据史料、分析论证、得出结论，是一个逻辑过程。而史学的大众化主要是考虑对象的十个不同——不同年龄、不同性别、不同职业、不同阶层、不同文化、不同地域、不同民族、不同宗教、不同肤色、不同国籍，应尽量符合或满足广大受众的要求。

历史科学就是求真求是。求真，就是求历史的真实；求是，就是求历史的内在联系。所以，在传承历史时，既要真实，也要寻求其内在的联系。

历史研究的过程，就是不断从繁到简的过程。研究者应抽出历史的精髓，给人以智慧。

2006 年 10 月

清帝之死

先简单介绍一下清帝的死亡地点、原因和时间。

清帝死亡地点

太祖：盛京沈阳外瑷鸡堡

太宗：盛京皇宫清宁宫

世祖（顺治）：北京皇宫养心殿

圣祖（康熙）：畅春园青溪书屋

世宗（雍正）：圆明园寝宫

高宗（乾隆）：北京皇宫养心殿

仁宗（嘉庆）：承德避暑山庄

宣宗（道光）：圆明园慎德堂

文宗（咸丰）：承德避暑山庄烟波致爽殿

穆宗（同治）：北京皇宫养心殿东暖阁

德宗（光绪）：西苑瀛台涵元殿

溥仪（宣统）：北京医院

清帝死亡原因

太祖：病死或因炮伤而死

太宗：病死或被多尔衮害死

世祖（顺治）：病死或出家

圣祖（康熙）：病死或喝了毒人参汤被毒死

世宗（雍正）：病死或被害死

高宗（乾隆）：病死或被和珅害死

仁宗（嘉庆）：病死或遭雷击而死

宣宗（道光）：病死

文宗（咸丰）：病死或自杀

穆宗（同治）：患天花或梅毒而死

德宗（光绪）：病死或被毒死

溥仪（宣统）：病死

清帝死亡时间

清朝十二位皇帝，其中死因有异说者十人：清太祖努尔哈赤死于毒疽还是死于炮伤？清太宗皇太极为何暴死？顺治帝是病死还是出家了？康熙帝是病死还是被毒死？雍正帝是病死还是被杀死？嘉庆帝是病死还是遭雷击而死？咸丰帝是病死还是自杀？同治帝是患天花而死还是患梅毒而死？光绪帝是病死还是被毒死？至于乾隆帝的死因，确实也值得认真研究。

有一个很有趣的现象，就是清朝皇帝的死亡时间主要集中在冬、夏两个季节。

清太祖天命汗努尔哈赤，死于天命十一年八月十一日未刻，享年六十八岁。

清太宗崇德帝皇太极，死于崇德八年八月初九日亥刻，享年五十二岁。

清世祖顺治帝福临，死于顺治十八年正月初七日子刻，享年二十四岁。

清圣祖康熙帝玄烨，死于康熙六十一年十一月十三日戌刻，享年六十九岁。

清世宗雍正帝胤禛，死于雍正十三年八月二十三日子刻，享年五十八岁。

清高宗乾隆帝弘历，死于嘉庆四年正月初三日辰刻，享年八十九岁。

清仁宗嘉庆帝颙琰，死于嘉庆二十五年七月二十五日戌刻，享年六十一岁。

清宣宗道光帝旻宁，死于道光三十年正月十四日午刻，享年六十九岁。

清文宗咸丰帝奕詝，死于咸丰十一年七月十七日寅刻，享年三十一岁。

清穆宗同治帝载淳，死于同治十三年十二月初五日酉刻，享年十九岁。

清德宗光绪帝载湉，死于光绪三十四年十月二十一日酉刻，享年三十八岁。

清宣统帝溥仪，死于 1967 年 10 月 17 日 2 时 30 分，享年六十一岁。

以上清朝诸帝，死于腊月、正月者有顺治帝福临、乾隆帝弘历、道光帝旻宁、同治帝载淳，共四人。死于七、八月者有天命汗努尔哈赤、崇德帝皇太极、雍正帝胤禛、嘉庆帝颙琰、咸丰帝奕亡，共五人。死于十月者有光绪帝载湉一人。死于十一月者有康熙帝玄烨一人。宣统帝溥仪死于公历 10 月。

通过研究清帝的死亡月份，我们可以发现，清帝死亡的时间同季节、气候的变化有着密切关系。

我国现存最早的医学典籍《黄帝内经》中就有"非其时则微，当其时则甚""非其时则生，当其时则死"的论述。我认为这两句话的意思是，病患之体，阴阳失衡，在与季节相克时，病则重，人则死。有人曾研究过一千多例死亡病例的死亡时间和时辰，得出结论：冬至前后死亡率最高，比平均时节死亡率高 1.7 倍。其原因是冬至之时，气候严寒，正值阴极阳生、阴阳交替，此时患病之体难以顺应自然之势，天人不应，阴阳离绝，故死亡率最高。复观清代皇帝的死亡时间可知：在冬三月里，正月死亡率最高，如顺治帝福临、乾隆帝弘历和道光帝旻宁三人均死于正月。我国北方地区冬季严寒、气温较低，病患的死亡率高。但是，我国地域辽阔，南北气温差异较大，不同地区的情况不同。清朝皇帝主要生活在北方，以北方而论，冬季清帝死亡率最高。

清朝皇帝也是人，会生病，也会死，其疾病、死亡与季节、气候之间的关系同平民百姓基本一致。因为人类生活在自然界中，自然界的变化必然影响人体，尤其影响病人。清朝皇帝既然在自然之中，当然也受自然规律的制约。

另有几点讨论。

第一，清帝们的疾病虽然各不相同，但都受时间节律的影响。在受统计的数十位清帝中，其死亡年龄、所患疾病并不相同，但都同样受时间节律制约。如死于冬季的几位皇帝，以享年而计，年龄最高者为乾隆帝，卒年八十九岁；其次为康熙帝，卒年六十九岁；再次为道光帝，卒年六十九岁；复次为顺治帝，卒年二十四岁；最小为同治帝，卒年十九岁。他们死亡的时间总体比较集中。

第二，满洲皇帝崇尚骑马射箭，这也与他们的死亡时间有一定联系。我曾读过一篇国外的医学研究报告，文中指出，寒冷的气候会让血液更为黏稠，人体的胆固醇含量在冬季会增高，呼吸系统感染情况也会增多。缺乏体育锻炼是引发心脏病的原因之一。就是说，冬季气温寒冷，人们往往不愿参加太多体育活动，因此血液会变得更加黏稠，继而可能引起血压升高并加重心脏负担。国内的研究结论亦相似。因此，在冬季发作的心脑血管病可能更具致命的危险。清朝皇帝冬季较少举行围猎活动，他们一整个冬季的户外活动都较少，这很容易诱发上述疾病，甚至导致死亡。这应当是较多清帝死于冬季的一个重要原因。

第三，明朝诸皇帝的死亡时间与清帝的死亡时间有惊人相似之处。在明朝十六帝中，建文帝（下落不明）、景泰帝（一说病中被勒死）、泰昌帝（吞红丸而死）、崇祯帝（景山自缢而死），或不得其死，或死于非命。其余十二帝的死亡时间也较集中。一是腊月、正月，如嘉靖帝死于十二月庚子（十四日）、宣德帝死于正月乙亥（初三日）、正统帝死于正月庚午；二是七月、八月，如永乐帝死于七月辛卯（十八日）、万历帝死于七月丙申、成化帝死于八月己丑（二十二日）、天启帝死于八月乙卯（二十二日）。腊、正、七、八四月，仅占全年总月份的三分之一，而死亡皇帝数量却约占统计皇帝总数的百分之六十。明朝皇帝的死亡与时间节律的关系，为研究清帝死亡与时间节律的关系提供了一个史料旁证。

最后，我们常说明清史不分家，又说清承明制。大家想对清朝历史有更多、更深的了解，就应该知道一点明史。明史是很有意思的。后面，我会接着讲明朝十六帝，希望大家喜欢！

我在《百家讲坛》栏目中，横向讲了清朝十二个皇帝，纵向讲了清朝十几个专题。节目从去年开始播出，到今年结束，光阴荏苒，整整一年。感谢本栏目的制片人、编导和同仁，感谢广大热心观众，也感谢《正说清朝十二帝》的广大读者！我在这里向诸位鞠个躬，向大家表示深深的敬意！谢谢大家！

2005 年

北京文化的重要位置与历史特点

探讨北京悠久的历史文化，应当注意其发展的阶段性及其各个发展阶段的联系与区别、共性与个性。在研究某一发展阶段的重要位置和历史特点时，应当把握三个层次的关系，即农耕文化与游猎文化、京师文化与地区文化、中华文化与外来文化的关系。这里我只谈北京成为皇都以降，即金、元、明、清八百年间，北京文化的三个交汇点。

农耕文化与游猎文化的交汇点

北京南襟河济，北连朔漠，位于中原农耕文化与塞外游猎文化接壤之地，历来为中华民族内部诸族融合之区。五代以降，契丹、女真、蒙古、满洲先后在北京奠都，北京迭次成为以上述少数民族为统治民族的北中国或全中国的政治中心和文化中心。民族间文化的碰撞和融合，在北京地区表现尤为突出。

辽曾在北京地区建立陪都，称"南京幽都府"。契丹主在南京策试进士，得七十二贤人；又在南京雕印《契丹藏》。宋人名诗也在南京流传，"谁题佳句到幽都，逢着胡儿问大苏"就是诗证。金在中都创制颁行女真大小字，设女真学，开女真进士科，并将《易经》《书经》《论语》《孟子》等译成女真文。蒙古汗将大都郊区变成牧场，草原文化冲击农耕文化，却受到中原文化的抵拒。后元官修《农桑辑要》，发展农耕，却在南郊保留"飞放泊"即今南海子。明时汉族人做了皇帝，巍峨壮丽的北京城在某种意义上正是不同民族争局的产物。清代满洲贵族不仅把"国语骑射""剃发易服"带到北京，而且在紫禁城里建起箭亭，在坤宁宫内砌起萨满教祭祀煮肉的锅灶，甚至将坤宁宫明代菱花隔扇窗改为关外直条窗格的吊搭窗。清崇儒重道，八旗子弟参加科试，《清实录》用满、汉、蒙三种文字缮写，满人纳兰性德用汉文著《纳兰词》，《西厢记》和《红楼梦》也被译成满文。紫禁城内满文与汉文合璧书写的匾额，雍和宫的满、汉、蒙、藏四体文碑，用满、汉、蒙、藏、维五种文字编修的《五体清文鉴》，都是农耕文化与游猎文化在北京交融的突出例证。虽然它们各自经历痛苦磨难、付出巨大代价，但塞外游猎文化在北京给中原农耕文化输入了新血液，中原农耕文化又在北京给塞外游猎文化补充了新营养。

京师文化与地区文化的交汇点

中国幅员辽阔，民族众多，文化差异，十分显著。各个地区的文化，既有区域的不平衡性，又有各自的特色。北京作为元、明、清三代全国的政治中心和文化中心，其时长城内外，燕山南北，珠江黑水，四域八方，举凡"天生地产，鬼宝神爱，人造物化，山奇海怪，不求而自至，不集而自萃"。全国各地区、各民族优秀的文学家、艺术家、科学家、学者鸿儒和能工巧匠等都荟萃京师，又将京师的文化播散到全国各地。

北京的紫禁宫殿、坛庙寺观、皇家园囿，都吸取了全国各地区、各民族的文化精华。清乾隆帝六下江南，巡行游览，若遇中意的名园胜境，即命随行画师加以摹绘，作为京华建园的借鉴。北京皇家园囿在继承传统园林文化的基础上，大量地吸收江南园林的诗画意境和造园手法，既保留北方林莽的雄浑气概，又体现江南水乡的婉约多姿，可谓兼具东西之优、博采南北之长，而成为中国园林文化史上的一个高峰。京剧也是吸取了昆曲、徽剧、梆子、汉剧和秦腔等各剧种的精华，在剧目、音乐、表演、服装上都有所革新，再结合北京的地方语言和风俗习惯而逐渐形成的，后来又予各地方剧种以重要影响。北京作为元、明、清三代全国的教育中心，在京举行会试两百多科，有五万多人成为进士。他们之中除少数留居京师外，大多数分散各地。然而，各地来京参加会试的举子生员人数，岂止为考中进士人数的百倍！总之，全国各地区、各民族、各行业的大部分杰出人物，或在京任职，或旅居京师。他们都或直接或间接地领略京华文化风韵，播散京华文化信息，都同全国文化网络的中心——北京文化有着千丝万缕的联系。北京在全国的文化集聚与文化播散功能，是其他任何城市和地区所不能相比的。

中华文化与外来文化的交汇点

在北京成为都城的文化发展史上，中华文化与外来文化既相冲突又相融合。

辽南京的清真寺（今牛街清真寺），在建筑上采用中国传统的木结构，在装饰上兼有伊斯兰建筑的阿拉伯风格。这是中外文化融合的一例。辽在南京雕印的《契丹藏》传入高丽，后高丽僧人将宋《开宝藏》和辽《契丹藏》等对照校勘，印成《高丽藏》。这是中外文化交流的一例。到了元代，大都是当时世界的一个文化中心。元帝在大都实行对外文化开放的政策，还允许外国人在衙署里做官。外国的科学家、医生和传教士等成批地来到大都，中国的学者、官员和僧侣等也从大都去往世界各地。道士丘处机和政治家耶律楚材都到过中亚。阿拉伯的医药学和天文学等传入大都。波斯天文学家札马鲁丁将阿拉伯天文、历法知识带来大都，他还是回回司天台的负责人。大都太医院设掌管回族医药的广惠司，其创建者是叙利亚人爱薛。大食人也黑迭儿为大都城的营建，尼泊尔人阿尼哥为妙应寺白塔的修筑，都贡献了自己的才华。大都的文化也传到国外，如汉族天文学家参加西亚《伊尔汗历》的编纂工作，此书中包含中国历法的内容。中国的火药等也是经阿拉伯传到了欧洲。大都籍景教长老拉本扫马前往耶路撒冷朝圣，后出使欧洲，曾至君士坦丁堡、伦敦、巴黎和罗马。拉本扫马西行后，教皇派遣约翰·孟德高维诺来到大都，他在大都建教堂，并用蒙古文翻译了《新约全书》。马可·波罗则为大都文化与西方文化交流做出了贡献。

虽然明代北京国子监的外国留学生比元时多，但总的说来，明代北京的对外文化交往不如元代大都。晚明时利玛窦将西方近代文化带到京师，使士大夫耳目为之一新。清定鼎北京后，对西方文化采取又吸收又排斥、时吸收时排斥的政策。

北京文化史表明，北京的京师文化是在不断吸收、消化各民族、各地区、各国家文化养分的过程中，逐渐得到充实、提高、发展和繁荣的。

2004 年

祖大寿与祖家街

许多北京人都知道西城有条祖家街，但很多人不知道有个祖大寿，也不知道祖家街和祖大寿有什么关系。

祖大寿，本名天寿，字复宇，明辽东宁远（今辽宁省兴城市）人。他行伍出身，勇敢豪爽，初任游击，后晋先锋，再升参将。明天启六年（1626年），后金汗努尔哈赤亲率六万大军进攻宁远，袁崇焕偕祖大寿据婴城力御。参将祖大寿分守南城，命闽卒发西洋大炮，杀伤后金兵数百人。后来，努尔哈赤受了伤，被迫撤兵。同年，努尔哈赤死去。祖大寿因功升为副总兵。第二年，新登汗位的皇太极发兵进攻宁远、锦州，祖大寿随满桂于锦州迎战，后金兵大败。皇太极领兵转攻宁远，祖大寿奉袁崇焕命，率领精兵四千，绕到敌后攻击，又大败后金军。祖大寿在宁远之战与宁锦之战中立下了赫赫功勋。

崇祯帝登极后，励精图治，惩治阉党，起用袁崇焕为兵部尚书，督师蓟辽，镇守辽东。祖大寿也升为前锋总兵，挂征辽将军印，驻守锦州。当时明朝已丧失辽河两岸土地，防御后金有三座重要关城，即锦州、宁远和山海关。祖大寿守御锦州，处于明辽东防御的最前线，所以，被封为前锋总兵。祖总兵驻镇的锦州，成为阻挡后金军南进的第一道屏障。但是，崇祯二年（1629年），皇太极率兵避开祖大寿守卫的锦州和袁崇焕守卫的宁远，绕道蒙古，攻龙井关与大安口，陷遵化，略通州，直抵北京城外，驻帐安外土城。袁督师急调祖大寿回援京师，他们率九千骑兵，"士不传餐，马不再秣"，日行三百里，三天三夜，赶至北京城下，取得了广渠门之战的胜利。但是，正当袁督师取得初步胜利时，崇祯帝却中了皇太极的反间计，将袁崇焕逮捕下狱。袁督师下狱后，辽军将士惊惶，彻夜号哭。辽兵食无粮，马无草，露宿郊外，不能进城，城上兵士又用礌石向下乱打，祖大寿陷入困境。

祖大寿在袁崇焕下狱后，先以官阶、赠荫为督师求赎赦免，不许；又用全家性命为督师代赎放还，也不准。他恐怕受到株连，又不服满桂升为武经略，便统领辽军将士驰骑出关，径奔宁远，举朝震动。大学士孙承宗奉旨派人去召回祖大寿，不听，崇祯帝又命袁崇焕在狱中修书劝勉。从前祖大寿因罪当死，被袁崇焕解救，所以祖大寿对袁崇焕感恩戴德。这次明廷派官携带袁崇焕给祖大寿的手书，疾驰追往关外见祖大寿。祖大寿下马捧接袁督师的手书，放声大哭，全军皆哭。其时祖大寿之母在军中，年八十余，问将士为何哭，祖大寿如实禀告。祖大寿之母劝他回师立功，救袁督命。祖大寿即回兵入关，很快收复遵化、永平、滦州、迁安四城，京师转危为安。后祖大寿仍驻镇锦州。崇祯四年（1631 年），崇祯帝为表彰祖大寿援救京师和镇守边境之功，命在宁远建立石坊，后又为其弟祖大乐也建了一座石坊。两坊都是四柱三门五楼样式，雄伟壮观，雕工精细，为兴城今存重要历史文化遗产。

然而，袁督师蒙冤惨死后，朝中奸佞得势，贤臣受欺，崇祯帝刚愎自用，辽东战局愈发不可收拾。明朝辽东将领死的死，降的降，败的败，逃的逃。后来，只有祖大寿驻守的锦州挺然而立。

皇太极将明在山海关外的城堡逐一拔除，锦州成为一座孤城。袁崇焕死后，祖大寿在关外坚守十二年，直至崇祯十五年（1642年），锦州"城内粮尽，人相食"，才率众出城降清。清军占领锦州，并据有关外土地、人民。祖大寿是袁督师死后明辽东最骁勇的一员将领，皇太极对他甚为器重。祖大寿降清后，皇太极授他为总兵，属汉军正黄旗。

清顺治元年（1644年），祖大寿随清军入关，到了北京。关于祖大寿在北京的住地，清代学者朱一新在《京师坊巷志稿》中记载："祖家街，正黄旗官学在西，相传为祖大寿故宅。"日本人多田贞一在《北京地名志》中引《北京琐闻录》载述，亦认为清初功臣祖大寿居住在祖家街。祖家街在今西城区赵登禹路中段路西，是一条东西胡同，全长近两百米。祖家街在明朝叫"大桥胡同"，胡同东口有一条南北的河漕，习称"北沟沿"，直到解放初，这里还是一条明沟，后来改为暗沟，上面铺成柏油马路。大桥胡同东口濒临明沟，沟上有座大桥，胡同由此得名。桥东隔路对着的胡同，明代称"武安侯胡同"，因明代武安侯郑亨邸宅在胡同内而得名，现称"西四北八条"。祖家街这个地名，在乾隆十五年（1750年）绘制的《乾隆京城全图》上已有记载。后乾隆年间学者吴长元著《宸垣识略》，书中也出现了祖家街的相关记载。以上足以说明祖家街同祖大寿之间的联系。

相传祖大寿的故居在祖家街东头路北，后改建为祠，现为北京市第三中学。这座院落坐北朝南，大门三间，门两侧有倒座房五间，其中东侧两间，西侧三间。门前原有两座石狮，雕刻粗犷，威严雄壮，后被毁。这是一座三进的四合院，布局严整，建筑朴实。

第一进前殿（前堂）七间，中间为门，两侧各三间。第二进正殿（正堂）五间，中间为门，两侧各两间，并各有耳房一间。院内有东西厢房，两厢房南侧又各有耳房。正殿（正堂）后有一座垂花门，施画彩绘，格外雅丽。垂花门下东西两侧各有一对石鼓墩座，造型美观，花纹细腻。第三进后殿（后堂）五间，附有东西耳房各两间。院内有东西厢房各三间。院落不大，北院墙现在基本还在，东西院墙早已被拆毁。

据北京三中校史记载：1912年，京师公立第三中学移至祖家街，其址曾为祖大寿家祠。那么今北京三中校址，原是祖大寿家宅还是祖大寿家祠呢？从文献记载、建筑规制、历史文物和民间口碑等方面来看，这里可能最初为祖大寿家宅，后改为祖氏家祠。祖大寿作为汉军总兵，先后两次降清，虽清初深得帝王厚爱，但其地位与满洲八旗都统是不能同日而语的。因此，他的宅邸总体规模并不是特别大。院中正殿后的垂花门，是这里原为住宅的一个证据。那么，祖氏家宅又是怎样变成祖氏家祠的呢？我想，祖大寿在北京居住的时间并不算长，他于顺治十三年（1656年）病死，仅在京住居十余年。他死以后，其弟祖大乐和其儿子、从子、养子们，有的官至总兵、将军、总督，他们多另有邸宅。他死后一百二十年，乾隆帝谕令国史馆立《贰臣传》，《祖大寿传》即被收入《清史列传》卷七十八的《贰臣传》之中。祖大寿的坟墓在关外，祖家后人后来改府为祠，祖氏家宅也就成为祖氏家祠。据民间相传，这里的后殿早年曾供奉祖大寿的牌位，可见它确已被改为祖大寿在京后裔祭祀先祖的祠堂。总之，因为祖氏家宅和祖氏家祠在这条街上，所以这条街名为祖家街。祖家街一名，从出现到现在已有三百多年的历史。

1992 年

清皇帝与紫禁城

编者按:

获奥斯卡金像奖九个奖项的电影《末代皇帝》和28集电视剧《末代皇帝》相继放映后,在中外观众中引起强烈反响,他们纷纷想去中国末代皇帝生活过的地方,一睹清朝历史风采。为此,北京、吉林、辽宁、河北、天津的旅游部门通力合作,开辟了"末代皇帝"旅游路线。

这条专项旅游路线以末代皇帝爱新觉罗·溥仪的个人经历为主要线索,带游客们到他生活过的一些地方和一些具有代表性的清王朝的历史胜迹参观游览,包括世界最大的宫殿——北京故宫、我国现存最大的皇家园林——承德避暑山庄、长春伪满洲国的帝宫、沈阳前清故宫、清王朝开国皇帝努尔哈赤的陵寝、抚顺战犯管理所等。一路上,游客可以参观各具特色的爱新觉罗家族及满族生活习俗展览,了解满族文化,品尝皇宫盛宴美食、满族风味饮食,欣赏满族宫廷乐舞。沿着溥仪的足迹,人们可以看到中国今昔的变化……

为配合这条专项旅游路线,本刊将从这一期起开辟相关专栏,从专业的角度介绍有关旅游景点的文化背景和历史意义。我们相信,这正是看过《末代皇帝》的观众所乐于了解的内容。

一位英国朋友同我说,他先后来过北京十二次,参观过紫禁城十二次，每次参观都会被它的博大气势和瑰丽艺术所感动，每次参观都是一次艺术享受。是的，这座东方历史文化艺术博物馆确有震慑人心的力量。

北京紫禁城始建于明代，距今较为久远，清皇帝在紫禁城留下了许多故事。

万方安和

清朝的十二个皇帝中，有十人在北京紫禁城里居住过。清太祖努尔哈赤，作为明建州左卫都指挥使，曾先后八次入北京朝贡。他住居的赫图阿拉（今辽宁新宾西永陵镇老城村），地处边外，文化落后。努尔哈赤到北京后，见京城繁华，宫殿伟丽，后起兵反抗明朝。朝鲜史书说他有"射天之志"，就是有夺取明朝皇位的志向。他建立后金，黄衣称汗，迁都沈阳，称之为"盛京"。努尔哈赤死后，其第八子皇太极继承汗位，于崇祯二年（1629年）冬，带领八旗军攻打北京。北京城坚池深，袁崇焕等率军拼死御守。皇太极攻城不克，兵败城下，牧马南苑，撤兵回师。他率领侍卫骑马巡城，遥视宫阙，惊叹不已。皇太极认为：明太祖朱元璋曾为和尚，后成帝业，天子废为匹夫，匹夫起为天子。这表明皇太极立志取代明帝而治居紫禁城。但是，皇太极像其皇父一样，赍志而殁，最终也未能住进紫禁城。

清太宗皇太极死后，其六岁的儿子福临继承皇位，多尔衮等摄政。顺治元年（1644年），清军入关，败李自成，占领京师，小皇帝福临成了紫禁城里第一代姓爱新觉罗的主人。在紫禁城中治居过的十个清代皇帝中，竟有五位是小皇帝。他们即位时，最大者八岁，最小者三岁。其登极的年岁分别为：顺治帝六岁，康熙帝八岁，同治帝六岁，光绪帝四岁，宣统帝三岁。清帝冲龄登极，或由皇朝宗室摄政，或由顾命大臣辅政，或由太后垂帘听政，从而没有出现汉唐外戚擅权、宦官当政的历史闹剧。

清帝入居紫禁城，长江南北不太平。清军入关后，强迫汉人剃发垂辫、换穿旗人服装，跑马圈占京畿土地，京师内城房屋只许旗人居住，这就是剃发、易服、圈地、占房四大弊政。百姓流离失所，人民怨声载道，北京城内人人惊恐不安。当年清朝统治者在今天安门前金水桥畔架设大炮，以护卫紫禁城正门。北海白塔，严设警报：白天有警，升旗；夜间有警，挂灯。有时情势紧张，城门昼闭。因此，当时摆在紫禁城内清帝御前最重要的问题是天下"安""和"。

清帝为贯彻"万方安和"的国策，将原明承天门重修后，改称"天安门"；将旧厚载门，改称"地安门"；将原皇城东门称"东安门"、西门称"西安门"。这样东、西、南、北四门都突出一个"安"字，以示京师安定、天下安泰。紫禁城三大殿也改了名。三大殿明初建时依次称"奉天殿""华盖殿""谨身殿"，后遭雷火焚毁。嘉靖帝重修后依次改称"皇极殿""中极殿""建极殿"，清帝再修后依次改称"太和殿""中和殿""保和殿"。显然，奉天殿名突出"天"，神权至高；皇极殿名突出"极"，君权至上；太和殿名突出"和"，民族协和——由神降为君，由君降为民，可谓一大进步。当然，这是清帝统治下的"民族协和"，而不是现代意义的"民族协和"。

治居一体

中国皇宫同西方皇宫不同，如法王的治权区与居住区是分开的，而北京的紫禁城是治居一体，就是皇帝治国与居住都在紫禁城里。人们依据《国朝宫史》将紫禁城分为外朝与内廷两大部分，该书将大清门也划归外朝，但这种划分方法不够精确。紫禁城从明朝开始，既治居一体，又四部——前衙、外朝、内廷和后苑相连。

前衙是皇帝治国与施政的办事衙署。紫禁城是清朝的统治中心，它的前衙分布着各种衙署。从紫禁城南向第一重门天安门，经第二重门端门，至第三重门午门（清乾隆中期后以午门为紫禁城正门），两侧排列朝房。如端门内东西朝房各四十余间，分别为礼、工、户、兵、刑、吏六科公署及六部九卿朝房。阙左门下为九卿会议处，阙右门下为八旗都统会议处，门北为诸王朝房。可见这一带在清朝是朝廷的前衙。

外朝是皇帝决策与举行典礼的殿堂。它的核心为太和、中和、保和三大殿。太和殿为正殿，每年元旦、冬至、万寿（皇帝生日）及国家大典，清帝御殿受贺。清末溥仪帝的登基大典就在这里举行。中和殿内有御书匾"允执厥中"，就是政出中庸，策忌涨落。清帝登太和殿前在此接受诸臣行礼，然后出御太和殿。保和殿中设宝座，每岁除夕，清帝御殿宴请蒙古王公贵族。皇帝大婚，皇太后在这里宴请皇后家及王公大臣家的女眷。三大殿的左翼为文华殿，每岁春秋仲月，清帝御殿同儒臣论讲经典。"金门旭日丽初晴，讲席春和盛典行"的诗句，就是这种经筵的写照。其后有黑琉璃瓦顶的储藏《四库全书》的文渊阁，有绿琉璃瓦顶的皇子居所。三大殿的右翼为武英殿，清帝钦定刊行诸书，多在殿左右值房校刻装帧。殿南的南薰殿，珍藏历代帝后画像。殿西的御书处，镌刻清帝御书法帖。

内廷是皇帝理政与生活的宫殿。它的前面为乾清门，是清帝御门听政的场所。"凌晨御内朝，咨采接群彦"，清帝在这里会见大臣，议决朝政。清康熙帝等勤于政事，寒暑不辍。内廷的核心为乾清宫、交泰殿、坤宁宫三宫。乾清宫中安设社稷江山金殿，清初皇帝召对臣工、引见官贤皆在此。殿中高悬顺治帝御书"正大光明"匾，后藏继位皇子名字的秘密锦匣。雍正帝始移治居于养心殿。宫西的弘德殿，内悬殿铭：求全之毁，吉德也；不虞之誉，凶德也。清帝虽做不到这一点，但敢于悬挂，还是很有意思的。康熙帝读书的懋勤殿、伺臣侍值的南书房，都在此区域。宫后为交泰殿，再后为皇后居住的坤宁宫。清代的顺治帝、康熙帝、同治帝、光绪帝以及废帝溥仪，都是在这里度过洞房花烛夜的。三大宫的右侧为东六宫，左侧为西六宫，为帝后、妃嫔、未成年皇子及孀居太后、太妃等的居所。

后苑是帝后游幸与休憩的苑囿。紫禁城内的御苑，以坤宁宫后的御花园为主，以宁寿宫花园和慈宁宫花园为两翼，共同组成紫禁城的内廷苑林。御花园有12000多平方米，园内的主体建筑钦安殿是明帝崇奉道教设斋醮供之所。园内有亭台鱼池、假山奇石、奇花异草、郁葱嘉木，端庄华丽，景胜优美。宁寿宫花园即乾隆花园，原为乾隆帝退位颐养而建，占地近6000平方米。全园格局灵巧紧凑，空间时闭时畅，曲径通幽，步移景异。慈宁宫花园主人多为太妃、太嫔。她们青灯一盏，长夜永昼，过着"红颜暗老白发新"的清寡生活。园内佛堂很多，设景平淡，园中的松柏、丁香清淡而素雅，更平添了一片哀穆凄楚的气氛。

满族色彩

清代紫禁城虽沿袭明制，但局部做了调整，体现出满族文化色彩。

满族是一个崇尚骑射的民族。清帝入主中原后，把这种习俗带进了紫禁城。明朝皇帝只在中南海紫光阁、景山观德殿前等设射箭处，宫内并没有。清帝在宫内文华殿后修建箭亭，亭中石刻乾隆帝引清太宗"衣服语言，悉遵旧制""操演技勇，时时练习骑射"谕文。这足以说明清帝是多么重视骑射！清帝认为，若废骑射，宽衣大袖，必然会遭受他人割肉而食的厄运。但后来清军以战马弓箭对付西方坚船利炮，惨遭失败。

满族是一个信奉萨满教的民族。清军入关后，把崇信萨满教的习俗也带进了紫禁城。萨满教是一种原始宗教，有立杆祭天的古老风俗。萨满即巫师，举行宗教仪式时，他们手舞足蹈，振动腰铃，念念有词，充满神秘色彩。清帝在宫内设索罗杆子祭天。清帝还按照盛京（今沈阳）清宁宫的形制，对坤宁宫大加改动。他将原明代菱花隔扇窗改为直条窗格的吊搭窗，并把窗户纸糊在窗外；又将原在中间的正门改为东次间偏门，在里面安设煮祭肉的锅灶；还在宫内增添三面接绕的火炕，炕上设宝座，为皇帝祭祀后食肉的座位。

　　紫禁城是清代皇帝专制权力的象征，也是中华民族历史文化的结晶。她像一块巨大的磁石，每年吸引着数以千万计的中外游客。

1989 年

饶伸与《学海君道部》

饶伸纂《学海君道部》二百四十四卷，《目录》八卷，有《自序》，明万历年间刻本。

饶伸，字抑之（一字廷抑），江西进贤人。明万历十一年进士。授刑（工）部主事。后宦局浮沉，归居乡里，纂辑《学海君道部》。万斯同《明史》卷三百二十六、王鸿绪《明史稿》卷二百二十九和《明史》卷二百三十均有其传。《明史·饶伸传》和《明史稿·饶伸传》皆源自万斯同《明史·饶伸传》。万氏《明史》为钞本，其《饶伸传》载：

> 饶伸，字抑之，进贤人。万历十一年进士。授工部主事。十六年，庶子黄弘宪典顺天试，辅臣王锡爵子衡为举首，申时行婿李鸿亦预选。礼部主事于孔兼疑举人屠大壮及鸿有私，尚书朱赓、礼科都给事中苗朝阳欲寝其事。礼部郎中高桂遂发愤谪可疑者八人，并及衡，请得复试。锡爵疏辨，与时行并乞罢。帝皆慰留之，而从桂请，命复试。礼部侍郎于慎行以大壮文独劣，拟乙置之。都御史吴时来及朝阳不可。桂直前力争，乃如慎行议，列甲乙以上。时行、锡爵调旨尽留之，且夺桂俸二月。时衡实负才有名誉，锡爵尤不能平，复上疏极诋桂。

礼部郎中高桂被大学士王锡爵疏诋，饶伸愤愤不平，秉笔抗疏：

自张居正三子连占高科，而辅臣子弟遂成故事。弘宪更谓一举不足重，居然置之选首。子不与试，则录其婿，其他私弊不乏闻。复试之日，多有不能文者。时来罔分优劣，蒙面与桂力争，遂朦胧拟请。至锡爵讦桂一疏，剑戟森然，乖对君之体。锡爵柄用三年，放逐贤士，援引憸人。今又巧护己私，欺罔主上，势将为居正之续。时来附权蔑纪，不称宪长，请与锡爵、弘宪俱赐罢。

抗疏既入，饶伸反罹下狱削籍之祸。同书又载：

疏既入，锡爵、时行并杜门求去。而许国以典会试入场，阁中遂无一入。中官送章奏于时行私第，时行仍封还。帝惊曰：'阁中竟无人耶？'乃慰留时行等，而下伸诏狱。给事中胡汝宁、陆梦龙、杨文焕，御史林祖述、管九皋、毛在，复交章劾伸及桂，以媚执政。在又语侵孔兼，谓桂疏实其所使。孔兼不服，奏辨求罢。于是诏诸司严约所属，毋出位沽名，而削伸籍，贬桂三秩，调边方，孔兼得免。

饶伸不畏炎势，抗疏力辩，但蒙冤受屈，削籍归里。最后，据王鸿绪《明史稿》载：

伸既斥，朝士多咎锡爵。锡爵不自安，屡请叙用。二十一年，起南京工部主事，改南京吏部。引疾归，遂不复出。熹宗即位，起南京光禄寺少卿。疏陈葆养圣德，词甚剀切至。天启四年，累官刑部左侍郎。魏忠贤乱政，请告归。所辑《学海》六百余卷，时称其浩博。

伸在宦海，三起三落，仕途坎坷，蒙厄成学。康熙《进贤县志》卷十五有《饶伸传》。其所载乡贤饶伸，较诸《明史稿》和《明史》本传为详，且系善本，不便寓目，故分征如下：

> 饶伸，字廷抑，十三游胶序。督学邵公见而奇之。十八登贤书，癸未成进士。授刑部主事，省断清听。时掌提刑，有豪仆游七，相沿轻纵。公重加惩创，虽触忌本堂弗顾也。李给谏谓汉、唐张、徐当不是过。伸颇厌浮沉宦局，乞假归里，博综往古，不数年著《学海》数百卷。今《君道》二百二十四卷刻行世。

因知饶伸初辑《学海君道部》乃于乞假归里期间。后复补主事，因顺天科场事抗疏忤旨，下诏狱，遭廷杖，削籍家居，续辑《学海君道部》。同书又载：

> 已，复补刑曹，露章极言科场事，忤上，廷杖，削籍。家居五年，荐剡特起南工曹，即应受官差，俱谢不就。调南京吏部验封司主事。考绩请告。会恩诏起升考功司郎中，吏典班办，悉从宽免，计赍不下数千，南都仰其优恤。

《学海君道部》经初辑、续辑之后，伸丁卯艰回籍，终以三辑成书。同书复载：

> 丁卯艰，回籍，续成《学海》《君道》《大礼》《大祀》《征伐》等部三百余卷，皆手自编摩，寒暑不辍。

饶伸撰《学海君道部》成书后，雕梓刊行，是为万历刻本。万历帝死，泰昌帝立。泰昌短祚，在位一月，吞红丸而死。"一月之间，梓宫两哭。"熹宗登极，是为天启帝。泰昌时、天启初，饶伸官职累迁，同志书继载：

> 光皇践祚，赐环升光禄少卿，寻迁大理右丞，转北大理左丞、太常少卿。爱书祀典，皆自裁决，执事有恪。升太仆寺少卿，管东路少卿事。亲历牧围，洞悉情弊，国政一清。疏陈圣学、理财、用人，曲尽忠悃。甲子升少司寇，署部事。

俱魏阉窃政，触怒珰竖，六上抗疏，予告终养。县志本传再载：

> 五年，珰焰初炽，大狱频兴，争事罗织为媚。公一遵平恕，朝审热审，转死为生者居多。其李国㮁一案，珰勒以不赦处之。伸确主八议之恤，殊忤珰怒。时伸寿母百龄，抗疏六上，乃予侍养。

伸晚年乡居，奉养寿母，研讨《易经》，娱书消时。同上书最后载：

> 伸居家无长物，学有本源，尤精易理，撰《会解》，实补程、朱所未逮也。

饶伸所撰《会解》虽佚，但其《学海君道部》传世。

《学海君道部》二百四十四卷，全书分为六类：《世系类》，记历代正统闰余帝王世系之事；《创业类》，记历代开创之事；《中兴类》，记历代前衰中兴之事；《继统类》，记嗣位夺宗之事；《余分类》，记衰而图兴之事；《干名类》，记据土争衡之事。类之下分门，以《世纪类》为例，分列十门：《帝王历世门》，述历代帝王世系，起洪荒章，迄万历初，考其先世，稽其所出，略似历代帝王年表；《闰位世次门》，述三国、南北朝、五代、辽、金等未成一统之数代；《伪命世数门》，述五胡十六国及南唐十国之历系；《列国谱系门》，述历代封建之国；《僭国氏号门》，述秦末陈胜、元季张士诚等；《义师家世门》，述仗义兴师之士；《强藩年代门》，述历代藩镇之事；《四夷种族门》，述边陲民族之事；《篡逆名号门》，述汉之王莽、唐之安禄山等；《乱贼姓名门》，述起义、举事等未成者。门之下复分篇，篇分章，章分节。统共六类、三十七门、一百八十五篇、八百七十六章。

《学海君道部》这部书在每门、每篇之前多有小序，小序或自撰，或取材于《册府元龟》。小序之下，顶格印者，为提纲；低格行款者，为引文；低二格者，为经文注疏、史绎注释。引文多注明出处，或书名，或撰者；其不注出处者，出于《资治通鉴》和《册府元龟》等书。伸加按语，用"卮言曰"，以示自谦。

《学海君道部》一书之取材及价值，邓嗣禹尝言：

> 书中取材，大概上古多据罗泌《路史》，而不尽然其说；中古多据《通鉴纲目》，而不尽采其词；明代多沿杨慎、王世贞、茅坤、胡应麟、邱濬等人之言，《明实录》《吾学编》《宪章录》《大政记》《昭代典则》等书，而不尽注所出。综观全编，上古博搜经、史、子、集，时附己见，最为详赡；中古多据《通鉴》《元龟》，不注所出，较有逊色；明复转详，而议论不多，盖时人论时事，终感不便也。大体言之，全书广罗偏霸篡逆等史料，多为常人所忽视。研究封建制度者、开国史实者及草纂中国革命史者，均可以供参考也。

饶伸站在封建正统立场上，以维护"君道"为宗旨，缕述历代正统与偏安帝王之"世系""创业""中兴""继统""余分""干名"以及政治变乱，而略于载纪经济、文化、民族、典制等。但其纂辑大量之史料，仍具参考价值。

《学海君道部》世罕传本。《千顷堂书目》"通史类"有"饶伸《学海君道部》二百三十四卷"；"类书类"载又有"茅绍《学海》一百六十四卷"。《明史·艺文志》踵其说，于卷九十七"正史类"载"饶伸《学海君道部》二百三十四卷"。《天禄琳琅书目·后编》卷十六，著录"《学海》一百三十卷，明饶伸撰"。至乾隆时纂《四库全书总目》，未见著录，其书已流布不广。王重民《中国善本书提要》也未予著录。今北京图书馆《善本书目》著录，皮存二十四卷，十册，仅为原书十分之一。北京大学图书馆存残本一部，即为前燕京大学图书馆所购，钤"海丰吴氏"印，即"吴仲饴（重熹）所藏书"。北京故宫博物院亦藏残本一部。以上数书均欠卷缺页，并阙《目录》八卷。此外，中国人民解放军军事科学院图书馆和中国书店各存一部，亦各有欠卷缺页之处。然首都竟无一较完整之《学海君道部》，实为憾事。

全国古籍整理出版规划领导小组重视中国文化典籍之整理。中国书店夏方（夏学孔）同志，曾为古籍的搜集、整理和交流而辛勤工作四十年，现虽已退休，但仍热心于此项工作。他承中国人民解放军军事科学院和中国书店领导鼎助，四处奔走，力排障碍，将军事科学院图书馆与中国书店所藏之《学海君道部》（残本）对抄，书内短卷缺页又用北京大学图书馆和故宫博物院图书馆皮藏残本抄补，历时四个多月，终将军事科学院图书馆《学海君道部》一书钞配告竣，共二百四十四卷，厘正错乱，修补整理，做金镶玉，函帙成书，并附详细《目录》，便于检索。夏方同志为整理和保护我国历史古籍做出了可贵的贡献。

1985 年

满洲的兴起

满洲的悠久历史

满洲，又名满族，是我国一个历史悠久的少数民族。满族自己的语言即满语，属阿尔泰语系满 – 通古斯语族。早在新石器时代，满族的先民即散居在贝加尔湖以东、黑龙江中游沿岸及松花江下游一带。其先民商周称"肃慎"，秦汉称"挹娄"，魏晋称"勿吉"，隋唐称"靺鞨"，辽金又称"女真"，为避辽兴宗耶律宗真讳，改称"女直"。元末明初，女真主要分为三大部：建州女真、海西女真和野人女真。

明初，据史料记载，努尔哈赤的六世祖猛哥帖木儿，同女真另两部首领阿哈出和卜儿阔，驻牧在牡丹江与松花江汇流处附近斡朵里一带。这三部称"移兰豆漫"，"移兰"为满语 ilan 的对音，意为三；"豆漫"为满语 tumen 的对音，意为万，引申为万户。猛哥帖木儿等为三个万户，统领女真军，为明镇抚北陲。

明永乐元年（1403 年）设置建州卫，以阿哈出为建州卫指挥使。永乐十年（1412 年）增置建州左卫，以猛哥帖木儿为建州左卫指挥使。猛哥帖木儿曾先后十次赴京进贡。阿哈出和猛哥帖木儿等几经迁徙，其子弟先后定居于今浑河及苏子河流域。正统七年（1442年）析置建州右卫，猛哥帖木儿弟范察掌右卫事。建州三卫共居一处，同族联姻，均隶属于明奴儿干都司。

建州女真徙居的苏子河流域，较其原驻牧地区，气候宜农，雨量丰沛，土壤肥饶，位置优越。它西临抚顺，东接朝鲜，大量输入耕牛和铁制农具，引入先进生产技术，1599 年又"始炒铁，开金、银矿"，社会生产力迅速发展。其时，女真"各部蜂起，皆称王争长，互相战杀，甚且骨肉相残，强凌弱，众暴寡"，给部民带来深重灾难。女真人渴望结束纷争局面，实现各部统一。

女真及东北的再统一

明朝后期，在东北地区的历史舞台上，主要有三种政治势力在角逐：明、蒙古和女真。第一，明主昏政暗，阉官专权，土地集中，边备废弛。它在辽东地区的军屯瓦解，余丁逃亡，将骄兵惰，马羸械杇。加之朝廷党争激烈，掣肘蓟辽将帅，明朝难以稳定地控制东北地区。第二，蒙古各部贵族，自隆、万以来，东犯辽河骑兵，屡受明军重创，实力大为削弱。时东部漠南蒙古封建王公，枝蔓纷繁，朝盟暮仇。蒙古兵连祸结，内讧不休，也难以在东北地区担当大任。第三，女真社会经济迅速发展，出现各部统一趋势。而明廷分裂、压迫女真民族的政策妨碍女真诸部统一，引起女真人的不满。结束各部争雄杀伐局面、反抗明廷压迫政策、实现女真统一、崛起辽东地区的这一历史重任，落在以努力哈赤为杰出首领的这代女真人肩上。

努尔哈赤（1559—1626）出生在建州赫图阿拉的一个奴隶主家庭里。他家道中衰，早年丧母，分居后得产独薄。年少时曾参加劳动，如挖人参、采松子、拾蘑菇，赶抚顺马市贸易。在与汉人、蒙古人的交往中，学会蒙古语，并粗通汉语，识汉字，好听《三国演义》《水浒传》的故事，自谓有谋略，其第栅门残联有"迹处青山""身居绿林"字样，说明他受汉族文化影响较深。后努尔哈赤之祖觉昌安、父塔克世在辽东总兵李成梁攻打女真古勒城时，被明军误杀。明予努尔哈赤"敕书三十道，马三十匹，复给都督敕书"。

万历十一年（1583 年），努尔哈赤借报父祖仇之名，以"十三副遗甲"起兵。他采用"顺者以德服，逆者以兵临"的策略，历时五年，并取苏克素护河部、董鄂部、浑河部、哲陈部和完颜部，后又夺取讷殷部、朱舍里部和鸭绿江部。十年之间，将蜂起称雄的"各部环满洲而居者，皆为削平"，使建州女真归一。随之，灭海西女真，即扈伦四部的哈达部、辉发部、乌拉部和叶赫部。同时征抚兼施，征取野人女真的东海女真部，兵锋所指，"莫不折伏"；并出兵征抚黑龙江中下游地区的黑龙江女真部。又对漠南蒙古施以联姻、盟誓、征讨等政策，臣服蒙古科尔沁、喀尔喀等部。

天启六年（1626 年）以后，皇太极继续统一东北地区。第一，在黑龙江下游一带，皇太极降伏使犬、使鹿等部。第二，在黑龙江中上游地域，"南北两岸各城屯俱附之"。如索伦部首领巴尔达齐和博穆博果尔等率众归服，后金遂辖有呼玛尔、铎陈和雅克萨等城。第三，在贝加尔湖以东地区，游牧于鄂嫩河、尼布楚一带的蒙古茂明安部归附后金。第四，在漠南蒙古地区，后金兴兵察哈尔部，林丹汗兵败西行，死于青海大草滩，漠南蒙古全部降附。到1642年，清不仅基本统一了女真各部，而且基本统一了东北地区。皇太极说：

予缵承皇考太祖皇帝之业，嗣位以来，蒙天眷佑，自东北海滨，迄西北海滨，其间使犬、使鹿之邦，及产黑狐、黑貂之地，不事耕种、渔猎为生之俗，厄鲁特部落，以至斡难河源，远迩诸国（部）。在在臣服。

"东北海滨"系指鄂霍次克海，"西北海滨"是指贝加尔湖，"斡难河"即鄂嫩河。这就是说，经过努尔哈赤和皇太极两代经营，东起鄂霍次克海，西迄贝加尔湖，南濒日本海，北跨外兴安岭的广阔地域，即明奴儿干都司以及辽东都司等辖境内的各族人民，已基本置于清初东北疆域的管辖之下，各族人民互相交往，迅速融合。

八旗制度的创立

随着女真各部及东北地区的统一，八旗制度也逐渐形成。
《满洲实录》记八旗制度起源时说：

前此，凡遇行师出猎，不论人之多寡，照依族寨而行。满洲人出猎开围之际，各出箭一枝，十人中立一总领，属九人而行，各照方向，不许错乱，此总领呼为牛录（汉语大箭）额真（额真汉语主也）。于是以牛录额真为官名。

"牛录"，为满文 niru 的对音，意为箭或大箭；"额真"，为满文 ejen 的对音，意为主。"牛录额真"即大箭主，原是狩猎时的十人之长，起源甚早，后演变成为官名。

万历二十九年（1601 年），努尔哈赤对建州军队进行了一次整编，复编三百人为一牛录，每牛录设额真一员。在"牛录制"的基础上初建黄、白、红、蓝四旗。至万历四十三年（1615 年），因"归附日众，乃析为八"，就是除原有四旗，再增添镶黄、镶白、镶红、镶蓝四旗，两者合称八旗。一般以三百人为一牛录，设牛录额真，后称"佐领"；五牛录为一甲喇，设甲喇额真，后称"参领"；五甲喇为一固山，设固山额真，后称"都统"。这就是满洲八旗。

除满洲八旗之外，还有蒙古八旗和汉军八旗。1621 年始设蒙古牛录，翌年始置蒙古旗，1635 年始设蒙古八旗，旗色与满洲八旗同。1631 年，皇太极将满洲八旗中的汉人拨出，另编一旗，后称"汉军"，旗帜为黑色。1637 年分设汉军为二旗，1639 年又增设汉军二旗。1642 年汉军扩充为八旗，旗色改为与满洲八旗、蒙古八旗相同。从此，实际有满洲八旗、蒙古八旗、汉军八旗，共二十四旗，但习惯上仍统称之为"八旗"。

八旗既是军事组织，又是行政组织，也是经济组织，"出则为兵，入则为民，耕战二事，未尝偏废"。努尔哈赤创建八旗制度，以它为纲，把满洲社会的军事、行政、生产加以统制，并使涣散的女真各部联结起来。因此，八旗制度的创立对女真各部的统一、满族共同体的形成、满洲社会的改革及其经济的发展，均起了积极的促进作用。但八旗制度强化了对满洲社会农奴、奴隶和部民的军事统治，有其严重的局限性。

清政权的确立

随着明朝的日趋腐朽衰败、建州的日益统一强盛,努尔哈赤决意放弃对明廷既朝贡称臣、佯示忠顺,又暗自称雄、发展势力的两面政策,着手建立政权。

万历四十四年(1616年)正月,努尔哈赤在赫图阿拉黄衣称汗,自践汗位。赫图阿拉的满文体为 hetu ala,hetu 汉意横,ala 汉意岗,赫图阿拉汉意"横岗"。它位于今辽宁新宾西永陵镇老城村,后称"兴京"。关于努尔哈赤称汗,《清太祖高皇帝实录》记载:

> 天命元年,丙辰,春正月,壬申朔,四大贝勒代善、阿敏、莽古尔泰、皇太极及八旗贝勒大臣,率群臣集殿前,分八旗序立。上升殿,登御座。众贝勒大臣率群臣跪,八大臣出班,跪进表章,近侍侍卫阿敦、巴克什额尔德尼接表。额尔德尼跪上前,宣读表文,尊上为覆育列国英明皇帝。于是,上乃降御座,焚香告天,率贝勒诸臣,行三跪九叩首礼。上复升御座,众贝勒大臣,各率本旗,行庆贺礼。建元天命,以是年为天命元年。

但是,将上述记载与《满文老档》对校,发现有三处明显的篡改:其一是突出四大贝勒的地位;其二是称"英明皇帝",而《满文老档》载为"(大)英明汗";其三是称"建元天命"。努尔哈赤黄衣称汗并未声张,迟至 1619 年其自称"后金天命"才始见于朝鲜及明朝的记载中。

努尔哈赤建立后金政权，对明发起攻势。1618年发布"七大恨"告天，陷抚顺、占清河。努尔哈赤径叩边门，抚顺失陷的败报驰至京师，明廷会议"大举征剿"后金。翌年，明以杨镐为统帅，征发十万余军队，兵分四路，进攻赫图阿拉。努尔哈赤采取"凭尔几路来，吾只一路去"的策略，集中兵力，逐路击破，取得萨尔浒大捷。后金遂于1621年夺取沈阳和辽阳，并连下辽河以东大小七十余城堡，旋迁都辽阳。翌年，八旗军攻占明辽西重镇广宁（今北镇）。后努尔哈赤于1625年迁都沈阳（盛京）。

后金汗努尔哈赤进入辽沈地区之后，颁布"计丁授田"和"按丁编庄"汗谕。他参照明辽东封建军事屯田制和后金八旗牛录屯田制，将辽东三十万日（一日约合六亩）土地授予当地人户。"计丁授田"令规定：每一男丁，种粮田五日，种棉田一日，均平分给。每三男丁种官田一日。每二十男丁中，征一丁当兵，以一丁应公差。"计丁授田"的土地所有制、直接生产者地位和产品分配形式，都属于封建生产关系的范畴。后金汗在辽东人民斗争的推动下，继"计丁授田"之后，又于1625年发布"按丁编庄"令，规定：每庄男丁十三人，牛七头，田百日，其中二十日纳官粮，八十日供自己食用。"按丁编庄"的壮丁以自己的劳动、耕牛和农具，耕种农奴主的土地，向农奴主纳劳役地租。因此，后金实行"计丁授田"和"按丁编庄"，都是封建主占有土地，农奴分得份地，农奴依附于土地，为地主纳租税、服徭役，并受其超经济强制。这表明：满洲社会以"计丁授田"和"按丁编庄"为标志，初步完成由奴隶制向封建制的转变。

后金汗在改革满洲社会土地所有制的过程中，实施了许多针对辽东汉民的错误政策，激起辽民的强烈反抗。1626年宁远兵败之后，努尔哈赤悒郁不自得，同年八月病发身死。其第八子皇太极取得汗位，时三大贝勒与皇太极"并肩共坐"。皇太极于1632年"南面独坐"，打破了四大贝勒轮流执政的"平衡局面"，强化了君主专制。皇太极于1635年改族名为满洲，1636年称皇帝，改国号为清。他多次派兵攻入关内，甚至攻打京师，严重威胁着明的统治。

从1583年努尔哈赤起兵，迄1643年皇太极死去，其间整整六十年。在这六十年间，女真结束了元明三百年来分裂的局面，完成了各部统一的大业；女真社会经济得到迅速发展，并实现了由奴隶制向封建制的过渡；初步形成了满族共同体，祖国东北版图重新统一。在祖国东北的大地上，经历混战杀伐和奴隶制漫漫长夜之后，出现了满洲兴起与社会进步的曙光。

1984 年

努尔哈赤事略

满族伟大的政治家努尔哈赤，在满族的初期发展和中华民族开化史中起了重要作用。现在把他的主要事迹作如下略述。

"十三副遗甲"起兵

努尔哈赤（1559—1626），姓爱新觉罗，明建州左卫苏克素护河部赫图阿拉城（今辽宁新宾）人。他的先世自明初以来历任建州左卫都指挥使。到他父亲塔克世时，家道中衰。努尔哈赤早年丧母，后来分家得产微薄，常挖人参、采松子到抚顺关售卖，以补贴生活。后来他离家从戎，投到明辽东总兵李成梁帐下。他略通汉语，识汉字，喜读《三国演义》，又先后多次到过北京，受汉族文化影响较深。

努尔哈赤生活在一个动荡的年代。明朝日趋没落，满族正在兴起。满族的先世女真人当时散居于白山黑水之间，分作四大部分：居住在牡丹江流域的建州女真、居住在松花江流域的海西女真、居住在乌苏里江及以东滨海地区的东海女真、居住在黑龙江两岸的黑龙江女真。明朝对各部女真实行"分其枝，离其势，互令争长仇杀"（《神庙留中奏疏汇要》）的政策，结果女真各部首领"皆称王争长，互相战杀，甚且骨肉相残，强凌弱，众暴寡"（《清太祖武皇帝实录》）。分裂和战乱严重影响女真社会发展，给人民带来深重灾难。

时图伦城主尼堪外兰，引明李成梁军攻女真古勒城。明军久攻不下，损兵折将。及城陷后，明军把城中男女老幼诱出城外全部屠杀。努尔哈赤的祖父和父亲适到城中，也蒙受大难。努尔哈赤满含悲愤，立志复仇。

因此，反抗明朝压迫、结束各部分裂局面、实现统一成为女真人民强烈的愿望，也是女真社会发展的趋势。而实现这个愿望的重担落到了努尔哈赤身上。

万历十一年（1583年），二十五岁的努尔哈赤为报父祖之仇，以"十三副遗甲"起兵，开始走上反抗明朝压迫、统一女真各部之路。

统一女真各部

努尔哈赤起兵后，阳为恭顺明朝，暗自发展实力，运用"顺者以德服，逆者以兵临"的策略，率先统一建州各部。1586年，努尔哈赤初起，兵单力弱，率领一支不足百人的队伍，先杀掉仇人尼堪外兰，克图伦城，使苏克素护河部归一。继而征抚哲陈部、栋鄂部、完颜部和浑河部，统一了建州本部，后又相继征服长白山的鸭绿江部、朱舍里部和讷殷部。"环满洲而居者，皆为削平"（《清太祖武皇帝实录》），努尔哈赤统一了整个建州女真。

随后，他又统一了海西女真。海西女真即扈伦四部——叶赫、乌拉、哈达、辉发，均实力较强，又依恃明朝。努尔哈赤采取远交近攻、联大灭小、各个击破的策略，在古勒山和乌碣岩两次战役夺得胜利的基础上，先吃掉弱小近邻哈达部（1599年）和辉发部（1607年），又用"砍伐大树"的方法，即通过多次征战，灭掉乌拉部（1613年）、叶赫部（1619年），使"诸部始合为一"。

他对东海女真则采用了"征抚兼施，以抚为主"的系列手段。如东海虎尔哈部酋长纳喀达率众降附，他盛宴款待后，将举家归附者和有产业而欲归者分为两行，为首八人各赐男妇、马牛、衣物、房田等。原想回去的人见此情景后要求留下，并写信告知眷属，"别部掳掠人畜财产，汗以招徕安集为念，吾土所居弟兄眷属，可皆率之来"。由此可见，努尔哈赤的上述政策取得了积极成效，东海女真诸部"莫不折伏"。

最后，他统一黑龙江女真。努尔哈赤派兵至黑龙江北岸，"东至北海之滨，并为其所有"（朝鲜《光海君日记》）。后其子皇太极多次征抚，统一了女真各部及整个东北地区。

在统一女真各部时，努尔哈赤逐渐改变了对蒙古的"金元世仇"政策，转而通过结盟、联姻、赏赐、盟会等方式拉拢科尔沁、喀尔喀等部，编蒙古旗，至皇太极增为蒙古八旗。

女真诸部统一的过程，也是满族形成的过程。努尔哈赤一统女真，结束了元明三百年来女真各部分裂的局面，促进满族共同体加速形成。努尔哈赤时代，部分汉人、蒙古人、鄂伦春人、使犬部人、使鹿部人和索伦部人等同女真人融为一体。于是，一个新的民族共同体——满族，出现在了祖国统一多民族大家庭里。

创建八旗　制定满文

在统一女真各部的进程中，努尔哈赤有两项重大建树，即创建八旗制度和主持制定满文。

早在努尔哈赤六世祖猛哥帖木儿时，建州左卫已有军队。努尔哈赤的历史功绩在于对女真原有军事组织加以改造，创建了一支纪律严明、骁勇善战的铁骑队伍。

八旗制度是清代满族的一种社会组织形式。1601 年，努尔哈赤建立了黄、白、红、蓝四旗；到 1615 年，因"归附日众，乃析为八"，在原有四旗的基础上，增建镶黄、镶白、镶红、镶蓝四旗，共为八旗。规定原则上每三百人编为一牛录，由牛录额真（汉译"佐领"）统辖；五牛录为一甲喇，由甲喇额真（汉译"参领"）统辖；五甲喇为一固山（旗），由固山额真（汉译"都统"）统辖，固山额真是一旗之主。每旗约有七千五百官兵，八旗共有六万人。努尔哈赤是八旗的最高统帅，其子侄分别统帅各旗。

以旗统军，以旗统民。八旗还是掌管行政、经济的组织。牛录下设拨什库，管理噶珊，即屯落。牛录额真及其助手管理本牛录的军事、经济、土地、诉讼、婚丧等事务，但以军事为主。八旗兵丁平时巡更狩猎，战时出征。出征要自备马匹、器械、粮糗。虏获物按军功分配。努尔哈赤通过八旗制度把散漫的满族人组织起来，让其去积极从事军事、政治、经济工作，使整个女真社会成为一座"大兵营"。

早在金代，女真人已使用女真文。女真文是一种方块字，至明初，懂女真文的人已极少，靠近蒙古地区的女真人多使用蒙古文。努尔哈赤初期的政令用蒙古文发布。在发布蒙古文政令时，有些女真人既看不懂，也听不懂。为解决语言和文字的矛盾，1599 年，努尔哈赤命额尔德尼和噶盖用蒙古文字母来拼写满语，创制满文。

这就是"无圈点满文"，又叫"老满文"。1632 年，达海奉皇太极之命改进满文，在字母旁加圈点，改进了字母的发音与书写形式，并设计了十个拼写借词的特定字母。这种改进后的满文叫"有圈点满文"，又叫"新满文"。

满语属阿尔泰语系，满文是拼音文字。满文有六个元音字母、二十四个辅音字母、十个特定字母。字母不分大小写，出现于词首、词中和词尾时，均有不同写法。满文书写形式自上而下，自左至右。努尔哈赤主持制定满文，是满族文化发展史上的一座里程碑。满族人民自此有了自己的文字，可以用它来交流思想、记载史事、翻译汉籍、传播文化。

努尔哈赤通过创建八旗和制定满文这两条物质与精神的纽带，加强了满族的内部联系，使满族成为一个新的稳固的民族共同体，从而为满族社会的发展立下不可磨灭的功勋。

建立后金政权

努尔哈赤基本统一女真各部之后，于万历四十四年（1616 年）在赫图阿拉正式立国，建元天命，国号称"金"（史称"后金"）。后金政权的建立，表明努尔哈赤有"射天之志"，欲夺取明统。

万历四十六年（1618 年），努尔哈赤"告天"誓师，宣读"七大恨"讨明檄文，公开竖起反明的旗帜。他率领八旗军占抚顺、拔清河，连陷五百余台堡，震动京师。明廷任命杨镐为辽东经略，征集军队，准备进剿后金。万历四十七年（1619 年），杨镐统领十二万军队，号称二十万，兵分四路，分进合击，企图直捣赫图阿拉，消灭后金。

努尔哈赤得报明军压境，冷静沉着，指挥若定。他坚持"凭尔几路来，我只一路去"的战术原则，集中兵力，依险设伏，速战速决，各个击破。他亲率八旗军，猛攻驻守萨尔浒山的明军，一连激战四天，击败明军四路之师，取得这次战役的胜利。后来乾隆帝说，萨尔浒之战大捷，乃能克辽东、取沈阳、王基开、帝业定。萨尔浒之战打得干净、漂亮，充分体现了努尔哈赤的军事指挥才能。

天启元年（1621年），努尔哈赤带领八旗军，扑向沈、辽，十天之间，连陷沈阳和辽阳，并一举占领七十余城，辽河以东尽为后金所有。后金迁都辽阳。

出于统一战争的需要，努尔哈赤很重视经济。如1599年，满族"始炒铁，开金银矿"。他对进入满族地区的汉人和朝鲜人铁匠，"欣然接待，厚给杂物，牛马亦给"。无故杀害奴仆者，贝子以上罚"诸申十户"，贝子以下"则戮其身"，以此保护劳动力。

后金进入辽沈地区，努尔哈赤于1622年发布"计丁授田"政令，规定每一男丁，给地六垧，以五垧种粮，一垧种棉，按口均分。又规定二十男中，一人当兵，一人服役。"计丁授甲"制的颁布，标志着我国东北地区满族社会封建土地所有制代替了奴隶占有制。

1625年，努尔哈赤排众议，决定迁都沈阳。从此，沈阳成为后金的政治重心，也成为东北最大的都会。但是，八旗军进入辽沈地区后，夺占土地，抢掠财物，欺辱汉民，强令剃发，行恶无数，引起汉族人民的不断反抗。

努尔哈赤于1626年率军进攻宁远，兵败而归，悒郁疽发，同年死去。努尔哈赤在四十余年的戎马生涯中,利用人民力量统一女真诸部,反抗明统治者压迫,促进满族共同体形成,推动满族社会改革,尝试建立封建贵族共和政体,为中国统一的多民族国家的发展做出了重要贡献。至于他的种种过失,同他的功勋相比,则是次要的。

1981 年

《栅中日录》

朝鲜李民寏（寏）的《栅中日录》，是一部有史料价值的书。作者李民寏，字而壮，号紫崖，生于朝鲜李朝宣祖六年（1573年，明万历元年），卒于李朝仁祖二十七年（1649年，清顺治六年）。李民寏有遗著《紫崖集》七卷，《栅中日录》是《紫崖集》中的篇章。

《栅中日录》是个总题目，包括五个篇目：《栅中日录》《建州闻见录》《越江后追录》《自建州还后陈情疏》《进建州闻见录》。以上五篇共约二万二千二百字。

《栅中日录》流传极少。1741年(李朝英祖十七年，清乾隆六年)，即在李民寏死后约一百年，他的遗著《紫崖集》才由朝鲜荣井斋舍开版刻印。1971年，日本天理大学今西春秋教授把所藏版心署"玉版书屋"的木版《栅中日录》进行影印。

《栅中日录》有重要史料价值。1619年，明与后金战于萨尔浒，这是后金与明朝兴衰史上的一个转折点。明经略杨镐统军十万，分兵四路，围攻后金政治重心赫图阿拉。朝鲜国王光海君派都元帅姜弘立、副元帅金景瑞和官员李民寏以下一万三千余名军队，渡鸭绿江，出兵宽甸，受明军宽甸路刘綎部节制。明军四路出师，两双败北。朝鲜援明军队投降后金。李民寏在后金的栅宅中居留了一两年。他对后金的政治、经济、军事、文化和刘綎部的进军情况等，按日作了记载。这就是《栅中日录》。他又把在建州的耳闻目见，写成了《建州闻见录》。明朝没有留下建州女真社会内部状况的直接资料，而《满文老档》又是从崇德元年（1636 年）才开始编写，所以李民寏的《栅中日录》是研究努尔哈赤时期女真历史的第一手珍贵资料。

1978 年 8 月

文化

"年"与北京冬奥会

第 24 届冬奥会于 2022 年 2 月 4 日至 2 月 20 日在北京举行，恰逢北京一年当中最冷的时节，这对冰雪项目来说非常适宜。今年春节比往常早一点儿，冬奥会开幕式的时间正好是我们的大年初四。在欢度佳节之时，举行一场世界瞩目的盛会，可以说是喜上加喜！

中国的春节与世界的冬奥

咱们国家的传统重大节日首推春节。"夏曰岁，商曰祀，周曰年"，这个过年的"年"字原本上面是"禾"，下面是"千"，《说文解字》释曰："年，谷孰（熟）也。从禾，千声。"篆书的"年"，由"禾"与"千"组成。"千禾"表示粮食无限多、丰收，寓意五谷丰登！周代以前过年时间是不固定的，有时在 10 月份，大约相当于现在国庆节的时候，是真正丰收的季节。汉代改以正月为岁首，这个时候粮食收完了，进入农闲时节，粮满仓，人满堂，家家高兴，户户庆祝。

后来"年"逐渐演变成一只怪兽，放鞭炮则是为了驱逐怪兽。我觉得这是误传和误解。因为我们历史上是个农业国，过年就是全家高高兴兴地来享受丰收的喜悦。比如腊月三十，全家都得回来团圆，那一天要"请神"。我觉得最初请的应是"祖先神"，也就是提醒家庭成员，大家过年时不要忘记过世的先人。如何接待他们呢？就是请他们回来，一起吃团圆饭。怎么吃呢？把牌位、画像摆上，把好吃的摆在供桌上，意思就是请祖先回家聚一聚，让他们知道后人现在的日子过得很快乐、幸福。那为什么正月初五晚上"送神"呢？有一种说法是，过去腊月二十五朝廷封印，吏、户、礼、兵、刑、工各部都要把图章、印玺清洗后封起来，过年这几天不办公。等过了正月初五，到了初六，各部办事机关重新开门，把图章、印玺都请出来，正式开始工作。各家商店也初六开张。祖先们过完年也得回那边"上班"了，所以咱们得送送他们，吃顿好饭，燃放鞭炮，把他们送走。这本来是一种美好的怀念，后来有些人把它神化、迷信化、玄学化了。从历史的角度来看，我认为阖家团圆、欢庆丰收、家家和谐、国泰民安才是它真实的意思。

春节是个全民性的节日，不光是汉族，满族、蒙古族、藏族、苗族、瑶族等兄弟民族都过春节，所以在我们最喜庆、最盛大的节日里举行世界级的综合运动会——冬奥会，是我们十四亿中国人的大喜事。我们国家处于亚洲，所以这也是全亚洲的大喜事。全世界的优秀冰雪运动员齐聚北京，全世界的媒体也都聚焦北京，所以这还是世界体育史上的一件大喜事！

宫廷的冬天与古老的冰雪运动

我们国家有个特点，那就是大。最南端的岛屿(礁)是曾母暗沙，它紧邻赤道，约位于北纬4度，一派热带景象。往北端走，咱们明清强盛的时候，地域最北到北纬 60 度左右。南北跨越 60 多度，从炎热的夏天到寒冷的冬天，这就是祖国的幅员辽阔。所以，我老说中国版图大、人口多、历史久，人民心胸又广阔，那真是让人骄傲！北京大约位于北纬 40 度，既能举办夏奥会，又能举办冬奥会，这是由特殊地理位置决定的，也是我们国家强大的表现之一。

说到北京的冬天，故宫的取暖方式很有特点，明朝和清朝还不太一样。明朝最初定都南京，迁都北京以后太冷，皇宫上上下下的人受不了。他们就采用"地暖"，砌坑烧炕、砌火墙。清朝时，满族人把东北的暖墙和暖炕挪到了北京。炕有进火口，里面的热气来回串，烟气从烟囱出去。当时皇帝、后妃等住的地方多有烟囱，如慈宁宫、坤宁宫等，所以冬天屋里挺暖和。

故宫的供暖既集中又分散，皇帝、皇后、太后的宫里都有一套供暖系统，如乾清宫、养心殿、慈宁宫等，这是因为它们之间距离比较远，集中供暖太浪费能源。除了暖墙、暖炕，宫里还用炉子，有地炉、炕炉、手炉等。慈禧屋里就单有一个炭火炉，烧起来很暖，另外还有手炉可随身携带。

远古时期，人类要选择最适合生活的地方居住，汉族祖先选择了中原地区。长江和黄河流域不冷也不热，雨量充沛，平原较多，适宜人居和发展农业。比如西安、洛阳、开封、北京、杭州、南京，这些成为过都城的城市都在这个区域里。汉族是农耕民族，冬天粮入仓了，进入了冬闲时期，人们多用扭秧歌、唱戏等活动来进行娱乐，与冰雪相关的活动开展得比较少。但是南北气候不一样，特别是山海关以北，到了冬季那真是冰天雪地！就比如我研究的清朝森林文化，满、赫哲、鄂温克、鄂伦春、锡伯等都是在森林文化中成长起来的民族，它的分布区域往南大致到长城，往北约到黑龙江地区。冷的年头，10月份黑龙江、松花江等大江大河就冰封了，大雪铺天盖地，是真正的林海雪原！

古代没有汽车，下大雪时马车一般也不行，轱辘会陷进雪里。那么整个东北，包括辽宁、吉林、黑龙江以及内蒙古部分城市的广阔地区，交通问题怎么解决？于是，人们发明了冰雪世界中的行具——爬犁。古代北方民族多是一个部落一个部落的，有的部叫"使鹿部"，顾名思义，养鹿，出行时用鹿拉爬犁；有的叫"使犬部"，一家养几十只狗，甚至上百只狗，打猎用狗，拉爬犁用狗，行船拉纤也用狗。元朝就有狗拉爬犁的相关记载，跟马拉车的道理一样，有一只狗是头儿，拉着最长的套绳跑在前头，它能听懂主人的指令。狗是非常聪明的，"走""停""转向"都能听懂。亲戚串门，大人和孩子都坐在爬犁上，带的东西也放在爬犁上，一群狗拉着爬犁，几十里地跑得飞快。打猎也要用爬犁，比如打了头野猪，扛不动，就放在爬犁上拉着。军事上也同样需要用到这种特殊的冰雪交通工具，比如黑龙江漠河以东的雅克萨，冬天零下40多摄氏度，一度被俄国人占领，清朝想驱逐敌人，就算从辽宁调集军队过去也不容易，这个时候滑冰鞋、雪橇、狗拉爬犁、狗拉船就派上用场了。比如要运大炮，当时是组织当地人完成这项任务，他们赶着牛羊一路走一路吃，运完之后就地解散。这比用军队运输还方便，因为军队的后勤补给就是个大问题。

雪上有雪爬犁，冰上有冰爬犁，有些地方又称冰爬犁为冰床，多是用木头做的，有棍儿拄着，滑行如飞。如果是一个人，还可以滑冰。清朝时，满洲人是关外来的，对滑冰本来就很熟悉，到北京之后，八旗军队特设了滑冰这项军事训练。一到春节、正月十五以及一些特殊的日子，还要选出几个滑得最好的进行滑冰表演，叫作"冰嬉"。皇帝、皇后就在北海搭个御座观看冰嬉。所以说，滑冰既是一种军事训练，能够提高士兵们的耐寒能力、反应能力，锻炼其意志力和体能；又是一种娱乐活动和体育活动，在清代大为盛行。

还有滑雪，跟瑞士一样，咱们东北过去的狩猎人也滑雪。他们的滑雪板大多也是像船一样头上翘一点，用绳子或皮条将其捆在脚上，一戳一戳地滑。当时的人应该没见过国外滑雪的那套装备，就是在生活中自己发明出来的。

我查资料，《钦定满洲源流考》记载：木马形如弹弓，长四尺，阔五寸，一左一右系于两足，激而行之雪中冰上，可及奔马。《满文老档》中曾提及，清初大年初二，努尔哈赤等人在冰上看打冰球。参与者还分成两队进行滑冰比赛，男女分队，胜者获奖。

冬奥会项目与冰、雪有关，而在古代中国的运动史上，我们也有这两大方面的相关运动。

冬天在北京滑冰是比较方便的，除前面说过的皇家喜欢观看冰嬉以外，普通老百姓也多有滑冰的习惯。以前，北京有好多地方可以滑冰，如北海白塔前后、颐和园，这些地方的冰场都有人管理。天暖和了，冰融化了，滑冰也就停了。

附录

冬奥问答

问（《北京晚报》记者）： 您对冬天的故宫有什么特别的印象吗？

答（阎崇年）： 有一次晚上搞活动，赶上下大雪下得挺厚，主办方说去里面走一走，于是我们就踩着雪进去了。整个故宫的墙、房顶、地上都是一片白，树木挂着梨花一样的冰雪，真是难得一见！

故宫有位老先生叫朱家溍，爱滑冰。他年轻时每年都滑，八十岁那年还带着冰鞋去北海试了试，居然还能滑。

问： 您参加过冰雪运动吗？

答： 我当初在北京六中上学，最近的冰场是中山公园里的筒子河，冬天我就去那儿滑冰。学校体育课就教滑冰，我们还有业余滑冰队。滑高兴了出很多汗，都不觉得冷。我学"花样刀"，大概一次就学会了，开始先摔几跤，到临走时就能慢慢地滑起来了。如果要学技巧，当然得花功夫，但普通的滑起来不是太难。

还有个笑话，有一次，我和我们的体育老师去参加市里的滑冰比赛，去了之后怎么等也没有人来，我们俩就下冰场先滑起来。后来才听说这次滑冰活动取消了，没有人通知我们。我们俩就自嘲说，北京滑冰赛对方是第一，自己是第二。

2022 年 2 月

全面多元发展的中华文化

中华文化的特点，是中华文化与世界其他各国文化的不同之处，也是中华文化自信的历史根据。

据我所知，在考古学上，旧石器时代的早期、中期、晚期，新石器时代的早期、中期、晚期等，各个时期的考古文化遗存在中华大地都出现过。中华民族有五千年文明史，在联合国五个常任理事国中，中国是唯一拥有这么悠久的文明史的国家。

中国在商朝已经出现刻在龟甲和兽骨上的象形文字——甲骨文。从此，中国开始有文字记载的历史，距今至少有三千五百年。而后，两周金文、秦汉简册、隋唐帛书等书写的历史连续不断，直至现在。因而，《诗》《书》《礼》《易》《春秋》等古典文献，我们今天依旧能够识读。楚辞、汉赋、唐诗、宋词等，我们今天也能看懂。在古埃及、古巴比伦、古印度和古中国"四大文明古国"中，文字的使用和发展连续而不间断，中国是唯一的。

中华文化包括五十六个民族的多元文化，也包括不同类型的多元文化，即中原农耕文化、西北草原文化、东北森林文化、西部高原文化和沿海暨岛屿海洋文化。在五千年历史长河中，虽然发生过多次族群的、区域的、集团的、军阀的、阶级的战争，有分有合，但最后多归于一也。其中原因固多，但根本原因是中华文化的向心性，文化的向心性维持中华文化之既多元又一统。

中华文明既兼收并蓄又相互交流。正如长江吸纳众多支流，才汇成滔滔江河一样。秦汉、隋唐、两宋、元明清等时期，中华民族都曾同域外诸国进行文化交流，朝鲜、日本、越南、泰国等自不必言。以明初为例：郑和七下西洋，侯显五使绝域，亦失哈多次巡视奴儿干，还有陈诚多次出使西域。陈诚之西行，往返一次行程三万五千里，远达哈烈（今阿富汗赫拉特）和撒马儿罕（今乌兹别克斯坦境内）。陈诚写下《西域行程记》，记录了他所去十七地的山川、风俗、物产等。中华之博大、国家之胸怀、国人之精神、前贤之艰辛，今人读之，深感震撼！

回顾历史，鉴往知来。中国五千年的人文历史，积聚了丰富而精彩的思想和智慧，如自强不息、厚德载物、天人合一、克己为仁等，都有普适价值。今后百年，随着中国富强安泰，西人学习汉语，中华文化定会"东学西渐"，时间愈久，影响愈大。人类历史上，科技和人才总是向发展势头好、文明程度高、创新最活跃的地方集聚。未来，中华文化将更加全面多元发展，中国将有望成为"发展势头好、文明程度高、创新最活跃"的全球文化集聚地，成为世界人文文化和科技文化的重要中心。这是历史的诉求，也是中国人民的愿望。

2022 年 1 月

疫情来袭日　正是读书时

今年的世界读书日，既有新困惑，又有新希望。对我来说，我有双重身份，既是读者，又是作者。那就先从读者说起。

去年年末，疫情突袭。世卫组织最新数据显示，截至北京时间 4 月 23 日，全球累计新冠肺炎确诊病例接近 255 万人。这是近百年来人类遭遇的传播范围最广、损失最重的一次全球性大流行疾病。其影响涉及政治、经济、文化等诸多领域。这给全世界读者带来的分明是困惑，怎会是希望？

事情要从正反两面看。人们读书最大的阻碍是时间——没有时间，怎么阅读？而疫情，虽给世界造成巨大灾难，却也给广大读者送来时间。疫情期间有个现象，那就是"三少一多"："三少"是开会少、应酬少、餐叙少，"一多"是能自己支配的时间相对多了。读书，读书，最难得的是时间，眼下自控时间多了，正是读书的好时机。对许多人而言，今年连着几个月宅在家里，大好春光日，正是读书时。窗外看百花，室内溢书香。我从电话中获知，有的朋友，每周读一本书，已读十多本书，无暇他顾，心安神定；有的朋友，在家里看大片，每天看一部，艺术境界，大为提升；有的朋友，在家泼墨写字，每天写若干字，书法作品，猎获丰硕；而我自己，集中精力读同道的新著《冯尔康文集》，并在晚饭后欣赏《中国京剧音像集萃》，每天看一出，补了我在中国戏剧方面所缺的课。

我国参与抗疫的白衣医护人员，还有大量公职人员和义工等，奋斗在抗疫最前线，大公无私，舍己为人，表现出高尚品德和爱国精神。他们哪里有时间读书呢！但他们完成任务后，放松下来，也可以读书。

读书益处多。面临疫情，人们难免心神不宁，而读书可以安神定志，修心养性。康熙皇帝玄烨说："凡人进德修业，事事从读书起。多读书则嗜欲淡，嗜欲淡则费用省，费用省则营求少，营求少则立品高。"（《圣祖仁皇帝庭训格言》）这话说得有道理。

读书还有益于健康长寿。疫情期间，人们愈发觉得：自身健康，免疫力强，抵抗力强，才能对抗病毒，减少疾病。健康长寿的方法很多，其要之一就是读书。据玄烨观察并统计，明末清初的书法家、画家、学者等，多"寿考而身强健"，就是既长寿又健康。他认为：多读书，益寿康。乾隆皇帝弘历身边有所谓"香山九老"，多是诗人、作家、学者、书画家等，他们大多健康高寿。如钱陈群享年八十九岁、杨廷璋享年八十五岁、沈德潜享年九十七岁；撰《十三经注疏校勘记》《畴人传》《揅经室集》等，被"海内学者奉为山斗"的阮元，享年八十六。另一位大学者、教育家、三代帝师徐元梦临终前一天，"心所欲言，口不能尽"，即喃喃欲言而说不出话来，却举着书看了许久，第二天仙逝，享年八十七。这些学人在"人生七十古来稀"的年代，的确是长寿者。

我既为读者，又为作者。要写书，必先读书。读书主要有两种方法：一是用耳听，俗称"听书"，如过去常说到书馆听评书；二是用眼看，俗称"看书"，如过去常说到图书馆看书。而写书呢，也有两种不同的形式：我在喜马拉雅网络音频平台，主要是给听众讲书；而应出版社之邀雕梓图书，主要是给读者写书。

今年是北京故宫建成六百周年，这是中国、亚洲、世界文化史上的一件大事。为此，我的《大故宫六百年风云史》一百讲音频课程在喜马拉雅播出，我还出版同名书籍，同时出版拙著《故宫六百年》（上下册）。线上线下，听书看书，相互交替，彼此互补。喜欢阅读的，可以看书；喜欢换个形式的，可以听书；没听清楚的，或有自己特别喜欢的部分，也可以看书。相互观照，加深印象。由此，我联想到，听书和看书，既不可扬此抑彼，也不可互相排斥，而应各取所长，让二者"比翼双飞"。

此外，在防疫期间，我因年老体弱，不能上前线，只能宅在家里，翻检旧草，重新梳理，补充新文，合成一著，名《故宫疑案》，刚交出版社待梓。这是我作为一个历史学者，在防疫期间，为社会尽的一点绵薄之力。

我从开始认字、读书、写字，至今已八十多年了。在人生绝大部分时间里，我与书相伴，与书为友。十天可以食无鱼，一天不可案无书。读书成了我的第二生命。"瘟神"总有送走日，读书却无结束时。天天读书，日日求新，这是我的信条，也是我的期许。

2020 年 4 月

天坛·经典

天坛，经典。天坛为什么是经典？我从六个方面谈谈看法，同在座朋友讨论。

从历史方面看，北京天坛始建于明永乐十八年（1420年），明嘉靖、清乾隆等朝有过大的变动，但其文脉没有根本性的变化。到明年，整六百年。天坛不仅是中国历史文化的经典之作，而且被列为世界文化遗产，成为世界历史文化的经典之作。

从文化方面看，中华文明是由中原农耕文化、西北草原文化、东北森林文化、西部高原文化和沿海暨岛屿海洋文化所共同组成。其中，农耕文化是中华文明的主体、核心和灵魂。农耕文化人民的衣食多源自土地，如蚕吃桑叶吐的丝、地里种的棉花和庄稼。这就产生了祈求风调雨顺、五谷丰登的活动，作为明、清两代帝王"祭天"和"祈谷"主要场所的天坛也由此成为中华文明的经典。

从建筑方面看，北京古代伟大建筑如长城、故宫、大运河，多是建筑群，就单体建筑而言，圜丘和祈年殿在北京、在全国、在全世界，都可以算作经典。我曾经多次问外国的专家朋友："您认为北京哪座建筑最经典？"他们都回答："天坛的圜丘、祈年殿"。

从艺术方面看，天坛的祈年殿殿顶覆盖蓝琉璃瓦，与蓝天颜色相协调。天坛的造型、色彩、装饰等，体现了中华建筑的壮丽辉煌、美轮美奂。这不仅是中华传统建筑艺术的经典，而且是世界建筑艺术的经典。

从科学方面看，圜丘为圆形，分三层，每层台阶数目均为阳数（奇数）。坛面最上层的中心是块圆石，外围各圈均由扇形石板砌成，共九圈。第一圈有石板九块，第二圈十八块，依次按九的倍数递增，第九圈九九八十一块，其数目也都是阳数。这是多么精巧、多么科学的经典建筑。

祈年殿，初名"大祀殿"，后更名"大亨殿"，清乾隆十六年（1751年）改为现名，并将三色瓦全部换成蓝色琉璃瓦，与天一色，蔚为壮观。祈年殿有三层圆形屋檐，每层都覆盖蓝色琉璃瓦，从下到上，逐层缩小，最上层的中央冠鎏金宝顶。全殿用二十八根楠木巨柱支撑。中间四根龙井柱最粗，象征一年春、夏、秋、冬四季。周围的二十四根，分为内外两圈，内圈十二根象征一年十二个月，外圈十二根象征一天十二个时辰，合为二十四根，则象征一年二十四节气。殿顶有九龙藻井。

从哲学方面看，天坛的中心理念是"天人合一"。讲求天人和谐、天人合一。

总之，整个天坛布局恢宏、设计精巧、结构雄伟、色彩绮丽、造型卓异、工艺奇巧，是中华古代建筑的经典，也是世界古代建筑的经典。这是我们文化自信的一个鲜活例证。所以，天坛是文化经典，也是北京的骄傲。

2019 年

茶韵悠长

茶，是中国人对世界、对全人类的一大贡献。可以说，茶是人类健康的守护神。现在东方的中国人、日本人、韩国人等等，西方的英国人、法国人、美国人等等，大部分都在喝茶。

茶，起源于何时？有人说，唐朝陆羽著《茶经》时，人们就有了喝茶的习惯。不对，应当更早。我认为茶之为饮，发乎于神农尝百草。我们的先人在采集百草过程中，采到了茶树叶子并品尝，由此发现茶叶虽微苦，但略有甜味，能生津止渴、提神醒脑。后来，茶饮逐渐走入普通百姓家，人们不断总结经验，到了唐朝，终成《茶经》。

我国产茶历史悠久，茶区辽阔，自然条件各异，茶树品种繁多，再加上制作方法不同，所以我国茶叶种类十分丰富，有绿茶、红茶、白茶、黑茶、黄茶、乌龙茶等等。于是，各地精选最好的茶叶向宫廷进贡，这就是贡茶。云南普洱茶，很早就进贡宫廷，专供皇室享用。

下面，我将简单介绍一下普洱茶在元、明、清时期的发展历程。

一、成吉思汗西进与普洱茶

1. 草原文化族群与普洱茶

普洱茶最早受到朝廷重视是在元朝。元朝帝王、贵族、文官、武将、部落首领、文人墨客、富商豪绅等，大多特别重视普洱茶。为什么？因为元朝是蒙古人建立的，蒙古族是草原民族，天苍苍，野茫茫，风吹草低见牛羊。他们的大人、小孩、男人、女人都食牛羊之肉，喝牛马之乳，衣牛羊之皮，饮食中鲜有蔬菜，也鲜有水果。为了补充维生素，为了帮助消化，喝茶、喝普洱茶，成为他们生活中的一件要事。因此，中原与塞外茶马贸易繁荣。

茶，元耶律楚材诗云："玉杵和云春素月，金刀带雨剪黄芽。""红炉石鼎烹团月，一碗和香吸碧霞。""敢乞君侯分数饼，暂教清兴绕烟霞。"

元代开放西南、西北茶市，饮茶风气普及到西南、西北少数民族族群。故元《饮膳正要》云：玉磨末茶三匙头，面、酥油同搅成膏，沸汤点之。丝绸之路的主要贸易物品有茶叶、丝绸、瓷器等，因此，我认为丝绸之路也可以叫作"茶叶之路"，还可以叫作"瓷器之路"。

2. 元朝—蒙古四大汗国与普洱茶

第一，钦察汗国。为成吉思汗长子术赤的封地。术赤第二子拔都西征后，版图西达多瑙河下游，东到额尔齐斯河，南至高加索，北迄保加尔地区，建都萨莱（今俄罗斯阿斯特拉罕附近），地域广阔。因领有钦察草原，故名"钦察汗国"。后得元朝正式册封，此后双方经常遣使往来。

第二，察合台汗国。为成吉思汗次子察合台的封地。最盛时疆域东起吐鲁番，西到阿姆河，南越兴都库什山，北达塔尔巴哈台山，建都阿力麻里城。"阿力麻里"为突厥语，意思是苹果多的地方。此城在今新疆伊犁河畔霍城县境，城周长 25 公里，东西大道5公里。耶律楚材、丘处机等都到过阿力麻里。察合台汗国承认元朝皇帝的宗主地位后，双方经常遣使往来。察合台汗国是东西方交通的枢纽，为欧亚国际贸易与文化交流提供了便利。如罗马教皇尼古拉四世派传教士约翰·孟德高维诺传教，他经阿力麻里到达元大都。

第三，窝阔台汗国。为成吉思汗第三子窝阔台的封地，领有也儿的石河（今额尔齐斯河）上游和巴尔喀什湖以东地方。后来窝阔台汗国所控制地域以伊犁河与答剌速河流域为中心，成为中亚的一大势力；再后其领地被分，或归元朝，或归察合台汗国，或归伊儿汗国。

第四，伊儿汗国，又译伊利汗国。为成吉思汗第四子拖雷之子旭烈兀的封地。元世祖忽必烈曾遣使传旨，将阿姆河以西直到波斯（今伊朗）国土和军民划归旭烈兀统治。伊儿汗国疆域东起阿姆河，西濒地中海（包括小亚细亚大部分地区），南临阿拉伯海，北至高加索。都城在大不里士（今伊朗东阿塞拜疆省首府）。忽必烈曾派孛罗丞相等出使伊儿汗国，双方使臣往来频繁。后蒙古贵族帖木儿（1336—1405），在伊儿汗国基础上建立帖木儿帝国，后定都撒马尔罕（今乌兹别克斯坦境内）。如今，这座历史文化古城整体被评定为世界文化遗产。这个鼎盛时期的帖木儿帝国，含波斯、印度、阿塞拜疆等多个国家和地区的土地。到1507年（明正德二年），帖木儿帝国才灭亡。

由上看出，从1206年铁木真称大汗到1368年朱元璋建立大明，约一个半世纪间，蒙古文化盛时，其影响范围东起大海、西达伏尔加河、南到印度河、北近北极圈南。元朝暨四大汗国的执政者都是成吉思汗的后裔，正如《元史》所载：元有天下，薄海内外，人迹所及，皆置驿传，使驿往来，如行国中。

我认为，大元帝国和四大汗国改变了亚欧大陆的政治格局和文化生态。其时，亚洲（包括东亚、中亚、西亚以及南亚）、欧洲（包括东欧、中欧、西欧以及南欧），以及东非、北非等相互联通，人类历史上第一次出现东西海陆大交通、亚欧文化大交流的局面，文化往来盛况空前。

3.“一带一路”与普洱茶

在辽、金、元、明、清时期，北方长城一带的边贸，主要贸易物品是茶叶，以茶易马，以马易茶，所以被称为“茶马之市”。

丝绸之路的陆路，在西域完全打开：自北京经西安，穿过河西走廊，到哈密、吐鲁番，再分作三路——南路，绕经塔里木盆地南缘，过喀什噶尔（今喀什），到乌兹别克斯坦的撒马尔罕；中路，自吐鲁番，经库尔勒、喀什噶尔到撒马尔罕；北路，自吐鲁番，经天山北麓，过惠远（今霍城），再分作三路：南向，沿伊塞克湖南缘，到撒马尔罕；西向，沿伊犁河谷西行，到巴尔喀什湖，再西至伏尔加河；北向，经塔尔巴哈台（今塔城）、阿勒泰，到俄罗斯、蒙古等。新疆的丝绸之路，通达哈萨克斯坦、乌兹别克斯坦、伊朗、土耳其，进入欧洲，达意大利、法国、德国、俄罗斯等国。

二、明修长城与普洱茶

1. 抵御蒙古，修筑长城

明王朝同蒙古的关系数度紧张。明初期徐达、明中期戚继光大修长城，弘治年间建立九边重镇——辽东镇、蓟州镇、宣府镇、大同镇、太原镇（山西镇或三关镇）、延绥镇（榆林镇）、宁夏镇、固原镇（陕西镇）、甘肃镇，嘉靖时北京增设昌平镇、真保镇，万历时从蓟州镇分出山海镇、从固原镇分出临洮镇。

2. 普洱茶与修筑北京外城

明王朝和蒙古关系紧张时，双方会关闭马市，停止边贸，不出口茶和盐，甚至发生战争。嘉靖朝俺答汗以明中断茶马贸易为借口，发动庚戌之变，兵临北京城下。为了加强防御，嘉靖朝修筑北京外城。从某种角度来说，北京外城的修建同茶叶（普洱茶）贸易有着间接的关系。

三、清"康乾之治"与普洱茶

1. 森林文化族群：肉食与普洱茶

清朝强盛时，疆土近 1400 万平方公里。在俄罗斯占据西伯利亚之前，中国是当时世界上版图最大的国家（美利坚合众国尚未建立）。

当时的中国，中原农耕文化核心地区土地面积约 300 万平方公里，西北草原文化（包括今内蒙古、今蒙古国、新疆天山以北厄鲁特蒙古和贝加尔湖以东、以南布里亚特蒙古）面积约 300 万平方公里，东北森林文化（包括今辽宁、吉林、黑龙江三省，加上乌苏里江以东到海约 40 万平方公里，黑龙江以北、外兴安岭以南约 60 万平方公里）面积约 300 万平方公里，西部高原文化（青藏高原约 250 万平方公里、云贵高原约 50 万平方公里）面积约 300 万平方公里。此外，还有沿海暨岛屿海洋文化。

清朝皇帝爱新觉罗氏为满族人，满族文化属东北森林文化，他们食飞禽走兽之肉，衣鸟兽之皮。因为多以肉食为主，所以喝茶更喜普洱。

清朝的东北森林文化、西北草原文化、西部高原文化等几个文化圈的人，喝茶时主要喝的是普洱茶。只以上三部分，就共有约 900 平方公里，这是多么大的茶叶市场。

明修长城清修庙。康熙帝说："昔秦兴土石之工，修筑长城。我朝施恩于喀尔喀，使之防备朔方，较长城更为坚固。"（《圣祖仁皇帝实录》）从秦始皇到崇祯帝，修长城都是为了防御匈奴、鞑靼、瓦剌等侵略者，清朝却把蒙古变成了抵御外来侵略的"长城"！

长城内外，大江南北，清朝中华文化实现"大一统"，并形成大一统的国内市场。通过海上和陆上的"丝绸之路"，中国茶叶输往世界各地，中亚各地的游牧部落族群特别喜欢喝普洱茶。

2. 康熙帝养生

康熙帝是满清入关后的第二位皇帝，还保留着森林文化的一些习惯，譬如喜欢狩猎、喜食鹿肉。他的生活特点可概括为"一要四不"：要喝茶（如普洱茶）；不喝酒（晚年中风，喝点红酒），不吃人参，不吃补药，不做按摩（认为按摩伤气）。那么，他喝什么？

喝茶。喝什么茶？宫中有大量普洱茶。他懂医，也懂茶。他分享自己养生的经验：起居有常，饮食有节，还有喝茶。一直到69岁，康熙帝还能骑马打猎，但打猎途中感染风寒，可能最后转成肺炎，最终崩于畅春园。

3. 雍正帝"改土归流"，普洱茶正式成为贡茶

自清雍正年间以来，宫廷将普洱茶列为贡茶。普洱茶产自云南普洱地区，主要产地为六大茶山：曼撒、倚邦、革登、攸乐、蛮砖、莽枝。雍正七年（1729年），云南巡抚进贡普洱茶，其中包括大普茶二箱、中普茶二箱、小普茶二箱、普洱茶二箱、芽茶二箱、茶膏二箱，雨前普茶二匣。

4. 乾隆帝嗜茶

乾隆帝25岁登极，在位60年，禅位后任太上皇3年多，是中国有文字记载以来最为高寿的皇帝。乾隆帝的养生经验之一就是喝茶。

乾隆五十五年（1790年），朝鲜派使臣到圆明园为乾隆帝贺寿。使臣在赴宴赏戏时，乾隆帝赐其普洱茶一壶、苹果一碟等。乾隆帝后又赏赐尼泊尔、英国使臣普洱茶。

据传乾隆帝要退位时，一位老臣对乾隆帝说："国不可一日无君。"乾隆帝则幽默地回答："君不可一日无茶"。

乾隆养生有"十常四勿"：齿常叩，津常咽，耳常弹，鼻常揉，睛常运，面常搓，足常摩，腹常旋，肢常伸，肛常提；食勿言，卧勿语，饮勿醉，色勿迷。

赵翼说："而西北游牧诸部，则恃以为命。其所食膻酪甚肥腻，非此无以清荣卫也……我朝尤以是为抚驭之资，喀尔喀及蒙古、

回部无不仰给焉。"

我们以前讲需要"化脂""消食"的主要是草原族群、森林族群和高原族群，农耕族群多以粮食作物为主食，甚至有相当一部分人经常吃不饱，不存在"化脂""消食"的问题。但现在，大家生活变好了，有"三高"即高血脂、高血糖、高血压的人越来越多。于是，农耕文化、草原文化、森林文化、高原文化、海洋文化的各族群，大多存在"化脂""消食"的问题。普洱茶因具有良好的"化脂""消食"作用，而受到广泛的重视。《中药大辞典》中记载了普洱茶的功用主治：

《本经逢原》："降火消痰，开郁利气，消食辟瘴，止痢。"
《纲目拾遗》："解油腻、牛羊毒，逐痰下气，刮肠通泄。"
《本草再新》："治肝胆之浮热，肺胃之虚火，生津止渴。"
《随息居饮食谱》："味重力峻，善吐风痰、消肉食。凡暑秽痧气腹痛、干霍乱、痢疾等证初起，饮之辄愈。"
《全国中草药汇编》："清热利水，消食醒神。主治神疲多眠，头痛，目昏，小便不利，解酒毒。"

所以说，茶是人类健康的保护神。

2018 年 11 月

中华传统医药文化之树常青

今天是施今墨中医馆开馆的大喜日子，我作为一个施门中医的受益者，从北京前来祝贺！

中医有数千年的历史，是中华优秀传统文化中的精粹，也是人类文明的瑰宝。施今墨中医馆开馆是弘扬优秀传统文化，将中国智慧贡献给全人类的一件医学、文化盛事。

从"神农尝百草"开始，全国就有了早期的中医中药。而后，战国扁鹊、东汉华佗和张仲景（著《伤寒杂病论》）、魏晋王叔和（著《脉经》）、唐孙思邈（著《千金要方》）、宋王惟一（著《铜人腧穴针灸图经》）、元朱震亨（著《格致余论》）、明李时珍（著《本草纲目》）、清王清任（著《医林改错》）等，历朝历代中医药学家辈出，悬壶济世，妙手回春。

中医有"郎中""医生""名医""大医"等不同称谓。

郎中，可能没有高等医学院校的学历，但他们有丰富的中医药知识和实践经验。如今烟台脚医"曹一刀"，治疗鸡眼，不使麻药，一刀根除，患处数日即可痊愈。我们应当重视这些身怀绝技的郎中，总结其经验，并加以推广。

医生，特别是今天的中医医生，大多经过专业训练，为中国人民的健康和幸福做出了巨大贡献，值得敬重。

名医，是中医医者中的佼佼者，更是值得全社会敬重！

大医，就是大名医，如唐太宗李世民评价孙思邈：名魁大医，百代之师。大医是中医药专家中的出类拔萃者。他们医德高尚，医术高明，救死扶伤，受人敬重。比如以施今墨先生为代表的"北京四大名医"。北京自元、明、清以来，包括民国，以至当今，一直是全中国的文化中心。所以，北京的"四大名医"也是全国的"四大名医"。"四大名医"之一的施今墨先生，被誉为"中华中医昆仑"。大型传记丛书《中华中医昆仑》前言中写道："昆仑山，被尊为'万山之祖'，柱西北而瞰东南，立中国而凭世界，凌驾乾坤，巍然屹立。以其高峻豪迈、绵延起伏的磅礴气势，寓意中华中医药学历史悠久、博大精深和永不衰竭；以其挺拔雄伟、高耸入云的恢宏气魄，彪炳一代中医药学家的丰功伟绩、杰出贡献和不朽勋业。"大名医施今墨先生就是中医药学家中的一位优秀代表。

施门弟子，誉满京华。施今墨医药学术研究中心、施小墨诊所相继在北京成立，今天又成立施今墨中医馆。其馆训是：精诚为本，智圆行方。

精诚为本，说的是施门医道：待人之道，做事之道，行医之道，济世之道。医贵精诚，心诚术精。《庄子·渔父》有言："真者，精诚之至也。不精不诚，不能动人。"

精，就是精粹、精细、精巧、精密、精湛、精通、精良、精美。

诚，就是诚实、诚直、诚恳、诚真、诚信。

智圆行方，说的是施门医术：诊断之术，开方之术，治病之术，悬壶之术。医贵术高，智圆行方。孙思邈说："胆欲大而心欲小，智欲圆而行欲方。"

圆，就是圆全，周严，周密，周到，周详。

方，就是"方者中矩"，行为中规中矩、一板一眼。

唐太宗称赞孙思邈："凿开径路，名魁大医。羽翼三圣，调和四时。降龙伏虎，拯衰救危。巍巍堂堂，百代之师。"

《礼记·曲礼下》中写道："医不三世，不服其药。"《旧唐书》中也写道："医不三代，不服其药。"意思不是说，非家传三代的医生不能看病，患者非这种医生的药不吃；而是说，祖传三代的医生经验更丰富。当今，施门已经四代、五代从医，更为可敬。

最后，希望施今墨中医馆悬壶济世、普惠万众！

谢谢大家！

2018 年 5 月

天天读书　日日求新

又到世界读书日，我想起《礼记·大学》中的一句话："苟日新，日日新，又日新。"由此联想到，我们应当"天天读书，日日求新"。人生在世，日日求新，其中一个动力就是读书。我五岁开始读书，到现在读了八十年了。

读书，说来容易，坚持却难。在两种情境下，坚持读书不易：一种是顺境，一种是逆境。在顺境时，人心情好，也很忙碌，周围吹捧多，应酬也多，能静下心来坚持读书，不大容易。在逆境时，人内心凄苦，也很困惑，周围批评多，烦恼也多，能耐着性子坚持读书，更不容易。我回想过去，能坚持在顺境、逆境中读一点书，没有虚度光阴，是因为我从读书中找到了生活的乐趣和行进的动力。

前者，在顺境中读书，不容易。如我在读《清圣祖实录》时，看到康熙帝谈读《资治通鉴纲目》的一段话：朕于万几之暇，潜心六经，大义微言，孜孜殚究，以讲求古帝王治天下之大道。于纲目一书，朝夕起居之时，循环披览，手未释卷。他又说自己读书有个安排：立有程课，自元旦以至岁除，未尝有一日之间。即巡幸所至，亦必以卷帙自随，迄今三年有余。这时的康熙帝年近四十，已经削平三藩、统一台湾，并取得雅克萨之战的胜利，事业如日中天，但他仍然坚持读书，实属不易。其原因"以是考前代君臣得失之故。世运升降之由，纪纲法度之所以立，人心风俗之所由纯。事有关乎典常，言有裨乎治体者，靡不竟委穷源，详加论断，如是者有年矣。"康熙帝读书是为了治国理民，使国家长治久安，于是就有了阅读的动力。特别是作为一个帝王，百事缠身，日理万机，他除自身生病和宫廷大丧等特殊情况外，能每日读书，手不释卷，终生坚持，着实令人敬佩。

后者，在困境、逆境中坚持读书，亦不容易。记得我在下放劳动时，不但带上了《毛泽东选集》和《马克思恩格斯全集》，还带上了《论语》和《史记》。当时住集体宿舍，一屋住十二个人，自然没有什么个人的生活隐私可言。虽然我带的《论语》用旧杂志纸包了书皮，书皮上用红墨水笔写了"祝毛主席万寿无疆"八个大字，但还是被室友向上汇报了。领导找我谈话："你知道到这里来是干什么的？"我回答："知道——下放劳动，改造思想！""那你为什么看线装书？"我说："我学清史，清朝前期还没有洋装书。"这位领导说："你回去吧！"我回到宿舍后，心里忐忑不安，认为领导肯定会开会批判我。

几天之后，这位领导又找我谈话，说："你学习精神可贵，但影响很不好。这样吧，就派你值夜班。别人白天上班你休息，可以看书；别人晚间休息你上班，也可以看书。这样你既能读书，又不会对别人造成不良影响。"我十分感谢这位名叫麻自通的领导，所以我下放了三年，读书读了三年。每两周一次休假进城时，我还可以到图书馆查资料。我就是在这样的情景下，坚持读书，写成了《努尔哈赤传》的初稿。

后来回到城里，遇上十年"文革"。当时大家"激情澎湃"，但我没有参加任何派别，而成了一个"逍遥派"。于是，借用这个特殊的"天时"，我读了十年书。

　　读书，要挤时间，立个规矩。有一位地级市的市长跟我说，他每天早起一个小时，专门读书。还有一位厅局级领导跟我说，他规定自己每天下班后读书一小时，只要晚十一点前下班，一定读一小时；若晚十一点后下班，就先欠一小时，周末再补上。这样坚持多年，他们都取得了显著效果。

　　读书，不仅是百姓的事，还是官员的事。宋初的宰相赵普，开始不大读书。宋太祖赵匡胤劝他读书，多读书。于是，赵普立了个读书的规矩：下朝之后，回到相府，先到书房闭门读书至少一个时辰。他不但读书，而且践行之，是一位贤相、良相、名相，史称赵普之于宋太祖犹如魏徵之于唐太宗。赵普享年七十一岁，病故后，其家人打开书房，书箱里摆着一部《论语》，因常年阅读，书都被翻烂了。于此，《宋史》记载："普少习吏事，寡学术，及为相，太祖常劝以读书。晚年手不释卷，每归私第,阖户启箧取书,读之竟日。及次日临政，处决如流。既薨，家人发箧视之，则《论语》二十篇也。"因此，后有赵普"半部《论语》治天下"之典故。

　　读书，要读的书太多。现每年出版的书多达几十万种，光读其书的"提要"也读不过来，因此，读书需要选择。我建议：一是选择历史经典和名著，二是选择当代名著和名作，三是选择自己喜欢的图书。如果每周读一本书，一年约五十本，读上一年，春华秋实，收获颇丰。

　　读书，贵在知行合一。知行分离、纸上谈兵，断不可取。战国时名将赵奢之子赵括，熟读兵书，又晓阵法。父子摆阵，子常胜父。赵括在母亲面前夸耀，母问其父，父认为其只是"纸上谈兵"。如果日后赵王让其当将军，那么打败赵军的一定是他自己。赵奢死后，秦军逼赵，赵王派赵括为将，率军抗秦。秦将白起一面出军同赵军交锋，佯败；另一面派精兵阻断赵军粮道。"赵卒不得食四十六日，皆内阴相杀食。"最终，赵括败死，秦军大胜，白起将战败的四十余万赵国官兵全部坑杀。这就是秦赵长平之战。赵自此一蹶不振，后被秦所灭。赵括"纸上谈兵"，兵败身死，国破家亡。这个血的历史教训，当为知行不一者戒。

我们既要认真读书，又要知行合一，在新时代的中国，天天读点书，日日有新进。

2018 年 4 月

书香人生　止于至善

有一种境界非常值得提倡，即书香人生，止于至善。

古人读书，先燃香，再沐手，后拜读，这可能是"书香"的来源。后人称能文能武的人颇具"书香剑气"。外国也有"书香"一说。以前听闻以色列有个民俗，小孩刚会爬时，大人会在他前面放本书，书上洒点蜂蜜。孩子闻到蜂蜜的香味，就爬到书前，舔书上的蜂蜜，感受书香，乐享书趣。

人生一世，书香一时并不难，难的是书香一生。书香人生，就是一个人从童年，到青年，到盛年，到老年，自有阅读能力始，到无阅读能力止，以书为友，以书为鉴，书香相伴，终生阅读。

读书之要点，如《礼记》中所提出的"学、问、思、辨、行"。

一要博学之：热爱书籍，挤出时间，博览群书，学而时习，博约相辅。

二要审问之：审思反问，学中有问，问中有学，学问相长。

三要慎思之：慎虑深思，缜密思考，书中道理，反复体味。

四要明辨之：明书之是，辨书之非，不落窠臼，推陈出新。

五要笃行之：学了就做，做中又学，笃志诚意，身心力行，切忌空谈，知行合一。

读书与修己，合二而为一。孔子说："古之学者为己，今之学者为人。"（《论语·宪问》）意思是说，古人读书为修身克己，今人读书为名利耀人。学习优秀传统文化，要将读书和修身、阅读和求新融为一体，不断修炼，涵养心性，止于至善。

2015 年 4 月

读书与五修

为什么要读书？有人说为了好玩，有人说为了解闷，有人说为了消磨时间……这些说法有一定的道理，但应用更积极的心态去看待读书。古人读书是一件严肃的事情。读书前，先燃香、沐手。读书人的家庭被称为"书香门第"，终生读书的境界被誉为"书香人生"。讲到读书，要讨论的事很多，但今天重点讲读书与修养，也就是读书与五修的关系。

人，为什么要读书？我想，这是因为：

其一，人生不完美，若求完美则应读书。佛家说"苦"，儒家说"性善""性恶"。荀子云："若夫目好色，耳好听，口好味，心好利，骨体肤理好愉佚，是皆生于人之情性者也。"（《荀子·性恶篇》）

其二，时空有局限，若要发展则应读书。

其三，社会有污染，若要清污则应读书。《大学》说："大学之道，在明明德。"读书能培养良好的品德。

其四，历史有糟粕，若要明辨则应读书。

其五，工作太复杂，若要胜任则应读书。

其六，时代在前进，若要跟进则应读书。

其七，人生求智慧，若要长智则应读书。

其八，素养需提升，若要进德修业则应读书。

一般来说，现在的学生，从幼儿园，到小学，到初中，到高中，还要上大学，有的还要读研、读博，这样算下来，要读二十多年的书。博士毕业后正式入职，大约三十岁。人生有几个三十岁呢？有的人只有一个，属于短寿；有的人有两个，人活七十古来稀，属于中寿；有的人有三个，算是高寿。读书，要从有阅读能力时开始，到丧失阅读能力时终止。最好是一生与书相伴，拥有书香人生。希望我们每个人都能有一个书香人生。更希望我们的子女、子女的子女也都能有一个书香人生，终生以书为伴，以书为友，以书为师，以书为乐。

我们既要读书，更要修养。怎样修养？下面讲五修。

修 身

第一，修身。修身有广义与狭义之分，广义的修身指修心养性，狭义的指"修养"身体。我今天讲的修身是狭义的修身，就是使人体各器官、系统协调一致地正常运行。身体是心灵的载体，躯体不存，心灵安在？严复说："须知人要乐生，以身体健康为第一要义。"所以，读书的第一个修养就是要修身。为什么要修身？原因如下：

其一，人体器官机能失调，则有头疼、脑热、失眠等健康问题。

其二，人的身体外部受风寒暑湿、四季变化影响，生理失衡，所以容易生病。

其三，人有七情六欲，情绪失控则影响人体五脏六腑的正常生理功能，所以容易生病。郝万山教授的《不生气就不生病》一书，主要告诫人们应少生气，保健康。

其四，生活中的诸多不良习惯直接影响健康，容易让人生病。

其五，工作劳累过度。司马迁说："夫神大用则竭，形大劳则敝。形神骚动，欲与天地长久，非所闻也。"（《史记·太史公自序》）过于劳累，过于忧伤，则易生病。

张仲景在书中写道："但竞逐荣势，企踵权豪，孜孜汲汲，惟名利是务，崇饰其末，忽弃其本，华其外而悴其内，皮之不存，毛将安附焉。卒然遭邪风之气，婴非常之疾，患及祸至，而方震慄，降志屈节，钦望巫祝，告穷归天，束手受败，赍百年之寿命，持至贵之重器，委付凡医，恣其所措，咄嗟呜呼！厥身以毙，神明消灭，变为异物，幽潜重泉，徒为啼泣。痛夫！举世昏迷，莫能觉悟，不惜其命，若是轻生，彼何荣势之云哉！而进不能爱人知人，退不能爱身知己。遇灾值祸，身居厄地，蒙蒙昧昧，蠢若游魂。哀乎！趋世之士，驰竞浮华，不固根本，忘躯徇物，危若冰谷，至于是也。"这是逆耳之言。

养身在动，养心在静，养脑在用，养胃在定（定时定量）。因此，我们要学习两会。

一是"会吃饭"。怎么算会吃饭呢？我想，主要有三个均衡：饥饱均衡（不过饥也不过饱）、时间均衡（一日三餐基本定时）、品类均衡（饭菜多种多样，合理搭配，喜欢吃的不多吃）。许多高寿之人传授经验："基本吃素，经常饿肚。"即吃饭既忌大油大腻，又忌过饥过饱（主要是过饱）。

二是"会睡觉"。怎么算会睡觉呢？我想，主要是三个睡：睡觉定时、想睡就睡、一躺就睡。张学良认为自己长寿的主要秘诀就是睡得好。怎样才能睡好？张学良总结了五少：心中事少、嘴中话少、求人事少、腹中食少、夜间梦少。因此，我认为最好的睡眠应是定时入睡、倒头就睡、"空心"入睡。

修身，要关注四有：起居有常、饮食有节、动静有度、阴阳有衡。

修身，一要健康，二要长寿。元朝吴澄说："凡气之温和者寿，质之慈良者寿，量之宽洪者寿，貌之长厚者寿，言之肫恳者寿。"读书可以使人温和、慈良、恬静、心胸宽广、从容淡定。所以说，读书使人高寿。

修 心

第二，修心。读书，大部分人读得很好，能够读出成绩，读出滋味，读出进步，读出幸福。读书不是为了成贤成圣、成仙成佛，也不是为了升官发财、功名利禄。我想起孔子在两千多年前说过的一句话，他在《论语·宪问》中说："古之学者为己，今之学者为人。"古往今来，许多专家学者对《论语》有各种解读，一种对上文引用孔子名言的解释如下：

上半句，"古之学者为己"的"古之"意为古代的；"学者"不是指专家学者，而是指学习者，就是读书人；"为己"不是指为了自己私利，而是指为了修身、修己。

下半句，"今之学者为人"的"今之"意为当今的；"学者"如同前面的解释，也是指学习者，就是读书人；"为人"不是指为了人民利益，而是为了功名、利禄。

大意为：古人读书为修身克己，今人读书为名利耀人。

孔子在两千多年前说的话，放在今天仍然适用，因为这种现象依然存在。今人读书，大多读小学是为了考上好初中，读初中是为了考上好高中，读高中是为了考上好大学，然后考研、考博……这种读书的理想追求值得肯定，没有错，但是大多数人往往忽略了把读书与修身、学习与修己结合起来。有的大学生在饮水机里投毒药，毒害同窗；有的大学生开汽车撞人，见被撞者受伤没死不仅不救，反而回过头来用刀将伤者捅死。这虽然都是偶然的、个别的极端现象，但也应引发人们的思考：某些大学生一路读到大学，分数也考得不错，却没有把读书和做人相结合，未成为良民，而沦为"罪人"。这反映出家庭教育、学校教育和社会教育的一个大问题。

因此，中国儒家讲读书修身，西方学者讲读书长才。一个内向，一个外向，两者都重要。今要强调读书的内向功能，即修养心性。

《大学》开宗明义，说："大学之道，在明明德，在亲民，在止于至善。"又说："自天子以至于庶人，壹是皆以修身为本。"

孔子曰："克己复礼为仁。一日克己复礼，天下归仁焉。为仁由己，而由人乎哉？"（《论语·颜渊》）

曾子曰："吾日三省吾身：为人谋而不忠乎？与朋友交而不信乎？传不习乎？"（《论语·学而》）

孔子曰："非礼勿视，非礼勿听，非礼勿言，非礼勿动。"（《论语·颜渊》）

修心，就是要修炼一颗善良的心、诚信的心、博大的心、坚硬的心。

一要心善。为人要心善。《论语》中，"善"字出现四十余次。上文中提到，《大学》首章说，大学之道，在止于至善。修善，是做人的起点；至善，是做人的终点。

老子说："上善若水。"具体说来，有七善："居善地，心善渊，与善仁，言善信，政善治，事善能，动善时。"（《老子》）一言一行，一动一静，一内一外，一生一死，都要善。惟善为德，惟善为宝。人生四宝：一曰善，二曰俭，三曰学，四曰谦。

二要心诚。《中庸》中说："诚者，天之道也。诚之者，人之道也。诚者不勉而中，不思而得，从容中道，圣人也。诚之者，择善而固执之者也。"又说："君子诚之为贵。"并提出"唯天下至诚，为能经纶天下之大经，立天下之大本，知天地之化育。"（《中庸》）我认为，《中庸》的核心思想是一个"诚"字。《中庸》全书二十五个"诚"字。

心诚自安。宋邵雍《心安吟》：

> 心安身自安，身安室自宽。
>
> 心与身俱安，何事能相干？
>
> 谁谓一身小，其安若泰山。
>
> 谁谓一室小，宽如天地间。

举个例子。张玉书，清江南丹徒（今江苏镇江）人。顺治进士，选庶吉士，授编修。累迁左庶子，充日讲起居注官。康熙朝二十年，擢内阁学士，充经筵讲官。寻迁礼部侍郎，兼翰林院掌院学士。《清史稿》记载其事例：

三藩平，有请行封禅者，玉书建议驳之，事遂寝。

博学砺行，尤邃於史。康熙二十七年（1688年），河道总督靳辅奏中河工成。时学士开音布往勘称善，监高邮石工，疏请闭塞支河口为中河蓄水。上以于成龙尝奏辅开中河无益累民，今中河工成，乃命玉书偕尚书图纳等往勘，并遍察毛城铺、高家堰及海口状。濒行，上谓玉书曰："此行当秉公陈奏，毋效熊一潇讬故推诿为也。"玉书等还奏："勘阅河形，黄河西岸出水高。年来水大，未溢出岸上，知河身并未淤塞。海口岸宽二三里，河流入海无所阻。中河工成，舟楫往来，免涉黄河一百八十里之险。但与黄河逼，河宽固不可，狭又不能容运河及骆马湖之水。拟请於萧家渡、杨家庄增建减水坝，相时宣泄。闭塞支河口，应如开音布议。"上悉从之。

浙江巡抚金铉以民杜光遇陈诉驻防满洲兵扰民，下布政使李之粹察讯。之粹咨杭州将军郭丕请申禁，郭丕以闻。上遣尚书熊赐履往按，赐履丁忧去，改命玉书。寻调礼部。二十八年（1689 年），上南巡，驻跸苏州，玉书还奏杜光遇无其人，所陈诉皆虚妄。金铉、李之粹皆坐夺官，流徙。二十九年（1690 年），拜文华殿大学士，兼户部尚书。

康熙四十九年（1710 年），以疾乞休，温旨慰留。康熙五十年（1711 年），从幸热河，甫至疾作，遂卒，年七十。上深惜之，亲制挽诗，赐白金千。

玉书谨慎廉洁，居政地二十年，远避权势，门无杂宾，从容密勿，为圣祖所亲任。自奉俭约，饮食服御，略如寒素。

三要心大。心境有多大，事业就有多大。心大事业小，吉；心小事业大，凶。

宋大贤张载说："为天地立心，为生民立命，为往圣继绝学，为万世开太平。"

昔日寒山问拾得曰："世间谤我、欺我、辱我、笑我、轻我、贱我、恶我、骗我，如何处之乎？"拾得曰："只是忍他、让他、由他、避他、耐他、敬他、不要理他，再待几年你且看他。"

再举《清史稿》中一武人读书之例。

张曜，其先上虞人，改籍大兴，复隶钱塘。生有神力，幼尝持竿结阵，部勒群儿，无敢哗者。后从军，因战功，加官晋爵。因御史刘毓楠劾其目不识丁，诏改总兵。时俄罗斯方拥伊犁，巴里坤且岌岌。朝命总防讨，亟援哈密。曜克日出关，师行乏水草，绝幕二千余里，运馈艰阻，於是议立屯田。十三年，出屯，大兴水利，垦荒地二万亩，岁获数万石济军。光绪二年（1876年），师规南路，遂复吐鲁番。明年，拔乌鲁木齐。

东省河患日深，曜莅任，首重河工，以黄、运并淤，非总浚通海不为功。……莫不身亲其事，计一岁中奔走河上几三百日。有言河务者，虽布衣末僚，皆延致谘询，唯恐失之。复建海岱书院於青州，葺洙泗书院於曲阜，士民德之。

十七年，方驻河干督工，疽发於背，遽卒。上震悼，赠太子太保，谥勤果，予建祠。

曜魁梧倜傥，自少从戎，不废书史，字法摹颜平原，书疏雅驯犹馀事。尝镌"目不识丁"四字印，佩以自励。宁夏平，筑楼面黄河，对贺兰山，颜曰"河声岳色"，日啸咏其中。居官垂四十年，不言治产事，性尚义，所得廉俸辄散尽。尤礼贤下士，士争往归之。其修道路，开厂局，精制造，凡有利於民者，靡不毕举。死之日，百姓巷哭失声，丧归，且倾城以送。

四要心硬。人在遇到困难、挫折、坎坷、失败时，怎么办？

首先，坚忍，坚决忍耐，等待时机。我讲一个申包胥的故事。楚昭王十年（前506年），吴国用伍子胥计攻楚入郢，楚国贵族申包胥到秦国求救，秦哀公不应。申包胥在秦，"七日不食，日夜哭泣"，终于感动了秦王。秦发兵救楚，于次年败吴军。大家都知道越王勾践卧薪尝胆的故事，这也是大忍的典型史例。白居易曾历数诸贤之忍："孔圣之忍饥，颜子之忍贫，闵子之忍寒，淮阴之忍辱，张公之忍居，娄公之忍侮；古之为圣为贤，建功树业，立身处世，未有不得力于忍也。"星云大师认为："忍饿、忍穷、忍贪、忍气、忍苦、忍难、忍魔。这种忍的力量，实为禅定、持戒所不及，因为忍耐的功德很大，可以成就一切。"

总之，心若想硬，定要忍，忍人所不能忍，行人所不能行。

其次，笑迎，笑迎困难。我再讲一个道衍的故事。

道衍（1335—1418），俗名姚广孝，江苏长洲（今江苏苏州）人。他十四岁出家为僧，修禅理，悟性高，通儒道，谙韬略，习兵法，工诗画，受朱元璋指派，侍随燕王朱棣。燕王在北平决定发动"靖难之役"时，天空突然乌云密布，狂风暴雨骤来，电闪雷鸣，房屋砖瓦落地摔碎。燕王大惊，脸色骤变，心想：莫非是苍天警示我？莫非是祖宗告诫我？道衍却仰天大笑道：大吉祥啊！龙飞在天，从以风雨；旧瓦坠地，将换黄瓦。燕王转惊为喜，挥师南下，夺取皇权，金殿登极，年号永乐。

再次，应反观，化苦为乐。刘禹锡（772—842），唐朝文学家、哲学家，贞元进士，又登博学宏词科，授监察御史，参加永贞革新，失败后屡遭贬谪。相传住在三间陋室，却作出八十余字的《陋室铭》："山不在高，有仙则名。水不在深，有龙则灵。斯是陋室，惟吾德馨。苔痕上阶绿，草色入帘青，谈笑有鸿儒，往来无白丁。可以调素琴、阅金经。无丝竹之乱耳，无案牍之劳形。南阳诸葛庐，西蜀子云亭。孔子云：何陋之有？" 郑板桥《竹石》诗云："咬定青山不放松，立根原在破岩中。千磨万击还坚劲，任尔东西南北风。"

最后，应逃离，东山再起。良禽择木而栖，身处绝境时，本就无法容忍，只有逃出虎穴，才能日后东山再起。讲个伍子胥的故事。公元前522年，楚平王无道，占媳为妻，要废太子建。身为太子建老师的伍奢劝谏被杀，其长子伍尚一并被害。次子伍子胥（？—前484）欲逃往吴国，行到昭关（今安徽省含山县），盘查甚严，无法出关。伍子胥心内焦急，一夜须发全白。一好心人让一与伍子胥模样相似的朋友冒充伍子胥过关，守关官员全力缉拿这个假伍子胥，真正的伍子胥趁乱混出关去。这就是成语"蒙混过关"的由来。伍子胥逃到吴国，帮助公子阖闾夺得王位，举贤能，重农商，强军力，兴国家，使吴国成为"春秋五霸"之一。公元前506年，伍子胥率军攻破楚都。时楚平王已死，伍子胥命人掘墓、挖棺、鞭尸，说："吾日莫（暮）途远，吾故倒行而逆施之"。这是"日暮途穷"和"倒行逆施"两个成语的由来。阖闾死后，其子夫差继位，但夫差听信谗言，杀了伍子胥，吴国被"卧薪尝胆"的勾践所灭。今昭关复建"伍相祠"，今人撰祠联：诚然千古须眉败楚破越强吴照史辉煌今不减，最是一生肝胆拜相殉国为神过人英烈昔无多。

修　智

第三，修智。知识与智慧既有联系，也有区别。知识是碎片性的、表面性的；智慧是深刻性的、内在性的。《孟子·公孙丑上》中写道："虽有智慧，不如乘势。"此处的"智慧"意为"聪明才智"。《大乘义章》中写道："照见名智，解了称慧。"读书，不光要读知识，更要读智慧。

此处讲个故事。

朱元璋死，孙朱允炆称帝，史称"建文帝"。朱允炆继承皇位后，深感叔王权势过大，威胁皇权，于是听信兵部尚书齐泰、大臣黄子澄的话，削夺诸藩，强化皇权。他的第一个目标是燕王朱棣。本来，燕王府邸在元朝旧宫，规模自然比别的王府大，如今建文帝却翻起老账，指责燕王府邸"越分"。朱棣上书辩解，称住在元朝旧宫是先皇旨意，自己并不敢僭越。燕王朱棣打出皇父的"祖训"这张牌，来反击皇侄建文帝的指责，算是躲过一劫，但朱棣见惯了政治风浪，知道事情并不简单。为稳住朝廷，再图良策，他心生一计——装疯！朝廷从南京派官前去北平察看燕王朱棣的动静。使者一到燕王府，接待他的不是从前那位威武有谋的燕王，而是一个疯疯癫癫的狂人朱棣。北平三伏，挥汗如雨，可是朱棣身上穿着破棉袄，围着火炉，蓬头散发，哆哩哆嗦，嘴里大喊："冷啊，冷啊！"使者一见，扭头就走，回南京报告：燕王疯了，不足为患！但有的大臣不信，认为朱棣是装疯。于是朝廷派官到燕王住处再探。这次，朱棣干脆把戏演到了厅堂之外，在大街上呼喊乱走，抢夺酒食，狂言乱语，躺于泥地，满脸污垢。使臣回到南京报告：

燕王真的是疯了！这下朝廷不再怀疑，暂时对朱棣放松了警惕。通过朱棣的"装疯"，可以看出他是一位胸藏大智慧、大谋略的政治家，可谓能屈能伸、大智若愚。装疯一时可以，长久必定露馅。朝廷使臣走后，朱棣回到王府，想找道衍共同谋划。

朱棣欲同道衍共谋举兵大事，但事关重大，属绝对机密，需先彼此试探，以各明隐秘心意。据传，那天很冷，道衍陪朱棣吃饭。酒席之间，二人相谈甚欢。

朱棣说："天寒地冻，水无一点不成冰！"

道衍答："国乱民愁，王不出头谁做主！"

朱棣的话字面意思是，虽然天寒地冻，但是"水"字缺一"点"，就不成"氷"（冰）字。"氷"与"兵"谐音，言外之意就是"起兵如何"。

道衍的话字面意思是，国家混乱，庶民愁苦，此时"王"字的一竖若不出头（加一点），怎么能成为"主"字呢！这分明是鼓励燕王朱棣起兵"出头"，做天下之"主"。两人所想，暗自相合。于是，秘室策划，克期起兵。

燕王朱棣转惊为喜，师向南京，征战四年，夺取帝位。朱棣取得皇位后，论功行赏，重奖道衍：赐蓄发，道衍坚辞，是为一；赐府第，道衍坚辞，是为二；赐土地，道衍坚辞，是为三；赐美女，道衍坚辞，是为四；赐金银，道衍坚辞，是为五；赐高官，道衍坚辞，是为六；赐厚禄，道衍坚辞，是为七；赐爵位，道衍坚辞，是为八。道衍和尚八拒永乐皇帝的赏赐，只请求到庆寿寺（双塔寺）守青灯一盏，念经修行。道衍上朝时穿官服，退朝后披袈裟。

道衍和尚文足以安邦，武足以定国。他的确高明，夺天下时独居首功，治天下时全身而退，知进知退，知行知止，胸怀大格局，心藏大智慧！

什么是智慧？智慧就是别人看得近，你看得远；别人看得浅，你看得深；别人看得低，你看得高；别人看得俗，你看得透——智慧就是看人、看事比常人看得都高远、深透。

修　言

第四，修言。言为心声。言具有两重性：福从口出，祸也从口出。说话是一种艺术，也是一种修养：交浅言深，失言；交深言浅，失友。就是说，当言而不言，失友；不当言而言，失己。

俗话说，祸从口出。一言以兴邦，一言以丧邦。

子曰："巧言令色，鲜矣仁！"（《论语·学而》）

子曰："与朋友交，言而有信。"（《论语·学而》）

子曰："君子食无求饱，居无求安，敏于事而慎于言。"（《论语·学而》）

子曰："言寡尤，行寡悔，禄在其中矣。"（《论语·为政》）

子曰："君子欲讷于言，而敏于行。"（《论语·里仁》）

子曰："始吾于人也，听其言而信其行；今吾于人也，听其言而观其行。"（《论语·公冶长》）

子曰："非礼勿视，非礼勿听，非礼勿言，非礼勿动。"（《论语·颜渊》）

子曰："如知为君之难也，不几乎一言而兴邦乎？……如不

善而莫之违也，不几乎一言而丧邦乎？"（《论语·子路》）

修　行

第五，修行。儒家重行，强调笃行。佛家讲修行，也是重行。然而，如今某些人却忽略"修行"，只重"口号"，重"提法"，如"以会议落实会议""以文件落实文件"等，这都是形式主义。

空谈误国。梁元帝喜清谈，敌兵压境，仍于龙光殿讲《老子》，为魏人所杀。于谨"尽俘王公以下及选百姓男女数万口为奴婢，分赏三军，驱归长安，小弱者皆杀之。"唐太宗曰："梁武帝君臣惟谈苦空，侯景之乱，百官不能乘马，元帝为周师所围，犹讲《老子》，百官戎服以听。此深足为戒。"（《资治通鉴》）

事情都是做出来的。我讲一讲隋僧静琬的故事。

中国佛教史上有四次重大"法难"。第一次是北魏太武帝时期。北魏佛教盛时，寺庙三万所，僧尼二百万，有的后妃出家为尼，皇亲国戚舍宅建寺。宫旁一座九级浮屠，浮屠高过宫殿，神权压抑皇权。太武帝于太平真君五年（444年），下令禁佛。第二次是北周武帝时期。建德三年（574年），禁佛教，毁经像，罢沙门。后令大量僧尼蓄发归俗，寺观塔庙充王公第宅。第三次是唐武宗时期。会昌五年（845年），拆毁寺院，令二十六万余僧尼归俗，放免寺院奴婢十五万人，收其良田。第四次是后周世宗时期。显德二年（955年），废寺三万余座。这四次大规模"灭佛"事件，被合称为"三武一宗之厄"。经此摧残，佛教衰微不振。具有远见卓识的隋僧静琬，借兴佛时，镌刻石经，藏之于山，以防法灭。

房山石经初由隋僧静琬发愿勒刻。后经唐、辽、金、元、明历代增刻，衰微于清。房山石经有千余年历史，共刻佛经一千多部，三千余卷，一万五千余石。有些刻经题记中还保留着唐天宝至贞元年间北方某些州郡的行会名称，可据此了解当时地方工商业的情况。这些珍贵的石经，不仅是中国古代佛教经籍铭刻的重要遗存，而且是世界古代佛教经典铭刻的稀世宝藏。房山石经工程之浩大、时间之绵长、镌刻之宏伟、资料之珍贵，可谓举世无双。珍藏这些石经的藏经洞，分上下两层，上层七窟，下层二窟，共有九窟。其中第五窟为华严堂，又名雷音洞，是石经山最早开凿的一个洞窟。窟内宽广如殿，四壁镶嵌经版；洞室矗立四根青石佛柱，柱面共雕佛像一千零五十六尊，称"千佛柱"。

研究历史需要长期的坚韧不拔的精神，决于心，笃于行。

陆游说："古人学问无遗力，少壮工夫老始成。纸上得来终觉浅，绝知此事要躬行。"

我再讲一个朱载堉读书修心的故事。

朱载堉（1536—1611），明仁宗洪熙帝后裔，祖先封于怀庆（今河南沁阳）。其父朱厚烷，有见解，有个性。嘉靖帝信道教，修斋醮，诸王争进香，厚烷独不进，并上书请嘉靖帝不要迷信神仙，也不要大兴土木，要修德讲学，进《居敬》《穷理》《克己》《存诚》四篇，恳恳规劝，切直敢言。嘉靖帝见书大怒，将朱厚烷废为庶人，幽禁于凤阳高墙内。朱厚烷的儿子朱载堉笃志好学，在宫门外构筑土屋，席藁铺地，独处读书一十九年。直到父亲朱厚烷回到王府，他才回邸居住。父亲死后，他不袭爵位，一心读书，以著述终身。朱载堉刻苦读书，精深研究乐律、数学和历法，著有《乐律全书》

《律吕正论》《嘉量算经》等书。《乐律全书》为乐舞律历专著，由十五种著作汇集而成。其中《律吕精义》用等比级数音律系统阐述作者通过精密计算与科学实验所创造的"新法密率"，在理论上解决了历代众说纷纭的旋宫问题。朱载堉在乐律、数学、历法等方面，"考辨详确，识者称之"，在学术史上占有一席地位。朱载堉放弃继承王位，甘做平民，读书修心，留下《醒世词·十不足》：

> 逐日奔忙只为饥，才得有食又思衣。置下绫罗身上穿，抬头又嫌房屋低。盖下高楼并大厦，床前缺少美貌妻。娇妻美妾都娶下，又虑出门没马骑。将钱买下高头马，马前马后少跟随。家人招下十数个，有钱没势被人欺。一铨铨到知县位，又说官小势位卑。一攀攀到阁老位，每日思想要登基。一日南面坐天下，又想神仙下象棋。洞宾与他把棋下，又问那是上天梯。上天梯子未做下，阎王发牌鬼来催。若非此人大限到，上到天上还嫌低。（转引自路工《明代歌曲选》第75页，古典文学出版社，1956年）

2015 年 4 月

感恩母校蓬莱解宋营小学

尊敬的赵校长，尊敬的老师们和同学们：

大家好！

在这里，我特别感谢市、镇、村的各级领导，感谢他们带领大家把解宋营村（今解西村）建设成为社会主义美丽新农村。如今的村子街道整洁、文化洋溢、旧貌换新颜，一派生机！感谢他们对解宋营小学（原维新小学，以下简称"解小"）的指导、关心和支持！

老师们，同学们！今天是我离开家乡六十六年以来，第一次回到解小跟大家见面。我这次回到解小，是为感恩。我1934年出生在半海半山的解宋营村，我是解小第20级的毕业生。感谢家乡蓝天、碧海、青山、绿水、黄土地、白沙滩的滋润，家乡父老乡亲的帮衬，解宋营小学的培养、教育、熏陶，我才有了今天。每当我发表学术论文的时候，每当我出版学术著作的时候，每当我在中央电视台开讲的时候，每当我站在国际学术讲台上演讲的时候，我首先想到——我是中国人，我是蓬莱人！我以我是中国蓬莱人而自豪和骄傲！

六十六年来，我跑遍了祖国三十四个省级行政区，去过美国、日本、俄罗斯、法国等二十六个国家和地区，致力于在全世界传播中国优秀传统文化。春节前腊月二十九，我刚从阿曼回国。在那里，我两次接受阿曼国家电视台的专访，讲述中国和阿曼通过海上丝绸之路进行文化交流的历史和故事。

六十六年来，我经常思念家乡，想念解宋营小学。我一直利用各种机会宣传我的家乡。

在2014年中央电视台"寻找最美乡村教师"颁奖典礼上，我担任推荐嘉宾推荐时，先引了咱们解宋营村胡香泉老师。他拄着拐，身残志坚，教学严谨，勤勤恳恳，认真负责，我的毛笔字基础就是胡先生给打下的。我在《百家讲坛》的《社会主义核心价值观讲坛·爱国》一讲中，讲述了咱们村因村民无故被日本鬼子枪杀而更加痛恨日寇和我们解宋营小学的老师、同学们表演话剧《锁着的箱子》宣传抗日的故事。最近，我在中央电视台《百家讲坛》的《中国故事·爱国篇》系列节目中，介绍了蓬莱的骄傲、抗倭名将、爱国大英雄——戚继光，还讲了我们解宋营村明初修建的楼子——城堡，以及蓬莱阁、蓬莱水城、戚继光祠牌坊，特别讲述了从蓬莱走出去的先贤戚继光立德、立功、立言的英雄事迹。

我说上面这些，只有一个意思：我们烟台、蓬莱、解宋营，有悠久的历史、勤劳的人民、朴实的民风和光荣的传统。蓬莱还有中华民族的骄傲——戚继光！

老师们，同学们，我们要继往开来，下决心做到以下几点：

第一，修身。毛主席曾多次勉励青少年要身体好、学习好、工作好！把身体好排在第一位。同学们正处在长身体的时候，一定要锻炼好身体——起居有常，饮食有节，动静有度，心中有善。如此，我们才能担当起建设祖国、保卫祖国的重任。

第二，修心。爱祖国，爱人民，有礼貌，重诚信，心地善良，助人为乐，严于律己，宽于待人。从小就立下大志：先天下之忧而忧，后天下之乐而乐。为天地立心，为生民立命，为往圣继绝学，为万世开太平！

第三，修学。要努力学习，刻苦读书，奋力拼搏，自强不息。读书提升素养，知识改变命运。有知识才有智慧，有智慧才有创新。我就是沿着"读书——智慧——创新"这条道路走的，虽然走得不够好，但是坚持走过来就是胜利。希望同学们勤于学、慎于思、善于悟、践于行。

第四，修行。不仅要学，而且要行，知行合一，言行合一。爱祖国的历史、人民、文化、蓝天、大海、山河、村庄，明于心，重于行。为了祖国的利益而敢于担当、敢于前行，为了人民的利益而不怕困难、不怕牺牲！

最后，我送大家一句话共勉：努力修养四合——天合、地合、人合、己合！

现在，我把前不久出版的一套《阎崇年集》，共二十五卷，捐赠给母校图书馆！

谢谢大家！

2015 年 3 月

书法家应具备三个境界

　　《二十四史》没有专门给书法家列传，书法家的传记附在其他传记里。第一次给书法家列传的是《清史稿》，《清史稿·艺术二》里专门给书法家列传，但只列了十三个人。有清一代，从天命元年到宣统三年是296年，从顺治元年到宣统三年是268年，这么长的时间只列了十三位书法家。清朝的包世臣把书法家队伍扩充至九十一人。但他死得早，他死之后还有一些书法家，把那些加上，一直加到光绪时的翁同龢，增加十三人，总共是一百零四人。有清一代，"有名有姓"的书法家才一百零四人。刚才中国书法家协会主席苏士澍先生说，目前全国书协会员有一万多人。今天，社会主义文化繁荣了，国家强盛了，人口多了，书法家也多了。书法家是很不容易的。历史上的书法家列传后多有小评论，我把评论归纳了一下，让我感触最深的是以下三条。

　　第一，书人尚德，高尚的"尚"，道德的"德"。天行健，君子以自强不息；地势坤，君子以厚德载物。书法家要有"厚德"，要有高尚的道德。前些年，某些地区的失德问题就深深污染了当时的社会风气。有一件事情让我印象深刻，一位犯了死罪的高官在被枪毙之前曾说，他是一个书法家，留他一条命，他还可以写书法给大家。可是，他已经声名狼藉、臭名远扬，即使字写得再好，也不会有人在大厅里挂他的书法了。大家知道明朝的严嵩字写得还是不错的，他当过礼部尚书，又任内阁首辅，但是严嵩的字没人挂。传说"六必居"三个字是他写的，后人也不敢署其名。秦桧字写得也不错，但也没有人挂他的字。这是中国的一个传统，书法家首先要有德，你缺了德，字就没人挂，也没有人收藏。书法家的德，要包含正义、骨气。我说两个人，一个是明朝的吴伟，传闻皇帝命他作画，他喝了酒，画完以后把笔一扔，扭头就走，也不跪拜。皇帝扬言要把他杀了，大臣说杀了就成全了他的美名。另一个是明朝大书法家李梦阳，他疾恶如仇，疏劾寿宁侯张鹤龄，被报复下狱，险遭杖杀，后获救出狱。谁都恨这个寿宁侯，但敢怒不敢言，更不敢行。一天，李梦阳在路上碰见寿宁侯，"詈之，击以马棰，堕二齿"，他不仅骂，还打掉寿宁侯的两颗牙。史书说："寿宁侯不敢校也。"我们不提倡打人，但赞赏李梦阳疾恶如仇、不畏权贵的勇气。

第二，书法尚正。我理解的正，就是儒家的中正，就是道家的自然。人法地，地法天，天法道，道法自然。而不能违背自然。正，要守正出新，守住传统文化的根本，加以创新。如果丢掉传统文化根本，何来创新之有？但并非所有创新都是值得的。有一次，我遇到很多人围着一个写字的书法家，他号称"联合国国际书法大师"。不知道哪来的联合国书法大师先铺了一张纸，这张纸比开会的这间屋子还大。他又拿了一个墩布，蘸了墨汁，那边拉一下，这边拉一下，横着又拉了一下，三竖一横，只写了一个字。他觉得不好，太单调了，就又画了些锯齿。他说这个字太小，下一步准备找一个足球场写一个字，创造一项吉尼斯世界纪录。这种所谓的创新就是毫无意义的。其实历史上很多书法家都很穷。清朝的一个书法家叫蒋衡，据说穷得没饭吃，在一个庙里跟着僧人吃点儿斋过活。"键户十二年，写十三经"。他如果卖字的话，吃饭肯定就不成问题了，但他就是不卖。现在有些人求名、求利、求大、求怪，要创什么书法吉尼斯世界纪录。如启骧先生说的"蘸着头发倒过来写字"，这种事情是对民族文化的践踏。

第三，书品尚美，真善美的美。书法是艺术，艺术不能丑，丑就不美，丑就不是艺术。京剧的文丑、武丑，不是真的丑，而是一种艺术的美。清朝人包世臣将书法分为神品、妙品、能品、逸品、佳品，神品以下又各分为上下两等，共五品九等。我认为，书法美就是神品的八字标准：平和简净，遒丽天成。有些人故意把一个很简单的字写得谁也不认识，不禁令人质疑这些所谓的书法家的实力。书法尚美，大未必美，小未必不美。大家知道故宫养心殿的三希堂，藏有三件稀世墨宝：《快雪时晴帖》约 23 厘米 × 14.8 厘米，《中秋帖》约 27 厘米 × 11.9 厘米，《伯远帖》约 25.1 厘米 × 17.2 厘米。这些书法作品都不足一平尺，却是极品。

中国书法文化中，书人尚德，书法尚正，书品尚美。这些优秀的传统文化，值得我们学习、传承和弘扬。

最后，建议教育部门把"书法进课堂"这件事情做好，可请一些老年书法志愿者，德高望重的、有一定书法基础的、身体还硬朗的，自愿到学校担任书法教师。这样坚持多年之后，中国的传统书法文化一定会更加多姿多彩。

2015 年 2 月

观田旭桐先生画展感言

20世纪80年代，我在美国宾夕法尼亚大学做访问学者，曾去肯尼迪艺术中心参观，展厅墙上巨幅画板满白，画家只在右下角处用画笔点了一个红点。此画作为世界名画展示在世人面前，我却百思不得其解。后来，一位美术史专家点评："古往今来，哪有在白板上涂个红点成画的？其画贵在创新。"由是，我得到一点感悟：做人贵守正，作画贵出奇。

田旭桐先生的诗画，有禅形，有禅意，有禅理，有禅心。《心经》写道："色即是空，空即是色。"色中有空，空中有色。何以见得？举例来说：都说头顶天空，可天空中有日月，并不空啊；都说天有日月，可大家都叫天空，真是空吗？绘画贵在处理好色空、正奇、形神、阴阳之间的关系。田旭桐先生画作的禅形，是在色空之外；禅意，是在色空之内；禅理，是在色空之间；禅心，则是在色空之中。

孔子说："君子不器。"作画，贵在不器。你画山水，我也画山水，你画人物，我也画人物，你我之间，趋同者多，不器者少。田旭桐先生的画，一看就是田旭桐的，独成一格，既在器中，又在器外。

田旭桐先生就职于清华大学美术学院，绘画功底深厚，技法娴熟。其画作自成一家，独具一格。

2013年10月

祝贺中国第二历史档案馆《馆藏民国台湾档案汇编》出版

　　"十一五"国家重点图书出版规划项目、台湾文献史料出版工程的首批重大成果，由中国第二历史档案馆、海峡两岸出版交流中心共同编纂的《馆藏民国台湾档案汇编》，已由九州出版社出版。这真是中国文化界、学术界的一件盛事，是海峡两岸出版交流的一件盛事。我作为一个读者、一个学者、一个受惠者，此时此刻，有三种心情：一是喜，二是惊，三是赞。喜的是这么短的时间出版如此高质量的大部头书，真是令人欣喜；惊的是全书300册，辑录民国涉台珍贵档案6000余件，内容钜细靡遗，一下子推出，真是令人吃惊、振奋；赞的是令人称赞、敬佩——我向中国第二历史档案馆杨永建馆长及其同仁，向海峡两岸出版交流中心和九州出版社的先生们，致以热烈的祝贺！表示衷心的感谢！

　　这部档案，有以下特点：

　　第一，原生性。台湾文献史料出版工程中的《馆藏民国台湾档案汇编》具有原生性的特点。历史档案贵在真实，也贵在保持原貌。《馆藏民国台湾档案汇编》的最重要特点是，保持历史档案原貌，再现原生性的特色。《馆藏民国台湾档案汇编》所辑史料，均系翻拍原件，未作剪辑、删改；档案原件有模糊、残缺者，一仍其旧。因此，有文物、文献、资料、学术价值。所有档案都是原始的、第一手的、珍贵的，是档案馆珍藏的老档案，具有可贵的原生性特点。

第二，科学性。台湾文献史料出版工程中的《馆藏民国台湾档案汇编》具有科学性的特点。台湾文献史料图书的出版，是一项涉及政治、经济、文化等各方面的巨大文化工程。《馆藏民国台湾档案汇编》所辑史料，按时间顺序排列。其中档案时间以形成时间为准；图书、期刊以出版时间为准；以事为题的史料，以第一份文件形成时间为准；个别文件时间不清者，按编者考订时间为准，并加注说明。

《馆藏民国台湾档案汇编》所辑史料一般以一篇为一题，但同属一事彼此间又有直接联系者，则以一事为一题。文件标题除部分采用原标题外，多为编者所拟加。

为便于读者查阅，《馆藏民国台湾档案汇编》书末编有全书总目录。

《馆藏民国台湾档案汇编》出版工作坚持以历史唯物主义为指导，去粗取精，去伪存真；坚持以弘扬爱国主义精神为宗旨，正确把握台湾历史发展的脉络，充分展现广大台湾同胞爱国爱乡的历史事实和宝贵精神；坚持以尊重历史、面向未来为导向，深刻揭示两岸合则两利、分则两害这一基本规律，进一步推动两岸关系和平稳定发展。

第三，权威性。台湾文献史料出版工程中的《馆藏民国台湾档案汇编》具有权威性的特点。中国第二历史档案馆是集中保管中华民国时期（1912—1949）历届中央政权机关及其直属机构档案的国家级档案馆。馆藏档案卷帙浩繁，其中涉台档案内容丰富。

以时间为序，以台湾光复为界，大体分为两部分：台湾光复前、台湾光复后。其中，部分档案形成于1912年至1945年9月，为台湾同胞归国求学、工作、参加抗日活动及国民政府筹备收回台湾的相关文件。另一部分档案形成于1945年10月至1949年，举凡台湾省行政长官公署、台湾省政府所属各机构与国民党中央政府的来往文件都有存档。馆藏档案主要为公务文书，此外还有照片、图片等。之所以说它有权威性，是因为该套书取材严肃认真，编纂团队兢兢业业、一丝不苟，专家学者逐卷逐页校对、审查。不论是在史学研究、工作参考方面，还是在文物考证、艺术鉴赏等方面，都具有不可估量的价值。

第四，系统性。台湾文献史料出版工程中的《馆藏民国台湾档案汇编》具有系统性的特点。它不是支离破碎的，不是一鳞半爪的，也不是吉光片羽的，而是系统完整的。《馆藏民国台湾档案汇编》所辑史料，均为中国第二历史档案馆所藏，其中绝大部分为档案，也有一部分图书、期刊；绝大部分为中文，也有少量系日文和英文。台湾文献史料出版工程是"十一五"国家重点图书出版规划项目。主要包含《明清宫藏台湾档案汇编》《馆藏民国台湾档案汇编》《民间遗存台湾文献选编》《海外遗存台湾文献选编》四大子项目，涵盖明清两代、民国时期的台湾文献史料，总计约550册、30万页、1.5亿字。预计《明清宫藏台湾档案汇编》《馆藏民国台湾档案汇编》2006年出版，《民间遗存台湾文献选编》2008年出版，《海外遗存台湾文献选编》2010年出版。

第五，文献性。台湾文献史料出版工程中的《馆藏民国台湾档案汇编》具有"文献性"的特点。《馆藏民国台湾档案汇编》

所选档案史料揭露了日本在台湾的侵略罪行，记录了台湾同胞日据时期反侵略的不屈抗争，也记录了抗战胜利前后中国政府对台湾地区的接收、管理及全面安排台湾光复后的经济、文化等重建工作。该套书是研究台湾与祖国关系不可多得的第一手史料，具有极高的研究、参考与收藏价值。这套书的出版，前世未有，后世也无，功在当代，利在千秋。

对于这套书，我提一点希望：最好附一个目录索引（或以笔画为序，或以汉语拼音为序），以便于读者检索。

2007 年

选书四看

我经常到书店去看书、买书，这对读书人来说是一种乐趣。到书城看书，看着看着，就想买书。买到书回家坐下一看，有的觉得很值，很高兴；有的觉得多余，很遗憾；也有的觉得自己上当了，很扫兴。时间长了，吃亏多了，总结出几点选书的经验。我以《读史阅世六十年》（广西师范大学出版社）、《义和团战争的起源》（华东师范大学出版社）和《中华民族精神读本》（山东大学出版社）等书为例，分享一下从作者、编者、出版单位和内容等几个方面去选书的技巧。简言之：选书之要，在于四看。

一看书名。偌大的图书城，架上摆放着几十多万种图书，林林总总，令人目不暇接，思前想后，何处下手？先看书名。书名好比一个人的面容，也好比一个人的眼睛。所谓"画龙点睛"，书名就相于龙的"眼睛"。比如摆在我面前的《读史阅世六十年》，书名不俗，文化底蕴深厚，很吸引人，于是驻足翻览。分解开来，书名含义有三：其一是"读史"，这符合我研究历史的职业特点。其二是"阅世"，学历史与学物理不同，历史学者对历史的认识、体验、感悟都以一定的阅历为前提。作者既有接受中国文化熏陶的经历，又有西方文化的素养，书名展示了其丰富的人生与治学阅历。其三是"六十年"，本书说的阅历不是十年、二十年，而是六十年，整一个"花甲"。书名饱含一位学人融会中西文化六十年、读史阅世的学术精神。又如，《义和团战争的起源》一书，书名平平，但书名后宣传语——跨国研究很显眼。正是这几个字引起了我的注意，使我想看看它的序言。

二看序言。初选中的书，拿起来先翻序言。《读史阅世六十年》的序言中写道："本书主旨是把本人一生，在国内、在海外，每一阶段的学思历程都原原本本、坦诚无忌、不亢不卑地忆述出来，而且还不时作些严肃的自我检讨。我相信，唯有如此做法，此书才可望成为学术史及教育史等方面具有参考价值的著作。"序言又简介了本书的内容：上篇为国内之部，叙述作者早期学思历程中不同阶段的感受与经验，记录先师留给后学可以作为终身深思、师法的一言一行；下篇为海外之部，叙述作者博士工作的经历和对史学研究的奉献。本书融会了作者在海内外研学的特殊经历与中西不同的治学方法，的确是一部引人深思的著作。这本书具有学术性、教育性的双重价值，自然值得买。言至此，有一趣事，梁启超《清代学术概论》原系为蒋方震《欧洲文艺复兴史》一书作的序，但序言内容脱离原书，洋洋洒洒，五万余言，竟"喧宾夺主"。此当属于个案。然而，判断一本书到底是不是有价值，不光要看它的序言，还要看它的作者。

三看作者。《读史阅世六十年》作者何炳棣先生，早年从清华大学毕业，继获哥伦比亚大学博士学位，长期从事中国历史的研究工作。他写的《明初以降人口及其相关问题：1368—1953》是一部经典的历史学术著作，在历史界享有盛誉。关于本书的缘起，何先生写道："十几年前接读杨振宁先生的《读书教学四十年》之后，我不由自主地就立下筹撰一部《读史阅世六十年》的心愿。时光流逝，转瞬间自童稚初听《左传》故事至今已大大超过原估的 60 年了。只有从考取清华第六届留美公费（1943 年秋考，1944 年春夏之交发榜）起算，此书写撰的完成与出版在年代上才符合整整一个花甲。有鉴于'60'这个数目，无论在西方文化发源地两河流域，还是在远古不断扩大的华夏文化圈内，都涵有非常丰富的意蕴……"《读史阅世六十年》内容丰富、立意高远，作者又有重要学术成就，此书值得一读，更值得一买。另以《义和团战争的起源》一书为例，说明作者的重要性。此书作者具有深厚的国际研究与历史学的学术素养，易引起读者阅读兴趣——作者相蓝欣毕业于复旦大学国际政治系，后赴美留学获博士学位，有二十余年海外游学、工作的体察与历练。作者精通多种语言，搜集、查阅当年八国联军中美、英、日、法、意、俄等国档案与文献，十年艰辛，撰成此书。因此，此书值得翻开一看，值得一读。何、蓝二君，国际视野宏阔，学术素养深厚，充分搜集海外资料，融合中西文化，高屋建瓴，固本开新，全面解读历史，引人深思。再举一例，《中华民族精神读本》的作者都是一个世纪以来的风云人物，如鲁迅、林语堂等，此书自然应当一读，而且值得插架。

四看书局。书局就是出版社，是出版行业的"文化品牌"。比如说，我到商场里去买一台空调，要先看品牌。我首先考虑的是"海尔"牌的，因为我觉得这个牌子的空调质量好，这个品牌的信誉好，公司的服务好。同样，我到书店去买一本书，除了看书名、内容、作者，还要看是哪家出版社出的书。比如说，近两年"正说"历史出版现象火爆。中华书局独著先鞭地出版了《正说清朝十二帝》，尔后多家出版社跟风出版书名相仿的书。这自然是文化界的一件好事情。但一位读者告诉我，他在北京风入松书店见到书架上的"正说"系列图书，全是中华书局出版的。看来，该店进书是会慎重选择出版社的。此外，广西师范大学出版社、华东师范大学出版社、山东大学出版社、人民出版社等，虽不像中华书局以整理、出版古籍享誉海内外，但近些年来以出版学术图书见长。这些出版社重选题、重作者、重品位，在学术界、文化界、出版界受到普遍重视，并得到读者的广泛认可。

笔者以《读史阅世六十年》《义和团战争的起源》《中华民族精神读本》等书为例，谈点个人体会，是否可取，请读者自鉴。

2006 年 4 月

文化人要正确传承历史

对于历史剧与历史的关系，半个世纪，争论激烈，莫衷一是。尤其是对于"戏说"与"正说"、"秘史"与"正史"关系的议论，近年来沸沸扬扬。史学家强调要正确传承历史，文学艺术家则说自己的作品也是传承历史。

历史必须传承，这点似无争议。但是，怎样传承历史——"戏说"还是"正说"？谁去传承历史——史学家还是文学家、艺术家？这些是有争议的。

历史是严肃的、客观的。我认为，人类历史的传承手段或媒介有口述、图画、文字、文物和音像等，其中文字是中华文明传承的主要手段。如果没有文字记载历史，今人怎么会知道秦皇、汉武、唐宗、宋祖？文字传承历史，贵在一个"正"字。《汉书·艺文志》载："左史记言，右史记事。"记言记事，中正求真。许慎《说文解字·史部》释曰："史，记事者也。从又持中。中，正也。"那么"又"字怎样讲？《说文解字·又部》释曰："又，手也。象形。"总起来说，"史"就是用手记言载事，持中公正，客观真实。因此，"中正真实"是历史科学的本质特征，也是历史传承的基本准则。

近年来，影视界风行"秘史"剧。"史"字，前文已解。"秘"字，怎样解呢？《说文解字·示部》释曰："祕，神也。从示，必声。"《说说文解字》里只有"祕"字，而没有"秘"字。后来"秘"逐渐替代"祕",引申为"神秘""秘密"等。前者,神秘——梁武帝《游仙》诗云:"水华究灵奥,阳精测神秘。"就是深奥莫测的意思。后者,秘密——《史记·陈丞相世家》曰:"其计秘,世莫得闻。"就是秘而不宣的意思。此外,"秘"还有稀奇的意思,张衡《西京赋》云:"秘舞更奏,妙材骋伎。"由此引申,皇家藏书之处称为"秘府",所藏之书为"秘籍"等。

从上面"秘"字的意思来看,"秘史"当为秘密、稀奇的历史,如宫廷史等。但它的基础是"史",因此要真实、公正、客观、有据。遗憾的是,近年来,有的"秘史"类电视剧编得实在离谱。如清太祖努尔哈赤与他的五个女人的"秘史",除了几个主角人名相符外,从环境、文化,到人物性格、经历和事件,几乎不符合任何一条满文、汉文或朝鲜文的史料史实。如努尔哈赤与胞弟舒尔哈齐的政争是为了抢夺一个女人,叶赫老女(剧中名东哥)嫁给乌拉贝勒布占泰并从民间蒸发十年,大妃阿巴亥与她的亲叔叔布占泰相爱,孝慈高皇后叶赫那拉·孟古(皇太极生母)代替自己的姐姐嫁给了努尔哈赤,尼堪外兰的女儿先嫁给舒尔哈齐、又嫁给明辽东总兵李成梁之子李如柏等等。故事编得离奇,煞是热闹好看。然而,所谓努尔哈赤同五个女人的"秘史"违背史实,纯属虚构。本来编故事就说是故事呗,何必硬说成"正史"或"秘史"呢!其乱点鸳鸯、其篡改历史、其胡编乱造、其肆无忌惮,可谓无以复加,实在令人震惊。

有一种声音说,自己编的是故事。但是,康熙皇帝从来没有微服私访过,怎么会出来康熙微服私访的历史剧?历史剧可以"大事实、小事虚",而眼下一些历史电视剧却是"大事虚、小事无"。

像清朝的"三祖三宗"——清太祖努尔哈赤、世祖顺治、圣祖康熙、太宗皇太极、世宗雍正、高宗乾隆，都是历史上的真实人物。他们的言行、事功都有翔实的历史记载，至于他们的兄弟、后妃、子女等，或实录、或档案、或玉牒、或文献，都有记载。怎么可以随意编造呢！

还有一种意见认为，自己搞的是艺术创作。一位影视家如果创造诸如孙悟空、林黛玉、范进一类的精彩人物，自然值得赞扬；如果对努尔哈赤、康熙这种中华历史上的重要人物及其事迹任意歪曲、肆意篡改，则是对文明的践踏、对历史的猥亵、对观众的诳骗！

观众往往相信影视剧，以为那就是真实历史。认真一比照，才发现不对了。因此，提高受众的"免疫力"也很重要。回顾一下，自 20 世纪 80 年代以来，几十年间，中国的影视和文学作品对中国古代史，特别是对清史，包括清帝、清宫，情有独钟。各种"秘史"，戏说成风，铺天盖地，泛滥成灾。既引发了民众对清史的关注，又使得人们对其疑惑不解。"正说"讲的是历史，"戏说"编的是故事。小说家、影视家戏说清史、清帝，塑造人物、编创故事，那是艺术家们的事。对受众来说，看"戏说"时应知道这是"戏"，瞧的是热闹，不可以当真。史学家、学者对清史、清帝进行正说，传承历史知识，解答历史疑惑，这是史学家们的事。对受众来说，看"正说"时应知道这是"史"，了解的是"真实"，不必图热闹。当然，"正说"与"戏说"人们都需要，既不能要求史学家们去"戏说"，也不必苛求艺术家们去"正说"。正如市场上的假奶粉、假酱油、假 2B 铅笔……应该如何防范呢？一方面，要依靠工商行政监察部门查假、打假，另一方面，则应当提高受众的辨别力和"免疫力"。仅仅提高受众的"免疫力"还不够，重要的是正本清源，这就需要文化人正确传承历史。

文化人都应正确传承历史。人们通常认为正确传承历史是历史学家的事情，这固然是历史学家的职责与使命，但并不限于历史学家。文化人都要正确传承历史，这是因为文化人所创造的小说、影视剧等，通过各种媒介，传播广泛，影响深远。一部历史电视剧，观众动辄以千万、万万计，既然它的影响如此巨大，那么文化人对历史小说、历史电视剧更应持严肃态度、严谨文风。如果说，自己的文学作品、影视作品讲的是故事，那就不要说是历史，更不要说是"真实的历史"或"百分之八十真实"云云。而且，文化人有责任和义务向广大受众正面宣传真实的历史人物、真实的历史事件、真实的历史故事。

人们应当敬畏历史。我引述一段报上的话："在挪威，对谁都可以批评，唯独不能批评易卜生和格里格，他们是神圣的。"挪威人对本国的文学家、艺术家尚且如此，而我们呢？中华历史是中国各族人民神圣而宝贵的文化遗产，任何人都没有权利把杰出历史人物娱乐化，更不可随意"玩历史"。我们应当敬畏历史。为什么要"敬"？因为吸取前人经验会增长宝贵的智慧。为什么要"畏"？因为重蹈前人覆辙会受到历史的惩罚。敬畏中华民族的历史，是每个国人的责任与义务，更是每个文化人的责任与义务。希望所有的文化人都正确传承中华文明的历史。

2005 年

瘟疫防治的历史经验

瘟疫在历史上每隔一段时期就要出现一次。人类战胜了一次又一次的瘟疫，积累了同疾病做斗争的经验，推动文明不断向前发展。北京从成为全国政治中心以来，在元、明、清三代，曾发生过多次大规模的瘟疫，积累了防治瘟疫的宝贵历史经验。

元代大都，爆发过三次大规模的瘟疫。第一次是在皇庆二年（1313年），《元史·五行志》记载："京师大疫。"第二次是在至正十四年（1354年），《元史·顺帝纪》记载："京师大饥，加以疫疠，民有父子相食者。"第三次是在至正十八年（1358年），《元史·朴不花传》记载："京师大饥疫。"大都此次瘟疫十分严重，患者遍街巷，死者相枕藉。《元史·后妃传》记载：顺帝皇后奇氏出资命官"葬死者遗骸十余万"。《元史·朴不花传》也记载：宦官朴不花请示朝廷批准，买地埋葬饥疫死者尸体，"前后瘗者二十万"。上述两个数字虽可能有所张饰，但足以说明死亡人数确实很多，着实惊人。

明代北京，爆发过七次大规模的瘟疫。据《明宪宗实录》和《明史·五行志》等记载：北京城在成化七年（1471年）、嘉靖三十三年（1554年）、嘉靖四十年（1561年）、万历十年（1582年）、万历十五年（1587年）、崇祯十四年（1641年）、崇祯十六年（1643年），先后爆发过七次大的瘟疫。其中四次，瘟疫肆虐，非常严重。第一次是成化七年，京城"大疫流行，军民死者，枕藉于路"。

第二次是嘉靖三十三年，"都城内外大疫"，"时疫太甚，死亡塞道"。第三次是万历十五年，京城接受医药治病的患者达十万人。第四次是崇祯十六年，京师大瘟疫，疫情极严重。夏燮《明通鉴》记载："京师大疫，死者无算。"染病死亡之多，不计其数。《明崇祯实录》也记载："京师大疫，死亡日以万计。"这些数字并不一定准确，但上述记载足以说明，当时的大瘟疫极其严重，甚至有阖家丧亡，竟无收敛者。

清朝《清史稿·灾异志》记载全国大小瘟疫一百多宗，有的发生在一个县，有的发生在一个州。如康熙四十二年（1703年），五月，景州大疫，死者无算；八月，文登大疫，民死几半。嘉庆七年（1802年），延庆大疫。道光四年（1824年），北京城附近的平谷、清苑等地区发生严重瘟疫，但北京城里没有出现大的瘟疫。从总体上看，清朝的北京没有发生过像元大都、明北京那样大的瘟疫。这可能是因为清朝京城的防治瘟疫措施比元朝和明朝都要好一些。

元、明、清三代六七百年间，关于上述北京历史上的大瘟疫亦留给后人几点经验，可资借鉴。

第一，防重于治。清朝顺治、康熙、雍正、乾隆、嘉庆等皇帝，都特别害怕得痘症（天花），所以格外重视防疫。清朝近三百年间，北京没有发生过像元大都、明北京那样大的瘟疫，这同清朝重卫生、重防疫的政策有一定关系。清朝，在北京登基的第一个皇帝顺治帝，患天花而死，年二十四岁。因此，清朝非常重视对瘟疫的防治。清朝兴建承德避暑山庄、木兰围场的原因之一，就是防范天花等传染病在蒙古、西藏地区流行。蒙古游牧地区，空气清新，人烟稀少；中原地带，夏季溽热，人烟稠密。因此，当时的蒙古王公贵胄初到北京，易水土不服，染病概率较大。清朝曾规定，蒙古王公每年朝见清帝需遵循"年班"和"围班"制度——前者，主要是针对已经出过痘症的蒙古王公即"熟身"，他们每年定期轮班进京朝见皇帝；后者，主要是针对未出过痘症的蒙古王公即"生身"，他们每年夏秋轮班到木兰围场随皇帝行围打猎，随后到避暑山庄觐见皇帝。乾隆帝说："皇祖辟此避暑山庄，每岁巡幸，俾蒙古未出痘生身者，皆得觐见，宴赏锡赉，恩益深而情益联，实良法美意，超越千古云。"蒙、藏王公贵族在避暑山庄、木兰围场朝觐，可以大大降低痘症等疾病的传染概率。

第二，断然隔离。元大都、明北京先后多次大瘟疫的猖獗流行，都是因为没有采取严格的隔离措施。如元顺帝在瘟疫流行时非但不采取措施，还制造豪华龙船，于太液池游戏，极尽奢靡。清朝则不然。清朝时，北京曾爆发过天花，康熙帝命在广宁门（今广安门）外设立避痘所，对患者进行隔离，遏制疫情蔓延。后规定在京城东、西、南、北四方各定一村，将患痘症者集中一起，实施隔离。就是皇子得了痘症，也要被隔离。康熙幼年时，为防天花，被隔离在福佑寺。大约从两岁到五岁，在那里被隔离了三年左右。这段期间，康熙不能同他的父母见面，由此可见清朝隔离措施之严格。大的瘟疫往往具有很强的季节性，如明代北京的几次大瘟疫，多在春季和初夏流行。当然，瘟疫流行两三年的例子也有，但不多见。上述瘟疫防控的历史经验值得借鉴，也应做好长期防疫的思想准备。

第三，科学防治。人们同瘟疫斗争，要不断总结经验。明朝吴有性，字又可，著《温疫论》，是研究防治瘟疫疾病的创新之著，并附"达原饮"等三十多个验方。后人评价："瘟疫一证，始有绳墨之可守，亦可谓有功于世矣。"清朝吴瑭，字鞠通，著《温病条辨》，也是一部关于瘟疫防治的医学名著。在古代，大的瘟疫流行时，民众往往十分恐惧。很多被传染者不去医治，而去求神。如有些人会请萨满到家里为患者跳神治病，萨满头戴神帽，腰系振铃，击鼓作乐，手舞足蹈，祈求神灵保佑。但是，康熙帝不赞成找萨满跳神治病，而是主张用科学方法防治。他派人到南方将以人痘防天花的医生请到宫中，力排旧俗之议，给子孙们种痘，并把种痘之术推广到大臣之中。清廷重视，京师推广："京师王公大人家，常用种痘之法，因少痘殇之惨。"康熙帝曾患疟疾，御医久治无效，传教士用奎宁（金鸡纳霜）给他治好了病。后来臣民患疟疾，康熙现身说法，介绍这种特效药，果然患者用后病都治好了。康熙帝对医学、药学、解剖学、生理学等产生了兴趣，请传教士为其讲课，还在宫廷中建立实验室。而崇祯帝在京城瘟疫流行时，求助于道教真人张应京，疫情得不到控制，"北京甚疫，死亡昼夜相继，阖城惊悼"。由此可见，在瘟疫流行之时，应当求助于科学。

第四，群防互济。大的瘟疫发生之后，往往有政府救灾，也有民众互济。明万历十五年的京师大瘟疫爆发时，北京五城，官出银两，开局散药，免费医治，"日计千百，旬月之外，疫气已解"。民众互救，更为普遍。北京的居民中，郎中们贡献药方，有钱者出资买药散发给患者，有力者购土地、买棺材埋葬死者。至于街坊邻里、亲朋好友也争相解囊相助，扶弱济困。有的王公贵族、达官显贵，甚至太监、宫女等，也都捐钱救灾。寺庙的僧尼也广施博济。凡居民病者予之药，不能丧者给之棺。大瘟疫流行之时，官济民，富济贫，众济寡，强济弱，上上下下、邻里亲友，互帮互助，群防群治。瘟疫过后，民众之间捐弃前嫌、关系密切，社会风尚焕然一新。

第五，国际交流。一次大的瘟疫，传染地区往往比较广泛。比如欧洲中世纪的黑死病，从1347年到1351年，横扫欧洲，夺走了许多人的生命。英国大卫·克里斯特尔主编的《剑桥百科全书》记述："约有2500万人死亡，占欧洲人口的三分之一。"该书作者认为这种病"由亚洲传来"。但中国大都城的大瘟疫发生在1358年（元至正十八年），比欧洲的黑死病要晚。当然，元大都的瘟疫是否为黑死病还需研究，此次大瘟疫是由欧洲传到亚洲还是从亚洲传到欧洲？需再讨论。不过，应注意的是，当时元大都是一座国际大都市，大约有六十万人口，商人、学者、传教士等往来于欧、亚两洲，所以瘟疫的传播与防治具有国际性。到了清代，国际往来更为频繁。有人认为，中国预防天花的人痘技术传到欧洲，英国医生爱德华·詹纳在中国人痘接种法的启发下，于嘉庆元年（1796年）改进人痘为牛痘。嘉庆十年（1805年），牛痘接种法传入中国。道光年间，有的地方还设立了"牛痘局"。到光绪年间，"牛痘局"的数量持续增加，牛痘接种逐渐普及。当今，国际交往更胜于前，因此对于"非典"的防治，更需要加强国际间的交流与协作，吸取国际先进科技成果，共同防治。

第六，疫后安定。防治瘟疫的历史经验告诉人们，瘟疫并不可怕，但不可掉以轻心。瘟疫平息，人心安宁，"化愁叹为讴歌，易扎瘥为仁寿"。然而，瘟疫也会给社会带来负面影响。防治瘟疫的历史经验也表明：大的瘟疫流行必然影响经济。在封建时代，"瘟疫"往往与"饥馑"相伴而生。瘟疫过后，原来潜藏的社会矛盾会变得更加明显，甚至会被激化。元顺帝、崇祯帝不懂这个道理，进一步激化了本就严重的社会矛盾，民变四起，后果严重。但清朝一些开明的皇帝，总会在灾疫之后采取一些经济措施，如施赈济、减赋税、开义仓、设粥厂等，以缓解社会矛盾，恢复社会生产。

今天的情况与从前根本不同。我们有政府的高度重视、有科学的防治措施、有百姓的理解支持、有国际的交流协作，大家和衷共济，科学防治，人定胜"典"，送走"瘟神"。北京人民，经过锻炼，更加团结，更加奋进。大疫之后，必有新貌。科学赢得进步，文明促进社会发展。

附录

《元史》中有一条关于至正十四年大都爆发瘟疫的记载：

京师大饥，加以疫疠，民有父子相食者。帝于内苑造龙船，委内官供奉少监塔思不花监工。帝自制其样，船首尾长一百二十尺，广二十尺，前瓦帘棚、穿廊、两暖阁，后吾殿楼子，龙身并殿宇用五彩金妆，前有两爪。上用水手二十四人，身衣紫衫，金荔枝带，四带头巾，于船两旁下各执篙一。自后宫至前宫山下海子内，往来游戏。行时，其龙首眼口爪尾皆动。

又自制宫漏，约高六七尺，广半之，造木为匮，阴藏诸壶其中，运水上下。匮上设西方三圣殿，匮腰立玉女捧时刻筹，时至，辄浮水而上。左右列二金甲神，一悬钟，一悬钲，夜则神人自能按更而击，无分毫差。当钟钲之鸣，狮凤在侧者皆翔舞。匮之西东有日月宫，飞仙六人立宫前，遇子午时，飞仙自能耦进，度仙桥，达三圣殿，已而复退立如前。其精巧绝出，人谓前代所鲜有。时帝怠于政事，荒于游宴，以宫女三圣奴、妙乐奴、文殊奴等一十六人按舞，名为十六天魔，首垂发数辫，戴象牙佛冠，身披璎络、大红绡金长短裙、金杂袄、云肩、合袖天衣、绶带鞋袜，各执加巴剌般之器，内一人执铃杵奏乐。又宫女一十一人，练槌髻，勒帕，常服，或用唐帽、窄衫。所奏乐用龙笛、头管、小鼓、筝、篆（绥）、琵琶、笙、胡琴、响板、拍板。以宦者长安迭不花管领，遇宫中赞佛，则按舞奏乐。宫官受秘密戒者得入，余不得预。

2003 年

刘国龙楷抄《红楼梦》

国龙学兄和我在中学读书时并非同届同学，但因当时学生少，我们又住校，所以彼此很熟。他上了两年半中学，便辍学从戎，扛枪过江。后来，他到《华声报》任办公室主任。但好景不长，因工作过劳，患急性心肌梗死，差点儿没了命。

他"死里逃生"后，学唱戏，练气功，于病却全然无效。于是，他便开始濡翰墨，练书法，强身健体。练着练着，用简体字抄起了八十回的《石头记》。抄《石头记》开始靠毅力，继而成自然，进而享乐趣。《石头记》抄完之后，受到朋友鼓励，他自觉其乐陶陶，又决心用繁体字楷抄一百二十回的《红楼梦》。每日四小时，历时三寒暑，将近百万字的《红楼梦》抄完。说也怪，每天抄书，手动心静，气息调和，身心平衡，病竟然被"抄"好了。他抄书后不仅病好了，书道亦大增，其书法作品在全国级书法大赛中屡屡获奖。

国龙学兄楷抄的《红楼梦》字迹工整，中锋平和，笔画端楷，煞是不凡。启功先生为其题签，端木蕻良先生为之作序。有海外华人欲出重金求购，可见其影响之大。然而，国龙兄不满于此，雄心勃勃，誓要将另四部名著——《三国演义》《水浒传》《西游记》《金瓶梅》全部楷抄之。杀青之期，指日可待。

国龙兄楷抄《红楼梦》，让我联想到清朝蒋衡独自一人手书《十三经》。时任江南河道总督的高斌将蒋衡手稿献给乾隆皇帝，乾隆甚是喜爱，并命勒石立碑，史称"乾隆石经"，又称"十三经刻石"。近闻有人将人民币卷成爆竹燃放，也有人摆一桌酒席花掉千万元，竞摆阔气，以此斗富，呜呼哀哉。如有海内外志趣者，出资将楷抄的《红楼梦》勒石立碑，陈列于大观园，诚为展示中华文化之善举，亦为弘扬中华文化之盛事！

1993 年 6 月

乙

阎崇年史学文颖集

序跋卷（下）

青岛出版集团 | 青岛出版社

图书在版编目（CIP）数据

阎崇年史学文颖集 . 2，序跋卷 . 下 / 阎崇年著 . —青岛：
青岛出版社，2023.7

ISBN 978-7-5736-0655-6

Ⅰ.①阎…　Ⅱ.①阎…　Ⅲ.①序跋—作品集—中国—当代
Ⅳ.① I217.2

中国版本图书馆 CIP 数据核字（2022）第 243293 号

YAN CHONGNIAN SHIXUE WEN YING JI

书　　　名	阎崇年史学文颖集	
分 册 名	序跋卷（下）	
出版发行	青岛出版社（青岛市崂山区海尔路 182 号，266061）	
本社网址	http://www.qdpub.com	
策　　划	贾庆鹏　刘　咏	
责任编辑	刘　坤　刘　冰	
照　　排	青岛新华出版照排有限公司	
印　　刷	青岛国彩印刷股份有限公司	
出版日期	2023 年 7 月第 1 版　2023 年 7 月第 1 次印刷	
开　　本	16 开（710mm×1000mm）	
总 印 张	60	
总 字 数	800 千	
书　　号	ISBN 978-7-5736-0655-6	
定　　价	298.00 元（全四册）	

编校印装质量、盗版监督服务电话　4006532017　0532-68068050

目　　录

"古都文化"丛书序

北京不但是中国著名的历史文化古都,而且是世界闻名的历史文化古都。当今北京是中华人民共和国首都,是中国的政治中心、文化中心、国际交往中心、科技创新中心。北京历史文化具有原生性、悠久性、连续性、多元性、融合性、中心性、国际性和日新性等特点。党的十八大以来,习近平总书记十分关心首都的文化建设,指出北京丰富的历史文化遗产是一张金名片,传承保护好这份宝贵的历史文化遗产是首都的职责。

北京作为中华文明的重要文化中心,其历史文化地位和重要文化价值,是由中华民族数千年文化史演变决定的。约70万年前,已知最早先民"北京人"升腾起一缕远古北京文明之光。经考古发掘,北京在旧石器时代早期、中期、晚期,新石器时代早期、中期、晚期,都有其代表性的文化遗存。自有文字记载以来,距今3000多年以前建立的蓟、燕,其城池遗址、铭文青铜器、巨型墓葬等,经考古发掘,资料丰富。两汉时期的通州路(潞)城遗址,文字记载和考古遗迹相互印证。从三国到隋唐,北京是北方的军事重镇与文化重心。辽、金时期,北京成为北中国的政治中心、文化中心。元朝大都、明朝北京、清朝京师,北京由此成为全中国的政治中心、文化中心。民国初期,首都在北京,后都城虽然迁到南京,但北京作为全国文化中心,既是历史事实,也是人们共识。北京历史之悠久、文化之丰厚、布局之有序、建筑之壮丽、文物之辉煌、影响之深远，已经得到证明，并获得国际认同。

从历史与现实的跨度看，北京文化发展面临着非常难得的机遇。汉"文景之治"、唐"贞观之治"、明"永宣之治"、清"康乾之治"等时期，中国从来没有实现人人吃饱饭的愿望，现在全面建成小康社会，历史性告别绝对贫困，这是亘古未有的大事。中华民族迎来了从站起来、富起来到强起来的伟大飞跃，迎来了实现伟大复兴的光明前景。

"建首善，自京师始"，在面向未来的首都文化建设中，北京应做出无愧于时代、无愧于全国文化中心地位的贡献。一方面要整体推进文化发展，另一方面要出文化精品，出传世之作，出标识时代的成果。近年来，中共北京市委宣传部、北京市社科院等组织首都历史文化领域的专家学者，以前人研究为基础，反映当代学术研究水平，特别是新中国成立70多年来的成果，撰著"北京文化书系·古都文化"丛书，深入贯彻落实习近平总书记关于文化建设的重要论述，坚决扛起建设全国文化中心的职责使命，扎实做好首都文化建设这篇大文章。

这套丛书的学术与文化价值在于：

其一，在金、元、明、清、民国（民初）时，北京古都历史文化领域留下大量个人著述，清朱彝尊《日下旧闻》为其成果之尤。但是，目录学表明，从辽、金经元、明、清到民国，没有留下一部关于古都文化的系列丛书。大家都希望有一套"古都文化"丛书，既反映当代研究成果，也是以文化惠及读者，又能充实中华文化宝库。

其二，"古都文化"丛书由各个领域深具文化造诣的专家学者主笔。著者分别是：（1）《古都——首善之地》（王岗研究员），（2）《中轴线——古都脊梁》（王岗研究员），（3）《文脉——传承有序》（王建伟研究员），（4）《坛庙——敬天爱人》（龙霄飞研究馆员），（5）《建筑——和谐之美》（周乾研究馆员），（6）《会馆——桑梓之情》（袁家方教授），（7）《园林——自然天成》（贾珺教授、黄晓副教授），（8）《胡同——守望相助》（王越高级工程师），（9）《四合院——修身齐家》（李卫伟副研究员），（10）《古村落——乡愁所寄》（吴文涛副研究员），（11）《地名——时代印记》（孙冬虎研究员），（12）《宗教——和谐共生》（郑永华研究员），（13）《民族——多元一体》（王卫华教授），（14）《教育——兼济天下》（梁燕副研究员），（15）《商业——崇德守信》（倪玉平教授），（16）《手工业——工匠精神》（章永俊研究员），（17）《对外交流——中国气派》（何岩巍助理研究员），（18）《长城——文化纽带》（董耀会教授），（19）《大运河——都城命脉》（蔡蕃研究员），（20）《西山永定河——血脉根基》（吴文涛副研究员）。署名著者分属于北京市社科院、清华大学、中央民族大学、首都经济贸易大学、北京教育科学研究院、北京古代建筑研究所、故宫博物院、首都博物馆、中国长城学会、北京地理学会等高校和学术单位。

其三，学术研究是个过程，总不完美，却在前进。"古都文化"丛书是北京文化史上第一套研究性的、学术性的、较大型的文化丛书。这本身是一项学术创新，也是一项文化成果。由于时间较紧，资料繁杂，难免疏误，期待再版时订正。

本丛书由市社科院原院长王学勤研究员担任执行主编，负责全面工作；市社科院历史研究所所长刘仲华研究员全面提调、统协联络；北京出版集团给予大力支持；至于我，忝列本丛书主编，才疏学浅，年迈体弱，内心不安，实感惭愧。本书是在市委宣传部、市社科院的组织协调下，大家集思广益、合力共著的文化之果。书中疏失不当之处，我都在在有责。敬请大家批评，也请更多谅解。

　　是为"古都文化"丛书序言。

"古都文化"丛书（20 卷），

中共北京市委宣传部、北京市社会科学院编写，

北京出版社，2023 年 3 月

《景德镇传统瓷艺述论稿》序

瓷器是中国人伟大的文化创造，景德镇则是世界著名的瓷都。郑鹏先生新著《景德镇传统瓷艺述论稿》是写景德镇传统制瓷工艺和艺术造诣的专著，将同读者见面，嘱我写几句话。

我是一个读书人；书读多了便写书，就成为一个著书人；书读多了、著多了总要评论，也就成为一个评书人。我在读书、著书、评书时经常想，一部书应当有"三个可"，即可信、可读、可传。

一说可信。《景德镇传统瓷艺述论稿》一书是可信的。《说文解字》云："信，诚也。从人从言。"做人做事，著书立说，都要讲求诚信。《论语·为政》说："人而无信，不知其可也。"人既如此，书也如此，无信不立。

本书之可信体现在，作者以其人生三个二十年的积累，认真钻研，作成此书。

在其第一个二十年，作者生于斯，长于斯。郑鹏先生是江西景德镇人，出身于书香之家，从小就浸润在瓷都景德镇瓷器文化的氛围之中。人们走进瓷都景德镇就像进入酒香茅台镇一样，后者全镇家家人人同酒不无关系，前者全镇户户人人同瓷不无关系。瓷器既与景德镇人的生产息息相关，也与他们的生活息息相关。在瓷文化熏陶下，许多陶瓷专家搞不明白的问题，在当地人眼中则是简单的常识。

在其第二个二十年，作者学于斯，作于斯。郑鹏先生大学学的是化工专业，同制瓷、烧瓷学理相通，且有补益。而后，作者的工作直接同瓷器相关联，特别是他师从原景德镇陶瓷考古研究所所长、著名陶瓷专家刘新园（1937—2013）先生，打下了扎实的瓷器学术与文化之根基。

在其第三个二十年，作者成于斯，著于斯。一件瓷器从瓷石、瓷土的采掘，经成坯、上釉、烧制，到最后烧成出炉、验收包装，作者身历了全过程。制瓷的七十二道工艺，他逐一考察，了如指掌。他先后探访了130多位传统手工制瓷匠人及相关辅助行业工匠，实地考察了多处手工制瓷的文化遗址。在此基础上，作者阅读、细品历代先贤关于瓷器的经典著作，吸收现代学者研究成果，综合景德镇瓷器考古新发现，进而把景德镇保留下来的丰厚的陶瓷文化遗产加以梳理、提炼和总结，将其精粹写入著作。

苏轼《题西林壁》诗云："横看成岭侧成峰，远近高低各不同，不识庐山真面目，只缘身在此山中。"就是说，观山景，既要身在此山中，又要身在此山外。本书作者的一个特点是，既身在景德镇内看瓷器，又从其外看景德镇瓷器。用这两个视角研究瓷器，就比较客观，也比较可信。

因之，我认为可信是本书的第一个特点。

二说可读。《景德镇传统瓷艺述论稿》一书的确可读。《说文解字》云："读，诵书也。从言卖声。"有的书虽可信，却未必可读。有的书虽然内容丰富，但缺乏文采，"言而无文，行之不远"。有的著作晦涩难懂，可读性差，而本书纲目清晰，条理系统，语言通俗，简明晓畅，细读下来，饶有趣味。

本书运用经纬纵横、逐层述论的写法。其经线是从唐代的起步之初，经宋代的异军突起、元代的独步天下、明代的未有之奇、清代的千秋光华，直到民国的兴衰变迁；其纬线是从原料瓷石和高岭土的采集，经做坯、成型、刻绘、施釉、烧制，再到出窑、检验、包装等。经线和纬线交织，既使专业学者读后不觉絮烦，且有新意，又使普通读者读之眉目清晰，兴味不尽。

因之，我认为可读是本书的第二个特点。

三说可传。《景德镇传统瓷艺述论稿》一书应是可传。《说文解字》云："传，遽也。从人专声。"传本意是传递，传送，后引申为流传。学术研究，著作述论，贵在恒久功力，难在悟出新意。书，能传十代当然是好书，能传百代应是经典。我说过，经典耐得千年读，经部的"十三经"，史部的《史记》和《资治通鉴》，子部的《老子》《孙子兵法》《墨子》《韩非子》，集部的《楚辞》《唐诗三百首》等，经过千年淘洗，时间愈久远，光彩愈浓艳。我的意思倒不是说本书为陶瓷学的经典，而是说其能够推广并流传。

本书之前，作者有过一些著述：1990 年，《景德镇瓷艺纵观》由江西科学技术出版社出版；1994 年，《江西省陶瓷科技志》稿编入《江西省科学技术志》，由中国科学技术出版社出版；2005 年，《景德镇导游词》由旅游教育出版社出版；2015 年，《景德镇老城叙事》由江西美术出版社出版；2018 年，《匠心冶陶——景德镇传统手工制瓷技艺》由文物出版社出版，文字配合 18 集纪录片；等等。2023 年，作者又即将出版这部《景德镇传统瓷艺述论稿》。在学术与文化之路上，作者一路走来，步履坚实，战胜困难，成绩斐然。

《景德镇传统瓷艺述论稿》一书是作者在多年瓷器文化的熏陶与滋养下，集考古与文献，兼广取与博采，汇勤奋与思悟，不断探索，日新求新，取得的可喜的学术与文化之新成果。

因之，我认为可传是本书的第三个特点。

本书我已先读为快，因其可信、可读、可传，谨向读者朋友推荐。

是为序。

《景德镇传统瓷艺述论稿》，郑鹏著，

文物出版社，2022 年 12 月

《朗山韵语》序

　　《朗山韵语》著者马慧裕（1743—1816）上贤，字朝曦，号朗山，祖籍奉天铁岭，隶汉军正黄旗，自称"三韩铁岭人"。"三韩"，历代变迁，多种解释。著名学者顾炎武《日知录》"三韩"条云，"今人谓辽东为三韩者"，"今辽人乃以之自称"，就是自明天启初到清宣统末，辽东人自称为"三韩"人。马慧裕上贤于乾隆三十六年（1771）中辛卯科进士，选庶吉士，散馆授吏部主事。历官员外郎、郎中、知府、道台、按察使、布政使、巡抚、内阁学士、侍郎、东河总督、漕运总督、工部尚书、湖广总督、都察院左都御史，至礼部尚书。兼公中佐领。因病辞世，寿七十四。赠太子少保，谥清恪，赐祭葬，御制《原任礼部尚书马慧裕碑》一通（今存）。

　　根据目前图书馆藏书统计，存世的马慧裕诗联集有九种：《集禊帖》《集洛神赋十三行》《集圣教序》《续集圣教序》《续集兰亭圣教》《集圣教序字诗》《续集圣教序字诗》《河干诗钞》和《八音律》。今依类分为集字联、集字诗和诗钞三编，裒然成帙，并以上贤之号名曰《朗山韵语》，由中国出版集团华文出版社雕梓问世。

　　其之一，"集字联"，收录《集禊帖》二百联、《集洛神赋十三行》一百四十联、《集圣教序》一千联、《续集圣教序》五百联《续集兰亭圣教》一百六十联，共二千联。举凡佛儒道圣、官署翰苑、卜筮幕友、牧令将弁、馆驿马厩、宗祠僧舍，婚丧节庆、书画文玩，靡不撰书并举，立意高远，亦庄亦谐，引人入胜。其创意之新，数量之丰，门类之广，心力之勤，不让前贤，叹为观止。

其之二，"集字诗"，涵盖《集圣教序字诗》四卷、《续集圣教序字诗》四卷，收录五言、七言律诗八百首。上贤自出机杼，择取《集圣教序》《续集圣教序》联句中声调相谐、辞义贯通者，句栉字比，增缀起结，四韵一律，意趣浑成。

其之三，《河干诗钞》，卷一有五言古诗十首、七言古诗九首；卷二有五言律诗八十一首；卷三有七言律诗一百二十一首；卷四有五言排律八首、五言绝句三十六首、七言绝句四十二首。合计三百零七首。

其之四，《八音律》，即用《周礼·春官·大师》之"八音"——金、石、丝、竹、匏、土、革、木，冠于七律八句之首，而成七律诗一百首，并结成"八音律"诗集。如其中《山中早发》云：

> 金鞍骄马踏轻沙，
> 石岭巍峨映晓霞。
> 丝闵辛劳机上妇，
> 竹嫌劳攘岭前鸭。
> 匏浮渡过沉川月，
> 土破耕残带露花。
> 革响乍惊山寺鼓，
> 木遮精舍上人家。

这是上贤在文学艺术史上的一个贡献。

综观全书，《朗山韵语》的大量篇幅以《圣教序》为韵语文字之根源。《圣教序》的全称是《大唐三藏圣教序》。先是，唐高僧玄奘西行，历时十七年后，携佛经六百五十七部回到长安。三年之后，唐太宗李世民为玄奘所译经文撰写序文，即《大唐三藏圣教序》。时为太子后为高宗的李治受命作《述三藏圣记》，玄奘收到上述"序"和"记"后，给李世民和李治呈写了谢表和谢启。李世民和李治又各作了答谢。这篇重要序文、四篇文章和玄奘所译《心经》，由弘福寺释怀仁集晋书圣王羲之的字，而成《集王羲之书圣教序》，内容完整，巧费睿思，历时二十四年告竣。唐高宗咸亨三年（672）立碑于长安大慈恩寺，今存西安碑林。宋人之拓本曾为清山东巡抚觉罗崇恩旧藏，现存于天津博物馆，称"墨皇本"，为今人所见之最佳拓本。

马慧裕上贤书法右军，深入晋室，得其风骨，学其神俊，尤嗜集王字《大唐三藏圣教序》。先生自叙言："余于《圣教序》寝食数十年矣，始制集字之联，继成集句之律，皆为作书地耳。自手书五七律千首付梓后，今又八年，性无他嗜，惟此不忘。"此书，既是韵语之著，又是书法之作。慧裕先贤宦务之余，将全部心血注于此书，甚为可赞。

马慧裕上贤，八岁从师读书，二十九岁成进士，三十岁翰林院庶吉士散馆，初任主事，走上仕途，其间二十二年，饱读儒家经典，博览历史册籍，兼及子集名著，奠下深厚文化与学术之基础。其时间善于"挤"——在官宦繁忙余暇，豆灯夜读，寒暑无闲，"临池挥翰，兴致淋漓"，用尽心血，乐此不疲；又在"封篆"即岁暮年初封印假期，"每日自黎明至三更而辍"。至五十四岁，手书《集圣教序》一千联，由贻榖堂梓行。六十岁，任河南巡抚，黄河水患，驻节河岸，督理河工，病卧之暇，赋诗百首，河工告成，汇集诗作，合三百余篇，成《河干诗钞》，仍由贻榖堂雕梓。六十四岁，再集"八音律"诗一百首，以《八音律》为书名，复由贻榖堂雕行。六十五岁，《集圣教序字诗》和《续集圣教序字诗》，由澄怀堂梓行。

《朗山韵语》，字字珠玑，粗读掩卷，感赞有四：

第一，终生读书，进德修业。读书本是士人终身之事。康熙帝在《庭训格言》里谈到读书时说："朕自幼好看书，今虽年高，万几之暇，犹手不释卷。诚以天下事繁，日有万几，为君者一身处九重之内，所知岂能尽乎？时常看书，知古人事，庶可以寡过。故朕理天下事五十余年，无甚差忒者，亦看书益也。"明君康熙帝提供了古人读书的一个榜样。士人也有其例。《郎潜纪闻》载述，清朝著名官员文人王士祯，十六岁，中进士，历官国子监祭酒、左都御史、刑部尚书等。王士祯嗜书——读书、买书、藏书、著书，要拜访他，"惟于慈仁寺（慈仁寺为明清北京著名的寺庙书肆，创建于辽，明重修，改名慈仁寺。清乾隆重修时改名大报国慈仁寺，俗称报国寺）书摊访之，则无不见"。马慧裕上贤于此又添一史例。常言道："淡视名禄，康寿百岁。"多读经典，淡泊名利，修德益寿，在在如此。

上贤先生身处乾隆、嘉庆两朝，值清朝由盛转衰之期，虽时局复杂诡变，仍坚守读书本分，以锻炼心性，进德修业。在名利官场中，上贤能独善其身，重要法宝，乃是读书，因为"凡人进德修业，事事从读书起。多读书则嗜欲淡，嗜欲淡则费用省，费用省则营求少，营求少则立品高"（康熙帝语）。所以，在帝制时代，读书修心，严以律己，著述作字，情趣高雅，是名臣名士的共同特点。

第二，官德修炼，唯公唯民。明君贤臣，文人高士，其大德大贤之志，在体恤萌萌小民。马慧裕上贤官扬州知府时，有"操守廉洁，商民爱戴"之誉。做官做士，"不畏当时，而畏后人"。在皇朝时代，帝王将相，文士名流，其胆大妄为者，多无大善可陈。其时社会风尚，"万般皆下品，唯有读书高"。某些士人，"其所以仕，什九为衣食、声色、荣宠、利禄诸好耳。身欲极裘锦之饰，口欲穷珍错之馔，耳欲餍丝管之音，目欲竭伎妾之美，沉酣迷惑，政以贿成，而本心之灵日昏、日塞、日泯，一行作吏，此事便废"（吴蔚光序）。上贤先生却相反：官至尚书，位极人臣，"为人静而明，清而慎，公而恕，谦而和，而绝无衣食、声色、宠荣、利禄诸好，是故政成而民理，职守稍暇，非操翰林为文章，辄临池学书，以自娱乐"（吴蔚光序）。曾手制联句表心迹："立身维清，心在公庭真奇水；爱人以德，民怀我泽自为春。"在历史上，能既畏历史，又畏后人者，莘莘孜孜，志趣高雅。他们留给后人的，既是高洁大德，又有流芳之作，仅此而已。

第三，不倦著述，流芳百世。康熙帝有言："至听政之暇，无间寒暑，惟有读书、作字而已。"上贤之读书为学，另辟蹊径。学贵创，文贵新。如上贤读《圣教序》，既读熟读透，又守正。先限字，复成联，再成诗，后著书。时人评论道："至于集《圣教序》诗，未之有也，有之，自河南布政使朗山马公始"（吴蔚光序）。据查，《大唐三藏圣教序》宋拓、清崇恩藏本，不计标点，总数一千九百零六字；剔除重复字，实际七百五十七字。在七百五十七字中，演化出千余副联，创作出千余首诗，"盖已创前人未有之奇矣"（王宗诚序）。这确是中国文学史上的一大亮点，一大创新，一大贡献，一大奇观。

第四，忠厚传家，诗书继世。人的一生，盛世乱世，应为国立命，为民立心，为己立志，为家立风。《汉书·韦贤传》曰："遗子黄金满籯，不如一经。"后《三字经》则演化作"人遗子，金满籯，我教子，惟一经"。纵观历代贤德明智之名宦名士，重视传统，重视家风。慧裕先贤同这些名宦名士一样——待人处事，尚"忠厚"；立家修身，读"诗书"。他们高风亮节，静明清慎，立下家规，传及子孙，不是良田豪宅，不是金银珠宝，而是做人忠厚，门第洋溢书香。慧裕先贤家大门的对联是："忠厚传家久，诗书继世长。"人的一家，或士农，或工商，都应忠厚，都要读书。慧裕先贤，率先律己，做出榜样。三代五代，七世九世，香火延续，福音不断。德泽后世，哲嗣有为，从文则丹青墨香之名作，从政则高风大德之品行。先贤勤俭忠厚，读书重道，追远述祖，遗留家风。虽时代变迁，然其忠厚传家，诗书继世，二百余年，以至当今。

朗山马慧裕先贤著并书之前，有卢荫溥、戴均元等十余人拜序题跋。其中卢荫溥，官礼部、吏部、户部、兵部、刑部尚书，军机大臣，体仁阁大学士等；戴均元，官左都御史，礼部、吏部尚书，上书房总师傅，军机大臣，文渊阁大学士等。他们都是当时官位显赫、名满朝野之人，这从一个侧面显示了马慧裕上贤官品之高、地位之尊、影响之巨。

总之，马慧裕上贤人品诚正，学品勤新，官品清慎。《易》有言：

"知至至之，知终终之。"做人做事，为官为士，知至知终，既勿不及，亦勿过之。事虽属难，上贤为之。

鄙本无资格为文，乃承蒙马慧裕上贤七世哲嗣振声、振川先生恳嘱，受之有愧，却之不恭，身先拜读，学而习之，率尔操觚，妄为之序。

《朗山韵语》，马慧裕著，
华文出版社，2022 年 9 月

《向南流的河》序

《向南流的河》书稿摆在我的书案上，本想过几天手里急活忙完后再读，但中国地形西北高东南低，黑龙江、黄河、淮河、长江等多是从西向东流，作者为什么要写向南流的河呢？好奇之心驱我先睹，欲罢不能，一气读完。

向南流的大河是指澜沧江—湄公河，发源于唐古拉山，穿过高山峡谷，古树密林，蜿蜒曲折，奔腾而流，经中国、缅甸、老挝、泰国、柬埔寨和越南六国，汇集诸溪，流入南海。它滋养了两岸九十多个不同族群，流域以不同文化、不同宗教、不同习俗、不同故事，展现出人类文明的朵朵奇葩。

《向南流的河》一书有同名纪录片，共六集。该片由原中央电视台副台长、中央新影集团董事长兼总裁高峰先生担任总监制，任启亮先生、张雅欣女士为顾问，陈庆女士为总导演、制片人。全书分作三篇，即顺应篇、守护篇、共生篇，每篇六个故事，事事生动，个个有趣。《向南流的河》一书即将由云南教育出版社付梓，胡平先生为出品人，杨峻女士为策划。广大观众和读者朋友，想看视频的，就看纪录片，想看文字的，就看书，或兼而有之，都是惬意的精神享受。我在阅读中读到一些令人感动的故事，择要同读者共赏。

第一篇讲了柬埔寨洞里萨湖水上一家人的故事。金边湖是中南半岛最大的淡水湖，水深随水旱两季变化，人们在湖上搭建的"浮屋"也随之升降。湖上的"浮屋",一家一户,连屋成片,像个社区,有商店、学校、寺庙等,也有街道,即水道,以舟代车,往来交通。这种景观像油画一般。"浮屋"人家,孩子在这里出生,上学,成家,捕鱼,卖鱼,以渔为业,以渔为生,他们过着童话般的"浮村"水上生活。

有一篇讲泰国大米人家的故事。湄公河下游地区,土壤肥沃,水分充足,光照强烈,宜种水稻。泰国有约 2000 万人种水稻,盛产香米,大量出口,誉满世界。当地居民敬祀米神,就像亚洲东北部族群在森林中狩猎,采集野果,敬祀神树一样。在稻米收获之前,名叫蒂可的女人同其他村里的女人一起,把用彩条缠绕的、竹子制成的神牌插到稻田中,诵念祝词,祭祀米神,祈求风调雨顺,水稻丰收,阖家平安。蒂可的女儿上学读书,将来要到城市工作,走上与父母不同的生活道路。

另一篇记述中国西藏自治区芒康县守护山盐察卡洛的故事。盐是人们生活的必需品,有海盐、池盐、岩盐、井盐等,但山盐我是第一次听说。在芒康县有世界罕见的高山盐田,出产的盐被称作"山盐"。当地人把盐井称作"察卡洛"。村子建在山顶,山坡辟建盐田,代代相传。山盐的盐田建在临河的山坡上,用土木搭建,层层叠叠,像房子露台一样。支架下面吊着许多上面盐水渗漏下来形成的盐柱。漫山遍野,盐田仿佛梯田,只是不种庄稼,而是晾晒山盐。男人负责搭建支架,女人负责收集成盐。收盐时,要祭祀盐神,村口的玛尼堆,经幡飘扬,猎猎作响,女人点燃桑枝,虔诚祈祷,既庆丰收,又祝平安。而后,男人赶着骡马,翻山越岭,外出卖盐。山坡的梯形盐田,沿山的卖盐马帮,成为 21 世纪藏区澜沧江畔壮丽的人文景观。

再一篇是讲述越南水果种植者的故事。故事介绍一位名叫四爷的水果种植专业户，73岁，住在河水冲积成的泰山岛上。这是前江河道上一个面积巨大的沙洲，洲上泥土带有沙性，适宜种植果树。他根据市场变化，改变原来大片种龙眼的传统，砍倒龙眼树，改种柚子树。他一年能收10多吨青柚，估计收入是龙眼的数倍。收入多了，他住着老宅，又建新宅作为民宿，接待国外游客，还建了一座豪华的庄园，作为自家的别墅。四爷做过干部，有八个儿女。社会变化太快，儿女们也各有新的想法和出路，有的在加拿大，有的在上大学，有的当村干部，有的帮他管理果树。他不保守，见多识广，儿女们喜欢做什么，愿意到什么地方，他都支持，只要儿女喜欢就好。

还有一个故事是缅甸茵莱湖上的"浮田"。缅甸北部湄公河畔有一个茵莱湖。湖三面环山，来自东、北、西三面的溪水汇入茵莱湖，再汇入萨尔温江。这是缅甸的第二大湖，湖面海拔约为970米，南北长约为14.5千米，东西宽约为6.44千米，面积接近100平方千米。这里的居民聪明勤劳，把树枝、藤蔓、水草等编结成草木架，再把湖底淤泥挖出，铺在编成的草木架上，成为湖上"浮田"。一户被称作"妈咪补"的人家有六亩"浮田"。他们在"浮田"上种植瓜果、蔬菜。这里一年分作凉季、干季和雨季，即使是干季，也有充足的湖水浇灌菜园。西红柿成熟季节，遍湖的西红柿像节日的小红灯笼，满目鲜亮。这是茵莱湖的特产，以味美、色艳、爽口和高产而闻名。村民用船载丰收的西红柿，运到市场、商店，然后带着鼓鼓的钱袋和满脸的喜悦回到家里。

湖上人家在木桩之上构筑房屋，下面的空间用来停泊船只，这很像城里人家的地下车库。村庄的中央建有寺庙，只有一处，供奉佛像，兼居和尚。村里建有学校，只有一间教室，能容纳20多名学生。村里还有各色商店、市场，形成一条商业街。在水上搭建"浮屋"是费钱、费力的事，有的孩子上中学还没有自己的"独屋"，所以，家长的心愿之一就是每个长大了的子女能有一个自己的"小浮屋"。

澜沧江—湄公河是两岸居民文化往来、缔结友谊的纽带。在这条纽带上有一串光环。

先说中越文化交流的故事。故事的女主人公黎氏文眉出生在越南中部，到中国留学，在位于云南大理古城的大理大学攻读中医药学。苍山十九峰，每两峰之间都有溪水潺潺流下，形成十八溪，汇入洱海。苍山之中，角峰刃脊，千树百草，形成一个天然的中药材宝库。黎氏文眉身背竹篓，头戴草帽，在山上林间寻找药材。她会流利的汉语，读过大量中文中草药古籍。她家的先辈也懂中草药，对她影响很大。她大学毕业后来到大理大学药学院攻读硕士研究生。她努力研读中草药知识，经常到大学的百草园实习，又利用课余时间到野外爬高山，走崎岖路，不畏艰辛，不怕劳累，学习"神农精神"，尝百草，辨百药，增加中草药的实践知识，抽空还会到大理的药店、制药厂学习求教。她打算毕业后回到故乡，开发家乡中草药资源，干出一番事业，为增进越中友谊做出贡献。

再说老挝铁路大桥兴建，谱写中老友谊的新篇章。老挝的琅勃拉邦古城是世界文化遗产。湄公河流经老挝时在这里拐了一个大弯，使琅勃拉邦成为一个"半岛"，往来交通非常不便。两国决定在这里兴建一座中老铁路湄公河特大桥。这座大桥共三十四跨，有五座主桥墩立于湄公河中，成为大桥工程的核心和重点。工程中有一位老挝技工黎尼，聪明好学，为人和善，工作认真，又会中文。黎尼很快学会基本技术，成为一名技术骨干。他把女儿送到云南大学留学，也学中文。黎尼告诉乡民，2021 年中老铁路通车后，从家乡到首都万象只要一个多小时，从琅勃拉邦到中国昆明看女儿只需五个小时。公司发薪水那天，黎尼领到比缅甸国内公司高得多的薪资，骑着摩托车回家，交了工资，村民羡慕——黎尼是当地第一个到外国公司（中国公司）工作的人，也是当地收入最高的人，还是第一个把女儿送到国外（中国）留学的人，大家都称赞黎尼是"成功人士"。其实还有一点，黎尼是为中老友谊做出贡献的人。

《向南流的河》是一本文化斑斓、充满奇幻、赏心悦目、值得一读的书，做推荐，是为序。

《向南流的河》，《向南流的河》摄制组著，

云南教育出版社，2022 年 4 月

《清代榆林府职官录》序

郭新英先生力著《清代榆林府职官录》书稿，经友人介绍，摆上我的书案，我自然先睹为快。

榆林既是中国历史文化名城，也是历代兵家必争之地。早在秦朝，大将蒙恬率三十万大军戍守，以此地为治所。两汉以降，直至明清，政权更迭，官员众多。明兴元亡，榆林地位极为重要。明成化始设榆林卫，后建延绥镇，亦称榆林镇，成为明朝九边重镇（另外八个为辽东镇、蓟州镇、宣府镇、大同镇、山西镇、榆林镇、宁夏镇、固原镇、甘肃镇）之一。到了清代，榆林地位依然重要。但清代没有留下一部《榆林府职官录》，这成为一大憾事。因此，新英先生大著的出版，价值大，困难多。

其价值之大，主要是拾遗补缺。史书关于官员的记载，重中央官员，轻地方官员；重内地官员，轻边塞官员；重豪门纨绔，轻寒门子弟；重进士翰林，轻干将能臣。所以，榆林官员，轻之轻也；历史记载，少之少也。学术研究往往是这样，价值大者，困难必多；困难多者，价值必大。新英先生能辟蹊径，花气力，历时久，集珠玑，撰写出版有清一代榆林官员的史集，实属难得，堪称学林嘉话。

其困难之多，主要表现在以下几个方面。

第一，万事开头难。学术研究，贵在创新。钱实甫编《清代职官年表》（四册），中华书局1980年出版，主要载录清代中央和省级职官。从史学目录看，《榆林府职官录》一书没有先例。为什么没有？愚想原因之一是史料缺乏，著述困难。唐朝以降，突厥、吐蕃、契丹、蒙古等族的军事势力挥师进攻，常突破榆林镇守，兵指京师。尤其是在明代，蒙古南犯，叩打关隘，京师九门昼闭不启，榆林重镇烽火连绵不断，盔甲不卸，戎装生虱。这就出现了"武强文弱"的现象。故本书的出版填补了一项史学空白。

第二，收集资料难。据查，榆林志书，宋元没有。明代只有万历《延绥镇志》八卷一部，且残缺不全。今榆林市及所辖市县仅存清代府志二部，州县志二十四部；而苏州现存地方志有二百余种。以榆林与苏州比较，只想说明一点，就是撰著此书，史料不足，甚至奇缺。且有明一代，榆林籍副总兵以上武官有二百多人。清代榆林籍（含绥德州）进士有一百多名。本书著者"大约走了二百六十多家，费尽口舌，好话说尽，有些还要带上人情，才先后借到一百多家的家乘谱牒，阅览摘抄"。

第三，考察古迹难。既然文献不足，就要实地踏查。这是史学研究的一个重要传统，也是一个可行方法。司马迁写《史记》，既查阅文献档案，还进行实地考察。他在《太史公自序》中说："（迁）二十而南游江、淮，上会稽，探禹穴，窥九疑，浮于沅、湘；北涉汶、泗，讲业齐、鲁之都，观孔子之遗风，乡射邹、峄；厄困鄱、薛、彭城，过梁、楚以归。于是迁仕为郎中，奉使西征巴、蜀以南，南略邛、筰、昆明，还报命。"新英先生则"走遍榆林地区长城内外、无定河两岸的二百二十六个乡镇"，千里跋涉，广泛踏查。作者对榆林古城百余条巷、千余座院落的现存门匾、牌坊以及城里乡下遗存的碑文进行仔细查阅，饱历辛苦，查古鉴今。顺便介绍一下，榆林古城遗有星明楼，楼高四十五米，四根通天柱、二十四根明柱挺立，为木结构建筑，有歇山顶，三重檐，覆以琉璃瓦顶，雕梁画栋，飞檐斗拱，雄伟壮观。有的说这是明武宗正德皇帝西巡的遗迹，有的说这是明天启年间延绥巡抚给魏忠贤修建生祠的遗物，为全国仅存。

第四，分类有序难。有了资料，只是事半，进行分析，加以归纳，才能成书。榆林府的职官，有本地籍，有寓居者，这为资料的收集、分析与判定增加了难度。全书以朝代为经，以职官为纬，纵横交错，排列有序，纷而不乱，杂而有序。清代延（榆）绥镇职官分文职与武职，文职分都御史和道员，武职分总兵、副总兵、游击、都司、守备、千总、把总，均列述其姓名、任职时间等，有的还撰述小传。虽枝节纷繁，却阐述条理。

第五，积沙聚塔难。读书学习，专题研究，不能一蹴而就，不会轻松收获。荀子说："千里之行，始于足下。"不经挥汗如雨，哪来五谷丰登。语云，聚沙成塔，集腋成裘。应当说，做任何事情，想要有成效，便需放下身子，认认真真读书，勤勤恳恳做事。书要读，著作要写，切忌空言，切忌浮躁。所谓"一夜成名""一夜暴富"，那是天方夜谭，或是虚浮空幻。衣服是一针一线缝出来的，粮食是一分一亩种出来的，房屋是一砖一瓦盖起来的，著作是一字一句写出来的。新英先生的勤奋学习、正直品格、顽强毅力和日新精神，值得学习，需要弘扬。

第六，时久毅力难。本书从起意到出版，历时四十四年。作者在榆林，在省城，在北京，利用一切可以利用的时间，查找一切可以找到的资料，包括图书、档案、方志、族谱、家乘、文集、笔记、碑刻、拓片等。作者退休前为业余，退休后为全力。人，总要有一点儿志气，总要有一点儿精神。心专力一，不间断，不旁骛，向着既定目标，排除一切困难，这种孜孜以求、锲而不舍的意志，值得称赞，值得学习。

第七，吃苦精神难。从事学术研究是艰苦的，也是有风险的。如新英先生在考察榆林红石峡摩崖石刻时，就是既有困难，又有危险。榆林镇北台西红石峡有明、清、民国摩崖石刻碑文一百余处。其悬崖石刻最高处约二十米，地险峻，崖陡峭，行道窄，河谷深，字迹小，难抄录。他只能自己攀上去看，双手要抠住岩石露出部分，脚还要踩稳，多少次都不成功。一人难以完成，他便请朋友帮忙。摩崖难以攀缘，他就用枷绑梯子援崖攀登，身体紧贴石壁抄拍。一次不慎，跌落受伤。耗时两年，他才把崖壁上的墨迹抄录完成。

第八，巧借众力难。一项学术或文化工程，严格来说，要众人合力。一次，作者偶然看到榆林东山高氏谱志，受此启发，更加关注榆林历史上的明、清名门望族。作者在几百件家谱族志的筛选过程中结交新朋友，得到新支持。其中榆林城常官下巷张氏，"一门四进士"，是清代榆林大家族的一个典型。作者多次拜访，阅其家谱，获益匪浅。又如当地文史专家杜相唐先生，按家谱记载，其先祖杜滋中是道光二十五年（1845）进士，但清代进士题名碑载为道光二十七年（1847）进士，与李鸿章同科。杜先生老泪涕下，感激不尽，订正谱误。书中有近七千古人，要一一查清，很是困难。作者先后走访追踪榆林二百六十余家名人后裔，得到诸多人士提供的家谱、族谱，并得到了地方文史馆及专家的大力支持，才使本书完稿。

《清代榆林府职官录》一书的作者生于榆林，长于榆林，业于榆林，也奉献于榆林。作者先祖世为中医，名扬西北。清左宗棠、民国杨虎城等病患都曾由其先祖悬壶治愈。新英先生继承济世家风，不计辛苦，不计报酬，为中华优秀传统文化传承凝心血，著新作。粗读《清代榆林职官录》，心为之而动，情为之而动，笔为之而动——有所感，是为序。

《清代榆林府职官录》，郭新英编，
陕西人民出版社，2022 年 2 月

阎崇年爷爷给小朋友的一封信

——《给孩子的国宝档案》序

亲爱的小朋友：

你好！

我是阎崇年，我非常喜欢中国历史，做了几十年的历史研究。你知道吗？中国五千年悠久的历史中，不仅发生了许多重要的历史事件，出现了很多杰出的历史人物，还有太多的奥秘等着你去了解，去探索。比如，古人用什么样子的灯照明，古代的小朋友平时都玩什么玩具，等等。那么，怎样才能了解这些有趣的历史知识呢？

在我看来，有一个很好的途径，就是去博物馆看国宝。

我这么说，是因为博物馆里丰富的藏品蕴藏了中华文明的精华，可以让我们直接了解到古人生活的方方面面，而国宝更是集中反映了古人的思想、趣味、求新精神和艺术风格。可以说，读懂了国宝，就能从一个侧面读懂中华文明的历史进程。

此刻，打开这套绘本，你就可以跟着80件国宝走进国宝背后的历史。这些国宝来自各大文化机构，能让你对中国历史的变迁和中华文明的发展有一个基本的了解。更有趣的是，在这套绘本里，你可以化身为小狐狸前往博物馆，听狐狸爸爸趣味讲解国宝，甚至能穿越回国宝诞生时的历史场景，开始一场真实的历史大冒险。

透过国宝看历史，历史真正"活"起来，这是一件多么有趣的事情啊！

听我这么说，你是不是对这些国宝更加好奇了呢？那么，接下来，就请你到这套绘本中去探索国宝的奥秘吧！希望《给孩子的国宝档案》可以让你真正地爱上国宝，爱上博物馆，爱上中国历史，发现中华优秀传统文化的魅力！

《给孩子的国宝档案》，狐狸家著，

童趣出版有限公司，2022 年 2 月

《王致和：用心做好一件事》序

张永和先生是中国当代著名的戏曲剧作家、评论家。少年时，我与他同在北京第六中学（清升平署旧址）读书，我虚长他几岁，高他几级，但他学问大、成果多，为人和善，助人为乐，所以我称他为"学兄"。我们这两个"80"后，一个埋头于戏曲剧作，一个潜心于研读历史，都已是耄耋之年。七十载光阴，弹指一挥间，回味往事，思绪万千，我们相约，一辈子择一事而不改初心，实感乐哉，亦是幸哉！

这些年，我经常与永和学兄一起参加一些文化活动，彼此文墨相濡，聚品清茶相交。永和学兄坚守菊坛，从不旁骛，笔耕不辍，创作了50余部戏曲作品，有的荣获各种大奖，演出之时场场爆满，剧评口碑赞誉有加。他的京味题材戏曲作品独树一帜，彰显特色。如曲剧《烟壶》，写清光绪年间，古月轩老艺人的工匠精神、家国大义；又如京剧《风雨同仁堂》，写同仁堂国医济世苍生、同修仁德的人格操守；再如曲剧《珍妃泪》，写清光绪年间由戊戌变法引出的一段政治兴衰、人生爱恨……还有京剧《满江红》《孟母三迁》《穆桂英挂帅》等，都是弘扬爱国主义精神与忠烈节义的好戏。

永和学兄是地地道道的北京人，生于斯，长于斯，学于斯，著于斯。他久住北京前门外闹市地区，老北京的人儿，老北京的事儿，都藏在他脑子里，散发着京味气息。学兄多次对我讲，他有一个夙愿——将自己熟知的北京老字号的故事，"从肚子里掏出东西来"，奉献给广大观众和读者。

2019年末，我接到永和学兄的电话，邀我到北京剧院观看曲剧《王致和》首演，这是他在二十四年前拟就剧本提纲的一部写北京老字号"王致和"的戏，如今恰逢"王致和"品牌创立三百五十周年，此剧被搬上红氍毹，应是正逢其时。看过戏后，我的感觉是，这部戏主题好，人物好，情节好，京味好。尤其是徽州举人王致和在屡试不第后，脱下长衫，弃文从商，走出新路，对于当下年轻人在纷杂社会中的人生抉择与思考具有普遍的借鉴意义。

我在研究清史的过程中一直强调四个字——"敬畏历史"。为什么要"敬"？因为吸取前人经验会得到宝贵的智慧；为什么要"畏"？因为重蹈前人覆辙要受到历史的惩罚。而永和学兄早在北京戏曲评论学会的座谈会上就朗声建言道："反对鄙视传统、割裂传统、改造传统、摒弃传统；提倡敬畏传统、学习传统、传承传统、发展传统。"治史，写戏，传承中华优秀传统文化，我们可谓不谋而合。

人生之路，多条大道，怎样选择，史有先例。著名经学家段玉裁科试不顺，改研小学，以几十年的功力，自费出版了《说文解字注》这部学术不朽之作。书法家蒋衡，科试落第，改研书法，访高人，观碑林，键户十二年，书写"十三经"，功夫不负，终于有成。今北京孔庙和国子监博物馆内有他书写"十三经"经文的《乾隆石经》碑林，成为历史文化遗产。大书画家文徵明，应天乡试，七试不中，放弃仕途，潜心书画，终成明代书画大师。

《王致和：用心做好一件事》一书的社会意义在于，人生道路，千条万条，哪条通达，就走哪条。俗话说："三百六十行，行行出状元。"每年高考之日，我真情祈愿参加高考的学子，人人如愿，个个成功。但是，如果看看《王致和：用心做好一件事》，定会开卷受益，增长智慧，学会变通，滋养心灵。

《王致和：用心做好一件事》一书由张永和学兄同其学生张婧著，得到宋志军社长支持，由华文出版社出版，我是先睹为快，诸位不妨一读。

是为序。

《王致和：用心做好一件事》，

张永和、张婧著，华文出版社，

2021 年 1 月

《福山大面盛世飘香》序

权福健先生主编的《福山大面盛世飘香》，在山东省烟台市福山区政协的热情支持下即将出版。于此，我敬致祝贺。

福健先生嘱我作序，原因可能有三：其一，我老家在山东蓬莱，之前的蓬莱县和福山县相邻，在明清时都属于登州府，我们算是老乡；其二，我喜欢吃面条，尤其喜欢吃福山大面、蓬莱小面，因此我们有共同语言；其三，福健先生痴迷福山大面文化，我则痴迷历史文化，我们都有所追求。由于以上三点，他邀，我应，就产生了这篇小序。

乡情缘分

先说我同打卤面的乡情缘分。打卤面又叫大卤面，蓬莱叫开卤面。在民国时期，能吃一顿白面开卤面是难得的享受。我家每年也只能吃很少几次开卤面。一次是爷爷、奶奶过生日，合家吃白面开卤面。而我母亲及以下小辈过生日，吃杂面开卤面。这里说的杂面，是因为白面金贵、稀缺，于是用白面掺着绿豆粉、豇豆粉、白薯粉或高粱粉等混合而成的面粉，自然不如白面好吃。另一次是麦收打场时吃白面开卤面。再就是我外祖父家麦收打场时，本村外孙们去帮忙，中午会吃一餐白面开卤面。还有，如果亲戚家办喜事，我们跟着大人去贺喜，也会吃开卤面。如此而已。记得1949年春，一位亲戚带着我，从老家坐汽车到潍县（今潍坊市），转乘火车到北平（今北京），在前门火车站下车。时值中午，亲戚带我到一家饭馆，点了一碗开卤面，我吃得非常开心。事过70多年，美好记忆如在昨日。

话往短里说。前些年我到蓬莱，在宾馆吃住了21天。我向陪我的先生提出，每天出去吃一餐蓬莱小面，一天换一家。当吃到第20家时，我觉得这家的蓬莱小面很对我的口味。起身离开这家面馆时，我跟面馆老板黄老板说，请他下午3点到某某宾馆大堂找我。黄老板疑惑，但还是答应了。果然，他准时到了。我不绕弯子，直说："我每天选一家蓬莱小面馆吃开卤面，我觉得您这家最好！"黄老板露出笑容。我说："我从来没有给人家写过匾，今天给您写。"说完，从宾馆找来文房四宝，信笔写下"蓬莱小面馆"五个字，并署名、盖章。后来，黄老板将我写的丑字装裱，挂在店铺里。

由上可知，我喜欢吃面条。全国各地，每到一个地方，我必尝面条，一饱口福。我跟朋友戏言："清史专家我是说不上，吃面条专家还算一位。"

2017年夏，我到烟台，跟朋友说起吃面条的故事，朋友介绍我认识了福山大面专家、山东省福山大面非遗文化传承人权福健先生，并有幸吃了他的福山大面。可以说，我今年虚岁八十八，姑且算作"米寿"吧，吃的面条不计其数，但印象最深的只有两个人的面：一是福山权福健先生的福山大面，一是蓬莱黄前坡先生的蓬莱小面。

久远历史

中国历史悠久，人口众多，文化多元，饮食风俗各呈异彩。著名的菜系有苏杭菜、淮扬菜、川菜、粤菜、湘菜、徽菜、鲁菜等。《史记·鲁周公世家》载述："周公旦者，周武王弟也。自文王在时，旦为子孝，笃仁，异于群子。及武王即位，旦常辅翼武王，用事居多。武王九年，东伐至盟津，周公辅行。十一年，伐纣，至牧野，周公佐武王，作《牧誓》。破殷，入商宫。已杀纣，周公把大钺，召公把小钺，以夹武王，衅社，告纣之罪于天，及殷民。释箕子之囚。封纣子武庚禄父，使管叔、蔡叔傅之，以续殷祀。遍封功臣同姓戚者。封周公旦于少昊之虚曲阜，是为鲁公。周公不就封，留佐武王。"周公受封于曲阜之地，为鲁公。而后，历史相沿，山东称鲁。山东特色的菜系称为鲁菜。到明清时期，鲁菜在宫廷和民间影响很大，誉满京华。

鲁菜分为若干支系，其中山东半岛地域，福山菜的影响较大。在元、明、清、民国（初期），中国的政治中心、文化中心基本在北京。元朝是蒙古人建立的，蒙古主要是草原文化，为游牧经济，逐水草而居，因而鲁菜在元大都影响甚微。明朱棣迁都北京，其文武官员以北方人居多。宫廷菜系有江南风味，也有北方特色。平时，王公贵族、达官富绅、四方才子推杯碰盏，餐叙应酬，也有很多推崇鲁菜，北京的鲁菜馆生意兴隆，顾客盈座。

清入主中原，定都北京。满洲先民生活在白山黑水地域，森林莽莽，遮天蔽日，属于森林文化。满族人的主食是面食，与鲁菜相似。京城皇亲国戚、官员缙绅、文人名士等也常汇聚在鲁菜饭馆。特别是清朝实行满汉分城别居政策后，旗人居于内城，汉人等居于外城，前三门——前门、崇文门、宣武门——外，既是汉人聚居之地，也是旗人购物、娱乐、餐饮之地，还靠近漕运码头，所以商铺林立，戏院喧闹，酒楼遍布。鲁菜在京一片兴旺，形势大展。

《福山大面盛世飘香》一书讲面食："福山的抻面，由来久远。据民间传说，早在明清年间，就随着山东福山的厨师进入宫廷厨房而传到了皇室。当时已经有极细的'龙须面''一窝丝''空心面'等为皇室服务。而且，在清代的北京城里，经营面条生意的餐馆、酒楼的也大多数是山东福山人。晚清史料中对此也多有记录和描述。"

我小时候听长辈讲，北京著名的"八大楼"以前多是福山人开的。延续至今的萃华楼、同和居等名饭馆，当年多是福山人做掌柜的，当大东家，掌勺的大厨也以福山人为多。

餐饮主食，北方当推面食；诸多面食，自然要提面条。福山大面，应时而兴。但近些年来，福山大面同其他面食一样，需要顺应时代发展。

传承创新

接下来缩小范围，细说面条。中国面条是何时出现的？据考古资料，我国最早的面条是在今青海省民和回族土族自治县喇家史前文化遗址中考古发现的面条。数千年来，面条在我国的普及毋庸赘言。及至明清、民国，面条的烹饪已经积累了丰富的经验，这是中国饮食文化的宝贵财富。中国是农业大国，南北各地的面条多种多样，各具特色，如沪宁阳春面、扬州清汤面、四川担担面、湖北热干面、岭南云吞面、山西刀削面、兰州拉面和福山大面等。

福山靠近渤海和黄海，福山大面在清末传到朝鲜、日本。1905年，福山人在朝鲜开了一家中餐馆——共和春，卖各种面。

保留到现在的餐馆菜单显示，面条的品种有鸡丝面、三鲜面、打卤面、炸酱面、炒面等，就是历史的见证。

《福山大面盛世飘香》一书中介绍，当代中国拉面高手屡创世界纪录：2003 年，厉恩海将 1 公斤面粉调制成面团，拉出 209 万根面条，一个针孔中竟然穿过 20 根面条，创吉尼斯世界纪录；2017 年，我国一家食品公司的拉面高手用 40 公斤面粉调制成面团，拉出 3084.32 米长的面条，创吉尼斯世界纪录。

而福山大面不仅在山东地区颇具影响，在京华之地亦占据一席。著名的福山大面既有悠久的历史，又面临新的挑战。因此，既应传承，更要创新。

先说传承。福山拉面柔滑鲜美，细如银丝，品种繁多，历史悠久。台湾学者张起钧先生在《烹调原理》中谈及鲁菜鲁面时说："我们说山东菜实际上是指的往日北京那些大馆子的京朝菜，其所以不叫北京菜而叫山东菜的原因，就是这些大馆子毫无例外全是山东人开的。这一菜路的形成，可说是集全国文人巧思之大战。……北京自辽金以来，七百多年的帝都，尤其元明清三代，集全国精英于一地，更是人才荟萃京华盛世。不论是贵族饮宴，官场应酬，都必须以上好的菜来供应，而这些人（特别是贵族）真是又吃过又见过，没有真材实货，精烹美制，哪能应付。因此七百年下来，流风余韵烹调之佳集全国之大成。菜，经过作大官、有学问的人指点，不仅技术口味好，并且格调高超，水准卓越，为全国任何其他地方之菜所不能及，而这种菜就都是许多山东人开的大馆子所做的。"无疑，饮食文化及福山大面的优良传统是应当继承的。

再说创新。本书介绍的福山大面是鲁菜主食中的翘楚，近年来，传承创新，做出新绩。

第一，种类增多。以面条名称而言，有福山大面·炸酱面、福山大面·麻汁面、福山大面·海鲜打卤面、福山大面·三鲜面、福山大面·炝锅面、福山大面·排骨面、福山大面·素菜面、福山大面·葱油面、福山大面·香辣面等。以面条形状而言，有宽条面、窄条面、粗条面、细条面、圆条面、三角条面、中空条面等。种类和形状已经大大超越前人。

第二，面条大席。如以福山大面为主的一席面条分作九道，九种面条，九样面卤，九色面碗。碗如茶盅，一碗一品，真是做到极致。摆在餐桌之上，宛如艺术作品。

第三，饮食文化。本书介绍的福山大面背后有许多故事。客人边吃，服务人员边在旁边介绍，客人享受的不仅是桌上美食，更是餐饮文化。俗话说，"美食不如美器"，本书中出现的很多餐具，盘、碗、碟、罐、匙、筷、壶、架等，都是专门设计，按样定制的，件件精美，各具特色。寿宴的餐具，喜宴的餐具，均不相同，各贴主题。

第四，制定标准。福山大面的各种面条都经过试验，制定出标准（详见书中附录），这就便于现代化推广和传播，也为福山大面的标准化产业发展奠定了基础。

第五，新的机遇。近年来，西方的麦当劳、肯德基等快餐在中国抢占市场，中餐如何标准化、科学化、国际化？福山大面在做尝试，并已取得可贵的经验。

综述，本书具有历史性、文化性、艺术性、科技性、实用性、创新性，值得一读，是为之序。

《福山大面盛世飘香》，权福健编著，

黄海数字出版社，2021 年 1 月

《瑷珲诗话》序

2020 年 6 月 6 日，我收到黑龙江省黑河市爱辉区委书记张建国先生来信，信中说："爱辉区委宣传部部长刘城同志搜集整理了与瑷珲有关的古典诗歌等文学作品，并以诗话形式进行发表和传播。我支持他将发表过的文章分类梳理，结集为《瑷珲诗话》，将在黑龙江人民出版社出版。鉴于您在历史研究领域的权威地位、对瑷珲的家国情怀和对后学的提携鼓励，恳请您拨冗作序。深知这是不情之请，但还请阎老师多予支持。"张书记是我的老朋友，我以前对刘城先生有关瑷珲诗词的研究也略知一二，特别是我对瑷珲这座历史文化名城心怀敬意，所以我愿意先睹其作，写点儿读后心得，从中汲取营养，进行文化交流。

我同瑷珲有学缘，也有情缘。我研究清史、满学，既关注有关瑷珲的史料，又多次前去做实地考察。1983 年 8 月，我应黑河方面邀请，同李一燃先生等前去参加学术研讨会，并第一次到爱辉考察。而后，两次承蒙邀请，前去参加学术活动，并两次去爱辉考察——2014 年 6 月，我应张建国先生之邀，前往参加瑷珲历史文化论坛暨纪念达斡尔族南迁 360 周年"库木勒节"活动；2018 年 5 月，我再次应张建国先生之邀前往参加第二届瑷珲历史文化论坛，并再次去爱辉考察。在此前后，于黑龙江地域，我不仅沿江考察，两到漠河，还考察了雅克萨城遗址等，这些都丰富了我对黑龙江流域历史文化特别是森林文化的认识，也得到了许多同仁朋友的热情襄助。

《瑷珲诗话》全书约31万字，时间跨度从辽金到当代，地域范围以黑龙江黑河地区为主，南到中原地域，北达外兴安岭。书分四辑：第一辑《瑷珲诗话》，共40篇目；第二辑《古城往事》，共19篇目；第三辑《边风塞月》，共12篇目；第四辑《龙沙万里》，为边瑾诗集的点校书文。我粗读之后，掩卷长思，倍感欣慰。这些成果是作者多少个夜晚独守古卷青灯换来的！从本书的书名、目录、布局，到著者的功力、学养、用心，粗览本书，择其特点，列举四条，阐述如下。

第一，诗文范围，博大广阔。专业研究已是非常辛苦，业余研究更加艰辛。著者刘城先生不是历史和中文专业的，又承担繁重的行政工作，但他利用工余时间，从浩如烟海的史料中，沙里淘金，剥茧抽丝，去粗存精，由表及里，竭尽所能收录与瑷珲相关的诗作者与被咏者，点校整理，集腋成裘，其时间跨度，自金元到当代。书中的人物，既有醇亲王奕譞、黑龙江将军萨布素、富明阿、姚福升、宋小濂、徐鼐霖、朱权等官吏名人，又有柳贯、纳兰性德、卫既齐、杨瑄、全祖望等诗词名家，还有达斡尔族首领巴尔达齐等地方名人。书中述及人物，如曾任顺天府尹、贵州巡抚的卫既齐，在被遣戍黑龙江城期间，以流人文学之笔，记录将军衙门、红夷大炮、驿站、卡伦、学校、修志、节令、风习等，留下鸿爪，实为可贵。

第二，工于考据，阐述新见。全书重点是第一辑的《瑷珲诗话》。其首篇《百年行役今如此——从柳贯诗咏昔宝赤驿站说起》，是学术创新的考据文章。之前，学界曾认为清以前黑河地域"有史无文"。后有学者提出，金亡之后，元代与明代的黑龙江诗坛几乎是一片空白，近年发现了虞集的佚诗《京行记录过昔宝赤寒甚》，才填补了这种空白。这个发现将黑河区域的文学史和诗歌史提前到了元代。其依据是元代诗人虞集的诗作中出现了元代在瑷珲有失宝赤万户府设站赤的记录。《元史》记载："元制，自御位及诸王，皆有昔宝赤，盖鹰人也。"由此可知，失宝赤万户府是一个管理"鹰人"的万户府。

刘城先生长期认真研究这首《京行记录过昔宝赤寒甚》诗，追根溯源。他翻阅《虞集文集》《析津志辑佚》《元史》等官私著作，却没有查到这首诗，但发现这首诗被收录在《柳贯集》里，是柳贯《上京纪行诗》三十二首之一。

据查，《元史》中"昔宝赤"一词出现了25次之多，有人名，有官名，有站名等。而今黑河区域内的失宝赤万户府在《元史》中未见记载。元熊梦祥《析津志辑佚》中有失宝赤万户府的记载。谭其骧主编《中国历史地图集》标示，失宝赤万户府址在今黑龙江省孙吴县霍尔莫津。关于失宝赤万户府的位置，学界普遍认为在黑龙江中游两岸区域内，但有孙吴县霍尔莫津、旧瑷珲城、新瑷珲城等诸种说法，均无定论。

柳贯博学多闻，长于诗文，亦工书法，官至翰林待制，兼国史院编修，与其时虞集、揭傒斯、黄溍并称元代"儒林四杰"。元延祐六年（1319），柳贯任国子助教，翌年分教上都，从夏至秋，往来于上都与大都之间，沿途风光给其诗作以重要素材和丰富滋养。他把此行所作诗歌选出三十二首，合为一卷，题名《上京纪行诗》。2017年刘城先生到滦河之源考察，参照文献记载，认真研究，认为柳贯诗中的"昔宝赤"与《析津志辑佚》中的"失宝赤"是同音异写，为蒙古语"鹰人""鹰房""鹰房之执役者"的意思。但柳贯诗中的"昔宝赤"并不是元代瑷珲地域的"失宝赤"，而是从元大都到上都之间的一个驿站，即第十站，又称明安站，也称昔宝赤站，是元帝察罕脑儿行宫的附驿，在该行宫东北五里处，滦河西岸，今河北省张家口市沽源县闪电河乡马神庙村。在该村曾出土铜印昔保失八刺哈孙站印，印文有"至元十七年六月""中书礼部造"等字样。因而，文献与考古证明，柳贯《上京纪行诗》中的"昔宝赤"在今河北闪电河地带，而非黑河瑷珲地区，从而改写了瑷珲诗歌史起点的论述，但有关黑河失宝赤万户府的研究还在继续。由此我想到《大学》开篇引述《盘铭》的话："苟日新，日日新，又日新。"学术研究，贵在创新。刘城先生勇于质疑，经过考证，提出新见，别树一帜。

第三，家国情怀，英雄豪气。书中收录黑龙江将军萨布素的诗《指挥万马猎平沙》，卫既齐瑷珲边塞咏秋的诗《盛事休忘武登坛想冠军》，全祖望咏雅克萨之战的诗《大帽凯旋不遗镞》，"草映木头城，安边赖劲兵""弓刀风雪里，左右射熊罴""牙旗开八阵，铁骑啸千群"……这些句子使读者仿若回到金戈铁马的沙场征战时代。又如关于寿山将军的《清代官爵民国封》一文，作者写道："寿山作为瑷珲这片土地走出的历史名人，他忠心报国的民族精神、勇于斗争的英雄事迹和志不受辱的刚烈气节，是我们瑷珲古城和黑河地区的宝贵财富，也是我们中华民族的宝贵财富。"

第四，拾遗补阙，抢救佚文。本书汇集瑷珲诗歌之丰富，补充之翔实，笺注之精细，令人感动，特别是对瑷珲诗歌的收集，为边疆文学史提供了新内容，做出了新贡献。令人赞叹的是刘城先生对边瑾《龙沙吟》的收集、著录、点校、考据。边瑾是民国年间寓居瑷珲的诗人，其诗作有 32 题 63 首，是瑷珲文学史上的扛鼎佳作，但其人已故，遗诗未见雕梓，未闻流传。2015 年，为搜求边瑾有关瑷珲的遗诗，刘城和刘东龙、盖玉玲、朱晓红驱车数千里，去河北任丘为边瑾扫墓，寻访其家乡，查询其遗作。他们以诚心善意感动了边瑾的后人，并获赠边瑾的诗作遗稿，带回黑河，经过整理、研究、编校、注释，收入本书第四辑，成为"书中之书"。这为瑷珲诗歌史增添了新篇章。

总之，本书作者怀着对瑷珲古城的深情，对瑷珲人民的热爱，对诗歌进行独特解读，对爱国先贤进行歌颂，搜求诗歌，考证关键史料，其搜罗内容之广，汇集诗作之全，读书踏查之实，所下功夫之勤，既填补空白，亦超越前人。

瑷珲古城屹立在祖国北疆的黑龙江畔，它曾是东北森林文化的重要载体，是捍卫祖国边疆的英雄前哨，是清朝首任黑龙江将军驻地，是抗击外敌侵略的胜利之城。一句话：瑷珲古城是英雄之城；瑷珲人民是爱国之民。

我希望全国书友们，尤其是青少年书友们，抽空阅读这本书，领略祖国北疆的历史文化之美，边塞风光之美，瑷珲诗歌之美，先贤精神之美。

上拙文，是为序。

《瑷珲诗话》，刘城著，
黑龙江人民出版社，2020 年 8 月

《陈捷先教授纪念文集》序

2019 年 3 月 18 日，国际著名历史学家陈捷先教授在加拿大温哥华仙逝的讣告传来，我们非常悲痛，深切怀念。冯尔康打电话给阎崇年，提出我们应先做两件事，即出版纪念文集和开追思会。随之，阎崇年赴台北进行学术交流，向冯明珠介绍了冯尔康和他关于筹划出版纪念文集和开追思会的想法。冯明珠说，台北的陈先生同事、朋友和学生也在筹备追思会和考虑撰写纪念先生的文章，于是建议海峡两岸的学者共同编辑出版《陈捷先教授纪念文集》；追思会可在台北、天津（或扬州）分别举行。阎崇年回到北京后，即同冯尔康转述和商量，大家就如下事项达成了共识。

（1）立即筹备出版《陈捷先教授纪念文集》，由阎崇年、冯尔康、冯明珠、常建华共同发起，海峡两岸分别组稿，由常建华集稿，汇齐之后统一出版。

（2）当时联系本集由天津人民出版社出版，后因故改为九州出版社出版。

（3）纪念文集截稿时间为 6 月 30 日，力争在 9 月 9 日之前出书。

（4）出版费用由阎崇年联络，请陈教授家乡江苏省扬州市江都区邵伯镇人民政府资助。

（5）关于陈捷先教授追思会，台北的追思会已经举行，大陆同仁对捷公的纪念会将于本集问世之日时在天津举行。

本书文章作者分散在三洲——亚洲、大洋洲、北美洲，六地——

北京、台北、天津、悉尼、温哥华、冲绳，事情仓促而时间紧迫。经过各方三个半月的积极推进，又经过出版社两个月的紧张编辑，《陈捷先教授纪念文集》终于按照初始设想即将面世。

本书分为上编、下编和附编三个部分。上编有缅怀文章24篇；下编有学术论文16篇；附编有文章3篇。以上共收录文章43篇，作者有42人。

本书从征集稿件到编辑出版，时间紧迫，人手不足，诸多缺憾，敬请鉴谅。陈捷先教授生前朋友、学生多多。或因住址不明，或因联络未通，或因年迈多病，或因工作繁忙，先生更多的朋友、学生没有发来缅怀和纪念的文章，但对捷公的怀念之思、仰慕之情会永驻心田，与天地长存。

本书附编《陈捷先教授大事年表》和《陈捷先教授著作目录》，由林泩翰整理、冯明珠校订。

最后，感谢扬州市江都区邵伯镇人民政府为本书出版给予的经费支持，感谢天津人民出版社在本书初始时所付出的辛劳，特别感谢九州出版社社长兼总编辑张黎宏先生、副社长李勇先生、第一分社社长王宇先生和编辑们的热心支持、辛勤工作。

《陈捷先教授纪念文集》，阎崇年、冯尔康、冯明珠主编，
九州出版社，2019年12月

《六百年间天安门》序

北京大学历史系前系主任邓广铭教授曾跟我说，一本历史学著作，如果能够每十年修订一版，修订三次，应是一部好书。这是经验之谈，也是睿智之言。我自己也有类似的体验。摆在我书案上的贾英廷先生的著作"走近天安门"系列书稿，就是这样的力作、佳作。

此前，关于天安门的著作有《天安门》（赵洛、史树青著，北京出版社，1957 年）、《天安门史话》（周侗著，中国少年儿童出版社，1979 年）、《天安门》（王玉石著，北京燕山出版社，1990 年）、《天安门编年史（1417—2009）》（闫树军编著，解放军出版社，2009 年）、《天安门往事追踪报告》，（曹宏编著，中央文献出版社，2010 年）等。以上诸书，各有其所长，各有其侧重。

贾英廷先生此前也出版过 5 部有关天安门的著作：《天安门》（1998 年）、《天安门百年聚焦》（2000 年）、《百年天安门》（2013 年）、《天安门的中国记忆》（2015 年）、《人民英雄纪念碑》（2018 年）。如今，在中华人民共和国成立七十周年和天安门建成六百周年之际，最新推出的"走近天安门"系列图书，以独有的视角、翔实的资料、扎实的数据、珍贵的图片，记录了天安门六百年的历史变迁和共和国成立以来天安门发展变化的重要瞬间，包括《六百年间天安门》和《天安门的共和国记忆》两部作品，是研究天安门古往今来的综合性、总结性系列专著。

贾英廷先生在创作"走近天安门"系列作品时表现出了如下特点。

其一，专注于一。一个研究者，切忌旁骛。"狗熊掰棒子"式的治学，固有其长，更有其短。其短就在于精神不够专注，用功不够专一。据《明史》记载，明代历史学家柯维骐不满当时学者"乐径易而惮积累"的学风，提倡治学要"三实"，即实志、实功、实用。他花二十年时间，将《宋史》《辽史》《金史》打通，综合研究，著成《宋史新编》。贾英廷先生花二十年时间研究天安门，这种治学精神可嘉，治学方法可取。著述是一项艰苦的工作，需要高度的专注和超强的毅力，只有专心致志、心无旁骛、刻苦顽强，才可能达到预期目标。作者在著述本系列图书期间，闭门谢客，婉拒应酬，每天与史料、图片和电脑为伴，将几乎全部时间和精力投入写作中，既不敢有一点儿时间分散，也不敢有一点儿神志懈怠，终于完成此著。

其二，广罗资料。史学研究，既重文献又重档案，对所研究的专题，应尽最大的努力，掌握尽可能多的史料。一个史学研究者重在平时的积累。本系列图书的著述有两个难点：时间跨度长——历明代、清代、民国和中华人民共和国四个历史时期；历史资料少——事涉内府，记载疏略，文献档案相对较少。俗话说，"巧妇难为无米之炊"，这就为本书的研究和著述带来很多困难。但作者尽量利用明朝、清朝、民国和中华人民共和国时期的档案，包括珍藏在中国第一历史档案馆、中央档案馆、中国国家博物馆、北京市档案馆、中国国家图书馆、首都图书馆以及清华大学图书馆、天安门管委会等单位的图书和档案资料，为本系列图书的创作打下坚实的基础。

其三，实地踏查。"走近天安门"系列图书涉及的数字很多，有些数字很难找到权威性数据，这就需要在查阅文献档案之外进行实地踏查、广泛采访。譬如，关于人民英雄纪念碑浮雕的总长度，有的书标注为 40.66 米，有的资料标注为 40.68 米，究竟准确数据是多少，需要实地踏查，采访当事者，与多种资料进行比对和考证。作者到当年参与人民英雄纪念碑设计的清华大学建筑学院的资料室找出人民英雄纪念碑浮雕设计的图纸，对浮雕尺寸逐一进行核实，得出的结果是 40.73 米，与前述数字略有差异。怎么办呢？实地测量。作者委托天安门管委会天安门广场管理处专家对人民英雄纪念碑的浮雕进行实测，结果实测数据与图纸上的数据完全相符。于是，人民英雄纪念碑上的浮雕总长度便有了科学准确的数据。

有了这样负责任的作者，"走近天安门"系列图书自然是结构严谨，可信可靠。系列图书中的《天安门的共和国记忆》共 14 章，析分为 70 节，是一部图文并茂的文史类图书。它以天安门为主线，采用记述历史的方法，以独到的视角，全面又有所侧重地记载了 19 世纪以来，特别是中华人民共和国成立后天安门前发生的重大历史事件，举行的重大庆典活动、重要群众集会以及些许不为人知的历史瞬间。从 1840 年第一次鸦片战争，到中华人民共和国成立；从一个人的简单升旗，到一百个人的升旗仪式；从天安门秘密重建，到天安门对外开放……全书叙述纵横交错，张弛有度，有《天安门的壮丽史诗》《共和国的开国大典》《天安门难忘的1976》《天安门从封闭到开放》《国旗杆基座的历史变迁》《天

安门前的激情岁月》《天安门前的铭心时刻》《共和国的盛世华章》
等章。这本书资料扎实，语言平实，章节之间既有联系，又互相
独立，是一部集历史性、政治性、知识性于一体、具有较高文献
价值的力作。

天安门曾是明清时期封建王朝的象征，而今成为中华人民共
和国的象征。天安门上流逝的是岁月，留下的是记忆。"走近天
安门"系列图书将令读者含之如饴，是插架必备。

是为序。

《六百年间天安门》，贾英廷著，
中国民主法制出版社，2019 年 10 月

《历史典籍中的满语地名汇释》序

佟铮（1947—2014），满族人，辽宁省抚顺市新宾满族自治县人。1978年通过中国社科院考试，后调入吉林省社科院历史研究所从事专业历史学、民族学与民族语言学的调查、整理、研究、著述等工作。他的大作《历史典籍中的满语地名汇释》即将出版，佟公及其子孟男盛邀我为本书作序，我爽然应允。

我与佟铮先生是1983年在黑龙江省黑河市参加学术研讨会时认识的。2013年，佟公在公子佟孟男陪同下，再次与我谋面，我非常高兴。先生拿出我们当年在黑河的合影，并赠一张留念。这次谈话的中心内容是佟公所著《历史典籍中的满语地名汇释》一书的艰难研究过程及其出版问题。我称赞佟公的科研精神和学术成果，支持他的学术专著出版。谈话中，孟男偷偷地告诉我："家父患了绝症，将不久于人世，但是我们瞒着家父，怕他心里难过。"听后我心戚戚，转而鼓励佟公将书写完，早日出版。他恳请我作序，我即答应，相约再见。当我再次见到孟男时，佟公已为古人。

本书著者佟铮先生花费三十余年时间，夜以继日，常年不息，博览群书，四处踏查，深入民间，穿越山林，没有行囊，没有归期，不惧艰苦，迎难而上，曾十一度登上满洲圣山——长白山，才使《历史典籍中的满语地名汇释》一书基本完稿。如著者所说，"这是一本关于满语地名的书"。严格说来，《历史典籍中的满语地名汇释》既是具有学术性的资料书、工具书，也是集前人大成之作。

本书特点，分列为八。

一是汇。就是汇集前人成果。其纵向，从肃慎到满洲，延续到现代满族；其横向，满语地名包括国内外凡作者目力所及者，资料所触，均作收集，广泛采录。据本书著者统计，仅东北三省现在仍在使用的满语地名就有三万处之多。可见汇集从古到今的满语地名，加以汇释，其资料之繁，其工作之难。

二是释。凡是书中所采集到的满语地名均进行汉语翻译，分类排列，并做解释，涉及考古学、历史学、地理学、语言学、艺术学、音韵学、建筑学、生物学、民俗学、宗教学等诸多学科，是一项综合性的学术研究。

三是地。地界范围定在盛清，"不以现有国界为限，而是根据历史典籍内容所及，跟踪研究"。书中地名不牵涉国家疆界，仅就满语地名进行资料性汇释。

四是宽。对历史典籍中部落、氏族等的名称做了详尽的收录。特别是对各种语言，如本书著者《前言》所说，对俄罗斯语、朝鲜语、蒙古语、日本语、赫哲语、锡伯语、达斡尔语、鄂温克语、肃慎语、高句丽语、勿吉语、鲜卑语、靺鞨语、鄂伦春语、契丹语、女真语、尼夫赫（基里亚克）语、奥罗奇语、奥罗克语、涅吉达尔语、那乃语等，均进行系统收集。

五是勤。著者涉猎资料上千种，阅读文献过亿字，做读书卡片，有四五米高，手抄近一百万字，体现了做学问的"四勤"：勤动口问，勤动脚走，勤动笔抄，勤动脑想。

六是全。著者力求在自己的研究领域内尽量体现古今人们对满族地名认知的全貌。以《明实录》、《清实录》（包括《满文老档》）和朝鲜《李朝实录》三部庞大官书为基本史料，作为把握这段历史地名的钥匙；参酌《御制五体清文鉴》、《钦定西域同文志》、《钦定辽金元三史语解》、《满汉皇舆山河地名考》（写本）等工具书以及今人《吉林市满语地名译考》《满语地名研究》等成果，上下求索，左右采择，多方吸取，广泛汇释。

七是苦。佟公作为学人，一生清苦。他克服经济、文化、交通、资料等常人想象不到的艰难困苦，背着行囊，八方奔波。著者患病之后，忍受病痛，战胜磨难，继续坚持，奋争不懈，终于完稿。

八是成。佟铮先生虽然生前没有见到书稿雕梓，但他确是一位学术成功者。因为在其身后，一生学术积累化成学术著作，在图书馆插架，他冥中亦得到安慰。

佟铮先生一生辛苦，勤于学习，诚以待人，埋头研究，不问金钱。但苍天不公，佟铮先生在 2012 年患上重疾，意志顽强，坚持研究，笔耕不辍。直到 2014 年初，丛书编著基本收尾，他却告别未竟的事业。佟公身后留下 700 多万字的电子文档，由其公子孟男先生联系，得到黑龙江教育出版社领导热情关怀，鼎力支持，已经排版，克期问世。

佟公为自己写下一副对联：上下求索五千年，纵横驰骋九万里。这个概括应是实际的，可信的。做学问，搞研究，不要"近视眼"——只看近，不看远。学术研究，大的工程，需要十年、二十年、三十年、四十年，甚至五十年、六十年。不能被眼前的利益和指标所局限，所羁绊。有些项目可以"短平快"，有的课题则需要"放长线，钓大鱼"。清代著名学者段玉裁（1735—1815）为完成《说文解字注》，"键户不问世事者三十余年"，终年八十一，算是高寿。

当代著名学者张秀民（1908—2006）1931年从厦门大学毕业，到北京图书馆工作，花二十年完成《中国印刷史》初稿，后到修订完稿，共花费约六十年的时间，终年百岁，更算高寿。这都是恒久坚持、取得重要学术成果的例证。

做一个优秀的、有成就的历史学者，从历史人物传记来看，需要具备"四个力"，就是智力、努力、体力、恒力。第一是智力。学术研究是脑力劳动，主要靠大脑的记忆、慧悟、创新进行学术思考。第二是努力。世界上聪明的人很多，只聪明而不努力的，小有成绩者有，大有成就者无。第三是体力。一个学者光有智力和努力还不够，有些学者"英年早逝"，事业戛然而止，实在令人惋惜。所以要智力、努力、体力的统一，就是说身体要足以支撑长期繁重而高度紧张的劳作。有的诺贝尔奖得主，成果发表后三四十年才被承认，健康长寿者才可能"柳暗花明又一村"。第四是恒力，就是恒久之心和坚毅之力。研究，失败；再研究，再失败；恒心矢志，历久不变，愈挫愈奋，夺取胜利。所以，智力、努力、体力、恒力的整合统一是学者取得成功的基本经验。

佟铮先生的《历史典籍中的满语地名汇释》既是一部资料书、工具书，也是一部学术著作。长期以来，某些领域内有重视学术专著、轻视资料书的倾向。重视学术专著是对的，但在学术考核、职称评定、著作评奖等方面轻视资料书、工具书，则是有待商榷的。《资治通鉴》《永乐大典》《古今图书集成》《四库全书》《全唐诗》《全唐文》等其实都是资料类图书，不仅具有重大文化意义，而且具有重要学术价值。

佟铮先生的《历史典籍中的满语地名汇释》雕梓问世，虽著者作古，却价值常存。

是为序。

《历史典籍中的满语地名汇释》，佟铮著，

出版过程中

《学无止境集》序

中国当代著名书法家爱新觉罗·启骧先生的毛笔书写诗文《学无止境集》为线装本，由生活·读书·新知三联书店出版。这在中国古代系常见之事，在现代却是难得一见，因为当代人几乎都用电脑写作，很少有人用毛笔书法写诗作文出书。仅此一点，可喜可赞。

启骧先生学建筑出身，为高级建筑工程师，怎么会用毛笔书写古典诗词呢？其原因有四：一是爱新觉罗血胤文化的基因，二是幼年家庭汉学文化的熏陶，三是长期研修传统文化的涵养，四是长久徜徉艺术之海的历练。

这些诗文的文学艺术水准不必与李白的诗、苏轼的词做比较，但作为普通人，有哪一位君子敢去较量？

启骧先生擅长书法，已为公论，先生的书法有《启骧书艺集》《爱新觉罗启骧书法集》《金刚般若波罗蜜经》可作为例证。其最为精彩之作，是悬挂于北京钓鱼台国宾馆墙壁上高 6 米、宽 2.3 米，写在泾县特制宣纸上由季羡林先生撰文的《泰山颂》。这张巨幅书法绝品气势恢宏，布局严整，字字珠玑，笔笔秀美，列为当世绝品，观者无不首肯。窃以为，写字何必挂衔，著书何须等身，一个人有一绝品传世足矣，如韩愈的《师说》，杨慎的《临江仙·滚滚长江东逝水》，曹雪芹的《红楼梦》，司马迁的《史记》，先生则有巨幅书法《泰山颂》。

我看过的书法作品不多，于书法的见识也极浅薄，但我学历史，还是看过一些，了解一些，我观察启骧先生的书法，有三个特点。

其一是真，就是真心。不追逐名利，不矫揉造作，不故弄玄虚，不猎奇求丑，这个真心，就是自然，"人法地，地法天，天法道，道法自然"。

其二是善，就是善心。写字不是和尚做法事，何必求善呢？我经常看庙里的佛像，近世塑的佛像不如明清的，明清的不如隋唐的，隋唐的不如魏晋的——不是技艺不行，不是花钱不够，而是缺乏那种敬业之善心。

其三是美，就是好看。书法是艺术，艺术追求美，《兰亭序》千年为人们所喜欢，就是因为美，人品美，字亦美。

启骧先生有一首诗："粼粼碧海映蓝天，琼岛潆洄送客船；波罗的海霞光晚，日落天边早又还。"这首七绝既像中国的国画——内涵浩然，自然幽雅；又像西方的油画——写实厚重，色彩浓艳。

诗文也好，书法也好，追求的是意境。气势浩然而不傲，布局严谨而不呆，行文流畅而不散，意韵高雅而不俗。我觉得这是启骧先生书法诗文值得我敬重和学习的地方。见仁见智，各随其意。是为序。

《学无止境集》，爱新觉罗·启骧著，生活·读书·新知三联书店，2019年7月

《咏叹袁崇焕诗鉴赏》序

石瑞良先生的新作《咏叹袁崇焕诗鉴赏》一书即将由广东人民出版社出版。这是袁崇焕研究中的一枚新硕果，令人高兴，值得祝贺。

人间良瑞，好事成双。石瑞良先生在2006年整理编注出版了《袁崇焕诗赏析》，经过一个地支，今年又将出版《咏叹袁崇焕诗鉴赏》，两本著作为姊妹篇。本书出版后，将同前书一样，受到读者喜欢。为什么呢？原因有五。

其一，书贵补缺。袁崇焕是中国历史上著名的爱国将领，他的大仁、大智、大勇、大新、大廉是中华民族的宝贵精神财富。近百年来，研究袁崇焕的著作数量大，品位高，但缺少一本关于咏叹袁崇焕诗鉴赏的书。先生之作，既应时代之需，又应读者之求，我认为这部书的出版是拾遗补缺，贡献良多。

其二，书贵求全。百余年来，歌颂、咏叹袁督师的诗词分散在各地区，搜求难，分辨难，注释难，鉴赏也难。瑞良先生身在兴城（宁远），崇焕督师出身南国，两地相距遥远，更是难上加难。但先生不怕地域偏僻，不顾年高体弱，受袁督师精神之感动，扬袁督师品格之高尚，一门心思集结一股愿力，夜以继日，历时数年，克服困难，终于完稿。

其三，书贵分辨。袁崇焕由于境遇特殊，身遭非刑之后，没有子孙像武穆之孙岳珂那样作《金陀粹编》，像忠肃之子于冕那样作《节庵存稿》，关于袁崇焕的诗的资料散失，一诗难寻，其资料之搜索，真伪之辨正，每行一步，都很沉重。但瑞良先生在艰难中共搜集到历代咏叹袁崇焕的诗歌作品260余首，从中遴选出57名作者创作的110首诗歌。先生难中有得，终于编成本书。

其四，书贵求新。《大学》开篇言："苟日新，日日新，又日新。"做人，做事，做书，贵在求新。《咏叹袁崇焕诗鉴赏》一书汇集晚明以来能收集到的咏叹袁督师的诗词，加以筛选，纵向按时间分为晚明、清朝、民国和当代；横向按内容分为"从戎戍边""遭嫉还乡""督师蓟辽""蒙冤受狱"和"追念英灵"，经纬交织，错综编排。瑞良先生之智慧、心血，实属不易，极为可贵。

其五，书贵传播。写书、编书是为给读者看的。本书对每首诗的创作背景、诗词意脉、精警字句等进行简要析解，给出注释，力求把每首诗的思想内涵与艺术特色挖掘出来，献给读者。这就有利于传播。由此我联想到，宋、元、明、清的许多作者将毕生精力凝聚的诗文自己花钱请人雕印，亲笔写信，分赠亲友，也不过印个一两百册，传布范围极其有限。现在则不然，图书公开发行，国内国外都可买到，其传播力可谓大矣。瑞良先生的《袁崇焕诗赏析》一版再版，好评如潮，相信《咏叹袁崇焕诗鉴赏》会与《袁崇焕诗赏析》"比翼双飞"，传布世界。

值石瑞良先生的《咏叹袁崇焕诗鉴赏》出版之际，写以上的话，愿先拜读，并表祝贺。

是为序。

《咏叹袁崇焕诗鉴赏》，石瑞良编注，

广东人民出版社，2018年6月

《每日一首：中华古诗词分类鉴赏》序

摆在我书案上的《每日一首：中华古诗词分类鉴赏》书稿三册，由世纪金榜推出，意象丰满，编选求新，认真细致，令我震撼。全书突破既往以时间或作者分类的模式，转而以社会、自然、艺文为诗词分类"坐标"，分作社会卷、自然卷、艺文卷，共365首，每日一首，一年读完。本书特点，分说如下。

第一，编纂宗旨，皆为读者。本来，编书给读者看，这是天经地义的。然而，有的作品，编者往往自说自话，心中没有读者。《每日一首：中华古诗词分类鉴赏》则不然，首先想到的就是读者。为了方便读者的阅读和理解，书中每一篇章先设"烛光导读"，给读者以提示；每首诗词之后，有注释、赏析、插图、朗读，这种将文字、声音、图画三者融合在一起的中华古诗词选，颇具新意，易于理解，便于欣赏，不可多得。每首诗附上二维码，读者用手机扫一扫，即可听名家朗读，无声的阅读和有声的欣赏瞬间切换，耳目同悦。

第二，编思活络，面目全新。如社会卷，分为家国情怀、民生疾苦、战争风云、壮志豪情等12组，共137首。又如自然卷，分为崇山峻岭、流珠吐玉、斜风细雨、星月交辉等10组，共126首。再如艺文卷，分为诗、歌、舞、琴、棋、书、画、楼台、衣饰、器玩10组，共102首。整套书配有图画，文图并茂。如棋的部分采录唐朝李颀的《弹棋歌》，并以安徽出土的汉代画像石拓本为插图，编者慧心，实在可嘉。

第三，编者队伍，专家齐整。本书由著名教育家、中国出版政府奖获得者张泉先生任丛书主编，山东师范大学文学院院长杨存昌教授任分册主编，汇集名家名师，博采历代名人名作，精心修纂，编辑成书。我国著名播音主持人赵忠祥先生诵读书中篇目，亦成为本书的一大特色。读者捧读此书时，想什么，查什么；心初动，诗已至。世纪金榜《每日一首：中华古诗词分类鉴赏》给读者带来了宝贵的精神财富。

在弘扬优秀传统文化、传统文化进校园的文化环境下，图书应该有数量，更有质量；有高原，更有高峰。世纪金榜的矢志创新、匠心巧意更显得难能可贵！《每日一首：中华古诗词分类鉴赏》的出版，为大家学习古典诗词提供了优秀范本，为弘扬中华优秀传统文化做出了新的贡献。

其实，中国人是有"诗心"的。幼年，咿呀诵读"床前明月光，疑是地上霜"时，诗词之美就已经在心中扎下了根；成年，心中涌现"人生自古谁无死，留取丹心照汗青"时，又会披肝沥胆，激荡心志，踏破危难，奋勇向前；晚年，常会默诵《龟虽寿》："老骥伏枥，志在千里；烈士暮年，壮心不已。"古人的雄心壮志，博大胸怀，对今人仍然有着鼓舞和激励作用。这就是诗词的永恒之美！

也许，在这个快速向前的时代里，许多人已经好久没有读诗、背诗、品诗、写诗了。我期待：不论是少年还是青年，不论是中年还是老年，扫除浮躁尘埃，回归本真良知，重新拥抱自己纯真的"诗心"，让诗歌伴随生命，陶冶身心，幸福生活。

行笔至此，我不由想起了自己的童年。我出生在山东蓬莱一个半山半海、半农半渔的村子里，后来到北京求学。那时，我生活中最渴望的是书、是诗。如果当年能得到像《每日一首：中华古诗词分类鉴赏》这样的书，该是多么幸福，多么快乐啊！现在看到乡贤学人编纂的这部书稿，心里感到由衷的高兴。敬谢他们为山东、为全国、为世界的华语读者贡献了《每日一首：中华古诗词分类鉴赏》，并期盼《每日一句：国学经典分类赏读》尽快出版，嘉惠学林。

是为序。

《每日一首：中华古诗词分类鉴赏》，张泉主编，

福建教育出版社，2017 年 9 月

《袁崇焕》序

　　安德才先生新创作的历史电视剧剧本《袁崇焕》共 38 集，约 67 万字，即将出版，值得一书。

　　话要从头说。安德才先生是《兴城县志》的主编。兴城在历史上曾称宁远，是明清之际宁远之战和宁锦之战的重要战场。因为袁崇焕指挥这两场大战，并取得宁远大捷和宁锦大捷，宁远（兴城）为世人所知。新修《兴城县志》，袁崇焕自然成为志中重要历史人物。为了解、研究袁崇焕，1983 年，安德才先生等人到北京查阅相关资料，在图书馆、档案馆看了许多关于袁崇焕的图书、档案，虽不太系统，但获益匪浅。他们手抄和复印了约 10 万字的资料。这时，安德才先生萌发了将袁崇焕事迹写成一部电视剧的念头。回到兴城后，他找时任县委宣传部副部长王明义、锦州市文联蒋志杰商量，三人心意契合，准备动手写作，但因资金困难，便搁置下来。

　　1985 年，王恩福先生任兴城县委书记，提出拍一部《袁崇焕》电视剧，由县委常委、宣传部部长李久林先生主持。经过研究，由安德才、王明义、蒋志杰承担创作任务。经过一年辛劳，剧本初步完成。1986 年兴城改县为市。1987 年，兴城市委、市政府与辽宁电视剧制作中心共同投资，由陈家林先生导演，邀我为历史顾问，张孝忠、傅艺伟、刘威、颜彼德等联袂演出，共同制作完成《袁崇焕》电视剧，共 9 集。其时，国际袁崇焕学术讨论会在兴城举办，电视剧在会上首映，收获一片好评。电视剧后在中央电视台黄金时段播出，又出口到国外，受到各界热评，反响很好，影响很大。我在美国买到电视剧《袁崇焕》的光盘，带回国内，送给兴城。

事情过去二十多年，安德才先生重新审视老版《袁崇焕》，发现其对袁崇焕大忠、大爱、大智、大勇、大廉的精神突出不足，武戏过多，文戏太少，内容单薄，尚显稚嫩。

2006年，中央电视台《百家讲坛》播出《明亡清兴六十年》。该节目初名为《袁崇焕》，制作告成，封库待播。但问卷调查显示，有些人不知道袁崇焕其人。为了收视率，编导临时改名为《明亡清兴六十年》。所以，《明亡清兴六十年》共48讲，中心历史人物就是袁崇焕。从此，大明督师袁崇焕为更多人所知。

安德才先生认为需要重拍一部历史电视剧《袁崇焕》。他认真阅读《明实录》，并在沈阳、北京的档案馆、图书馆查阅资料。2007年，他受聘为广东东莞袁崇焕纪念园常驻顾问，多次到广东、广西、福建、河北、辽宁、天津、北京等地实地踏查相关遗迹，包括北京故宫、沈阳故宫、袁督师祠、赫图阿拉城等，了解相关的军事地理环境，袁崇焕的遗迹遗闻等。他为了写剧本中明熹宗与宫女在乾清宫前老虎洞捉迷藏和崇祯帝平台召对袁崇焕的戏，特意到北京故宫考察老虎洞和平台。

《荀子·劝学》曰："驽马十驾，功在不舍。"安德才先生潜心三十年，不弃不舍，磨出历史电视剧剧本《袁崇焕》，其功力可知，其精神可嘉！

《袁崇焕》剧本已经完稿，即将付印。闻讯欣喜，心有感触。安德才先生诚信厚朴，正直善良，勤学敏思，坚持如一。其人可信，其书可读。

三十年之交谊，千字文之为序。

《袁崇焕》，安德才著，
团结出版社，2017 年 1 月

《新编国子监志》序

国子学自汉以来，源远流长。至元二十四年（1287），《元史》记载，"设国子监，立国学监官"。是为元朝设国子监之始。元朝还曾设立蒙古国子监和回回国子监，但都没有留下《国子监志》。明朝留下三部国子监志书，即《国子监通志》（成化刻本）、《国子监续志》（弘治刻本）和《皇明太学志》（嘉靖刻本）。清朝有两部国子监志书，一部是乾隆《钦定国子监志》，另一部是道光《钦定国子监志》。

因此，编纂《国子监志》，在明、清两代形成了优良的传统。但自道光十三年（1833）至宣统三年（1911），没有人纂修《国子监志》。孔庙与国子监博物馆于2015年组织出版《续修国子监志》，填补了这一空白。

《新编国子监志》是《续修国子监志》的姊妹篇，主要是续写国子监从1912年至1956年的历史，其主要内容概括如下。

第一，记述民国时期孔庙和国子监的管理情况，包括管理机构与管理人员、管理制度与管理事项、对外开放与古建维护以及研究与陈列等。

第二，记述民国年间孔庙和国子监的祭孔、讲经等相关事宜，包括民国时期政府祭孔与社会贤达祭孔，民国初年关于祭孔问题的争议，民国时期的祭孔政令、礼仪、乐舞和服饰等，对此进行了分门别类的详细论述。

第三，记述民国时期孔庙和国子监的文物状况，包括金石、匾额等，对此进行了认真整理和详细论述。

第四，增设人物志一章，荟萃民国年间与孔庙和国子监相关的历史人物，包括著名学者严复、梁启超、蔡元培、夏曾佑、胡玉缙、鲁迅等，介绍他们的思想著述、生平事迹，特别是对鲁迅与孔庙和国子监的渊源等做了较为详尽的论述。

第五，记录1949年至1956年孔庙和国子监的管理、古建文物遗存、堂舍占用及古建文物损坏情况，并对古建文物的保护与修缮进行了分类统计。另外，作为补充，还对1957年以后孔庙和国子监古建文物的使用、保护概况进行了资料汇整。

第六，涉及古建筑史、金石学、文物学，且包括相关政策方针、行政管理、机构实施等方面的内容。在动荡与变革中，庙舍建筑几经变迁，许多历史资料早已湮没，但著述者上下求索，浏览抄录，爬罗剔抉，在研究的广度和深度上既有突破，也有创新。

《新编国子监志》一书于传承和弘扬中华优秀传统文化具有重要意义，其资料充实，体例统一，内容丰富，结构合理，撰写规范，是一项优秀的学术成果。

此前，《续修国子监志》已经出版，受到社会各界好评。而今，孔庙和国子监博物馆研究部高彦、王琳琳、邹鑫、常会营、董艳梅、孔喆、白雪松、李小頔等研究人员勤奋研究，再接再厉，完成《新编国子监志》书稿并将付梓，可喜可贺。祈望本馆全体研究人员弘扬优秀传统文化，挖掘孔庙和国子监的文化内涵，开展学术研究，做出新的贡献。

是为序。

《新编国子监志》，高彦、王琳琳等编著，

中国社会科学出版社，2016年12月

《清帝启运满汉诗集》序

　　明万历十一年（1583），努尔哈赤以父祖"遗甲十三副"起兵，经过三十三年奋争，于后金天命元年即明万历四十四年（1616）建元称汗，建立后金。今年是清太祖努尔哈赤在辽宁抚顺新宾赫图阿拉建立后金四百周年。努尔哈赤及其子皇太极从新宾走向沈阳，多尔衮及其侄福临又从沈阳走向北京。努尔哈赤及其子孙们建立的清朝，到鼎盛时，版图达 1300 万平方公里。强盛时的清朝是当时世界上版图最为辽阔、人口最为众多的屹立于东方的大国。但后来由盛转衰，由衰转亡。其兴其盛之经验，值得参酌；其衰其亡之教训，值得殷鉴。

　　新宾是满族的故乡，是清朝的发祥地。新宾清永陵既是清朝皇室的祖陵，也是世界文化遗产。清太祖努尔哈赤在赫图阿拉创制满文，创编八旗，创立后金。赫图阿拉成为后金—清朝的第一个都城。1985 年 6 月，国务院批准新宾为全国第一个满族自治县。

　　为纪念努尔哈赤建元登极四百周年，新宾政协在省档案局大力支持下，精心组织，调集专人，按现在新宾行政区域范围梳理出康熙帝玄烨、乾隆帝弘历、嘉庆帝颙琰、道光帝旻宁在一百四十七年间先后九次亲临永陵祭祖时所作的六十四首诗。编者将这些御制诗进行精心编选，详加题解，做出注释，译成满文，集结成《清帝启运满汉诗集》一书。

　　《论语·阳货》曰："《诗》可以兴，可以观，可以群，可以怨。"

康熙帝、乾隆帝、嘉庆帝、道光帝留下的六十四首诗有重要的历史、文化、艺术和社会之价值，值得品读体味。

纪念故人往事，砥砺来者奋进。清帝永陵祭祖的御制诗，字字句句，瞻前烈，展孝思，克俭慎行，敬天爱人。后人阅读这些诗篇，读诗溯史，追思往昔，发愤图强，共同建设美好的中华民族大家园。

我受嘱托，以上文字，作为纪念。是为序。

《清帝启运满汉诗集》，新宾满族自治县文化产业发展领导小组编，万卷出版公司，2016 年 11 月

《中国木兰围场史》序

木兰围场是清代东北森林文化、西北草原文化与中原农耕文化相结合的典型代表。

在中国封建王朝时期，主要有五种经济文化类型，即中原农耕文化、西北草原文化、东北森林文化、西部高原文化、东部和南部沿海及岛屿海洋文化。关于古代东北地区的经济文化形态，明史大家吴晗先生曾说，东北建州女真初期过着游牧生活，不善于耕种。我在《森林文化之千年变局》一文中提出，东北满洲及其先民肃慎、挹娄、勿吉、靺鞨、女真等属于森林文化，为渔猎经济。木兰围场所在地今河北省承德市围场满族蒙古族自治县是西北蒙古草原文化与东北满洲森林文化的交汇之地。满洲属于森林文化，擅长骑射，清朝诸帝强调"国语骑射"；蒙古属于草原文化，也长于骑射，"一代天骄，成吉思汗，只识弯弓射大雕"——满洲与蒙古都喜爱并擅长骑射。由是，森林文化与草原文化融合，就产生了木兰围场，而木兰围场至古北口之间的行宫则融入了中原汉族农耕生活的文化元素。因此，木兰围场是东北森林文化、西北草原文化、中原农耕文化相融合的灿烂文化之果。

围猎是满洲森林文化的重要内容。八旗制度是以女真的围猎组织为借鉴而创制、形成并发展的清代基本社会制度。明万历二十九年（1601），《满洲实录》记载：

是年，太祖将所聚之众，每三百人内立一牛录额真管属。
前此，凡遇行师出猎，不论人之多寡，照依族寨而行。满洲
人出猎开围之际，各出箭一枝，十人中立一总领，属九人而行，
各照方向，不许错乱，此总领呼为牛录额真。于是，以牛录
额真为官名。

后来，努尔哈赤、皇太极的狩猎记录不绝于书。清军入关后，
将满洲的围猎活动制度化、常态化。清康熙帝北巡塞外，选中了
一块山川秀美、林壑幽深的胜境，辟为皇家猎苑，即木兰围场。
从此，这里成为清代"肄武绥藩""岁行秋狝"的重要场所，呈
现出"秋高弓劲万马肥""千里红叶连霞飞"的雄浑气势，"猎
士五更行""千骑列云涯"的壮观场景。然而，月盈则亏，盛极而衰，
道光以后，木兰秋狝戛然停止。

历史经验表明，中华民族在封建王朝时期盛衰分合交替的一
个重要原因是民族问题——民族合，则兴，则治，则荣；民族分，
则衰，则弱，则乱。而木兰围场提供了一面历史的镜子：木兰围
场兴，是清朝强盛的标志；木兰围场废，则是清朝衰落的表征。

木兰围场在历史上起过重要的作用。它是八旗官兵练兵习武、
安不忘危的演武场，是蒙古各部朝觐、满蒙联盟的典仪厅，是皇
家宗室避暑消夏、团结奋志的狩猎场。

木兰围场，历时久，地域广，史料多，头绪繁。我六十年来
三去木兰围场，一直盼望能有一部既通览全貌又简明扼要的《中
国木兰围场史》摆在书柜上，供我信手翻阅。为什么等待数十年
才见到这部《中国木兰围场史》呢？因为难啊！其难在于：史料

浩繁，难以收集齐全；梳理史料，难以辨伪存真；没有先例，难以独开局面；成书出版，难以筹集经费。

现在，困难被一个个克服，障碍被一个个破除，摆在读者面前的是张学军先生主编的《中国木兰围场史》。全书共 12 章（含绪论）、65 节，既有纵向的历史脉络，又有横向的铺陈叙述，其特点有五。

第一，运用基本史料。作者查阅《清圣祖实录》《清高宗实录》《清仁宗实录》《清代起居注册》等基本文献和珍贵档案，参以方志笔记，辅以踏查记录，综合满族、蒙古族、汉族的语言解析，吸收当代学者的研究成果，终成此书。如木兰围场选址确定的时间，不是依据《热河志》，也不是依据《清圣祖实录》，而是根据更为原始的第一手史料《清代起居注册·康熙朝》。《中国木兰围场史》的出版不仅填补了围场满族蒙古族自治县史志专书的一个空白，而且填补了清代史、军事史、宫廷史、民族史、苑囿史的一个空白。

第二，实地踏查史迹。读万卷书，行万里路——治学应当如此，著述也应如此。如木兰围场 72 围，光阅读文献，不实地考查，是难以搞清楚的。本书作者依据方位，以东北界围、东界围、东南界围、南界围、中界围、西南界围、西界围、西北界围、北界围的顺时针方向，对每一个围场进行实地踏查，为蒙古语和满语的围场名称做出汉译，并结合其地形地貌、古今演变、历史遗迹、道路里程、民间传说等，逐一考定，细加阐述，若非当地学者——满、蒙、汉学者协同合作，实地踏查，深入研究，很难做到。

第三，文图穿插并茂。书中汇集大量珍贵图片，或宫廷绘画，或实景拍摄，或历史舆图，或典籍书影。春夏秋冬，阴晴雨雪，图随文走，锦上添花。有的插图为整幅，有的较小，大小相间，古今配合，版面活泼，帮助读者更直观地了解木兰围场的历史与现状。

第四，全面梳理阐述。以从古北口到木兰围场的20个行宫为例，作者对每个行宫的位置、风水、名称、设置、建筑、规模、掌故等进行介绍，不仅依据史料，还有实地考察，并汲取当代学术研究成果，简明清晰，逻辑性强。在介绍每处行宫时，既能通观全局，又做个案分析，使读者身临其境，了然于胸。

第五，集中群体智慧。本书获得围场满族蒙古族自治县各级领导的热心支持，集纳众人研究成果和聪明才智。当地社会贤达和专家学者对闻名中外的木兰围场有历史责任感，有浓厚的兴趣，有丰富的积累，有深入的研究，大家精诚合作，遂成此书。这是满、蒙、汉三族历史学、方志学、民俗学、园林学等方面的专家学者合作完成的学术成果。十年磨一剑，本书从酝酿到撰写，到修改，到成书，前后用时二十年。可以说，本书是大家集体智慧的结晶。

我作为一名清史学者、一个热心读者，看了书稿之后，认为《中国木兰围场史》的文化与学术价值似有六个"可"：一是可信，因为言之有据；二是可亲，因为蕴含温度；三是可读，因为语言流畅；四是可查，因为数据扎实；五是可藏，因为值得插架；六是可传，因为多代受益。一部书能具有上述六条中的一条，已经实属不易，何况兼具六条！

是为序。

《中国木兰围场史》，张学军主编，

民族出版社，2016年7月

《续修国子监志》序

　　国子监的前身是国子学，国子学见于《晋书·武帝纪》，咸宁二年五月，"建立国子学"。《晋书·职官志》亦载："及咸宁四年，武帝初立国子学。"这两则记载虽略有差异，但都可以证实国子学由晋武帝始设。后北齐将国子学改名为国子寺，隋初一度复名国子学，隋炀帝改学为国子监，始称国子监。《隋书·百官志下》记载："炀帝即位，多所改革。……改内侍省为长秋监，国子学为国子监。"到清光绪三十一年（1905），科举制废除，国子监随之消亡。

　　北京作为元、明、清三个大一统王朝的都城，于元时始建国子监，但元朝没有留下《国子监志》。明朝的成化《国子监通志》、弘治《国子监续志》和嘉靖《皇明太学志》，在《明史·艺文志》中均无著录，亦未被《四库全书》采录，版本罕见，难以经目。清朝《国子监志》主要有两部。

　　其一，乾隆《钦定国子监志》。先是国子监祭酒陆宗楷等"辑《太学志》进呈，而所述沿革故实，滥载及唐宋以前，殊失断限。乃诏重为改定，断自元明"。然后户部尚书梁国治等奉敕修纂，乾隆四十三年（1778）告竣，定名《钦定国子监志》。全志共六十二卷，包括圣谕二卷、御制诗文四卷、诣学二卷、庙制二卷、祀位二卷、礼七卷、乐六卷、监制二卷、官师七卷、生徒七卷、经费四卷、金石五卷、经籍二卷、艺文八卷、识余二卷。乾隆四十九年（1784）收入《四库全书》。史评其为"识大识小，罔弗详赅"，是为清代第一部《国子监志》，因有《四库全书》影印本而广为流布，便于查阅。

其二，道光《钦定国子监志》。由礼部右侍郎、管国子监事务的文庆和翁心存等人列衔，于道光十二年（1832）奏请开馆。全志共八十四卷，包括圣谕二卷、庙志八卷、学志十卷、辟雍志六卷、礼志十卷、乐志六卷、官师志八卷、廪禄志四卷、金石志十二卷、经籍志二卷、艺文志十四卷、志余二卷。北京古籍出版社出版了此书的点校本，方便读者阅读。

从道光十三年（1833）到宣统三年（1911）的《国子监志》的续修本应在民国期间完成。然而，由于政权更迭，战火肆燃，日军侵华，两京沦陷，这个时代赋予的使命未能完成。由是，续修《国子监志》的工作到了21世纪初才提上议事日程。在北京市文物局前局长孔繁峙和现局长舒小峰的关切下，北京孔庙和国子监博物馆吴志有馆长暨全体编修人员全身心投入，兢业修纂，一部《续修国子监志》的成稿摆在了我的书案上。

整套续修《国子监志》的书分为上下两篇。上篇主要是从道光十三年（1833）到宣统三年（1911），书名为《续修国子监志》；下篇主要是从1912年到1956年，书名为《新编国子监志》。

道光《钦定国子监志》恰在鸦片战争前成书。而后，清朝发生大变局。王国维先生曾将清代学术历程概括为"国初之学大，乾嘉之学精，而道咸以降之学新"。自道光十三年（1833）至今，已经一百八十余年，时代变迁，学变学新，此段监史，续纂艰难。

《续修国子监志》全书共十九卷，即圣谕一卷、庙志一卷、学志二卷、辟雍志一卷、礼志四卷、乐志一卷、官师志二卷、禄廪志一卷，金石志二卷、匾额志一卷、经籍志一卷、艺文志一卷、志余一卷，附参考书目等。

本书延续乾隆《钦定国子监志》和道光《钦定国子监志》的基本体例，又适当做出调整，如增加匾额志，突出学志等。在金石志中，对十三经刻石、进士题名碑列表说明，加以细述，补前人之不足，纠旧志之缺失。

《续修国子监志》对前志进行补充、订正、拓展、完善，填补了道光之后国子监官师志史料的历史空白。该书介绍了道光十三年（1833）至光绪三十一年（1905）国子监的官职、人名、籍贯等，对于管学大臣、国子监祭酒、司业、监丞、学正、学录、典簿等，既有文字介绍，又有数字统计，既有列表分析，又有简明阐述。该书还补充完善了禄廪志、金石志、经籍志、艺文志、人物志等方面内容，于国子监师生的恩赏、岁支、俸秩、廪给，于清代的石刻、彝器、匾额、经籍保存，于奏议、诗赋、记事、缀文等状况，进行了详尽记述。

《续修国子监志》接续传统，传承文明，意义重大。本书资料完备，体例规范，事以类聚，依时叙事，内容丰富，结构严谨，是一项可喜的学术成果。

在五年的续志纂修过程中，孔庙和国子监博物馆同仁，特别是该馆研究部同仁，以翔实的史料为基础，吸纳较新的学术成果，对一百多年来国子监和孔庙的历史进行梳理、探讨、审视和阐述，于教育学、古建筑学、金石学、文物学、文献学、档案学、博物馆学等方面做出记述。百年动荡，几经变迁，历史原貌早已湮没，但著述者上下求索，左右涉猎，爬罗剔抉，辨伪存真，在研究的广度和深度上多有突破，亦有创新。

明朝的成化《国子监通志》、弘治《国子监续志》和嘉靖《皇明太学志》三志均属孤本或善本，吁请相关单位协调，期盼有关部门支持，或影印出版，或校点问世，于传承历史文化，于总结教育经验，于防止意外散佚，于保护珍贵遗产，益在当代，功在千秋。

愚因忝列孔庙和国子监博物馆名誉馆长，承受嘱托，以上文字，甚粗浅，聊为序。

《续修国子监志》，高彦、白雪松等编著

中国社会科学出版社，2015 年 12 月

《旧京一瞥》序

张田的第一部著作《旧京一瞥》书稿摆在我的书案上，我要为这部文集作序。作序原因，下面分述。

一是作者。我这个人，因受清朝文网影响，不大轻易为人作序，一旦要为人写序，先看作者，后看内容。本书作者张田是张永和先生的爱女。永和先生是我在北京第六中学读书时的学长。因是校友，我们缔交学谊，六十余载，常来常往，交非泛泛。张永和先生是著名戏曲剧作家，天资聪颖，勤奋好学，笔耕不辍，成绩卓然。他先后创编 43 部剧作（其中演出 39 部），获得的重大奖项有国家"五个一"工程奖、文化部文华奖、北京市金菊花奖等，并享受国务院政府特殊津贴。他的新编京剧《风雨同仁堂》、昆剧《贵妃东渡》、北京曲剧《烟壶》等名剧，久演不衰，好评如潮，影响海外，誉满五洲。当代剧作家，如永和先生，其敬业之精，用力之勤，作品之丰，戏文之优，演出之多，影响之大，被誉为独步，应当之无愧。

张田就是生长于这样一个书香家庭。她幼承家教，少年嗜书，任职于首都图书馆，拥书、读书、管书、写书，既为生活方式，亦为生活乐趣。书，成为张田的第二个生命。

现在社会上有一个现象，有人概括为"四多一少"——信息多，饮食多，欲望多，烦恼多，读书少。张田却不追求时尚，不讲究吃喝，不着意打扮，不浪费光阴，沉下心来，嗜读诗书，这实在是难能可贵！书读多了，自然要写。张田利用业余时间，废寝忘食写作，将已发表文章结成集子雕梓。当下，书香人生，书香家庭，蔚然成风，读书写作，利己利民，更应倡扬。

二是作品。张田的《旧京一瞥》，不是随便写写，而是苦思立意，广泛搜集资料，进行实地考察，先成文发表，再仔细推敲，经补充修改，后结集成书。全书二十三篇，分成三个部分。

其一，介绍京城的名胜古迹。如昔日被称为老北京唯一一座免费水上公园的什刹海公园，北京著名的古城四坛——天坛、地坛、日坛、月坛，明清时的皇家档案馆皇史宬，还有今日之名扬海内外的北京动物园等。作者还写到老北京现存最早的胡同之一砖塔胡同及万松老人塔，隐藏在闹市之中、成贤街内气派万千的旧日皇家大学国子监和孔庙，离此不远的德胜门之积水潭和地安门外万宁桥，最后还谈到了老北京四九城缤纷多彩的牌楼等。这些年深日久的楼台殿阁、大街小巷、园林湖桥是一首首诗，是一支支曲，蕴藏着大量精彩动人的故事。张田所写的这些名胜古迹，躲过推土机的轰隆声，逃过令人目眩的白色"拆"字圈，在政府保护古城和历史街区的政策下，基本上被保存了下来，为时尚的新北京平添了厚重的历史印记、文化重彩！

其二，介绍老北京的庙观古刹。老北京庙宇多，这是皇城根下的子民皆知的。张田告诉我，在清乾隆时，北京内外城共有寺庙1000余座。到了1941年，随着战乱频仍，日寇疯狂破坏文物，北京的庙宇只有783座，而又过了一段时间，北京的庙宇几乎荡然无存。改革开放以后，政府积极恢复，拨款大力修缮，到20世纪90年代，北京的古刹名庙已经恢复到270座，计有法华寺、崇效寺、普度寺、智化寺等。作者介绍的坐落在崇文区（今东城区）的法华寺，据说始建于明天顺年间，到现在已有五百余年历史。庆幸的是，该寺深藏在胡同里，加上文物部门保护得早，所以部分建筑得以保留。而张田实地踏勘的西城区崇效胡同内的白纸坊小学，原是唐贞观元年所建、后历经多次重修、至今已有一千多年历史的崇效寺。可喜的是，本书作者查阅首都图书馆所藏相关碑文拓片和庙产契约，描绘出了明清时期崇效寺壮丽恢宏的景象，还讲述了一些湮没在历史中的有趣的小故事。而现存于东城禄米仓胡同一带的智化寺为明代大太监王振的家庙。此外，天安门东侧的普渡寺原为清摄政睿亲王多尔衮府。作者还提到了一处淹没在历史中的寺庙，就是原位于北京西长安街北侧的双塔寺，因为京剧《四进士》中四个进士在考中后曾在此结拜并盟誓决不做贪官而闻名。由于京剧《四进士》至今仍然流传不衰，故人们都想知道该寺曾屹立于西长安街何处。这些古庙年代久远，颇有历史积淀，又兼故事情趣，作者均以轻松优美的文字娓娓道来，一一详述。

其三，介绍北京独特的戏曲民俗。张田受其父之影响，在书中撰写了几篇有关戏曲的文章，如《老北京戏楼陨灭与留存》《梨园公会一瞥及梨园老匾拾遗》《〈甄嬛传〉获奖再议"嬛"字读音》以及刚刚在《北京纪事》杂志上发表的《民国老画报钩沉》等。张田还从老北京歌谣的介绍中勾画出种种独特的京味风俗习惯，犹如一幅幅古老又颇有韵致的风情画卷。如北京农历的三月初三，过去北京老人没有不去东直门外逛蟠桃宫的。为什么都要去这个不大的小庙？原来藏有玄机。玄机是何？作者说给了新北京的新人听。接着是农历七月十五中元节，老北京和今日的北京人都有一种相似的"过"法，而作者饶有兴趣地讲了这些老民俗。

再说回作序的原因。三是北京。北京有三千多年建城史，先后十二次为都，又是五朝帝都。如今，北京是中华人民共和国首都。张田的《旧京一瞥》既展现了政府在保护和治理北京这一国际大都市中的成就，也让当下居住在北京的居民能够认识老北京，喜欢老北京，从而为保护和建设这座历史文化名城添块砖，加片瓦！

北京，历史名胜似锦，历史人物如潮。张田素爱文史，尤长于明清史、北京史的研究，用力勤苦，多有斩获。我之所以答应为她的《旧京一瞥》作序，固然系世交，固然喜其书，但我更希望不久的将来，她的第二本记述老北京的新书能够问世。也算是期盼和鼓励吧！

以上话，是为序。

《旧京一瞥》，张田著，

北京燕山出版社，2015 年 12 月

《清朝开国历史人物》序

抚顺市政协汇聚专家学者撰著的《清朝开国历史人物》已经完稿，即将付梓，张敏主席和政协朋友嘱我在书前写几句话。

清朝是中国自秦始皇到宣统帝，两千一百三十二年封建王朝历史上的一个大王朝，又是满族人建立的政权。清朝兴盛之时，有超过1300万平方公里的辽阔疆土，有自库页岛（今萨哈林岛）到曾母暗沙的广阔海疆，有四万万人口，有光辉灿烂的文化等，这是当时世界上最为强大、最为富庶、最为文明、最为睦邻的国家之一。当然，清朝后来不思进取，拒绝进行改革，逐渐走向衰落，退出历史舞台。

清朝有幸，在前期出现了六位杰出的领导者——天命汗努尔哈赤、崇德帝皇太极、摄政睿亲王多尔衮、康熙帝玄烨、雍正帝胤禛和乾隆帝弘历，开国时还涌现出一批英雄豪杰。这些人都是抚顺（或与抚顺相关的）人。这奇怪吗？不奇怪。抚顺，既得天时，又占地利，地灵人杰，英豪辈出。

感谢本书作者为读者提供了一本人人应读而又可读的清朝开国历史普及读本。将清开国时抚顺的三十一位英杰人物写出列传，就是要宣扬他们的精神和品格。清朝开国英杰的精神和品格的共同特征是：勇于开创，肯于学习，聪明智慧，团结合作，坚定顽强，奋力拼搏。在这些人的努力下，后金终于击败群雄，夺取天下。

人们需要学习，要向历史学习。不善于学习祖先的人没有出息，轻视祖先的人必犯错误。

　　《清朝开国历史人物》，抚顺市政协文化和文史资料委
　　员会、抚顺清前史研究会编著，
　　辽宁人民出版社，2013 年 12 月

《百年天安门》序

天安门，明称承天门，清改称今名，是明清北京皇城的正门，也是宫城即紫禁城的第一座大门。天安门在民国时期是北京政治之门，文化之门，许多重大政治与文化事件发生在这里。天安门如今被誉为中华人民共和国之国门，从初建到现在，已有五百九十六年的历史。

中国北京的天安门历史之悠久，位置之显要，建筑之伟丽，文化之厚重，故事之生动，影响之深远，世人之瞩目，万人之景仰，在世界各国首都重要之门中，独具其一二者有，兼具其八端者无。中国北京的天安门可谓是：中华唯一，世界无双！

拜读贾英廷先生的《百年天安门》之后，受益很大，感想很多，概括说来，归纳为六：亲历，访查，重史，真实，珍秘，集成。

其一，亲历。贾英廷先生在天安门地区管理委员会工作二十多年，且担任领导职务。天安门的许多重大事件、重要活动、重大工程、重要人物，他多是亲历、亲见、亲闻。作者以第一人称身临其境地叙写他眼中的天安门，既得天时，又占地利，这是此前撰写天安门诸书者多不具备的。如天安门城楼的国徽，资料记载为厚 14 厘米，作者为掌握国徽的真实尺寸，爬到城门楼的重檐之间进行实测，结果是 15 厘米。出现差异的原因在于：国徽上的齿轮和麦穗是凸出的，而原来是按国徽的平面设计计算厚度的，加上其凸出的 1 厘米，就变成了 15 厘米。又如整修后天安门城楼的 60 根朱漆巨柱，各柱粗细，记载不一，而本书作者对每根柱子进行实测——最粗的 0.93 米，最细的 0.67 米，高则都是 12 米——再将实测的数据如实记入书中。因此，本书具有作者亲历的可信性。

其二，访查。贾先生对有关天安门的人和事，既不可能人人亲见，也不可能事事亲历，他对没有亲见的人和亲历的事，采取访查当事人的办法，取得第一手资料。如天安门地区管委会成立后的第一任城楼管理处处长姜承达先生亲历诸多事情，为人认真而且细心，掌握大量资料，作者经常向其问询、查证，并将访查资料同文献记载相比较，还请其审阅书稿。这种通过访问亲历者记录下的史料，在史学研究方法上称"口述史学"。这是记录、研究现代历史的一个重要方法。本书的一个可贵之处是，作者通过访查获取并保存了大量关于天安门的第一手珍贵资料。

其三，重史。有些事的当事人不在了，贾英廷先生就到中央档案馆、北京市档案馆、北京市城建档案馆、北京城市规划学会等单位翻阅尘封档案，查找爬梳资料，还从国家图书馆、故宫博物院图书馆、中国第一历史档案馆、首都图书馆、新华社、中央电视台等单位得到了大量文献与档案的图文和影像资料。作者在撰写过程中力求做到史料翔实准确、图文相得益彰。这是一部内容丰富、可读可信、具有资料文献价值的作品。

其四，真实。本书的一个特点是真实。历史学的真谛是"求真求是"。"求真"是力求再现历史真实原貌；"求是"是力求探索事物内在联系。因此，"真"是一切史学著作的生命和灵魂。作者以朴实的语言叙述天安门六百年特别是近一百年的历史变迁。书中的史料、图片、数据真实可靠。如关于天安门广场国旗旗杆的高度，1991 年改造后的新旗杆有多高？一说高 30 米，一说高 32.6 米。作者实地测量，结论是：两个数据都是正确的，其差异在于旗杆汉白玉基座以下部分的 2.6 米。本书对国旗旗杆高度的表述是："国旗旗杆地上部分为 30 米，地下部分为 2.6 米，总高为 32.6 米。"又如天安门五个城门洞的深度均为 40 米，但高度和宽度不一。作者查遍资料，唯有关于中间门洞宽是 5.25 米、高是 8.82 米的记载，其余门洞的数据无从查考。为求真实，作者专门请来测绘人员进行实地测量，结果是紧靠中间门洞的两个门洞，宽为 4.43 米，高为 7.6 米；最外侧的两个门洞，宽为 3.83 米，高为 6.2 米。这样，作者在书中对国旗旗杆的高度和天安门城门洞的尺寸做出了经过考察实测、具体分析的准确记述。

其五，珍秘。许多与天安门相关的珍闻逸事在书中多有披露，资料难觅，非常珍贵。如天安门城楼自明永乐十五年（1417）始建至今，先后经过三次大的重建。其中一次是在四十四年前，当时有人发现城楼大殿中一根 12 米高的圆柱已经腐朽 10 米，危及安全，必须更换。重建天安门工程在 1969 年 12 月 15 日开始，有关部门要求必须在次年"五一"节前竣工，60 根大柱全部重换，城台上的楼阁落架重建。因时值"文革"，故采取"秘密重建"，于次年 4 月 7 日竣工，但奠基石记载为 1970 年 1 月至 3 月重建。书中对此事做出了经过考证的真实记述。作者还提到绘制天安门城楼上悬挂的第八版毛主席画像的画家葛小光，他 1953 年 1 月生于北京，1971 年师从王国栋先生，1977 年 24 岁时独立承担绘制任务。现画像外框高为 6.4 米，宽为 5 米；画心高为 5.8 米，宽为 4.4 米；画框宽为 0.3 米。这个尺幅是作者贾英廷与画家葛小光二位先生共同实测的。关于画像的重量，有说是 1.5 吨的，也有说是 1.7 吨的，磅秤显示，旧画像重为 1.7 吨，新画像重为 1.2 吨。当今画像的尺寸、重量当以此为准。作者将毛泽东画像每一版更换的时间、缘由以及画像的画师都做了详述。

其六，集成。据初步统计，有关天安门的中文著作约有 130 种。《百年天安门》篇幅之大，内容之丰，用功之勤，史料之详，似无先例。作者不仅汲取此前研究的成果，而且曾在 1998 年和 2000 年先后撰著《天安门》和《天安门百年聚焦》两部作品。经十三个春秋，作者再将积累的新资料、研究的新成果加以梳理，整合成书。本书有上下两卷，共 33 章、196 节，总计 55 万余字，图片 620 幅。全书内容丰富，史料充实，图文并茂，语言晓畅。作者对诸多问题认真探讨反复查证，将多年研究成果和鲜为人知的珍闻逸事加以整理，融入书中。可以说，本书是研究与阐述天安门历史与文化的集大成之作。

贾英廷先生及其《百年天安门》一书，因有亲历、访查、重史和真实、珍秘、集成等特点，而具有长久性的历史与文化、学术与社会之价值。

拜读书稿，颇有感慨，草草之言，忝作小序。

《百年天安门》（全 2 册），贾英廷著，
北京出版社，2013 年 8 月

《金川历史文化览略》序

2012年初夏的一天，我在北京见到四川省金川县郑刚副县长。记得上次见面是在2010年，他从金川到北京，我恰出差在外，他就又追我到蓬莱，一定要我为金川题字。时隔两年，我们又幸会。他特别告诉我，县委书记张海清先生主编的《金川历史文化览略》即将出版，嘱我在书前写几句话。我对金川感情深厚，盛情难却，不揣冒昧，打开电脑，敲点想法。

中国有个优良历史文化传统，就是国家修书，州县也修书。国家修书，如明朝的《永乐大典》，清朝的《古今图书集成》和《四库全书》，将国家重要文献汇编整理，保护流传。州县修书，如地方知府、知县，士绅、乡贤编书，汇集地方资料，传承地域文化。现在处于全国重视文化的大背景下，金川县领导会同文士，将金川地方文献加以汇集、辑佚、摘录、修纂，而成为皇皇巨篇《金川历史文化览略》，这实在是功在当代、利在千秋的文化大事业。

《金川历史文化览略》这部三大卷、两百万字的地方文献巨著是集金川的悠久历史、人文地理、物产资源、民族精神、宗教文化等为一体的历史资料汇编。纂者发编修金川历史文化通览的宏愿，县委重视并下文征集资料，汇集自汉唐至今的上千万字史籍文献，如《西康图经》《西康建省记》《嘉绒藏族史志》《金川琐记》《绥靖屯志》《崇化屯志略》《金川县志》等，有些文献十分罕见，颇难搜求，极为珍贵。本书出版，必为读者览阅史料提供方便，也将对金川、四川、全国乃至国外学界产生广泛而深远的影响。

金川县有悠久的历史文化，优美的自然风光，勤劳的各族人民，丰厚的前贤积淀，勤学的地方人才。金川是一个坐落在雪山草地深处的历史文化名县。千百年来，藏、羌、回、汉等各民族在此和睦共处，共同创造了绚丽多彩的地域文化，使金川文化成为中华文化宝库中的一朵奇葩。在金川约 5500 平方公里的土地上，民族文化的多元性、历史文化的丰厚性、宗教文化的神秘性珠联璧合地演绎和诠释了金川文化的深厚内涵、民族融合和浓郁特色，成为雪域高原的灿烂文化景观。

历史文献浩如烟海，方志资料汗牛充栋。本书纂者在编修《金川历史文化览略》的过程中，以科学严肃的学风，编修有序，认真遴选，巧妙删减，适当考证，标注出处，既保留原稿面貌，又做出调整订正。本书的纂者矢志如一，夜以继日，汇集资料，笔耕不息，不负故土，不负前人，不负当下，也不负未来，其责任心与使命感催人兴奋，令人感动。

"为往圣继绝学"，做有志学问人。愿以这句话作为本序结语。

《金川历史文化览略》，张海清主编，
中央民族大学出版社，2012 年 11 月

《金水桥畔不了情——情系母校
北京六中》序

北京市第六中学是一所历史悠久、声誉卓著的名校，我的中学时代就是在这里度过的。六中的几位校友——伍继广、尤广巽、诸天寅等，一年前开始策划、编辑回忆母校的文集《金水桥畔不了情——情系母校北京六中》，得到各届校友的支持，也得到安钟岩等校友的资助。他们推举我和周偁学长担任本文集的主编。我觉得才疏学浅，"辈分"（届分）不够；但作为校友，责任在肩，义不容辞，只好愧对学长，勉为其难。

编辑出版这本集子的目的主要有三：一是感恩母校给予的培育与教诲，二是弘扬母校教育的经验与成就，三是敬谢社会给予的关心与支持。

中学在小学和大学之间，学海津梁，承上启下，中学时代是人生旅程中一个非常重要的时期。一个人做事的习惯，人生观与价值观的形成，审美能力与思维能力的培养，都与中学时期息息相关。学必择校，一个人如果能进入一所优质的中学，遇上优秀的老师，受到优良的教育，的确是人生的一大幸事。从六中走出的众多学子，他们所取得的点滴成就，都与母校的培育密不可分。因此，我们对母校始终怀着恭敬之心，抱着感恩之情。母校之恩，老师之情，没齿不忘，牢记终生。

办好一所中学，首要的是有优秀的校长。《尚书·吕刑》说："一人有庆，兆民赖之。"从某种意义上讲，一所学校、一个单位的领导者是极为重要的。六中首任校长是我国现代著名教育家蔡元培先生，他主张兼容并包，尊师爱生，发挥学生"自动性"，强调"德育实为完全人格之本"。这些教育理念为六中的发展奠定了坚实的基础。中华人民共和国成立后，六中的几位校长如张天泳、刘万焕、杜君慧等，都能坚持贯彻德智体美全面发展的原则，既教书，又育人，为教化学生的心灵倾注心血，谆谆教诲，润物无声。

办好一所中学，重要的是有一批敬业爱生、业务优秀的名师。《荀子·劝学》说："木受绳则直，金就砺则利。"北京六中的老师们热爱教育，热爱学生，热爱学校，率先垂范，教书育人，业务精湛，以优秀的教学能力充分调动和激发学生学习的兴趣和潜能，为学生继续攀登知识高峰引路铺石。本书中受到学生崇敬的李观博、陈乃甲、徐春茂、孙照、齐治平、李成栋、佟盛勋、田纲、孙家钰等老师，都是享誉京城的一代名师。正是在他们的循循善诱、精心培育下，六中才涌现出众多官有德、士有志、学有成、业有绩的莘莘学子。

本书共收录六中各届校友撰写的120多篇回忆文章，他们之中有的是曾任或现任要职的党政军界负责人，有的是为现代化建设做出贡献的科技工作者，有的是妙手回春的医务工作者，有的是杏坛耕耘的教育工作者，有的是外事、文艺、新闻工作者，还有的是睿智进取、自强不息的企业家等，他们从不同角度、不同侧面写出了母校对自己的巨大影响以及他们回报母校的工作业绩。

这些文章内容充实，感情真挚，有血有肉，文字流畅，有很强的可读性，也有一定的资料性。从这些撰稿学友的经历中不难看出，在中学时期，他们就立志励学，思维活跃，尊师爱校，自强不息，从而绽放出绚丽的青春光彩，铸造出辉煌的人生业绩。

本书仅是抛砖引玉，希望校友继续写出回忆文章，并借此令社会对基础教育投入更多关注，使母校的好传统、好经验发扬光大。

我们希望正在就读的中学生及其家长从本书中得到启发，有所收获。希望孩子们能够在宝贵的中学时期修心尚德，勤奋学习，增强体质，脚踏实地，严于律己，仁爱待人，博览群书，志向高远，以先贤的古训——"为天地立心，为生民立命，为往圣继绝学，为万世开太平"——共勉。

《金水桥畔不了情——情系母校北京六中》，

阎崇年、周侗主编，北京出版社，2012年4月

《盛清社会与扬州研究》序

我对陈捷先教授虽心仪很久，却相见恨晚。20世纪70年代，海峡阻隔，资讯不通。先生已经出版《满洲丛考》和《清史杂笔》等多部论文集，我却对先生的学术研究一无所知。20世纪80年代，我作为清史访问学者到了美国。在进行学术访问和交流期间，我才听说"陈捷先"这个名字，也才看到《满洲丛考》这部书。那个时候，我的重点研究领域是清朝开国史，所以对陈先生的学术成果和学术活动格外关注。

1989年我倡议建立北京社会科学院满学研究所，接着筹备首届国际满学研讨会。这期间，我同陈先生不断有书信、传真和电话联系。1992年，我在北京前门饭店主持召开首届国际满学研讨会，陈先生当时正在筹备第35次国际阿尔泰学会会议，难以分身，但还是寄来《三田渡满文清太宗功德碑研究》的论文。随后我在《满学研究》第一辑刊出陈先生的这篇论文，并在"满学家"专栏里载文介绍陈捷先教授和神田信夫教授两位国际满学界的大家。然而，我和陈先生仍没机会见面。

直到同年秋后，应陈捷先教授邀请，我同王钟翰、韦庆远、王戎笙、冯尔康、徐艺圃、刘耿生、林岷、柏华一行九人组成的大陆学者团队登上美丽的中国台湾岛，出席陈捷先教授主持的海峡两岸清史—档案学术研讨会，我和陈先生终于有了第一次握手，第一次拥抱。此次会面开了先河，我后来多次赴台交流。每念及此，都感激捷公。

性情率真，袒露肺腑，是陈先生给我留下的第一个印象。我因一些经历个性谨小慎微，万分拘谨。到达台湾的第一个感受是，陈先生等学人开朗豪放，言所欲言，纵情畅饮，通宵达旦。

治学认真，著作等身，是陈先生给我留下的又一个印象。陈先生早在1956年就毕业于台湾大学历史学系，1959年获台湾大学历史研究所硕士学位，后应邀到美国成为哈佛大学访问学者。先生五十年如一日，勤奋研究，笔耕不辍，有《满文清实录研究》、《满文清本纪研究》、《满文档案》（*Manchu Archival Materials*）、《蒋良骐及其〈东华录〉研究》、《清史论集》、《清史事典》，还有《努尔哈赤写真》《皇太极写真》《顺治写真》《康熙写真》《雍正写真》《乾隆写真》《慈禧写真》《宣统写真》等著作问世，尤其是"写真"系列，先生以一人之力，连出八册。

满腔热忱，肝胆相照，是陈先生给我留下的另一个印象。陈先生于我可谓亦师亦友，他多次来京，我们欢快相聚，倾心交谈。我也多次受邀飞抵台湾，出席学术活动。屈指算来，已有八次。记得2004年10月20日，陈捷先教授提出两岸学者共同编著出版《清代台湾》的重要倡议，同我和冯尔康先生商量，三人一拍即合。对于《清代台湾》一书，陈先生不仅主持全局，拟定编写体例，通审全稿，并撰写作为全书之纲的《通纪》篇，概述清朝以前的台湾历史，重点阐述清代台湾的历史与文化，特别叙述清代台湾与中央政府的关系。这部书稿历时五年，经多方协作，终于由九州出版社出版。

2009年，应台北故宫博物院周功鑫院长、冯明珠副院长邀请，

我到台北出席两岸故宫第一届学术研讨会——"为君难：雍正其
人其事及其时代"。会间，我和冯尔康先生又发现了新的缘分——
原来我们俩是同年同月同日生。在高兴之际，同为扬州籍的两位
清史才子——陈先生和冯先生共商于 2010 年在扬州举办"盛清社
会与扬州"学术研讨会。这次学术盛会得到扬州市委书记王燕文、
市长谢正义等领导支持，按期举行，圆满结束。会间，我和冯尔
康先生又有了一个主意，就是以此次会议论文为基础，再约请未
及与会的先生撰写文章，合作出版一本论文集。事情也巧，一算
年份，恰是陈捷先教授八十华诞，大家相约以此论文集作为陈捷
先教授八十大寿的贺礼。

现在，《盛清社会与扬州研究》文集即将出版，谨遵操持此
事的冯明珠副院长之嘱，撰写上文，忝作小序。

《盛清社会与扬州研究》，冯明珠主编，
台湾远流出版公司，2011 年 12 月

《成长与成功》序

2010 年 7 月 14 日，在烟台一次友人小聚餐会上，我认识了烟台四中郝嘉健校长。郝校长向我谈及他们正在筹编的《成长与成功》一书即将问世，并提到该书的编辑理念。烟台四中的校训是：厚德，励志，笃学，创新。这本书分为四篇：《厚德篇》《励志篇》《笃学篇》和《创新篇》。我听了之后即表示赞成。我作为烟台蓬莱人，就本书几个特点受嘱写几句话，放在书的前面。

《成长与成功》一书的第一个特点是"新"。《大学》开宗明义说："大学之道，在明明德，在亲民，在止于至善。"这里的"亲"，朱熹释作"新"。有三条经典证据。汤之《盘铭》曰："苟日新，日日新，又日新。"《康诰》曰："作新民。"《诗》曰："周虽旧邦，其命维新。"都突出一个"新"字。其实，教学治学，读书看书，精华所系，贵在求新。当下，书店插架励志类图书虽多矣，由教师编写给自己学生阅读的却不多。学校的主旨是教书育人。教育的方法与手段是多元的，其重要的方法与手段之一，就是树立榜样。本书从古今中外不同时期、不同地区、不同领域中选取成绩突出、令学生感动的人物，透过学生对其成长经历和奋斗过程的认知，力求对学生有所启迪。

《成长与成功》一书的第二个特点是"教"。教师的职责如韩愈所说，是传道、授业、解惑。教师应教导学生如何成长，如何成功。这本书是给学生读的，完全可以从报刊、图书中撷选文章，分门别类，编辑成书。但是，本书主编没有这样做，书稿都由本校教师撰写。这是基于教学相长的理念。《礼记·学记》说："虽有嘉肴，弗食，不知其旨也；虽有至道，弗学，不知其善也。是故学然后知不足，教然后知困。知不足，然后能自反也；知困，然后能自强也。故曰：教学相长也。《兑命》曰：'学学半。'此其谓也。"这样做的好处是"学（xiào）学半"——就是教与学各获益一半。因此，教师撰写本书，教育者先受教育，文章贴近小读者，学生读起来亲切，加深了师生学谊。

《成长与成功》一书的第三个特点是"学"。学生主要是在课堂读书学习，但课余时间怎样读书学习？《礼记·学记》提出"居学"的概念，说："大学之教也，时教必有正业，退息必有居学。"就是说，上课的学习算作"正业"，下课的学习则算作"居学"。或者说，"居学"就是居家休息时的辅助性学习，也就是人们常说的课外学习。本来教师是管课堂教学的，但他们又担负起课外辅导读物的编写工作。学校领导的智慧，学校教师的勤奋，值得学习，尤应提倡。

《成长与成功》一书的第四个特点是"行"。中国传统文化既重知，也重行，所谓知行合一。古人云："读万卷书，行万里路。"孔子既重言，又重行："言寡尤，行寡悔。"（《论语·为政》）又说："君子欲讷于言，而敏于行。"（《论语·里仁》）还说："言必信，行必果。"（《论语·子路》）儒学讲行，佛学也重行。一些出家人称为"行者"，孙悟空称为"孙行者"，都是重视"行"。本书选的杰出人物之所以有突出业绩，是因为他们有智慧，也都注重行。本书希望能给青年学生以独自前行的勇气、信心、路径和借鉴。

愿山东烟台四中教师撰写的《成长与成功》一书能作为一股源头活水，滚滚东流，归入大海。受到本书滋润的学子能够升入理想学校，走进蓬勃社会，努力履践宋朝横渠先生之所言：

> 为天地立心，
> 为生民立命，
> 为往圣继绝学，
> 为万世开太平。

愿共勉，是为序。

《成长与成功》，郝嘉健主编，
黄海数字出版社，2011 年 12 月

《爱新觉罗启骧 李味辛伉俪书画集》序

《爱新觉罗启骧 李味辛伉俪书画集》出版，书中收录的作品同在北京首都博物馆展出，书画双璧，乾坤交泰，这是中国当代书画界的一件盛事，我谨致以敬贺！

启骧先生是清朝康熙帝第十世孙，也是雍正帝第九世孙。雍正帝有十子，除早殇六子外，另外四子中，皇四子弘历（乾隆帝）继承皇位，皇六子弘曕过继给康熙帝第十七子、果亲王允礼为后，皇三子弘时则被削除宗籍（乾隆时恢复宗籍），所以在《清史稿》中，有传的雍正帝皇子只有皇五子和亲王弘昼。启骧先生就是和亲王弘昼的第八世孙。所以有朋友戏言：如果在大清朝，启骧就是亲王。和亲王弘昼生于雍亲王藩邸，就是今雍和宫，雍正帝赐号为"旭日居士"。和亲王弘昼既具慈悲之心，又具文化涵养，有《稽古斋集》传世。

我说启骧先生的家世，并不是为炫耀，也不是为唬人，只是说明他身上有着爱新觉罗皇家的血胤，自幼受过皇家文化的熏陶，常蒙堂兄启功先生的指点，又多年受到传统文化的滋养。清朝康熙、雍正、乾隆等帝王以及许多皇子字都写得不错，也不乏挥笔丹青者。爱新觉罗宗室孕育出许多书画名家。启骧先生祖父毓逖擅长书画，并收藏颇多历代名家书画，启骧先生幼受熏陶，学有本原。这是启骧先生书法艺术风格形成的历史因素。

启骧先生是学土木工程的，大学毕业后长期在艰苦地方做建筑工作，是高级建筑师。工科专业、苦难生活影响了他的性格，他说话、做事、为人都是一板一眼的。这是启骧先生书法艺术风格形成的社会因素。

启骧先生是一个率真的人。身历时代沧桑的巨变，经受政治运动的风暴，沐浴改革开放的和风。《孟子》说："困于心，衡于虑，而后作。"虽然苦难损伤了他的躯体脊骨，但是痛苦锻铸了他的精神脊梁。这是启骧先生书法艺术风格形成的心灵因素。

内在与外在、社会与民族、历史与现实、家族与个人，寒来暑往，日出月落，风雨阴晴，崎岖坎坷，造就了启骧先生书法艺术的风骨。

讲到风骨，有个故事。故宫武英殿后面有座仁智殿，明代常有画家在此作画。著名山水画家吴伟曾被明宪宗成化帝召到殿内作画。一次吴伟喝得酩酊大醉，蓬首垢面，穿着破鞋，跄踉而至。成化帝见吴伟后大笑，命他作《松泉图》。吴伟在天子面前倒翻墨汁，信手涂抹，挥毫而就，神韵惊人。画完后，他既不跪拜也不施礼，把画笔一掷，扭头就走。成化帝见他傲视君主，要杀他；大臣劝解说，要是杀了他，则皇上成全了他的美名。成化帝只好忍着怒气，放了吴伟。吴伟声名大噪，出入宫廷，奇风峻骨，卑视权贵，后被放归乡里，人称"画状元"。

吴伟画师是古人，启骧先生是今人。古今时变，境况不同。但是，书画家的风骨是一脉相承的，启骧先生也同样为人称道。

字如其人，人如其字。启骧的座右铭为：净心方正，静中求索，镜整衣冠，境界雅俗。一位杰出的书画家，最可贵的文化灵魂就是风骨。启骧先生其人的刚正筋骨，其字的艺术风骨，表现在什么地方呢？粗略概括，拙分为四。

一是"中"。《礼记·中庸》说："中也者，天下之大本也；和也者，天下之达道也。致中和，天地位焉，万物育焉。"这就是说，"中"是天下的根本，"和"是天下共同遵循的法度。其实，关于"中"的理念，儒家经典《尚书·虞书·大禹谟》说"人心惟微，道心惟微，惟精惟一，允执厥中"——是突出"中"；孔子在《论语·尧曰》里说"允执其中"——也强调"中"。《周易》的要点是：求中，得中，言中，行中。所以，"中"是中国传统思想的一个精华。"中"字的含义，《说文解字》诠释为"上下通"；什么叫"上下通"呢？段玉裁注释为"中直"。中，就是说话、做事不偏颇，不极端，要适当，要执中。启骧先生书法的第一个特点是"中"，运笔中锋。他的书法竖轴作品，谢枋得《武夷山中》"十年无梦得还家"的"十"字，朱熹《春日》"万紫千红总是春"的"千"字，两字当中的一"竖"就像故宫和京城的中轴线，气贯子午，经纬天地。

二是"正"。启骧先生的字，可贵在既雅俗共赏又卓尔不群，而那清刚雅正之气，正是其学问、人品及处事风格的显现。心正则身正，身正则字正。无论哪种字体，篇章布局，笔画结构，都求中正，给人一种健康和谐的秩序感。"大字难于结密而无间"，运笔稍有疏忽，怪拙显露无余，写字要方正，布局更要中正。

三是"力"。笔健气畅，力胜千钧。艺术之力，激发人的信心、勇气和力量。力中有气，气中有力。力透纸背，给力如剑。书法中，行、楷、草、隶等，各体兼具。这些足以看出启骧先生对书法艺术的体悟、功力和才情。书法讲势，尤其对字体字形要求很严。笔路清晰，笔力雄劲，每幅作品都是雄健各异的造型，而且大气磅礴，给人一种精神的力量。

四是"美"。中、正、力体现真、善、美。书艺讲求章法奇巧，顺遂自然，和谐匀称，以美为尚。美必和谐匀称，和谐匀称曰美。启骧先生的字既有传统笔墨的功力，又能表现现代人的审美。人有情，字有趣。启骧先生诗云："瀹茗香溢远，入口润中甜。琴瑟聚寒舍，相投语更欢。"（《邀友家中叙茶》）艺术名流，生旦净丑，茶香琴韵，怡然天趣，这才有先生艺术的潇洒朴实，雅俗共赏。

南宋戴复古《论诗十绝》中有诗句："意匠如神变化生，笔端有力任纵横。须教自我胸中出，切忌随人脚后行。"这首诗是讲诗歌的艺术构思，避免因循守旧，跟随人的脚后，要有独特个性和创造精神。启骧先生的书法，学习启功，异于启功，自成风格，自成一家。

书画有应时之作，有寿时之作，有传世之作。启骧先生的书法作品必为传世之作。

上面说书，下面说画。

《爱新觉罗启骧 李味辛伉俪书画集》收录味辛先生近年创作的国画八十二幅，印拓二十一枚。这是味辛先生多年智慧、心血和艺术的第一次集中展现，是一件可喜可贺的事情。记得美国耶鲁大学历史系著名教授史景迁先生跟我说过："我们美国教授认为，一位学者能出版一部论文集是很荣耀的事情。"他说的是学术，也适用于艺术。由此可以说，一位画家出版一册画集，自然是可喜可贺的。

我打心眼里敬佩艺术家，如书法家、画家、音乐家等。从事艺术创作，需要天分。我第一次见到味辛先生，印象最深的是，她为人聪明灵秀，率真清爽，说话、处事，待人、接物，都透着一股灵气。这股灵气只凭感觉，无法言表。味辛先生喜画荷、梅、兰、菊，更多着墨于牡丹、秀竹，也画鸟、鱼、虫。

味辛先生画虫，如夏蝉、蝈蝈、蜻蜓、螳螂、蝴蝶等，笔触细腻，生动可爱；画鸟，如鸳鸯、黄雀、喜鹊、水鸭、麻雀、苍鹰、鹦鹉、猫头鹰等，泛爱生命，表现天性。她画的鹦鹉是有"模特"的。先生家中养的鹦鹉享受"皇家"待遇，鹦鹉的笼子、架子都是紫檀的。她同鹦鹉有特殊的关系，所画的鹦鹉简直就是家中鹦鹉的写真。还有那幅《生命》。本来画虾是齐白石先生的"专利"，别人不敢轻易着墨。但是，味辛先生画的虾如在水中游动，鲜活可爱，生动逼真。我童年在海边生活过，见过海中的游虾，味辛先生真是把虾画活了。

味辛先生喜画菩萨，出自内心对佛的虔敬。她的印章为"妙心居士"——多么纯净、晶莹的法名。做一个慈悲、善良的人，有一颗素净、清淳的心，握一支灵动、朴实的笔，画一幅端雅、慈祥的观世音菩萨像。

我喜欢味辛先生画的竹，如画册里的《朱砂竹》，没有郑燮竹中蕴含的清高、孤傲，却画出了竹子的青翠、娟秀。这是味辛先生平和灵性的艺术表现。她画的《朱砂竹》更透着一丝杭州西湖才女的秀丽、细腻、清爽和灵气。

味辛先生画的最多的是牡丹。古今画牡丹的大家多矣，但味辛先生笔下的牡丹独具特色。启骧先生题唐朝刘禹锡《赏牡丹》诗："庭前芍药妖无格，池上芙蕖净少情；唯有牡丹真国色，花开时节动京城。"

味辛先生的专业是电子科技，在日本留学时学的也是电子科技，是高级工程师、电子领域专家。但味辛先生自幼喜爱绘画，受家庭的艺术熏染和西湖山水滋养。她退休后，集中精力，刻苦用心，握画笔，捉刻刀，进入书画艺术的世界。她的绘画、篆刻，是玩儿，是兴趣，不受名缰利琐的束缚，所以不必用"经院"的尺子去品评。

有人说，一个人的成功要有"三个分（奋）"——天分、勤奋、缘分。绘画、书法以及其他艺术，天分是至为重要的；还要勤奋，有成就的书画家没有一个是不勤奋的。大书法家怀素"笔塚"的故事就是一例。但是，缘分也是不可少的。味辛先生与启骧先生的结合不仅是二人家庭的缘分，也是二人艺术的缘分。

《爱新觉罗启骧 李味辛伉俪书画集》选录书、画、印、诗，尽显启骧先生和味辛先生伉俪之艺术精华。启骧先生的字，味辛先生的画，书画一体，相互争辉，是绝妙的"天作之合"：一北一南，一书一画，一阳一阴，一刚一柔，矛盾统一，合掌和谐。

我不懂书法与绘画，但喜欢书法与绘画。我喜爱启骧先生书法的中、正、力、美，也喜欢味辛先生画印的真、秀、淡、雅，所以写出上面的话。

是为序。

《爱新觉罗启骧 李味辛伉俪书画集》，爱新觉罗启骧、
李味辛著，文化艺术出版社，2011 年 9 月

《晚霞六记》序

　　《晚霞六记》作者阎松如（茂年）先生是我的胞长兄。我父母生育六男一女，我最小，上有五兄一姐。其中二兄盛年，早年病逝，但仍排序；五兄夭逝，没有排序，所以我便排行第五，父母叫我"老五"，兄长们称我"五弟"。还有一位姐姐，也是夭折。我没有同胞姐妹，视为人生一憾。

　　我们老家在山东蓬莱解宋营村。这是一个半山半海、亦农亦渔的古老村庄。村里有城墙，有城门楼，有瞭望台，村东西两边高岗处还有烽火台。这里在明代是海上防御倭寇的前哨，有驻军的兵营，所以村名带"营"字。行政上隶属于登州府，明代著名的抗倭英雄戚继光就是登州人。登州沿海有许多烽火台，被当地百姓称为"烟台"。今烟台市的名称就是由此而来的。

　　解宋营村北边靠海，既有方便处，交通、信息不闭塞；也有不便处，土地瘠薄，人多地少。因此，村里有不少人到外面谋生。我的曾祖父讳树春、祖父讳丕烈、父亲讳千仁（字辑五）都从山村"出外"，来到北京。乡里说的"出外"，就是今天说的到外地"打工"。从山东蓬莱解宋营到北京有一千六百余里，先祖们来回步行，单程要走半个多月，自带干粮，晓行夜宿，极为辛苦。村里外出的人，离乡不离土，青年出外，不携家眷，老来回乡，落叶归根。我们兄弟都是小时候在村里上小学，十几岁刚能独立便离乡出外。

　　"忠厚传家久，诗书继世长。" 这副贴在街门上的对联意在向乡亲表示，这是一个讲忠厚、重读书的家庭。我外祖父是乡里的私塾老师，我母亲和姨母想读书，但外祖父不同意，她们只好偷着在教室外听一点儿书，她们以自己没有读书为憾，所以极重视对子女的读书教育。村里的小学是民国初年开办的，叫维新小学，我的外祖父梁嘉宝先生是这所小学的第一任校长。可能受到外祖父和母亲的训诲，大哥的功课优秀，每学期末学生的考试成绩在校门外墙壁上张榜公示，大哥总是位列榜上第一。他成为弟弟们的榜样，是家庭的荣耀，是家族的荣光，这也是村里的一段佳话。

小学毕业后，大哥到北京当学徒。所谓当学徒，不是学手艺，也不是学技术，而是拉车为顾客送货。无论是酷热的三伏天还是寒冷的三九天，挨家送货，辛苦得很。大哥比我年长十三岁，他在北京当学徒，每两三年才可以回老家探亲一次。他和我大嫂常年两地分居，离多聚少。那时在北京打工的外乡人比现在外地在北京的打工人要贫苦、劳累、受气、孤独。七七事变后，百业萧条，生计艰难。日本投降后，内战又起。刚盼来北平解放，又因家庭成分屡遇坎坷，直到改革开放的新时代，大哥才过上衣温食饱的安定生活。

大哥最大的遗憾是到北京后父亲没有让他继续读书。他有时风趣地说："我要是上大学，出国留洋，会是另一个样子。"的确，以他的聪慧与勤奋，继续读书肯定会有一番大气象的。不过，他奋蹄不停，刻苦自学，长期坚持，颇有所成。他的求学渴望对我的影响和帮助很大，可以说影响了我的一生。这里我讲个故事。

我能上学，要特别感谢大哥。当时家里生活非常困难，一日三餐，窝头咸菜，难以为继。所以父亲让我到他一位朋友在虎坊桥开的私立医院里做学徒抓药，这样可以带出一张嘴，还可以挣钱补贴家里。我表示愿意上中学。父亲还算开明，征求兄长意见：三哥恒年站在父亲一边；大哥松如、四哥康年希望我继续念书。这样，家里男性"五票"中，赞成我读书的有"三票"，占多数，父亲就同意我考中学，继续念书。但是，老人家又放了一句话："考不上就去当学徒。"对当时的我来说，考上好点儿的中学是有困难的。我上小学期间，遇上战争，学校课程时上时停，学业稀松，我报考初一压力很大。幸亏大哥自学代数、几何、作文，特别是精通算数四则题，帮我补习，耐心开导，我才考上北京市第六中学。

其实，大哥对我的影响是潜移默化的。大哥名茂年，字松如，不以名行而以字行。他的许多朋友、同事都只知其字而不知其名，可能是因为他更喜欢"松"字。他的性格如"松"——在我们家的影壁白墙上，他挥毫写下颜体楷书六个大字：须勤俭，要忍耐。勤俭是他人生内在修炼的箴言；忍耐则是他对外界压力的无奈。他经过太多的压力、困苦、磨难、打击，之所以能挺过来，可能是得益于"忍耐"两个字。他的"忍"既来自生活的教育，也源自祖母的训诲。我的祖母，人极聪明，虽说不识字，却强记博闻。她信佛，初一、十五吃斋，谆谆训导孙子们要忍：有人打你的左脸，就伸右脸给他。这虽使我们吃过许多大亏，却帮我们闯过更多的劫难。

大哥有着超常的毅力。记得他从北京回老家过年。三九、四九的严冬，北风狂号，海浪冲天，早上天刚蒙蒙亮，他就带弟弟们到海边跑步。回到家里，大家手脚都冻麻木了。又如，集邮数十年如一日，也是他顽强毅力的表现。到八十六岁高龄，他还骑着自行车去排队，买邮票，查资料，参加邮展。今年，他已九十岁的高龄，仍然集邮不辍，晨练不辍。特别是他多年坚持打一百零八式太极拳，说明毅力是他身体健康的一大法宝。他的硬朗身体还得益于人生有目标，生活有乐趣，交往有朋友，运动有恒常，起居有节律，饮食讲清淡。

一个人的晚年能晚霞漫天并不容易。傍晚，可能阴云密布，黯然无光；可能夕阳下落，并无霞光；也可能晚霞四射，光彩夺目——其原因很多，是天耶，还是人耶？大哥的经验告诉我们：三分在天，七分在人。这七分在人，就是掌握自己的命运，主宰自己的命运。

怎样掌握自己的命运，主宰自己的命运呢？儒家讲"至善"，佛家讲"涅槃"，道家讲"自然"，都有道理。这里我说一下佛家的"和"。星云大师说，"和尚和尚，和者为尚"。具体来说，就是"五和"——自己和悦，家庭和顺，人我和敬，社会和谐，世界和平。

有钱未必幸福，有闲未必快乐。大哥的人生智慧、佛学的人生福缘、哲学的人生道理都在告诉人们：人的一生，官位有高有低，财富有多有少，事情有忙有闲，福分有厚有薄，但幸福人生主要体现在两件事情上——身要健康，心要快乐。心乐知足，知足常乐。

佛学概括得好：人生最大的弱点在于"贪""嗔""痴"。其实，再概括地说，人生最大的弱点就是一个"贪"字。贪权，贪钱，贪名，贪逸。人生，欲壑难填，永无止境。戒贪，就会知足、知止、知福、知乐。大哥、大嫂晚年主要靠退休金生活，退休金又少得可怜，两人合计不到两千元。但他们精打细算，勤俭节约，巧于安排，日子过得有滋有味，幸福快乐。我看他们二老做到了在没钱时得到幸福，在不闲中得到快乐！

许多人退休后有钱而不幸福，有闲而不快乐。我大哥、大嫂钱少而幸福，闲多而快乐，他们在拮据中找幸福，在休闲中找快乐。知足、知止、知福、知乐，是他们宝贵的人生经验。

中国有个传统，自己写书，自己编书，自己刻书，自己印书。《晚霞六记》虽字数不多，却难能可贵，贵在21世纪还有人在自己写、自己编、自己印、自己送，这是一件多么不容易的事，也是一件多么有意义的事。

书的价值，不在厚薄，贵在朴实；书的传播，不在广泛，贵在真诚。祝朴实、真诚的《晚霞六记》，夕阳晚霞，光照满天。

晚霞迎朝晖，朝晖更灿烂。祝大哥如《卿云歌》所云："日月光华，旦复旦兮！"

人生的幸福与不幸福，不在官位高低、权势大小、财富多寡，只要活得健康，活得快乐，就是人生的成功。

《晚霞六记》，阎松如著，2011年4月

《中国字·天下事：新编说文解字》序

庄婧女士的《中国字·天下事：新编说文解字》写得很有特色，也很有味道。书中收录一百个汉字，每字两页，共两百页，整整齐齐，利利索索。

书中所收每一个字都包括字形、字音、字义、字源几部分，也包括与本字相关联的词汇、典故。在典故中，作者表达了自己的阐释、智慧和感悟。如"自"字，引南宋戴复古《论诗十绝》中的诗句："意匠如神变化生，笔端有力任纵横。须教自我胸中出，切忌随人脚后行。"这首诗是讲诗歌的艺术构思多变化，写作应不受任何拘束，驰笔纵横，要有独特个性和创造精神，避免因循守旧，跟随在人的脚后。诗人第三句用"自我"表示人独特的个性。

我对《说文解字》早有兴趣。开始读史，读经时，首先遇到文字的困难。读经史自小学始，读小学自《说文解字》始。于是，我请了两位"老师"：一位是清朝段玉裁的《说文解字注》，我到琉璃厂中国书店"请"了一本；另一位是当代著名文字学家、北京师范大学陆宗达教授，我到北京宣武门外前青厂胡同登门拜求陆宗达教授。有了书，有了师，我就一个字一个字地学起来。这部《说文解字注》成为我的座右书。一次，《青年报》的记者问我：最常翻阅的书是什么？我说是《说文解字》。其实就是逢字查一下。《荀子·劝学》说："不积跬步，无以至千里；不积小流，无以成江海。"集步汇流，日聚月累，骥腾千里，江流成海。

我到现在都是遇字翻检《说文解字》，书不离手。

庄婧的《中国字·天下事：新编说文解字》是对《说文解字》下了大功夫的。其一，她列的字形充分汲取甲骨文、金文的历代研究成果，使读者一目了然；其二，字音用现代注音标识，明了易解；其三，由字的形与音讲解其义，使人对该字的了解既明白又深刻；其四，广征博引，凡经史子集，特别是诗文典故，信手捻来，使人顿生快悟。

书如其人，人如其书。本书的一大特点是透着一丝灵气。不过，本书只收录百字，建议一集一集地出，第一批十本，合一千字；第二批十本，再一千字。有两千字，常用之字基本解到。这既有益于读者，也增添学苑奇葩。

《中国字·天下事：新编说文解字》，庄婧著，

北京大学出版社，2011 年 3 月

《颐和园》序

2010 年中华人民共和国国庆节期间，颐和园的日游客超过 10 万人，在含长城、故宫、天坛、十三陵等同被列入世界遗产名录的北京景点游客统计表中位列首位，令人兴奋。这个统计数字表明：无论是北京的市民还是外省市居民，无论是中国人还是外国人，大家都喜欢北京颐和园。但是，中国有 13 亿人，世界有 70 亿人，他们大多没有或暂时没有机会参观、游览、欣赏颐和园，怎么办呢？现在有一个办法，就是通过大型电视纪录片《颐和园》以及长江文艺出版社出版的文本《颐和园》，兼得影像、语音和文字中的颐和园。有《颐和园》DVD 光盘和图书《颐和园》插架，有音频《颐和园》随身听，已到过或未到过颐和园的人就能通过精美的画面、简明的文字、生动的解说、可信的史实不受时空的局限，随时随地观赏颐和园。

将颐和园用影视、语音和文字三重并现，有什么意义和价值呢？

第一，中国园林特别是皇家园林是中华文化的璀璨明珠。中国的文化与艺术在世界上独树一帜又极具影响力的有汉字、书法、绘画、瓷器、丝绸、京剧、中医、武术、建筑、园林等，其中园林融合了各种文化与艺术形式，而皇家园林则是中国园林艺术的精粹。清朝皇家园林达到了中国皇家园林艺术的顶峰。清朝北京的皇家园林代表有皇宫的御花园、宁寿宫花园（即乾隆花园）、建福宫花园、慈宁宫花园，内城的西苑，西郊的"三山五园"——香山静宜园、玉泉山静明园、万寿山清漪园（后改名颐和园）、畅春园、圆明园等。但畅春园和圆明园已为历史陈迹，唯颐和园成为中国现存规模最大、艺术最美的皇家园林。古人在这座皇家园林里面建筑楼阁，陈设字画，摆列器物，品茶听戏，欣赏珍宝，游憩观景。因此，颐和园的历史、文物、艺术、观赏之价值无可取代。

第二，对颐和园文化与艺术的再现手段是多元的，譬如摄影，虽有形象写真，但画面是静止的、片段的、平面的；又如文字，虽可以生动描述，但叙述是符号的、凝固的、局限的；再如语言，虽可以令人耳听亲切，但没有视觉表现直观。影视与图书联袂的形式可以把视觉与听觉的效果发挥得更好，可以充分地展现世界遗产委员会对颐和园的评价："一、北京的颐和园是对中国风景园林造园艺术的一种杰出展现，将人造景观与大自然和谐地融为一体。二、颐和园是中国的造园思想和实践的集中体现，而这种思想和实践对整个东方园林艺术文化形式的发展起了关键性的作用。三、以颐和园为代表的中国皇家园林是世界几大文明之一的有力象征。"

第三，20世纪后半叶出现的影视史学在新的世纪前景更为广阔。影视史学即以影视加文字的方式解读历史，再现历史。在观众与读者面前的新形式就是将历史用传统的文字形式和现代的影视手段展现出来，并制作成DVD光盘，进入千家万户。影视与图书"联姻"——电视没听清楚的，可以查图书；书上没有形象的，可以看光盘，彼此互补，相得益彰。

第四，携手合作，共生共赢。世界万物，"和"最重要；人间万事，"合"最重要。社会民风，重在和谐。当下，拍影视，做图书，搞传媒，从百业，和者为尚。以邻为友，切勿为壑；求名害仁，儒者为忌。《颐和园》经过策划、编导、撰稿、摄影、作曲、录音、制片等，层层把关，仅片尾列名者即有一二百人。因此，《颐和园》是影视、文物、园林、摄影、历史、出版、音美等多领域、多学科的专家、艺术家集体心智的结晶。《颐和园》的推出是影视界与出版界的联手合作，值得提倡。

第五，《颐和园》具有科学性、艺术性、文献性和教化性。

于科学性，《颐和园》展现了历史学、档案学、文物学、园林学、建筑学、艺术学等诸多领域研究的最新学术成果。乾隆帝命拆除大报恩延寿寺，兴建佛香阁，为什么？清漪园没设围墙，颐和园却修围墙，为什么？听鹂馆的戏楼一反宫廷戏园常规而坐北朝南，为什么？《颐和园》为观众和读者做出了学术性的探讨和诠释。如乾隆帝扮角色演戏给皇太后看，自然是基于母为主而子为客、母面南而子面北的宫廷礼仪，听鹂馆戏楼的建筑格局由此形成。书里对园中30多座桥、40多座亭子均做出了细致的表述。一些数据透出专家们的成果：乾隆帝写过1500多首有关清漪园的诗；他到清漪园游览拜佛132次；园中有佛、道神像15120尊；十七孔桥上石狮为544只，比卢沟桥的石狮多了59只；改建排云殿内装修用工275724个（当时一个工人工作一天叫一个工）；慈禧太后一共拍了786张照片等。清漪园还是乾隆帝"治国理念和政治理想的模型"，也是他"天朝大国理想社会的完美缩影"。

于艺术性，《颐和园》以艺术之视角分析颐和园，颇具有集大成的意义。3000 余亩的昆明湖是颐和园的灵魂。从选景看，颐和园昆明湖与杭州西湖比，西湖有苏堤、六桥，昆明湖则为西堤、六桥；西湖在孤山之南，昆明湖则在万寿山之南，所以，"北山、南湖、西堤的大格局，两者几乎一模一样"。然而同中有异，如苏堤笔直，而西堤蜿曲，且昆明湖的六桥也有变化。书中还将颐和园谐趣园与无锡寄畅园做比较，称其"一堂、一轩、一楼、一斋、一亭、一桥、一径、一洞"的八个景观，都有借景、相似之处，两者也都有"知鱼桥"（取自《庄子》"子非鱼安知鱼之乐"名句）等。颐和园于苏州也多有借鉴，园中的苏州街仿的是姑苏街景。此外，园中望蟾阁原型是武汉的黄鹤楼，园内的"四大部洲"则为藏式建筑。颐和园既临摹江南美景，又布展北国雄魂，是中华园林艺术的缩影，体现出中国园林艺术的杰出创造。

于文献性，大型电视纪录片《颐和园》具有文献的价值，它引入大量有关颐和园的清宫秘档，特别是清内务府的秘档，还有民国档案、海外资料等，将颐和园形象地展示在世人面前。颐和园是上下五千年的文化积淀和几十万工匠的心血汗水物化而成的一座园林，是一座前所没有、登峰造极的锦绣华园。应当补充一句：颐和园还凝聚着工匠们的智慧与创造。书中告诉读者，乾隆帝虽然倾注心血主持营建清漪园，但他每次幸园都在午餐后返回，不在园中过夜。为什么呢？《颐和园》编导给出的答案是：这是乾隆帝的自律和反思。其实还有一种思考：当时乾隆帝主要住在圆明园，在那里生活更习惯，也更便于早朝。

于教化性，第三集《绝艺筑颐和》的导语说："一场大火，葬尽繁华。"又说，"乾隆皇帝倾尽智慧与热情修建的清漪园，就这样死了。"多么沉痛又悲哀的诔辞！颐和园遭受三次外敌的凌辱：英法联军、八国联军和侵华日军的占领和破坏。《颐和园》是一部爱国主义的教科书。历史总在开玩笑：醇亲王奕谭为儿子苦心修建的颐和园，到头来竟然成为儿子光绪皇帝的囚笼；袁世凯作为生日礼物送给慈禧太后的小轿车，慈禧因为司机在前、自己在后有失尊严而不肯坐，而这辆小轿车不仅成为当时的摆设，也成为历史的讽刺。当下，将《颐和园》以大型电视纪录片和精美图书的形式推出，全面而系统、形象而真实地再现颐和园从兴建、鼎盛，经遭毁、重建，到新生、辉煌的历史，特别是再现新生后百年来尤其是近六十年来颐和园的历史，于中国，于世界，意义重大，价值不凡。

　　这里我转述一个真实而有趣的故事。在颐和园修缮过程中有一奇缘，原佛香阁中的铜佛像在咸丰十年（1860）英法联军侵入清漪园后失踪。慈禧太后重修清漪园并改名为颐和园时，造了佛香阁的泥塑佛像，后该佛像被毁。1989年人们大修佛香阁时，阁内缺一尊佛像，这时得到一个信息，在西城区一所寺庙旧址的夹壁墙里发现了一尊佛像，高为5米，有12面24臂，满面慈悲，体态庄严。有关人员将这尊佛像请移到佛香阁，原位安放，崇高矗立。但佛像头顶上还应有一尊小佛，称为化佛。这时人们想起，在颐和园清淤工程中发现了一尊小型佛像，时珍藏在文物库中。人们从文物库里请出这尊佛像，安放归位，全然合璧。铜佛像与化佛像同佛香阁的分合奇缘，成为北京文物史、园林史、佛教史、艺术史上的一段佳话。

　　我在《正说清朝十二帝》（增订彩图珍藏版）里写过："历

史是镜子，历史也是艺术：它可以借鉴，更可以欣赏。"曾有记者问："历史是镜子，可以借鉴，这好理解；历史是艺术，可以欣赏，这怎么理解？"现在我可以说，这个问题容易理解，观看大型电视纪录片《颐和园》，阅读图书《颐和园》，就会清楚地感受并直观地理解历史也是艺术，历史可以欣赏！

乾隆帝诗云："何处燕山最畅情，无双风月属昆明。"颐和园是历史，颐和园也是艺术。观众和读者既能从《颐和园》中阅读历史，又能从中欣赏艺术，增长知识，丰富智慧，享受乐趣。望把《颐和园》的光盘和文本合璧来看，定会有益，不妨尝试。

本文的引文多处源自《颐和园》，在此说明，并致谢忱。

我有幸于《颐和园》先睹为快，因有感，草此序。

《颐和园》，赵微主编，

长江文艺出版社，2011 年 1 月

"领导干部半日读" 系列丛书序

"领导干部半日读"系列丛书第一辑（六册）已经出版，我既为读者，又为作者，临时断想，说几句话。

我有幸能成为这套丛书第一批受惠的读者，暂且不谈忝列这套丛书的拙著《北京文化史举要》，先谈其他五本书。这五本书不但选题好，写得好，可谓是"大家写小书"，而且设计、纸张、印装也好。

先说李君如教授的《科学发展纵横谈》。关于"科学发展"，我过去学得不够，这次读本书，发现它从名著《寂静的春天》以及 2003 年惊心动魄的"非典"引入，娓娓道来，高屋建瓴，深入浅出，讲述"科学发展"问题，我读后颇有收获。

再说韩震教授的《哲学思维与领导力》。我是从"哲学思维"与"研究能力"的角度去拜读的。我一向敬重哲学家，因为哲学家往往站在云端上看世俗事物，视点高，视角广，视野阔。书中说"哲学的魅力就在于批判"——"我们需要继承地批判，我们也需要批判地继承"。对中国传统文化，对儒家思想，批判而不继承就会"打倒孔家店"，继承而不批判就会全盘吸收。我想，对待传统儒家文化应该就像吃饭一样，吸收其营养，排除其糟粕。干部的领导力，学者的研究力，重要的是志与学。康熙帝认为，凡人、俗人与贤人、圣人的区别，就在于"志与学"。志以励学，学以养志。要重志，因为"没有凌云志，难以上青天"；也要重学，因为志高学疏，难以成事。我们要想做成事，读书出成绩，记住古希腊大哲学家泰勒斯的故事或许会有益——他经常因观察天象不注意脚下的路而摔进深沟里。这样虽会受到别人的嘲笑，却能品尝秋收的喜悦。

然后是罗勇教授的《看气候 说低碳》。该书重点在说低碳，但我从历史学的角度着重看气候——从公元15世纪初到20世纪初的五百年间，北半球的温度普遍比现在低，出现了一个相对比较寒冷的时期，这就是"小冰期"，以17世纪中后期为甚。这个"小冰期"启发历史学者联想：中国的契丹耶律阿保机、女真完颜阿骨打、蒙古成吉思汗、满洲努尔哈赤等，之所以相继崛起，其社会原因是利益和文化的冲突，其自然原因则是气候变得寒冷，生存条件更难。这使我们多了一个思考的方向，就是北京成为中国的政治中心，既有地的因素，也有天的因素。天文与地理，社会与自然，我们应全方位、多角度地进行思考与研究。

此外，《透过危机看金融》《世界城市漫谈》两本书很精彩，可开阔眼界，值得一读。

至于拙著《北京文化史举要》，书中将有文字记载以来的三千多年的北京文化史梳理为三种重要文化类型——中原农耕文化、西北草原文化和东北森林文化，顺着三个千年的时序，讲述三次大的变局。第一个千年是商周时期，主要是农耕文化，北方的齐鲁、燕赵、秦晋、河洛文化圈，南方的吴越、楚湘、巴蜀、岭南文化圈，春秋五霸也好，战国七雄也好，最后秦统一六国，实现农耕文化第一次空前大交融。第二个千年是秦汉到隋唐时期，秦连长城，汉武帝征战匈奴等，重点是农耕文化与草原文化的交融，其间慕容儁、安禄山、刘守光在北京建短暂都城，是此期文化交融的三个结果。第三个千年自辽到清，契丹、女真、满洲等，实现了中原农耕文化、西北草原文化、东北森林文化的空前历史大交融。这千年文化交融的成果之一是北京成为元、明、清六百多年中国的政治中心。

第三个千年的文化交融有一个突出特点，就是语系文化的交融。大体说来（实际上很复杂，有交错），长城以北属阿尔泰语系，包括突厥语族、满—通古斯语族等；长城以南属汉藏语系。于是，北京不仅成为中国的政治中心，而且成为中国的文化中心。乾隆朝编纂的汉、满、蒙、藏、维五种文字的大型辞书《五体清文鉴》就是上述三种文化类型、两大语系、五种语言交融的一个典型体现。

因此，在世界四大文明古国中，古印度语言文字中断了，古埃及语言文字中断了，古巴比伦语言文字中断了，只有中华语言文字源远流长、绵延不断。而且，中国的政治中心和文化中心北京作为世界大都会，依然在生机蓬勃地发展。

"领导干部半日读"系列丛书，罗勇、韩震、李君如、阎崇年、李扬、牛文元等著，北京出版社，2010年12月

《清朝帝位之争史事考》序

金承艺先生的《清朝帝位之争史事考》一书由中华书局出版，是我期盼已久的事情。

早在 20 世纪 80 年代，我应邀作为访问学者到美国，在哥伦比亚大学东亚图书馆里看到金承艺先生关于清史的论文，特别是关于雍正帝即位的论文，耳目一新。接着寻访金承艺先生的清史文集，几经查索，结果落空。

金承艺先生的论文先后发表在中国台湾的《故宫季刊》《汉学研究》和《满族文化》等刊物上，海峡两岸波涛阻隔，大陆读者很难看到。因此我期待有一天能到台湾查阅发表有清史研究论文的相关刊物。

1992 年，承蒙台湾大学历史系主任兼历史研究所所长陈捷先教授邀请，我到中国台湾出席海峡两岸清史—档案学术研讨会，住在台北"中央研究院"学术交流中心。我向近代史研究所张存武研究员询问金承艺先生的近况。因金先生时在澳大利亚墨尔本大学，我们未能谋面。这是我第一次到台湾，日程排满，行程紧凑，没有时间到图书馆去查阅金承艺先生的学术论文。1997 年，我在台湾四十天，看了一些书，查了点资料，但限于种种条件，未能细读先生大文。尔后，我两次赴台都有任务，来去匆匆，亦未暇及。2008 年和 2009 年，我先后在台湾佛光大学和南华大学任客座教授，讲授清史通论课，有空静下来，在图书馆里查阅并复印金承艺先生发表的清史论文，装订成集，携带回京。

金承艺（1926—1996）先生本来不是学清史的，也不是专业研究清史的，但他于清史有所探索，用功颇勤，独具慧眼，另辟蹊径，卓有成绩。本书主要收录的十四篇论文时间跨度很长，涉及有清一代。集中的论文大致可分为三组：第一组为初清三篇，即《萨尔浒战前的辽东情况》《努尔哈赤的一生》和《皇太极的继承汗位》；第二组为盛清七篇，即《康熙帝玄烨入承大统实录》《从〈永宪录〉来讨论年羹尧的年岁》《从"胤禵"问题看清世宗夺位》《胤禵：一个帝梦成空的皇子》《"胤禛"非清世宗本来名讳的探讨》《一项有关清世宗是否夺位的重要问题之探讨》《关于清世宗皇三子弘时——看一代帝王的家庭悲剧》；第三组为晚清四篇，即《奕䜣受封恭亲王始末》《慈禧太后的家族》《关于同治帝遗诏立载澍为帝一事的辩正》《关于李连英的记述》。

本集特点主要有四：一是重政治史，这同先生北京大学政治系的学习经历有关；二是重考据，这同他师从胡适先生、任其学术助手并受其"大胆假设、小心求证"的治学理念影响有关；三是重宫廷史，这同他为清太祖努尔哈赤嫡长孙杜度（褚英长子）后裔的宗室家庭背景有关；四是着力于雍正帝即位合法性的学术考辨，这则是他的研究旨趣。

人们常说：一石激起千层浪。金承艺先生以学者的勇气，不循众见，不畏人言，激起康雍研究的学术波浪。他留给史坛的主要学术财富是他对雍正帝即位问题的考据与思辨。这主要反映在他所发表的盛清时期的三篇论文中——《从"胤禵"问题看清世宗夺位》《胤禵：一个帝梦成空的皇子》和《"胤禛"非清世宗本来名讳的探讨》。他在前人研究的基础上，从《圣祖仁皇帝御制文集》、弘旺（康熙第八子允禩之子）的《皇清通志纲要》、《抚远大将军允禵奏稿》、清内阁大库档案等文献中爬梳史料，缜密考辨，系统而周密地论证康熙帝第十四子名字原为"胤祯"，而非"胤禵"，并被清史界所接受。他推论康熙帝本意传位于皇十四子胤禵，其时胤禵在甘州，而皇位被雍亲王取得。金承艺先生的学术见解引发清雍正朝历史研究专家的激烈辩驳。《雍正传》著者、我的"三同"（同年、同月、同日生）学长、南开大学历史学院冯尔康教授，《雍正帝及其密折制度研究》著者、日本姬路独协大学杨启樵教授，《独裁统治——雍正事之论，1723—1735》著者、美国印第安纳大学黄培教授，《雍正写真》著者、台湾大学历史系陈捷先教授等，都以不同形式载体就此进行学术论辩。

但是，著名清史学家庄吉发教授认为，皇十四子的旧名叫作"胤禵"，康熙三十六年修造的宗室玉牒的纪录已足以澄清"胤禵"为伪造的假名之疑。清圣祖将皇十四子胤禵改名为"胤祯"，所以康熙末年的文书及文集等出现"胤祯"的名字。清世宗入承大统后，恢复皇十四子的旧名，并非出于所谓篡改清圣祖遗诏的政治需要，而是因为清世宗即位后，避讳御名，其兄弟名上一字即"胤"字改为"允"，其与御名"禛"字形声近似者也理应避讳。就因清世宗恢复同母弟的旧名，从此以后各类文书或官书才一律书写"允禵"，"允祯"字样停止使用，于是才有改"十"为"于"及改"祯"为"禛"等矫诏篡夺的流言。

当然，反对雍正帝合法继位说的学者（包括金承艺先生）至今尚未提出经过考据的、令人信服的确凿史料作为依据；同样，坚持雍正帝合法继位说的学者至今也不能从情理上说服持相反意见的学者。因此，正如著名清史大家孟森先生所言，"清世宗入承大统"问题，仍是清史的一大疑案。

金承艺先生改行转攻清史的一个动因，是"直言贾祸，播迁澳洲"。司马迁在《报任安书》中有言："盖文王拘而演《周易》；仲尼厄而作《春秋》；屈原放逐，乃赋《离骚》；左丘失明，厥有《国语》；孙子膑脚，《兵法》修列；不韦迁蜀，世传《吕览》；韩非囚秦，《说难》《孤愤》……"同样，清代著名书法家蒋衡科举失意，键户十二年，书写十三经。他的同乡金坛人段玉裁也只是举人学历，辞谢县令，返回乡里，"键户不问世事者三十余年"，完成《说文解字注》。一个学者，要感谢挫折，要"君子不器"，这是前人学者以及金承艺先生留给人们的启示。

金承艺先生的论文还给人们一点儿启发：学术问题，贵在争鸣。不趋时媚俗，不跟风炒作，认真查阅资料，明确亮出观点，卓尔不群，超然独立，这才是学者的品格，也是学术的风尚。

孟繁之先生编校整理，先生胞弟金承涛先生授权支持，张存武先生热心加持，李静女士创意选题，促成了本书问世，为读者提供方便。

我作为清史学者，谨对《清朝帝位之争史事考》的出版敬示诚谢，并作序推荐。

《清朝帝位之争史事考》，金承艺著，

中华书局，2010 年 10 月

《苏州大讲坛 I》序

苏州图书馆邱冠华馆长打来电话，嘱我为将要出版的《苏州大讲坛 I》写几句话。我既感谢，又很不安。不安的是我于苏州图书馆何德何功，堪此重任！然而，我一向敬重邱馆长。语云，"恭敬不如从命"，虽内心不安，却勉强为之。

我生长在北方，在孩提时常听大人讲："上有天堂，下有苏杭。"后来学了历史，也学了地理，对人间天堂的苏州和杭州更加向往，想走一趟，去看一眼。

机会终于来了。1966 年，我骑自行车从北京天安门出发，沿京杭运河，直到杭州。中经苏州，住在当时作为"接待站"的沧浪亭。夜间，一轮明月当空，竹影摇曳窗前，诗情画意，如梦如幻。白天，我骑着自行车，看阊门，逛虎丘，去灵岩山，礼寒山寺，游园林，串街巷。姑苏胜景文萃，留下美好印象。

近年，苏州图书馆主办的"苏州大讲坛"有声有色，饮誉四方。目前已形成 16 个系列，举办现场讲座 308 场，直播、录播讲座 368 场，直接和间接参与人数超过了 10 万。2009 年 3 月，"苏州大讲坛"获得由江苏省委宣传部授予的"江苏优秀讲坛"荣誉称号。笔者有幸受邀前去演讲《康熙南巡与碧螺春茶》。但在讲前，苏州地方文献需要查核，洞庭东山地理需要踏勘，邱馆长和馆里诸君都给予关照和帮助。我从中更加体会到明人的八字真言："读万卷书，行万里路。"

更令我对苏州难忘的是，去年"烟花三月下扬州"的季节，我到"扬州讲坛"演讲，应邱馆长之约，同上海图书馆的陈凌康主任、常熟图书馆的包岐峰馆长四人，在苏州一山庄品茶，忘却尘俗，如临仙境。茶饮之间，兴致勃然，谈起了"苏州大讲坛"。它始于2001年，屈指一算，已近十年。过去图书馆同读者间只有一个"阅读平台"，现在多了"网络平台"，更复建起"讲坛平台"。苏州图书馆的"苏州大讲坛"颇具特色，举例有三。

其一，占天时，贵在先。近年来，大江南北，办讲坛蔚然成风。举国提倡学习型城市，这对各地图书馆来讲是难得的天时。苏州图书馆办"苏州大讲坛"，起步早，着先鞭，成效显著，影响深远。这些讲座的内容既有对宏观政治经济的阐述，又有对文学名家名篇的鉴赏；既有对民族传统文化的传播，又有对百姓实际生活的关注；既有对建筑园林的品读，又有对儿童文学的推介，等等。内容包罗万象，时间抢占先机，长期持续，办得精彩。

其二，占地利，贵在用。苏州历史悠久，园林幽美，风景秀丽，人文荟萃，文化繁兴，交通便利。特别是明清两代，苏州园林甲天下，文人出类拔萃。苏州图书馆不仅占有地利，而且善用地利——既利用本地的空间资源，又借用外地的空间优势，邀请全国各地甚至海外的著名专家学者来到苏州图书馆，同读者进行面对面的学术文化交流。本书从300多场现场讲座中精选了30场，内容广博，以飨读者。收录的26位作者中，苏州以外的有10位，约占总数的38%。这是苏州图书馆贵用地利——既贵用本土的地利，又贵借外乡的地利——上述数字可为例证。

其三，占人合，贵在爱。"苏州大讲坛"赢得了广大听众的喜爱，受到了全国媒体的关注，获得了社会各界的认可，得到了专家学者的肯定。原因在于，苏州图书馆全体同仁重视人合。办好一个图书馆，关键在于"敬"与"爱"：敬天、敬地、敬人、敬己，爱书、爱馆、爱业、爱人。儒家讲"仁爱"，佛家讲"慈悲"，都可以归结到一个"爱"字上。在图书馆，这个"爱"突出体现为爱图书、爱读者。"爱"字的繁体字作"愛"，其简、繁体的主要区别在于，简体"爱"字把繁体"愛"字的"心"字给简化掉了！这难道是现在社会上一些人"爱心"欠缺的文字学上的解释吗？然而，苏州图书馆恰恰在为读者服务的实践中把爱的"心"找了回来。"苏州大讲坛"在爱图书、爱读者方面，奉献爱心，做得出色。

一个学习型城市的建设，与它的历史、精神、文化、教育等息息相关。图书馆是培育民族高尚精神、提升国民文化素养的终身课堂。"苏州大讲坛"已成为读者与听众获取丰富知识、提高文化素养、共享文化成果的有效载体。《苏州大讲坛 I》一书则是这个载体的一枚朱果。

朱熹《春日》诗云："胜日寻芳泗水滨，无边光景一时新。等闲识得东风面，万紫千红总是春。"祝愿苏州图书馆如春日景色，生机日新：讲坛愈办愈好，爱心愈献愈多，人气愈聚愈旺，影响愈来愈大。

《苏州大讲坛 I》，邱冠华主编，
文汇出版社，2010 年 4 月

《清勤果公张曜年谱》序

2009 年 8 月 22 日，我到杭州"浙江人文大讲堂"讲《感悟清史》。前一天晚上 8 点到杭州，晚饭后已经是 9 点半了。这时，《钱江晚报》记者打来电话，说张铭先生要来宾馆看我。我们素不相识，我却也愿意相见。这是一种缘分吧。张先生现为浙江艺术职业学院教授，来到宾馆，提着材料——他的先祖清勤果公张曜的年谱、书信、传记、碑刻等资料。

张曜（1832—1891），字朗斋，号亮臣，先世浙江上虞人，改籍直隶大兴，后籍浙江钱塘。他生活在清朝道光、咸丰、同治、光绪年间，虽是乱世，但乱世出雄杰。张曜早年放弃举业，从戎营伍。《清史稿》说他"幼尝持竿结阵，部勒群儿，无敢哗者"。成年之后，他效力清廷，被赐号"霍钦巴图鲁"，即英雄之称号，历官县丞、知县、知府、道台、布政使、巡抚等。其事迹《清史列传》《清史稿》《清代七百名人传》等均有传。虽诸传有溢美之词，但可以看出其人生梗概。

张铭先生之父张怀恭先生历时八年，收集资料，编纂年谱。父子合力，又经两年，终于成书。从这件事情我得到点儿启发。历史要传承，谁去传承呢？既要靠历史学家，又要靠广大群众。张怀恭先生父子积十年之功，或埋头书案，或搜罗资料，或四方求索，或筹措经费，终使《清勤果公张曜年谱》出版。书中收录与张曜往来的书信四十通，通信人包括左宗棠、张之洞、曾纪泽、徐世昌、端方、孙诒经、陆润庠、柯劭忞、王懿荣、阎敬铭等。
这些珍贵书信经过血雨腥风幸存下来，实属难得。

张曜居官约四十年，功过是非，褒贬恩怨，时过境迁，评论纷纭。
如攻剿捻军，效忠朝廷，不同史观，评价不同。今人阅读张曜，
其文化价值有四。

第一，爱国护疆。清末，西北局势动荡，沙俄觊觎新疆。时"俄
罗斯方拥伊犁，巴里坤且岌岌"。左宗棠受命用兵西北，张曜听
从调遣，率军出嘉峪关，"师行乏水草，绝幕二千余里"。他立屯田，
兴水利，垦荒二万亩，岁获数万石，收复吐鲁番，拔乌鲁木齐。
俄国归还伊犁，张曜帮办军务，移驻喀什噶尔，兼管西四城，创私塾，
筹善后，为西北边疆巩固做出了历史贡献。

第二，读书学习。张曜本是一介武夫，但用心读书。《论语》有
"仕而优则学"，为官怎样对待学习？《清史稿》说："曜魁梧倜傥，
自少从戎，不废书史，字法模颜平原，书疏雅驯犹余事。尝镌'目
不识丁'四字印，佩以自励。"颜真卿《劝学》诗云："黑发不
知勤学早，白首方恨读书迟。"其实，白首读书也不迟。张曜不以"目
不识丁"为羞耻，反以"目不识丁"为砺石，严于自律，用心学习，
终有大成。

第三，礼贤下士。张曜没有科举名分，"尤礼贤下士，士争
往归之"。张曜之所以能如此，是因为他自己重视文化，"建海
岱书院于青州，葺洙泗书院于曲阜"；也重视学习，"宁夏平，
筑楼面黄河，对贺兰山，颜曰'河声岳色'，日啸咏其中，人谓
有羊叔子登岘风"。张曜明白士人的价值与作用。"治天下在得
民心，士为秀民，士心得则民心得矣！"因此，对士人的态度是

官员升黜、政权成败的一个重要尺度。

第四，做点实事。张曜为官"修道路，开厂局，精制造，凡有利于民者，靡不毕举"。他修浚京师护城河，后任山东巡抚，修治河道，一年中有约三百天奔走在河堤上。凡是建言河务者，无论是布衣还是末僚，他都能以礼延请，虚心咨询。也就是说，张曜的政绩，一方面是兴洋务，如开办工厂，制造机器等；另一方面是修道路，利民生。这些都是有利于国计民生的实事。

《清史稿》记载："居官垂四十年，不言治产事，性尚义，所得廉俸辄散尽。"以致张曜"身后萧然，一如寒素"。张曜可贵之处，是在清末混浊官场中，不热衷于治产，不忝列于逢迎，为官较清廉，居上察民隐。病殁之日，民众怀念："死之日，百姓巷哭失声；丧归，且倾城以送。"相比之下，有的官员致仕之日，属下在其家门口摆花圈，在其房门外放鞭炮！两相比较，令人感慨，天壤迥别，龙蚁分明！

一个人能做到生时受人尊敬，身后被人怀念——仅此两点，人生足矣！

《清勤果公张曜年谱》，张怀恭、张铭著，
浙江古籍出版社，2009 年 12 月

《乾隆朝武臣之冠海兰察》序

阿力先生为作《乾隆朝武臣之冠海兰察》一书，翻阅满文档案，遍检汉文典籍，积累资料，实地踏查，系统研究，耕耘八年，该书如今终于出版。这是鄂温克族文化史上的一件盛事。

我与鄂温克族的因缘从 20 世纪 60 年代研究满洲历史开始。鄂温克族的英雄事迹萦绕于心，令我记忆深刻。我写过《清太宗经略索伦辨》，在一次国际学术研讨会上宣读；又在《清朝通史·太宗朝》里阐述索伦的历史贡献。应邀出席 2008 年鄂温克族自治旗建旗五十周年庆典时，我带着敬佩的心情和感慨的思绪，总想写点文字，留作历史记忆。值此《乾隆朝武臣之冠海兰察》出版之际，撰写序言，微表心意。

明末清初，在黑龙江中上游地带，贝加尔湖以东地域，精奇里江（今结雅河）两岸，居住着索伦部落群体。天命、天聪、崇德三朝，努尔哈赤与皇太极父子采取"慑之以兵，怀之以德"的措施，让索伦臣服，武功空前，各部居民归属于清。索伦为反抗沙俄扩张、清初东北统一、多民族融合做出了历史性的贡献。后索伦辗转动荡，几经迁徙，定居在今内蒙古自治区呼伦贝尔市海拉尔一带。

有一件事情给我留下了印象。我在中央电视台讲《康熙大帝》，当讲到雅克萨之战和《尼布楚条约》时，虽讲述了满、蒙古、汉等民族的历史功绩，但因电视讲座时间所限，未能提及索伦。原内蒙古自治区文史研究馆馆长、鄂温克族自治旗委书记叶希扎木苏先生对我说："您再讲《康熙大帝》时，建议提一下索伦的历史贡献。"我随即将这个信息告知中华书局编辑先生。最近在新版《康熙大帝》里，上述缺憾已经补正。

索伦即鄂温克族前身，骁勇强悍，娴于骑射，素有"索伦三人，当一猛虎"之誉。鄂温克人机智、骁勇、善良、热情的民族特点集中体现在海兰察身上。

鄂温克的英雄海兰察出身贫寒，少时牧猎，力大聪慧，长于骑射，从乾隆二十年（1755）成为鄂温克马甲起，到乾隆五十八年（1793）因伤病往生止，其间三十八年，战绩卓著，屡立奇功，官至领侍卫内大臣、正红旗蒙古都统，爵列一等超勇公，位列紫光阁功臣，破例入祀昭忠祠。

乾隆帝自我总结一生有"十全武功"，自诩为"十全老人"，并作《御制十全记》，令写满、汉、蒙、藏四体文字，建盖碑亭。乾隆帝的"十全武功"是：平准噶尔为二，定回部为一，扫金川为二，靖台湾为一，降缅甸、安南各一，二次受廓尔喀降，合为十。乾隆帝的"十全武功"情况不同，性质各异，本文省略，不做评论。但是，海兰察亲历上述多次战争，对外为维护国家领土完整与主权尊严，对内为维护中华民族一统与社会安定，做出重大贡献，具有历史意义。

《清史稿》赞曰："海兰察勇而有智略。每战，微服策马观敌，察其瑕，集兵攻之，辄胜。"就是说，战前，身着微服，骑马观察，了解敌方虚懈；临战，集中兵力，身先士卒，歼灭敌人取胜——有勇有谋，有胆有识，战必胜，攻必克。困境中能勇敢，前进时有智慧，身冒枪石，裹创力战，坚堡险砦，无不克登。

一个英雄民族，必出民族英雄。海兰察既是鄂温克族的民族英雄，也是呼伦贝尔各族的民族英雄。

历史硝烟飞逝，干戈化为玉帛。海兰察德功并著，智勇兼备，留下了宝贵的精神财富——爱国，勇敢，智慧，合作。海兰察精神激励着后人，一代传一代，一年接一年，薪火不断，万世长存！

《乾隆朝武臣之冠海兰察》，政协鄂温克族

自治旗委员会编，

中央民族大学出版社，2009 年 8 月

《武道藏珠——善扑营纪氏
太极拳法》序

宋鹏远先生的《武道藏珠——善扑营纪氏太极拳法》一书，成书因缘主要有三：父祖三代习拳，有家学之渊源；自己练习拳法，有切身之体验；勤奋读书著述，有竟成之发愿。

本书介绍的武道掼跤善扑营拳法是中华传统文化中的一项民间体育活动。而掼跤善扑营拳法进入清宫内廷，始于康熙年间。这同康熙帝擒扑鳌拜的历史故事有关。《清史稿》记载："上久悉鳌拜专横乱政，特虑其多力难制，乃选侍卫、拜唐阿年少有力者为扑击之戏。是日，鳌拜入见，即令侍卫等掊而絷之。于是有善扑营之制，以近臣领之。"这里的侍卫就是宫廷侍卫；拜唐阿是满语音译，是没有品级、听差服役的人。由宫廷侍卫和拜唐阿组成的少年善扑者借"布库"游戏为名，擒了权臣鳌拜。尔后，朝廷的侍卫处下设善扑营，善扑营的职责是：为宫廷盛大宴事表演，当随驾扈从近御宿卫，掼跤角力展示骁勇，训练旗兵格斗技艺等。

清朝善扑营通过训练和选拔，培养出一流的"布库"高手，纪绶卿先生即为其一。纪绶卿先生是晚清至民国掼跤拳艺的代表人物之一，是在旗营中磨炼出的掼跤专家，享有"摔跤大王"的美誉，曾任辽宁省国术馆副馆长，主持东北第一次国术考试；又任湖南国术训练所摔跤高级班教官，为传统民族武术发展做出了贡献。本书介绍的善扑营纪氏太极拳法即为纪绶卿先生所传，是善扑营掼跤技法与传统太极拳术结合的产物，专为皇家跤手演练而设计，带有明显的掼跤架势和实用意图，也带有时代印记和民族特色。

本书作者是纪绥卿先生的第三代传人，现任职于北京市文物局所属香山团城演武厅。他利用业余时间整理研究前人成果，编写《武道藏珠——善扑营纪氏太极拳法》一书，其勤学精神，实属可嘉。书中以纪氏太极拳为核心，从传统武术的文化内涵、历史背景、路数技法、养生保健等方面对纪氏太极拳法做了全面的阐述。其文化历史部分既有宏观视野又有细节记述，折射出传统武术在近现代历史进程中的起伏变迁，可以填补北京史书之缺。其技法养生部分，内容翔实，析理入微。很多具体技术问题实属首次公之于世，是研究清代宫廷武术和太极拳发展史的难得资料。此外，全书以传统武术著作语言风格编写，附以图片200余幅。《武道藏珠——善扑营纪氏太极拳法》具有学术性、资料性和收藏性。

北京市文物局孔繁峙局长出于惜才和文化关注，给予作者和本书以极大的关怀与支持。

我于传统武术实属外行，但家父学过拳法，那是为了防身，也是为了健身。我本人曾学过简易太极拳，纯属体育活动，而且早已不练。今见宋鹏远先生的《武道藏珠——善扑营纪氏太极拳法》书稿，分外高兴，虽属外行，愿意作序，以资学习。

《武道藏珠——善扑营纪氏太极拳法》，宋鹏远编著，

北京燕山出版社，2009 年 5 月

《皇城古韵：透过建筑看北京》序

　　《中国国家地理》编辑王杰先生将《皇城古韵：透过建筑看北京》的书稿寄给我，邀我为他的书作序。之前我们从未谋面，也无书信往来，更无电话或电子邮件联系，接到书稿后，我有些惶然，便勉为其难，写一些文字，做个交代吧！

　　作者在电话中说，这本书是献给 2008 年北京奥运会的一份小礼物。很巧，我最近也推出了《中国古都北京》，分中文和英文版本，平装和精装的都有，图文并茂，相得益彰。同样，这也是献给 2008 年北京奥运会的一份小礼物。因为同样是记述并介绍北京历史与文化的书，我自然对《皇城古韵：透过建筑看北京》一书的出版饶有兴趣。

　　我一直生活在北京，对这个城市是有感情的。作为明清皇帝治居之所的北京城，是以一条中轴线纵贯南北的。城池宫殿、坛庙苑林、衙署寺观、市井民舍，都在中轴线两侧依次展开，格局严谨，主次分明。北京城的城垣，由宫城、皇城、内城、外城，叠次分为四个方阵，呈封闭式，层层相套，等级森严，界限分明。北京城的园囿，如宫城的御花园、皇城的太液池、内城的坛庙苑林、近郊的三山五园，也都布局有序，呼应相连。这一整套的都城规划设计是传统思想和精湛艺术的完美结合。

　　作为古老的城市，北京城内古建筑巍峨，珍宝荟萃，不仅集中国历代都城建设之大成，而且集中华民族文化艺术之精华，是一座伟大的艺术宫殿。这里有雄伟的殿堂、秀丽的园林，配置以亭轩台榭，陈设以奇宝异珍，点缀以山石花树，绕流以玉泉金水，这一切让北京成为一座宛若仙境的宫殿花园城市，散发着迷人的魅力。

如果从方方面面去详细解读皇城北京，恐怕是有难度的。《皇城古韵：透过建筑看北京》这本书映现了作者对中国古都北京的一个侧面——建筑文化的介绍，这是一个很清新的角度，也是一种很有价值的审视。相信读者阅读王杰先生《皇城古韵：透过建筑看北京》之后，能获得一些直观的感受，能得到一些真实的启发。

《皇城古韵：透过建筑看北京》，王杰著，

机械工业出版社，2008 年 7 月

《长白山满族文化概览》序

2006 年秋，吉林省白山市文化局葛会清局长一行数人来北京邀请我到白山讲学，谈起了他们正筹建长白山满族文化博物馆并编撰《长白山满族文化概览》一书之事，还邀我为之作序。此后，虽然葛会清先生多次与我联系到白山的事宜，但因著述繁忙，我始终难以成行。

盛情难却，心仪已久。时过约一年，2007 年 7 月 18 日，在辽宁新宾赫图阿拉讲学之后，我即被接到了白山。此时，《长白山满族文化概览》的书稿已放在宾馆的案头。

"发祥长白始，根本启皇清。"（道光帝《赐吉林将军瑚松额》）长白山是满洲发祥之地，也是满族文化的摇篮。我四十四年以来一直研究满洲史、清朝史，自然对满洲发祥之地、清朝崛兴之乡——长白山倾心关注。《满洲实录》《清太祖武皇帝实录》和《清太祖高皇帝实录》的开篇都讲述了"三仙女"沐浴在长白山布勒湖里湖（今称"圆池"）里，其中一位吞果怀孕生下爱新觉罗氏始祖布库里雍顺的神话。其史料根据是《满文老档》中的记载。

康熙十六年（1677），康熙帝以"长白山乃祖宗发祥之地，今无确知之人"，特派内大臣觉罗武默纳等人前往长白山。武默纳等在长白山考查后还京复命。康熙十六年九月初二日，康熙帝谕旨："长白山发祥重地，奇迹甚多，山灵宜加封号，永著祀典，以昭国家茂膺神贶之意。"

同年，康熙帝封长白山山灵为"长白山之神"。康熙二十一年（1682），康熙帝东巡吉林，在松花江岸边拜祭长白山之神："东南向，望秩长白山，行三跪九叩头礼，以系祖宗龙兴之地也。"康熙帝拜祭长白山之神后，即兴赋诗《望祀长白山》云：

名山钟灵秀，二水发真源。

翠霭笼天窟，红云拥地根。

千秋佳兆启，一代典仪尊。

翘首瞻晴昊，岧峣逼帝阍。

雍正十一年（1733），雍正帝命在吉林修建长白山望祭殿，在神案上立起黄色牌位，用黑字书写满、汉合璧文字——"长白山之神位"。每年春、秋，由地方官员代皇帝望祭长白山之神。乾隆十九年（1754）八月，乾隆帝亲临望祭殿，祭祀长白山之神。

从清朝的历代帝王到满洲的文人墨客，还有周边的普通百姓，都将自己的文化血脉与生命信息同长白山紧密相连。有清一代，艺术成就较高的满洲诗文作家有五六百位，他们中有相当多的人在署名时会在自己的名字前面严肃地缀上"长白"二字；清代八旗文人作品总集中，在题目上冠以"白山"二字的至少有四部，即伊福纳编纂的《白山诗钞》、卓其图编纂的《白山诗存》、铁保编纂的《白山诗介》和杨钟羲编纂的《白山词介》。由此可见长白山在满洲文化认同中的地位。

当今，海内外一千万满族人仍视长白山为满族文化之根。

由此，研究长白山满族文化的价值，其重要意义，不言自明。

冀望长白山满族文化研究取得更多、更新、更大、更好的成果。

谨遵嘱托，勉为作序。

《长白山满族文化概览》，葛会清、刘彦臣主编，

中国文史出版社，2008 年 7 月

《北京三千年》序

2008 年第 29 届国际奥林匹克运动会在北京举行，北京成为中国、亚洲甚至世界瞩目的文化焦点。今年一月以来，介绍北京历史文化的著作，版本多样，书香四溢。我书案上有先后推出的三种著述：第一种是拙著《中国古都北京》，中国民主法制出版社出版，它分为中文平装图文本、精装彩图本、礼品彩图本和英文平装彩图本、精装彩图本、礼品彩图本。第二种是北京市社会科学院副院长梅松研究员主编的《走近北京——北京 100 讲》，首都师范大学出版社出版，内容丰富，图文并茂。第三种是余荔裳老师的新著《北京三千年》，中国三峡出版社出版，也是图文本。

余荔裳老师的《北京三千年》书稿摆在我的书案上。这时，我想起她的另一部关于北京史的著作——《北京通俗史话》。余老师曾获北京市优秀教师称号，有广博而深厚的历史知识积累，也有长久而丰富的教学经验，更有执着而认真的著述精神，《北京三千年》就是这些积累、经验与精神的体现。

北京，古老而神秘，历久而弥新。"北京人"开启了北京文化史的序幕。西周初，召公奭受封于燕，开始了有文字记载的三千年的北京城史。北京在历史上曾先后十二次为都：方国蓟和方国燕的都城，前燕慕容俊、大燕安禄山、桀燕刘守光的都城，辽的南京，金的中都，元的大都，明的北京，清的京师，民初的北京，现在则是中华人民共和国的首都——政治、文化、交通与对外交往的中心。北京以其悠久的历史和深厚的文化积淀而成为世界历史文化名城，凝聚中华精粹，备受世界瞩目。

北京发展历史上刻着中华民族披荆斩棘的前进足迹，蕴含着中华文明的精华元素。可以说，北京是一部历史百科全书，也是一函丰厚的文化宝典。

2008 年奥运会即将于北京举办，这是世界了解北京的大好时机，也是北京走向世界的良好机遇。让世界了解北京，进而通过北京了解中国，作为一个北京市民有着义不容辞的使命。而呈现在读者面前的这部《北京三千年》，撷取发生在北京的重要历史事件与重要历史人物，用几近特写的方式娓娓道来，向读者讲述自建城伊始至中华人民共和国成立，三千年来发生在北京的重要故事。本书以时间为经，以历史事件和人物为纬，选择典型史料，综合生动故事，透过生动叙述，再现北京三千年的发展历程，就像用一条线串起了一粒粒珍珠，把北京的风云际会和沧桑巨变呈现在读者面前，使读者在轻松阅读中了解北京悠久的历史和璀璨的文化。以一人之力，通过 101 个故事，叙述一个都城的历史，这可能尚属首次，也不失为一种创新。

披阅本书，颇见特色。

首先，选材精酌。三千年北京的历史资料浩如烟海，取什么，舍什么，作者是花了很多心思的。书中的一些素材是作者发掘的第一手资料，为本书的写作奠定了坚实的基础。虽然每一个专题各自独立，但作者通过缜密地组合，使全书内容成为有机整体。

其次，内容丰富。作者从事历史教学四十余年，不但有着丰富的教学经验，而且积累了大量史料。作者将纷繁的资料归纳成

101 个专题，从不同侧面反映北京三千年历史变迁，使本书的内容丰富而不冗赘，简明而不疏略。

再者，语言晓畅。正如读者所看到的，本书行文流畅、简洁、通俗、生动，这可能同作者的教师身份密不可分。作者用通俗易懂的语言，把发生在遥远过去的事件、有血有肉的历史人物呈现在读者面前，使读者获得一种如临其境的感受。

最后，图文并重。本书图随文走，文图并茂。作者在书中配了大量照片，有些是作者自己拍摄的，还有一些专业摄影师的佳作，为本书增色；加上独具匠心的设计，更增加了本书的表现力和可读性。期望本书会使读者感到文殷实，图精美，既易读，又好看。

北京记录着中华民族物质文明的创造历史，闪烁着中华民族精神文明的灿烂光辉。《北京三千年》是一部反映北京三千年历史的精美图书，我期望读者从阅读中获益。

率尔成章，是以为序。

《北京三千年》，佘荔裳著，
中国三峡出版社，2008 年 6 月

《回眸 · 思索——小女子品读
大历史》序

　　谌胜蓝女士的《回眸 · 思索——小女子品读大历史》书稿放在我的书案上。为什么这部书稿会在我的书案上呢？说来话长。

　　2007 年 9 月 13 日，我在中央电视台科教频道《百家讲坛》开讲"康熙大帝"系列的第一讲《伟大时代》。中间休息时，一位素不相识的女士到台上见我，说她是湖北咸宁人，叫谌胜蓝，专程从当地坐火车前来听讲。我对她的热心表示感谢。此后她来过一次电话，讲述自己看《百家讲坛》中"康熙大帝"的感受。时间过了八个月，2008 年 5 月 15 日，在《百家讲坛》的"康熙大帝"系列最后一集，就是《青梅煮酒说康熙——阎崇年与二月河对话》的录播现场，谌胜蓝女士又坐在了观众席上。从深圳、乌鲁木齐乘飞机或从哈尔滨、西安坐火车来到《百家讲坛》录播现场听我讲述的例子很多，不胜枚举，谌女士有什么不同呢？不同的是这次她带来《回眸 · 思索——小女子品读大历史》书稿，征求拙见，请我作序。

　　说实话，近年来，请我作序者很多，我往往敬以婉谢。究其原因，一是自己学问浅薄，觉得没有资格为人写序；二是书稿论说的内容自己不懂，或不甚懂，或没有研究，不敢随便作序；三是索稿甚急，我又很忙，通读全书，没有时间，未窥全貌，不便落笔。

我有个习惯，为别人大作写序，一概不用他人拟稿，而是通读全篇，然后自己写序。但对《回眸·思索——小女子品读大历史》书稿，我为著者诚意所感动，粗览一遍，心有所思，诉诸笔端。

先说作者。本书的作者任职于湖北咸宁供电公司，工作繁忙，琐事甚多，又要孝敬老人、关心先生、养育孩子、料理家务，能抽出下班后、节假日等业余时间读书、写作，这种顽强精神着实令我赞佩。本书的"回眸"，说的是历史，严格说来包括文、史、哲；本书的"思索"，说的则是见解，是作者对历史上人与事的感悟。作者没有文学、史学、哲学的专业学术背景，也没有编辑、记者、教学的相关经历，只能利用工作之余，自读、自思、自悟、自撰，长期耕耘，集腋成裘，汇文结集，学者境界实在难得。

次说感想。楚人写楚人，地缘更亲近。作者为楚人，文章刻着楚文化的印记。两千多年前"楚国折钩之喙，足以为九鼎"的豪言壮语至今仍敲打着楚人的心灵。楚文化的历史光辉令楚人自豪："一瞬间就是永恒，一定格就是千年。"这份文化一定格，影响就是两千多年！在屈原、项羽、张居正等一个个楚国英杰身上，浸透着作者深厚的情感。文中赞扬英雄道："生得灿烂，死得辉煌，照耀着历史长河，照亮了人们心田。"（《人固有一死》）楚人之张居正，自然也在论列。《江陵出了个张居正》一文对张居正功过是非、品格风节的评价，有偏爱，亦公允。

女人写女人，更加有味道。作者为女性，书中的"红颜"篇包括《红颜祸水》《卓文君，在软肋中痛并快乐着》《宫闱角逐话女人》《品三国 话女人》《萧绰：手握江山与爱情的女人》《以武则天为榜样》《才女李清照》《秦淮河畔柳如是》《女人朱安》

等篇。开篇的《红颜祸水》是一曲荡气回肠的红颜悲歌，末篇的《女人朱安》描写的也是一位女性的悲剧人生——"在鲁迅对母亲的依从与反抗中，朱安被动地做了牺牲品"。（《女人朱安》）《以武则天为榜样》一文中除了一般分析外，又多了女性的视角——武则天为什么在向男权挑战大半生后，居然回归到母亲与妻子的角色？因为"她扭不过那个强大的传统文化理念，扭不过正统的思想观念，她知道，与其将来被别人改变，不如生前自我回归，这是武则天处在强大中华文化包围中的无奈选择"。无论是朱安这样的普通女子，还是李清照这样的才智女性，或者是萧太后这样在政治光环下的女性，作者对她们的描写都显得既细腻又深邃，如描述卓文君"这痛苦中泛着幸福的涟漪，这幸福中含着难言的苦涩"，显露出女性学者的情怀与笔法。

写女人也好，写男人也罢，如无文采，似觉遗憾。研究历史，著书立说，厚史征而薄文采，重义理而轻辞章，凡此为文，屡见不鲜。但是，言而无文，行之不远。其实，一篇好的史学文章也是一篇好的文学作品。司马迁的《史记》以其"善序事理，辨而不华，质而不俚，其文直，其事核，不虚美，不隐恶，故谓之实录"而被誉为史家之绝唱。其中《项羽本纪》被文学家从中演绎出《鸿门宴》《霸王别姬》等受人称颂的美文与美戏。本书的文笔，简洁、生动、形象、浑厚，不乏精彩之笔。作者将久远历史中的人与事借文与史兼长的笔法来讲述，增强了文章的可信性与可读性、亲和力与感染力。

再说感悟。学史而不悟道，如画龙不点睛，缺乏精彩，缺少心魂。书中的"雄杰"篇，论述周公旦、司马迁、项羽、贾谊、诸葛亮、李世民、柴荣、范仲淹、陆游、张居正、袁崇焕、多尔衮共十二位重要历史人物，独到见解，透纸可现。论说大清摄政睿亲王多尔衮时，作者说："他在江山、亲情与爱情之间徘徊，他似乎每一样都得到了，又好像一个也没有抓住。这就是多尔衮的悲剧。"（《悲情多尔衮》）在论述先秦合纵连横时，书中做了精彩的概括："合纵与连横的历史是中国古代一幅生动精彩的画卷，是一段弱肉强食的往事，是一段钩心斗角的过去，是一部残酷的战争史，也是一部聪睿的智慧史。"（《合纵与连横》）书中还论到重要历史人物——苏秦、张仪、孙膑、乐毅、曹操、荀彧、窦建德、宋江、杜甫、王安石、司马光、苏轼、陆秀夫、史可法等，论述中闪烁着作者的智慧。

中国的历史文化之花，有过繁荣，也受过摧残。书中《火之痛》《丝路遐想》《风雨古北口》《京剧，永恒的华夏精神》《昆曲，六百年的咏叹》等，凝聚着作者对中国传统文化的钟爱。作者由此感受到痛与苦，不自觉地道出："六百年的昆曲，……咏唱着对酒当歌、人生几何的感叹，咏唱着才子佳人的悲欢离合，咏唱着故国情和亡国恨，一直响彻我们的心底。"

文而有情，更加动人。在论述历史人物袁崇焕时，书中说，作者听我讲了《崇焕之死》后，回到卧室大哭了两个小时。用这种感情写下《边臣袁崇焕——读阎崇年〈明亡清兴六十年〉》，就能写出真感情，读出真滋味，因为文章不是应时挤压出来的，也不是应景拼凑出来的，而是用泪水酿造出来的，用心血凝聚而成的。她不仅听、说、读、写，还想去看——去宁远（今兴城），"看一眼当年的城墙，想为这个英雄献上一束鲜花，想表达的，无非是一份缅怀之情"。

《学而优则仕》一文论述了李白、陶渊明、柳宗元三个史例，提出学者做官总比太监、门阀好，当然学者也有自己的弱点。人们在说"学而优则仕"的时候，往往忽略了它的前半句——"仕而优则学"。这句话见《论语·子张》。人们在讲到读书与做官的关系时，应换一个角度思考，学习优秀者可做官，做官优秀者也要学习。因此，公务员要想变得优秀，都应当认真地、不断地学习。

说到这里，补缀一言。中国的文化史，一段时期重传统而轻创新，一段时期重创新而轻传统。重传统而轻创新，则缺乏生机；重创新而轻传统，则断绝源泉。因此，文化的传统与创新，如大鹏鸟之两翼，缺一不可。

总之，我认为《回眸·思索——小女子品读大历史》是作者多年用心学习与深入思考的结果，虽有些未必深刻，有些未必妥帖，有些未必公允，也有些未必全面，但都是作者学习、研究、思考与智慧的结晶。开卷有益，拾遗补阙，建议读者不妨一阅。

粗读杂感，莞尔为序。

《回眸·思索——小女子品读大历史》，谌胜蓝著，
湖北人民出版社，2008年6月

《体育健身 300 篇》序

　　彭援军是我的学生。他拿着《体育健身 300 篇》书稿，让我作序。我虽然很忙，但不宜推辞，便答应下来。

　　我认识援军是在三十八年前。那时他还是一位翩翩少年。后来他工作了，因为同在北京，我们也偶有往来。

　　援军给我印象最深的，是他的朴实、勤苦，更是他的意志、精神。

　　援军的朴实不仅表现在他的品格上，也表现在他的文风上。人如其文，文如其人。我觉得自《诗经》以降，中国传统的文风重在朴实，贵在朴实。《诗经·关雎》不就是很好的例证吗？时下文风，有些燥气。援军能自恃卓立，一路朴实走着，当然是可贵的。

　　援军的勤苦，能恒久，能一贯。一个人能力有大小，才智有高低，但只要有勤苦的精神，又能恒久坚持，便可将前进道路上的荆棘与坎坷踏在脚下，不停前进。援军已经在全国 400 多家报刊上发表了 5000 多篇文章，数百万言，其著作之勤，数量之多，令人惊喜。

　　援军的意志，从集报可见一斑。一个人做点儿事不难，长期不懈，一以贯之，就很不容易。援军喜爱集报。一次他开车接我到他家，我见他家到处都是积攒的报纸，其中不乏珍品。为了展示他的集报成果，他还在前门楼上举办个人集报展览。我也被邀请出席开幕式。我由此更进一步了解了援军的恒久意志，勤苦精神。

　　援军的精神，表现为乐观。他碰到过种种艰苦，历经种种磨难，但他能以乐观的心态去面对。书中《健康是福，乐观长寿》说的就是这个道理。积极向上的精神，善良乐观的心境，是支持他朴实、勤苦、恒久的原动力。最近一位医生跟我说：一个人精神乐观，就会产生内啡肽，它有益于健康，也有助于长寿。这个宝贵经验，愿天下人共享。

援军在一个普通的岗位上工作，日常事务繁忙，还能挤出时间发表文章，著书立说，斯勤斯奋，实属不易。我想，他能做成一件同年龄、同工种人所不能做或没有做的事情——完成《体育健身 300 篇》，其原因就在于援军的朴实、勤苦、意志和精神。

《体育健身 300 篇》这本书，内容不仅是关于体育与健身，更是关于人生与智慧。我说过，人生在世，重在四合——天合、地合、人合、己合。怎样才能做到己合？重在心理平衡、生理平衡、伦理平衡。书中有《"自己"的 20 个座右铭》，是援军人生的体验，读者看了，会受启发。

援军尚在中年，望不断奋进。

在参加纪念南京图书馆建馆 100 周年演讲会的飞机上，仓促成文，是以为序。

《体育健身 300 篇》，彭援军著，
中国旅游出版社，2008 年 1 月

《北京旗人艺术——岔曲》序

岔曲是北京曲艺的一种，相传起于清朝初期，盛于乾隆年间，由京师旗人中盛行的戏曲高腔脆白发展而成。后来，岔曲与牌子曲合流，其基本曲调被拆为单弦的曲头和曲尾。20 世纪三四十年代，岔曲仍在北平地区流行；五十年代以后随时代变迁逐渐衰落，演艺之人寥若晨星。岔曲虽然为非物质文化遗产，但多年来相关研究相当薄弱。因此，金启平、章学楷先生合编的《北京旗人艺术——岔曲》是北京清代通俗文艺研究的标志性之作，也是岔曲艺术研究的里程碑之作。

为什么这样说呢？

从历史来说，关于岔曲名称的来源，《道咸以来朝野杂记》一书载："文小槎者，外火器营人。曾从征西域及大、小两金川，奏凯归途，自制马上曲，即今八角鼓中所唱之单弦杂排（牌）子及岔曲之祖也。其先本曰小槎曲，减（简）称为槎曲，后讹为岔曲，又曰脆唱，皆相沿之讹也。此皆闻之老年票友所传，当大致不差也。"恭亲王奕䜣之孙溥僡在《岔曲选存》一书中说："岔曲相传起于征金川时，军中有宝小岔者创为此调，故名其调曰岔曲。"齐如山先生说："吾国各地小唱之腔调至繁，而岔曲惟旧都有之。"北京作为清代京师，是文艺荟萃之地，京师内城，旗人居住；旗人文化，自有特色。满洲的语言、宗教、礼仪、习俗等，都在京师文艺中表现鲜明，也在京师中与汉文化融合。京师旗人艺术与汉人艺术的结合，其特色之一例是岔曲，其融合之一例也是岔曲。但是，两百多年来，关于岔曲研究的论著稀缺。《北京旗人艺术——岔曲》的出版则以填补之。

从地缘来说，岔曲有北京地域文化特色。其内容很多取自北京的民俗与地理。如《雨儿蒙蒙下·胡同名》云："雨儿蒙蒙下，炒豆要发芽，身披蓑衣纺棉花，沙滩儿种得是黑芝麻。（过板）山老儿贪玩，吹喇叭，马大人追贼把钱（卧牛）钱粮丢下，去到那，十景花园打嘎嘎。"岔曲中的书名、画名、戏名、地名、烟名、酒名、茶名、菜名等，贴近市民生活，生动丰富有趣。岔曲的说唱还要用京腔京味儿。这些都体现出岔曲的北京文化印记与北京地缘特色。岔曲在清末到民国时仍在流行，而现在几乎已成绝响。岔曲艺术能断档吗？太平兴文，自不能绝。岔曲在 2006 年被列为北京市级非物质文化遗产。在这里，我想起了唐人温庭筠《早秋山居》中"树凋窗有日"的诗句。诗尚比兴，以此言之，这句诗正反映出岔曲的两种境界——树叶凋落是可悲的，因为它由荣转枯而凋落了；窗前有日又是可喜的，因为岔曲被列为非物质文化遗产而得到重视和保护。这不仅是岔曲的有幸，也是人类文明的有幸。《北京旗人艺术——岔曲》的出版，则以传承之。

从文化来说，岔曲的特点是自然、真挚、奇特、生动。岔曲有雅有俗，举凡识字者均可阅读，即使曲词雅驯，亦可词通意达；举凡懂北京方言者，都可体会其中滋味。岔曲的表现平台因此广泛。有的曲词或与人物故事竞趣，有的曲词或与倦鸟孤松争韵，但不求伤悲的心路是岔曲的一个重要特点。当然，不求伤悲也许是历代民间俗曲的共性。岔曲来自民间，常被斯文所轻。其实，《诗经》的"风"不也是来自民间吗？后来却被列为经典。这说明高雅与通俗，经院与大众，没有不可逾越的鸿沟。本书是通过搜集、整理从清中叶至1960年有关岔曲的雕梓书籍和民间藏本而作成的，是对岔曲这门民间艺术的挖掘与整理，并在前人的基础上有所提高。《北京旗人艺术——岔曲》的出版，则以弘扬之。

从文献来说，本书将《霓裳续谱》《白雪遗音》《岔曲选存》《升平署岔曲》《北京传统曲艺总录》《清车王府藏曲本》以及民间所藏抄本等书中的岔曲加以总汇。其《岔曲曲目汇编》一章所汇编之曲目，是自清乾隆迄今最完整、最系统、最全面的岔曲曲目汇总。该书的宗旨是，求实辑录，理其大观，不拘泥于词语雅驯，不拘囿于今不能歌，既保持这门北京民间艺术的本色而极力避免主观性，又在此基础上比较、分析和研究岔曲饶有意味的文化现象。其成书之艰难，诚如著者《前言》云："个中滋味，如人饮水，冷暖自知。"《北京旗人艺术——岔曲》的出版，则以集成之。

从学术来说，此前的《岔曲选存》《岔曲汇编》等刻本、写本、抄本、稿本，多是岔曲汇录，罕有学术品位。《北京旗人艺术——岔曲》一书则具有学术性。本书的学术价值，粗略概括有六：其一，对岔曲的源流、特点、演变做了综合性、系统性、创新性论述，反映了21世纪初国内外岔曲研究的新水平；其二，本书《岔曲曲目汇编》辑录岔曲1289首，较傅惜华先生《北京传统曲艺总录》（中华书局1962年版）的1026首（有重复）多263首；其三，本书《岔曲曲词选录》辑录曲词598首，从景物、赞咏、文赋、闺情、遣怀、故事、吉颂、世风和缀言中，鲜活地再现了那个时代的生活画面；其四，书中按照"首句为题、曲名、第一乐句"的规则编排，避免了同一首岔曲的重复出现；其五，书后的附录，辑存重要罕见资料，免去学人查阅之苦，为读者提供阅读与研究的方便；其六，书中金启平先生的前言、章学楷先生的《岔曲研究》均反映了当代岔曲研究的高新水准。《北京旗人艺术——岔曲》的出版，则以阐述之。

从作者来说，金启平先生为北京市社会科学院满学研究所研究员，是我的同事、挚友，毕业于北京大学，系清康熙帝第七子胤（允）祐的十世孙，爱新觉罗血胤，旧隶皇家宗室，为人坦诚，肝胆颇热，熟悉满族掌故，濡染旗人性情，了解京城市井风俗，痴心研究传统文化。章学楷先生是满族人，北京人，师承岔曲名家赵俊亭、德俊峰先生，不仅于岔曲能演唱，而且于岔曲有研究。他回忆说："我自幼随先生（赵俊亭）学习岔曲，聆受其教诲，对词曲、词目无不尽心搜集，历数十载，集腋成裘。"其大著《联珠快书》在香港出版，则是先生研究八角鼓艺术成果的一个展现。既能演唱岔曲又能研究岔曲者，章学楷先生名副其实。二位先生各伸所长，合作成书，珠联璧合，有所创新，令人敬叹，前继古人，后启来者。《北京旗人艺术——岔曲》的出版，则以明证之。

如果将来有一天《岔曲总汇》能够出版，该有多好啊！此事功德无量，人们翘首以待。

大著《北京旗人艺术——岔曲》现在面世，谨此祝贺！操觚学文，是以为序。

《北京旗人艺术——岔曲》，金启平、章学楷编著，

北京师范大学出版社，2007 年 12 月

"中华传统文化儿童快乐唱读本"前言

小朋友，你现在手上拿的书是"中华传统文化儿童快乐唱读本"。为什么要读这套书呢？

我先从古代说起。在很长一段时间里，中国的读书人小时候刚开始启蒙，便诵读"三百千"，就是《三字经》《百家姓》《千字文》。就连康熙皇帝，虽贵为天子，也要每篇先朗读一百二十遍，再背诵一百二十遍，记忆深刻，烂熟于胸。读"三百千"，一是学习认字，二是学习历史，三是学习科学，四是学习社会。那个时候，"三百千"的书只有文字，没有音像。

我再从现代来说。我去中国台湾进行学术交流时，碰见他们幼儿园、小学的孩子，有的由家长带着，有的自己背着书包，去学习"三百千"和古典诗词，他们学习热情很高，读书兴趣很浓。我看在眼里，感动在心里。

由是，我联想到现在，咱们海内外的华人小朋友几乎都会学习国学，读一点儿古典诗词，学一点儿圣贤经书，丰富知识，增长智慧，陶冶情操，学会做人。

大家手中的"中华传统文化儿童快乐唱读本"丛书，除《三字经》《百家姓》《千字文》外，还有《弟子规》和《笠翁对韵》。这套书含有文字、注音、解释、乐谱、歌词、演唱、诵读、故事、漫画、光盘十个元素。口读、耳听、手写、眼看、歌唱，在快乐中学习，在学习中快乐，既生动又有趣，比古人死记硬背有意思多了。

大家在刚开始学习传统文化的时候有的可能不太懂，这不要紧，慢慢体会，潜移默化，受益终生。

我们学习传统文化，一定要像吃饭一样，吸收精华，摒弃糟粕。

祝小朋友身体健康，学习进步！

"中华传统文化儿童快乐唱读本"丛书，周奇文主编，

吉林摄影出版社，2007年9月

《走近清东陵》序

　　清朝的陵寝，关外有三陵——永陵（兴京陵）、福陵（沈阳东陵）和昭陵（沈阳北陵），就是"盛京三陵"；关内有二陵——河北遵化的清东陵和河北易县的清西陵，均被列入世界遗产名录。

　　我曾多次参观和考察清朝陵寝，其中尤为关注清东陵。清东陵位于今河北省遵化市马兰峪镇。在清朝三大皇陵中，清东陵布局有序，建筑肃穆，规模宏大。从顺治十八年（1661）首建顺治帝的孝陵，到光绪三十四年（1908）告竣慈禧太后的定东陵，历时二百四十七年。

　　清东陵包括清入关后第一代皇帝顺治帝的孝陵、康熙帝的景陵、乾隆帝的裕陵、咸丰帝的定陵和同治帝的惠陵，共五座皇帝陵；孝庄文皇后的昭西陵、孝惠章皇后的孝东陵、孝贞显皇后（慈安皇太后）的普祥峪定东陵和孝钦显皇后（慈禧皇太后）的普陀峪定东陵，共四座皇后陵；还有五座皇妃园寝以及皇子、皇女园寝。陵区内共埋葬五位皇帝、十五位皇后，加上妃嫔、皇子、皇女等，共有一百六十余人。另外，孝庄太后下嫁的传闻，顺治皇帝出家的野史，"清陵大盗"故事的流布，容妃（香妃）趣闻的戏说等，更为清东陵增添了传奇色彩。

　　我曾多次去清东陵，有时去出席学术研讨会，有时去考察，有时陪同国外学者去参观，但每次都会留下一点儿遗憾。

　　既然看了清东陵，还有什么遗憾事？主要遗憾是未能将清东陵的建筑和文物以精美图像留下，更没有画册插架。我很想有一本清东陵的摄影画册收藏在我的"四合书屋"书柜里，或是研究需要，或是兴之所至，我可随意取下，信手翻览。这个多年的愿望今天因高景生先生《走近清东陵》摄影画册的出版而实现了。

作者高景生先生 1949 年生于清东陵所在地遵化市，后生活于斯，任职于斯。他以地缘之便，受志趣驱使，对清东陵的建筑与文物视若家珍，了如指掌。从年轻的时候起，他就开始了对清东陵的拍摄工作，数十年来，寒暑不辍，将清东陵的盛景文物摄入镜头。如今经过筛选，精中取优，结集成册，精印问世。其执着精神，其博爱胸怀，其独特视角，其艺术手段，其访古情愫，其文化涵养，凝于镜头，融会其中。《走近清东陵》一书立意高远，富有巧思，架构严谨，图文并茂。

据我所知所思，高先生出一本摄影画册，至少有九难。

一难是林木兼顾。本画册分为八旗雄风、少年天子、兴国女杰、千古一帝、盛世君王、战乱皇帝、垂帘太后、落日之君、龙归凤宿和东陵八景几个部分，将清朝十二位皇帝的陵园进行全景观描绘，并突出清东陵。既有"森林"——统观全貌，又见"树木"——突出重点，且贯穿古今。如惠妃园寝色调暗淡，设景悲凉，配以文字："同治帝的四位皇贵妃，同治死时，她们最大的十九岁，最小的十六岁。有两位皇贵妃是 1935 年用汽车运送安葬的。"

二难是时间散碎。先生不是职业摄影家，而是业余爱好者。为了节省时间，他借用单位的旧摩托车，跑遍了遵化的山山水水。先生工作繁忙，只有利用业余时间，或早迎朝霞，或披星戴月，或冒风踏雪，往返辗转，实属不易，把几乎全部业余时间和心血都奉献给了清东陵的拍摄工作。

三难是筹措资金。摄影是费钱的专业和爱好，相机、胶卷、拍摄、洗印等，自筹资金，花费很大。先生东挪西借，凑钱买了照相机，再用"多掉几个汗珠子"换来的钱还债。至于摄影资费，全部来自微薄的工资。先生经过"苦其心志，劳其筋骨，饿其体肤，空乏其身"的痛苦过程，长年累月，孜孜汲汲，节衣缩食，坚持拍摄。

四难是文物限制。文物宝藏不可再生，管理规则细致严密。出于文物保护的需要，文物拍摄限制颇多。先生多方周旋，四面通融，北到关外，南跨易水，不厌其烦，方获允准，可将文物拍摄入镜。

五难是四季调节。一年四季，阴雨风雪各不相同，抓拍取摄很不容易。东陵日落，隆冬雪景，有时归来，鞋成冰坨，拍摄艰难，历尽辛苦。展开画册，春天的花，夏天的雨，秋天的叶，冬天的雪，随着主题的变化，追逐情感的起伏，配以不同季节，展示不同情景。月牙城一幅，衬以月色，亦情亦景，写真兼写意，影像更精美。

六难是图文并茂。纵观全书，图文并茂，文随图走，图增文辉。如昭西陵的背景是蓝天白云，图名为《科尔沁草原飘来的云》，说明词引用歌词"蓝蓝的天上白云飘，……"诗情画意，图文并美。又如展现裕陵之美的《琵琶弹奏哀伤曲》，巧妙地将裕陵的琵琶形构图摄下，且有文情兼具的说明，并评论裕陵："建筑之壮美、工艺之精湛、布局之严谨、气势之恢宏，均居清陵之冠。"

七难是出版经费。画册很难成为畅销书，印制成本高，发行数量小，一般出版社不愿意出画册。然而，正如画册中"一夜春风满树雪，秋染枝头红胜花"所说的，世上总有贵人在，慨然允诺出此书。

八难是意境隽奇。学贵精，艺贵悟。做学问，搞艺术，道理相通，贵在顿悟。一般摄影，多人可为，然有所悟，确实难得。纵观全书，每幅构图各具特色，意境高远，如《守陵犬与定陵明楼》的风，《三月桃花自多情》的花，《华表神兽望天犼》的雪，《历尽沧桑月牙城》的月，《山舞银蛇》的山，《绝唱清东陵》的水，《昭西陵》宛如油画的色，《琵琶弹奏哀伤曲》的形，《命运多舛昭西陵》的碑，《咸丰三个最不该》的哀，《冰清玉洁看慈安》的洁，《龙凤门——一门突起隔阴阳》的阴与阳等。这些画面之意境，悟出来是不容易的。

九难是高风亮节。先生辛劳，大半生矣！出版合同上白纸黑字明确写着"放弃稿酬"。"放弃稿酬"，这四个字，酸甜苦辣，序文难尽。先生花上时间，耗费心血，没有稿酬，为了什么？我想起了宋朝范仲淹《岳阳楼记》中的名句："先天下之忧而忧，后天下之乐而乐。"先生不就是这种精神吗！

我不懂摄影，也不懂古建，但我研究清史和满学，出于对高先生的敬重，也出于对文化传承的重视，应嘱敲键，是以成序。

《走近清东陵》，高景生著／摄，
中国文联出版社，2007 年 6 月

《状元王杰》序

史学与艺术相同的是二者都强调真实，不同的是史学强调的是历史真实，而影视强调的是艺术真实。大事应真，小事应虚——重要历史人物、重大历史事件总体上应当真实，但细节、场景等可以虚构。

眼下一些历史题材文学及影视作品对青少年人生观和历史观的影响实在是太大了，动辄"野史""秘闻""戏说"，甚至全然不顾起码的历史真实，将千百年来业已深入人心的历史人物和历史事件恣意篡改、扭曲。戏不够，情色凑。许多场景不堪入目，根本就是存心糟蹋。诸如此类的书籍或影视片段，不要说青少年，即使几岁的孩童都可不假思索地举出一大串。若干年后，假若有那么一天，当被问起谁是最令人崇拜的历史人物时，孩子们脱口而出"和珅！""杨贵妃！"，想想吧，我们会觉得多么尴尬？而那时我们又该怎样去评价我们自己？或许，说我们是历史罪人也不为过吧！

于是，一个老生常谈的问题时时困扰着我：文艺创作尤其是当前的历史题材创作，还要不要社会责任感？

一种答案是：要。理由是任何一部文艺作品都应承担推动社会进步的神圣职责。这一观点光明正大，历来为主流意识形态及大众所认可。

一种答案是：不是非要不可。理由是读者和观众是上帝，他们的需求是创作的唯一准则，而且要相信读者和观众的审美力。话说到这里似乎已无可辩驳，因为一旦有谁辩驳，那他就是与广大读者和观众为敌了。

历史证明，文艺绝非"末技"者流，其与社会与时代的关联可谓大矣。即以上述问题而言，若不能很好地辨明是非，正本清源，若干年后我们这个社会的"生态环境"将会出现危机。

以上感触并非凭空产生，它是我读了长篇历史小说《状元王杰》后产生的联想。

我觉得小说作者是有着社会责任感的，他立足于历史，着眼于现实，使其作品具有较强的警示意义。"以铜为镜，可以正衣冠；以古为镜，可以知兴替。"从小说所描绘的清代风云变幻的社会图景里我们可以隐隐地看到当今社会的某些端倪。小说中，具有现实意义的典型之一是状元王杰，他刚直不阿，藐视权贵，剖肝沥胆，匡时扶危，是彻头彻尾为了"大清社稷"而舍生忘死的忠臣、清官。自那时起，几百载悠悠而过，而堪称清官者有几？联想当今社会百姓仍那么热切地呼唤"清官"，不禁令人感慨多多。小说中另一具有现实意义的典型当属和珅，这个阿附皇权、贪淫无度的大蠹，弄得大清朝国力空虚，军备废弛，官场污浊，民怨沸腾，而他自己却玩江山社稷于股掌，瞒上欺下，富可敌国。当今的某些巨贪，虽权势有所不及，但那种疯狂与骄横以及造成的恶劣影响却丝毫不逊于"和中堂"。小说还描写了一些深谙"糊涂之道"的高官，如刘墉之辈，他们也厌恶甚至痛恨和珅，但他们更懂得明哲保身。他们当中不乏名臣，却不是直臣、净臣，而有时候，在历史的某一特定时期，有无直臣、净臣，一个王朝的结果是大不一样的。在需要直臣、诤臣的时候，那些"名臣"极具城府地保持缄默，结果遭殃的必定是国家与百姓。而当今，无可讳言，心中时时默念"难得糊涂"的官员也是有的。我每读到小说中描写这类官员的章节时，心中总掠过阵阵隐痛。是的，这也正是我们这个时代的痛点。我因此常常想起林则徐。"苟利国家生死以，岂因祸福避趋之。"林则徐当年被贬时椎心泣血的诗句，值得我们今天的某些人书之尺幅，悬之白壁，以为警策。小说中具有借鉴意义的地方当然不止这些，有的较之以上所述也许还要深刻些。这也正是"正说"历史的意义所在。

其实，以历史题材为载体，以"正说"的形式来警戒当世，这也并不是什么新生事物，每一历史时期都不乏其例，但就文艺创作现状而言，确是需要点儿"胆量"的。我以为作者的可贵之处正在于有这种"逆潮流而上"的勇气。按理说，聪明人应"顺应潮流"，应"与时俱进"，识时务者为俊杰嘛。君不见，文坛上那些以"戏说"为制胜秘诀者们，不仅财源广进，而且声名远播，正"春风得意观蹄疾"哩。至于什么"社会责任感"，那些无助于"本作家（导演）"名声与财运的，对不起，只好靠边站了。这是商品社会的进步，还是传统美德的衰微？这是观念的更新，还是文学的耻辱？我相信，每一个有良知的文化人都会对此做出正确的判断。我所感到郁闷的是，倘若有谁对上述问题做一广泛的民意调查，其结果未必如我们想象的那么乐观。深切的悲哀与忧虑也许正在于此。我们虽不能因此说我们的社会缺失了判断是非的能力，我们还是应坚信"人间正道是沧桑"，但在某个特定的历史时期，确实可能存在暂时的"集体失语"现象。由此看来，"戏说"的背后，令我们深思的东西还有很多。

　　社会要前进，人间需正声。我们也可以或者说也应该有所作为。几千年川流不息的文明血脉毕竟不能枯竭，亦不能被人为地割断。所以，我们要将历史的精华最大限度地挖掘出来，作为今天的丰富养料，让现代化强国这棵参天大树在千年文明古国的丰厚沃土上生长得根深叶茂，郁郁葱葱。而文艺工作者，都应乐于来做这光荣的园丁……

　　在这一理念观照下，我重新审视案头的这部历史小说，顿时觉得它更有分量了。我知道，作者在驾驭长篇历史小说方面还有很长的路要走，但我非常赞许他能够摆脱时俗，担当道义，"正说"历史，而且做到以史鉴今，这在今天是非常难能可贵的。

　　作为一名文学编辑，我有个也许并不现实的美好期待：在历史题材这个广阔的天地里，有朝一日，会有越来越多的有识之士秉笔"正说"，使这一文学空间真正呈现"乱花渐欲迷人眼"的喜人景象。

　　以上是我对历史小说"正说"与"戏说"的一点儿思考，是为序。

　　　　　　　　　　《状元王杰》，杜景乐著，
　　　　　　　　　　作家出版社，2007 年 4 月

《说慈禧》序

受中央电视台科教频道的邀请，在《百家讲坛》大型系列节目中全面系统地讲述慈禧，隋丽娟教授是第一人。她的电视讲稿经过整理、充实、推敲、完善，以《说慈禧》为书名，由中华书局出版，现在同广大读者见面了。

我和隋丽娟教授虽说是清史界的同行，但在《百家讲坛》之前各忙各的，从未谋面。《说慈禧》在《百家讲坛》播出后，我们只见过一次面，只通过一次电话。一天，我和隋丽娟教授在同一个现场录播，我在前，她在后，我刚录播完在休息室里休息，隋教授匆忙到休息室向我打了个招呼便走向她的录播现场。此为第一次见面。电视台《说慈禧》第一讲刚播完，隋教授打长途电话给我，虚心地征求意见。我说我刚看过，这一讲讲得很精彩！此为第一次通话。不久，有的观众告诉我"演讲精彩"，也有的观众对我说"好评如潮"。

《说慈禧》出版之际，我想起了历史学高雅与通俗的关系。我做学术研究，也写通俗读物，还在电视台做系列讲座。我的体验是：为学术难，为通俗不易，为电视通俗更不易。同样，学术地说慈禧难，通俗地说慈禧很难，在电视上说慈禧更难。为什么呢？一则，慈禧是皇太后，她的后宫生活大多不见于正史记载，难于寻觅其真实踪迹；二则，慈禧是女人，又是政治家，执掌权力时间太长，既要凸显其作为女人的特点，又要恰如其分地评述她的政治生涯，错综复杂，很难拿捏；三则，太平天国烽火起，局势纷乱，民生维艰，不大便于评述；四则，慈禧处于特殊的国际变局中，西方列强威逼清朝，屡次侵略，清朝割地赔款，国难当头，辱莫大焉；五则，清宫史料浩如烟海，外文资料多如牛毛，穷毕生精力难窥万分之一；六则，电视节目时间受限，语言亦须精炼，不容啰唆拖沓；七则，电视节目受众面广，士农工商，童叟妇孺，众口难调；八则，对慈禧的评价，学界分歧大，民间争议多，众说纷纭，分寸难定。因此，既全面系统又纲举目张，既严谨高雅又生动通俗，这样来讲述慈禧太后的一生，实在是一件很难的事情。

隋丽娟教授讲述慈禧，首重全面系统。她把慈禧的一生按照纪事本末与通鉴编年的体例向广大观众和读者全面铺展，娓娓道来。《说慈禧》全书列为二十七讲：《选秀入宫》《荣为贵妃》《暗争皇权》《叔嫂联手》《实施政变》《垂帘听政》《整饬吏治》《压制奕䜣》《初兴洋务》《别样舐犊》《归政同治》《同治之死》《二次垂帘》《"君臣"母子》《慈安之死》《置换军机》《猬集后党》《曲折亲政》《光绪大婚》《六旬庆典》《釜底抽薪》《"规范"变法》《"母子"反目》《废帝风波》《珍妃之死》《光绪宾天》《慈禧大葬》。由此可以看出，本书从慈禧被选作秀女入宫到她去世，总述慈禧一生的政治与生活、性格与本色，体大思精，逻辑严谨，语言流畅，叙事生动，编排得体，实属不易。

清朝有一个很有意思的现象：孝庄太后身历前四朝——太祖朝、太宗朝、顺治朝和康熙朝；慈禧太后则关系后四朝——咸丰朝、同治朝、光绪朝和宣统朝。经常有人问慈禧太后与孝庄太后之异同。慈禧太后与孝庄太后的相同点有：她们都是大清国的皇太后，都年轻守寡，都辅佐年幼的儿子为君——顺治六岁继位，同治六岁继位；她们也都活得高寿——孝庄太后享年七十五岁，慈禧太后享年七十三岁。但慈禧太后与孝庄太后又不同：孝庄太后所处的清朝如日东升，慈禧太后所处的清朝则如日昏落；孝庄太后在后台参与朝政，慈禧太后则在前台御政；孝庄太后辅佐两代幼主，慈禧太后则掌控两代幼主；孝庄太后在皇位继承上按大清家法办事，慈禧太后则在皇位继承上过多考虑叶赫那拉家族的利益；后世对慈禧太后微词多，而对孝庄皇太后肯定多，等等。

在进行历史通俗化讲述时，应注意正史与野史的关系。其一，正史不一定全可信，野史也不一定全不可信。对正史与野史的资料都应当甄别、筛选、考据、分析，特别在引用野史资料时应当慎重，并做特别说明。其二，应注意史实与传闻的关系。市井野闻，坊间俚语，道听途说，不可妄信。如庄妃劝降洪承畴的故事源于野史，纯属戏说。其三，应注意史实与戏说的关系。戏说是戏文，历史要真实，应分清戏说与历史，千万不可把戏说当作历史。

史学学术化与史学大众化，其思维与表述的路径不同：史学的学术化主要是提出问题，搜集史料，审慎考据，分析论证，科学表述，做出新论，是一个求实求是的逻辑过程。而史学的大众化主要考虑对象的几个不同——不同年龄、不同性别、不同职业、不同阶层、不同地域、不同民族、不同宗教、不同国籍，考虑其关注热点、其知识需求，既要有引人入胜的故事，又要有丰厚扎实的史实，传播者应尽量以通俗的语言深入浅出地准确表述，满足广大受众的愿望与要求。然而，史学学术化与史学大众化也有共性，就是向大众准确地传递历史信息。

一本书像一个人一样，总在不断完善。《论语·为政》曰："吾十有五而志于学，三十而立，四十而不惑，五十而知天命，六十而耳顺，七十而从心所欲，不逾矩。"这说的是一个人的生命历程。一本书的流传过程就像一个人的生命历程，如果每十年算一段，十年修订一次，经过三五次修订，虽不敢说炉火纯青，但也可以说是减少了遗憾。愿以此同著书人共勉。

是为序。

《说慈禧》，隋丽娟著，
中华书局，2007 年 1 月

《董鄂氏人物传略》序

我主编的《20世纪世界满学著作提要》一书没有收入董鄂氏人物传记综合类的著作。辽宁省本溪市档案馆馆长、研究员孙诚先生积十余年时间撰写《董鄂氏人物传略》一书，实在是为满学、清史、民族史、地方史的研究做了一件有意义的事情，值得赞扬。

"木有根而枝附焉，水有源而流出焉。"早在清朝雍正十三年（1735）到乾隆九年（1744）之间，朝廷就敕纂并修成《八旗满洲氏族通谱》。乾隆帝在序中说："征载籍，稽图谱，考其入我朝来得姓所始，表之以地，系之以名，官阶勋绩，缀为小传，勋旧戚畹，以及庶姓，厘然备具，秩然有条，与国史相为表里。"姓氏有其根源，这是雍正帝和乾隆帝父子俩编纂《八旗满洲氏族通谱》的一个缘由。《八旗满洲氏族通谱》全书共有八十卷，收录1114个姓氏，董鄂氏仅列在瓜尔佳氏、钮祜禄氏、舒穆禄氏和马佳氏之后。由此可见董鄂氏在《八旗满洲氏族通谱》中的前列位置。

"万物本乎天，人本乎祖。"《董鄂氏人物传略》既吸收了《八旗满洲氏族通谱》以氏族为系之优长；又以现代人物传记形式撰写清代董鄂氏人物传记。全书共收录董鄂氏人物117人，其中独传者41人，合传者76人。全书从时间上来说，从16世纪中期写到1849年；从收录人物来说，起自明万历年间董鄂部部长克彻巴彦，终于清嘉庆贵州威宁镇总兵、镶蓝旗蒙古副都统善祥。

辽宁省本溪市桓仁县一带是建州女真董鄂部的故乡。清初开国五大臣之一的何和礼就是从这里走上历史舞台并做出杰出贡献的。董鄂氏在满洲崛起时期和清朝兴盛时期都起了重要的作用。本书将董鄂氏著名历史人物汇集到一起，是一项有价值的学术成果。对清代人物的研究只有在不同地区、不同领域深入细致地进行才会得到发展，因为地方不仅掌握了具体翔实的资料，对其地理、人文环境也更加熟悉，所以研究可以更为深入，论述也更为精确。地方研究会起到继承传统、拾遗补阙、细化情节、激励来者的作用。

关于董鄂氏人物的传记，席长庚先生曾著有《董鄂氏族史料集》《成全自述》和《董鄂氏族研究集》。要深入研究董鄂氏历史人物，最大的困难是资料不足。本书著者孙诚先生主要利用《清实录》《满文老档》《钦定八旗通志》等史志以及碑文、谱牒等，广泛采获，爬梳分析。《董鄂氏人物传略》一书收录人物之多，汇集资料之广，描述史事之详，都是董鄂氏相关研究前所没有的。

书后有三个附录——碑文、行状、家谱等十份，《董鄂氏人物活动年表》，《参考文献目录》，为读者提供了研究资料和时间线索。

孙诚先生毕业于辽宁大学历史系，受过系统的历史学专业训练，又身任本溪市档案馆馆长，既有学术基础，又有档案资源，还有研究资质，再加上锲而不舍的精神，终于将这部《董鄂氏人物传略》定稿出版。我除了仔细拜读之外，更愿意将它推荐给读者。

是为序。

《董鄂氏人物传略》，孙诚著，

中国文史出版社，2006 年 9 月

《袁崇焕诗赏析》序

2006 年 8 月 12 日，石瑞良先生的大著《袁崇焕诗赏析》书稿摆到了我的书案上。这是令我盼望已久且屡次失望的书。说盼望，是因为我想看到一本袁崇焕诗的集注出版；说失望，是因为从来没有一本袁崇焕诗的集注出版。好了，现在石瑞良先生的大著《袁崇焕诗赏析》即将出版，文苑新葩，补此空白，我自然是非常高兴的。

袁崇焕进士出身，能文善诗，字也苍劲。《尚书·虞书·舜典》曰："诗言志，歌永言。"其实，诗言志，也抒情。袁崇焕的诗文，赋诗抒鸿鹄之志向，含婉约之意；文章展磅礴之气势，发澎湃之情。可惜的是，袁崇焕的诗文大多散佚，遗留很少，究其原因，可能有二：一是他死得猝然，二是他身后无子。《明史·袁崇焕传》说："崇焕无子，家亦无余赀，天下冤之。"可见，袁崇焕没有后人。大家知道，南宋岳飞死后有子雷、霖、震、霆，其孙岳珂作《吁天辩诬》《天定录》，为岳飞鸣冤；明朝于谦死后其子于冕将父亲遗稿结集为《节庵存稿》付梓。有后代是岳飞、于谦的著作得以传世的重要原因。有人问：袁崇焕是否有儿子？根据抄家时的记录、当时的文献记载和后来乾隆帝派人进行的调查，袁崇焕没有儿子。有一史料称他有子，后来传说黑龙江将军寿山是他的后裔。但以上并无确切史料可证。总之，袁崇焕没有后人为他做遗稿收集、整理和出版这件事情，使我们今天研究袁崇焕遗诗，因文稿散失而缺乏资料。

今见袁崇焕的诗，有不同的版本，也有不同的流传。

余大成《剖肝录》记载："乙亥春，至戍所，晤焕弟崇煜，将所汇焕前后章疏十本，付煜藏之。"这十本"章疏"，未见雕梓，而且此为袁崇焕的奏疏，并不是他的遗诗。

清人梁章钜在《三管英灵集》中说袁崇焕有《乐性堂遗稿》，但至今没有见到此书。现在能见到的袁崇焕的诗最早附于《袁督师事迹》。《袁督师事迹》初为传抄本，道光年间由伍崇曜雕梓，其中收录袁崇焕《率性堂诗集》十一首。这十一首诗是《下第》《秋闱赏月》《话别秦六郎》《过河林寺口占》《度庾岭》《归度庾岭步前韵》《南还别陈翼所总戎》《边中送别》《山海关送季世弟南还（其一）》《山海关送季世弟南还（其二）》《偕诸将游海岛》，多被认为是袁崇焕之作，但有的学者对《南还别陈翼所总戎》提出异议，认为此诗可能不是出自袁督师之手。

收录袁崇焕诗最多的是梁章钜辑《三管英灵集》，有袁崇焕诗六十六首。梁章钜（1775—1849），字闳中，又字茝林，号茝邻，晚号退庵，福建人，出身书香世家。嘉庆七年（1802）进士，历任礼部主事、江苏布政使、广西巡抚、江苏巡抚等，著有《枢垣记略》《浪迹丛谈》等书六十八种，达八百二十四卷。他在《三管英灵集》中说"有袁崇焕遗稿"，"《乐性堂遗稿》中有登贤书后"等，可知袁崇焕的一些诗作当时尚在民间流传。该书当是梁章钜在道光十六年（1836）四月至二十一年（1841）闰三月任广西巡抚（《清史稿·疆臣年表七》）时所编，印数不多，流传不广，搜寻难觅，极为少见。

清末民初，广东陈伯陶始纂《东莞县志》，访袁崇焕遗迹，寻袁崇焕遗文。民国二年（1913），张伯桢编《袁督师遗集》，集中收录袁崇焕遗诗。尔后，其子张次溪又经年累月编辑《袁督师遗稿遗事汇辑》，成于民国三十年（1941）。该辑增补《隐山》一首。张氏父子用心良苦，广为收集，功不可泯。但他们囿于所限，未见之书亦多矣。

中华人民共和国成立后，《袁崇焕资料集录》于1984年由广西民族出版社出版。本书在前人的基础上，将搜罗的袁崇焕研究资料分为十集，其第三集著录《袁督师事迹》，收袁崇焕诗十一首；其第八集收录《三管英灵集》之袁崇焕诗六十六首，资料珍贵，殊为难得。集中增附《临刑口占》诗一首。

《三管英灵集》中的袁崇焕诗来源于梁章钜的好友袁珏。袁珏，字醴庭，广西平南人，与梁章钜同年参加会试，后为官知县。梁章钜在广西任巡抚期间，与袁珏共叙年谊。袁珏将汇集的袁崇焕遗诗交给好友梁章钜，梁章钜将其收录于《三管英灵集》中。

总之，由于历史条件之限制，文化背景之圄圇，袁崇焕的诗文极为零散，也难辨真伪。下面概述，以备参考。

《袁崇焕诗赏析》收诗七十五首。每首诗有原文、简析、注释三个部分。在简析中，著者对袁诗的含义、意境等做出简明扼要的分析与阐说；在注释中，著者对诗中的典故、地理等做出深入浅出的注解与诠释。在这里我特别要强调，本书著者不是明代文学史的专家，而是一位袁崇焕诗的崇拜者、爱好者、学习者、研究者。先生长期在兴城从事文化工作。兴城在研究袁崇焕方面有着得天独厚的地缘优势。正像作者所说，"兴城是凝结着袁崇焕一生荣辱的肇迹之地，不仅见证了督师慷慨悲歌的卓立功绩，而且演绎了两个皇朝兴亡的历史活剧"。因此，作者的心与力，同袁崇焕之研究、同袁崇焕诗之研究融为一体，并成为著者生命的重要组成部分。先生在繁忙的工作之余，披览载籍，征文考献，昕夕笔耕，彻夜为之，勤谨严慎，五年于兹，结成正果。他业余时间不上牌桌，不去娱乐，投入光阴，倾注心血，弘扬传统文化，学习崇焕精神，感人至深，令人敬佩。书中疏误在所难免，著者日后订正，读者万勿苛求。

当然，袁崇焕的诗作，或有附骥之什，或系伪托之作，鱼目混珠，玉石莫辨。试想，岳飞的《满江红》、于谦的《石灰吟》都有学者指疑其或非他们之笔，何况袁督师的诗作呢！以下试举三例。

其一，《南还别陈翼所总戎》一诗，《袁督师事迹》和《三管英灵集》两书均收录。此诗云："慷慨同仇日，间关百战时。功高明主眷，心苦后人知。麋鹿还山便，麒麟绘阁宜。去留都莫讶，秋草正离离。"这首诗还有另一个版本："功名劳十载，心迹渐多违。忍说还山是，难言出塞非。主恩天地重，臣遇古今稀。数卷封章外，依然旧日归。"广东杨宝霖先生撰文指出，陈翼所总戎当为陈策，策为广东东莞人，武进士出身，官总兵，在天启元年（1621）三月辽阳之战中殉难，而袁崇焕还乡是在天启七年（1627）七月，其时陈策已经故去六年，故怀疑此诗为他人之伪作。还有，袁崇焕是在取得宁远大捷和宁锦大捷后遭到阉党、奸臣讦告而愤然离职的，"主恩天地重，臣遇古今稀"句所抒发的心情同他当时的心境不符。但本书作者将袁崇焕同陈策辞别的时间定为天启元年（1621）前的某一时间，也确有新意。

其二，《前经略宗人应泰藳葬辽阳城外，予买棺殓之，并归其梓》

一诗。此诗云："孤魂凄惨哭啁啁，无定河边骨未收。死后裹尸无马革，生前饮血有人头。买棺痛哭悲同类，祖道萧条返故邱。太息未知身结果，且先流涕为人谋。"事情说的是明辽东经略袁应泰在天启元年（1621）辽阳失陷后自缢而死，葬于辽阳，魂不回乡。当时，明朝与后金处于交战状态，双方不通来使。天启六年（1626），天命汗努尔哈赤死，身为辽东巡抚的袁崇焕奏请朝廷批准，派官员前往沈阳，既为努尔哈赤吊丧，又探后金事实真相。双方悬隔多年，互相多不信任，一切谨慎，巨细奏报。如袁崇焕将前辽东经略袁应泰尸体运回，必奏报朝廷，但不见记载。因之，此诗作者暂且存疑。

其三，《乐性堂读书示灿煜二弟》和《哭弟灿》两首，都以怀念胞弟崇灿为题，但是袁崇焕在《三乞给假疏》中说："臣自万历四十六年以公车出，幸叨一第，授令之闽，离家今七年矣。七年中，臣之嫡兄崇灿丧矣，嫡叔子腾丧矣，堂兄生员崇茂，育于臣父为犹子者，今亦丧矣……"是知崇灿为督师的胞兄。督师兄弟三人，伯灿、仲焕、季煜，除前引《三乞给假疏》外，当地流传的袁氏族谱也是如此载录的。袁崇焕写诗是不会将自己兄弟的齿序写错的。因之，这两首诗的作者暂且存疑。但本书作者将其中一诗改名为《乐性堂读书示灿煜兄弟》，将"二"字改为"兄"字，上述矛盾遂化解。这也是一家新释。

《袁崇焕诗赏析》出版之后，有的读者可能会对注释提出异议，对赏析另有高见，对袁诗存有怀疑——这都很正常。仁者见仁，智者见智。我想，一本新书就像一个婴儿一样，不断成长，不断完善。本书作者一定会以该书的出版为起点，不断修订，不断补充，不断调整，不断完善。

　　我祝贺《袁崇焕诗赏析》的出版，它为袁崇焕研究，为文学史研究，也为明史研究增添了一部新的著作，增辉文苑，嘉惠学林。

　　是为序。

　　　　　　　　　　《袁崇焕诗赏析》，石瑞良编注，

　　　　　　　　　　中国书籍出版社，2006 年 8 月

《神妻》序

满族是一个充满神话与传说的民族。

满族创制文字较晚，从明神宗万历二十七年（1599）开始，清太祖努尔哈赤主持创制满文，到现在才四百余年，此前的历史主要靠口述。

满族人创造了大量的神话与传说，《无圈点老档》即《旧满洲档》记载了一个故事。天聪九年（1635）五月初六，皇太极用兵黑龙江虎尔哈部落地区，带回当地降顺头人穆克什喀。穆克什喀说，他的父祖世代生活在布库里山麓的布勒湖里湖一带，他们那儿没有档子（卷宗，簿册），从前的生活靠口头传说代代相传。有一个传说是，布勒湖里湖里有三个仙女——恩古伦、正古伦、佛库伦——正在沐浴。一只神鹊衔来一枚朱果，为佛库伦所得，她爱不释手，将果子含在口里，吞之成孕，生下布库里雍顺。布库里雍顺的同族就是满族人。

满族尼杨尼雅·那丹珠（白玉芳）女士长期以来关注满族的神话、传说与历史、民俗，并从 1998 年开始满族文学创作。她不仅利用满族文献记载的神话与传说，而且不辞辛苦，北上采风，汲取满族文学艺术的养料。她走过辽宁、吉林、黑龙江、内蒙古、河北、北京等地，从田野到乡间炕头，摄取营养，激发灵感，吸纳东北林莽的气息，记录部族浓郁的风情。她的文学创作揉进了大量民间的文化元素，虔诚地记录着满洲古代部落源远流长的历史以及满族先民传承至今的浓郁风情，展现出色彩斑斓的文化景观。

2003 年，我与尼杨尼雅·那丹珠（白玉芳）女士在辽宁抚顺举行的赫图阿拉建城四百周年的国际满学研讨会上相识。她来自上海，是一个研究满族文化并以满族文化为背景进行文学创作的"格格"。交谈之中我了解到，她致力于创作《神妻》一书，已历时有日，得知她收集素材、刻苦撰写的经历后，我深为她对于自己民族文化的满腔热爱和虔诚敬仰所感动。

尼杨尼雅·那丹珠（白玉芳）女士在本书完稿之后，千里迢迢，专程到京，将书稿送到我家。我有幸拜读了书稿。《神妻》一书内容丰富，语言诗化，情节曲折，人物生动，情真意切，色彩斑斓，是具有鲜明民族特色的长篇小说。书中的满洲先民历经磨难，奋力抗争，谱写出英雄先祖创业的史诗，带来文学艺术的震撼。

尼杨尼雅·那丹珠（白玉芳）女士请我为这本书作序。我自知写不好，但《神妻》及其作者的精神与情怀，使我感到道不容辞——本书写满族的先祖肃慎人，以文载道，微言大义，从书中可以领略满族先人的伟大精神与辉煌业绩，我不能推辞；又感到义不容辞——本书写满族的智者萨满，情义交融，以义动人，我不能推辞；还有职不容辞——本书写满族古代部族的历史，因我是北京满学会的会长，对于这样的好书，我不能推辞；最后是情不容辞——本书作者向我详细介绍她收集素材、刻苦撰写的经历，其构思创造，雕琢润色，殚心竭力，屡易其稿，令我感动，促我激奋，我更不能推辞。

一部书写得好还是不好，主要看三个字——真、善、美。我觉得作者的《神妻》将"真、善、美"贯穿全书，融于一体。

"真、善、美"既是哲学的题目，也是文学的题目，还是史学的题目。哲学、史学求真，文学当然也求真；哲学、史学求善，文学当然也求善；哲学、史学求美，文学当然更求美。试想，一个社会如果不是真、善、美的，而是假、恶、丑的，那么这个社会就算走到了尽头，就要被另一个高举"真、善、美"大旗的社会所取代。

阅读《神妻》，你会从中得到"真、善、美"的艺术熏陶，得到"真、善、美"的史学博识，更会得到"真、善、美"的哲理睿智。

是为序。

《神妻》，尼杨尼雅·那丹珠（白玉芳）著，

重庆出版社，2006 年 1 月

《女人慈禧》序

2005 年 10 月 19 日，我应邀在兰州大学做演讲，题目是"清朝的历史地位"。演讲后照例是答疑。一位女同学问道："阎老师，慈禧作为女人，您怎么看待，怎么评价？"我说："您这个问题提得很好。北京故宫博物院有一位向斯先生，他最近写了一部书，书名叫《女人慈禧》，您不妨看一看！"

慈禧，在偌大的中国可谓家喻户晓。写慈禧的书很多，如徐彻先生的《慈禧大传》、濮兰德、白克好司的《慈禧外纪》、德龄的《慈禧后宫实录》、一凡主编的《慈禧的私交》等。

慈禧，可以从五个层面去观察，去了解，去剖析，去体味，去欣赏。第一个层面的慈禧是女人。向斯先生的著作《女人慈禧》找到了一个既特殊又平民的视角来看慈禧。第二个层面的慈禧是后妃。慈禧不是普通的女人，而是皇帝的后妃。据《星源吉庆》记载，清朝 12 位皇帝共纳有 192 位后妃，其中被册封或追尊为皇后的，按照《清史稿》记载，仅有太祖努尔哈赤的孝慈高皇后，太宗皇太极的孝端和孝庄二后，世祖顺治的孝惠、孝康、孝献三后，圣祖康熙的孝诚、孝昭、孝懿、孝恭四后，世宗雍正的孝敬、孝圣二后，高宗乾隆的孝贤、乌拉纳拉氏、孝仪三后，仁宗嘉庆的孝淑、孝和二后，宣宗道光的孝穆、孝慎、孝全、孝静四后，文宗咸丰的孝德、孝贞、孝钦三后，穆宗同治的孝哲毅皇后，德宗光绪的孝定景皇后，以上共计 26 位。第三个层面的慈禧是皇太后。在上述的 26 位皇后中，生前被称为皇太后的仅有 10 位，慈禧则是其中之一。第四个层面的慈禧是掌权的太后。大清的太后多不掌皇权，慈禧是掌握皇权的太后。第五个层面的慈禧是台前执政的太后。清代掌握朝政实权的女人，前有孝庄太后，后有慈禧太后。孝庄太后掌权在幕后，慈禧太后掌权在台前。因此，慈禧是清朝二百余年间最掌朝廷实权、最精于权术的女人。

慈禧实际执掌清朝中央大权接近五十年。大清王朝的孝庄太后辅佐顺治和康熙，顺治年长后亲政，康熙年长后也亲政。慈禧却在同治、光绪两朝眷恋权力，三次执政，实际独操朝纲近半个世纪。

慈禧何以掌控朝政如此之久？慈禧的心理性格到底如何？慈禧的起居饮食怎样？慈禧年轻守寡，感情生活如何？慈禧的身世是怎么回事？慈禧怎样由一个十几岁的少女一步一步地爬上女人掌权的顶峰——皇太后的位置？慈禧在男权时代如何同宗室贵族、八旗高官、蒙古王公、汉人大臣周旋？

本书作者长期在故宫博物院工作，任故宫博物院图书馆副馆长，学力深厚，著述颇丰。他查阅大量的清宫档案文献，熟悉宫廷生活与内府掌故。因此，要了解作为女人的慈禧，看向斯先生新作《女人慈禧》，会有所收获，因为这本书有以下特点。

其一，史料翔实。书里比较全面地叙述了慈禧太后的一生，她由一个北京西城辟才胡同那拉氏家四合院里的小女孩成长为嫣然少女，走进皇宫深院，由争宠，到贵妃，到太后，进而成为朝纲专断的皇太后。慈禧御政的几十年间，风云变幻，暗藏玄机。作者对女人慈禧的描述，运用了许多鲜为人知的史料，细致入微，笔触轻松，娓娓道来，引人入胜。

其二，场景广阔。书里生动再现了许多鲜为人知的历史场景。慈禧先后在皇宫的储秀宫、长春宫、宁寿宫以及圆明园、西苑生活，这里的每一座宫院，从门窗装饰、屋檐彩画到饮食起居，都留下了她鲜明的个人印记。从生子、北狩、祺祥政变，到训子、恋权、同治大婚，从太监违制、平定东南，到钳制恭亲王、平反小白菜案，从曾国藩的发迹、编练湘军，到总督东南战事、传闻湘军政变，从万寿庆典到囚禁光绪，从珍妃之死到出逃西安，重大历史场景，生动人物故事，细腻叙述，熠熠生辉。

其三，视角独特。本书从不同角度展现了慈禧作为女人所特有的个性、心理和经历。她对政务十分敏锐，"心愈细而胆愈大"。她奉行的人生哲学是：谁让我一时不痛快，我要让他一生不痛快。她面对东南危局，却始终陪伴在咸丰皇帝身边，帮助他渡过难关。时局逆转，她随丈夫出逃北京，前往热河行宫。她二十几岁就做了寡妇，在悲痛中面对八大臣向孤儿寡母发起的挑战时，表现出了非凡的胆魄、超人的机智、坚韧的毅力和高明的手腕。回到北京后，她三次与恭亲王权力较量，使恭亲王俯首称臣。儿子长大成人，结婚，执政，后又凄惨去世，她再次垂帘听政，再次出逃北京，等等，一一再现了一个女人独特的个性和经历。

其四，文笔流畅。书里的故事引人入胜，文字叙述精彩生动，展示了一个执掌最高权力的女人一生的强悍与柔弱、犹豫与果断、开心与孤寂、幸福和不幸。作者以一个君临天下的皇太后的人生，帝王后妃几十年的悲欢离合，鲜活地复原了当年的皇宫生活，再现了半个世纪大清王朝风雨飘摇的血泪历史。

最后，留下悬念。书里留下了一串历史疑问：慈禧的出生地在哪里？荣禄为何扶摇直上，官至文华殿大学士、军机大臣？清宫四大冤案之首的杨乃武与小白菜案，慈禧太后为何翻案？还有迷雾迭起的同治之死、慈安之死、珍妃之死、光绪之死、慈禧之死等，都有待进一步地探讨和挖掘。

读者自会从中品味慈禧，领略风采，欣赏宫廷，有所收获。

最后，有人问：如何用一句话来概括慈禧？一位外国驻华大使夫人说："慈禧是一条母龙。"这句话颇耐人寻味。

是为序。

《女人慈禧》，向斯著，

华艺出版社，2006 年 1 月

《边兆良书画集》序

2005 年 9 月 26 日，我在沈阳出席第五届国际满学研讨会期间，朋友邀我一起到著名画家边兆良先生家一叙。我在朋友的引导下到了边先生画室。

边先生画室为三室一厅。大厅四壁布满牡丹，房间墙上牡丹争艳，我恍惚进了洛阳的牡丹园。这使我想起《尚书大传》曰："日月光华，旦复旦兮！"这些牡丹像在同日月争辉，旦而复旦！

牡丹是中国的国花，受国人敬重，令士人心醉。先生以画牡丹名世，我自然将目光聚集在四壁墙上的牡丹上。牡丹有"姚黄魏紫"之说，可能是因为黄色牡丹、紫色牡丹更难培育，自然也稀奇。不过，在先生墙上挂着的诸色牡丹图中，我一眼盯住了一幅绿牡丹图，凝视如痴，神情迷茫。先生可能看出我的所爱，主动要为我画一幅绿牡丹。我目睹了先生构思、泼墨、勾勒、着色的牡丹艺术创作过程。大约半个钟头，一幅生动传神的绿牡丹图就完成了，绿叶扶绿花，绿花竞绽放。"姚黄魏紫"虽是风尚，"阎红边绿"倒也惬然。

去年某日，先生来电告：红牡丹已画好，去沈阳时奉送。我自然喜出望外，但因为忙，未能赴沈。先生是个急性人，见我没去，百忙之中，特快专递，径达舍下。我不懂绘画，却很喜欢画，丹青之中，尤爱牡丹。先生的馈赠，根植于胸臆。友情厚重，萦怀于心。

书画大家，仙风傲骨。这里讲一个真实的故事。明朝北京皇宫的仁智殿里常有画家作画。著名的山水画家吴伟曾被成化

帝召至殿内。一次他喝得酩酊大醉,蓬首垢面,穿着破鞋,跄
踉而至,直立不跪。成化帝见后大笑,命他作《松泉图》。吴
伟倒翻墨汁,信手涂抹,神韵惊人。成化帝见他傲视君王,要
杀他。大臣劝解说,要是杀了他,则皇上得了恶名,而他得了
善名,不若放了他。成化帝不愿得恶名,没有杀吴伟,而是放
了他。吴伟出入宫廷,卑视权贵,后被放归乡里,人称"画状
元"。这是历史上画家的风骨。兆良先生则讲了一个他的故事,
显示了先生的可贵气节。在尺幅寸金的年代,先生虽傲视权豪,
却善待友朋。挥毫作画,馈赠友人。

《大学》曰:"大学之道,在明明德,在亲民,在止于至善。"
绘画旨归,也在于"至善"。画家往往透过画作表达内心深处的善。
细观先生的牡丹,蕴含内心的善良。画家作画,以画言志。先生画的
牡丹,富贵而不狂放,艳丽而不矜傲,繁盛而不骄恣,叶淡而不低媚。

古人有云,画如其人。牡丹有浩然之气,先生则大气磅礴;
牡丹有傲然风骨,先生则心境坦荡;牡丹有雍容华贵,先生则淡
泊宁静;牡丹有斑斓色彩,先生则布衣清寒。

先生的国画誉满四海,先后获得国内、国际多项大奖。先
生的书法格局谨严。斯画斯书,亦美亦奂,远渡重洋,香溢五洲。

世上骏马多,识者伯乐少。边兆良先生的牡丹,愿文人雅士
欣赏,珍惜;愿文物君子,喜欢,珍藏。

欣闻《边兆良书画集》即将出版,序之不文,权为祝贺。

《边兆良书画集》,边兆良著,

2005 年 1 月

《于谦与于家村》序

古人云："读书破万卷。"我读过的书可以说是超过万卷，但我没有读过一本专写一个洋溢着传统文化气息的小山村的书；我见过的书可以说是过百万卷，但我没有见过一本专写一个洋溢着传统文化气息的小山村的书。现在摆在读者面前的《于谦与于家村》，就是这样一部专写一个洋溢着传统文化气息的小山村的书。

《于谦与于家村》所记述的这个洋溢着传统文化气息的古老小山村，名"于家村"，因石头为其特色，又名"于家石头村"，位于河北省井陉县境内。笔者曾受邀请前去参观过，印象深刻。

于家石头村有四个特点，以下详述。

第一，与少保于谦有关系。于家村之所以出名，是因为它同于谦有着密切的关系。于谦（1398—1457），钱塘（今浙江杭州）人，是明朝兵部尚书，保卫北京的英雄，蒙冤被害，千古传颂。于家村今有 400 多户，1600 多口，95% 的村民姓于，于姓共尊于谦为先祖。相传于谦蒙难后，其子被好人保护起来，逃难到今河北井陉南峪村，隐名埋姓，定居下来。流传下来的《于氏宗谱》记载，于谦后裔中的一支后举家迁到今河北省井陉县白庙山下一块四面环山、石头遍野的地方，隐秘躲藏，在此生活。这就是于家石头村的来历，说明它与于谦有关系。

第二，与遍地石头有关系。相传，于谦后裔定居于白庙山下后原将聚居地取名为"白庙村"，后来因全村姓于，改名为"于家村"，又因遍地是石头，称作"于家石头村"。这里离娘子关约30公里，距石家庄50多公里，四面环山，相对封闭，有"不到村口不见村"的民谚，被誉为"石头世界"。这里生存环境极其艰难，土地贫瘠，荒山秃岭，缺乏耕地，尤其缺水。每户人家的院子里都有一口水窖，在雨季蓄水，备一年之用。在石头村，路是石头铺的，房子是石头盖的，有石头瓦房、石头平房、石头窑洞，有石头街道、石头井窖、石头桥梁、石头戏楼、石坎梯田等。村里送我一包杂豆，回家一看，这些杂豆因为土地贫瘠又特别缺水，发育艰难，干瘪萎缩，形状怪奇，一个个豆粒简直就像一颗颗石子，我给它们起名为"石豆"。连村里的杂豆都跟石头似的，足见村子与石头的关系。

第三，与历史文物有关系。小小山村，文物灿烂，华北大地，算是奇景。村里有石头四合院300多座，石头二层阁楼20多栋，有于氏宗祠、古老宗谱，有大王庙、观音阁、清凉阁、真武庙、古戏楼等特色建筑25座。其中清凉阁建于明万历年间，岿然屹立，叹为瑰宝。阁建在一块天然石板上，石块重者达万斤。楼阁三层，飞檐九脊，结构奇特，气势恢宏，被列为省级文物保护单位。村里原有禁赌碑、护林碑、村规碑、节水碑等石碑200多座，现存30多座。一个山村，文物如此之多，极为罕见。

第四，与传统文化有关系。于家村给人的感觉是民风质朴，村民吃苦耐劳。除了古典戏楼、古匾、古谱、古碑外，这里还人才济济。在清代，村里出过70多名秀才，其中一家七代出了26名秀才。

更可贵的是，于家村有一些热心弘扬本村传统文化的人。村支书于秀书先生痴迷于此，奔走呼吁，怀揣干粮，大江南北，四处求助。他访遗迹，查资料，会学者，勤学习，其高尚精神，其高贵品格，其奔放热情，其顽强执着，感人魂魄，令人赞赏。石家庄市群众艺术馆离休老干部于贵文先生收集资料，赋诗撰文，长年累月，编纂成书。村里的贤者、智者、能者、长者于喜成、于志良、于海、于富科等先生，都为弘扬于谦精神、传扬石头文化而四方联络，费尽心力。广大村民也都热心于此。

于家石头村文化是中华民族传统文化的一块瑰宝，于家石头村精神令人心醉，感人肺腑。草成小文，略表敬意。

是为序。

《于谦与于家村》，于贵文编著，

远方出版社，2005 年 11 月

《董鄂氏族研究集》序

席长庚先生的先世为满洲董鄂氏，其最著名的先祖为清初开国五大臣之一的何和礼，《清国史》《清史列传》《八旗通志》《八旗满洲氏族通谱》和《清史稿》等书都有传。

席长庚先生是一位极为认真、极为勤奋的学者。先生的学记见"满学资料丛书"《董鄂氏族史料集·序》。他在百忙之中，于1998年编著刊印《董鄂氏族史料集》，将其列为北京满学会的"满学资料丛书"之第一种。随后，又在2001年整理刊印《成全自述》，将其列为北京满学会的"满学资料丛书"之第二种。以上两书都被《20世纪世界满学著作提要》所采录。现在先生又编著《董鄂氏族研究集》，将其列为北京满学会的"满学资料丛书"之第三种。

《董鄂氏族研究集》书稿内容丰富，我拜读之后大获教益，为之感动。本书特点，简述于下。

第一，叙述源流。关于满洲董鄂氏族的源流，乾隆年间的《八旗满洲氏族通谱》卷八"董鄂氏"列22人。本书席先生的《清前史中董鄂氏族人物的贡献与简评》《入关后董鄂氏族重要人物的贡献》二文，研究有清一代满洲董鄂氏的重要人物45人。书中有关惠喜先生的《浅析栋鄂氏族源流发展与贡献》一文。作为董鄂氏族的研究专集，该书是第一本。席先生在书中详细记述了董鄂氏族自鲁克素以下，从清太祖、太宗朝，以至乾隆、嘉庆朝，合计43人的传记。书中《董鄂氏源流》一文论述董鄂氏族的渊源、支系，并排出席尔达祖孙世系表，一直叙述至当代。现在清史著作很多，本书从满洲一个氏族切入，纵向近五百年，列举史料，论述人物，分析世系，考证地理，填补学术空白，实在功莫大焉。

第二，资料珍贵。书中收入了清朝历任左都御史、兵部尚书、吏部尚书、礼部尚书，曾署理川陕总督事务的席尔达的《席公墓碑》，两江总督葛礼（又作噶礼）的《葛公墓碑》，经筵讲官、议政大臣、吏部尚书兼礼部尚书姚瞻（又作尧瞻）的《姚公墓碑》，黑龙江将军乌里布的《乌里布墓碑》，吏部尚书拉布敦的《拉布敦墓碑》共五通墓碑的满汉文合璧拓片以及北京双忠祠碑文的拓片。书中的《东北古迹》手稿为原文影印，实在难得。先生在踏访西安碑林时找到《鄂方伯公子北闱高捷序》的碑文并抄录，后专程再访西安碑林核对原文。

第三，踏查考据。王从安、关惠喜、王俊辉、张士海先生的《后金军事要塞——栋鄂部牛毛寨》一文也收入书中。上述四位先生都是辽宁省桓仁满族自治县的专家学者，也是怀仁史志研究会的贤达。他们掌握地方文献，了解本县地理，熟知社会人文，亲自踏查，翻阅典籍，比照考证，提出新见，经过多年的研究考察，先后发现了栋鄂城、雅尔古寨、瓦尔喀什寨，至 2005 年 6 月，终于发现了被历史淹没约四百年、后金与明军萨尔浒大战东线战场的重要军事要塞——牛毛寨。作者认为，牛毛寨遗址在今桓仁县西境大雅河与六道河间的牛毛大山东北谷大甸子河左岸、大甸子村六里处。

第四，论述精辟。席先生在书中的《入关后董鄂氏族重要人物的贡献》一文中列出 22 人，广集资料，逐个研究，又在《论康熙朝名臣席尔达》的论文中对席尔达的出身经历、勤政清廉、公而忘私、杰出贡献等利用文献、档案、碑刻、旗谱、孤本、手稿等资料，进行了全面深入的研究。书中王从安先生的《栋鄂部故地在桓仁》一文考证栋鄂河为今大雅河支流岔龙江；瓦尔喀什寨即明史料所称的凹儿哈寨，在今辽宁省桓仁县华来镇；雅尔古寨即鸭儿匮寨，在今桓仁县大雅河口地方；栋鄂城遗址位于今桓仁县八里甸子镇韭菜园村一带。尽管学界可能会有不同的意见，但诸位先生做出了可贵的贡献。

席先生的寓所，我多次造访，四壁图书，满桌文稿。他的书斋名"长耕书屋"。"耕"为"庚"的谐音字。以"长耕"命名书屋，既寓意巧妙，又非常贴切，表明先生如一头黄牛，劳作学田，长耕不息。

先生以《董鄂氏族史料集》《成全自述》《董鄂氏族研究集》三书，为中外满学做出贡献，令人感动，催人振奋。

先生清苦寒素，不图名利，唯拥图书，嗜文博学，孜孜不倦。先生与我，亦兄亦友，感动之下，为之作序。

《董鄂氏族研究集》，席长庚主编，
北京满学会，2005 年 9 月

《清宫旧影珍闻》序

最近友人赠我中国台湾新出版的《清史拼图》《康熙写真》《雍正写真》和《乾隆写真》。这里的"拼图"和"写真"，都是讲究图文并茂、形象生动、真实可信、语言晓畅。由此我联想到，多出版一些这样的历史类图书，对于读者大有裨益。

其实，我国文献中记载的古书"河图洛书"就是既有图又有文的书。隋、唐、宋、元的志书，尝以《图经》的名称出现，"图则作绘之名，经则载言之别"。明、清雕梓的"像传"，"像"是人物的画像，"传"则是画像的传文。到了晚清，西方的摄影传入中国，并逐渐为宫廷所接受，于是留下了不少清宫人物照片。与人物画像相比，摄影自然更贴近真实。近年出版的"图说历史""老照片"一类的读物，名目繁多，不胜枚举，我们进入了所谓的"读图时代"。但是，反映清宫摄影内容的图书数量实在太少，品位亦待提高。读者期盼内容系统、知识丰富、信史有据、图文交融的著作问世。在介绍相关内容之前，我在这里略说清朝。

清朝是中国封建王朝史上的最后一个朝代。它从清世祖福临顺治元年（1644）定鼎北京算起，至1912年宣统帝退位，共享国268年；从清太宗皇太极崇德元年（1636）在盛京（沈阳）建国号"大清"算起，共享国276年；从清太祖努尔哈赤天命元年（1616）在赫图阿拉建立后金算起，则共享国296年。在中国2000多年封建王朝史上，享国200年以上的大一统封建王朝，仅有西汉、唐、明、清。西汉、唐朝和明朝均为汉族所建，只有清朝是满族建立的。满族建立的清朝不仅存在时间较长，而且统一昌盛。盛清时版图超过1300万平方公里，人口最多时超过4亿，国家一统，民族融合，经济繁荣，文化发达，国家强盛，屹立东方。不过，清朝也同其他王朝一样，并未"永天命，绵帝图"，实现其"大清亿万年"皇位永祚的神话，而是仍在历史的怪圈中轮回，同样重复了由勃兴、繁盛走向衰微、覆亡的过程。

"天朝"地大物博，人口众多，为满洲贵族提供了取之不尽的巨大财富；中央高度集权，典制完备，又为他们提供了强而有力的制度保障。于是，皇帝们便关起国门来自我陶醉，持盈保泰，率祖旧章，千方百计地维护至上皇权，费尽心机地保护贵族利益。而此时的西方世界正在经历着工业革命，呈现出前所未有的盎然生机。相比之下，清朝步履蹒跚，垂垂老矣！后来，西方列强以鸦片加舰炮倾销毒品，叩打国门，偌大之清朝竟然不堪一击。从此，大清江河日下，内忧外患，四面楚歌。到头来，不仅天潢贵胄无法逃脱败亡的厄运，包括满族在内的整个中华大家庭都背上了历史的沉重包袱，演绎着现实的惨痛悲剧。

历史教训值得反思，19世纪中期以后的中国社会风云变幻，错综复杂，需要从不同层面、不同角度深入探讨，认真思考。左远波先生的《清宫旧影珍闻》书稿便以尘封的历史照片为依托，以照片中的鲜活人物为线索，以重大的历史事件为背景，系统深入、形象生动地揭示了那些发生在照片背后的故事，读后令人耳目一新。

1826年，一名法国人拍出了世界上第一张照片。由于摄影能够真实地记录人的容貌，很快就在西方世界流行开来。后来，这一新奇的技术也传入中国，一些达官富贾乃至殷实平民，多以照相为时尚。此后，清晰逼真、惟妙惟肖的人像摄影逐渐取代了流行千年的人物画像。

据传，在晚清宫廷内部，最早接受摄影的当属光绪皇帝的珍妃。此人开风气之先，在1894年前后就曾派人偷偷从宫外购进一架相机。珍妃在宫中"不拘姿势，任意装束"，拍摄了不少照片，可惜保存至今的只有一幅。后来，清朝的实际掌权者慈禧太后也被这一新鲜事物吸引，将刚从国外归来的、清朝驻法国公使裕庚之子、曾研习过摄影的裕勋龄召进宫中，为自己拍摄了几十幅不同场景、不同服饰、不同姿势和不同心态的"懿容"照。此后，光绪帝的皇后、瑾妃等人也分别留下了多幅照片。

1912年，清帝退位。根据民国政府的"清室优待条件"，清逊帝溥仪"尊号不废"，可以暂时居住在紫禁城内，一直到1924年。溥仪在紫禁城中长大，由幼年、童年而步入青年，除了沿袭那些有名无实的皇家典制和礼仪外，还在紫禁城这一高墙围起的小天地内保持着皇室的种种特权，享受着优渥生活。溥仪和他的"后妃"等都喜欢玩乐，经常在宫中拍照，留下了许多照片。

除了上述人物之外，醇亲王奕譞、载沣等王公亲贵以及部分宫中的太监、宫女，也都有不少照片存世。

这批旧照片内容极丰富，如今大都保存完好，照片中的各类人物，如今已归于尘土。虽然物是人非，但幸存的照片本身无疑成了十分珍贵的影像资料。它们凝固了许多难得的历史瞬间，蕴涵着相当丰富的历史信息，我们不仅可以从中看到一些重要人物的真实面貌，将其置于确定的时空，与相关的文献、档案相联系，还可以更大限度地还原历史的真实。

远波先生毕业于吉林大学历史系，奉职于故宫博物院，现任《紫禁城》杂志副主编，多年来一直独立主持该杂志的编辑出版工作，可谓得天时，占地利。他在尽职之余勤于笔耕，善于思索，其《中国皇帝与洋人》一书便以历史时代为主脉，从一个独特的视角切入，对历史上皇帝与外国人的交往做了深入浅出的描述和剖析。近年，作者尤其注重宫廷历史照片的搜集、梳理、甄别、考订。《清宫旧影珍闻》就是他在掌握众多照片资料的基础上，参阅大量官修实录、四库典籍、文集笔记、珍秘档案，不断发掘照片本身的文化内涵与历史价值，进而撰写成的一部图文并茂的写真力作。《清宫旧影珍闻》以其文精图美，自成一格，有着文画相映、笔运意到之妙。

书稿以历史照片为主线，重点突出清代晚期至民国早期的宫廷人物活动，时间大体截止到1924年溥仪被驱逐出紫禁城。照片珍贵全面，内容雅俗共赏，史料丰富翔实，笔法洗练清新，行文起伏跌宕，阐述情理兼具。对于相关的人物和事件，描述有血有肉，褒贬有情有度，知识性强而不显高深，趣味性高却绝不媚俗。这样的书读起来轻松，读罢还能给人以丰富的知识、艺术的眼光、心灵的愉悦、深沉的智慧。

尤应强调的是，书中讲述的宫廷人物与轶事皆有据可查，且有史可证。虽然限于材料，一些与照片直接有关的内容仅是只鳞片爪，作者却能够以微见著，溯流探源，进而生动形象地再现昔日生活在宫廷中的人物与往事。这也是那些不注重史实，喜欢以宫闱秘闻哗众取宠、以道听途说逢迎读者的读物所远不能及的。

综上所言,《清宫旧影珍闻》无疑是一部既富有知识性、趣味性，又不乏学术价值、艺术价值的著述。作为一名治史者，我希望看到作者以此为契机，写就系列丛书。

以上赘言，是以为序。

《清宫旧影珍闻》，左远波著，

百花文艺出版社，2003 年 7 月

《成全自述》序

史料有官修、私撰之分，私撰有自述、他著之别。作为满族老人自传史料的《成全自述》，当属成全先生私撰自述之作。

官修史书，称为正史；个人修史，旧称野史。人们往往重正史，轻野史，以为正史准确、可信，其实并不尽然。试举一例，二十六史本纪，大凡皇帝降生之前，或其母怀孕之时，常有吉兆显现，诸如红光绕裙、夜梦神仙之类，这些多不可信，因为是修史者为美化圣君英主而编纂的。私人写史则是写个人的耳闻目睹、亲身经历，免去许多中间的辗转、粉饰、剪裁、加工，所以从某种意义上来说，许多野史比正史更真实，更具体，更鲜活，也更可靠。《成全自述》一书当属于后者。

《成全自述》文稿，蒙席长庚先生见赐，得以先学为快。

文中所述大事，有助于了解当时的社会。如民国元年（1912）正月，"十二日晚，东城兵变，枪炮震惊。十三日晚，又及西城所有商店，焚抢无遗。尤以当铺全城百余家，幸免者无几。此次兵变系有计划之行为，由第三镇及洪军波及毅军官兵，很少不参加者（原因系南京代表来迎袁世凯去就任大总统而袁不肯去，乃授意曹锟、洪某造成事实藉口镇压迫使代表回推耳）。此一政治手段北京商民损失巨万，尤以穷人小户衣物在当铺者，无从取赎为最苦。即从吾家论尚有当票五百余两，按原物价值在一千五百两以上，受损千余金，他可知矣。事后布告政府筹备抚恤，迄无下文。

袁之骗人政策，大失人心耳"。其时，第三镇的统制（长官）为曹锟。

文中所述小事，有助于升华人生的体验。如成全先生个人经历诸多坎坷，"幼年丧父，中年丧妻，晚年丧子，无不备历，若在心窄之人，不知变成何等情况。幸余素抱达观，故虽经痛惜悲恸，终自克制，精神尚不大衰颓也"。先生的女儿也说："幸我父心胸开朗，对悲苦有较强的承受能力，故能顶住一切烦恼，冷静处之。"

文中所述民事，有助于了解百姓的生活。该书不仅记述个人生活和社会现象，而且记述自然现象，如光绪十六年（1890）京师大雨："京城内古老房垣倒塌甚多，城外因永定河水直冲，土坯房屋塌坏尤甚，西便门、广安门关城三日，义地棺木冲出数里，瓜棚西瓜浮流无数，外火器营住房内水到炕沿，农田淹没情形亦惨重，诚一大洗劫也！"

查阅历史记载，当年北京地区发生特大洪水灾害。李鸿章奏："大雨狂风连宵达旦，山水奔腾而下，势若建瓴……上下数百里间一片汪洋，有平地水深二丈余者。庐舍民田，尽成泽国。"御史周天霖奏："大清门左右部院寺各衙门，亦皆浸灌水中，墙垣间有坍塌。堂司各官进署，沾体涂足，甚至不能下车，难以办公。水顺城门而出，深则埋轮，浅亦及于马腹，岌岌可危。并闻外城之永定、左安、右安各门雨水灌注不能启闭。"《天咫偶闻》也记载："无室不漏，无墙不倾。东舍西邻，全无界限。"先生自述与历史记载互相印证，史料可贵。

文中所述族事，有助于了解满族的历史。《东北古迹》记述："延边一带有地名珲春，与朝鲜接境。……至明万历年代已称东古氏。以音读即栋鄂部落也。清太祖起兵时，何和礼受招安，统兵归清，即以栋鄂为族姓。"这里明确指出，清开国五大臣之一的何和礼，原居地在珲春。珲春在图们江下游地带，而图们江发源于长白山天池。此地域同满洲兴起有直接关系。满族的发源地，有黑龙江地域、松花江地域、牡丹江地域和图们江地域等说。近年有学者提出，满族发源地在图们江今延边和龙、龙井一带的图们江两岸。满族发祥的传说因之同长白山关联。此文为满族发源地在今和龙、龙井的图们江两岸地带的说法提供了可资参读的资料。

总之，于国事，于民事，于族事，于家事，这本《成全自述》都会带来益处。

《成全自述》一书之所以能够问世，有三个难得因素。

第一，成全先生有寿。成全先生出生于清光绪七年（1881），卒于1973年。他以九十多岁的高龄经历了中国社会激烈变化的时期，是这段历史的一位亲历者、见证人。

第二，成全先生有心。在这约一个世纪的时间里，高寿的大有人在，但能将自己见闻记录下来者却并不多。这段时期，政权兴迭，军阀混战，外寇入侵，生命岌岌可危，有多少人有心力撰写日记呢？但成全先生坚持撰录见闻，实在是难能可贵。

第三，成全先生有幸。他虽有十个子女，但大多早逝，只剩下一儿一女。其女儿成彬琇先生多年从事教育工作，将成全先生记述的资料保存完好，后又交由成全先生的儿子成彬璋先生及其女儿精心收藏。更为可贵的是，成全先生的族侄席长庚先生将其伯父的自传史料加以整理。席长庚先生为整理《成全自述》劳心出力，是为了保存历史文化的遗产。

成全先生的八世先祖席尔达在清康熙朝充经筵讲官，任左都御史、兵部尚书、礼部尚书、吏部尚书等职；七世先祖拉布敦在乾隆朝任驻藏大臣、左都御史，与驻藏大臣、副都统傅清在西藏拉萨为维护国家统一而殉职。此事《清史稿》和《碑传集》等都做了记载。西藏郡王颇罗鼐死，其次子珠尔默特那木札尔袭爵为郡王。珠尔默特那木札尔迫其兄珠尔默特策布登至死，并有叛迹。事情发生在乾隆十五年（1750）十月十三日，《碑传集·拉布敦传》载述其殉职事迹如下：

> 其酋珠尔墨特那木札尔阴蓄异志，唐古特兵皆其属为死党。公廉得其状，恐事旦夕发，不可制，乃与傅公谋。以上命，召酋。酋至，从者甚众。公叱之曰："止，有密诏！"乃独以酋登楼。蹈而斩之，掷其首于外。其党大哗，将举火。公持刀，跃而下，手杀数十人，力竭死之。傅公亦遇害。

乾隆皇帝闻报，诏褒拉布敦、封一等伯，在北京为拉布敦、傅清敕建"双忠祠"，以示纪念。

席长庚先生曾任中国人民银行北京分行总经济师、金融研究所所长、研究员（教授），享受国务院突出贡献专家津贴，是著名的金融学家、金融史和北京史志专家。席先生酷爱读书，勤奋治学，著述严谨，淡泊名利。先生自著、主编或合编书共十二部，呕心沥血，殚心著述。先生整理主编的《董鄂氏族史料集》被列入"满学资料丛书"第一集。《董鄂氏族史料集》不仅受到国内满学、清史专家的好评，为国内图书馆插架；而且得到美国、日本等外国满学、清史教授的赞许，为外国图书馆收藏。

席长庚先生不顾事忙、体弱，将成全先生的自述，校核史实，纠正疏误，标点润饰，加以整理，为满族、为学界、为读者又做了一件有益的事。

《成全自述》是《董鄂氏族史料集》的姊妹篇，是为"满学资料丛书"第二集。

书已成，即付印，很高兴，是为序。

《成全自述》，席长庚整理，

北京满学会，2001 年 8 月

《北京导游基础》序

我早年随长辈逛北京故宫，听导游讲解，乐道津津，兴味饶饶。但其时的导游未经专门训练，知识储备不足，为博游人一笑，任意添枝加叶。后来，我在国内或在国外，每到一座名城，一处胜地，总希望有一位导游者，找一本导游书，以便更多地了解其城其景。我想许多人和我有同样的心理。但是，我国在 1949 年以前，旅游业相当落后，导游者多为糊口，导游书亦多为充数之作。中华人民共和国成立四十年来，旅游事业发展迅速。随着旅游业的发展，导游学逐渐成为一门新的学科。北京作为历史文化名城和中华人民共和国首都，其旅游业，其导游学，相当重要，引人瞩目。李登科同志所著《北京导游基础》，由社会科学文献出版社出版，成为新北京导游学的第一部专著。

北京是一块吸引国内外旅游者的巨大磁石。其原因在于，北京既是中国历史文化名都，又是世界历史文化名城。它不仅在中国十大古都中，而且在世界十大名都中都占有重要的历史文化地位。我在拙著《古都北京》中写过下面的一段话：

北京城是一项伟大的文化工程，也是世界文明史上一个壮丽的文化奇观。只有中国才有北京，也只有中国这样的国家才能创造北京。在这座城市里，中华民族五千年的精神文明和物质文明达到了光辉灿烂、登峰造极的境地。北京这座

东方历史文化艺术的璀璨宝库，不仅住在北京的一千万人关
心她、热爱她，中国的十亿各族人民关心她、热爱她，海外
的华侨、华裔关注她、向往她，世界各国的朋友也关注她、
向往她。每年有数以千万计的同胞和朋友从四域八方来到北
京，以饱览她那瑰丽的雄姿、巍峨的宫殿、优美的园林、奇
魅的艺术。

市内各界、国内各族、世界各国在京游览的同胞和外国友人，
为了解北京的文化，欣赏北京的艺术，都愿有一位导游者做向导，
也希望有一本导游书供参阅。北京专职、兼职导游约有四千人，
他们更冀望手中有关于北京导游知识的专著。《北京导游基础》
的问世满足了中外广大读者，尤其是北京导游者的急切之需。

由社会科学文献出版社出版的《北京导游基础》一书，内容
丰富，资料充实，结构严谨，语言流畅。全书首列《城区变迁》，
分为十题、五十二纲八十七目，自"北京人"始，综述燕蓟城、
唐幽州、辽南京、金中部、元大都、明北京、清京师、民国北平，
至新中国首都，纵向将北京历史文化做了论述。次列《地理概况》，
对北京的地理形胜、生态、物产、市政、交通等情况做了概述。
再列《京华揽胜》，对全市十区八县的九十余处主要景点，缕析
沿革，阐述特点，展示景观，横向将北京历史建筑与文化做了综述。
复列《风物民俗》，对北京的殿宇等级、牌楼、王府、街巷、庙宇、
住宅、店铺、曲艺、食品、京剧、工艺、影剧院、游乐场、博物馆、
岁时习俗直至北京十六景都做了介绍，并对历来人云亦云的误说
做了修正。最后的《附录》，对北京的文物保护单位、星级宾馆、

风味餐馆、旅行社等做了述介。全书观点公允，条理清晰，重点突出，详略得当，特别是引用了许多鲜为人知的新资料。它的出版不仅会得到旅游界的赞许，也会受到学术界的重视。

《北京导游基础》的学术价值在于为北京历史文化导游学的建立奠下了一块基石。北京导游学是一门新兴的学科，但它历史久远。北京自金贞元元年（1153）成为金朝皇都以降，达官缙绅，学林巨子，纷至沓来。尔后，历代记述京师胜迹之书不胜枚举。元、明、清三代，京华胜境，载述盛矣。然而，玉宇宫殿，皇家苑林，划入禁地，民人罕至。自清宣统帝退位后，紫禁宫殿，坛庙苑囿，相继开禁，任人游赏。民国以来，一些介绍北京风景名胜的旅游书陆续出版，其中雅者寡而俗者众，优者少而滥者多。严格地说，自20世纪以来，还没有一本科学性与知识性相统一、文献记载与实地探查相统一、内容系统与资料信实相统一的北京历史文化导游之作。而先前的导游人员亦未受过专门高等教育训练。近年来，北京旅游事业蓬勃发展，为了培养高级导游人才，我们需要有导游学的教材和专著。

李登科同志在北京旅游学院担任北京历史文化导游讲师八年之久，其多次修改，数易文稿，终于完成《北京导游基础》一书。《北京导游基础》是中国第一部系统完整、资料翔实、严谨准确、科学性强的北京历史文化导游学著作，它填补了北京历史文化导游学的空白，成为我国都市历史文化导游学的要著。

李登科同志是研究北京历史文化成就突出的学者。他治学的特点是，既勤奋读书，又勇于踏察，力求使文献记载与历史文物相印证，书面知识与亲身体验相结合，从而取得很多科研成果，进而汇著《北京导游基础》。

　　勤奋读书、刻苦自励是登科同志治学的一个特色。治学皆苦，古往今来，国内国际，概无例外。但登科同志治学尤苦。他从小就对北京的名胜古迹、风物民俗等有着浓厚的兴趣，在20世纪50年代，他立志潜研北京的历史与文化；60年代，他串坊巷，访寺观，寻碑碣，踏山林，积累大量资料；70年代，他摘录的笔记、卡片等资料被毁，但他不畏挫折，不馁志气，仍孜孜以求，锲而不舍；80年代，他调至北京旅游学院，研究条件大为改善。登科同志先后从千余种文献中摘录资料，结合亲身踏察，在《北京史论文集》《燕京春秋》等书及报刊上发表百余篇文章，印发《京都琐记——北京风物志》（一至四卷），赢得同行的好评，受到专家的嘉许。

　　勇于踏察、亲身体验是登科同志治学的又一个特色。他不仅阅读大量文献资料，还长期躬身实地踏察，曾考察了市内三百余座庙宇。对重点文物，他必亲身察访，如对于金中都城的四至，他不囿于震钧《天咫偶闻》等书的有关记载，进行实勘，并纠正文献记载之误。书中所介绍的京城胜迹，登科同志查文献，考沿革，记特点，察景观，均一一实地踏察过，有的景点竟考察过数十次。书中所记王府与胡同，他也都逐一访察，以亲身考察资料去印证文献载述。至于新北京十六景，登科同志不仅都做过多次考察，还参与评选工作。故其撰著做到了文献与踏察相印证，景胜与情怀相交融。然而，他在实地踏察时，受到时间、经费、交通等条件的限制，吃过不少苦头，遇到多次险情。登科同志为验证顾炎武《昌平山水记》中沟崖"有上中下三岩，土人呼为石梯，深险可避兵"的记载，亲临险山恶水，强至悬崖峭壁，在横跨二崖涧谷时，险些丧生。他亲自踏察，不但印证了文献记载并正其讹误，而且获得了大量第一手资料，这就为《北京导游基础》的撰写做好了准备。

最后，李登科同志所著《北京导游基础》的出版使我联想到，一个学者的成长，既需要自身的条件，也需要外部的条件，在外部的诸条件中，出版社是一项要素。许多学者之所以能跻身于学林，是由于出版社中有伯乐，为其出版了学术著作。出版社出版《北京导游基础》一书不仅是对登科同志个人、对北京历史文化界的支持，也是对高等院校教师、对学术界的支持。切望出版界多出些伯乐，多出版些学术文化之书。

《北京导游基础》，李登科编著，
北京社会科学文献出版社，1993 年 3 月

《北京传统文化便览》序

　　陈文良先生主编的《北京传统文化便览》的编撰出版，使我想起了一件事。前不久，一位美国的历史学教授陪我参观美国首都华盛顿。他问我的观感，我说："美国首都华盛顿有着现代文明的风韵，但同中国首都北京相比显得缺少历史文化的光彩。"这位美国朋友含笑首肯，并说："北京是世界历史文化名都，要找一本内容系统完整、资料准确翔实、文字简明流畅、部头大小适当的介绍它的书却很难。"现在可以告诉这位美国教授及与之有同感的朋友的是，这样一部阐述北京历史与文化的书——《北京传统文化便览》，由北京燕山出版社出版问世了。

　　北京的历史与文化，在中国、亚洲、世界这三个层面上，都放射着灿烂的光华。

　　北京的历史文化是多族历史文化的缩影。它自"北京人"算起，已有几十万年的历史；自召公奭封燕算起，也已有约三千年的历史。在秦统一六国以降的两千年间，第一个一千年，中国的政治和文化中心主要在西安、洛阳；第二个一千年，中国的政治和文化中心主要在北京。北京作为五朝帝都，其中四朝即辽、金、元、清是以少数民族为主体建立的；明王朝虽以汉族为主体建立，但它由南京迁都北京也与民族变局有关。北京前承历史遗珠，广汇各族宝藏。长城、运河、宫殿、苑林、坛庙、园陵，气势磅礴，雄伟壮丽，美轮美奂，充分显示出中华各族历史文化的精华。

　　北京在元、明、清三代是东亚文化的重要中心（在元代是世界文化的一个中心）。北京文化在这个时期对日本、朝鲜等产生重要影响，同时也吸收其文化的精华。朝鲜《李朝实录》中大量载述其贡使自北京回京城后对北京文化的奏启，即是例证。近读朝鲜李朝世宗二十九年，即明朝英宗正统十二年（1447）问世的《龙飞御天歌》，这部朝鲜史书详引《诗经》和《史记》等，表明汉文化对朝鲜文化的巨大影响。

北京的历史文化，在世界历史文化中有着突出的位置。如美国自然历史博物馆在按各大洲展示人类自然历史时，展出"北京人"复原头像，且在其下陈列美国《纽约时报》于 1929 年 12 月 16 日刊登的一篇发现"北京人"头盖骨化石报道的影印件，此外还陈列有明清北京城的全景立体模型。又如，美国费城艺术博物馆内专辟展厅，展出北京明代智化寺藻井。这件珍贵文物流传到美国的过程，本文不做讨论。但该馆视之为珍宝并引起各国观览者赞叹的事实，从一个侧面说明北京历史文化对世界文化的影响。诚然，北京历史文化在世界文化中的地位需要长篇专文论述。前举三例，以窥一斑。

最后，我希望，《北京传统文化便览》的出版，在中国，在亚洲，在世界，于弘扬北京历史文化，促进世界文化交流，会起到很好的作用。

《北京传统文化便览》，陈文良主编，

北京燕山出版社，1992 年 9 月

《万历皇帝朱翊钧》序

何宝善同志将所著《嘉靖皇帝朱厚熜》的姊妹篇《万历皇帝朱翊钧》的书稿送来，我成了它的第一个读者。我同宝善同志初次见面是在 1986 年 6 月 8 日，他带着《嘉靖皇帝朱厚熜》的书稿到我家，我们从此结识。过了一年，宝善同志赠送我的正是由北京燕山出版社出版、被列为"十三陵帝王史话丛书"之首的《嘉靖皇帝朱厚熜》。我为他高兴，也向他表示祝贺。

稼穑方知餐粒辛，笔耕才觉著述苦。何宝善同志的撰述尤为辛苦。他早就喜爱文史，基础不错，文字也好，上班忙公务，夜灯勤攻读。他为了撰写《嘉靖皇帝朱厚熜》，将册帙浩繁的《明世宗实录》五百六十六卷全部读完，并将其中有关嘉靖帝及其陵寝的史料逐条摘录，分类排比，参酌史籍，去芜存精，终于完成了十余万字的著作。《嘉靖皇帝朱厚熜》由此成为第一部系统介绍嘉靖皇帝及其陵寝的专著。

何宝善同志是个好学不倦、勤于著述的人。他不满足于已经取得的成就，在学术研究的道路上继续奋进。在《嘉靖皇帝朱厚熜》一书定稿之后，他即着手开始《万历皇帝朱翊钧》书稿的资料准备工作。研究万历帝最基本的史料是《明神宗实录》，五百九十六卷，对于一位业余明史研究者来说真是卷帙繁巨，何况还有其他史籍呢！宝善同志任十三陵特区办公室主任兼定陵博物馆副主任，明十三陵是闻名中外的旅游景点，其工作之忙不言而喻。可贵的是，宝善同志在工作之余利用一切可以利用的时间，搜集资料，进行撰写，终于在《嘉靖皇帝朱厚熜》出版三年之后，又推出这部二十余万字的《万历皇帝朱翊钧》。

《万历皇帝朱翊钧》一书包括《十岁登极》《江陵秉政》《预建定陵》《国本之争》《抗倭援朝》《矿税之弊》《三案始末》《神宗荒政》和《发掘定陵》九章，含三十四小节，条目清楚，标题整齐。该书摒弃了传统的传记写法，采取了突出朝政大事和重要人物的记述方法，力求将其写深写透，以再现万历朝的社会，展现万历帝的性格。书中《预建定陵》和《发掘定陵》两章，从选择"吉壤"、耗资兴建，到动工开掘、文物出土，其史料之丰富、记述之详尽是前无先例的。这为明史的研究特别是明代陵寝史的研究做出了贡献。

何宝善同志是一位研究明史的学者，也是一位研究明陵史的专家。有一种看法认为，学者、专家必定是全职的，这是一种偏见。业余研究与专业研究是可以互相转化的，此不赘论。无论是专业研究者还是业余研究者，只要在自己的研究领域里探讨了前人没有接触或没有解决的问题，取得重要学术成果，填补学科空白，就应当是这个领域的学者、专家。宝善同志对明嘉靖、万历两帝及其陵寝做了深入而系统的研究，仅以《嘉靖皇帝朱厚熜》的附表而言，他整理的《嘉靖年间主要土木工程情况一览表》的《显陵及其他陵墓一览表》（表一）、《城堡一览表》（表二）、《宫殿亭阁一览表》（表三）、《坛庙观宇一览表》（表四）、《天寿山陵部分一览表》（表五）、《朱厚熜赴天寿山谒陵一览表》（表六），共一百九十一条资料，足见其功力之深。另以《万历皇帝

朱翊钧》的撰述为例，宝善同志曾先后三次通读《明神宗实录》，
摘录卡片，做笔记，积累五千余条资料，把握重大事件的发展脉络。
全书基本上做到引文有据，史实准确，叙述清晰，观点公允。他
在书中的一个重要论断是：万历帝的弊政埋下了明亡的种子。他还
引用清嘉庆帝对明亡的评析："明之亡，不亡于崇祯之失德，而亡
于神宗之怠惰，天启之愚骏。"然而，明社之倾覆，崇祯帝难辞其咎。
嘉靖帝之荒政，万历帝之怠惰，天启帝之愚骏，崇祯帝之刚愎，
百年无明君，专制益腐败，明祚断绝，史之必然。

　　《万历皇帝朱翊钧》，何宝善、韩启华、何涤尘著，

北京燕山出版社，1990年7月

阎崇年史学文颖集

史评卷

青岛出版集团 | 青岛出版社

图书在版编目（CIP）数据

阎崇年史学文颖集 . 3，史评卷 / 阎崇年著 . — 青岛：
青岛出版社，2023.7

ISBN 978-7-5736-0655-6

Ⅰ . ①阎… Ⅱ . ①阎… Ⅲ . ①书评—中国—现代—选集
Ⅳ . ① I217.2 ② G236

中国版本图书馆 CIP 数据核字（2022）第 243755 号

YAN CHONGNIAN SHIXUE WEN YING JI

书　　　名	阎崇年史学文颖集	
分 册 名	史评卷	
出版发行	青岛出版社（青岛市崂山区海尔路 182 号，266061）	
本社网址	http://www.qdpub.com	
策　　　划	贾庆鹏　刘　咏	
责任编辑	刘　坤　秦　玥	
照　　　排	青岛新华出版照排有限公司	
印　　　刷	青岛国彩印刷股份有限公司	
出版日期	2023 年 7 月第 1 版　2023 年 7 月第 1 次印刷	
开　　　本	16 开（710mm×1000mm）	
总 印 张	60	
总 字 数	800 千	
书　　　号	ISBN 978-7-5736-0655-6	
定　　　价	298.00 元（全四册）	

编校印装质量、盗版监督服务电话　4006532017　0532-68068050

目　录

重拾"被遗弃"的文字和符号

韩美林先生是当代中国一位伟大的艺术家,也是当今世界一位伟大的艺术家。他的作品,正如冯远先生评论所言:在韩美林先生身上集中了一个艺术家几乎全部的特征。这些艺术作品,涉及雕塑、绘画、书法、陶瓷等多个艺术领域,如中国国际航空公司的航徽、花岗岩雕塑《大舜耕田》、青铜雕塑《五云九如》《钱王射潮》《百鸟朝凤》、巨幅书法作品《兰山天书》,此外,他还设计了北京奥运会吉祥物"福娃"、《十二生肖》邮票等,可谓:乾坤神奇造化,充满宇宙之间。在北京、杭州和银川有韩美林艺术馆,在宜兴有韩美林紫砂艺术馆。他头戴许多光环,如联合国教科文组织"和平艺术家"等30多项荣誉。

韩美林先生有"魔鬼"般的精力、钢铁般的毅力、神话般的创作力、泉涌般的艺术力。其《兰山天书》云:

> 贺兰山险入层云,万古长风动鬼神。
>
> 石器为符岩作纸,摩崖铸画史留魂。
>
> 千痕历历先民迹,万象昭昭上古音。
>
> 刀剑飞旋农猎壮,书檄递送战冲闻。
>
> 仓颉饮恨识文少,吴道含羞泼墨温。
>
> 岩书无言存往事,天书有幸世人吟。

考"天书"一词，首见于《隋书·经籍志四》："凡八字，尽道体之奥，谓之天书。字方一丈，八角垂芒，光辉照耀，惊心炫目，虽诸天仙，不能省视。"而后，唐李白、王维、韩愈等在诗文中常出现"天书"二字。至于宋真宗时所谓的"天书"，系"左右奸人，造为妄诞"。韩美林先生绘写的"天书"，则是借其"不能省视"之意，即将上古至今，尚不能读其音，也不能解其意的文字、符号、书法、绘画、象形、图案等，统称为"天书"。本来，文字既是人类发展史上最伟大的发明之一，又是人类进入文明时代的主要标志。书画同源，中国初始的文字是展现在岩石、古陶、甲骨、钟鼎、石鼓、木牍、竹片、帛书上的，其文字、符号、图形、书画等，既不规范，也不被识读，但它们实实在在地存在。因此，天书并非天降神意，确是远古人们在现实生活中所创造的文化遗产。

"纳天为书——韩美林天书艺术故宫展"开幕，观众如织，好评如潮。有幸，我看过了；中华书局出版的《天书》，有幸，我也看过了。

《天书》收录了文字、符号、图形等，看完全书之后，愚有四个不解：一不解其符号读音，二不解其画符含义，三不解其书于何时，四不解其书者何人。然而，这确是客观存在。人们给以冠名，称其为"天书"，也还恰当。

中华书局出版的《天书》，内有"三序、十论、一跋"，共十四篇文论，篇篇有创见，论论共赏析。赞美之词，恢恢皇皇，余为外行，何须赘言？

《天书》之前言及十四篇宏论，从考古学、人类学、文字学、文化学、书法学、绘画学、结构学、艺术学、陶瓷学、工艺学、文物学、设计学等方面进行论述，睿见迭出。但是，在上述十四篇宏论中，似乎没有从历史学视角进行阐释或解读的文章。余不揣冒昧，钻个缝隙，从史学角度，说点浅见，以冀研讨。

历史学的旨趣在于，究天人、通古今，探讨人物、事件和典制等的历史演进及其文化价值。《天书》的历史文化价值，在此探讨，寻究其义。

第一，《天书》使中华文明史提前。中国有数以万计的岩画、甲骨、石刻、符号、图形等被陆续发现，它们分布在中原农耕区、西北草原区、东北森林区、西南高原区、岛屿海洋区等。其中一例是，1988年发现的云南丽江地区金沙江中段虎跳峡万人洞彩绘岩画。万人洞遗址，海拔约1681米，高出金沙江面约150米，洞穴深度约40米，最宽处约25米。专家采用高精度铀系测年法，对上述彩绘岩画进行年代测定。通过测定，证实此岩画距今13580年至8370年。这些岩画的作者，大体上由该地区旧石器时代的狩猎—采集人创作。岩画多以描绘的技法、写实的风格，表现野牛、鹿、岩羊、山羊、野猪、麂、獐、猴、野马、野驴、熊、虎等动物形象，此外还有人物、弓箭、手印及抽象图案等。岩画颜色有紫红色、红色、橘红色等，多为线条画法，刻画生动，绘制粗犷。金沙江岩画是目前东亚有绝对测年数据的最古老的彩绘岩画。金沙江岩画是中国远古时期重要的文化遗产，具有国际性的重大考古、历史、文物、文化与艺术之价值。

上述文字所示的紫红色、红色、橘红色岩画，其相同颜料产自何时？近年在华北桑干河流域泥河湾盆地下马碑遗址，发现已知我国乃至东亚在4.1万至3.9万年前就有颜料加工的证据。这就表明用颜料绘制岩画的起始时间，远比人们已有认知要早得多。

由上可见，《天书》中收纳的万人洞彩绘岩画的出现时间，要比甲骨文约早 1 万年。

第二，《天书》是填补前人空白之作。甲骨文、石鼓文、钟鼎文、简牍文、泥印文、石刻文、砖铭文、陶文、刻符、虫书、殳书、帛书等之集成，前已有之。但韩美林先生的《天书》是集远古文字、图形、符号的大成之作，前未有之。《天书》上册收 10886 个字符，下册收 11408 个字符，共 22294 个被遗弃、被忽视的字符。① 然而，此仅占韩美林先生收集的字符总数的四分之一。这些字符原本分散在荒原山野、隘口洞穴、悬崖峭壁、渺无人烟之处。韩美林先生是第一个看重它们、搜集它们并书写它们的开拓者、传播者，开创了以个人之力，汇录、复写并传播"天书"的中国之最、世界之最。

第三，《天书》是专精于一之作。美林先生的人生是成功的人生，美林先生的艺术是成功的艺术。成功之人生与成功之艺术，必源自其成功之精神。这种精神，就是专一。凡做成一件大事，必须集中精神，必须专注于一。荀子说："故好书者众矣，而仓颉独传者，壹也；好稼者众矣，而后稷独传者，壹也；好乐者众矣，而夔独传者，壹也；好义者众矣，而舜独传者，壹也。"荀子又引羿精于射，造父精于御的史例，反复论证一个道理，就是"自古及今，未尝有两而能精者也"。荀子强调做事情，不三心二意，要专注于一，才会

---

① 此数字是笔者一页一页、一行一行地数出来并相加得出的数字，其中有的图案为一个团组，其中单个符号是独立意思还是合成意思，不得其解，故只能算作是个大约数字。

成为大家、大师。美林先生以一人绵薄之力，集四十年之功，专注于“天书”的收集、积累、探索、书写、传播，才有《天书》之硕果，创前代之所无。

第四，《天书》之规贵守而艺贵创。规矩要守，艺术要创。红灯停，绿灯行，这个规矩要守，否则交通就乱套了；艺忌同，要出新，这个原则定要守，否则世界渺无生机。这个道理，没有人反对，但是做起来，却实在太难。《礼记·大学》说：“苟日新，日日新，又日新。”写字出新，绘画出新，雕塑出新，陶艺出新，图案出新，设计出新，文章出新，著书出新，皆皆出新，难以做到。如果说有做到者，美林先生算其一。

人们常讲：守正出新。很多事情，挂着守正的幌子，实际上却不出新。我说：出新守正。不出新的守正，是泥守、保守、固守、死守。清朝后期诸帝，讲求“持盈保泰”“率祖旧章”，就是不出新，结果把大清朝丢了。

美林先生做到了出新、求新、标新、创新，而且年年新、月月新、日日新、时时新。“出新”是美林先生的旨趣、灵魂和生命！《天书》即是一证。

总之，韩美林先生将星散四野，藏身僻壤，既无人识，也无人读的古代文字、符号、图形——“天书”，汇集起来，加以复写，集中展示，印刷出版，公诸世人，传给后人，引起关注，加以探索，传承文化，进行研究，从而推动中华文明溯源，功莫大焉！

《解放日报》2022 年 8 月

读季云著《闲有家：爱与生活的随想》

虎年春节前夕，我得到了一本生活·读书·新知三联书店刚出版的新书《闲有家：爱与生活的随想》（以下简称《闲有家》）。每逢收到新书，我总是先看作者、目录、序言和后记，而后决定是即看、待看，还是缓看。《闲有家》的作者季云女士，是一位退休干部，书中记述了她的 34 个所历、所感、所思的故事，由作家毕飞宇作序。我离开电脑桌，坐在沙发上，竟不知不觉将这本书读完。读完全书，颇有感触，掩卷沉思，分说有三。

六次高考的传奇经历

打开此书，首先看到作者讲述早年家庭生活的 10 个故事，个个有血有肉，件件动心动情，亲身经历，朴实无华，给我留下最深刻印象的是《坎坷高考路》之篇。高考,是人生的一件大事、喜事、心事、难事。试问哪位高考士子,没有一段刻骨铭心的经历与磨难？但季云的高考经历，何止坎坷，何止磨难，简直就是一桩传奇。

此书作者生在江南乡村，父母靠农耕为生。家里没有兄弟，姊妹三人，身为大姐，从小参加劳动，凡是劳作，苦事当先。村里小学毕业后，在镇里读中学。1977 年中学毕业，恰逢恢复高考之年。她原来的班主任骑着自行车到田间,告诉她恢复高考的消息。但家里生活困难，又缺少劳力，父母有点为难。经班主任耐心劝说，终于得到父母的支持。于是作者从田间回到家里，换身衣服，回到学校，怀着激动的心情，参加高考补习。

1977 年，第一次高考，她考上了，但因家里经济拮据，便同意把上大学的名额让给"老三届"的人，自己被安排做了一名小学代课教师。上大学的机会就这样稀里糊涂地放弃了。

1978 年，作者不甘心，又参加了高考，结果落榜了。

1979 年，作者第三次参加高考，分数已经过了录取线，也参加了体检，但还是名落孙山。

1980 年，作者辞去在小学教课的工作，参加了补习班，第四次参加高考。没想到总分数竟被少计了 50 分，经过查分，虽然纠正，却已录取结束，又意外落榜。正在田里插秧的作者得到这个消息，一下子瘫倒在田埂上。

1981 年，作者第五次参加高考，考前一天，劳累过度，昏倒在县中学门前。第二天她拔掉吊针，被同学用自行车驮到考场参加考试，三分之差，再次落榜。

1982 年，作者第六次参加高考，没想到再次被计错分，英语成绩"74"被错记为"47"，一番周折之后，错分得到纠正，终于圆了大学之梦！

古代科举，三年一考，从二十几岁考到九十几岁者有之，但多出身于殷实之家。明朝大书画家文徵明的曾孙文震孟，连续失败九次，第十次高中状元，年已 48 矣！这也是一位神奇的人物。据《明史》记载，震孟弱冠举于乡，十赴会试。至天启二年（1622），殿试第一。文震孟后任皇帝侍讲，再升东阁大学士。

而作者身为农村女孩，先后经历六次高考，痛苦、焦躁、悲伤、失望，历经磨难，百折不挠，可算是一位奇女子。这段传奇高考经历，改变了作者的命运，也为后来的人生奠定了基础。作者季云女士，虽有哭泣悲楚，却不抱怨人间，而是顽强拼搏，终于有成，读来既为之揪心感慨，又为之钦佩欣然。作者以亲身经历告诉我们：一个人在年轻的时候，一定要有目标，要坚毅，要奋斗，不能轻言放弃。作者屡挫屡奋，终于实现了人生的一个重大转折。

星落日出，月亏则盈。作者经历的挫折和磨难，最终成为终身受益的宝贵精神财富。

退休生活的游与味

我把人生分作三个 30 年：第一个 30 年，主要是读书学习，打下基础；第二个 30 年，主要是工作劳作，为社会做贡献；第三个 30 年，可以按照自己的心意享受生活。如果说作者在本书的前一部分，着重写了她的第一个 30 年，后一部分则着重描绘了退休后的文化风景。

退休以后，天地宽广了，生活丰富了，作者有充裕的时间，游历在往日的回忆里、日常的生活里、喜爱的书本里以及纷繁的自然里。作者把这种游历生活称作"游味"，在游历中体味，体味自然之美，体味先贤哲理，体味家庭人生。可贵可赞的是作者把自己所见、所闻、所思、所味，加以梳理、提炼并写成优美文字，结集成书，与读者分享。这其实也是传承了中华文化的传统。中国古代士人，常写一些散文、游记、笔谈之类，不仅为自己，还为后人留下一份文化记忆，存下一笔精神财富。

在游味生活中，作者是一位衣食男女的普通人，更是一位充满热情的有心人。作者发现，当生命走过一段历程，总有一些东西附着在某些器物、某段旅程上的。比如，有段时间，作者每天去菜场买菜都要经过的广州培正路，"这条路的空气里飘着传统、自然、诗意和爱的味道，沿着百年名校、百年老街、百年名园和国宝级建筑，移步换景，记录人生，留住永恒"。作者饱含深情地写道："与培正路相遇，是生命中的机缘，不仅是一次美景的揽采，也不仅是人生某个欢愉时刻的摄录，更重要的是对'培正'二字的体悟。"

《生日快乐，老部长》一文，是回忆已故的原福建省省长胡平88岁生日家宴的故事。作者是有心人，在出席这场家宴时，不仅表敬贺、会朋友，还记录交谈时的精彩片段。作者回忆道：当年福建省省长胡平陪陈云在福建调研，原先安排去考察先进典型，胡平临时提议改变行程，到福建省安溪县最贫穷的长坑乡调研。后来，由于各级领导的重视、众多乡民的勤奋、科技人员的智慧，安溪以茶叶为发轫点，研发和推广安溪铁观音茶，使安溪由"百穷县"发展为"百强县"。

《亲历儿子毕业典礼》一文，催人喜，泪盈眶。作者记述到香港科技大学参加儿子和儿媳同时被授予博士学位的典礼。作者详细记述了典礼的过程、校长的致辞，甚至连典礼的礼物都记录下来，留作纪念。作者说："我们需要在庄严的气氛中体会崇高和神圣，在隆重的仪式中感受使命和责任。"从农村走出来的作者一家，经过努力，竟然出了三位博士和一位业余作家。我由此联想起自己当年同夫人到美国耶鲁大学法学院，出席儿子被授予博士学位典礼的情景，感同身受，心潮起伏。

游历并不稀奇，但是能在游历过程中细细品味，再以流畅的文笔记述下来，分享给大家，这的确是难能可贵的。

追寻"家"与"爱"的真谛

本书的字里行间，洋溢着作者似火的热情和诚挚的爱心。尤其是第三部分，作者用12个篇章从多个视角写出了对"家"与"爱"的理解。

家，虽人人拥有，却千差万别。作者对"家"下了一番考据功夫。她仔细琢磨《易》书里有关"家"的解读和认知，写道："《周易·家人》卦的象辞、彖辞，散文诗般迷人，义理深邃质朴，揭示了家之奥义。恩爱和睦、幸福美满的家庭，才是人生旅途中温暖的驿站。"《易》有云："闲有家。"在今人看来，"家"与"闲"怎么会有关联呢？在古人看来，"闲"字"门"里有"木"。这"木"，有不同解释。其中一种解释是门里有一根横木，就是门闩，把门插上门闩，门里就是家。家的主人是谁？作者援引《说文解字》说："'安'字的结构，是家里有女人。家中有女则安。"在远古时代，人只知其母，不知其父。母，是一家之主，是家的核心。随着文明的发展和进步，男女有了分工，男主外，女主内。人类文明的再发展和进步，譬如女人也工作，也挣工资，甚至女人可以开飞机，还可以乘飞船升天。但是，不管时代如何变，生儿育女，则在女性，千古不变。就家庭而言，主妇仍是家庭的核心。所以，讨论妇女在家中的地位，讨论女人与家庭的关系，不仅是历史学、人类学、社会学的课题，还是伦理学、妇女学、家庭学的课题。

爱，人人都拥有，家家却不同。"家"的一个功能，就是启发、培育、养成"爱"，既爱人、爱家，又爱国。大而言之，"爱国"的赤诚之爱、"敬业"的纯净之爱、"诚信"的慈悲之爱、"友善"的宽厚之爱，同社会主义核心价值观的"爱国、敬业、诚信、友善"一脉相承，具有更广阔的意义和更深邃的价值。作者认为，这些心性和品质，都是要在家庭中靠家人从小培养并言传身教形成的。家长要教育和帮助子女"扣好人生的第一粒扣子"。作者依据亲身经验写道："我想，一家之主管理家庭，谨立言，慎出语，严格修身，家是吉祥的；安其位，守其正，不偏激，不极端，一碗水端平，家是吉祥的；宁静门庭，严管家人，多唱和声，消减杂音，家是吉祥的。"

家是国的细胞，国是家的凝聚。作者叙述的许多故事，洋溢着对亲人、友人、世人的爱，对社会、民族、国家的爱。书中充满爱，满篇洋溢爱。

作者追寻"家"与"爱"的真谛，不是泛泛而谈，浅尝辄止，而是深读经典，研究探寻，终于豁然开朗，收获成果。这种钻研精神和毅力，让我仿佛又看到了那位六次参加高考的小姑娘！

我赞成这样一种说法：演说、著文力求"事理圆融"。事指故事，理指道理。仅有故事而没有道理，不深刻；仅有道理而没有故事，则不生动。把故事和道理融合，才既好听（看），又深刻。本书的一个突出特点是事理交融，故事中有道理，道理中有故事。

读完本书，余味绵长。作者笔下的生活，那么惬意，那么热情，那么温馨，那么积极，读来令人不禁为之欢喜。当然，看图书介绍，不如看原书，正如听说苹果香，不如亲口尝——还是阅读原书吧！

《解放日报》2022 年 3 月

我读《大国医施今墨》

《大国医施今墨》这本历史人物传记，值传主140周年诞辰之际，由中国出版集团华文出版社出版。传主哲嗣、著名中医施小墨先生倾情撰写序言，著名作家张永和、张婧倾力撰写传文，华文出版社精心编辑出版，而大中医路志正先生在百岁之年，握管题签，手不抖，字也美，更是一绝！传主生前寓所与余旧居仅一街之隔，施小墨先生又与笔者为挚友，传主其人其事，幼年传闻贯耳——故新书在案，急于拜读，通览之后，有所感言。

立志学医　悬壶济世

施今墨（1881—1969）先生，生于贵州，初名毓黔，后拆"黔"为"今""黑"，但不用"黑"而取"墨"，系采《墨子》兼施仁爱、悬壶济世，志成中医绳墨之意。先生出身于清末官宦世家，父亲中进士、官知府。外祖父李秉衡，官至巡抚、总督（任命而未就职），《清史稿》有传，他为官清廉，有"北直廉吏第一"之誉。舅父李可亭为一代名医。

施今墨幼年受到"修齐治平"的家庭熏陶，胸有一番大志。早年跟随辛亥先贤，怀有政治抱负。后遇袁世凯复辟帝制，内心震动很大，遂改变志向，"不为良相，便为良医"，弃政从医。实际上，因母亲常年疾病缠身，施今墨十三岁就向舅父李可亭学习中医，想为母亲治病。有点中医基础后，他便随侍抄方。他既勤奋，又有悟性，潜心学医，打下基础。这样，他正式跟舅父习医八年后，开始独立行医。

施今墨七十年学医、行医的旅程，于医德与医术孜孜求索，终获大成，被誉为"京城四大名医"（萧龙友、孔伯华、施今墨、汪逢春）之一。

中医是中华五千年传统文化精粹之一。万千中医名家，为国人抗疫祛疾、治病健身，积累丰富经验，留下了宝贵的验方。在中国传统纪传体史书中，为德高术精的大国医立传，史不绝书。扁鹊、张仲景、华佗、孙思邈、李时珍、叶天士、王清任等，都留下盛名和业绩。但是，近代以来，西医传入，中医式微，"取缔中医"之音，时而噪声鹊起。先生坚持初衷，既守正又出新，实现了成为中医绳墨的愿望。

坚持守正　不断求新

中医历史悠久，为民治病保健，做出重大贡献。扁鹊有"起死回生"之术；华佗有服麻沸散开刀之绝。近代西医传入中国之后，逐渐被民众认知，大江南北，建立医院，气象一新。然而，一些激进士人，对传统文化进行猛烈批判之时，以学习西方科技为名，主张"取缔中医"。五四运动及其前后时期，在医学界出现了上述失去理智的极端现象。1928年，在民国政府中出现了"废止中医案"的杂音。施今墨先生等挺身而出，亲赴上海，再到南京，唇枪舌剑，奔走呼号，组织中医在南京请愿，表达民意。时任所谓"行政院长"的汪精卫，极力支持"废止中医提案"。关键时刻，事情也巧。汪精卫夫人陈璧君之母卫月朗身罹沉疴，西医治疗无效，病情危重，心急如焚。无奈之时，应夫人诉求，汪精卫亲自邀请施今墨大夫为岳母治病。先生前往问诊之后，一诊三剂，将其治愈。于是，汪见民意不可夺，目睹中医之灵验，遂转变态度，"废止中医案"之噪音便销声匿迹。本传从先生在此案中的杰出表现，详细介绍此案之前因后果、曲折过程，阐述先生的高尚品格、重要贡献，使本书兼具史料文献价值。

中医有效，重在辨证。传主行医看病，既重传统，又重出新。《大学》开宗明义曰："苟日新，日日新，又日新。"传主边读中医历史文献、名家方剂，边苦索患者之病症，裁定新方。中医与西医不同，西医将西药格式化，一药治万人；中医看病，讲求辨证，同病不同方，一方治一人。中药还讲求配伍，君、臣、佐、使搭配得当，千变万化，各就其位。因此，大中医治病，用药有据，配伍求新，每方每剂，都要出新。

传主一面精研中医理论、钻研临床诊治；一面学习西医科学、用于诊断治病。他创办华北国医学院，开设西医学课，学习西医诊疗、化验、用药等所长，以补中医所不及。他提出"西医辨病、中医辨证"的理论，力促中西医融合，相互取长补短。从该校毕业的很多学生后来成为中西医兼通的名医，在各地播散医学人才，并推动中医学的革新。

学术出新，必遭困厄。当年康熙皇帝关于人体解剖学的书稿，因群臣谏阻不得雕梓而尘封内府，可见求新之难。华北国医学院开设人体解剖学课，悬挂人体解剖图，有保守中医以"有伤风化，海淫海盗"为由而抵制，经过先生反复解释才得以坚持。中华人民共和国成立后，中央重视中医的传承和发展，先后在北京、上海、广州、成都等大城市，建立中医研究院、中医学院、中医院等，先生提议，中医必须学习西医、西医也要学习中医，走一条中西医结合的道路。

医德首重　医术精湛

中医有既重医德，又重医术的传统。国医重德，史有前鉴。孙思邈在《备急千金要方·大医精诚》中精辟论道："凡大医治病，务当安神定志，无欲无求。"传主既身体力行，还教导学生践行。为此，施今墨手订《医戒十二条》，如：医之为业，为人而非为己也，故不可耽安逸，不可邀名利，但以救人为本务；医者以治病为务，故当但见病人，不当以其富贵贫贱而有所歧异，贫贱人双行之泪，不让富贵人一握之金也；医者当以病人为正鹄，勿以病人为弓矢；医者当以笃实为主，以沉默为贵，酒色财气是其大戒；对于同道，老者须敬之，少者须爱之，勿论前医之得失，勿道他人之短长，亦不得倾轧嫉妒。

传主首重医德，常从小事做起。先生每逢接诊，先起立笑迎病人，用问候温暖病者；病人去则起立相送，用安慰鼓励病者。先生治病，不分富贵贫贱，一视同仁。有的贫者无钱付医药费，先生则免之，或代付药费。书中所列事例，令人读之感动。

国医重医术，先生率先行。传主强调中医既要"会看病"，更要"治好病"。如一位患者钟衍兰先生，已92岁，前几年从成都打电话给施小墨先生。他说 65 年前，患咯血和气喘病，医院决定手术，他自己不愿意，就到北京一家有名的大医院会诊，结论同上。他实在无奈，设法找到施今墨大夫求治。施大夫诊断其为支气管扩张，可以治好，便开了中药。他吃了一个月药，奇迹出现，不再咯血。施大夫另换一方，又吃了半个月，感觉良好。回成都之前，施大夫再换一方，让他回去吃 50 天药。他坚持做了，从此告别此疾。患者珍藏了这三张药方，预备复发时用，却再未复发。这位患者，献出珍藏的三张药方，并一再感谢。这个真实的故事说明一个道理：真理不仅要经过当时的验证，还要经过历史的验证。

大国医施今墨先生有一句名言："中医之生命，不在外人，不在官府，而在学术也。"中医应当与时俱进，不断求新，应当既能会看病，又能治好病，才会战胜挑战，方能发展长存。

施今墨大国医首先重视临床，钻研大病、重病、疑难病的诊断和治疗。在长期医疗实践中，他总结出验方、单方、对药，研制的气管炎丸、感冒丹、高血压速降丸等多种中成药，广受患者欢迎。他还出版《施今墨临床经验集》《施今墨对药》等著作。其学生祝谌予从施今墨大夫三万多例的医案中，遴选三百余例睿见卓识、行有奇效的医案，整理成《祝选施今墨医案》并出版；其学生薛钜夫花 20 年时间整理、研究并出版《施今墨医学全集》等。

中医之学，既贵学，更贵悟。学，博览群书，"国学做沃土，中医是名木"，施今墨广读书，包括中医古籍、名家医案等。大医者，既能会看病，更能治好病。先生于急症、重症、难症、绝症都有独门的高超医术。施今墨先生有一个习惯，备笔记本在床头，每晚睡觉前，闭目静心回忆白天应诊的病例，或精彩，或不足，或是疑问，或需查考，将所思所悟，都记在本子上。日积月累，零金碎玉，串联起来，结合文献，升为道理，积累道理，形成理论。传主在临床实践中，"临证如临阵，用药如用兵"。中医辨证治病，传主创新提出"一纲八目"，其"一纲"为阴阳，"八目"为表、里、虚、实、寒、热、气、血。这是施今墨先生创新的又一个例证。传主用药，擅长于经方、验方、时方、单方等，因病而异，因人而异。传主还善于用"对药"，就是古方中关键之药物，往往是成对出现。如一寒一热、一升一降、一气一血、一聚一散、一表一里、一消一补等，巧妙配合，互相制约，彼此依赖，相得益彰。

施今墨先生既尚医德，又精医术；既办教育，又能临床；既在守正，又在出新；既有经验，又有论著，可谓百年中医史上一位大医。

人生在世间，不可不知医。过去读书之人，多有中医知识。士人重养生保健，古今中外，大都如此。"初唐四杰"之一、著名诗人卢照邻师事孙思邈，便是一例。大医施今墨，曾为张学良、杨虎城、傅作义、钱学森、齐白石、梅兰芳等看病，并任周恩来的保健医。现在人们的生活条件与以往相比，可谓天壤之别，人们更加重视养生健身。《大国医施今墨》一书，分作九章六十三节，每节都有人物、故事、情节、道理、分析、论述，夹叙夹议，亦事亦理，亦医亦史，亦文亦诗，阅读起来，饶有兴味。专业人员，学习医德医术，一般读者展书有益。可以说，阅读《大国医施今墨》之后，青年激发立志，中年启智立业，老年健康益寿，不同年龄段的读者都可以从阅读中汲纳不同营养。

《光明日报》2021 年 12 月

读书·消化·出新

——读《我的贝多芬——与大师相伴的生活》

又到一年一度的世界读书日。今天"远集坊"举行第三十五期以"读书"为主题的活动。我觉得读书的过程，有三个步骤：读书、消化、出新。我以牛吃草做个比喻：第一步是大量读书，就如牛一清早进山吃草，太阳落山回圈前一直在不断地吃草；第二是消化，仿佛牛回到圈后用自己的四个胃不停地消化食物；第三是出新，牛吃下的是草，消化之后取其精华变化成了牛奶，这跟人读书消化后，变成了自身知识和智慧的过程相似。

我最近看到《北京晚报》读书栏目编辑陈梦溪著文，介绍图书《我的贝多芬——与大师相伴的生活》（奥地利钢琴大师鲁道夫·布赫宾德著，马莉娜译，生活·读书·新知三联书店出版）。这是一本名人写名人的书——钢琴大师布赫宾德撰写作曲大师、钢琴大师贝多芬的传记。作者演奏贝多芬钢琴曲六十多年并耗时十年之久完成了这本传记。我对音乐知之甚少，抱着对"大师写大师"的好奇心和求知欲，下单购买了一册。书收到后，打开一看，封面清爽雅气，纸张印装都美，便如饮清泉般地读了起来。

本书传主是德国作曲大师、钢琴大师路德维希·凡·贝多芬（1770—1827）。贝多芬出生于德国波恩的一个音乐世家，祖父是宫廷乐长，父亲是宫廷合唱团歌唱者。波恩是一座音乐之城，当时全城人口约一万人，无论贫富贵贱，家家都离不开音乐。在家庭和社会的音乐氛围里成长的贝多芬是一个音乐天才，他三岁学钢琴，八岁就在一场售票音乐会上登台演唱并弹奏钢琴协奏曲，十三岁创作并出版钢琴奏鸣曲，被誉为"音乐神童"。少年贝多芬，进入当地音乐学院学习。十九岁进入大学深造，兼修文学、哲学，打下广博的文化基础。一颗天才的种子，到维也纳拜师、修学，在音乐沃土上生长、开花、结果。

本书作者鲁道夫·布赫宾德，1946 年出生于捷克，三岁随父母移居维也纳。五岁即被维也纳音乐学院录取，成为该院最年轻的钢琴专业学生。七岁登台演奏了贝多芬 G 大调变奏曲。十三岁在维也纳金色大厅演奏贝多芬的谱曲。十五岁演奏贝多芬三十二部钢琴奏鸣曲全集，并灌录唱片，被誉为钢琴录音之典范。他后来成为当时维也纳著名音乐家约瑟夫·海顿的学生，并演奏他的曲目。继之，他以演奏贝多芬全部钢琴奏鸣曲而倾尽心血、技艺和智慧。他在国际重要音乐舞台演奏贝多芬钢琴奏鸣曲全集达六十多遍，并演奏过四五百遍贝多芬大师的作品。他多次来华演出，博得赞誉。作者以演奏、诠释贝多芬作品为生命，以其七十年演奏、体验、诠释和研究的心得，花费十多年时间提炼、撰写，凝聚成了这部别具特色的"贝多芬传"。

大师写大师——作者在书中濡墨贝多芬生平和他三十二部钢琴奏鸣曲的故事，这是本传记的一大亮点。我从书中得到三点启发：

第一，寻找适宜天才种子生长的土壤。古人有"孟母三迁"的传说、"良禽择木"的典故，说的是成才要巧借地利因素。维也纳是一座"音乐之都"，当时"大多数人家都拥有乐器，许多人都有钢琴"。贝多芬二十岁从德国科隆到维也纳，布赫宾德三岁从捷克随父母定居维也纳，学习、拜师、演奏、创作、切磋、竞争，他们都登上了音乐殿堂的宝座，成为一代国际音乐大师。

贝多芬向往音乐大师莫扎特，二十岁时，他得到资助，乘坐马车，颠簸辛劳，来到了"音乐之都"维也纳。他在维也纳演奏了自己创作的钢琴协奏曲。有史料说莫扎特在场听了他的演奏，并表示："注意这个年轻人吧，有朝一日他将会引起世界的关注。"贝多芬仅在维也纳待了两周就因母亲病重赶回家去。不久，母亲病逝；接着，妹妹病逝；随之，父亲失业——家庭陷入贫困。同年，他又得到资助，重返维也纳，拜海顿为师。

燧石在碰撞中迸射火花。贝多芬在维也纳，"通过海顿的手，接过莫扎特的灵魂"，成为一代作曲家、钢琴家，但还要经受同辈英才的挑战。贝多芬遇到一位又一位音乐名家的挑战。他不虚骄，不轻狂，不埋怨，不自馁，而是通过一场又一场的奋争，赢得一场又一场的掌声。终于艺高群芳，才华卓越，戴上音乐大师、钢琴大师的桂冠，成为"维也纳三杰"之一。贝多芬比海顿小 38 岁、比莫扎特小 14 岁，而贝多芬却能与之并列并受到整个欧洲的颂扬。布赫宾德评价贝多芬："极具创造力的深度、持续的原创性以及他作品中奔涌不息的灵感所蕴含的伟大情怀……他只愿为灵魂自由创作，而非获取名声或金钱的手段。"

第二，笑迎当代各地才俊高手的挑战。天才在炼狱中成长，大师在竞争中脱颖而出。书中写了贝多芬多次迎接挑战的残酷情景，其中有两个迎接挑战的动人故事：

贝多芬初到维也纳，当地的著名钢琴演奏家不服这位外来的年轻人，纷纷要跟他同台演出，一试高低。自诩维也纳最成功的钢琴家约瑟夫·格林尼克，带着奥托·扬斯，同贝多芬切磋技艺，而贝多芬自信可以击败一切人。挑战者在切磋演出结束后，在日记里评论贝多芬时写道："天，那绝非人类，那是魔鬼；他的演奏会夺去我以及所有人的生命。他居然可以这样即兴表演！"

当时，钢琴作曲家、演奏家丹尼尔·施泰贝尔特已享誉欧洲，从伦敦来到维也纳，要与贝多芬同台演奏。贝多芬首先登场，弹奏了以流行小调为主题的三重奏，获得热烈掌声。随之，施泰贝尔特走向钢琴奏了一曲，也得到听众的赞扬。贝多芬没有回应。施泰贝尔特并非善意地给予贝多芬很高的肯定。贝多芬又没有回应。施泰贝尔特以为自己赢得了这场演奏，但贝多芬突然再次上场，他随意接过一本施泰贝尔特作品的琴谱，并把它倒置在谱架上，开始与此相关的即兴演奏。他激情喷薄，乐评家对接下来发生的事众口如一：当贝多芬还伴随着众人热烈的掌声演奏时，施泰贝尔特离开了大厅。从此，他们再未谋面。虽然此后施泰贝尔特多次受邀前往维也纳，但邀请者必须向他郑重保证：贝多芬不会出现在同一场合。维也纳成了施泰贝尔特的滑铁卢，他再也没有去维也纳。

贝多芬专注于音乐创作和钢琴演奏，全身心投入音乐世界，不曾建立自己的家庭。那么，贝多芬的日常生活是怎样过的？曾做过贝多芬秘书的安东·辛德勒有记载：

他在破晓时分起床，这也意味着在夏天时会非常早，然后立即开始与音乐相关的各种工作。当天气好时，他会在散步时随身携带纸笔，继续他的工作。有时，他甚至会忘却身处的环境，全然沉浸在自己美妙的世界中，高歌、指挥、轻声哼唱。直至下午两三点，他才坐在餐桌边用午餐。下午，他会再次出门散步——这一次时间非常长，步伐也很快——据另一位同时代的人说，贝多芬经常会在这时绕着维也纳城走上数圈。无论天气如何都是如此，哪怕狂风大雪。

傍晚时分，人们能在酒馆发现这位正在读国际报纸的大师，日落之后，他便不再写谱了。他的眼睛在早年间受到了严重的伤害，除非紧要时刻必须赶完总谱，否则他不会破例。

晚上10点，贝多芬的一天结束了。

音乐就是贝多芬的生活，也就是贝多芬的生命。正如传记作者所说，音乐就是贝多芬的神明！

第三，追求展现天才苟新日新的境界。贝多芬处于世界大变动的时代。法国大革命的风暴，刮遍欧洲，传向世界。贝多芬两次亲历拿破仑攻陷维也纳的恐慌时刻。贝多芬受其激奋，以澎湃的钢琴奏鸣曲，激荡在维也纳、伦敦、巴黎、波恩的上空。

贝多芬的创作生涯中有两大困扰：穷困和病痛。贝多芬的经济来源，既有捐助，也有稿酬。捐助来自普鲁士、奥地利的亲王、公爵、伯爵以及贵夫人——如德国宫廷参议官遗孀冯·勃朗宁夫人。但上述这些也有代价，贝多芬要在他们的府邸沙龙宴会或舞会上弹奏钢琴以及教他们及其子女弹钢琴。乐谱出版后销售是个难题。有的捐助者在自己家里举行演出，借机推销贝多芬出版的乐谱；有的伯爵动用关系，在《维也纳日报》上刊登预购者名单，进行销售宣传，如贝多芬的三首三重奏组曲，预售者123份，后来共售出 241 份。这点微薄的收入，使其自称是"穷困的贝多芬"。

贝多芬作为一位正直的艺术大师，在疾病与拮据中创新，拒绝那些肤浅的、媚俗的作品，并对其嗤之以鼻。他对向上的、优雅的、明朗的创作更加珍惜。贝多芬不断地打破所有形式和时间的镣铐，使其作品一个台阶一个台阶地提升。

贝多芬与痛苦共生。他长期遭受耳鸣、腹痛、支气管炎、风湿、肾病的折磨，特别是长期双耳的失聪和日益恶化的肝病，带给他无尽的痛苦，他最终因长期过量饮酒引起肝硬化积水而逝世，享年五十七岁。

贝多芬一生创作钢琴奏鸣曲三十二部，每一部都有创新，不雷同。他不断地捕捉新灵感，创作新曲。布赫宾德说："翻开贝多芬的每一部奏鸣曲，都仿佛行走于他人生旅途的每一站。他拥有如赞美诗般的奋进感，如战斗般的音乐表达力。"

贝多芬和布赫宾德都奉钢琴为生活，为生命，为神明。他们一生只做一件事，并将这一件事做到极致，做到世界的高峰。贝多芬的"壮丽的作品一如那神圣的自然"。

远集坊　2021 年 4 月

读《冯尔康文集》

国际著名历史学家、南开大学荣誉教授冯尔康先生的 10 卷精装本《冯尔康文集》（以下简称《文集》），由天津人民出版社出版。尔康先生治史，学术专精于清史的研究，视野广阔于多领域开拓，尤着力于清史、社会史、宗族史和史料学等领域之研究，出版著作总计约 60 部。其《文集》包括《清史专题研究》《雍正帝及其时代》《社会史理论与研究法》《徽学研究》《文化史散论》《古代宗族与社会结构史》《清代宗族史论》《近现代海内外宗族史研究》《史料学研究》《师友述怀：序跋札记》，共计约 4242 页，455 万余字，鸿篇巨制，成就斐然，卓立史林，令人敬佩。

尔康先生学史、治史已 65 年，他立铭自勉："学无止境，是我治学的座右铭。"就是说，尔康先生自踏入史门，直到老年，始终都孜孜以求，不断有硕硕成果。我粗读《冯尔康文集》后，感慨于胸，笔著于文。下列五题，分别阐述。

一、事有因缘，学有根源

树有根，水有源。治史而有大成就者，必学有根源。冯尔康先生治史，其根其源，试做探究，这自然要从南开大学历史系说起。

尔康先生于 1955 年高中毕业后，考入南开大学历史系。其时史学大家郑天挺教授主政南开大学历史系，其"办系以最有名的大学为追求目标，向往高品质的学系，要达到并驾齐驱的境地，既不虚夸先进，也不落后于人"。尔康先生在中国著名高等学府的"明清史研究重镇"里徜徉，不追名，不逐利，身上不挂行政官职，头上未戴社会光环，埋头读书，潜心治学，孜孜汲汲。其学术论著，既影响于今，必传诸于后。

尔康先生在《文集》的《师友述怀·序跋札记》卷里有五篇文章，忆述其恩师郑天挺先生，即《探微治史　泽被学林——郑天挺先生办学、治学精神常青》《景仰历史学家、教育家郑毅生师》《学者教育家郑天挺先生》《从学琐记——兼述郑毅生师的学术成就》和《回忆郑毅生天挺师》。感恩、追忆、纪念郑天挺教授，其文之多，言之详，述之细，学之笃，情之深，意之切，读来感人，也受启迪。

尔康先生说："郑天挺先生引导我走上史学之路。"郑天挺先生"秉承自蔡元培校长以来历任校长的'学术自由、兼容并包'的办学方针，特别坚持'保卫学术自由的传统'"。郑先生在授学 26 年间，开设如古地理学、校勘学、文字学、目录学、史料学、档案学、历史研究法、魏晋史、隋唐史、元史、明史、清史等课程。尔康先生除选修郑先生的部分课程外，还日常问学，聆听教诲，亲密交往。尔康先生向郑天挺恩师受教治史，求"博、精、深"，要"求真、求用、求新"，从而得到了恩师治学的真谛：怎样读书、怎样治学，怎样做人、怎样做事，这都从郑天挺先生的言行中找到根因。他遵循郑先生的教诲，习史、治史者既要认真读书，又要严肃著述，"不可不掌握原始资料，不能空发议论"。尔康先生是郑先生的真传弟子，沿郑天挺先生治学之路走来，终成一代史学大家。这组文章引领读者找到尔康先生治学成就的源头，也找到研究学术的路径。

从而可以通览他学术研究的江河。

学师必尊师，尊师要学师。尔康先生尊师、学师，以师为榜样，且学且行。他在文集中除记述郑天挺先生外，还撰写专文忆述雷海宗、谢国桢、杨志玖、吴廷璆、杨翼骧、来新夏等一代南开史学教授名家。

冯尔康先生的耄耋学旅，是研学治史的学术历程。他说自己的追求有两个：一个是求新（新研究方向、新观点、新材料），另一个是求真，独立思考，追求对历史真相的认知。为此，他的学术追求是："史学的生命在于说真话，揭示历史真相，温故而知新，知人论世，给读者以智慧的启迪，为社会服务。"他概括出中国史学史上的两种传统："我从中国史学史中发现两种传统：一种是粉饰史学传统，也即'哈巴狗史学'；另一种是务实史学传统，即争取说实话的史学。"于前一种，笔者忆起苏轼在《书和靖林处士诗后》中，引北宋林逋诗云："茂陵他日求遗草，犹喜曾无封禅书。"他选择要做后者，但这需要勇敢。我曾经说过，做一个真正的史学家，首要的品格是勇敢。有人不理解，史学家不就是看看古书，写写文章，怎么会需要勇敢的精神和品格呢？殊不知在皇权天下，在专制时代，不做"哈巴狗史学家"，而做务实的史学家，有时是要杀头的。尔康先生在"文集"中引述了"董狐之笔"和"崔杼弑其君"两个典故。前者，"董狐书'赵盾弑君'，仲尼谓之'良史'"。后者，春秋时齐国大夫崔杼杀了国君，《左传》记载：太史公书"崔杼弑其君"，遭杀；其继者仍书之，又遭杀；后继者再书之，再遭杀；太史公之弟仍书，没有被杀；时"南史氏闻大史尽死，执简以往。闻既书矣，乃还"。这是为真理、为科学而前仆后继的先贤。所以，做一个真正的史学家，首要的品格是勇敢。尔康先生数十年来，一直在坚持中国优良的史学传统，就是敢创新，敢务实，敢说真话，敢做实学。尔康先生治史，追求"务实史学"，做一个"务实学者"。尽管半个多世纪以来，文化风向多次变换，但他坚守自己的治史信念，脚踏实地，彳亍前行，低头耕耘，抬头收获。

第一代著名史学家，多在 1949 年前大学或研究所毕业，且已有著作问世，并具有社会影响，而后继续耕耘，成为一代史学大家，如北京大学邓广铭、向达，北京师范大学陈垣、白寿彝，南开大学郑天挺、雷海宗，中山大学陈寅恪，复旦大学谭其骧，四川大学徐中舒，厦门大学傅衣凌，中国社会科学院顾颉刚、胡厚宣、杨向奎等。第二代史学家多在 1949 年后读中学、大学，并从事史学研究，继往开来，有重要史学著作并具社会影响，尔康教授应名列其中。

检验史学家的成就，不看其官职有多高，其光环有多鲜亮，而主要看其学术成果、学术贡献和学术影响。尔康先生在史学领域的贡献有哪些呢？

二、根基深厚，精研清史

尔康先生在清史领域，著述颇多，成果亦丰。他说："研究的领域，以断代史的清史为根基。"他又说："清史，是我花精力最多的研究领域，研治范围较为广泛，社会史和宗族史是重点所在。论文有总论清史特点和清史研究法、历史事件与人物、女性史、社会经济史、乾嘉之际民间社会生活史、地方史等方面。"

《文集》收录专论清史的《雍正帝及其时代》《清史专题研究》和《清代宗族史论》，还有散见于其他卷中的若干篇论文。《清史专题研究》收录其清史研究综论、历史事件与人物、女性史、经济史、地域史五个方面，收文48篇。可见其学术的视野之宽、著述之勤。《清代宗族史论》后文有评，这里重点评述他关于"雍正帝及其时代"的研究。

尔康先生的代表性成果之一，是关于雍正帝及其时代的研究。冯先生治学，既宽泛又集中。清史，资料极其庞大繁杂，范围极其广阔深远，而一个人的时间和精力有限，怎样进行研究？尔康先生为初治史者提供了一个可借鉴的学术路径。这就是：选择一点，集力突破，纵深发展，会有大成。苏东坡有言："不识庐山真面目，只缘身在此山中。"就是说，既要身入此山中，又要站在此山外。观山景应如此，治学问也如此。尔康教授治清史，第一步是深入清史，花30年时间，博览群书，不拘其杂，不限其繁，朝着"昨夜西风凋碧树，独上高楼，望尽天涯路"的目标行进，诸如历史档案、文集笔记、地方志书、契约文书、谱牒家书、碑刻墓志、各种方略、国外文献等。从后来尔康先生的《清史史料学》《清代人物传记史料研究》《史料学研究》三书中，可以窥见他博览群书所下的大功夫，花的大气力。

治学，往往有两种不可取却多见的研究方法：其一是钻进深山，皓首穷经，沐浴书海，博览群书，被书淹没，跳不出来，事倍功半，为治学之忌；其二是山外观景，浮光掠影，略有小获，浅尝辄止，未能深入，终无大成，及至暮年，则悔之晚矣。

尔康先生走的是治学正路，既钻进去，又跳出来。他以研究清代一个人物、一个时代——雍正帝及其时代为突破口。1985 年，尔康先生的《雍正传》由人民出版社出版。《雍正传》是尔康先生学术成名之作，也是其进入清史学术殿堂的入门之作。这部书的学术贡献在于：

其一，时代领先。雍正帝及雍正朝的历史，近三百年来，或被捧上天堂，或被贬下地狱。辛亥反满派为了政治需要，丑化雍正，妖化胤禛。雍正帝是承康熙启乾隆的关键性历史环节，这既是清史研究的一个重大课题，也是清史研究的一个热点。这个选题抓得准，抓得好。此前，有黄培《雍正时代的密折政治》和杨启樵《雍正帝及其密折制度研究》，此后，有曾小萍的相关研究等，都有贡献。但或晚于冯著，或非雍正帝之全面研究，抑或影响不及。尔康先生经过 30 年史料、观点、学识的积累，着手撰写自己的第一部学术专著——《雍正传》。此前，从 1980 年开始，他连续发表研究雍正帝的论文，为撰写《雍正传》做了学术准备。他回忆说："早在 20 世纪 80 年代末，我已有几部书问世。我自认为《雍正传》是我的代表作，以后难以写出那样扎实的作品了。那是因为《雍正传》和 80 年代初期发表的社会经济史论文，皆系多年资料积累之作、潜心研究之作。90 年代以后，多少沾染上时代的浮躁病，虽仍然重视证据的搜集，然而不那么丰富就写文章了。"上引结尾之语，应是自谦之词。

其二，不断出新。在《雍正传》出版前后，市面上陆续出版了关于清朝十二帝的作品，形成一条清史的学术链条。在尔康先生的《雍正传》出版后的近 30 年间，该书又先后在北京、上海、台北等地推出五种版本，不断修订，不断完善。之后，尔康先生又连续出版《雍正皇帝》《雍正继位之谜》《雍正继位新探》《雍正帝及其时代》以及《雍正皇帝全传》（合著）《清朝通史·雍正朝》（合著）等，总计专著 12 部，合著 2 部，共有 14 部，历时 60 年，锲而不舍，不断求新，将雍正帝及其时代之研究推到更高的学术境界。冯尔康教授于雍正帝之研究，在清史研究领域独步，既没有先例，抑或无后者，无人可以置疑。

其三，学术影响。"我写帝王传记，称赞雍正皇帝为杰出君主，但在观念上绝不是鼓吹帝王崇拜，相反，是批判皇帝崇拜心态，以便克服这种传统的不健康的心态。"他又说："（我）从不同的侧面、角度论说雍正帝及其时代的历史。我写这些书，是在专题研究基础上进行的，我探讨了雍正继位之谜，雍正帝刚毅、刻薄的性格，他的政治变革，雷厉风行的政治作风、用人观念和措施，学术界雍正史研究状况，而后从事综合研讨形成专著。"就是说，于雍正帝之研究，由点到面，由浅入深，由分到合，由专到通，由史料到观点，由国内到国外，其视点之高，视野之广，资料之详，探索之深，用力之勤，著述之多，将雍正帝及其时代之研究推向一个学术的高峰。

与此同时，社会史研究是尔康先生在史学研究领域所取得的另一重要成就。

三、社会历史，领先风骚

尔康先生从读大学历史系本科，到留校担任助教、做研究生，乃至今日，学史、治史所耕耘的学术高地，自己首列为中国社会史学。他将全书的自序，置于《社会史理论与研究法》卷首，就是一个例证。此卷收录关于中国社会史的文章有 32 篇之多。尔康先生将社会史研究列在清史之前，足见其对中国社会史研究之重视。

史学研究贵在求真实、求创新。尔康先生说："我研治历史，最主要的想法有两点：一是在主观条件可能的情形下追求独立思考，讲真实历史，说实话；另一是求新，关注、开辟新的研究领域、新的研究方向。"这求真、求新两条，是冯尔康先生治史的基本守则。他在社会史学领域的拓荒、建树和成果，便是一个生动的例证。

先是，在一段时期内，中国史学研究的重点课题是所谓的"五朵金花"——农民战争、资本主义萌芽、中国奴隶制与封建制分期、汉民族形成和中国封建土地所有制的问题。有的大学历史系只开设四门历史课——农民战争史、工人运动史、中共党史、国际共运史。这些历史都是重要的，在当时也有开设的缘由，但比较单一，且倾向性强。其时，大学的社会学系全被取消，自然社会史的研究也不受待见。在那个时期，"学术界没有社会史观概念，只有阶级斗争理论"。如果发表社会史文章，往往要带上阶级斗争的帽子。于社会史之研究，尔康先生说自己经历了三个过程：20 世纪 60 年代至 80 年代初，是不自觉的阶段；20 世纪 80 年代初，随着文化环境变化，进入自觉的阶段；20 世纪 90 年代后，进入积极的阶段。1949 年以来，历史学研究由古代"帝王庙堂史学"，到"阶级斗争史学"，再到复兴"民众社会史学"。尔康先生为研究、推动社会史学的恢复和发展做出了开拓性贡献。

其一，开拓精神。社会史研究这个学科，在西方早已存在，中国在结束帝制后，随着社会学的引入，社会史学在历史学领域已生长出幼苗。而后，随着社会学系的停办，社会史学研究也销声匿迹。改革开放以来，批判旧的僵化思想，兴起新的学术风气，社会史学复苏，出现学术生机。尔康先生有着学者的敏锐与担当、勇气与魄力，率先提出开展社会史研究的倡议，并著文："恢复、开展社会史的研究，已是当今史学界一个刻不容缓的课题。社会史的研究，能够给予历史研究以有血有肉的阐述，真正建立立体的史学、形象化的史学、科学的史学。"应当说，在当时许多学者"惊魂未定"的状态下，说这番话是有风险的，也是需要有学术胆识的。随之，1986年，在南开大学召开首届中国社会史研讨会，数年后中国社会史学会创立，尔康兄当选为创会会长。这标志着消失的社会史学科的复兴和发展，而后每两年举行一次学术研讨会。他在南开大学开设社会史课，发表学术论文，出版学术专著，促使历史学的一个分支学科——社会史学恢复，尔康先生以筚路蓝缕、率先开创之功，载记于学术史册。

其二，学术硕果。从1986年开始，尔康先生不断推出新的社会史研究成果。他先力倡在南开大学开设社会史课程，同时发表《开展社会史研究》《古人社会生活琐谈》《社会结构理论与中国社会结构史研究》等论文，进而出版《中国社会史概论》《社会史理论与研究法》等。其中，《社会史理论与研究法》一书于社会史的理论与方法、回顾与前瞻、深化与拓宽、特点与内涵、社会研究与等级分析、研究视野与学科建设等均有新见。他提出社会史学的定义、对象、范畴、任务、功能、作用、方法，为推动社会史学发展贡献有益学见。

其三，拓展内容。社会史研究涉猎多方面内容。如女性史、生活史、生命史、民俗史、文化史、地域史等。对于地域史中的徽学，尔康先生下了很大的功夫，出版《徽学研究》专卷。他说："由于大量徽州契约文书被学术界发现以及明清时期徽商在社会上的重要地位，学术界乃开展专门研究，由此诞生'徽学'。我的介入点主要在名族（宗族）史和女性史方面，认识到构成明清徽州名族的诸种因素，名族的自我建设及其状态，名族参与社区建设、村落建设及其积极作用，纵观宗族通史，发现明清徽州名族是中古士族的遗绪。清代徽州女性史的研究，令我注意到徽州贤媛的治家和生存术，徽州女史的出色历史见识，徽州才女的文学创作生活及其作品表达的感情世界。对于徽州契约文书，从史料学角度明了它的史料价值，亦为对'徽学'建设略事投入。"

当然，他重点着力的还是宗族史之研究。

四、宗族历史，创获卓异

社会史学的重要内容之一是宗族史及其研究，尔康先生是新时期史学界的独着先鞭者。此前，他追述自己的心路历程："我从20世纪60年代初就关注宗族史，写有文章，批判宗族和族权，直到1978年写成《论清朝苏南义庄的性质与族权的关系》，仍持批判态度，发出诛心之论。随着改革开放的逐步深入和思想解放，反思个人的治学历程和社会主流意识对学术界的影响，摆脱公式化研究方法，力求从对史实的理解中提出认识。"

清宗族史，奠定根基。尔康教授的宗族史研究，立足于清代宗族史，广汇资料，勇敢开拓。他的《清代宗族的社会属性——反思 20 世纪的宗族批判论》一文，先指向"五四"。"五四"高举反帝反封建的爱国旗帜，喊着"德先生"和"赛先生"的口号，对宗族史持极端批判和彻底否定的态度。尔康先生对 1919—2019 年以来中国宗族史的概况做出精辟分析，第一次指出：百年来各家各界对宗族史的态度分为六类。

其一是，激烈批判论。以陈独秀《东西民族根本思想之差异》为代表，认为家族制度是封建专制的基础；其成员没有个人自由、平等人格；家族共产养成依赖性，缺乏创造性；消除家族这个"洪水猛兽"，使中国进入近代社会。

其二是，温和批判论。以梁漱溟《乡村建设理论》为代表，从正反两个方面看待家族，态度比较和缓。

其三是，革命改造论。以孙中山的三民主义为代表，但他没有具体实践策略与方法，仅停留在纸上论道。

其四是，民间改进论。有的提出"爱国家以保种族""家族乃民族基础"，但声音微弱，势力孤单，未能引起学界和政界的稍许注意。

其五是，彻底消灭论。认为"政权、族权、神权、夫权，代表了全部封建宗法的思想和制度，是束缚中国人民特别是农民的四条极大的绳索"。因此，族权表现的宗祠、祠产、族谱等都在被打倒和扫荡之列。从理论上、实践上将祠堂、祠田、祠产、家谱、族谱、宗谱等，或没收、或批判，或打倒、或焚烧，全国上下，雷厉风行。

其六是，科学分析论。如尔康先生认为："清代宗族具有民众性、互助性、自治性、宗法性和依附性（依附政府），肯定有适合民众物质生活、精神生活需要的性质……对宗族的社会正负面因素均有分析。"

经过百年的反复检验，一些学者猛醒，重新思考，科学分析，将宗族史的研究推向一个科学认识的阶段。冯尔康教授是这批史学家中的一位担当者、领先者和冲锋者。

尔康先生研究宗族史，是以清代社会史研究为基础，进而纵横开掘，创作新的成果。

纵向追溯，搭建体系。中国宗族史如一条江河，清代宗族史只是其中的一段，要全面了解中国宗族史，必须从其源头和上游抓起。一般学者很难联通，或学力不够，或望而却步。尔康先生却以《秦汉以降古代中国"变异型宗法社会"试说——以两汉、两宋宗族建设为例》和《先秦至近代前期中国社会结构演变简史》两文，从秦汉，经宋明，至当代，将其宗族史衔接起来，并且加以贯通。

社会结构与社会形态，是中国社会史研究的重要课题。中国社会史，历史时间长，地域差异大，文献资料多，研究积累少，众说纷纭，难脱窠臼。但尔康先生每每提出新见，屡屡挑战权威。学者独立思考，自主探索，说来容易，做来却难。书中，于农村社会结构、社会关系有细致分析，出彩论述，仅举一例。

古代宗族史可视为清代社会史之前申。清代社会史研究，其精彩之篇为"社会形态和社会结构"之研究。笔者认为，中华文明由中原农耕文化、西北草原文化、东北森林文化、西部高原文化和沿海暨岛屿海洋文化所组成，中原农耕文化是中华文明的核心。农耕文化的主体是农村、农民、农业。尔康先生论述，从社会史分析，农民分富农、中农、贫农、雇农等阶层。长期有一种理论认为，农村的主要社会矛盾是农民阶级与地主阶级的矛盾。《从农民、地主的构成观察中国古代社会形态》和《关于中国封建时代自耕农的若干考察》等论文中，尔康先生认为："以农民与地主作为两大阶级解释古代中国社会结构，从概念上而言并不准确，从内容上而言也不完全。所谓农民，应是指农业中的劳动者。其中有自耕农（包括半自耕农、富裕农民），他们拥有自己的耕地，自耕自食……自战国秦汉迄于明清，自耕农都有大量存在，是农民的主体，他们与地主不构成生产关系。"著者一再强调："大体上可以说自耕农是农民的主体，他们与地主不构成生产关系。"其价值与意义远远超出史学界，引起哲学界、政治学界、经济学界、法学界、管理学界等多方的关注与思考。

横向拓展，海外研究。社会史的研究，宗族史的考察，著者以清朝社会史为根基，上连周秦到明清，下接近现代海外宗族研究。《近现代海内外宗族史研究》就是这方面填补空白之作，其地理范围，包括中国、美国、澳大利亚、新西兰诸国华人的社会史研究；其时间跨度，包括近代、现代，以至当代；其范围内容，包括华人社团、宗亲会、社会习俗、礼仪丧葬、宗谱续修等，一些在内地失去的传统礼俗，在海外华人中尚存流芳。

此外，关于宗族学重要组成部分的谱牒学，《史记·太史公自序》云："维三代尚矣，年纪不可考，盖取之谱牒旧闻。"明清时期，民间称"谱"，如《族谱》；皇室称"牒"，如《玉牒》。将"谱牒"作为史学研究对象，既是中国历史学传统之一，又是宗族史、社会史研究的重要内容。

关于谱牒学研究的文章，分载于《清代宗族史论》《古代宗族与社会结构史》《近现代海内外宗族史研究》，共 15 篇。这些史文，有论有述，有校有勘，有史有议，有修有续，虽文类宽泛，却言而有义。其研究时间之长，地域之广，资料之详，用力之勤，实实在在，贡献亦大。

五、史料之学，贡献尤巨

历史学的辅助学科众多，如考古学、文献学、档案学、方志学、文物学、文字学、音韵学、训诂学、考据学、目录学、索引学（引得学）、校勘学、历史地理学、年代学、谱牒学、金石学、石刻学、人类学、民俗学、舆图学、史料学等。尔康先生于史料学的贡献，源于郑天挺先生对史料学的重视与实践。郑先生曾主编两种档案史料集：《明末农民起义史料》和《宋景诗起义史料》，又主编《中国通史参考资料》7 册和近代史册等，尔康先生目见其事，受其影响，学到见识，学得方法。"在我后来所走的学术道路上，我以相当大的热情和精力投注于史料学，写出《清史史料学》和《清代人物传记史料研究》两部专著，追本溯源，是受启发于毅生师的史料学。"再加上《清史史料学初稿》和本文集的《史料学研究》，共有四部史料学专著，还有散见于各集中的相关文章。积 40 年教学艰辛与研究心得，融会到《清史史料学》一书中，其功力，其见解，惠于学林，影响深远。

史学家取得成就的基础是掌握尽量丰富的史料，并且是经考据可信的史料。尔康先生总结自己的治史经验说："用史料说话，成了我的座右铭。"

尔康先生的《史料学研究》，分为6组35篇文章，著者自序说："我著有两部史料学专著，此外写有各种体裁、题材史籍的评论和利用方法的文章，特别是对传记、年谱、日记、书信、文编、方志、碑刻、档案的史料价值的介绍，至于谱牒学更有专论。对一些史籍，我亦致力解读，写出札记。《关于建设中国社会史史料学的思考》《史学著作的图文配合与构建视觉史料学》涉及史料学建议，所以发出刍议。"本卷收入了以上这些文论。尔康先生忆述说：

> 我对史料学的研讨可以说是乐此不疲，写出两部专著《清史史料学》（1993年）、《清代人物传记史料研究》（2000年）之外，倾心于社会史史料、视觉史料研究，以及对具体史料文献的解读。我的史料学文章除了说明史籍的作者、内容和版本，关照作者的著述态度和史观，更在于：（甲）考辨史料的真伪，如作《〈雍正朝起居注〉〈上谕内阁〉〈清世宗实录〉史料异同——兼论历史档案的史料价值》（1988年），指明起居注的真实性高于实录。（乙）说明图籍的收藏和利用情况，向读者提供利用的信息，以利运用，就中特别介绍了档案文书的利用方法。（丙）在史料学局部领域的开拓性：社会史史料的系统说明、视觉史料学刍议、人物传记史料来源的扩充——书信、题铭、像传。从以上的叙述，读者不难明了我的研治历史，即不忘"求新"的要求，立意开拓新方向、新领域的研究。

综上，《冯尔康文集》读后，获益良多，难以述全，举其大要，兹列四点：

第一，学术真诚，力争"三为"。冯尔康先生65年来，将全部心血凝聚于习史、研史、讲史、著史。尔康先生总结史家的担当说："历史学家应有三点担当：第一是尽职尽责，系应为之事；第二为敢于坚持说真话，系难为之事；第三是要有才、学、识兼备的史学家素养，是努力可为之事。"这些概括，至为精粹。

第二，不囿陈说，勇于开创。于史学新见，闪光点亦多。如对农村社会结构和社会等级的精辟分析、惊人论断，将留史册；又如"（我）连续著文，论说皇帝崇拜心态的形成及其恶劣影响、在这种心态支配下可悲的命运。我拳拳之心，是希望大众思想中不再有皇帝崇拜的因素"。嬴政一统六国，始立皇权，意义非凡，因皇权膨胀，秦二世而亡。乃至世界进入大航海时代，明清皇权，至于极端。辛亥革命，推翻帝制。笔者认为：中国资产阶级的幼稚性和软弱性，没有对皇权主义、专制主义进行全面而深刻的理性批判，也没有形成经典理论文献。接着是袁世凯复辟，溥仪再复辟。民国短命，战争迭起，亦未及此。因此，批判皇权主义、专制主义，任重道远，史责在肩。

第三，于史料学，多有贡献。除正史、政书、野史、方志、文集、笔记、传记、年谱等外，将明清档案、金石、族谱、契约、文书、书信、日记、视觉资料、民族文字、国外资料等，尽量纳入范畴，并阐述史料学的定义、功能、地位、特点等。

第四，终生研究，笔耕不辍。从事历史科学研究，既要阅读大量资料，又要丰富社会阅历，还要投入大量时间，做融通创新思考，才能取得丰硕成果。笔者认为：如果人生有 3 个 30 年——第一个 30 年主要是学习；第二个 30 年，主要是做研究、出成果；如能在第三个 30 年，身体尚可，勤奋不已，锲而不舍，定会大有可为。尔康先生提供了一个成功的例证。

综览文集，洋洋 10 卷，可见著者之观点勇于创新，视野纵横开阔，资料博览扎实，阐述亦情亦理，治史耄耋勤奋，成果卓立学坛。《冯尔康文集》雕梓后，史学之林，增添嘉木，此书精华，必定传世。

最后，唐刘知几《史通》论及史家要有"才、学、识"，影响深远；或可加"仁、胆、新"，作为补缀。一位历史学家应具备"仁、才、学、胆、识、新"的品格与素养。这是笔者读《冯尔康文集》后的一点思考。

《历史教学》2020 年第 20 期

读周苏琴著《建筑紫禁城》

已仙逝的著名古建专家杜仙洲先生曾诗云:"明清两代紫禁城,尽是劳生血汗功。一殿一门皆瑰宝,论述有当不虚空。"这是杜老对《紫禁城建筑》一书的读后感诗。由此,引发我对周苏琴研究员新著《建筑紫禁城》的读后感言。

有关紫禁城建筑的图书,百年以来,多不胜读。我作为故宫学的门外汉,读太专的故宫建筑书,读不大懂;读太俗的故宫建筑书,读后无获。东找西找,选来选去,还是喜欢看周苏琴研究员的专著《建筑紫禁城》。此书,2006 年由紫禁城出版社以《紫禁城建筑》为书名出版。我读了之后,感觉写得不错,内行人看了感觉很专业,外行人看了认为很好懂。我在写《大故宫》一书时,《紫禁城建筑》是我案头的参考书之一。

杜仙洲先生在看了该著作之后,写了读后感。仙洲先生说:

近读周苏琴先生所著《紫禁城建筑》一书,文章约 7 万字,图版 200 余帧,有重点地介绍了 19 项内容。从建筑始末、技术成就、建筑功能、宫廷生活、宗教祭祀及娱乐生活等方面,分门别类地做了简明扼要的叙述,文字多而不乱,概念清晰,来自实际,贴近生活,不虚夸,不妄谈,论断有据。言前人之所未言,对若干模糊不清的问题敢于提出自己的看法,颇有匡谬正俗的勇气,精神可贵。

杜老八十多岁高龄，竟向一个后生晚辈说"近读周苏琴先生所著《紫禁城建筑》一书"云云，这体现了杜仙洲先生的为人特点：谦虚热情的品格，提携后学的情怀。杜老特别赞赏周苏琴敢于"匡谬正俗的勇气"。一个严肃的学者，既应有科学的精神，更应有批判的锐见。

2014年，周苏琴吸收新的资料、新的成果，对《紫禁城建筑》进行补充、修订，书名做了"颠倒"，推出《建筑紫禁城》。

《建筑紫禁城》有什么特点呢？下面分开来说。

其一，《建筑紫禁城》将宫殿建筑与宫廷历史相融合，就是在阐述故宫建筑的同时，也对政治活动、宫廷生活、人物故事，文化韵事、重要文物、历史掌故等，进行了比较详尽的描述和论析。

本书对紫禁城的建筑历史做出概述，重点论述了清代对紫禁城建筑的继承、改建、重建及使用。分门别类，以时为序，围绕明清宫廷生活，对皇家建筑使用功能做了较为全面的介绍。周苏琴经过多年研究，从建筑与宫廷生活的融合入手，弄清了一些多年来未能解决的学术问题，如顺治皇帝大婚的地点，保和殿曾作为顺治、康熙两帝的寝宫，长春宫、启祥宫改建的时间，建福宫及其花园始建年代等，依据史料，进行了考证并提出新见。这些研究成果全部汇入《建筑紫禁城》一书，使其在众多紫禁城学术著作中独树一帜。读者翻阅此书，既可感受紫禁城建筑的辉煌，也可随作者一起走进明清深宫内院的生活，还可以领略故宫建筑的奥妙与学理。

其二，作者试图利用建筑历史、建筑法式、建筑艺术等方面的研究成果，从学理上说明"紫禁城是中国古代建筑集大成者"。
杜仙洲先生评价此书说："作者认为儒家礼制和阴阳五行学说是紫
禁城建筑设计思想的理论基础和基本依据，含有丰富的文化内涵，
正是中国古代建筑与传统文化融合的特色所在，论点有较强的说
服力。"书中以外朝为例，举出作为紫禁城主体建筑的外朝前三殿，
其建筑形制保留了更多的古制，如太和殿平面图形是宋代建筑学
著作《营造法式》中柱网布局最高形式金厢斗底槽图形的重现；中
和殿模仿周代明堂九室，面阔、进深各三间，周围廊，保存了自
夏商以来四面合围成庭院的廊庙形制；保和殿减柱构造的形制是
继承辽金柱网减柱布置，从而扩大了室内的空间；三大殿院落的
四角崇楼，则是盛于唐而继于宋的四隅崇楼之制的再现。不同时
代的古建形制集于前三殿的建筑之中，是周苏琴多年来对古代建
筑研究的结果。

其三，此次再版新增了武英殿和文华殿的介绍。故宫博物院
对武英殿进行了大修，修缮后又历时五年编辑出版《武英殿修缮报
告》。这是故宫博物院第一次将修缮工程的所有资料集结成报告公
开发表。周苏琴女士对武英殿的建筑沿革、历史作用等方面做了
深入研究。清代文献、故宫档案均有武英殿在清末同治八年（1869）
烧毁重建的记载，而在编辑出版《武英殿修缮报告》的过程中，周
苏琴研究员根据清代档案、往来电报、申报文书等资料，在实地
踏查后得出了武英殿在光绪二十七年（1901）再次焚毁的结论。
此次再版，作者将这段历史写入书中，足证书中吸收了最新的研
究成果。

其四，《建筑紫禁城》是周苏琴长期研究紫禁城建筑的学术成

果。她从 1976 年供职于故宫博物院，一开始从事古建筑修缮及清代宫廷史的研究，后师从古建筑保护研究大家于倬云先生，从事故宫古建筑研究工作。在研究工作中专攻故宫建筑年代鉴定，利用文献记载和清宫档案，并通过现场勘查，法式分析，综合研究，运用建筑历史与宫廷历史相结合的方法，取得学术研究的一个又一个突破。周苏琴先后发表了《建福宫及其花园始建年代考》《北京故宫御花园浮碧亭澄瑞亭沿革考》《体元殿、长春宫、启祥宫改建及其影响》《清代顺治、康熙两帝最初的寝宫》《中国古建筑抗震性能初探》《关于故宫古建筑保护与利用实践的辨析》《大雅斋考》等学术论文，还参与了《美术全集·北京故宫（上）》《故宫志》《紫禁城建筑》等专著的撰写。

其五，《建筑紫禁城》的一个亮点是作者通过"六维结合"——动手修缮、实地考察、运用档案、翻阅文献、师友切磋、深入研究的方法，对紫禁城的每所宫殿、每座楼阁，全都踏遍。现在，文化人写专业书，专业人写文化书，文化人写文化书，专业人写专业书，专业人写既专业又文化的书。在图书市场上，许多文化人写专业书，写起来很不容易，好处是通俗流畅、生动有趣，不足是不够深入或欠准确。专业人写的专业书，好处是学养到位，不足是读起来费力。而专业人写的既专业又文化的书，更适合广大读者。周苏琴研究员的《建筑紫禁城》兼具学术与文化的双重特色。杜仙洲评价说："总体看来，该书论述有当，有简明的可读性，是一部富有含金量的专题论著，颇有学术价值。"

其六，这部书的字数，比原书增加近一倍，达 15 万余字，图片增至 232 幅。这些图片，多为彩照，且多出自故宫博物院胡锤、刘志岗等摄影大家之手。全书图片精美，设计优美，图文并茂，清爽可喜。书后附《故宫建筑大事记》，简明扼要，便于查考。作者参与《明清宫廷建筑大事史料长编》的修纂工作，埋头明清档案，爬梳历史资料，故此书简明清晰、史事准确、便于检索。

最后，以杜仙洲先生于2007年9月20日所作的《〈紫禁城建筑〉歌》作为本文的收束。其诗云：

> 崇高壮丽紫禁城，宫殿林林气势雄。
>
> 美艺装修雷家样，遒劲大木蒯门工。
>
> 金砖铺地足感美，楠木为梁材质精。
>
> 瓦顶琉璃一片海，金光夺目满皇宫。

引述上诗，既介绍《建筑紫禁城》对故宫的赞美，又借以怀念中国古建大家杜仙洲先生。

《紫禁城》2014年第7期

《清代起居注册·康熙朝》感言

2009 年 9 月 3 日,《清代起居注册·康熙朝》精装 54 册合璧出版首发式在北京举行,这是出版界、档案界、清史界、文化界的一件盛事。

早在 20 世纪 60 年代,我到故宫博物院明清档案部(今中国第一历史档案馆)看清宫档案《起居注册》(康熙),每月阅读一册,资料珍贵,却残缺不全,深感遗憾。当时不知道《起居注册》(康熙)的另一部分在台北故宫博物院图书文献处。愚曾经猜想:缺失的部分——或因时代变迁,原档损失;或为雍正帝登上皇位后,将不利于己的部分销毁?因当时海峡两岸学术信息隔绝,不能准确地回答这个问题。

1984 年 8 月,中华书局出版了由中国第一历史档案馆标点整理的《康熙起居注》,精装繁体竖排本,大 32 开,全三册,共 2502 页,凡 128 万 9 千字,印 9200 册,三册售价人民币 15 元。

1992 年 10 月,我作为大陆第一批社会科学工作者到台北,参加海峡两岸清史—档案学术研讨会。会间,有幸参观台北故宫博物院,观看了地下文物库和图书文献处书库,才亲睹《起居注册》(康熙)的另一半。当我看到《起居注册》(康熙)分藏于北京中国第一历史档案馆和台北故宫博物院图书文献处时,兴奋之中产生了一个愿望:期盼有朝一日,海峡两岸珍藏的《起居注册》(康熙)

能够合璧出版，方便读者，嘉惠学林。

而后，1997 年、2003 年、2007 年，我三次去台湾，每次都到台北故宫博物院图书文献处看档案。2008 年，我再到台湾讲学，与台湾联经出版公司发行人林载爵谈起《起居注册》（康熙）分存台北、北京两地对读者阅读不便之事，建议海峡两岸出版社合璧出版《清代起居注册·康熙朝》。他表示有同大陆合作出版此书的愿望。但是，原因种种，曲折多多，愿望虽好，坐实却难。

随之，我在台湾讲学期间，台北故宫博物院周功鑫院长、冯明珠副院长，分别邀我向该院专家学者做关于康熙大帝和雍正皇帝的学术报告。事后，她们邀我餐叙。席间，我提及合作出版《清代起居注册·康熙朝》之事。她们均表愿意促成此事。回北京后，我又同中华书局总经理李岩谈起此事，他表示早有此意。我专程到中国第一历史档案馆找邹爱莲馆长谈，她也鼎力支持。经几方相关单位反复协商，多次磨合，达成共识。

但是，好事多磨。当时碰到出版时间的年号标识问题。只要有诚意，就会有办法。台北故宫博物院、中国第一历史档案馆，中华书局、台湾联经出版公司，两岸四方都愿意为海峡两岸、为世界学者做点事情。经过反复协商，达成共识:《起居注册》（康熙）档案——台北珍藏的部分，由台湾联经出版公司出版；北京珍藏的部分，由中华书局出版。为了保存原档真实面貌，采取影印出版的形式。为方便读者阅读，两部分的版式、开本、装帧、纸张相同，而各自标识出版社和出版时间。2009 年 9 月 3 日，一部海峡两岸合作出版的影印版《清代起居注册·康熙朝》（精装 54 册，包括中华书局出版 32 册，台湾联经出版公司出版 22 册），终于面世了！开海峡两岸合璧出版中华古籍的先例。有幸两方各送我半套，合璧成为一套，并有以上提到的五位先生——周功鑫、冯明珠、林载爵、李岩、邹爱莲亲笔签名，此书成为我书房里海峡两岸文化交流与合作的一个珍贵的纪念。

《清代起居注册·康熙朝》由海峡两岸影印合璧出版，很有意义。

第一，《清代起居注册·康熙朝》合璧影印出版，具有文献价值。标点出版固然读起来方便，但难免在抄录、校对上有疏误，影响其科学性、原生性，影印出版就可以避免这方面的问题。

第二，《清代起居注册·康熙朝》合璧影印出版，具有学术价值。中国第一历史档案馆关于由中华书局出版的《清代起居注册·康熙朝》的出版说明，兹征引如下：

> 现存康熙朝起居注册共有 982 册，其中汉文本为 493 册（内有 7 册是稿本，其余均为正本），满文本为 489 册，分存于北京、台北两地。中国第一历史档案馆所藏康熙朝汉文起居注册均系正本。其所属时间为：康熙十年（1671）九月至康熙二十八年（1689）十二月、康熙四十五年（1706）、康熙五十三年（1714）正月至五十七年（1718）三月。台北故宫博物院藏的康熙朝汉文起居注册，亦系正本。其所属年代为：康熙二十九年（1690）至康熙四十二年（1703）、康熙五十年（1711）至康熙五十二年（1713）。另外，国家图书馆藏有康熙十二年（1673）、四十二年（1703）、四十七年（1708）的汉文起居注稿本 7 册。

台湾方面的信息是：台北故宫博物院存康熙朝汉文《起居注册》，从康熙二十九年（1690）正月到康熙五十二年（1713）十二月，中间缺少康熙四十三年（1704）至康熙四十九年（1710）的内容。《起居注册》（康熙）一档两存，这就使读者阅读不便。

第三，《清代起居注册·康熙朝》合璧影印出版，见证文化合掌。大陆和台湾的文化同根同源。《清代起居注册·康熙朝》合璧影印出版，打开了海峡两岸学术与文化交流新篇章。这也为海峡两岸文化交流提供了一个新的范式。

第四，《清代起居注册·康熙朝》合璧影印出版，功臣应受尊敬。作为一名读者，感谢为整理、出版这套书而辛勤劳作的海峡两岸的诸位先生、女士、专家、学者。

2009年9月3日是"合作、合璧、合符、合掌"出版《清代起居注册·康熙朝》的一天，怎样讲呢？海峡两岸的出版界——北京的中华书局和台北的联经公司，合作出版《清代起居注册·康熙朝》；海峡两岸的档案界——中国第一历史档案馆和台北故宫博物院图书文献处，合璧实现了《清代起居注册·康熙朝》的出版；海峡两岸的清史界，促成《清代起居注册·康熙朝》的合符出版，使它更能发挥学术价值；海峡两岸的文化界，促成《清代起居注册·康熙朝》的合掌出版。所以，这一天是出版、档案、学术、文化界，合作、合璧、合符、合掌的一件盛事，我表示感谢，更表示祝贺！

2009年9月

《中国城市距离国际化大都市还有多远》
的内容及特点

《中国城市距离国际化大都市还有多远》一书于 2007 年 1 月由泰山出版社出版。这本书是北京市社科院管理所副研究员杨叙承接北京市社会科学院 2004 年至 2005 年研究课题"北京借鉴外国社会文化之长的探讨与研究"的一项成果。

全书约 22 万字,分为 8 章,分别为《国际化大都市的喜忧》《国际化都市政府的管理》《纽约市的交通发展及对北京的启示》《纽约市移民问题及其借鉴》《社会保障问题的探讨及启示》《纽约城市管理的难题及其对策》《国际化都市的安全性》《国际化都市的文化生活》。

本书首先探讨了什么是国际化大都市的问题,讨论了纽约市作为国际化大都市的实力特征,特别是从纽约的发展和现状探讨了国际化大都市的弊病,这些弊病主要包括:城市规模过大造成管理难度加大;城市人口众多造成拥挤问题;贫富悬殊和人口穷困问题;由于移民众多而带来的问题等。由此得出的结论是,国际化大都市远非完美无瑕,国际化都市与宜居城市在某些方面是一对矛盾体,因此,中国城市特别是北京市在发展中应充分保留自己的城市特色。实际上,既要建设一个拥有实力的国际化大都市,又要避免其弊病;既要建设宜居城市,又要担当得起国家首都、国际化大都市的重任,这的确需要高超的城市建设艺术。

本书认真探讨了国际化大都市政府管理的问题，从纽约市的政府管理体系、纽约市政府管理难度、纽约市的社区管理、纽约市长的管理方式等方面入手进行了分析。作者认为，国际化大都市人口众多、基础设施庞大、经济运行复杂，种种基本特征注定了它必然比其他城市更难于管理，需要更为庞大的管理机构和更巧妙的管理技巧。同时，作者还特别介绍了电子信息化在纽约市政府管理中的重要作用以及纽约市政府网站的特点，以期对北京市的政府管理和网站建设有所启发。目前，纽约市正在大规模建设电子政府，已经建成了一个覆盖全城、集成式的网络基础设施。综合起来，纽约市的政府网站有这样几个特点：一是以面向市民服务为宗旨，发布的信息全面而系统，针对的是老百姓生活中常见的各种问题，信息量非常大；二是透明度高，把政府各部门的结构、公务员情况及其工作动态及时向市民汇报，充分体现政府对纳税人负责的特点；三是分类明确，专业性强，网页设计富有条理性。

交通在城市建设中有着重要地位，本书着重分析了国际化都市应该具备的交通环境、纽约市交通中存在的问题及解决措施。作者认为纽约市交通的主要问题在于交通设施老化、交通堵塞严重、经费不足、安全隐患严重等。纽约市交通的主要治理措施及经验则在于从设施和政策两方面鼓励发展公共交通，在管理中充分发挥高科技的作用，合理布局道路，严格规范交通法规等。总之，在交通方面，纽约可以说为北京提供了经验和教训，值得我们认真总结。

分析纽约市的移民问题及纽约市政府的移民政策是本书的又一重点。移民构成多元化是纽约市的显著特点之一，也是建设国际化大都市必然要面临的问题。作者分析了移民对城市发展的主要贡献：移民充实劳动力大军，从而对经济起促进作用；移民可以带来大量专业技术人才，从而促进高科技发展；移民承担许多本地人不愿意干的工作，从而填补劳动力市场的空白；移民在大都市安家定居，从而对城市发展起到推动作用。移民对城市发展带来的主要弊端：大量移民往往会在教育、医疗和其他社会服务等方面给地方政府带来短期财政负担；移民有可能使低技能本土工人利益受损；移民有可能使城市生活质量和人口素质整体下降；移民过多有可能增加城市的不安全性。作者认为，北京目前虽然还没有国外移民的问题，但是外来人口的问题已经越来越多地从正负两个方面影响着北京的发展。

本书对社会保障问题进行了探讨，重点对美国的社会保障制度与北欧福利保障模式做了比较分析，认为北欧国家的福利制度更具有优越性。为了说明这一观点，作者进一步阐述了美国与纽约在社会保障服务中存在的问题，例如医疗保险中的贫富悬殊问题、纽约的无家可归者问题、养老保险中的入不敷出问题等。在此基础上，作者探讨了布什政府的社安制度改革，认为美国的保险制度对我们有着警示性的作用。我国城市在发展社会保障制度的时候，应更多借鉴北欧福利模式的经验，特别注意发挥社会主义制度的优越性，充分保障社会各阶层人民的根本利益。

为给北京市提供可资借鉴的经验，本书特别分析了纽约城市管理方面的一些难题及对策。这些问题也是北京市在城市管理中常见的问题，包括纽约市重拳打击街头涂鸦对北京解决街头小广告问题的借鉴、纽约市管理街头商贩对北京相关问题的借鉴、纽约市治理污染对北京的借鉴等。同时，作者还分析了"破窗理论"。该理论是纽约城市管理的理论根据之一，意思是如果一个建筑物的窗户玻璃被打破而又得不到及时修理，其他人就可能受到某些暗示性的纵容而去打烂更多的窗户。久而久之，就会造成城市的无序，从而使犯罪行为在公众麻木不仁的氛围中滋生和蔓延。作者在分析中使用了大量第一手资料，详细阐明纽约市具体解决城市问题的方法、措施和经验。例如，在如何治理涂鸦方面，本书详细介绍了纽约市的立法规定、纽约反涂鸦特遣部队的组成及行动方案、纽约市政府实施的粉刷计划等，这对北京市的城市管理有很好的借鉴意义。

国际化都市，往往存在着更多的不安全因素。本书详细分析了国际化都市的安全性问题，从分析纽约的治安状况入手，探讨了纽约治安存在的隐患及纽约治安管理的措施，并特别分析了纽约在治安方面可以为北京带来的经验和教训。经验主要有三点：一是纽约市对犯罪行为实行"零容忍"政策，严打严判，对犯罪分子产生了极大的威慑作用；二是纽约警察专业化强，工作作风雷厉风行，在管理上有不少经验；三是把社区作为防止犯罪的主要平台，收到了良好效果。其中，一年一度的"打击犯罪夜"活动尤其值得我们借鉴。这种活动形式生动活泼、易于实施，可以收到居民防范意识提高、威慑犯罪分子、拉近警民关系三方面的成效。纽约治安的教训主要是以打击为主，预防不足；以威慑为主，教育不足，暴露出大都市缺乏温馨和谐氛围的典型弊病。

最后，文化生活是彰显国际化都市特征的一个重要标志。本书认真分析了国际化都市对文化生活的要求，着重阐述了美国高雅艺术团体的生存之道，以大量具体翔实的资料论证了美国高雅艺术团体生存的成功经验。经验包括：建立稳定广泛的赞助网络，实现互动双赢；立足学校、社区，培养高雅艺术的新"粉丝"；开办附属学校，获得赢取利润和培养骨干的双重好处；举办多样化的文化活动，致力于高雅艺术普及等，并通过反面的例子说明了高雅艺术团体应该避免的问题。这些经验教训对我国文艺体制的改革将有不小的借鉴意义。

总体看来，这本书具有以下四个方面的特点。

一是紧扣中国城市特别是北京城市发展的主题，立意新。目前在我国，关于什么是国际化大都市的问题还颇有模糊之处。作者认为，准确定位是城市发展的先决条件，不搞清国际化大都市的利与弊，势必会导致城市建设的盲目性。城市建设必须脚踏实地，实事求是，用科学发展观作为指导。一旦将浮夸之风引入城市建设领域，必将贻误子孙后代。目前城市建设已成为一项重要课题，本书把国际化大都市纽约的城市建设作为研究主题，从独特视角看纽约的城市建设，从中挖掘对我国城市建设有借鉴意义的经验，立意新颖。

二是以国际化大都市纽约作为比较对象，借鉴性强。纽约是世界上公认的国际化大都市，它在数百年的发展中，经历过辉煌，也有过坎坷，积累下来的城市管理经验和教训无疑对正在加速发展的中国大城市有良好的借鉴作用。作者将国际化大都市比作一个营养过剩的肥胖儿和一颗熟过了的苹果。长得胖未必是坏事，苹果熟过了也不是它的错，但如果违背自然规律去硬性增肥催熟，那就不可原谅了。因此，中国城市应充分保持自己的自然和文化特色，不可盲目跟风制造所谓的国际化大都市。

三是借助作者在纽约生活的优势，信息量大而新。2005年初，作者有机会赴美国纽约生活和工作。新的经历打开了新的眼界，也为写作提供了最好的第一手资料。住在纽约，每天都有大量来自媒体的信息涌来，作者借天时地利，从中撷取了不少最新资料。全书内容系统翔实，阅读此书，能帮助读者获取大量纽约城市管理、城市建设和城市生活的最新信息，有助于对北京的建设及发展进行有益的思考。

四是着眼于我国城市建设的具体问题，针对性强。本书总结纽约市管理发展的经验教训，针对中国城市特别是北京市目前亟待解决的问题，有的放矢地为我国城市建设服务。本书内容着力与北京市建设中面临的实际问题相结合，例如在第六章中，作者特别分析了纽约城市管理方面的一些难题及对策。作者希望通过这些分析，能够为北京市的发展出谋划策，使北京市在发展过程中避免走前人走过的弯路，建设成为世界瞩目、中国人自豪、北京人舒心的现代化城市。

总之，《中国城市距离国际化大都市还有多远》一书具有一定的学术价值和应用价值，内容翔实，紧扣国际化大都市建设中应该注意的问题，密切结合实际，注重比较研究，既有对国际化大都市的利弊、管理方式等的分析，又有对北京等中国大城市管理的具体对策建议，对中国城市的发展建设有一定的借鉴意义。

2007年1月

读《清代陪都盛京研究》

丁海斌教授的《清代陪都盛京研究》是一部前人没有写过的学术专著。这部著作既有学术的创意性，又有逻辑的严密性。关于本书特点，我认为有以下五点。

第一，《清代陪都盛京研究》是一部填补中国古都、清朝陪都研究的学术空白之作，具有开创性的学术价值。中国陪都研究虽古已有之，但中国陪都研究的专著——丁海斌教授的《清代陪都盛京研究》则是第一部。我曾任中国古都学会常务理事、秘书长，考察过北京、西安、洛阳、开封、杭州、南京、安阳、沈阳、辽阳等多处古都，并同相关专家、学者进行过密切的学术交流，还主持《中国古都研究》的编辑工作，因此对中国古都、陪都的研究状况有多年的学术跟踪研究。经过多方比较，我认为丁海斌教授的《清代陪都盛京研究》的确是一部填补中国古都研究、清朝陪都研究的学术空白之作，具有创意性的学术价值。

第二，《清代陪都盛京研究》分为十章，分别为《清朝陪都盛京的历史沿革》《清朝陪都盛京的宫殿与城阙》《清朝陪都盛京的政治制度》《清朝陪都盛京的经济（上）》《清朝陪都盛京的经济（下）》《清朝陪都盛京的军事》《清朝陪都盛京的文化》《清帝东巡与东陪都盛京》《帝国主义势力笼罩下的清朝陪都盛京》《逊清陪都》。作者考察、分析、探讨、研究了陪都的特征、衍生、发展、类型与功能，又分析、研究、论述了清朝陪都盛京的确立、演变、特征、价值等。

第三，在《清代陪都盛京研究》的每章论述之前，都有相关研究简述，列出与该主题相关的学术研究成果及评价。例如，在《清朝盛京的经济（上）》一章中，关于清入关前后盛京城市的手工业和商业的建立与发展，作者列出 5 部相关学术著作；关于清入关后盛京工商业的研究，作者列出 7 部相关学术著作；关于盛京皇室产业研究，作者指出"未见直接的研究成果"，但列出相关研究成果的 3 部著作和 2 篇论文。这反映出作者在该领域里的广阔学术视野与深邃学术见识。

第四，《清代陪都盛京研究》所附《清代陪都盛京大事记》，记叙了自明天启五年（1625）后金定都沈阳起，至 1925 年期间沈阳的政治、经济、军事、外事、文化、民族、宗教、城建等重大事件，并附参考文献，详列基本文献、历史档案、学术专著、重要论文等。

第五，《清代陪都盛京研究》既包括最基本的清史、都城史资料，又包括国内外都城史研究的新资料、新成果。

总之，《清代陪都盛京研究》的作者具有统观全局、高屋建瓴的学术视野，他在充分掌握清代陪都盛京的文献、档案、文集、笔记、金石、谱牒、论著等资料的基础上，进行了细致地分析整合与严密地逻辑论证，为清代陪都盛京研究做出贡献。

2006 年 4 月

《正说清朝十二后妃》三看

2005年，徐广源先生撰著的《正说清朝十二后妃》由中华书局出版，书刚到手，墨香散溢，急忙翻阅，谈点看法。

我认为一个文化人最好能用"三只眼睛"看书，就是从作者、编者和读者三个不同的视角看书。作为读者，到书店选书，我认为主要是"三看"。

一看书名。书名好比一个人的形象，也好比一个人的眼睛。所谓"画龙点睛"就是这个意思。摆在我面前的徐广源先生的《正说清朝十二后妃》，书名响亮，很吸引人。原因有四点。其一是"正说"，就是针对"戏说"而言。历史影视剧，戏说很多；清宫影视剧，戏说更多；清宫后妃影视剧，戏说则泛滥矣！因此，清朝后妃的历史，尤其需要"正说"。其二是"清朝"，清朝离我们不远不近，太远了引不起共鸣，太近了不便于人们戏说；且清朝后妃中的满洲、蒙古女子具有民族特点，他们的语言、服饰、宗教、习俗、文化，色彩斑斓；清宫汉人女子，更具传奇色彩。其三是"十二"，本书说的不是某一个后妃，而是从清朝十二位皇帝的后妃中，选取典型性的、有故事性的、有谜团性的人物，依据历史，加以"正说"。其四是"后妃"。过去人们厚帝王而薄后妃。比如清顺治帝的生母孝庄太后，《清史稿·后妃传·孝庄文皇后传》中，她的生平事迹，在天命、天聪、崇德、顺治四朝只有一百余字，康熙朝也仅有七百余字，综述中就更少了，总共不过九百余字。相反，太祖、太宗、世祖、圣祖四朝皇帝"本纪"却有 16 万余字。所以,《正说清朝十二后妃》这本书,一看书名,就吸引人。

二看书局。书局就是出版社,是出版行业的一个文化品牌。中华书局是个有近百年历史的出版社,以出版文史类图书见长,重选题,重作者,品位高,视野广,讲求质量,编审严格,在学术界、文化界、出版界受到普遍赞誉。这种文化与学术的信誉,不是出版一两本书就能建立的,而是要经过长期的实践检验,才能得到读者认可。

三看作者。本书作者徐广源先生,长期从事清代帝王与后妃的专业研究,得到同行的肯定。他出版了《清朝皇陵探奇》《清东陵史话》《清西陵史话》等。他发表过大量有关清代帝王、后妃的论文。作者为清宫史研究会理事、中国紫禁城学会理事,参与编写《清代皇宫陵寝》,经常出席清史、满学、清宫史、紫禁城学的学术研讨会,是一位清宫史的专家。

以上三点,可以看出:徐广源先生具备长期、深厚的学术积累,《正说清朝十二后妃》这本书值得一看。然而,一本书到底是不是有价值,还要看它的文化内涵。本书有三个特点:

第一,运用档案与考古资料。书中除引用历史文献资料外,还特别运用档案与考古资料。研究历史,首重资料。清宫后妃历史,文献记载疏略。这就需要引用档案、考古资料进行充实。清宫档案,浩如烟海;陵寝考古,外人难见。作者经常去中国第一历史档案馆,选取诸如玉牒、《宫中杂件》、红档、陵寝档等资料,分析论述。作者参与乾隆裕陵、慈禧定东陵、容妃(香妃)园寝地宫的发掘与清理,积累了大量的第一手资料。他查到同香妃有关的"容妃穿戴""棺内安放"等档案折片，从而列出其随葬珍宝的清单。作者为清东陵文物管理研究室主任，亲临后妃陵寝地宫进行实地考察，采集大量考古资料。

第二，进行细致的逻辑分析。作者长期致力于清代后妃研究，发表了数十篇相关论文。本书也是作者研究清代帝王与后妃成果的一个展示。如清太祖"离弃"的大妃是富察氏还是乌拉那拉氏，作者分列 12 条史料，排比分析，阐述见解。又如乾隆"孝贤皇后"与"废后"的死因，史料丰富，分析细致。再以香妃为例，书中不仅破解香妃的"名称之谜""画像之谜""葬地之谜""婚姻之谜""宝月楼之谜""棺椁之谜""死亡之谜"等，而且排比史料，细致考证，深入分析，详述历史上的真实香妃。

第三，附录地下与地上资料。书中在篇章之后，多列有附录，如奇特的昭西陵规制、泰东陵的独创之处、乾隆帝母亲孝圣太后的寿礼单、慈禧遗体的三次入棺、同治帝皇后随葬珍宝清单、光绪帝孝定皇后的随葬珍宝清单等。读者可以从《附录》中得到一些皇家陵寝礼制及建筑的知识，知道后妃随葬的珍宝等。

我认为这是一本学术性与资料性、文化性与可读性结合得很好的书，愿意将它推荐给更多的读者共享。

《中国图书评论》2006 年第 1 期

评《出版文化史论》

章宏伟先生的大作《出版文化史论》被学界专家视为佳作。

中国出版文化，历史十分悠久。蔡伦造纸术与印刷技术在世界文明史上，独着先鞭，影响深远。中国的书籍，竹简帛书，敦煌文书，唐人卷轴，两宋刻本，都是灿烂历史和辉煌文明的见证。中国一向重视历史。左史记言，右史书事，周秦宝籍，屡见载记。编年、纪传、纪事、典志、章节，诸种体裁，记载历史。出版文化史之编著，出版历史之撰著，此前有杨寿清的《中国出版界简史》于1946年出版。自张召奎的《中国出版史概要》于1985年问世后，中国出版学史论著时有新作出版。章宏伟先生的《出版文化史论》的问世，于出版史、印刷史、文化史、学术史而言，是一项新的研究成果。该书分为上下两篇，上篇收录八篇论文《从原始记事到文字发明》《秦汉出版业考述》《魏晋南北朝出版事业考述》《隋唐五代出版业考述》《两宋出版业考述》《论毛晋》《雕版印刷术起源问题》和《中国古代编辑发展历程》。下篇收录十三篇文章，分作两组：一组论述新中国成立五十年来的出版事业发展历程；另一组为20世纪五位出版界大师——张元济、邹韬奋、胡愈之、叶圣陶、魏文葆的传论。拜读大著之后，学人浅见，分述四点。

一是突出文化视角。《出版文化史论》将中国出版史置于历史文化背景中，全景展示，亦史亦论，既有历史叙述，又做逻辑分析，突出论述出版文化的时代特点与历史演进。一般说来，在封建王朝时期，凡是王朝经济繁荣、国家统一、财力雄厚、稽古崇文，其出版事业必然随之繁兴，此乃出版业赖以发展的经济基础与文化环境。该书从文化史的角度，以时间为经，以史事为纬，将出版史的源头作为开篇——《从原始记事到文字发明》，重视并记述了出版史之前史。尔后依次论述先秦、两汉、魏晋南北朝、隋唐五代、宋辽金元、明清、近代，以至当代。全书写起于距今约8000年的河南舞阳贾湖考古原始聚落遗址中出土的带孔并刻有符号的甲骨，迄于1999年，古今上下，纵贯万年。还引述《墨子·兼爱下》，尧、舜、禹、汤、文、武"书于竹帛，镂于金石，琢于盘盂，传遗后世子孙"，相互参证。在每个历史时代，均横向展开分析，包括历史文化背景、图书政策、图书形态、编校活动、图书贸易、图书制度等内容。在各个时期，阐述的内容既有同又有异。在汉代之章，凸显出版文化之大事，专辟"纸的应用与发明"一节。中国四大发明之一的造纸术，不仅在中华出版史上，而且在人类文明史上，都是一座里程碑。魏晋南北朝时期，列出"纸写本书的普及与卷轴制度"。因为三国处于"简帛并行的过渡时期，并兼有其他形态的书写方式"。到晋代，"纸写书已相当流行，成为图书的主要形态"。随着纸写本书的普及，"这时的纸写本是以卷轴形式出现的"，于是纸书如同帛书，都以卷轴为中心，从左向右卷束。在隋唐时期，"早期刻书业"与"书籍形制"两节，论述此期出版文化的特点。以书的形制而言，"隋唐五代时期书籍形制的主体仍是卷轴装，到了后期向册页制转化时，才演进为独特的形制——旋风装和经折装，并出现了早期的册页装——蝴蝶装"。书中对旋风装、经折装、蝴蝶装、包背装等装帧形式，做了具体描述与说明，以适应广大读者的知识渴求。作者不是以书史、印刷史、编辑史去分论，也不是扬此抑彼，而是对整个出版史进行叙述与分析。论述历代出版文化背景，是为本书的第一大特色。

二是研究图书政策。《出版文化史论》重视出版文化的国家政策。出版作为一门行业，斯兴斯衰，同封建王朝的政策至为密切。本书在各篇中，都列有图书政策专章。在魏晋南北朝出版业之章中，分列《三国的图书政策》《两晋政府的图书政策》《南朝的图书政策》《十六国北朝的图书政策》专章。以两晋为例，西晋《泰始律》规定"禁星气谶纬之学"，既表现了政府对图书的管理，也造成了大量天文资料被毁。东晋之后确定了经史子集四部。作者引用《晋书·李充传》论道，后世"秘阁以为永制"。南朝图书业最为兴盛的是梁朝，其原因之一正如《隋书·经籍志》所称："梁武敦悦诗书，下化其上，四境之内，家有文史。""家有文史"，未必确然；"下化其上"，事或属实。前文已述，四部书目，史部单列，著作繁多，"一代之史，至数十家"。国家的重视，政策的宽松，推动了学术研究与出版文化的发展。在《隋政府的图书政策》一节，与众不同，论述新见。隋文帝其人，褒多而贬少。本书作者却指出其查禁图书之失政："人间有撰集国史、臧否人物者，皆令禁绝！"隋炀帝其人，贬多而褒少。本书作者没有纠缠隋炀帝的夺位、奢靡、东征等政治、经济、军事之问题，而着力于其图书政策的论述。"秦有十失，其一尚存。"书中论道："炀帝继位后，十分重视图书事业。"一方面，隋炀帝汇集、整理、校写、装潢图书，《旧唐书·经籍志》中提道："炀皇好学，喜聚逸书，而隋世简编，最为博洽。"本书又论道："炀帝所进行得如此庞大的藏书建设活动超越历代，把我国的卷轴书推到了发展的高峰。"论述历代图书政策，是为本书的第二大特色。

三是探讨出版经济。《出版文化史论》独辟研究蹊径，阐述出版经济。在《秦汉出版业考述》一章中，列"两汉时期的图书贸易"专题，阐述汉平帝时在太学附近，有包括买卖书籍在内的综合性贸易集市——"槐市"。书中引述《三辅黄图》记载："诸生朔望会此市，各持其郡所出货物及经传书记、笙磬乐器，相与买卖，雍容揖让，或议论槐下。"并引扬雄《法言·吾子》载述："好书而不要诸仲尼，书肆也。"从而论证在西汉时期已经出现图书买卖的市场——"槐市"与"书肆"。在《魏晋南北朝出版业考述》一章中，也列图书贸易专题，引述《晋书·儒林传》中北魏皇室向民间"访购经论"的记载，又引述《南史·齐江夏王锋传》记载，萧锋密遣人"于市里街巷买图籍，期月之间，殆将备矣"。其售书的形式有固定书铺、背书行商、送书上门等形式。他进而得出"东晋、南朝的都城建康，有许多卖书的书铺"的结论。在《隋唐五代出版业考述》一章中，也列图书贸易专题。引述《旧唐书·李博乂传》记载，陇西王李博乂"有妓妾数百人，皆衣罗绮，食必粱肉，朝夕炫歌自娱，骄侈无比"，且"昵近小人，好为不轨，先王坟典，不闻习学"。故"赐绢二百匹，可各买经史习读，务为善事"。《太平广记·李娃传》记述一段传奇，李娃等到鬻坟典之肆买书，"计费百金，尽载以归"。在《两宋出版业考述》一章中，也列图书贸易专题。北宋京都汴梁私人书铺，连刻带卖，印售书籍，热销非常。政和年间，张舜民为人"忠厚质直，慷慨喜论事"，仕途坎坷，凝于笔端，其《画墁集》在东京刻印后，"售者至填塞衢巷"。北宋苏州知府王淇修建厅堂花钱亏空，他将《杜工部集》"化身千万"，刻印万册，"每本为直千钱，士人争买之，既偿省库，羡余以给公厨"。这是图书贸易成功的一例。明清时期，北京、南京、杭州等地，官私刻书，极为发达。在北京宣武门外，逐渐形成以图书市场为主的琉璃厂文化街。书中还从出版经济角度，论述"佣书"工价与刻书系统，"按其投资和经营的性质，大体可分为官刻、私刻和民间刻三大系统"。总之，书中对历代图书贸易的论述，见解之新颖，资料之丰富，探讨之深度，论述之系统，眼下尚为仅见。论述历代图书贸易，是为本书的第三大特色。

四是学力功底深厚。《出版文化史论》一书，反映著者学力功底深厚。宏伟先生毕业于山东大学历史系后，就职于中国出版科学研究所，从事专业出版学研究，又调职于紫禁城出版社。专业功底、研究功力、出版实践、理性思辨，四者合一，何等难得！这为本书的出版打下牢实的基础。我国学者长期以来轻视出版历史的研究。出版史的研究者，至今寥寥无几。但宏伟先生晨于斯、夕于斯，15年的积累、探索、研究，终于凝结出硕果。历史学之研究，要耐得住寂寞，也要受得住清贫，既不唯文献，也不唯档案。章宏伟先生的《出版文化史论》，正是如此。书中多有创新之论，前举河南舞阳贾湖考古成果是一例。对版权的考证，虽然《书林清话》中有"翻版有例禁始于宋人"的记载，但本书做出详细论证。作者在书中引述三例，很有意思，兹加节引。

其一，段昌式《丛桂毛诗集解》呈状国子监，禁止"书肆嗜利翻版"，书前刻印国子监禁止翻版公文："……维清窃惟先叔，刻志穷经，平生精力，毕于此书，倘或其他书肆，嗜利翻板，则必窜易首尾，增损音义，非惟有辜罗贡士锓梓之意，亦重为先叔明经之玷。今状披陈，乞备牒两浙、福建路运司备此约束，乞给据付罗贡士为照。未敢自专，伏候台防。呈奉台判牒，仍给本监。除已备牒两浙路暨福建路运司备词约束所属书肆，取责知委文状回申外，如有不遵约束违戾之人，仰执此经所属陈乞，追板劈毁，断罪施行。"

其二，祝穆的《新编四六必用方舆胜览》载《两浙转运司录白》曰："照得雕书，合经使台申明，乞行约束，庶绝翻版之患。乞给榜下衢婺州雕书籍处张挂晓示，如有此色，容本宅陈告，乞追人毁版，断治施行。……如有似此之人，仰经所属，陈告追究，毁版施行，故榜。"

其三，南宋绍熙年间王偁的《东都事略》，其书上有牌记曰："眉山程舍人宅刊行。已申上司，不许覆板。"

书中引证，上述三例。宏伟先生论道："这是迄今发现最早的我国版权实例的记载。'已申上司，不许覆板'八个字，和现代书刊版权页上声明的'版权所有，不得翻印'有异曲同工之妙。"论述者学力功底深厚，多处阐述创新之见，是为本书的第四大特色。

综上，章宏伟先生的《出版文化史论》一书，以其全面系统、资料翔实、逻辑严谨、见解创新，而嘉惠学人，秀于书林。

《河南大学学报（社科版）》2003 年 9 月

《清史图典》　秀于书林

　　过去关于清史的编纂,重文字撰述,而轻图录表述。《清史图典》则另辟蹊径，以图录的形式，表述清代近三百年的历史。《清史图典》是大型多卷本《清朝通史》的图录部分,《清朝通史》则是《清史图典》的文字阐述。"通史"与"图典",文图交映，相得益彰。《清史图典》以年为经，以事为纬，以图片为载体，系统全面地、形象生动地展现整个清朝的历史。因此，《清史图典》是清史编纂的一个创新。

　　我国很早记载有"河图洛书"，就是既有图又有文的图书。隋唐的"图经"，"图则作绘之名，经则载言之别"。明清的"像传"，像是人物的画像，传则是画像的传文。以上都是将图像作为图书的重要形式，然而都没有以图录的形式，来"拼图"历史，来"写真"历史。其主要原因是，其时既没有摄影艺术，更没有扫描技术。

　　摄影技术诞生于清道光十九年（1839）的法国。由于摄影能真实地记录人的容貌、物的实景，很快就在西方流行开来。鸦片战争后，这一新奇的技术也传到了中国。此后，清晰逼真、惟妙惟肖的人像摄影，逐渐取代了流行千年的人物画像。这就为记录清朝历史提供了影像资料。晚清留下大量珍贵的历史照片，这在中国封建王朝史上是独一无二的。

　　当然，运用图录的形式展现清朝历史，并不始于《清史图典》，但《清史图典》具有鲜明的特色。

第一，皇皇巨作。清朝的历史，从天命元年（1616）清太祖努尔哈赤建立后金算起，到1912年清末帝溥仪被迫退位为止，共296年；如从明万历十一年（1583）努尔哈赤起兵算起，则长达329年。其间，文献与档案等资料，汗牛充栋，浩如烟海。学者们运用文献与档案记述清朝历史的著作可谓多矣。运用图片资料记述清朝历史的《清史图典》具有特殊价值。《清史图典》为16开，12册，收入图录约5000幅，严审细校，设计雅致，精印精装，美轮美奂，这在清史著述中是没有先例的。《清史图典》可谓同类图书中印制装帧最美。

其二，编排得体。《清史图典》按政治、经济、军事、文化四大类别，根据不同朝代，依照不同资料，按类设目，列出篇章。此外，还在不同朝代另外列出《源流篇》《民族篇》《战事篇》《风物篇》《中外交流篇》等。每册按类列章分篇，每篇按年排比图片，做到纲目条理、文随图走、杂而不乱、井然有序。以第一册《太祖 太宗朝》为例，其《源流篇》有101幅图，包括建州女真（31幅）、"野人女真"与海西女真（33幅）、女真归一（37幅）；其《战事篇》有140幅图，包括激战萨尔浒（24幅）、进军辽沈（24幅）、辽西争战（23幅）、与明议和（11幅）、奔袭关内（38幅）、松锦大战（20幅）；其《政务篇》有213幅图，包括营建都城（50幅）、八旗制度（51幅）、汗位传承（46幅）、确立行政制度（22幅）、控遏朝鲜与绥服蒙古（32幅）、清太宗皇太极辞世（12幅）；其《文化篇》有42幅图，包括满文（10幅）、宗教（32幅）。从上述496幅图片可以看出编者安排图片的精心匠意。《清史图典》可谓同类图书中收录图片最全。

　　其三，资料珍贵。编者艰苦细心地搜求，精选来自海内外各地，特别是来自故宫博物院、沈阳故宫博物院、台北故宫博物院、中国第一历史档案馆、中国第二历史档案馆珍藏的清代文物、战图、典籍、档案等，融会于《清史图典》之中，使读者一书在手，纵观清朝三百余年的文物秘籍。其中，宫殿、陵寝、园囿、坛庙等，仅用文字描述，很难给读者以清晰的认知。《清史图典》运用图录的特点，更鲜活地反映历史的面貌。《清史图典》可谓同类图书中收录图片最精。

　　其四，品味高雅。《清史图典》具有学术、文物、文献、艺术的四重价值。从清史角度来说，它是一部准确的、真实的、科学的图说清史，给读者以唯物的历史知识；从艺术角度来说，它又是一部精美的、生动的、形象的清史图说，给读者以美的赏阅。《清史图典》可谓同类图书中品味最高。

　　在关于《清史》纂修体例的研讨会上，大多专家学者认为：除传统纪传体的纪、表、志、传之外，还应加上"图"。此项清史体例的重大创新，在很大程度上受《清史图典》的影响。《清史图典》的出版，将对国家纂修《清史》中的"图录"部分，有着重要的参考与借鉴作用。

　　《清史图典》出版以来，引起各界重视，受到专家好评。笔者听到的反映是：《清史图典》汇集图片全面、系统、完整、珍贵，既是一部具有很高学术价值的图说清史，又是一部具有很高艺术价值的清史图说。阅读多卷本《清史》，苦于没有时间，有《清史图典》在案，可以形象地、科学地了解清代的历史。笔者又得到信息：美国、日本、英国、法国、德国、韩国等国家的许多大图书馆，将《清史图典》作为珍贵的、经典的图录文献加以收藏。

《清史图典》以其体系完整、结构得当、图片丰实、文图互映、编审讲究、校对仔细、印装精美、品位高雅而秀于图书之林，是近年来国内出版图书中难得的精品。

2003 年 3 月

评校点本《八旗通志》

八旗制度是清朝根本的社会制度，前代未有，后世也无。清朝重视八旗制度，先后编纂了两部《八旗通志》，为加以区别，称前书为《八旗通志初集》，后书为《钦定八旗通志》。两部《八旗通志》，前书有满、汉文刻本，后书仅有汉文刻本。两书内容详细、系统、全面、完整，是研究清代八旗的旗分、政治、经济、军事、文化、社会、民俗、氏族、典制、教育、宗教等不可或缺的珍贵资料，也是八旗制度研究者必备的经典文献。1986 年台湾学生书局将两部《八旗通志》（汉文本），合为一套，影印出版，精装百册，未加点校。1985 年《八旗通志初集》（汉文本）校点本由东北师范大学出版社出版。《钦定八旗通志》（汉文本）的清代刻本，印数少、卷数多、无标点、无索引，广大读者阅读不便，查检困难，甚感头痛。吉林文史出版社 2002 年出版了校点本《钦定八旗通志》（汉文本），受到学界重视，也得到学者好评。

八旗制度是清太祖努尔哈赤于明万历二十九年（1601），在女真狩猎牛录组织的基础上创建的，初制为四旗，到万历四十三年（1615），析置为八旗，建立了军政合一的八旗满洲制度。后又发展八旗蒙古、八旗汉军，清朝的八旗制度逐渐完备。八旗制度既播种下清朝肇兴的种子，也潜藏着清朝灭亡的基因。八旗制之盛衰，系清朝之兴亡。八旗兴，则清朝兴；八旗衰，则清朝亡。八旗由兴而盛转衰的过程，也是清朝由兴而盛转衰的过程。八旗制度对于清代历史、满洲民族之发展，起过极为重要的作用。不了解八旗制度，就不了解清史，也就不了解满学。八旗制度的深入研究，是满学，也是清史研究中的重要课题。

《八旗通志初集》于雍正五年（1727）敕撰，鄂尔泰等修，乾隆四年（1739）刊印。其记述始于满洲肇兴，迄于雍正十三年（1735）。《八旗通志初集》以八旗兵制为经，以八旗法令、职官、人物为纬，有卷首、志、表、传四个部分。包括卷首1卷、目录2卷、志74卷、表54卷、传122卷，共253卷，有满文刻印本和汉文刻印本。志分为旗分、土田、营建、兵制、职官、学校、典礼、艺文八志；表分为封爵、世职、八旗大臣、宗人府、内阁大臣、部院大臣、直省大臣、选举八表；传分为宗室王公、名臣、勋臣、忠烈、循吏、儒林、孝义、列女八传。志、表、传三者之间，既相互联系，又各具特色。志以事系史，表以年系人，传以人系事，各有侧重，相得益彰，但也存在问题：有的项目同而内容相违，体例同而史事不合。其艺文志，收帝王敕令、臣工奏议，阙八旗人之著述，违传统体例，且名实不符。《四库全书总目提要》撰写的是《八旗通志初集》，收入《四库全书》的却是《钦定八旗通志》。这是因为纪昀等撰修《四库提要》时前书已成，而后书未纂。待缮录《四库全书》时后书已经告成，按架归函，故而出现《四库提要》与《四库全书》目先书后、相互龃龉的现象。

《钦定八旗通志》于乾隆五十一年（1786）敕撰，纪昀等修，嘉庆四年（1799）成书。此书实际上分为卷首（御制诗文）12卷、志120卷、传（人物志）149卷、表69卷、其他4卷、目录2卷，共356卷，"著一代之宪章，垂奕世以法守"。《钦定八旗通志》仅刊刻了汉文本，没有刻印满文本。先是乾隆三十七年（1772）敕纂《四库全书》，命修订《八旗通志初集》。乾隆五十一年（1786），乾隆帝批阅四库馆呈进修订后之《八旗通志》，发现该书有严重缺失：人名、地名、官名为满文记载，不注汉文，后人难以"开卷晓然"；馆臣办理疏漏，修订无多，"是钞史，非修史"。乾隆帝驳回呈稿，谕"著交军机大臣会同该馆总裁重加辑订"。于是《八旗通志初集》开始重修，至乾隆末，基本完稿。其间经乾隆帝多次抽检，馆臣反复勘核，不断修订、抽换、增补、誊录，直至嘉庆中告竣，装匣插架，收入《四库全书》。其记事始于满洲肇兴和八旗制度创建，迄于乾隆六十年（1795）。两书的关系在于，《钦定八旗通志》是在《八旗通志初集》的基础上纂修，二者既有同又有异。所谓同，两书时间上限一致，编写体例相似。所谓异，两书的时间下限、内容结构、资料取舍、范围规模等均有所不同。后书较前书增加102卷，多出200万字，共600余万言。特别是续补乾隆朝六十年之八旗史事。然而，前书纂修在先，有开创之首功；后书重纂继续，集资料之大成。所以后书不是前书的续编或二集。其史料来源，就点校者征引所见，有六朝实录、康熙会典、六科史书、御制文集、盛京通志、上谕八旗、旗册、会典等，也摘录了大量八旗档案和地方文书。志的主要资料来源，有宗人府、六部、国子监的原档和八旗将军、都统、省府州县衙的来文来册以及诏诰、上谕、奏疏、诗文等。表的主要资料来源，有玉牒、封册、诰命、世爵世职敕书及地方名宦册等。传的主要资料来源，有国史列传、实录、史书及各旗册籍、旌表册等。上述档案文书大多散佚，赖《钦定八旗通志》得以保存，其史料价值，更弥足珍贵。由此可见，《钦定八旗通志》既是清人纂修的一部八旗史，又是一部关于八旗的史料集。

《八旗通志》卷数多，部头大，内府珍藏，查阅不便。校点本《八旗通志初集》和《钦定八旗通志》的出版，实属首创。这对于研究满学、清史，尤其是研究八旗制度史、清代军事史、清代经济史、清代社会史等，有极其重要的学术价值。分作四点，略加评述。

第一，分段标点，方便读者。虽然东北师范大学出版社出版了校点本《八旗通志初集》，但更重要的《钦定八旗通志》尚未校点出版。《钦定八旗通志》一书，经过查点，庋藏现状：稿本残缺，殿本珍善，四库本难求，研究者不便，读者急切希望出版一部校点本《钦定八旗通志》。最近国家开始纂修大型《清史》，满学已成为一门国际性显学，八旗研究又一再升温，所以二百年以来第一次出版校点本《八旗通志》，正逢其时，恰当所需。这项学术工作，更具重要意义。此次点校《钦定八旗通志》的主要工作是：分段、标点、校注、索引。其分段，便于读者阅览。其标点，虽方便读者，却似易实难。清人姚鼐曾言："（书籍）圈点启发人意甚于解说。"校点古籍，功力不深，态度不慎，鱼鲁不辨，臆断文意，贻害读者。此书的标点，更增加一层满洲与蒙古之人名、地名、官爵、衙署、赐号等满、蒙、汉文翻译之难。故而学人，标点旨趣，尽量谨慎；力求避免"误点破句，贻笑大方"。这表现出校点者与编辑者的严谨态度。

第二，精校精注，唯慎唯微。本书校注，颇见功力。《钦定八旗通志》以嘉庆内府武英殿刻本为底本，以文渊阁四库全书本为校本，参证《清实录》《清会典》《八旗通志初集》以及文献、档案等，并汲取前人研究成果，进行校勘、注释。正如前贤所言："观天下书未遍，不得妄下雌黄。"由是，本书校点者规定"三勤——勤思、勤查、勤问"和"慎改——校出之讹、误、衍、脱，必查实根据，亦必出校勘记"。此项校点工作，其底本之缺行、漏段，词序颠倒及讹、误、衍、脱之字，均据校本予以补足、理顺、勘误，并出校于所校补之段、行、字词下，加校改顺序号，按号作注，置于卷末。对于异体字、古今字、通假字等，均"以仍其旧，不做改动"。至于简化字表中异义归并之字，"校本中皆离析还原"。据笔者统计，《八旗通志初集》共出校勘记 164 则，其中第 185 卷出校勘记 6 则。至于《钦定八旗通志》的校勘，做得更多、更细、更广、更精。经笔者统计，全书共收录校注 401 则，其中第 285 卷 25 则、第 283 卷 24 则、第 284 卷 22 则。勘误校正，举其例如："回子营"误作"回子劳"、"冤抑"误作"冤仰"、"满达海"误作"海达海"、"谕曰"误作"踰曰"、"乾隆"误作"乾乾"、"侍卫"误作"待卫"等，甚至于"明总兵祖大寿以锦州降"中的"锦州"误作"荆州"，均加以校勘，并出注依据。

第三，志传索引，嘉惠学人。有清一代，上自宗室王公，下至满洲、蒙古、汉军各旗的旗人，都归属八旗组织。对于治清史和满学的人来说，旗人的传记史料是最基本的史料之一。《八旗通志初集》中的人物传记，据笔者统计：凡 122 卷，共收录满洲、蒙古、汉军旗人 3977 人，列女 3308 人，共计 7285 人。《钦定八旗通志》中的人物志记，据笔者统计：凡 149 卷，入传满洲、蒙古、汉军旗人 3409 人，列女 15997 人，共计 19406 人。两书累计共收录满洲、蒙古、汉军旗人 7386 人，列女 19305 人，总计 26691 人。其所收录人物范围之广、数量之多，为《清史列传》《清史稿》《清国史》《碑传集》《国朝耆献类征》等书所不及。《八旗通志》从某种意义上说，也是一部八旗人物传记。志中或传中人物，分散各卷，头绪纷杂，查阅检索，非常繁难。哈佛燕京学社的《三十三种清代传记综合引得》也没有收录《八旗通志》中的人物志传。虽1965年日本东洋文库"满文老档研究会"编《八旗通志列传索引》，但此书不易找到，且版本不能配套。此书将《八旗通志初集》和《钦定八旗通志》两书的正传和附传人物，加以排比，做出索引。它分为上下两篇：上篇为《八旗通志初集·人物传索引》，下篇为《钦定八旗通志·人物志索引》。每篇分列汉字姓氏笔画检索和汉语拼音检索。每传主之下列出名字、姓氏、旗分，并注明校点本的册数、页码和原底本的卷数、页码。有歧义者，加注说明。使用起来，十分方便。仅此一项，功莫大焉。

第四，选择版本，反复核查。东北师范大学古籍整理研究所为抢救民族古籍，适应学术界之急需，乃着手组织人力，整理校点两部《八旗通志》。整理古籍，版本为要。台湾学生书局影印的《八旗通志初集》，系美国华盛顿大学所藏缩微胶卷，因胶片断简，而出现白页。校点本《八旗通志初集》以乾隆四年（1739）武英殿刻本为底本；校点本《钦定八旗通志》则以嘉庆年间武英殿刻本为底本，以《四库全书》本为校本。两书所选的底本及校本，更为精当，版本最佳。如果说《八旗通志初集》是一部八旗制度的资料长编，那么《钦定八旗通志》则是一部八旗制度的专史专志，同时也是一部更为可信的八旗资料集，具有很高的文献价值与学术价值。两部《八旗通志》的点校工作，由著名教授李洵、赵德贵等任总校点，先后有58人参与其事。他们态度谨慎，学风严肃，"前不愧对古人，后不贻害来者"。《钦定八旗通志》的校点工作，开始于 1986 年，分为四期：初期历时五年，完成点校；继是五年的繁体竖排；再是六年周折；最后是复校、定稿、出版。此间课题组人员及出版社编辑，分别校对清样，先后达十二轮。仅两位主校点者就对照底本、校本通校了三遍。校点本《钦定八旗通志》，多历磨难，总算问世，其至诚精神，实在感人。精校精注，精印精装，秀于书林，惠于学人。

校点本《八旗通志初集》和《钦定八旗通志》两书，经粗浅阅读，受益良多矣。兹略作评论，冀共励共勉。

《光明日报》2003 年第 1 期

评《清朝通史·太祖朝》

在中国五十五个少数民族中，建立大统一王朝的只有蒙古族和满族。蒙古族建立的元朝仅享祚九十八年，满族建立的清朝则绵祚二百九十六年。清朝占据中国历史舞台的时间，约为自秦以降整个中国封建王朝历史的七分之一。自秦始皇以来两千多年的封建王朝历史上，开创过二百年以上大一统王朝的，只有汉朝、唐朝、明朝和清朝。在上述四朝中，汉高祖刘邦、唐高祖李渊和明太祖朱元璋都是汉族人，只有清太祖努尔哈赤是满族人。大清帝国在"康乾盛世"时的世界舆图上，是一个疆域最为辽阔、国力最为强盛、人口最为众多、物产最为富庶的大帝国。

树有根而枝叶茂，水有源而百川流。清太祖朝历史是清朝历史的树之根、水之源。清朝在开国时期，埋下后来清朝历史的盛与衰、强与弱、成与败、得与失之基因。以下分作六个问题，做一简略论述。

一

明万历年间，辽东总兵李成梁提兵进攻建州女真古勒寨，城破之后李成梁下令屠城，男女老幼，全遭屠戮，斩杀一千余级，努尔哈赤的祖父觉昌安和父亲塔克世也在混乱中被杀。从此，努尔哈赤与大明王朝，积下不可化解之怨，结下不共戴天之仇。万历帝、李成梁杀了觉昌安、塔克世，在他们的子孙努尔哈赤心里，点燃起燎原之复仇星火。随之，努尔哈赤以父祖"十三副遗甲"起兵复仇。努尔哈赤将复仇的星火，逐渐燃烧成为焚毁大明王朝的燎原大火；将复仇的穴水，逐渐汇聚成冲毁大明王朝的汹涌洪水。最终，以清代明，江山易主。因此，古勒寨之役是明朝灭亡与清朝崛兴的历史起点。

清太祖朝的历史，从时间来说，从明万历十一年（1583）到清天命十一年即明天启六年（1626），总计44年。从空间来说，大体上东起鸭绿江、图们江及乌苏里江以东滨海地区，西到大兴安岭，南近宁远（今辽宁省兴城市），北至黑龙江中游地域。

清太祖时期44年的历史，可以分作建州时期和天命时期。

建州时期。此期可以分作三个阶段：

第一阶段，从明万历十一年（1583）到万历二十一年（1593），共有十年，主要是建州女真内部的统一。以努尔哈赤起兵与古勒山大捷，为此期重大历史文化事件的标志。

在这段历史时间里，主要历史文化大事有：努尔哈赤以父祖"十三副遗甲"起兵，杀尼堪外兰，攻克图伦城；统一建州女真五部——苏克苏护河部、哲陈部、董鄂部、完颜部、浑河部，初步统一长白山三部——讷殷部、朱舍里部、鸭绿江部；建佛阿拉城；努尔哈赤首次到北京朝贡（先后八次）；打败叶赫等九部联军的军事进攻，就是著名的古勒山之战。

第二阶段，从明万历二十一年（1593）到万历三十一年（1603），共有十年。以创制满文与兴筑赫图阿拉为此期重大历史文化事件的标志。此期日本侵略朝鲜，明朝派军进行援朝战争，这就是历史上的"壬辰战争"。这场战争持续了六年，明朝主力部队入朝，辽东防务空虚，给建州女真统一海西女真提供了难得的历史机遇。

在这段历史时期里，主要历史文化大事有：建州女真发动哈达之役、辉发之役，而将哈达、辉发吞并，扈伦四部灭其二；朝鲜南部主簿申忠一到佛阿拉，写下《申忠一书启及图录》，即《建州纪程图记》；努尔哈赤表面对明廷忠顺，被明廷封为"龙虎将军"；创制满文，就是无圈点的老满文；建筑赫图阿拉城，后清尊称为"兴京"，意思是清朝兴起的京城，后在兴京建永陵。

第三阶段，从明万历三十一年（1603）到万历四十三年（1615），共有十二年，以建立八旗制度与蒙古贝勒尊努尔哈赤为"昆都仑汗"为此期重大历史文化事件的标志。

在这段历史时期里，主要历史文化大事有：建州军同乌拉军在图们江畔进行乌碣岩大战，建州军获胜，从此建州打开进军图们江、乌苏里江地域的通道；漠南蒙古恩格德尔率喀尔喀五部贝勒尊努尔哈赤为"昆都仑汗（恭敬汗）"；派兵略渥集部，取那木都鲁、绥芬、宁古塔、尼马察部民，招降瓦尔喀部民；努尔哈赤将胞弟舒尔哈齐幽禁死，下令将长子褚英处死，权力更加集中；建立清朝根本性的军政制度——八旗制度，后来逐渐完善成为八旗满洲、八旗蒙古、八旗汉军，旗的颜色规范为正黄、正白、正红、正蓝、镶黄、镶白、镶红、镶蓝；努尔哈赤娶蒙古科尔沁明安贝勒女为妻，从而开始了满蒙联姻；吞并海西女真扈伦四部中最大的一部——乌拉部。

天命时期。从后金天命元年，即明万历四十四年（1616），到天命十一年，即明天启六年（1626），以建立天命政权与迁都沈阳为此期重大历史文化事件的标志。

在这段历史时期里，主要历史文化大事有以下五个方面。

政治方面。努尔哈赤"黄衣称朕"，建立大金政权，又称"后金"。以赫图阿拉为都城（后称"兴京"）。以费英东、额亦都、何和理、扈尔汉、安费扬古为五大臣，参与议政。发布"七大恨"告天布民，同明朝公然决裂，向明军宣战。将都城迁到辽河流域的中心地带，先由赫图阿拉迁到辽阳（后尊称"东京"），并在太子河东岸建东京城，再迁到沈阳（后尊称"盛京"），开始兴建沈阳宫殿。

明朝发生皇位变动，神宗万历帝死，其子光宗泰昌帝立一月又死，再立熹宗天启帝。皇位的变动没有给明朝带来新的转机，却接连发生"梃击"、"红丸"、"移宫"三案。天启帝年少贪玩，怠于政事，皇权旁落到宦官魏忠贤手中。于是，党争更趋激烈，朝政更加腐败。

军事方面。后金军事进攻重点转移到同明军对抗。后金军攻取明朝辽东边地两座重镇——抚顺、清河。明朝为报复后金，以杨镐为辽东经略，发动十余万大军，采取"兵分四路，分进合击"的兵略，要攻占赫图阿拉，对后金"犁庭扫穴"。后金军则采取"凭尔几路来，我只一路去"，采取"集中兵力，合进分击"的兵略，获得全胜，史称"萨尔浒大捷"。后金军乘胜进兵灭亡叶赫，统一了海西女真。随之，后金军连获三捷——先取开（原）、铁（岭），继取沈（阳）、辽（阳），再取广（宁）、义（州）。明辽东经略熊廷弼以失广宁罪被"传首九边"；辽东巡抚王化贞因陷广宁罪下狱。明朝原辽东首府广宁、时辽东首府辽阳，都落于后金之手，这标志着明朝在辽东统治的终结。明廷决策坚守辽西，保卫山海关。

明大学士孙承宗视师山海关外，决策营筑宁远城。明以孙承宗为蓟辽督师。

天命十一年，即明天启六年（1626）正月，努尔哈赤率六万大军进攻宁远城。明袁崇焕率万人坚守，城上设红夷大炮。袁崇焕"凭坚城、用大炮"，打败后金军的进攻。有史料说天命汗在指挥攻城时受炮伤。此役，明人称之为"宁远大捷"。后金军虽在宁远城下失败，却在进攻觉华岛之役中获胜。此役史称"觉华岛之役"。

经济方面。开采金矿、银矿，炼铁，制造军用器械，发明并推广人参煮晒法，实行牛录屯田，同明朝、蒙古、朝鲜进行贸易，发展农业、畜牧业。进入辽沈地区后，采矿、冶炼、造船、制械、建筑、晒盐业等都有较大的发展。种棉养蚕、缫丝织缎。铸"天命汗钱"，进行货币流通。铸"天命云板"，传递军情信息。实行"计丁授田"制度。

文化方面。先是朝鲜南部主簿申忠一到佛阿拉，回国后撰写《申忠一书启及图录》即《建州纪程图记》，详细地记述了建州的政治、军事、地理、农业、建筑、宗教、习俗等，留下难得的第一手史料。后朝鲜援军姜弘立元帅等在萨尔浒之役中率军投降，其属李民寏在赫图阿拉写下《建州闻见录》《栅中日录》，是继申忠一后又一份外人纪录建州社会的重要文献。在八旗设巴克什，招收儿童入学，教习满文。此期开始留下珍贵的无圈点满文档案。在赫图阿拉兴建祭神祭天的堂子，建筑佛寺及玉皇等七大庙。迁都沈阳后开始兴筑天命汗宫，建大殿（后称大政殿）及其列署亭式殿（俗称十王亭）。后建筑清太祖陵——福陵（沈阳东陵）。

民族方面。此期，后金进军黑龙江中游地域，征萨哈连部，取得胜利。从此拉开征抚黑龙江地区的序幕，到清太宗皇太极时，整个黑龙江流域的版图归入清朝。《盛京吉林黑龙江等处标注战迹舆图》反映了这些军政的胜利成果。在占领的辽东地区，对汉人实行"剃发"。对漠南蒙古实行联姻、会盟、重教、封赏、征抚等政策，取得初步成效，并为后来清朝对蒙古实行的政策提供了初始的范式。

清太祖努尔哈赤宁远兵败后，《清太祖武皇帝实录》记载："帝自二十五岁征伐以来，战无不胜，攻无不克，唯宁远一城不下，遂大怀愤恨而回。"天命汗久历疆场，身经百战，师出必胜，攻战必克。六十八岁的沙场老将努尔哈赤，却败给四十二岁的无名小辈袁崇焕。袁崇焕是努尔哈赤的克星。努尔哈赤郁闷不乐，忿积疾重，同年八月死去。由他的儿子皇太极继承汗位，是为清太宗。次年改元为天聪。

清太祖朝的历史随之结束。

二

清朝的崛兴，有其国际、国内和族内的客观条件。

一个朝代的出现，必然有其复杂的时代背景。清朝之崛兴，是怎样的呢？用两个字来概括——"乱世"。所谓"乱世"，就是社会上的各个阶层、各个集团、各个民族、各个宗教、各个地域的利益，处于三百年一遇的大分裂、大震荡、大争夺、大重组、大调整的陵谷隆替之期。其时，全辽地域主要有四大利益集团：南为大明、东为朝鲜、西为蒙古、北为女真。各大利益集团之间及其内部,纵横捭阖,明争暗斗,历史又到了一个充满劫难的乱世。兵荒马乱是明末东北地区最为突出的一个社会现象。争战出英雄,"乱世"生变革。"乱世"就是历史机遇,乱世为清朝的崛兴提供了难得的历史舞台。

兹就清朝崛兴的国际形势、国内民族、女真状况,列纲目举,整合阐述,略加分析。

先说俄国。俄国原是一个欧洲国家。俄罗斯大公国到明弘治元年(1489),伊万三世自称全俄罗斯大君主。明嘉靖二十六年(1547),伊凡四世(17岁)被立为沙皇。他两年后召开首届俄罗斯全国议会,五年后开始征服喀山等地。到瓦西里三世时,俄罗斯的东部疆界在北乌拉尔山以西。到16世纪后期,俄国的势力扩张到西伯利亚。明万历十年(1582),以叶尔马克为首的哥萨克越过乌拉尔山,次年进入西伯利亚地带。这年明朝与建州发生古勒寨之战,努尔哈赤的祖、父死于难。历史十分巧合:俄国势力进入西伯利亚和努尔哈赤父祖遇难竟然发生在同一年。前者,对努尔哈赤来说是子孙的外患(尽管他当时并不知道这一点);后者,对努尔哈赤来说则是现实的内忧。尔后,俄国的扩张势力步步东逼。万历十五年(1587),俄国建托博尔斯克,这里后来成为俄国在西伯利亚的中心。明万历四十一年(1613),罗曼诺夫为沙皇,从而创建罗曼诺夫王朝,更加紧了对西伯利亚的扩张。天聪六年即明崇祯五年(1632),俄国在勒拿河畔建立勒拿堡,即今雅库次克。后进而侵入贝加尔湖以东地区和黑龙江流域。崇德三年即崇祯十一年(1638),哥萨克人听到鄂温克人说有一条黑龙江。崇德八年即崇祯十六年（1643），俄人波雅科夫带军到了精奇里江（今结雅河），侵入达斡尔地区。顺治七年（1650），哈巴罗夫带领七十多人，翻越外兴安岭，侵入黑龙江地方。不久，他们占领达斡尔人的住地雅克萨（今阿尔巴津）。第二年，哈巴罗夫侵占索伦头人托尔金驻地，托尔金是皇太极额驸巴尔达齐的亲戚。沙俄入侵者蹂躏当地民族部落，抢掠烧杀，无恶不作。这个大的历史背景说明，如果东北地区各个民族内部或民族之间混乱纷争、不相统一，那么就不能共同抵御沙俄东扩势力；相反，满洲崛兴并对东北地区的重新统一，为后来抵御沙皇俄国对中国东北地区的侵略提供了条件。

次说日本。日本国内的政治变动和对外政策对满洲的兴起，有着直接的、至关重要的影响。日本在中国明万历之前，处于战国时代，诸侯割据，战乱不已。到明嘉靖时，地方实力派织田信长强大，兼并各部，进占京都。他在统一日本的过程中，于明万历十年（1582），被大将丰臣秀吉暗杀。丰臣秀吉继续织田信长的统一事业。他以大阪为基地，加强集权，四处征战，笼络诸侯，势力强大，逐渐结束延续百年的战国分裂局面。他初步完成日本统一后，开始进行对外侵略战争。丰臣秀吉侵略的矛头，首先指向朝鲜。明万历二十年（1592），丰臣秀吉向朝鲜发动大规模的军事进攻，占领平壤，朝鲜告急。明朝以"唇亡则齿寒"，派兵抗倭援朝。这年是壬辰年，所以历史上称这场战争为"壬辰战争"。壬辰战争时断时续地进行了六年。万历二十六年（1598），丰臣秀吉病死，日军退守本岛，战争结束，兵祸始休。日本的专制权力落到织田信长的另一大将——德川家康的手中。德川家康急于扫平对手，打击联军，整顿内部，巩固权力，并在江户（今东京）建立幕府，也无暇顾及朝鲜。所以，日本发动壬辰战争和国内政治突变，对后金的统一战争和满族的崛兴辽东，提供了十分难得的外部机遇。此前，努尔哈赤虽刚完成对建州的统一，但对扈伦四部的统一尚待外部条件。朝鲜、明朝与日本之间进行的壬辰战争，恰为努尔哈赤统一扈伦四部提供了历史机遇。因为：第一，明朝将在辽东的主力军派往朝鲜，而在辽东地区出现军事空虚；第二，明朝无力也无暇支持叶赫去进攻后金，使努尔哈赤无后顾之忧；第三，朝鲜受到外敌的侵略，金瓯残破、八道尽失，不能同明朝形成合力，共同对付后金；第四，壬辰战争使朝鲜元气大伤，再加上内部纷争，一蹶不振。以上，历史为建州女真基本完成统一海西女真扈伦四部提供机遇，也为后来皇太极两次进军朝鲜提供了条件。似可以说，如果没有日本侵略朝鲜的壬辰战争，那么明朝和朝鲜的军队就会联合起来对付后金，也就不会有努尔哈赤吞并扈伦四部的条件，也难以有满洲崛兴的机会。

再说朝鲜。朝鲜在明初称高丽，位于朝鲜半岛，是中国的近邻。高丽国大将李成桂废黜高丽恭让王瑶，于明朝洪武二十五年（1392）自立，奏报明廷，请更国号。明太祖朱元璋命："仍古号，曰朝鲜。"后赐金印、诰命等。朝鲜的国王、世子，均奏请明廷诏立。明朝和朝鲜鉴于各自的利益，都不愿意看到一个统一强大的建州女真在他们的中间崛兴。由是，他们几次联合出兵，攻剿建州。到努尔哈赤兴起时，日本丰臣秀吉发动了侵朝战争。日军十六万人先后在釜山登陆，长驱直入，破开城、陷王京、纵淫掠、占平壤。朝鲜国王李昖逃奔义州。朝鲜两京陷落，八道丧失；明朝派兵援救，损兵耗饷。《明史·朝鲜传》记载："倭乱朝鲜七载，丧师数十万，糜饷数百万。"时努尔哈赤请求派兵驰援，但遭到明朝和朝鲜两方的拒绝。建州利用历史提供的机遇，利用明朝和朝鲜无暇鞭及的时机，基本完成了建州女真和海西女真的统一（统一叶赫在天命四年），随之建立后金。明朝和朝鲜缓过劲来之后，合兵围攻后金都城赫图阿拉。明朝兵分四路，两双败北。朝鲜元帅姜弘立统领军队万余人，兵败被俘，全军覆没。后朝鲜依违于明朝与后金之间。努尔哈赤死后，天聪元年即明天启七年（1628），他的儿子皇太极先派兵朝鲜，攻破平壤，所至辄下。朝鲜输款，订"兄弟之盟"，后金班师。崇德元年即明崇祯九年（1636），皇太极亲征朝鲜，列城悉破，订"君臣之盟"。努尔哈赤父子剪除明朝西翼蒙古和东翼朝鲜，从而摧毁了明朝自洪武以来经营二百多年的全辽左右两翼防线，为满族的崛兴创造了外部条件。

上面所说，可以看出，俄国的初起，日本的战败，朝鲜的外患，都为满洲崛兴提供了历史条件。

在中国内部，主要有女真、蒙古和明朝三个重要的因素。这三个因素的相互关系、力量消长，直接影响到满洲的崛起。

先说女真。女真在明朝后期，分为建州女真、海西女真、东海女真和黑龙江女真四大部。时值女真社会混乱动荡："各部蜂起，皆称王争长，互相战杀，甚且骨肉相残，强凌弱，众暴寡。"而在夹缝中生存的建州女真，更是"攘夺财货，兄弟交嫉"，四分五裂，争战不息。建州女真部的王杲及其子阿台，一度强大起来。明廷采取"捣巢"的军事围剿，将其首领王杲"槛车致阙下，磔于市"，又杀其子阿台。明朝虽除掉王杲、阿台，却未能遏止建州通过兼并而聚集力量的历史趋势。此一举措，为努尔哈赤兄弟登台，统一建州女真，提供复仇口实，扫清前进道路。海西女真扈伦四部的各部首领都想重建女真的统一，但他们相继谢世。明廷对海西女真实行"以夷制夷"的策略，扶持哈达部的首领王台。但王台死后，诸子互争，其部自乱。努尔哈赤借机，分口"吃掉"哈达。明廷一面支持哈达，一面抑制叶赫。明辽东巡抚李松、总兵李成梁设计在开原中固城关帝庙，诱杀叶赫部首领清佳努和杨佳努兄弟。后清佳努子布寨贝勒败死，杨佳努子纳林布禄贝勒病亡。叶赫走向衰落，建州更趋壮大。乌拉贝勒满泰夜淫村妇被杀，乌拉部也被建州用砍伐大树的方法，一斧一斧地砍倒。辉发贝勒王机砮死后，子孙自讧，自弱自毙。其他女真诸部，先后归服称臣。那些各自称雄的女真首领先后死去，为努尔哈赤的军政表演让出了历史舞台。于是，明朝原来对女真各部采取"使之相争，不使之相吞"的政策而造成的均衡局面被打破。努尔哈赤既借用明廷的信任，又利用明廷的疏误，一步一步完成女真的统一。就客观历史而言，明廷对辽东女真的错误政策，促成了满洲势力的崛兴，而自毁其自洪武以来经营二百多年的全辽东部防线。

次说蒙古。朱明兴、蒙元亡，故元势力成为明朝北部的边患。这同朱元璋对故元势力的政策不无关系。徐达率师直捣大都，行前奏问："元都克而其主北走，将追之乎？"明太祖朱元璋答："元运衰矣，行自渐灭，不烦穷兵。"就是说，占领大都就行，不必远追败兵。于是，元统虽绝，实力犹存，"引弓之士，不下百万"。因此，明朝前期全辽政策的战略基点是防御蒙古，明辽东巡抚驻地广宁（今辽宁省北宁市）。通过洪武的五次用兵、永乐的七次北征，蒙古势力，受到大挫，逐渐分裂，走向衰落。蒙古诸部的分裂与衰落，为满洲崛兴准备了条件。到17世纪初期，随着蒙古势力衰落，女真实力强大，明朝全辽政策发生了主客易位的变化：由重点防御蒙古转向重点对付女真，将"以东夷牵制西虏"的策略，改为"以西虏牵制东夷"的策略，明辽东巡抚驻地东移至辽阳。其目的在于阻止努尔哈赤势力西进，而保住辽西地区。努尔哈赤则针锋相对，先同蒙古科尔沁部姻盟，继同内喀尔喀部会盟，后来他的儿子皇太极击败同明结盟的察哈尔部，其首领林丹汗走死青海打草滩。后林丹汗遗孀苏泰太后及其子额哲降顺皇太极。努尔哈赤父子用抚绥与征伐的两手策略，完成了对漠南蒙古的征抚，从而摧毁了明朝自洪武以来经营二百多年的全辽西部防线。

再说明朝。物必自腐，尔后生蠹。探究后金崛兴之因，实为明朝腐败之果。纵观中华五千年文明历史，凡是中央王朝强盛，必是边疆民族臣服。相反，中央皇权衰微，则民族纷乱蜂起。明朝万历帝二十几年不御政，纪纲紊乱；泰昌帝登极一月吃了红丸暴死，梓宫两哭；天启帝十六岁继位，会做木匠而不会做皇帝，皇权旁落到阉臣魏忠贤手中；崇祯帝刚愎自用而性格乖戾，政枢不协，功罪倒衡。天启朝党争日烈，辽事日非。天启时辽东经略王在晋评论辽东形势说："东事离披，一坏于清（河）、抚（顺），再坏于开（原）、铁（岭），三坏于辽（阳）、沈（阳），四坏于广宁。初坏为危局，再坏为败局，三坏为残局，至于四坏捐弃全辽则无局之可布矣——逐步退缩，至于山海，再无一步可退。"当时局势尚不至于如此悲观，袁崇焕在宁远大败天命汗努尔哈赤便可做证。但袁崇焕兵胜遭谗，借病去职。崇祯帝登位，初加任用，旋则猜忌。

其下场与熊经略雷同。熊廷弼被冤杀，传首九边；袁崇焕遭凌迟，尸碎门灭。明辽东总帅孙承宗、熊廷弼、袁崇焕，或去职，或非死。后明清松锦大战，明总督洪承畴转胜为败，师没降清。山海关外，实非明有。明帝自毁长城，明亡咎由自取，从而自毁了明朝自洪武以来经营二百多年的全辽防线。

上面所说，可以看出，俄国的初起，日本的战败，朝鲜的外患，蒙古的衰落，女真的内讧，明朝的腐败，都为满洲崛兴提供了历史条件。

在建州女真，主要有地理、历史、家族三个重要的因素。这三个因素的相互关系，直接影响到建州的崛起。

先说地理。一个民族的崛起，必有一定的地理条件，即空间条件。所谓"人杰地灵"，"地灵"就是指地理条件。我国史学界过去受斯大林在《辩证唯物主义与历史唯物主义》中轻视地理因素的褊隘理论影响，在研究历史事件与历史人物时，很少阐述与其有关的地理条件。历史上任何一个民族部落的兴起、一位杰出人物的成长，都同其所处的地理环境有着密切的关系，在古代尤其是这样，建州女真就是一个例证。建州女真的核心部位在赫图阿拉（今辽宁省新宾满族自治县永陵镇老城村）。从外部地理条件看，赫图阿拉处于蒙古、扈伦、朝鲜和辽东都司之间，既比较安全，又利于发展。赫图阿拉，处于四面环山的河谷平原之台地上。这里土地肥沃，林木茂密，气候温和，雨水丰沛，农、林、牧、猎、渔多种经济发展。赫图阿拉距辽东首府辽阳不远不近，既有通道达抚顺而便于外联进取，又扼山隘、锁重关而利于御内固守——可以形成满洲崛兴的基地。建州地近抚顺，明在抚顺开关，进行往来交易，既利于独立经济发展，又益于摆脱南关控制，成为其滋长发展、并吞诸部的一个关键。建州女真同漠南蒙古不相邻，且被海西女真所阻隔，使建州女真少受漠南蒙古直接的威胁与侵扰。海西女真扈伦四部中的哈达、辉发、叶赫、乌拉，之所以未能统一女真各部，地理条件是其一个重要因素。仅以自然条件中的地理区位而言，哈达、辉发和叶赫距开原太近，或依附于明朝，或被明军攻破，不易独立发展。叶赫与哈达稍为强大，在五年之间，连遭明军三次重创，首领被杀，栅破民亡，"城中老少皆号泣"。乌拉（今吉林省吉林市永吉县乌拉街满族乡）则距辽阳太远，形不成打击明军的威慑力量。建州不同于扈伦四部，它毗邻抚顺，而为山河阻隔；地近辽阳，又为关山封闭。努尔哈赤在此暗自发展，黄衣称朕，明廷对其昏昏然而不明真相。天命汗努尔哈赤就是利用了建州的地理条件，以赫图阿拉为中心，组织军队，辟建基地，创立政权，壮大力量，从而奠下建立清朝崛兴的重要基地。

次说历史。一个民族的崛起，除必有一定的空间条件外，还必有一定的时间条件。一些历史人物因生不逢时，其才华未能得到充分展现。明朝后期的政治腐败，为努尔哈赤崛兴提供了历史机缘。在历史上，契丹迭剌部（耶律阿保机所在部）、女真完颜部（阿骨打所在部）、蒙古孛儿只斤氏族（铁木真所在部）的勃兴，都以中央王朝衰微为契机。在努尔哈赤兴起之前，建州女真首领李满住、董山、王杲、王兀堂和阿台，皆因未遇到上述契机，相继败死。仅以成化三年（1467）为例，其时李满住、董山等三卫合居，建州女真颇有统一之势，但明朝当时国势强盛，先将董山诱斩，又派兵与朝鲜军会攻建州，"捣其巢穴，绝其种类"，共擒斩一千五百三十六人，李满住及其子李古纳哈也遇难。建州女真首领遭杀害，屯寨被血洗，部落残破殆尽，无法实现统一。在明朝中期，建州女真先后遭到朝鲜军三次侵袭、明朝军三次征剿。建州女真自身——"各部蜂起，皆称王争长，互相战杀，甚且骨肉相残，强凌弱，众暴寡"，处于分裂与杀伐的局面。建州女真面对着明朝的强大与鼎盛和建州内部的分裂与杀伐，既无力反抗，也无法崛兴。建州女真首领努尔哈赤值明末朝廷衰微之机，潜滋暗长，发展实力，维护女真部民利益，聚集女真部民群力，在其先辈洒满鲜血、备受凌辱的道路上，愤然起兵反明，完成统一大业。

再说家族。一个民族的崛起，其首领人物的成长，除必有一定的时空条件外，还必有一定的家族条件。这主要是指其家族历史、家庭教养、文化环境和经济地位等。在经济文化落后、血缘纽带牢固的少数民族地区尤其是这样。家族先世显赫官爵的灵光，砥砺激发其后世建立功业，并以此向朝廷邀取爵赏，强固其在部族中之地位。努尔哈赤就是这样：他的六世祖猛哥帖木儿受永乐帝封为建州左卫指挥使；五世祖董山（童仓）受封为左卫都指挥、左卫都督；四世祖失保（石报奇）为都指挥金事、四世伯祖妥罗官一品都督并执掌建州左卫，先后五次入朝；祖父觉昌安、父亲塔克世，同辽东总兵李成梁关系密切，死于兵火。努尔哈赤因受朝廷"敕书三十道，马三十匹，复给都督敕书"，后明廷封他为都督金事、建州卫指挥使和龙虎将军等职爵。当然，努尔哈赤不是作为个人，而是作为女真群体利益的代表，出现在历史舞台上。他必须顺应历史的趋势，反映社会的需要，代表部民的利益。但是，在建州女真中，具有如此统绪胤裔者，努尔哈赤是独一无二的。

上面所说，可以看出，地理因素、时代机遇、家族身世，都为满洲崛起与其首领成为时代英雄提供了历史条件。

综上所述，满洲崛兴有其天、地、人的因素。研究历史，要究天人之际、究地人之际、究天地人之际。所谓天，主要是天时——俄国、日本、朝鲜，女真、蒙古、明朝以及建州，都为满洲的崛兴提供了天时，即有利的历史机遇；所谓地，主要是地利——俄国、日本、朝鲜，女真、蒙古、明朝以及建州，都为满洲的崛兴提供了地利，即有利的周边环境；所谓人，主要是人气，建州首领努尔哈赤自身具备了此种文化素质。满洲及其首领正是依托于国际——俄国、日本、朝鲜，国内——女真、蒙古、明朝，建州——地理、历史、家族等诸多错综复杂条件所编织的网络，这个网络的集结点——天、地、人的最佳组合，则使满洲得以崛兴。

三

满洲的崛兴，上述客观条件提供了可能性，客观条件与主观条件相统一，才为满洲产生杰出领袖人物提供了现实性。满洲首领努尔哈赤是大清国的奠基人，对大清国的建立有着举足轻重的作用。在努尔哈赤所处的时代，具备上述客观条件者，不止他一人。但是，同样的历史条件，为什么别人没有成为大清国的奠基者呢？在这里还有努尔哈赤的自身条件。这就关系到努尔哈赤自身的性格特点。性格对一个人的婚姻与家庭、事业与命运来说，都是相当重要的。有人说，"性格决定人生的命运"，这句话有一定的道理。因为一个人的性格，是其事业成败的内在因素。努尔哈赤的性格，影响其事业者，仅举下列八点。

一是开创精神。对于一个想有所作为的人来说，最重要的品格是开创精神。清太祖努尔哈赤奠基大清王朝，开创了一个时代。开创的精神，是其性格特质。起初，他以父祖"十三副遗甲"起兵，率领几十人的队伍，拉开了建立大清基业历史戏剧的序幕。接着，创制满洲文字，创建八旗制度，创立大金政权。继而，他发布"七大恨"，公然叛明，进军辽东。尔后，他指挥八旗军，以少胜多，以弱敌强，在萨尔浒大败明军。再后，他发动沈辽大战，攻克明朝辽东的重镇——沈阳和明朝辽东的首府——辽阳。他将都城一迁到辽阳，再迁到沈阳。努尔哈赤作为一代开国之君，他的一切重大军政治策，都无一例外地具有重大的开创性。

二是勇敢沉着。努尔哈赤不仅有开创精神，而且有勇敢的品格。只有开创的精神，没有勇敢的实践，不能成为伟大的政治家。《石灰吟》诗云："千锤万凿出深山，烈火焚烧若等闲。粉身碎骨浑不怕，要留清白在人间。"诗中前三句讲的一种境界，就是勇敢。面临重大之事，身罹危难之时，努尔哈赤既勇敢又沉着，这是政治家、军事家的基本素质。努尔哈赤在做重大决策时，能高瞻远瞩，力排非议，扫除障碍，夺得成功。万历二十一年（1593），叶赫纠合哈达、乌达、辉发等九部联军，兵三万，分三路，向建州古勒山而来。其时努尔哈赤兵不满万，侦骑报警，建州官兵，闻之色变。但努尔哈赤得到警报后，就寝酣睡。其妻富察氏把他推醒后，问道："尔方寸乱耶，惧耶？九国兵来攻，岂酣寝时耶？"努尔哈赤从容答道："人有所惧，虽寝，不成寐；我果惧，安能酣寝？前闻叶赫兵三路来侵，因无期，时以为念。既至，吾心安矣！"努尔哈赤说完之后，安寝如故。寻获古勒山大捷。

三是独立人格。努尔哈赤十岁丧母，继母对他寡恩。后其父听从继母之言，分户出居，予产独薄。他少年便没有依赖心理，独立走上生活道路。努尔哈赤在挖人参、采蘑菇、捡松子等劳动中，锻炼了独立心态；在往来抚顺"马市"和同朝鲜贸易中，磨炼了独立意志；在同蒙古人、汉人等交往中，增强了独立性格。独立人格与驯顺奴性是两种完全不同的心态——后者会使人庸碌无为，前者则使人奋发进取。独立人格是努尔哈赤一生功业的起点，也是他事业大成的内因。努尔哈赤因具备这种健康的独立人格，才能够超脱凡俗，卓然独立，以父祖"十三副遗甲"愤然起兵，大战于萨尔浒，遐迩闻名，自践汗位，建元天命。而迁都沈阳，诸贝勒反对，他一人独行，后众臣附随。历史证明，他的卓见，既超前又深远。

四是文犷武骨。文犷武骨底蕴，源自丰富阅历。孔子说："父母在，不远游，游必有方。"不远交游，囿于狭境，思想封闭，难做大事。朱元璋不为游僧，恐其后来未必成为明太祖。努尔哈赤囿于赫图阿拉，必定成不了天命汗。他不仅到抚顺贸易，还亲自到北京朝贡，先后八次。长途跋涉两千里，熟悉汉区情状，目睹京城繁华。这对于一个后来有所作为的强者来说，是有巨大影响的。他还在明辽东总兵李成梁帐下做过仆从，又会蒙古语文，并略通汉语。传说他喜读《三国演义》。其胞弟舒尔哈齐大门对联以汉字书写："迹处青山，身居绿林。"在与努尔哈赤同时代的女真诸首领中，像他这样文犷涵蕴与见识阅历兼备，既有武骨兵韬又精于骑射的人，是没有二例的。

五是心智韬略。努尔哈赤有心智，多韬略。如他攻抚顺，佯称赴市，潜以精兵，外攻内应，计略取胜。又如他对女真各部，远交近攻，分化瓦解，联大制小，各个征抚，逐步完成女真诸部的统一。再如他对明朝的两面政策：既朝贡称臣，又暗自称雄。此前的女真首领，哈达王台，只称臣不称雄，病老而死，未能完成女真的统一；建州王杲，只称雄不称臣，身首异处，也未能完成女真的统一。努尔哈赤则吸取女真历史经验，依据彼己力量变数，对称臣与称雄的关系，分做四个时期，施行动态策略：初始，只称臣，不称雄；继而，明称臣，暗称雄；尔后，既称臣，又称雄；最后，不称臣，只称雄。总之，努尔哈赤采取了既称臣又称雄的策略，暗自做大，形成气候，建元称汗，夺占辽东。

六是胸襟宽宏。努尔哈赤襟怀大度，不计小怨。他率兵攻翁科洛城时，先被守城的鄂尔果尼以矢射中，血流至足；又被守城的洛科以矢射颈，血流如注。伤愈后兵破此城，擒获鄂尔果尼与洛科，众将请对其施以乱箭穿胸之酷刑，以雪前恨。努尔哈赤说：两敌交锋，志在取胜。彼为其主，乃射我，今为我用，不又为我射敌耶！如此勇敢之人，若临阵死于锋镝，犹将惜之，奈何以射我故，而杀之乎！于是，命给二人释缚，授为牛录额真。由于他胸怀宽广，知人善任，逐渐形成以五大臣、八大贝勒为核心的坚强领导群体，率官将，统军民，完成女真一统大业。

七是刚毅坚韧。成大事业者，必受大磨难。努尔哈赤走上人生之路，多历坎坷，几经劫难。如古勒山之战、萨尔浒之战，建州都面临"灭顶之灾"的险境。努尔哈赤凭借其刚毅坚韧的性格，亲率军民，奋力拼打，以少胜多，化险为夷。又如他迁都辽阳之议，受到群臣的"苦谏";再迁都沈阳之议,又受到群臣的"拒迁"。特别是后者,使他很难过。他阐明沈阳在地理、政治、经济、军事、交通等方面的重要地位后,不顾诸大臣反对,愤然自出东京辽阳,夜宿虎皮驿,翌日到沈阳。诸贝勒大臣无奈,只好随迁。历史事实证明,天命汗迁都沈阳是正确的重大决策。一个人在前进道路上受到了劫难,知难而退,终将无成;迎难而上,才能有成。努尔哈赤性格的一大特点是,屡受挫折,愈挫愈奋。这是努尔哈赤成为英雄人物的重要性格因素。

八是善于协调。一个领袖人物的力量所在是,统率群体,协调关系,相互制衡,各展所长。史载:"太祖创业之初,日与四大贝勒、五大臣讨论政事得失,咨访士民疾苦,上下交孚,鲜有壅弊,故能扫清群雄,肇兴大业。"天命汗的麾下,不同民族,不同部落,不同旗分,不同地域,各路英雄豪杰,文武能臣名将,目标齐一,长期奋战。先说军功贵族,他们的代表是五大臣——费英东、额亦都、何和礼、安费扬古和扈尔汉,努尔哈赤对这些开国柱石,信任始终,同甘共苦。据《清史稿·额亦都传》记载,额亦都之子达启,受太祖养育宫中,尚公主为额驸,但恃宠而骄。一日,额亦都集诸子宴,行酒之间,命执达启,曰:"天下安有父杀子者?顾此子傲慢,及今不治,他日必负国败门户,不从者血刃!"于是,"引达启入室,以被覆杀之!"额亦都谢报天命汗,努尔哈赤惊惋嗟叹,谓"额亦都为国深虑,不可及也!"次是宗室贵族,虽有逼死胞弟舒尔哈齐、处死长子褚英的惨痛之事,但他并未广肆株连,滥杀无辜,而是团结亲族,赏罚分明,同心协力,一致奋斗。再是蒙古贵族,他极尽笼络之能事,已服官将,未再叛离。最后是对汉兵贵族，也能妥善对待，使他们尽职尽忠。天命汗对军功贵族、宗室贵族、蒙古贵族和汉军贵族，能在四十余年中，上下凝聚，和衷共济，没有内讧，未生裂变，从而完成女真统一和奠基清朝的大业。

综上所述，努尔哈赤成为杰出的英雄人物，历史条件与自身条件，既相互制约又错综联结。而历史条件与自身条件所编织成的网络的集结点，就是清太祖努尔哈赤在通往伟大人物道路上获得成功的秘密。而他个人的成功，又推动了历史的前进。

四

清太祖朝的历史贡献，举其大端，如下十项：

第一，女真各部整合。女真自金亡之后，各部纷争，不相统属，元明三百年来，未能实现统一。建州女真自万历十一年（1583）起始，于万历四十七年（1619）吞并叶赫，经过三十六年的征抚，"顺者以德服，逆者以兵临"，基本统一了建州女真、海西女真、东海女真和黑龙江女真。后天聪、崇德两朝，又继续扩大和巩固这种统一。女真各部的统一，结束了元、明三百年来女真内部彼此杀伐、骨肉相残的混乱局面，促进了女真地区诸部的生产发展与经济交往，也有利于女真文化的发展。后金在统一女真各部的过程中，依其不同情况，采取不同策略。对东海女真的招抚办法很是高明。东海虎尔哈部长纳喀达等率军民归附，天命汗努尔哈赤在衙门宴会后，让要留住的站一行，愿回家的另站一行，然后优赏留住者。许多原说回家的人，见如此厚赏便留下不回去了。留下的人托回去的人捎口信给家人乡亲说："上以招徕安集为念，收我等为羽翼，恩出望外，吾乡兄弟诸人，其即相率而来，无晚也！"后来出现"望风争附"后金的局面。后金促成女真—满洲的民族大统一，确实是一件非常了不起的大事情。

第二，东北地区统一。明初在东北地区设有奴儿干都司和辽东都司（山东北部除外），以实施对这一地区的管辖。但明中期以后皇权衰落，已不能对东北广大地区实行有效管辖。满洲兴起后，不仅基本统一了女真各部，而且基本统一了东北地区。后崇德帝皇太极继续统一东北地区。崇德七年即崇祯十五年（1642），清太宗皇太极诏告天下：

> 予缵承皇考太祖皇帝之业，嗣位以来，蒙天眷佑，自东北海滨，迄西北海滨，其间使犬、使鹿之邦，及产黑狐、黑貂之地，不事耕种、渔猎为生之俗，厄鲁特部落，以至斡难河源，远迩诸国，在在臣服。

就是说，东自鄂霍次克海，西到巴尔喀什湖，西北迄贝加尔湖，南濒日本海，西北到巴尔喀什湖，北跨外兴安岭，东北达库页岛（今萨哈林岛）的广阔地域，明奴儿干都司、辽东都司（山东北部除外）辖境内的各族人民以及漠南蒙古等部民，均已被置于清初东北疆域的管辖之内。这就为后来康熙二十八年（1689）中俄《尼布楚条约》的签订奠下了基础。若无清初对东北的统一，后来沙俄东侵，日本西进，东北疆域，外强争逐，谁人占有，实在难卜。

第三，八旗制度创立。先是女真人狩猎时，各出一支箭，十人中立一总领，称为牛录额真，后以其为官名。努尔哈赤起兵后将部众分为若干牛录。万历二十九年（1601），建州军队进行整编，每三百人为一牛录，设牛录额真一员，共设四旗，分别以黄、白、红、蓝为标志。万历四十三年（1615），建州军队又进行扩编，将原有四旗析为八旗。规定每三百人设一牛录额真。每旗约有七千五百人，八旗共约有五六万人。增添的四旗，将原来旗帜的周围镶边，黄、白、蓝三色旗帜镶红边，红色旗帜镶白边。这样，共有八种不同颜色的旗帜，称为八旗，即满洲八旗。后来又逐渐增设八旗蒙古和八旗汉军，共二十四旗，但统称为八旗。八旗制度"以旗统军，以旗统民"，同时还是统管行政、经济和宗族的组织。八旗的兵丁，"出则为兵，入则为民"，平时耕猎，战时出征。后金以八旗制度为纽带，把女真社会的军事、政治、经济、行政、司法和宗族统制起来。女真的部民，按照军事方式，分为固山、甲喇、牛录三级，加以编制，从而使分散的女真各部，联结成为一个组织严密、生气蓬勃的社会机体。八旗制度是努尔哈赤的一个创造，也是清朝定鼎燕京、入主中原、统一华夏、稳定政权的一个关键。

第四，满洲文字制定。金亡后通晓女真文者日少，至明中期已逐渐失传，邻近蒙古地区的女真人使用蒙古文。满洲兴起后，建州与朝鲜、明朝的公文，由汉人龚正陆用汉字书写。在向女真人发布军令、政令时，则用蒙古文，一般女真人既看不懂又听不懂。努尔哈赤遂倡议并主持创制满文。万历二十七年（1599），努尔哈赤命巴克什额尔德尼和扎尔固齐噶盖，用蒙古字母拼写满语，创制满文，这就是无圈点满文（老满文）。但满文初创，不甚完备。天聪六年（1632），皇太极又命巴克什达海等对老满文加以改进，在字母旁加圈点，改进和固定了字母的发音与书写形式，并设计了十个拼写外来语（主要是汉语）借词的特定字母。这种改进后的满文叫加圈点满文（新满文）。满语属阿尔泰语系，满文是拼音文字。它有六个元音字母，二十二个辅音字母，十个特定字母。字母不分大小写，在构成音节出现于词首、词中和词尾时，均有不同的形式。满文书写形式自上而下，行款自左至右。满语文成为后金—清朝的官方语言和文字。其时，东北亚地区满—通古斯语族的诸民族，除满族外都没有文字。满文记录下东北亚地区文化人类学的珍贵资料。满文通行后成为满汉、中西文化交流的重要桥梁。所以，满洲文字创制是满族发展史上的一块里程碑，是中华文化史，也是东北亚文明史上的一件大事。

第五，满洲民族形成。女真各部的统一、东北地区的统一、满文的创制和八旗的创建，使得新的满族共同体出现在中华民族大家庭之中。满族是以建州女真为核心，以女真为主体，吸收部分汉人、蒙古人、达斡尔人、锡伯人、鄂伦春人、鄂温克人、朝鲜人等组成的一个新的民族共同体。为了反映这个满族共同体的事实，需要将民族名称规范化。天聪汗皇太极于天聪九年（1635）十月十三日（11月22日），诏谕满洲的名称：

> 我国原有满洲、哈达、乌喇、叶赫、辉发等名，向者无知之人，往往称为诸申。夫诸申之号，乃席北超墨尔根之裔，实与我国无涉。我国建号满洲，统绪绵远，相传奕世。自今以后，一切人等，止称我国满洲原名，不得仍前妄称。

从此，满洲的名称正式出现在中国，也出现在世界的史册上。顺治元年（1644）清军入关，入主中原，满洲成为清朝的主体民族。满洲初由东北边隅小部，继而形成民族共同体，以至发展到当今千万人的大民族，先后涌现出一大批灿如星汉的政治家、军事家、文学家、艺术家、科学家、语言学家等。满洲在斗争中经受考验与磨炼，变得更加自信、更加勇敢、更加凝聚、更加坚强，谱写了民族发展史上最辉煌的篇章。

第六，后金政权建立。努尔哈赤怀有"射天之志"，要建立政权。他在起兵征战之后，初步统一建州女真。于万历十五年（1587），在佛阿拉建城，并在此接见朝鲜使者。万历四十四年（1616），努尔哈赤作为一个地处边境一隅的满洲首领，参照蒙古政权，特别是中原汉族政权的范式，在赫图阿拉自践汗位，建立后金（大金）。从而确立基地，以支持其统一事业的进一步发展。两年之后，他发布"七大恨"，向明进攻，此时他已起兵三十三年。尔后，陷抚顺、败杨镐，取开原、下铁岭，克沈阳、占辽阳，夺广宁、据义州，都城先迁辽阳，继迁沈阳。皇太极于天聪十年（1636）四月，即皇帝位，改元崇德，国号大清。顺治元年（1644），多尔衮和济尔哈朗辅佐顺治帝入关，后统一全国。清自天命元年（1616）至宣统三年（1911年），共历二百九十六年。清太祖朝的历史，是清朝历史的开创时期，为大清帝国奠下基石。

第七，兵坛经验充实。满洲杰出首领努尔哈赤，自二十五岁起兵，至六十八岁去世，戎马生涯长达四十四年。他用兵如神，是一位优秀的军事统帅。他缔造和指挥的八旗军，号令严肃，器械精利，纪律整肃，赏罚严明，兵马精强，勇猛拼搏，在 17 世纪前半叶，不仅是中国一支最富有战斗力的军队，还是世界上一支最强大的骑兵。努尔哈赤统帅这支军队，先后取得古勒山之役、乌碣岩之役、哈达之役、辉发之役、乌拉之役、抚清之役、萨尔浒之役、叶赫之役、开铁之役、沈辽之役、广宁之役和觉华岛之役十二次大捷。在古勒山之战、萨尔浒之战、沈辽之战、广宁之战和觉华岛之战中，努尔哈赤在军事谋略和指挥艺术上，集中兵力、各个击破、围城攻坚、里应外合、以逸待劳、铁骑驰突，发挥高超智慧。他在萨尔浒之战中，采取"凭你几路来，我只一路去"，采取"集中兵力，各个击破"的兵略，成为中国军事史上以少胜多的经典战例。他在军队组织、军队训练、军事指挥、军事艺术等方面，都为军事史的发展做出了贡献。特别是他在作战指挥艺术上，对许多军事原则——重视侦察、临机善断、诱敌深入、据险设伏、巧用疑兵、驱骑驰突、纵向强攻、横向卷击、集中兵力、各个击破、一鼓作气、速战速决、用计行间、里应外合等，都能熟练运用并予创新，极大地丰富了中华古代军事思想的宝库。

第八，绥抚蒙古政策。后金制定绥服蒙古的政策，是清廷对蒙古治策的基石。先是，自秦、汉以降，匈奴一直是中央王朝北部的边患。为此，秦始皇修筑万里长城。至有明一代，己巳与庚戌，京师两遭北骑困扰，甚至明英宗也做了蒙古瓦剌也先的俘虏。明代蒙古问题始终未获彻底解决，徐达与戚继光为巩固边防而大修长城，包城砖，建敌台。满洲兴起后，对蒙古采取了完全不同于中原汉族王朝的做法。天命朝先绥服漠南东部蒙古，后天聪、崇德朝又征抚了漠南西部蒙古。康熙朝绥定了漠北喀尔喀蒙古。经康、雍、乾三朝，再定漠西厄鲁特蒙古。而清廷对蒙古的基本政策是天命朝奠定的。这是中央政权（元朝除外）对蒙古治策的重大创革。天命朝用编旗、联姻、会盟、封赏、围猎、赈济、朝觐、重教等政策，加强对蒙古上层人物及部民的联系与辖治。漠南蒙古编入八旗，成为其军政的重要支柱；喀尔喀蒙古实行旗盟制；厄鲁特蒙古实行外扎萨克制。联姻不同于汉、唐的公主下嫁，而是互相婚娶，真正成为儿女亲家。重教也是一样，清尊奉喇嘛教，以加强同蒙、藏的联盟。清朝对蒙古的绥服，"抚驭宾贡，夐越汉唐"。似可以说，中国两千年古代社会史上的匈奴、蒙古难题，到清朝才算得解。后来康熙帝谈到外蒙古即喀尔喀蒙古时说："昔秦兴土石之工，修筑长城。我朝施恩于喀尔喀，使之防备朔方，较长城更为坚固。"而清朝对蒙古的抚民固边政策，其经始者就在天命朝。

第九，社会生产发展。努尔哈赤认为建州女真不同于食肉衣皮的蒙古，而是以种田吃粮、植棉做衣为生。他重视种粮植棉，规定出征不违农时，如牛马毁坏庄稼，牧者要受惩罚，部民收成好或坏的额真受到奖励或惩处，按丁授田，种植粮棉等。他注重采猎经济，发明人参煮晒法，使部民获得厚利，"满洲民殷国富"。他关注采炼业，万历二十七年（1599），建州"始炒铁，开金、银矿"，开始较大规模地采矿、冶炼。他尤为重视手工业生产，包括军器、造船、纺织、制瓷、煮盐、冶铸、火药等。明朝也称其"制造什物，极其精工"。他对进入女真地区的工匠"欣然接待，厚给杂物，牛马亦给"。他曾说："有人以为东珠、金银为宝，那是什么宝呢！天寒时能穿吗？饥饿时能吃吗？……收养能制造出国人所制造不出物品的工匠，才是真正之宝。"他还关切商品交换，加强建州同明朝、蒙古和朝鲜的贸易，促进内外经济交流，推动女真经济发展。

第十，社会不断改革。后金不断地进行着社会改革。在政权机制方面，逐步建立起以汗为首，以五大臣、八大贝勒为核心的领导群体，并通过固山、甲喇、牛录三级组织，将后金社会的军民统制起来。其间，努尔哈赤曾发生幽胞弟舒尔哈齐、杀长子褚英的惨痛事件。作为政治家的努尔哈赤，他同胞弟、长子的关系有多元性——既是血缘亲情关系，又是君臣政治关系，后者或会激化成敌对关系。当这种血缘亲情关系与君臣政治关系发生冲突并危及皇权时，或囚或杀，不足为怪，先朝史例，多不胜举。他从上述痛苦教训中，不断地探索朝政议决、汗位举废之制度。尔后，创立八和硕贝勒共议国政制——并肩同坐，共议大政，断理诉讼，举废国汗，八旗共主，而非独裁，即实行贵族共和制。这是自秦始皇以降两千年中国王朝史上，朝政议决与皇位继承制度的重大创举。他及其子皇太极死后的汗位继承，虽实行公推制，但这项制度在定鼎燕京后未能贯彻下去。在经济体制方面，后金曾下令实行牛录屯田、计丁授田和按丁编庄制度，将牛录屯田转化为八旗旗地，奴隶制田庄转化为封建制田庄，从而形成封建八旗军事土地所有制。在社会文化方面，随着八旗军民迁居辽河流域，女真由牧猎经济转化为农耕经济，初步实现了满洲社会由牧猎文化向农耕文化的转变。

综上所述，后金政权只有十一年，十项成绩，实属不易！

五

清太祖朝的历史，有许多学术问题长期争论，没有形成一致的意见。这些主要为六个问题：一是清帝先世谱系问题，二是满族发祥地问题，三是满洲族名问题，四是八旗形成问题，五是建国称汗问题，六是天命汗所废大福晋姓氏问题。

第一，清帝先世谱系问题。清太祖努尔哈赤先祖的世系问题，是清史界长期争论而没有解决的问题。《清太祖高皇帝实录》记载：清肇祖原皇帝为都督孟特穆。孟特穆有二子，其长子为充善。充善有三子，其第三子为锡宝齐篇古。锡宝齐篇古有一子，为兴祖直皇帝都督福满。福满有六子，其第四子为景祖翼皇帝觉昌安。觉昌安有五子，其第三子为显祖宣皇帝塔克世。塔克世有五子，其长子为清太祖努尔哈赤。这样算来，从都督孟特穆到努尔哈赤共七世。朝鲜《李朝实录》公开出版以后，学者根据此书相关记载缕述，发现有所差异。学者整理努尔哈赤先世谱系为：清肇祖原皇帝猛哥帖木儿即都督孟特穆，其子董重羊（童秦羊、秦羊、褚宴）即《清太祖实录》中的除烟，董重羊之子为失保（石报奇、石豹奇），失保之子为福满即都督福满，福满之子为觉昌安（叫场），即景祖翼皇帝，觉昌安之子为塔克世（他失），即显祖宣皇帝，塔克世之子为努尔哈赤。从猛哥帖木儿到努尔哈赤共七世，其中第五世觉昌安、第六世塔克世、第七世努尔哈赤，文献俱在，没有争议。所争论的为其第一世猛哥帖木儿、第二世董重羊、第三世失保和第四世福满。以上四世，史料所限，见解分歧，很难做出令多数人信服的结论。因此，仁者见仁，智者见智，"信以传信，疑以传疑"。

第二，满族发祥地问题。关于满族发祥地的问题，20世纪上半叶，学界发表不少论著。章炳麟《清建国别记》、孟森《清始祖布库里英雄考》、内藤虎次郎《清朝开国期旼史料》、岩本一夫《清朝的兴起及其传说》、和田清《论清祖发祥的地域》等都触及这个问题。20世纪下半叶，探讨有所深入。日本国松村润教授发表《论清朝开国的传说》一文，文中主要根据《满洲实录》和《天聪九年档》等记载，皇太极派军出征位于黑龙江中游的虎尔哈部以及《盛京舆图》即《盛京吉林黑龙江等处标注战迹舆图》中"薄科里山"、"薄科里湖"的载注，指证《满洲实录》《清太祖武皇帝实录》中的"布库哩山"和"布勒和哩湖"在黑龙江中游北岸地区，从而认为满族发祥地在黑龙江北岸今俄罗斯阿穆尔州布拉戈维申斯克（海兰泡）地带。后来李鸿彬教授也提出相似的观点。这个神话传说，本是女真虎尔哈部的一个神话故事，与女真斡朵里部的神话传说或有联系，或为两事。另一种观点是，满族发祥地在黑龙江三姓（今依兰）地方，即牡丹江入松花江口一带地区。其重要文献依据是《龙飞御天歌》中的一段注文，此为今见女真斡朵里部的最早文献记载。再一种意见是，满洲源起之地在今吉林省集安县境，因为这里在明代建州女真南迁之时，成为女真诸部的故乡。因之今吉林集安就成为满族的发祥地。还有一种见解是，满洲的核心部分为建州女真，其发祥、崛兴之地，在长白山图们江两岸地方，即中国珲春、朝鲜会宁一带。所以，长白山图们江一带地域是满洲的发祥之地。

　　第三，满洲族名的问题。满洲一词来源诸说，有不下十六种之多，其中主要有九种说法。一是明珠说，此说认为其地因产明珠而名满珠，满珠又同满洲音近，故名满洲。二是神箭说，此说认为"满"的满语意为"神"，"洲"的满语意为"箭"，合意就是"神箭"之意。三是人名说，此说认为女真史上有著名人物"满住"，满洲就是从"满住"语音转化、继承而来的。四是佛名说，此说认为出自梵文"文殊师利"，也译作"曼殊师利"，满洲为佛名"曼殊师利"中"曼殊"的音转。五是酋长说，此说征引《北史》《隋书》《新唐书》等记载"靺鞨即古肃慎是也，所居多依山水，渠帅大莫弗瞒咄"云云。此说认为"瞒咄""满住""满洲"是一脉相承的。"瞒咄"不是具体个人的名字，而是女真人对大酋长的尊称。六是诸申说，此说认为女真就是诸申，其满文为"jushen"，即诸申—女真—满洲。七是建州说，此说认为建州音转而为满洲，以建州名其部，建州就是满洲。八是地名说，此说认为建州女真居住地域有名为"蔓遮"的，朝鲜人申忠一在《建州纪程图记》中七次记载"蔓遮"，或为川名、洞名、岭名、地名、部落名等。在蔓遮的许多女真地方，称其部民为"蔓遮胡人"，称其酋长为"蔓遮酋胡"，称其部落为"蔓遮诸部"等。满文创立之后，"满洲"写作"manju"。所以，"蔓遮"就是"满洲"的同音异译。孙文良在《满族名称的由来》一文中认为："满洲为明代女真的部落名称，起源于他们居地蔓遮山、川，长期在民间流传，至努尔哈赤时见诸满文，朝鲜人发音蔓遮，皇太极时写成汉文满洲。"九是部名说，此说认为"满洲"为女真的一个部名，天聪九年（1635）以其为满洲族名。

第四，八旗形成的问题。八旗制度的创立和发展是一个漫长的过程。关于八旗创立的时间，学界看法并不一致，主要有几种学说。第一，辛丑年说。辛丑年为万历二十九年（1601）。第二，甲寅年说。甲寅年为万历四十二年（1614）。第三，乙卯年说。乙卯年为万历四十三年（1615）。八旗形成的过程，可以分为创制、建制和定制三个阶段。八旗满洲形成中值得注意的两点争论。

其一，八旗定制在甲寅年（1614）还是在乙卯年（1615年）？

两说各有文献根据。乙卯说的文献根据是《清太祖实录》《满洲实录》和《无圈点老档》(即《旧满洲档》或《老满文原档》)。甲寅说的文献根据是《清朝通典》和《八旗通志》。《清朝通典》记载:"甲寅年定八旗之制,以初设四旗为正黄、正白、正红、正蓝,增设四旗为镶黄、镶白、镶红、镶蓝(黄、白、蓝均镶以红,红镶以白),合为八旗。"此书为乾隆三十二年(1767)敕修。其后《八旗通志》也踵此说。郭成康教授对此根据"老档"做了详细考证,指出:甲寅年的六月朔日是壬午而非丙子,十一月朔日是己酉而非癸酉;同样,乙卯年的六月朔日是丙子而非壬午,十一月朔日是癸酉而非己酉。从而考证出由于史官的疏忽,误将乙卯年的史事抄录成甲寅年的史事。从而"把'乙卯年'误写为'甲寅年',阴差阳错,铸成了一个离奇的大错"。

其二,"纛"与"旗"的辨释。有学者认为:八旗制度创建的年代不是辛丑年即万历二十九年(1601)。其主要论据是《满洲实录》中的"纛"(tu),汉译为"旗"(gūsa)。"原旗"的"旗"是对于"旗纛"(tu)而言,并非后来汉语所谓的军政合一组织——"旗"。后人之所以认为《满洲实录》中原有四旗(固山)的证据,显然是以"旗纛"之"旗"误作"固山"之"旗"所致。那么,查一下《满洲实录》的记载:

dade	suwayan	fulgiyan	lamun	šanggiyan	duin	boco	tu
原	黄	红	蓝	白	四	颜色	纛
bihe	duin	boco	tu	be	kubume	jakūn	boco
曾有	四	颜色	纛	把	镶	八	颜色

tu	obufi	uheri	jakūn	gūsa	obuha
纛	成为	共	八	旗	成了

上文的汉译是：原有黄、红、蓝、白四种颜色的旗纛，将其四种颜色的旗纛镶边，共成为八种颜色的旗纛。

为着便于比较、分析，下面将《满洲实录》（满、汉、蒙三体文本）、《清太祖武皇帝实录》和《清太祖高皇帝实录》的相关文字，加以引录。《满洲实录》（满、汉、蒙三体文本）的汉文是："原旗有黄、白、蓝、红四色，将此四色镶之为八色，成八固山。"《清太祖武皇帝实录》记载："原旗有黄、白、蓝、红四色。将此四色镶之为八色，成八固山。"《清太祖高皇帝实录》记载："初设有四旗，旗以纯色为别，曰黄、曰红、曰蓝、曰白。至是，添设四旗，参用其色镶之，共为八旗。"

由上，可以做出如下分析。

一是，"纛"字的音与义。"纛"字汉语有多种读音：《集韵》等为杜皓切，读若道，音 dao；《韵会》等为大到切，读若导，音 dao；《广韵》等为徒沃切，读若毒，音 du；《集韵》等又为杜谷切，读若图，音 tu；《正韵》等为徒刀切，读若陶，音 tao。在满语中，"纛"音译作"tu"，同《集韵》杜谷切，读若图，音 tu，完全相同。显然，满文"tu"是汉语"纛"字的译音借词。"纛"字的含义，《辞海》释为："古时军队或仪仗队的大旗。"《集韵》曰："皂纛，军中大旗也。"《六部成语·兵部·纛旗》注解："元帅之大旗，曰纛旗。"显然，满文中的"tu"的词义，也是从汉语转借来的。

二是，"纛"字与"旗"字之词义，初始在满语中没有严格的区分。后来逐渐将一般的军旗称为"旗",而将军中大旗称作"纛"。《大清会典图》中绘有"纛旗",是后者的一个力证。满洲的"tu"（纛）与"gūsa"（旗），其初意就是军队的一种标志，先以黄、白、蓝、红四色旗子"为别"，后增以镶黄、镶白、镶蓝、镶红八色旗子"为别"。但是，牛录、甲喇、固山的含义，随着建州——后金社会的发展变化而不断地丰富。

三是，在《满洲实录》和《清太祖武皇帝实录》中，"gūsa"都音译为"固山"；而在《清太祖高皇帝实录》中，将"gūsa"都意译为"旗"。从天聪十年（1636）《清太祖武皇帝实录》告成，中经康熙二十五年（1686）重修《清太祖高皇帝实录》告竣，到雍正年间对其"重加校订"，至乾隆四年（1739）十二月《清太祖高皇帝实录》缮录定稿，其中某些译语的改动、斟酌、润色、画一是不可避免的。诚然，在满文名词汉译的过程中，会有些名词丧失原意，但多数名词的汉译并没有失真。在汉语中用"旗"替代"纛"，以指代固山，自然在后来的满文档案、官书及其他著述中，凡表述军政合一组织——"gūsa"，都用"旗"，而不用"纛"。

四是，在辛丑年即万历二十九年（1601），清太祖初始整编建制四旗时，"tu"（纛）与"gūsa"（旗）的含义，没有严格的、原则上的区别。当时，努尔哈赤尚在草昧时期，许多词汇除源自满语外，其他或借用汉语，或借用蒙古语，或满语与外来语混用。所以，当时的满洲文献或汉译满文文献，既不够规范，也未能画一。因为"旗"是汉字，自然是汉语中特有的现象，也是在满语中不存在的。

总之，满洲八旗从初创到定制，其间整三十年，经过三个时期。

这就是：八旗满洲的初制——清太祖起兵之初，具体地说在甲申年即万历十二年（1584），始设牛录组织与牛录额真；八旗满洲的建制——辛丑年即万历二十九年（1601），在牛录的基础上整编为四旗；八旗满洲的定制——乙卯年即万历四十三年（1615），在原四旗的基础上扩编为八旗。至此，标志着八旗满洲制度正式确立，臻于完善。其后的发展与变化，不在本文讨论范围之内。

第五，建国称汗——其建国、国号、年号的问题。关于清太祖建国、年号、国号，学者提出如下三点见解。

其一，关于建国。万历四十四年（1616）正月，努尔哈赤根本没有建立国家政权。其根据是：《旧满洲档》《清太祖高皇帝实录》《清太祖武皇帝实录》《满洲实录》四种清朝官方经典文献，都是只记载该年正月初一日，群臣给努尔哈赤上尊号，而没有关于建国号的记载。至于后来清朝官方文献记载该年正式建国是靠不住的；其时朝鲜、明朝的官私文献记载该年努尔哈赤建国，因系间接史料，也是不可信的。对此，大多数学者持相反见解。他们认为万历四十四年（1616）正月，努尔哈赤在赫图阿拉建国称汗，这是确定无疑的。一个新王朝建立的标志，通常为定尊号、国号、年号。努尔哈赤确实在万历四十四年（1616）正月，借鉴蒙古成吉思汗的汗制，定为"天授覆育列国英明汗"。

应当说，女真—满洲政权，草昧初创，极不完善，也不规范。不能以中原王朝建国的范式，去套努尔哈赤之建国。也不能以当时努尔哈赤只有尊号，没有国号、年号，而不承认努尔哈赤建国。其确定国号、年号有个逐步完善的过程，到皇太极时改国号为大清，改年号为崇德，才算是比较完善，标志着此过程的完结。因此，万历四十四年（1616）正月，努尔哈赤在赫拉阿拉建国称汗，史料证据充分，当是确定无疑。

其二，关于年号。万历四十四年（1616）正月，努尔哈赤建国时根本没有使用"天命"年号。孟森在《明清史讲义》说"太祖之建号天命，本自称为金国汗，而亦用中国名号，自尊为天命皇帝，其实并非年号，待帝业自太祖开始创，在清史自当尊为开国之帝，入关后相沿以天命为太祖之年号。"后亦有学者赞同此说。概括地说，其根据是：《旧满洲档》万历四十四年（1616）正月初一日记载努尔哈赤只上尊号，而没有定年号；其后无圈点满文编年体《旧满洲档》记事，仍用干支纪年或用努尔哈赤年龄纪年，而不用天命纪年。这说明当时"天命"只是努尔哈赤的尊号，而不是后金的年号。有的学者对后金时期的六件文物——"天命汗钱""天命金国汗之宝""大金天命云板""天命金国汗之印"和东京辽阳城门石额"大金天命壬戌年仲夏立""大金天命壬戌年吉辰立"，一概解释为不论是满文的"天命"，还是汉文的"天命"，都是努尔哈赤的尊号，而不是后金国的年号。

不赞成上述意见的学者郭成康在《从清入关前年号的演变看满洲统治者的帝王意识》一文中，列举三件历史文献驳辩孟森先生的论点。第一，《天命丙寅年封佟延敕》照片，其末署汉文"天命丙寅年六月日"和老满文"abkai fulingga fulgiyan tasha aniya ninggun biyai"。第二，《明清档案存真选辑》（初集）载"天命丙寅老满文诰命"，其末署汉文"天命丙寅年月日"、满文"abkai fulgingga fulgiyan tasha aniya ininggun biyai"。第三，《旧满洲档》里的"刘学成奏本"的纸质行间空白处书写满文，奏本末署汉文"天命辛酉年拾贰月日"。所以,郭成康的结论是:"天命作为努尔哈赤的年号,不仅以汉文的形式,而且以老满文'abkai fulingga'形式通行国内臣民,孟森先生所说有误。"

应当说,万历四十四年(1616)正月,努尔哈赤建国称汗时,没有确定年号。因为至今没有看到一条可信的史料能证明他在称汗建国时确有年号。

其三,关于国号。清太祖朝所建国号的争论,有"满洲""金""后金""大金"四说。第一,清太祖国号"满洲"说。魏源在《圣武记·开国兴龙记》载述:"太祖高皇帝天命元年,受覆育列国英明尊号,国号满洲,时明万历四十有四年,太祖年五十有八矣。"经笔者查阅统计,在《清太祖高皇帝实录》中,出现"满洲"或"满洲国"字样共三十五处;在《清太祖武皇帝实录》中,出现"满洲"或"满洲国"字样共八十一处;在汉文本《满洲实录》中,出现"满洲"或"满洲国"字样共九十二处。甚至到天聪年间,还称其国号为"满洲"。皇太极于天聪九年(1635)十月十三日(11月22日)诏谕满洲的称名,"我国建号满洲,统绪绵远,相传奕世"云云。无疑,上述统计与载述是清太祖国号为"满洲国"说者的重要依据。第二,清太祖建国号"金"说。稻叶君山《清朝全史》记载:"万历四十四年正月,努尔哈赤自登可汗之位,国号金国,建元天命,或以区别于前代之金,称为后金。"后李燕光、关捷《满族通史》与李洵、薛虹《清代全史》(第一卷)等,均主"国号金国"之说。第三,清太祖建国号"大金"说。李鸿彬《清朝开国史略》记述,万历四十四年(1616)努尔哈赤"称汗登位,建立'大金',史称(后金),改元天命"。金启孮、张佳生的《满族历史与文化简编》等都为此说。第四，清太祖建国号"后金"说。阎崇年在《努尔哈赤传》中写道："努尔哈赤在赫图阿拉称汗，建立后金政权，其后金为自称，并非后来史称后金。"周远廉的《清朝开国史》、黄彰健的《清太祖天命建元考》等都持此说。其主要根据为当时的朝鲜四条文献史料和明朝六条文献史料。

应当说，努尔哈赤所建的国号，称金、后金、大金都有文献和文物依据。大金的"大"字，是"金"的修饰词。这在中国皇朝史上屡见不鲜，大唐、大宋、大元、大明、大清都是史例。后金的"后"字，则是同阿骨打的"金"相区别。金、大金、后金三者，都共有"金"字。如用"金"，则同阿骨打建立的金朝容易混淆；如用"大金"，也容易同阿骨打所建的金朝混淆。后来史家用"后金"，已成通例，约定俗成。

第六，天命汗所废大福晋姓氏问题。努尔哈赤所离弃的大福晋，是后金汗位争夺中的一个重要人物。《满文老档》未载所废大福晋的姓氏。此事发生在天命五年（1620）三月二十三日，《清太祖高皇帝实录》《清太祖武皇帝实录》《满洲实录》都不载此事。《满文老档·太祖》天命五年三月所载大福晋，也未明言其姓氏。因有两种看法：一种认为大福晋为富察氏衮代，即莽古尔泰、德格类和莽古济格格的生母；另一种认为大福晋为大妃乌拉纳喇氏阿巴亥，即阿济格、多尔衮和多铎的生母。

主张大福晋为富察氏者，据《清史稿·后妃传》载继妃富察氏，生子二、女一，即为莽古尔泰、德格类、莽古济之生母，"天命五年，妃得罪死"。其死期及所生子女之数与废大福晋基本相符。由此可知，所废大福晋是富察氏而非有的论者所指纳喇氏。天命汗当时并未杀富察氏，只是将其废黜，何以又得罪死？原来富察氏之死，是莽古尔泰希宠于其父而弑其母。

主张大福晋为纳喇氏者，其根据之一是年龄。富察氏衮代的生年，一说生于嘉靖四十二年（1563），于万历十三年（1585）嫁给努尔哈赤，时年二十二岁（比努尔哈赤小四岁），两年后生莽古尔泰。如此算来，天命五年事发时，富察氏五十八岁，莽古尔泰三十三岁。而纳喇氏阿巴亥生于万历十八年（1590），天命五年事发时，纳喇氏三十一岁，幼子多铎八岁。这一年，大贝勒代善三十八岁，纳喇氏比代善小七岁即三十一岁，富察氏则比代善大二十岁即五十八岁。根据之二是档案。《旧满洲档》记载天命汗不杀大福晋的一个原因是"幼子患病，令其照顾"。《玉牒》记载多铎为努尔哈赤幼子，由大福晋纳喇氏所出，时年八岁。而富察氏所生最小儿子德格类时年二十五岁，既非幼子，且已成人。根据之三是文献。《清史稿·后妃传》记载太祖只有一位大妃即大福晋，就是乌拉纳喇氏，孝慈高皇后死后被立为大妃，是为阿济格、多尔衮、多铎之生母；而富察氏为继妃。根据之四是《玉牒》。努尔哈赤曾在《汗谕》中说明大福晋生有三个儿子。在《清史稿·后妃传》中记载的天命汗十六位妻子中，生育三个儿子者，只有乌拉纳喇氏阿巴亥一人。根据之五是《满文老档》天命六年四月十五日记载，天命汗得辽阳城后，"前汗之大福晋来辽东城"云云，努尔哈赤自宁远战败回归，召大妃出迎。可证努尔哈赤后来复立纳喇氏为大福晋。天命汗死，大妃纳喇氏殉葬，故所废大福晋应是乌喇纳喇氏阿巴亥。

以上就天命朝史争论诸多问题中，列举六个，仅供参考。

六

清朝历史的开创者与奠基者——清太祖努尔哈赤，像历史上一切走完其事业旅程的杰出人物一样，他一生的事业，有准备期、兴始期、发展期、鼎盛期和衰暮期。努尔哈赤在二十五岁起兵之前，是其政治军事生涯的准备时期。从万历十一年（1583）含恨起兵，至万历二十一年（1593）打败联军，攻克图伦，统一建州，建佛阿拉，大战海西，是其政治军事生涯的兴始时期。从万历二十一年（1593）打败联军，至万历四十四年（1616）登极称汗，统一海西，绥服蒙古，创建八旗，创制满文，是其政治军事生涯的发展时期。从天命元年（1616）黄衣称朕，至天命七年（1622）进占广宁，大败杨镐，夺取辽沈，迁都辽阳，进兵辽西，是其政治军事生涯的鼎盛时期。从天命七年（1622）辽西移民，至天命十一年（1626），强令剃发，迁民占田，辽民反抗，兵败宁远，是其政治军事生涯的衰暮时期。同样的，建州和后金的历史，也经历了这样的阶段。努尔哈赤在晚年，犯下严重的错误。

剃发迁民，治策失当。八旗军攻陷沈阳、辽阳后，占据辽东，进兵辽西，所向披靡，十分顺利。但是，后金在顺势之中，实行了两项失当之策：一是命令汉人剃发，另一是强令汉人迁移。先是金初女真进占汉人居住区后，并未以汉人剃发作为降服的标志。天命汗努尔哈赤占领辽东后，强迫汉人剃发，引起镇江等地汉民的反抗，成千上万的辽东汉民遭到屠杀。后多尔衮在关内强行剃发易服之策，造成了一场民族的大悲剧。先是建州兵每攻破一城，即毁其城而迁其民。对迁来的部民，编丁入旗，均做安置。天命汗努尔哈赤占领广宁后，强迫辽西的大量汉民，扶老携幼，背井离乡，迁往辽东。这既剥夺了辽西汉民的生存手段，又侵犯了辽东汉民的切身利益，破坏了全辽正常的社会秩序，引起辽东地区的社会动荡。

分田占房，清查粮食。八旗军攻占沈阳、辽阳后，下令在辽海地区实行"按丁授田"，即将汉民农田，以所谓的"无主之田"为名，加以没收，分给八旗官兵。这种做法，虽给移居辽东地区的广大八旗官兵以田地，但对辽东众多汉民自耕农无疑是一种剥夺。后多尔衮率清军入关，沿袭乃父遗策，在京师占房，在京畿圈地。前述辽西汉民东迁后，无亲无友，无房无粮，命大户同大家合，小户同小家合，"房合住，粮合吃，田合耕"。实际上，大量迁居的汉民，耕无田，住无房，寒无衣，食无粮。他们"连年苦累不堪"，生活甚为悲惨。同时又命令清查粮食，申报存粮，按口定量，不许私卖。辽东汉民地区为自给自足的自然经济，房、田、粮是他们最基本的生存手段。后金在关系汉民生计的重大问题上，举措轻率，造成辽东地区的社会震荡。

轻薄文士，屠杀汉儒。后金弓马起家，崇尚骑射。虽创制满文，但厚武薄文，对巴克什珍视不够。额尔德尼创制满文，兼通蒙古文、汉文，赐号"巴克什"，为满洲之"圣人"，后来被杀；满文另一创制者扎尔固齐噶盖，也在创制满文的同年被杀。他们是否有该杀之罪，姑且不论，即或有之，高墙圈禁，让其继续研究满洲文字与满洲文化，教书授徒，翻译汉籍，亦能对社会有所裨益。后金进入辽沈地区后，虽对汉族工匠加以保护，给予优遇，但对汉族儒士未能给予特殊的保护与重用，史称努尔哈赤"诛戮汉人，抚养满洲"。抚养满洲，重用满员，于理可通；而诛戮汉人，屠杀汉儒，实为大错。努尔哈赤不懂一条道理——"治天下在得民心，士为秀民；士心得，则民心得矣！"皇太极承袭汗位后，懂得"士心失则民心失"的道理，调整了对汉官、汉儒、汉军、汉民的政策，后来汉族知识分子受到清廷重用并参与决策，这是清夺取并巩固全国政权的一个重要因素。

骄傲轻敌，兵败宁远。天命汗努尔哈赤戎马驰骋四十四年，几乎没有打过败仗，可谓历史上的常胜统帅。但他占领广宁后，年事已高，体力衰弱，深居简出，怠于理政。他对宁远城守将袁崇焕没有真知灼见，对宁远城设红夷大炮也没有侦知实情。他只看到明朝经略由孙承宗易为高第等因素，而未全面分析彼己，便贸然进兵，图刻期攻取。但是，宁远不同于广宁，袁崇焕也不同于王化贞。袁崇焕守宁远，"凭坚城、用大炮"；努尔哈赤则用战马去冲深堑坚城，用皮弦弓箭去射红夷大炮，以短击长，以矛制炮，吞下了骄帅必败的苦果。后金有一位叫刘学成的人，上书分析宁远之败的原因，他说："因汗轻视宁远，故天使汗劳苦"。刘学成直言陈明：天命汗努尔哈赤因骄傲轻敌，而兵败宁远。《左传》曰："君以此始，必以此终。"努尔哈赤以兵马起家称汗，又以兵败宁远身死，这是历史的偶然，还是历史的必然？！

胜利会腐蚀聪明，权力会冲昏头脑。天命汗努尔哈赤的晚年，被胜利和权力，腐蚀了聪明，冲昏了头脑，犯了错误，吞下苦果。努尔哈赤上述的弊政与错误，不仅殃及当世、祸及自身，而且埋下清军入关后治策弊病、体制弊端的根因。

我曾经说过：有人把杰出的人物称作创始人。因为他的见识要比别人远大些，他的胸怀要比别人宽广些，他的洞察力要比别人深邃些，他的毅力要比别人坚韧些，他的愿望要比别人强烈些，为实现其愿望——所采取的手段要比别人高明些，所付出的努力要比别人更多些，而他对人类的影响要更比别人深远些。清太祖努尔哈赤正是如此。他把女真社会生产力发展所造成的各部统一与社会改革的需要加以指明，把女真人对明朝专制者实行民族压迫的不满情绪加以集中，并担负起满足这些社会需要的发起者责任。他在将上述的社会需要、群体愿望，由可能转变为现实、由意向转化为实际的过程中，能够盱衡大局，正确判断，刚毅沉着，豁达机智，知人善任，赏罚分明，组成坚强、协和、稳定的领导群体。他对女真、蒙古、朝鲜、明朝，分别采取不同的政策。其时，建州南有明朝，西有蒙古，东有朝鲜，北有海西，陷于四面包围之中。但努尔哈赤没有四面出击，而是佯顺明朝，结好朝鲜，笼络蒙古，用兵海西；对海西女真扈伦四部又采取远交近攻，先弱后强，联大灭小，各个吞并的策略。努尔哈赤黄衣称朕，挥师西进，移鼎沈阳。他通过建立八旗和创制满文，以物质和精神这两条纽带，去组织、协调、聚结、激发女真的社会活力，完成历史赋予女真各部统一与社会改革的任务，并为大清帝国建立和清军入关统一中原奠下基石。因此，努尔哈赤是中国历史上，也是世界历史上杰出的政治家和军事家。

太史公司马迁曰："原始察终，见盛观衰。"研究清代天命朝历史其历史意义和社会价值，我在拙著《努尔哈赤传》的前言中说过："对努尔哈赤的研究表明，努尔哈赤建立的大金（后金），实际上是清朝的雏形。后来清朝重大的治策与典制、善举与弊政、承敝与通变、率旧与维新，在这里都能找到它的历史影子。原始而察终，见兴而观衰。在努尔哈赤建立大金（后金）的初始胚胎里，便已蕴含其后来兴盛与衰败的基因。从而得到一点启示：努尔哈赤是一把历史的钥匙，它可以打开清朝堂奥宫殿之门。"所以，"原始察终，见盛观衰"——这应是研究清太祖朝历史的价值与意义之所在。

2003 年

评《清朝通史·太宗朝》

满族建立的清帝国，从天命元年（1616）到宣统三年（1911），长达二百九十六年。清朝在自秦以降整个中国皇朝历史舞台上，占据的时间约为其七分之一。在中国秦始皇以来两千多年的皇朝历史上，开创过二百年以上大一统皇朝的，只有汉朝、唐朝、明朝和清朝。在上述四朝中，汉高祖刘邦、唐高祖李渊和明太祖朱元璋都是汉族人，只有清太祖努尔哈赤是满族人。大清帝国"康乾盛世"时，在世界舆图上，是一个疆域最为辽阔、国力最为强盛、人口最为众多、物产最为富庶的大帝国。

树有根而枝叶茂，水有源而百川流。清前历史是清朝历史之根源。清朝迁都燕京以前的历史，就是清朝入关以前的历史，习称为清前历史。兹将清前历史文化，做个简明概略叙述。

清前的历史，明万历十一年（1583），辽东总兵李成梁提兵进攻建州女真古勒寨，城破之后李成梁下令屠城，男女老幼，全遭屠戮，斩杀一千余级。努尔哈赤的祖父觉昌安和父亲塔克世也在混乱中被杀。从此，努尔哈赤与大明皇朝，积下不可化解之怨，结下不共戴天之仇。万历帝、李成梁杀了觉昌安、塔克世，在他们子孙努尔哈赤心里，点燃起燎原之复仇星火，挖掘开溃堤之复仇蚁穴。随之，努尔哈赤以父祖"十三副遗甲"起兵复仇。努尔哈赤将复仇的星火，逐渐燃烧成为焚毁大明皇朝的燎原大火；将复仇的穴水，逐渐汇聚成为冲毁大明皇朝的汹涌洪水。最终，以清代明，江山易主。因此，古勒寨之役是明朝灭亡与清朝崛兴的历史起点。

清前的历史文化，从明万历十一年（1583）努尔哈赤起兵，到清崇德八年即明崇祯十六年（1643）皇太极病死，其间整整六十年。这段清前六十年的历史，从时间来说，可以分作两个时期：清太祖朝时期（1583—1626）和清太宗朝时期（1627—1643）。

清太祖朝的历史，以时间来说，从明万历十一年（1583），到清天命十一年即明天启六年（1626），总算四十四年。以空间来说，大体上东起鸭绿江、图们江及乌苏里江以东滨海地区，西到大兴安岭，南近宁远（今辽宁兴城），北至整个黑龙江流域地区。清太祖朝的历史，在《清朝通史·太祖朝》中已做叙述，下面将《清朝通史·太宗朝》的历时梗概，分作四点，略作浅言。

一

清太宗朝的历史，以时间来说，从后金天聪元年即明天启七年（1627），到清崇德八年即明崇祯十六年（1643），总共十八年。以空间来说，大体上东临日本海，西到河套，南到锦州，西南到宣府、大同边外，北达外兴安岭，东北至库页岛（今萨哈林岛）。清太宗朝的历史，可以分作天聪朝和崇德朝两个时期。

天聪朝的历史，从天聪元年（1627）到天聪九年（1635），共有 9 年。如从天命十一年（1626）九月初一皇太极继承汗位，到天聪十年（1636）四月十一日建清改元，实际上为十年。十年历史，概略如下。

军事方面。主要是进行五场大的战争，其中三胜、一败、一有胜有败。

第一场是朝鲜之战。皇太极继承汗位后，为以军事胜利来加强和巩固新取得的汗位，从朝鲜获取粮食和物品，进一步孤立毛文龙，并解除南进攻打明朝后顾之忧，发动了对朝鲜的战争。天聪元年即明天启七年（1627）正月，皇太极派贝勒阿敏等率三万大军东征朝鲜。三月，后金军占义州、陷平壤，过大同江，逼近汉城。朝鲜国王李倧逃往江华岛。经过谈判，后金与朝鲜在江华岛焚书盟誓，后又举行平壤盟誓，结为"兄弟之盟"。此年为丁卯年，史称"丁卯之役"。战争结束，后金撤兵，回到沈阳，阿敏等受到天聪汗皇太极的隆重欢迎。皇太极发动对朝鲜的军事进攻，达到了预期的目的。

第二场是宁锦之战。皇太极对于乃父努尔哈赤宁远之败不服输，亲率大军进攻明朝袁崇焕守御的宁远和祖大寿守御的锦州。天命汗努尔哈赤于宁远城兵败后不久身死，吞下其攻打宁远城错误兵略的苦果。其子皇太极未从乃父错误兵略中吸取教训，于天聪元年即天启七年（1627），再率倾国之师，进攻锦州、宁远。皇太极先攻锦州不克，再攻宁远又不克，复攻锦州仍不克。贝勒济尔哈朗、大贝勒代善第三子萨哈廉和第四子瓦克达俱受重伤，游击觉罗拜山、备御巴希等阵殁。宁锦之战，后金军攻城，明辽军坚守，凡二十五日，大战三次，小战二十五次，明辽军以全城奏捷。此役，明人称之为"宁锦大捷"。后金军以攻城开始，以失败告终。皇太极怒道："昔皇考太祖攻宁远，不克；今我攻锦州，又未克。似此野战之兵，尚不能胜，其何以张我国威耶！"这既是皇太极第一次亲自独立指挥的，又是他第一次军事失败的战争。

第三场是京师之战。皇太极宁锦之战失败后，认为进攻明朝宁远城不可下、攻打袁崇焕不可胜。天聪三年即明崇祯二年（1629），皇太极亲自统帅八旗军，绕过袁崇焕守御的关锦防线，以蒙古军为先导，取道漠南蒙古，远袭明朝都城——北京。明总兵满桂守北京德胜门失利。袁崇焕率军入援，激战于北京广渠门、左安门；皇太极不能得胜。他施"反间计"，陷害袁崇焕。明崇祯帝误中其计，将袁崇焕下狱。后皇太极北撤，占领永平等四城，主力返回沈阳。翌年八月十六日（9月22日），崇祯帝命将袁崇焕寸磔处死。今北京广渠门内东花市斜街建有明袁大将军墓、袁督师祠。后又在北京今龙潭湖内建袁督师庙。

第四场是大凌河之战。皇太极攻宁锦失败、攻北京不下。他经过深省之后，终于明白了一个道理：明辽军之所以取胜，重要原因在于有新式武器红衣大炮；八旗军之所以战败，重要原因在于没有新式武器红衣大炮。此炮为西人制造的新式铁铸前装滑膛炮，明朝派员从澳门购入，称作"红夷大炮"。满洲讳"夷"而谐音为"衣"，称作"红衣大炮"。于是，天聪四年即崇祯三年（1630），皇太极命汉官仿造红衣大炮。翌年正月，后金仿造的第一批红衣大炮，共十四门，在沈阳造成，定名为"天佑助威大将军"。从此，满洲终于有了自己制造的红衣大炮。同年八月，皇太极派军用新制造的红衣大炮，攻围大凌河城。此役，八旗军用红衣大炮打援、围城、破堡，大炮所向，尽显神威，攻克大凌河城，降明将祖大寿，且缴获明军含红衣大炮在内的大小火炮三千五百门。皇太极后来用红衣大炮装备八旗汉军，并相应变革八旗军制。

第五场是察哈尔之战。皇太极继承汗位之后，后金先后三征察哈尔：第一次在天聪二年（1628），第二次在天聪六年（1632），第三次在天聪九年（1635）。皇太极先于天聪六年即明崇祯五年（1632），亲率大军远征察哈尔，即二征察哈尔，林丹汗兵败远逃青海。后林丹汗死于青海大草滩（打草滩）。天聪九年即崇祯八年（1635），皇太极派多尔衮率军渡黄河，进围林丹汗余部大营。林丹汗遗孀苏泰太后及其子额哲降，并献"传国宝玺"。林丹汗另外两位遗孀囊囊福金和窦土门福金，分别率众降附后金。其他各部，在此前后，纷纷率众，投附后金。这标志着漠南蒙古归附于清朝。

政治方面。皇太极先后惩治二贝勒阿敏、三贝勒莽古尔泰，警示大贝勒代善，取消四大贝勒"并肩共坐"，而为皇太极"南面独坐"，皇权集中，乾纲独断。仿照明制，设立六部。皇太极攻陷大凌河城，降祖大寿将士。尔后孔有德、耿仲明、尚可喜等，航海北渡，归降后金。后皇太极封孔有德为恭顺王、耿仲明为怀顺王、尚可喜为智顺王。这为汉军八旗建立打下基础。吸取努尔哈赤晚年的教训，推出调整满汉关系，令汉人与满洲分屯别居，重视儒生，任用汉官等重大举措，取得较好社会效果。天聪十年（1636）三月，改文馆为内国史院、内秘书院、内弘文院。四月，满洲大贝勒多尔衮等、蒙古贝勒科尔沁部土谢图济农巴达礼等四十九贝勒、汉人都元帅孔有德等各进满、蒙、汉表文，请皇太极"上尊号"。

文化方面。天聪三年（1629）设立文馆。同年，皇太极命巴克什达海等翻译汉文书籍，谕："自古国家，文武并用，以武功戡祸乱，以文教佐太平。朕今欲振兴文治，于生员中，考取其文艺明通者优奖之，以昭作人之典。诸贝勒府以下，及满、汉、蒙古家，所有生员，俱令考试。于九月初一日，命诸臣公同考校，各家主毋得阻挠。有中者，仍以别丁偿之。"寻初试生员，拔出二百人。天聪五年（1631年），皇太极以围困大凌河城，"城中人相食，明人犹死守"，皆因"读书明理尽忠其主"；而谕令"自今凡子弟年十五岁以下、八岁以上，皆令读书"。天聪六年（1632），达海等改进老满文，增加圈点，新制字母，成有圈点满文，即新满文。天聪八年（1634），考试汉人生员。又礼部考试满洲、蒙古、汉人通书义者，取刚林等十六人为举人。天聪九年（1635），皇太极命文馆翻译宋、辽、金、元四史。还命翻译汉文书籍如《三国演义》《明会典》《通鉴》《六韬》《孟子》《大乘经》等。编绘《太祖实录图》。

经济方面。皇太极发布《汗谕》，保护耕牛，及时耕种，勿扰降民耕田禾苗。鼓励农业生产，惩罚忽视农业生产的牛录额真。在盛京、杀虎口等地，进行贸易；还同蒙古、索伦、朝鲜通商贸易。调整生产关系，实行满、汉分庄。于手工业制造，较前有大的发展，已能制造红衣大炮。先是，天命汗努尔哈赤的宁远之败、天聪汗的宁锦之败，都是败于袁崇焕"凭坚城、用大炮"的兵略，或者说败于当时最新式的武器——红衣大炮。天聪五年即明崇祯四年（1631）正月，在沈阳制造出第一批红衣大炮，共四十门，定名为"天佑助威大将军"。满洲"造炮自此始"。这批红衣大炮，是仿照明朝从澳门购买的英国制造的新式火炮。明人称为"红夷大炮"或"西洋大炮"。此炮，炮管长、口径粗、装药多、射程远，安置城上、铳规瞄准、技术先进、威力巨大，是当时中国，也是世界最为先进的火炮。皇太极能先在盛京，后在锦州，仿造成功，批量制造，说明后金的工业技术水平之高超。

民族方面。皇太极于天聪九年即崇祯八年（1635）十月十三日（公历11月22日），为反映已经形成新的满族共同体的事实，发布《汗谕》，将族名诸申（女真）改为满洲。由是，满洲的族名开始正式出现在中华大地上，满族成为统一多民族大家庭中的一员，其影响广泛而深远。授明降将马光远、王世选、麻登云等为总兵官。对蒙古除联姻、封官、赏赐外，"编喀喇沁部蒙古壮丁为十一旗，每旗设都统、副都统、参领等官统之"。

崇德朝的历史，从崇德元年（1636）到崇德八年（1643），共有8年。

政治方面。建立满洲贵胄名号等级，设亲王、郡王、贝勒、贝子、公主、额驸等。完善国家机构，除三院六部外，设立理藩院、都察院。皇太极在天聪十年（1636）四月，正式改国号为"大清"，改年号为"崇德"，即皇帝位。改蒙古衙门为理藩院。西藏达赖喇嘛遣使到沈阳。

军事方面。崇德朝主要进行五场大的战争，其中有胜有败。

第一场是对朝鲜的战争。先是，在皇太极即皇帝位的典礼上，朝鲜使臣不行三跪九叩大礼。大清官员要求他们强行跪拜，但他们衣冠尽破，虽或颠仆，终不屈腰。皇太极认为这是朝鲜国王李倧背弃盟誓使然，并以此为借口，发动第二次对朝鲜的战争。崇德元年即明崇祯九年（1636）十一月，皇太极亲率大军进攻朝鲜。清军战平壤、攻南汉山城。南汉山城守御甚坚，清军加以包围。翌年正月，清军大将扬古利率军迎敌，受创身死。清军分出一支攻江华岛，获朝鲜王妃一人、王子二人及官员、眷属等。朝鲜国王李倧闻信惊慌，派员在汉城附近三田渡同清军谈判。最后，朝鲜国王李倧答应清朝提出的十七项条件，身着青衣，在三田渡向清军投降。皇太极命在三田渡竖立"大清皇帝功德碑"。

第二场是关内的诸战。皇太极军队入口作战，规模较大者有五次：其一，天聪三年即崇祯二年（1629）的第一次迁道入塞之战。是役，皇太极首次统军入塞，攻打北京，翌年回军，并攻占永平等四城，此前已述；其二，天聪八年即崇祯七年（1634）的第二次破墙入塞之战。是役，蹂躏宣府、大同，掳获而归。其三，崇德元年即崇祯九年（1636）的第三次迁道入塞之战。是役，虏获人畜十八万，耀兵京畿，得意北归。其四，崇德三年即崇祯十一年（1638）八月，皇太极派多尔衮、岳讬率军入口作战。清军由墙子岭、青山关毁城而入，越迁安、过通州。一路沿京杭大运河、一路顺太行山东麓，分兵南进。清军经涿州，围高阳。大学士孙承宗年八十，全家死难。清军连陷衡水、霸州、平乡、高邑等。巨鹿一战，明兵部尚书、总督卢象升身亡。翌年正月，清军会师济南城下，并一举攻陷之。三月，回师沈阳。此役，清军掠京畿、蹂冀南、渡运河、陷济南，攻克一府、三州、五十七县，杀死明总督两人、将吏百余人，蹂躏数千里，掠获人畜四十六万二千三百余、黄金四千零三十九两、白银九十七万七千四百六十两等。清扬武大将军岳讬、辅国公玛瞻死于军中。皇太极闻丧报震悼"辍饮食三日"。其五，崇德七年即崇祯十五年（1642）的第五次迁道入塞之战。是役，再入山东，翌年出塞，破明三府、十八州、六十七县，大肆俘掠，饱载而归。

第三场是旅顺、皮岛之战。先是，孔有德、耿仲明渡海归降后，后金得将、得兵、得船、得炮。天聪七年即崇祯六年（1633）六月，后金发兵万余进攻旅顺。后金军先抵旅顺外围，开始攻城。明守将黄龙指挥发西洋大炮御守，双方伤亡很大。后金军乘明兵撤入城内休整之机，分兵为三，发起总攻：一部兵力攻城东北角，一部兵力从北部渡海暗袭，另一部则在城下攻坚。时明军火药已用完，偷渡金兵登岸，勇猛杀向城内。在城东北角进攻的后金兵进展迅速，很快进抵城门前。城内明兵固守，双方展开激战。明官兵全部阵亡，后金军攻占旅顺。

皮岛之战主要进行了两次。第一次是在天聪五年即崇祯四年（1631）五月，皇太极趁皮岛毛文龙被杀后明军混乱之机，派兵征皮岛。后金兵因不习水战，缺乏火器，失利撤退。第二次是在崇德二年即崇祯十年（1637）二月，皇太极征服朝鲜后率军班师，同时令硕讬率军转攻皮岛。清军以孔有德、耿仲明、尚可喜等部汉兵为先锋，冲向皮岛，四面环攻。明军依险发炮，奋力抵御。清军力攻，相持月余。清阿济格，率军增援。八旗骑兵和孔、耿、尚部佯攻，汉军固山额真石廷玉等于岛北隅督战。四月初八日，清军乘船，分头出发；佯攻部队，进行掩护；主攻部队，偷袭成功——攻占岛西北山嘴。清军乘夜登陆，经过激烈战斗，占领全岛，取得胜利。清军拔掉明朝辽东沿海据点，切断明朝与朝鲜的海上联系，明军辽东沿海防线崩溃，清军解除西进后顾之忧。

第四场是松锦大战。皇太极从天聪元年即天启七年（1627），至崇德八年即崇祯十六年（1643），先后对明朝发动八次大规模的军事进攻，其中五次在关内（前已述），三次在关外。关外战役，重大者有：其一，天聪元年即天启七年（1627）的宁锦之战。是役，皇太极同其父汗努尔哈赤在宁远之战中一样，损兵折将，失败而返。其二,天聪五年即崇祯四年（1631）的大凌河之战。是役,毁大凌河城,逼祖大寿降。其三,崇德四年即崇祯十二年（1639）的松锦之战。先是,清军围困锦州,守将祖大寿城危求援。明崇祯帝派洪承畴为经略,率八总兵、十三万大军前往救援。明、清双方大战于松山、锦州,史称"松锦之战"。清军初战受挫,皇太极从沈阳赶赴前线。他鼻子流血不止,以椀盛血,昼夜驱骑疾驰,赶到松山前线。皇太极到前线后,采取围城打援、横堑山海、断彼粮道、隘处设伏、集中兵力、据险掩杀的战术。是役,明朝总督洪承畴、巡抚丘民仰被擒,全军覆没。清军获得大胜,克松山城、占杏山城、陷塔山城,夺取锦州城,再降祖大寿。

第五场是索伦战争。皇太极多次对黑龙江地区用兵,特别是对黑龙江上游地区索伦部用兵。崇德帝皇太极先后两次发军征讨,兵锋所至,远达赤塔（今俄罗斯赤塔）,擒获博穆博果尔。又用兵外喀尔喀。所以,皇太极时期清朝的疆域,北界包括整个黑龙江流域,已达外兴安岭。

文化方面。《清太祖武皇帝实录》告成。内国史院的清太祖天命朝、清太宗天聪朝的编年体史料长编《无圈点老档》即《旧满洲档》《老满文原档》《满文老档》初成。此档以无圈点老满文为主,兼以加圈点新满文并间杂蒙古文和个别汉文书写,记载满洲兴起和清朝开国的史事册档。后乾隆朝将其重抄为七部——《无圈点字档》（底本）、《加圈点字档》（底本）、《无圈点字档》（内阁本）、《无圈点字档》（崇谟阁本）、《加圈点字档》（内阁本）《加圈点字档》（崇谟阁本）和《加圈点字档》（上书房本）。《无圈点老档》今为孤档,存台北故宫博物院。其七部抄本除《加圈点字档》（上书房本）已佚外，其他六部分藏于中国第一历史档案馆和辽宁省档案馆。兴文教，考生员。设立文馆，分为两班：达海、刚林、苏开、顾尔马浑、托布戚翻译汉文书籍；库尔缠、吴巴什、查素喀、胡球、詹霸等记注朝政。记载清开国的满文史料长编《内国史院档》，积累了大量系统珍贵的史料。还就祭祀、礼制、爵位、萨满等做出一系列规定。修筑莲华净土实胜寺（俗称"皇寺"或"黄寺"）和"四寺"——东为永光寺、西为延寿寺、南为广慈寺、北为法轮寺，寺各建佛塔。后在盛京建清太宗陵——昭陵（沈阳北陵）。

二

清太宗朝在清朝中的历史地位，清太宗在清朝的历史贡献，应当怎样评价？皇太极身历天聪汗、崇德帝两种角色。其历史贡献，举大端者有：

第一，调整满汉关系。皇太极父汗清太祖努尔哈赤晚年，所留下最大的弊政是对汉民、汉官、汉儒的错误政策。

其一，改变对汉政策。先是，八旗军攻陷沈阳、辽阳后，占据辽东，进兵辽西，所向披靡，十分顺利。努尔哈赤在顺境中，实行了若干失当之策：大量迁民，按丁编庄，清查粮食，强占田地，满汉合居，杀戮诸生等，引起辽东汉人、汉官、汉儒的强烈不满。努尔哈赤怀着"七大恨"起兵，仇视汉民，屠杀汉儒，史称努尔哈赤"诛戮汉人，抚养满洲"。抚养满洲，于理可通；而诛戮汉人，实为大错。天命汗在对汉民、汉官、汉儒的重大民族政策上，举措轻率，严重失误，引起汉人反抗，造成社会震荡。在后金社会内部，满、汉之间的民族矛盾，成为当时主要的社会矛盾。恰当处理满汉关系，是皇太极继承父汗事业、缓和社会矛盾、平息汉民动乱、保持社会安定、巩固后金政权、进图更大发展的一个关键。皇太极在九月初一日继位登极，初五日即颁布《汗谕》："治国之要，莫先安民。我国中汉官汉民，从前有私欲潜逃，及令奸细往来者，事属已往，虽举首，概置不论。"此项政策，产生结果："汉官汉民皆大悦。逃者皆止，奸细绝迹。"初七日，皇太极又宣布《汗谕》，一是，"工筑之兴，有防农务"，今后停止筑城等过重劳役，使农人可以"专勤南亩，以重本务"。二是，"村庄田土，八旗移居已定"，今后不得随意移占，以使百姓各安其业。三是，"满汉之人，均属一体"，凡审判罪犯，差徭公务等，不得差别对待。四是，不准诸贝勒大臣及其下人，对庄民擅取牛、羊、鸡、猪、鱼等物，严谨进行勒索扰害。五是，满、汉分屯别居。"先是，汉人每十三壮丁，编为一庄，按满官品级，分给为奴。于是同处一屯，汉人每被侵扰，多致逃亡。"初八日，皇太极再发布《汗谕》："乃按品级，每备御止给壮丁八、牛二，以备使令。其余汉人，分屯别居，编为民户，择汉官之清正者辖之。"这项规定，使大量满洲庄屯下的农奴，分拨出来，编为民户，成为农民。汉民壮丁，分屯别居——缓解过去汉人受满洲奴役的悲苦；汉族降人，编为民户——改变过去掳获汉民，悉做满洲奴仆的悲剧。六是，禁止骚扰汉官。同日，皇太极严谕："禁止诸贝勒大臣属下人等，私至汉官家，需索马匹、鹰犬，或勒买器用等物，及恣意行游，违者罪之。"皇太极的上述措施，产生积极影响："由是汉人安堵，咸颂乐土云。"上文的"乐土"，显然有所夸张，较前却有改善。皇太极登位八天，就连续发布《汗谕》，调整满汉民族关系。七是，编审壮丁。天聪四年即崇祯三年（1630）十月，皇太极下令编审壮丁，对违规隐匿、溢额的壮丁（主要是汉人），从总兵官到拨什库，进行或自誓、勘验，或告发、举首，分别不同情节，处以应得之罪。八是，颁布《离主条例》。先是，努尔哈赤在得到明朝辽东时，辽东城乡汉人，"抗拒者被戮，俘取者为奴"。大量汉民，沦为奴仆。皇太极了解其弊，天聪五年即崇祯四年（1631），颁布《离主条例》，规定：一是除八分（即八固山贝勒）外，有被人讦告，私行采猎者，其所得之物入官，讦告者准其离主。二是除八分外，出征所获，被人讦告，私行隐匿者，以应分之物，分给众人，讦告者，准其离主。三是擅杀人命者，原告准其离主，被害人近支兄弟并准离主。四是诸贝勒有奸属下妇女者，原告准其离主，本夫近支兄弟并准离主。五是诸贝勒有将属下从征效力战士，隐匿不报，乃以并未效力之私人冒功滥荐者，许效力之人讦告，准其离主。六是本旗人欲讦其该管之主，而贝勒以威钳制，不许申诉，有告发者，准其离主。以上六种，可以告发，审查属实，准其离主，听所欲往。崇德三年即崇祯十一年（1638）正月，皇太极再次下令，奴仆勿须告发，准其离主为民。皇太极谕："朕因念此良民，在平常人家，为奴仆者甚多，殊为可悯。故命诸王等以下，及民人之家，有以良民为奴者，俱着察出，编为民户。"这些措施，奴仆离主，编为民户，使许多奴仆改变身份，成了普通居民。对于逃人，放宽惩治——"民皆大悦，逃者皆止"。天聪七年（1633）六月，孔有德、耿仲明投顺金国，皇太极为此严谕："向者，我国将士于辽民多所扰害，至今诉苦不息。今新附之众，一切勿得侵扰。此辈乃攻克明地，涉险来归，求庇于我。若仍前骚扰，实为乱首，违者并妻子处死，必不姑恕。"经过皇太极的三令五申，骚扰辽民状况有所收敛。总之，皇太极强调满洲、蒙古、汉人之间的关系，"譬诸五味，调剂贵得其宜。若满洲庇护满洲，蒙古庇护蒙古，汉官庇护汉人，是犹苦酸辛之不得其和"。因此，恰当调剂满汉关系，是清夺取并巩固全国政权的一个重要因素。

其二，任用汉官汉儒。满洲占有辽东地区后，要进一步巩固和发展，没有汉官和汉儒的合作与支持是不可能的。先前，汉官"俱分隶满洲大臣，所有马匹，尔等不得乘，为满洲官乘之；所有牲畜，尔等不得用，满洲官强与价而买之；凡官员病故，其妻子皆给贝勒家为奴；既为满官所属，虽有腴田，不获耕种，终岁勤劬，米谷仍不足食，每至鬻仆典衣以自给"。汉人归附官员，地位极为悲惨。由是许多汉官，虽"身在曹营"，却"潜通明朝"。皇太极谕告，将汉官"皆拔出满洲大臣之家，另编为一旗。从此尔等，得乘所有之马，得用所畜之牲，妻子得免为奴，择腴地而耕之，米谷得以自给。当不似从前之典衣、鬻仆矣"。他对归降的汉官，加以"恩养"，盛宴款待，给以田舍，分配马匹，封官赏赐。皇太极重用汉官，范文程是一史例。范文程在太祖时，未受重用。"太宗即位，召直左右。"尔后，军国之大计，文程皆与谋。《清史稿·范文程传》称其"左右赞襄，佐命勋最高"。崇德元年（1636），范文程任内秘书院大学士，是为汉人任相之始。他对"三顺王"——孔有德、耿仲明、尚可喜的政策也是成功的。

先是，天命十年即天启五年（1625）十月，努尔哈赤对明朝生员通明者，"令查出明绅衿，尽行处死"。此次事件中屠杀的"隐匿得免者"，约有三百人，尽沦在八旗包衣下为奴。皇太极命对这些为奴的生员进行考试。天聪三年即崇祯二年（1629）八月，皇太极谕曰："朕今欲振兴文治，于生员中，考取其文艺明通者优奖之，以昭作人之典。诸贝勒府以下，及满、汉、蒙古家，所有生员，俱令考试。于九月初一日，命诸臣公同考校，各家主毋得阻挠。有中者，仍以别丁偿之。"是为金国科举考试之始。这次考试，得中者共二百人。他们从原来"皇上包衣下、八贝勒等包衣下，及满洲、蒙古家为奴者"，尽被"拔出"，按考取的等级，获得缎布奖赏，优免二丁差徭。天聪八年即崇祯七年（1634）三月，又举行汉人生员考试，取中一等十六人，二等三十一人，三等一百八十一人，共二百二十八人。一个月后，又命礼部从中考取通晓满洲、蒙古、汉书文义者为举人。满洲人习汉书者查布海、汉人习满书者宜成格等十八人为举人。他们受到赏赐，并优免四个丁的差徭。皇太极开科取士，曾有"奴仆中式者，即行换出，仁声远播"。

重用汉官汉儒，听取汉官奏谏。在明末清初政治舞台上，大明、大清、大顺之间竞争，归根结底是人才的竞争、智慧的竞争。谁占有优秀人才越多，用其所长，用其智慧，谁就能战胜对方，一统天下。大明杰出人才如云，但亲小人而疏君子。大顺没有鸿儒硕彦，牛金星不过是个举人。大清能否占有人才并发挥其优长，就成为其鼎立争雄的关键因素所在。满洲占有辽东地区后，要进一步巩固和发展，没有汉官、汉军和汉儒的合作与支持是不可能的。天聪六年即崇祯五年（1632）八月，皇太极召王文奎、孙应时、江云，至内廷，赐宴筵。皇太极征求他们对"此番出兵，与明国议和，尔三人之意云何？可各抒所见，具疏奏闻"。于是，王文奎疏曰："汉人以宋时故辙为鉴，举国之人，俱讳言和。虽我皇上好生为念，不忍明国生民之涂炭，欲安息以待时，而汉人反以我为可愚，区区边塞小臣之盟誓，宁足据哉！"直言对明议和，不可期望过高。立足之点，仍在角胜。孙应时疏曰："臣思明国之主，恃其土广人众，生物繁盛，制度严谨，必不轻于议和。其下大臣，亦阿谀将顺，和之一字，不敢轻言。昔皇上大军临边，其防边诸臣，修备未完，恐我兵猝入，故以和议迁延，以诱我耳，即实心议和，其馈遗之礼，于我怕定额数，减一分，我则不可，增一分，彼又不从，和岂易言哉！和既不成，结仇愈深，两国势难并立，我国当秣马厉兵，有进无退也。"江云疏曰："今皇上姑遣使往明，以和议试之，明若不识天时，怠忽和事，则我兵入境攻取，亦为有名。天下闻之，孰有议我之非者。今皇上欲与明和，而不能即决者，未免怀疑也。夫我兵战则必胜，攻则必克，可以纵横于天下。明欲和，则与之和；否则，是天以天下与皇上也。宜速布信义，任用贤人，整师而入，天下指日可得，又何必专言和事耶。"提出后金用议和与征战两手，立于不败之地。

其三，不杀降官降民。先是，努尔哈赤进占辽东，屠杀汉民，引起反抗。皇太极继承汗位后，后金贝勒，旧习未改，攻占城镇，杀戮汉民。皇太极总结先父过去政策上的错误，争取明将、明兵，不杀降官、降民，取得效果，获得成功。以大凌河之战为例。天聪五年即崇祯四年（1631）十月间，皇太极率兵围困明军死守的大凌河城。大凌河受将祖大寿派义子祖可法，与后金大贝勒代善长子岳讬议商和谈。祖大寿及其将领之所以坚守拒降，其重要原因是怕杀降。岳问："汝等死守空城，何意？"祖答："天与尔辽东、永平兵民，若不加屠戮，则天下之民，闻风归顺。因屠戮降民，是以人皆畏缩耳！"岳曰："前杀辽东兵民，此亦当时事势使然，然我等不胜追悔。后杀永平兵民者，乃二贝勒阿敏之事。上以其违命妄杀，已将阿敏论罪幽禁，夺其属员矣！我皇上自即位以后，敦行理义，治化一新，抚养黎民，爱惜士卒，仁心仁政，尔等岂不闻之！"皇太极实行不杀投降汉官汉民的政策，用各种手段招降祖大寿。果然，明朝辽东地区在袁崇焕之后，"祖家军"中的祖大寿及其全部将领（何可纲除外），都归顺了后金—清。明朝辽西战将，丧失殆尽。皇太极继而争取了毛文龙死后离散的部下，孔有德、耿仲明、尚可喜等部明军。后来这些官将，成为八旗汉军的将领、大清朝的重臣。他们是：总兵官祖大寿，副将刘天禄、张存仁、祖泽润、祖泽洪、祖可法、曹恭诚、韩大勋、孙定辽、裴国珍、陈邦选、李云、邓长春、刘毓英、窦承武，参将、游击吴良辅、高光辉、刘士英、盛忠、祖泽远、胡弘先、祖克勇、祖邦武、施大勇、夏得胜、李一忠、刘良臣、张可范、萧永祚、韩栋、段学孔、张廉、吴奉成、方一元、涂应干、陈变武、方献可、刘武元、杨名世等。其中，七人后为部院承政：张存仁为都察院承政、祖泽洪为吏部承政、韩大勋为户部承政、姜新为礼部承政、祖泽润为兵部承政、李云为刑部承政、裴国珍为工部承政。在崇德七年即崇祯十五年（1642）六月，汉军又由四旗扩编为八旗时，有八位固山额真和十六位梅勒章京，其中固山额真有祖泽润、刘之源、吴守进、金砺、佟图赖、石廷柱、巴颜、墨尔根侍卫李国翰，梅勒章京有祖可法、张大猷、马光辉、祖泽洪、王国光、郭朝忠、孟乔芳、郎绍贞、裴国珍、屯泰、何济吉尔、金维城、祖泽远、刘仲金、张存仁、曹光弼。祖泽润、祖可法、祖泽洪、祖泽远四人是祖大寿的子侄，张存仁、裴国珍等是祖大寿的副将，他们是原"祖家将"中的主要人物。皇太极就是以这批人为骨干，以原辽东汉官、汉将、汉兵、汉民为基础，组建八旗汉军。这样就使后金的军队，形成了满洲、蒙古、汉军三个方面军。八旗军由满洲、蒙古、汉军三部分组成，既具有满洲、蒙古野战骑射之长技，也兼有汉军大炮火器之优长。

第二，统一蒙古诸部。皇太极在其父汗努尔哈赤对漠南蒙古既定政策和已有成就的基础上，对蒙古的征抚取得极大成绩，对蒙古的政策获得极大成功。除继续绥服科尔沁蒙古外，完全吞服内喀尔喀五部——扎鲁特部、巴林部、瓮吉刺部、巴岳特（巴约特）部、乌齐叶特部。又降服察哈尔部。后金统一察哈尔，具有重大的意义。其一，获得传国宝玺。察哈尔林丹汗死后，由其子额哲将"制诰之宝"呈献给天聪汗皇太极。皇太极得膺"一统万年之瑞"，亲自告祭太祖福陵。察哈尔汗不仅是察哈尔部的大汗，还是蒙古各部的宗主。察哈尔部的灭亡，既是漠南蒙古全部归于后金统治的标志，也是成吉思汗创立大蒙古国在其故土最终覆灭的标志。察哈尔部被后金征服，明朝失去北面屏障，边事愈发不可收拾。《明史·鞑靼传》记载："明未亡，而插先毙，诸部皆折入于大清。国计愈困，边事愈棘，朝议愈纷，明亦遂不可为矣！"其二，补充大量兵源。《圣武记》曰："夫草昧之初，以一城一旅敌中原，必先树羽翼于同部。故得朝鲜人十，不若得蒙古人一。"皇太极统一漠南蒙古后，扩大了兵源，仿照八旗满洲兵制，编设八旗蒙古。从此以后，八旗蒙古作为八旗劲旅的重要组成部分，成为对明征战的主力军队。其三，后金可靠盟友。皇太极继东征朝鲜解除左翼威胁之后，又解除右翼蒙古的威胁，使后金从根本上扭转了"四境逼处"的被围态势，从战略上由被朝鲜、明朝、蒙古三面包围的局面，变为对明朝三面包围的态势。其四，直接马市贸易。后金吞并察哈尔蒙古，南部边界已同明朝宣府、大同接近，从而便于直接或间接地同明进行贸易。天聪八年即崇祯七年（1634）后金首次在宣府、大同与明互市，尔后在张家口、杀虎口等地，进行互市贸易。其五，打开入塞通道。在征抚漠南蒙古过程中，后金天命朝同漠南蒙古重交结，订盟谊，不事讹诈、也少征讨。后金统一漠南蒙古，使明朝防御战线拉长，由宁远直至宁夏，都成为与后金直接对峙的前线。北京则成为后金—清军随时可以进攻的目标。后金征服漠南蒙古，逐渐组成八旗蒙古，打通从西北进入中原的道路。皇太极的军队，先后五次迂道入塞，甚至攻陷济南府城，都是间道蒙古破墙入塞的。其六，政治同盟。到天聪十年即崇祯九年（1636）三月二十二日，漠南蒙古十六部、四十九贝勒在盛京集会，尊皇太极为"博格达·彻辰汗"（宽温仁圣皇帝），尊奉皇太极为共主。这表明漠南蒙古诸部，共尊皇太极也为蒙古的大汗，皆臣服于后金—清朝。四月初五日，"管吏部和硕墨尔根戴青贝勒多尔衮捧满字表文一道，科尔沁国土谢图济农巴达礼捧蒙古字表文一道，都元帅孔有德捧汉字表文一道，率诸贝勒大臣、文武各官，诣阙跪进"。这表明崇德皇帝是由满洲、蒙古、汉人共同拥戴的。皇太极征服漠南蒙古，从根本上改变关外军政力量局面：由万历、天启年间的明朝、蒙古、满洲鼎足三分之势，到满洲与蒙古联盟共同对付明朝，清朝与明朝分庭抗礼的局面。从而改变后金与明朝的力量对比，占领更为广阔的地域，拥有更为雄厚的骑兵，占有更丰厚的资源，在政治上、军事上，取得优势的地位，为后来清军入关，迁鼎燕京，入主中原，奠下基础。

在天聪朝，内喀尔喀五部完全臣服后金；察哈尔部已经归降后金。在崇德朝，皇太极加强并完善对蒙古诸部的治理。至于外喀尔喀诸部，经过天命、天聪、崇德三朝的抚绥与征战，也已向清朝遣使朝贡。

皇太极在天聪时期，突出业绩是征服漠南蒙古察哈尔部。察哈尔部林丹汗之子额哲归附后金，皇太极命其率部住牧义州边外的孙岛习尔哈地方。翌年正月，皇太极第二女马喀塔下嫁额哲。四月，额哲等蒙古十六部四十九贝勒，同上皇太极尊号，承认其为蒙古的共主。同月，额哲被封为和硕亲王，继续管领随其归降的部众。后康熙帝追述道："昔额哲、阿布奈被俘，不没入旗下为奴，封额哲为亲王，所部人员，亦加抚养。"额哲及其弟阿布奈没有编入八旗满洲下役使，而是另立外藩旗分，就是组成一个扎萨克旗。在崇德年间，外藩蒙古分为左右两翼会盟。科尔沁部土谢图亲王为左翼科尔沁等十旗首领，额哲为右翼扎萨克各旗首领。

林丹汗病死部散、其子额哲降后金，对漠南蒙古各部产生巨大影响。先是，漠南蒙古右翼三万户，鄂尔多斯部、土默特部、喀喇沁部，到明末时，逐渐分化，领地众多，各自为政。漠南蒙古右翼三部，受到察哈尔部打压，喀喇沁部被击溃，土默特、鄂尔多斯避兵于河套。天聪六年即崇祯五年（1632），后金第二次征讨察哈尔，林丹汗率部西迁。其时察哈尔部众，纷纷脱离林丹汗。右翼诸部乘机摆脱察哈尔部的控制，投附后金。天聪八年即崇祯七年（1634）闰八月，皇太极命鄂尔多斯济农额林臣、土默特部博硕克图汗之子俄木布，分别收集其部众，在其移牧处住牧。清对曾被察哈尔兼并的蒙古右翼三部，采取与左翼不同的处置方法。有的部落如土默特，对后金采取若亲若疏的政策。后归化城土默特正式"编立旗分牛录，设固山额真、梅勒章京、牛录章京，仍依品级，各授以世职"。另外，巴林部受察哈尔侵扰，大部分逃往嫩科尔沁。后巴林部色特尔台吉、满珠习礼台吉（昂阿子）等率领部属，自科尔沁归附皇太极。皇太极建立扎萨克旗时，色特尔之子色布腾掌右翼，满珠习礼掌左翼。扎鲁特部在天聪初归附后金。从蒙古诸部共上皇太极尊号及每年正旦朝贺的名单来看，漠南蒙古各部都已经臣服清朝。蒙古诸部臣服清朝的记录证据，是《钦定外藩蒙古回部王公表传》中天命、天聪、崇德三朝封爵简表。

后金对外喀尔喀蒙古影响很大。天聪九年即崇祯八年（1635）五月，外喀尔喀蒙古车臣汗等发出两封信函：一封给天聪汗皇太极，冀图同后金友好；另一封给林丹汗之子额哲，拉拢其投归外喀尔喀。同年十二月初七日，车臣汗等派遣一百三十六人的使团至盛京，向崇德帝朝贡奉表。其书云："成吉思汗后裔，马哈撒嘛谛塞臣汗等，书奉天下无敌天聪皇帝，伏惟皇帝，躬膺厚祉，起居康泰。响者，察哈尔胡土克图汗，居必不可败之势，与大国抗衡，今已既灭其国矣！现今安迩怀远，以图太平之道，天聪皇帝自有睿裁。但今抚有大宝，必声名洋溢，为天下法，使政令炳曜，如日方升。庶几当时利赖，万世传休。倘蒙睿鉴，以此言为然，愿往来通问不绝，共守盟约，以享太平。"这份表文说明，皇太极降服察哈尔部，震动外喀尔喀蒙古；获得"制诰之宝"，更加声名远播。因此，外喀尔喀车臣汗愿同天聪汗"往来通问不绝，共守盟约，以享太平"。

在外喀尔喀蒙古三部中，车臣（塞臣）部在大兴安岭西麓，是靠后金最近的一部。车臣汗遣使同后金聘问盟约，影响其另外两部。外喀尔喀部落土谢图汗也遣朝贡使臣，上表行礼。扎萨克图汗距盛京较远，也遣使朝贡。时外喀尔喀扎萨克图汗、车臣汗、土谢图汗及厄鲁特四部落，以及西藏达赖喇嘛，都承认皇太极为清朝皇帝。到崇德七年即崇祯十五年（1642）西藏达赖喇嘛等遣使到盛京。崇德三年即明崇祯十一年（1638），喀尔喀三部遣使来朝，皇太极规定喀尔喀三部每年贡"白驼一，白马八，谓之九白之贡"。从此，外喀尔喀蒙古开始臣属于清朝。

皇太极在统一蒙古的过程中，对蒙古各部，颁行政策，相互联姻，制定法令，封赏官爵，设立衙门，加强管理。

其一，相互联姻。皇太极在位时，同科尔沁联姻十八次，其中娶入十次、嫁出八次。皇太极的两位皇后，都是莽古斯贝勒之女，其中孝庄后辅育顺治、康熙两代皇帝，定鼎中原，功在社稷。皇太极的中宫皇后和四宫之妃都是蒙古博尔济吉特氏。清太祖、太宗、世祖和圣祖先后有四位皇后、十三位皇妃，出自蒙古科尔沁等部。所以，魏源评论道："科尔沁从龙佐命，世为肺附，与国休戚。孝端文皇后、孝庄文皇后、孝惠章皇后皆科尔沁女，故世祖当草创初，冲龄践阼，中外帖然，系蒙古外戚扈戴之力。自天命至乾隆初，额驸尚主者八，有大征伐，辄属橐前驱，劳在王室，非直亲懿而已。"蒙古科尔沁部博尔济锦氏影响清初五朝（天命、天聪、崇德、顺治、康熙）四帝（太祖、太宗、世祖、圣祖）的政治与血缘，其中以皇太极孝庄文皇后博尔济锦氏尤为突出。皇太极还先娶察哈尔林丹汗的遗孀窦土门福晋（巴特玛·璪），后封为衍庆宫淑妃。又娶其遗孀囊囊福晋（娜木钟）。皇太极还将第二女马喀塔下嫁给林丹汗之子额哲为妻。额哲死后马喀塔再嫁其弟阿布奈。和硕贝勒济尔哈朗妻子已死，继娶其妻妹、林丹汗遗孀苏泰福晋为妻。大贝勒代善娶林丹汗之女、额哲之妹泰松格格为妻。皇太极之子豪格娶察哈尔伯奇福晋，皇太极七兄阿巴泰也娶察哈尔俄尔哲图福晋。满洲与察哈尔，由昔日之仇敌，成为今日之亲家。相互联姻，彼此嫁娶，婚配血缘融合，结成政治联盟。

其二，编入八旗。皇太极对蒙古各部不同情况，采取不同措置，划定牧界，编牛录旗。在此基础上，进行编旗。有的编入八旗满洲，有的编入八旗蒙古，有的则编为扎萨克旗。崇德元年即崇祯九年（1636）十月，清廷派遣蒙古衙门承政尼堪等，偕阿什达尔汉、达雅齐塔布囊等人，前往察哈尔、喀尔喀、科尔沁等蒙古地区，与蒙古诸王、台吉会盟，清点壮丁，统编牛录，以五十户，编一牛录，任命牛录额真，编制册籍，加强管理。在蒙古正式推行满洲制度。崇德元年即崇祯九年（1636），漠南蒙古户口的核查，甲兵的编册，牛录的编定，牛录额真的任命，扎萨克的封赐，标志着蒙古扎萨克旗的建立。皇太极按照八旗满洲的办法，创建了八旗蒙古，它具有组织严密、纵骑驰驱、机动灵活、战斗力强等特点，成为后金重要的军事力量。扎萨克旗制度最初建立于漠南蒙古，至康熙年间增至四十九旗。清代称之为内扎萨克旗或内扎萨克蒙古，简称"内蒙古"。这个制度后来逐渐被推广到陆续归附的其他蒙古部落，形成了外扎萨克旗。

其三，册封赏赐。漠南蒙古十六部、四十九王公，因上皇太极尊号之功，受到皇太极的册封。崇德帝皇太极分叙外藩蒙古诸贝勒军功："封科尔沁国巴达礼为和硕土谢图亲王，（科尔沁部）吴克善为和硕卓礼克图亲王，（察哈尔部）固伦额驸额哲为和硕亲王，（科尔沁部）布塔齐为多罗扎萨克图郡王，（科尔沁部）满珠习礼为多罗巴图鲁郡王，（奈曼部）衮出斯巴图鲁为多罗达尔汉郡王，（翁牛特部）孙杜棱为多罗杜棱郡王，（敖汉部）固伦额驸班第为多罗郡王，（科尔沁部）孔果尔为扎萨克多罗冰图郡王，（翁牛特部）东（即栋戴青）为多罗达尔汉戴青，（四子部落）俄木布为多罗达尔汉卓礼克图，（喀喇沁部）古鲁思辖布为多罗杜棱，（土默特部）单把为达尔汉，（土默特部）耿格尔为多罗贝勒。各赐雕鞍、甲胄、金银、器皿、彩缎、文绮有差。"皇太极先封爵号的蒙古贵族共十四人。后封乌珠穆沁右翼多尔济为亲王，封苏尼特左翼腾机思为郡王。据《钦定外藩蒙古回部王公表传》记载统计，至顺治五年（1648），蒙古王公获封爵和扎萨克衔者超过二十七人。《清圣祖实录》记载，康熙元年（1662）二月，理藩院题请差大臣往科尔沁、乌珠穆秦等四十七旗会盟，说明时已增至四十七旗。崇德帝授予蒙古贵族满洲爵号之后，其原有的汗、济农等蒙古称号，随之取消。除上之外，还封其妻为福晋。崇德二年即崇祯十年（1637）九月，皇太极遣内弘文院大学士希福、蒙古衙门参政艾松古等，赍诰命，前往封。如赐衮出斯巴图鲁妻诰命制曰："今朕诞登大宝，效法前王，爰定藩封，特颁制诰，封尔多罗达尔汉郡王之妻，为多罗达尔汉郡王福晋。尔其属守闺箴，毋违妇德，益辅佐尔多罗达尔汉郡王，敬慎持心，忠勤践职，勋垂当世，誉显来兹。"

其四，重喇嘛教。满洲原来的宗教是萨满教，蒙古原来的宗教也是萨满教。先是，16世纪后半叶，藏传佛教传入蒙古地区。

后来藏传佛教逐渐在蒙古取得统治地位。万历四年（1576），漠南蒙古土蛮（图们）汗，往见噶尔玛喇嘛，遂受禅教。后聚集六万人，宣示教令。万历二十年（1592），图们汗殁。翌年，子布延台吉即位，称"彻辰汗"，实行"以政治佛教，致大国于太平"的政策。布延汗于万历三十一年（1603）殁，翌年，其孙林丹（陵丹）即位。林丹汗时期，喇嘛教在蒙古地区盛行。《蒙古源流》记载：林丹汗从迈大哩诺们汗、卓尼绰尔济等，"承受秘密精深之灌顶，扶持经教"。后又遇萨斯嘉班辰沙喇巴胡土克土，复"承受秘密精深之灌顶，创修昭释迦牟尼佛庙，以及各项庙宇。"后魏源曰："葱岭以东，惟回部诸城郭国自为教外，其土伯特四部、青海二十九旗、厄鲁特汗王各旗、喀尔喀八十二旗、蒙古游牧五十九旗、滇蜀边番数十土司皆黄教。"时藏传佛教在今西藏、青海、北疆、外喀尔喀、漠南蒙古地区广泛传播。所以，"黄教服，而准、蒙之番民皆服。"因之，后金对藏传佛教的政策，直接关系到后金同蒙、藏关系的成败。然而，满洲地区的藏传佛教，是从蒙古地区传入的。皇太极沿袭乃父对蒙古喇嘛教的政策，继续尊重喇嘛教。天聪元年即天启七年（1627），乌木萨忒绰尔济喇嘛将至沈阳，天聪汗皇太极命国舅阿什达尔汉同达雅齐，率八人往迎之。翌年，喀喇沁部落使喇嘛四人，率五百三十人到沈阳议和。皇太极命贝勒阿济格、硕讬、萨哈廉往迎，设宴宴之。喀喇沁部落满朱习礼胡土克图喇嘛至沈阳，皇太极令其住于城外五里馆舍。随之，皇太极与两大贝勒及诸贝勒出城，至馆喇嘛所，设帷幄，并宴之。优礼喇嘛，保护寺庙。皇太极在多次出征前的《汗谕》中，屡屡申告，保护寺庙。既保护寺庙，更兴建寺庙。在盛京兴建实胜寺。修寺的缘起是，皇太极征察哈尔时，察哈尔汗惧，出奔图白忒部落，至打草滩而卒。有墨尔根喇嘛、载古帕斯八喇嘛，将所供嘛哈噶喇佛奉至盛京。皇太极命于盛京城西三里外，建寺供奉之。至是告成，赐名实胜寺。努尔哈赤、皇太极制定的尊重喇嘛教政策，顺治、康熙、雍正、乾隆四朝，效法先祖，统绪传承，产生深远而重大的影响。康熙年间，外喀尔喀蒙古犹豫投向俄国还是清朝时，哲布尊丹巴胡图克图喇嘛曰："俄罗斯持教衣冠俱不同，必以我为异类。宜投中国兴黄教之地。"乾隆年间，乾隆帝对西藏问题的解决也是一样的。清朝尊重喇嘛教的政策，对外喀尔喀蒙古完全归顺清朝，对巩固同内蒙古的联盟以及对西藏的统一，均起到极为关键的作用。

其五，制定法令。皇太极对蒙古颁谕法令，进行管理。天聪三年即崇祯二年（1629），皇太极对已归附的蒙古科尔沁、敖汉、奈曼、喀尔喀、喀喇沁五个部落，令其"悉遵我朝制度"，就是遵行后金的制度。皇太极遣国舅阿什达尔汉同尼堪等，赍敕往谕归顺各部落蒙古诸贝勒，申定军令。天聪六年即崇祯五年（1632），皇太极遣济尔哈朗、萨哈廉等人，前往蒙古地域，"指授归顺蒙古诸贝勒牧地，申明约法"。

其六，设理藩院。先是创立专门管理蒙古事务的衙门——理藩院。后理藩院成为清朝管理民族事务的行政机构。

第三，统一东北地区。黑龙江流域地区包括黑龙江以北、外兴安岭以南，整个黑龙江的上、中、下游地域及其支流乌苏里江以东滨海地域。明朝末年，天命时期，在黑龙江流域、乌苏里江以东滨海地带、图们江地区，居住着众多民族部落。在图们江以北、乌苏里江以东地域，主要居住瓦尔喀、库尔喀、赫哲等民族部落。

在黑龙江中下游地带，主要居住着虎尔哈、库尔喀、鄂伦春、女真、使犬部、使鹿部等部落的部民。在黑龙江中上游地带，贝加尔湖以东，精奇里江（今结雅河）两岸，一般称之为索伦地区，居住着索伦、毛明安（茂明安）等部落。各部落以血缘为纽带，地缘为基地，分散居住，互不统属。天命、天聪、崇德三朝，努尔哈赤与皇太极父子，采取征讨与抚绥的策略，逐步完成了对外兴安岭以南、整个黑龙江流域的统一，各部居民，归属于清。

在黑龙江上游地区。先是，清太祖努尔哈赤时期，已经用兵于图们江口以北、乌苏里江以东滨海地区，也已经用兵于黑龙江中游地区，均取得重大军事与政治之成果。皇太极继承汗位后，多次在上述地区征抚兼施，并取得巨大成绩，但对黑龙江上游地区用兵，主要是皇太极时期。在贝加尔湖以东，大兴安山（今雅布洛诺夫山）与额尔古纳河之间，有毛明安部落、叶雷部落、索伦部落等，于石勒喀河流域游牧。皇太极即位之年，黑龙江上游地区萨哈尔察部落头人到沈阳朝贡："萨哈尔察部落六十人来朝，贡貂、狐、猞猁狲皮。"从此，皇太极对黑龙江上游地区采取积极的征讨与绥服策略。崇德三年即崇祯十一年（1638）三月二十四日，毛明安部落首领巴特玛到盛京，受到崇德帝的赐宴。但这些部落，对清朝降叛不定，皇太极数次发兵征讨，完全取得对该地区的统治权。

在石勒喀河与额尔古纳河汇流处下游地区，主要有索伦等部落。索伦诸部众首领中，最为著名的有两位：一位是巴尔达齐，另一位是博穆博果尔。他们由于对待清朝皇帝态度的差异，所得结果，完全相反。巴尔达齐在天聪八年即崇祯七年（1634）五月初一日，首次到盛京朝贡："黑龙江地方头目巴尔达齐，率四十四人来朝，贡貂皮一千八百一十八张。"尔后，在天聪九年、十年和崇德二年、三年、五年、六年、八年，先后十二次到沈阳朝贡，其中派其弟二次、遣官二次，亲自八次到盛京朝贡。在蒙古噶尔珠塞特尔、索伦博穆博果尔事件中，巴尔达齐忠于皇太极，配合后金—清军，起了积极的作用。皇太极将巴尔达齐招为额驸。崇德六年即崇祯十四年（1641）正月初一日，巴尔达齐受到礼遇，参加正旦"堂子行礼"。博穆博果尔则相反，对清朝的态度，亲疏不定，遭到征讨，兵败被俘，结局悲惨。

在黑龙江中游地区，主要有黑龙江呼尔哈等部。后金—清多次发兵征讨，完全统治了这一地区。

在黑龙江下游地区，即乌苏里江与黑龙江汇流处下游地区，主要有使犬部、使鹿部等。皇太极多次发兵征抚，在这一地区建立统治。

在黑龙江支流乌苏里江以东滨海地区，有瓦尔喀、东海虎尔哈等部。皇太极在其父汗已有的成就基础上，继续实行征讨与绥服，完全统治该地域。

总之，明初在东北地区设有奴儿干都司和辽东都司（隶属山东布政使司），以实施对这一地区的管辖。但明中期以后皇权衰落，已不能对东北广大地区实行有效管辖。努尔哈赤兴起后，不仅基本统一了女真各部，而且初步统一了东北地区。皇太极又经过十七年的用兵，马不停蹄，四向拓疆，比其父汗努尔哈赤于疆域之开拓，有突破性进展。皇太极已经完全统一了黑龙江流域地区。崇德七年即崇祯十五年（1642），清太宗崇德帝皇太极诏告天下曰：

予缵承皇考太祖皇帝之业，嗣位以来，蒙天眷佑，自东北海滨，迄西北海滨，其间使犬、使鹿之邦，及产黑狐、黑貂之地，不事耕种、渔猎为生之俗，厄鲁特部落，以至斡难河源，远迄诸国，在在臣服。

就是说，东自鄂霍次克海，西迄贝加尔湖，南濒日本海，北跨外兴安岭的广阔地域，明奴儿干都司、辽东都司和蒙古部分辖境内的各族部民，均已被置于清初的管辖之内。黑龙江地区的重新统一，东北地区的重新统一，结束了元末以来近三百年民族之间、部族内部蹂躏掳掠、相互杀伐的混乱局面。进而为后来康熙二十八年（1689）中俄《尼布楚条约》的签订奠下了基础。如果没有天命、天聪、崇德三朝，努尔哈赤、皇太极父子两代奠定的清初版图，后来沙俄东侵，日本南进，东北疆域，外强争逐，谁人占有，实在难卜。

第四，改族名为满洲。满洲的先世，从北到南，几经迁徙，到达长白山、图们江地域。长白山与图们江一带地域，是满洲的发祥地。满洲的先人族系，为女真（诸申）。明末女真大体分为四大部，即建州女真、海西女真、东海女真和黑龙江女真。建州女真兴起后，其中的满洲部居于主导地位。从努尔哈赤于万历十一年（1583）到皇太极天聪九年（1635），已经五十二年。努尔哈赤和皇太极在半个多世纪中，统一女真、统一东北诸族、统一东北地区的过程，也就是满洲民族形成的历史过程。女真各部的统一、东北诸族的统一、东北地区的统一、八旗的创建、满文的创制，使得新的满族共同体出现在中华民族大家庭之中。满洲族是以建州女真为核心，以女真为主体，吸收部分汉人、蒙古人、鄂温克人、达斡尔人、锡伯人、鄂伦春人、萨哈尔察人、朝鲜人等，组成的一个新的民族共同体。为了反映这个满洲共同体的事实，需要将民族名称规范化。天聪汗皇太极于天聪九年即崇祯八年（1635）十月十三日（11月22日），诏谕满洲的称名：

> 我国原有满洲、哈达、乌喇、叶赫、辉发等名，向者无知之人，往往称为诸申。夫诸申之号，乃席北超墨尔根之裔，实与我国无涉。我国建号满洲，统绪绵远，相传奕世。自今以后，一切人等，止称我国满洲原名，不得仍前妄称。

显然，新的民族现实，需要对旧有族名进行变更。然而，上述《汗谕》，学者认为难于理解。因"诸申"即"女真"，都是"jusen"的汉语音译，为什么皇太极认为它与金国无涉，而将"诸申"说成是"席北超墨尔根之裔"？如果把这件《汗谕》，同翌年皇太极建立改国号为"清"相联系，似并不难理解。因为天聪九年（1635）十月十三日，改的是族名；而天聪十年（1636）四月十一日，改的是国号。"族名"与"国号"，既相联系，也有区别。金国对本族人称女真（有时译为诸申），对蒙古族人称为蒙古，对汉族人则称为尼堪。这都属于习惯上的泛称。皇太极在上述《汗谕》中曰：女真人有满洲、哈达、乌喇、叶赫、辉发等族名，为了统一称呼本族的族名，需要统一族名，也需要规范族名。在满洲、哈达、乌喇、叶赫、辉发等称谓中，后四者，部已亡，神已毁，只有满洲是胜利者。因此，以满洲代替原来的泛称诸申。诸申可能是借用的族名，可以废弃不用，至于诸申是否是席北超墨尔根的后裔或满洲是否有原名，本文不做讨论。这种改族名为满洲，是根据建立新王朝的需要而改动的。"满洲"之名，有学者认为是部名，有学者认为是地名，有学者认为是人名，也有学者认为是佛名等。清朝人则说，他们原名满洲，而明朝人"误为建州"的。皇太极以这个满洲为本族名，来统称新的民族共同体。

从此，满洲族的名称正式出现在中国，也出现在世界的史册上。顺治元年（1644）清军进关，入主中原，满洲族成为清朝的主体民族。满洲初由东北边隅小部，继而发展，不断融合，形成新的民族共同体，以至发展到当今千万人的大民族，先后涌现出一大批灿如星汉的政治家、军事家、文学家、艺术家、科学家、语言学家等。而满洲族肇兴的领袖，就是清太祖努尔哈赤及其子清太宗皇太极。努尔哈赤、皇太极带领满洲族经受考验与磨炼，变得更加自信、更加勇敢、更加凝聚、更加坚强，使满洲族谱写出其民族发展史上最为辉煌、最为壮丽的篇章。

第五，建国号为大清。努尔哈赤于明万历四十四年（1616）建国，皇太极的贡献是将原有的国号"大金"，改名为"大清"。后金—清政权从建立到完善，有一个发展的过程。天聪十年即崇祯九年（1636）四月十一日，皇太极即皇帝位，改元崇德，国号大清。这不仅是改换一个名字，而是反映一个新的政治现实。

其一，政治目标更远大。制订宏观目标，建立专制体制，是皇太极继承父汗事业、巩固后金政权、进图更大发展之政治棋盘上一步关键之棋。后金政权是局处东北一隅，还是夺取全国江山？

清太祖努尔哈赤对此没有做出明确的回答，天聪汗皇太极却做出明确回答。天聪三年即崇祯二年（1629）十一月十五日，皇太极发表《告谕》：

> 若谓我国褊小，不宜称帝，古之辽、金、元，俱自小国，而成帝业，亦曾禁其称帝耶！且尔朱太祖，昔曾为僧，赖天佑之，俾成帝业。岂有一姓受命，永久不移之理乎！天运循环，无往不复。有天子而废为匹夫者，亦有匹夫起而为天子者。此皆天意，非人之所能为也！上天既已佑我，尔明国乃使我去帝号，天其鉴之矣！

上述宣言，充分表明：第一，引述古代历史，说明偏隅小国，可以完成帝业；第二，引述民族历史，说明东北民族小部，可以战胜中原大国；第三，引述明朝历史，论证明太祖朱元璋，原是个穷和尚，也可以成为皇帝，别人为何不能称帝？第四，天道哲理证明，循环往复，历史轮回，帝位易主，没有万世；第五，上天眷佑，命我称帝，明朝皇帝，岂能禁之？总之，皇太极要效法契丹耶律阿保机、女真完颜阿骨打、蒙古成吉思汗，建元称帝，进军中原，推翻朱明，一统天下！皇太极在这个总战略思想之下，值天聪十年即崇祯九年（1636）四月，获得故元传国宝玺后的机会，改元崇德，建号大清。皇太极怀着雄心，部署战略，同明崇祯，争夺国统。

其二，政治基础更广阔。努尔哈赤建立后金时，其地域陷于抚顺关以外，其民族限于女真各部。到皇太极改国号为大清时，民族成分的主要特点——满洲为主体，蒙古、汉人为两翼，其他民族为羽毛，形成一个多民族的政权。崇德帝皇太极登极改元，上皇太极尊号表文者：和硕贝勒多尔衮捧满字表文，蒙古科尔沁土谢图济农巴达礼捧蒙古字表文，汉人都元帅孔有德捧汉字表文一道。此事据《清太宗实录》天聪十年四月初五日记载，大贝勒代善、和硕贝勒济尔哈朗、多尔衮、多铎、岳讬、豪格、阿巴泰、阿济格、杜度率领满族、汉族、蒙古族大臣和蒙古十六国四十九贝勒用三种文字撰写文书共同呈上，请求皇太极称帝。管吏部和硕墨尔根戴青贝勒多尔衮捧满字表文一道，科尔沁国土谢图济农巴达礼捧蒙古字表文一道，都元帅孔有德捧汉字表文一道，率诸贝勒大臣、文武各官，诣阙跪进。皇太极以满洲多尔衮、蒙古巴达礼、汉人孔有德三人，分别用满文、蒙古文、汉文宣读表文，力图显示：大清不仅是满洲的政权，而且是蒙古的政权，还是汉人的政权，也是东北各族人的政权。

其三，国家机器更完善。努尔哈赤建立后金时，主要根据满洲特点，参酌蒙古经验，组建国家机构，尚属草昧，很不完善。架构国家管理体系，是皇太极继承父汗事业、巩固后金政权、进图更大发展之重大举措。大明有健全的国家机构，但运转不灵；大顺没有完善的政权机构，也未想去完善；满洲天命建元，国家机构以女真军事组织为主，参照蒙古模式（如理事官之设）等，建立起国家机构的雏形。随着后金地域之拓展，人口之众多，民族之纷繁，文业之兴举，军事之远征，就需要改革并完善政权机器。一是，废除天聪大汗同三位大贝勒并坐制，改为皇太极"南面独坐"，强化君主集权；二是，改蒙古衙门为理藩院，以专门处理民族事务；三是，逐步设立八旗汉军，以管理汉军及其眷属之军、政、民等事宜；四是，完善并扩编八旗蒙古，加强对蒙古的统辖；五是，制定一系列法典，使管理有法律依循。六是，仿效明制，设立内三院、六部、都察院、理藩院，基本上完成了国家机器的架构。皇太极改革和完善国家组织的特点是，以满洲政权组织为基础，以蒙古历史经验为参酌，以中原王朝为范式，架构后金—大清的国家组织形式。在进行国家体制改革时，皇太极告谕廷臣"凡事都照《大明会典》行"，即依据明朝政府的组织机构，改革和设置后金—大清的国家机构。天聪三年（1629）四月，设立文馆，分为两班：达海巴克什等翻译汉文典籍；库尔缠巴克什等记注本朝政事。天聪五年（1631）七月，设立六部——吏、户、礼、兵、刑、工，分部管理国家行政事务。天聪十年（1636）三月，改文馆为内三院：内国史院，负责记注起居、撰拟诏令、纂修实录等；内秘书院，负责记录各衙门奏疏、草拟同外藩公文、代汗起草谕令等；内弘文院，负责给皇帝讲解经史等。四月，内三院设大学士、学士，这是清代设大学士之始。清承明制，不设宰相，大学士参与议商军国之大政。崇德元年（1636）五月，设立都察院，独立行使监察权。崇德三年（1638）七月，改蒙古衙门为理藩院，管理民族事务。这就形成内三院、六部、都察院和理藩院所谓"三院六部二衙门"的政府架构，基本完善了政府组织。

其四，历史使命更重大。皇太极在上尊号前，满、蒙、汉贝勒诸臣表文称："恭惟我皇上，承天眷佑，应运而兴，辑宁诸国，爱育群黎。当天下昏乱之时，体天心，行天讨。逆者以兵威之，顺者以德抚之。宽温之誉，施及万方。征服朝鲜，混一蒙古，更获玉玺，受命之符，昭然可见。上合天意，下协舆情。臣等遇景运之丕隆，信大统之攸属。敬上尊号，一切仪物，俱已完备，伏愿俯赐愈允，勿虚众望。"皇太极则表示："数年来，尔诸贝勒大臣，劝朕受尊号，已经屡奏。但朕若受尊号，恐上不协天心，下未孚民志，故未允从。今内外诸贝勒大臣，复以劝进尊号，再三固请，朕重违尔等之意，弗获坚辞，勉从众议。朕思既受尊号，岂不倍加乾惕，忧国勤政，唯恐有志未逮，容有错误，唯天佑启之。尔诸贝勒大臣，既固请朕受尊号，若不各恪其乃职，赞襄国政，于尔心安乎？"于是，诸贝勒大臣，皆踊跃欢欣。皇太极力图表明：其所作所为，在于"体天心，行天讨"；"协天心，孚民志"。这就为大清政权穿上上合天心、下合民意的外衣。

总之，天聪汗皇太极改国号"金"为"清"，它标志着原先以女真—满洲为主体的女真国（金国），已经发展为以满洲为主体，包含汉族、蒙古族、东北和漠南地域其他民族在内，民族多元、国体一统的大清帝国，并为清军入关后移鼎燕京、入主中原做了政治准备。

第六，完善八旗建制。八旗制度既是军事制度，也是社会制度。八旗制度是清朝独具的，前古未有，后世也无。皇太极在八旗满洲建制的基础上，创建八旗蒙古和八旗汉军，从而充实、完善了八旗建制。先是，天命六年即天启元年（1621），后金攻占辽、沈后，归降的蒙古军民部分编为牛录，是为始设蒙古牛录，称蒙古军，隶八旗满洲。翌年，始设蒙古旗。皇太极即位后，蒙古归附军民日众，天聪三年即崇祯二年（1629），已将原有的蒙古军，扩编成"蒙古二旗"。蒙古八旗正式整编、建制，是在天聪九年即崇德八年（1635）。

皇太极命编审蒙古壮丁，将蒙古二旗，扩充、建制为八旗蒙古——正黄、镶黄、正红、镶红、正白、镶白、正蓝、镶蓝，时合有蒙古壮丁七千八百三十名，并另设三旗，合有壮丁九千一百二十三名。以上十一旗，共有壮丁一万六千九百五十三名。其旗色和建制，与八旗满洲相同。皇太极按照八旗满洲的办法，创建了八旗蒙古，它具有组织严密、纵骑驰驱、机动灵活、战斗力强等特点，成为后金重要的军事力量。扎萨克旗制度最初建立于漠南蒙古，至康熙年间增至四十九旗。清代称之为"内扎萨克旗"或"内扎萨克蒙古"，简称"内蒙古"。这个制度后来逐渐被推广到陆续归附的其他蒙古部落，形成了外扎萨克旗。创建八旗蒙古的意义在于：一是，补充大量兵源。《圣武记》曰："夫草昧之初，以一城一旅敌中原，必先树羽翼于同部。故得朝鲜人十，不若得蒙古人一。"皇太极在统一蒙古的过程中，扩大了兵源，仿照八旗满洲兵制，编设八旗蒙古。如天聪九年即崇祯八年（1635），编内外喀剌沁蒙古壮丁一万六千多名，除盲人和残废者外，凡年在 60 岁以下 18 岁以上者都被编入。从此以后，八旗蒙古作为八旗劲旅的重要组成部分，成为对明征战的主力军队。二是，蒙古成为满洲盟友。到天聪十年即崇祯九年（1636）三月二十二日，漠南蒙古十六部、四十九贝勒，在盛京集会，尊皇太极为"博格达·彻辰汗"（宽温仁圣皇帝），尊奉皇太极为共主。三是，实行"蒙古人打蒙古人"的政策。皇太极在征讨察哈尔部时，以蒙古军队充当先锋，实行"以蒙攻蒙"的谋略，取得成功。四是，在蒙古正式推行满洲的社会制度。

皇太极还创建八旗汉军。"汉军"一词，初见于《清太宗实录》，天聪八年五月初五日上谕曰："朕仰蒙天眷，抚有满洲、蒙古、汉人兵众。此前，骑、步、守、哨等兵，虽各有营伍，未分名色，故止以该管将领姓名，称为某将领之兵。今宜分辨名色，永为定制。随固山额真行营，马兵名为骑兵，步兵为步兵，护军哨兵为前锋，驻守盛京炮兵为守兵，闲驻兵为援兵，外城守兵为守边兵，旧蒙古右营为右翼兵、左营为左翼兵，旧汉兵为汉军，元帅孔有德兵为天祐兵、总兵官尚可喜兵为天助兵。"由此可知，原先的"旧汉兵"，从此定制为"汉军"。早在建州时期，其汉人来源，主要有四类：一是抢掠，二是逃入，三是俘获，四是归顺。满洲八旗中最早的汉人数量，已不可考。八旗中最早的"旧汉兵"牛录，当自李永芳始。抚顺游击李永芳降金后，努尔哈赤命将"其归降人民，编为一千户"，并命"仍依明制，设大小官属，令李永芳统辖"。李永芳被招为额驸，授为总兵官。其统辖的牛录，当是初始的"旧汉兵"。天聪—崇德年间，汉人组成的军队，主要有两支：一支是八旗汉军，另一支是"三王"汉兵。前者纳入八旗序列，后者自成独立系统。这两支汉人军队，为后金—清军增添火器和水兵。于是，满洲、蒙古原有的"娴于骑射"，加上汉军的"长于火器"——明军有的，清军也有；清军有的，明军却无。经过诸种条件的变化，明军在军事上由优势转为劣势，清军则在军事上由劣势转为优势。

八旗汉军的组建，是皇太极的一个创造。自契丹辽朝、女真金朝、蒙古元朝以来，没有建立过一支类似八旗汉军的"汉军"。崇德帝皇太极创建八旗汉军，对清初关外发展以及后来入主中原意义重大。一是，于军事，清军八旗增加新的兵种，组建专业火器部队。天命汗努尔哈赤宁远之败，天聪汗皇太极宁锦之败，其重要军事原因，在于没有新式武器。明军用当时世界上最先进的火炮——红夷大炮，凭守坚城；后金军却沿袭传统落后的武器——弓弦矢镞，野地浪战。其结果是，宁远一败，宁锦再败。皇太极吸取了缺乏火炮攻城而失败的惨痛教训，转向寻求制造红衣大炮、装备火器部队，并组建能够操作大炮、使用火器的新军种。二是，于经济，佟养性在《奏议》中提到，八旗汉军，"有事出门，全挈火器，大张军威；无事归农，各安生理"。辽东的八旗汉军，出则为兵，入则为农。就是将明代辽东先进的农业生产方式，引进八旗汉军及其眷属，从而在辽左地区，加速了满洲由牧猎经济向农耕经济的转化，为后来进入中原、巩固统治，在生产方式上做了准备。三是，于策略，清朝建立八旗汉军，对汉人发生重大策略变化。皇太极对汉官、汉将、汉儒、汉军、汉民的策略调整，集中体现于建立八旗汉军。将汉军（包括汉官、汉将、汉儒、汉民）吸纳到国家权力的核心层。皇太极在松锦之战、在对朝鲜作战、在入塞攻明诸战，都充分利用装备火器的汉军。特别是后来清军入关，吴三桂降清，清军打李自成、灭张献忠、攻南明，多是以八旗汉军和"三王一吴"的汉人军队充当先锋，实行"以汉攻汉"的策略。四是，于政治，清朝政权将八旗满洲、八旗蒙古、八旗汉军，作为其鼎足而立的三个基础。当然，在八旗内部，八旗满洲、八旗蒙古、八旗汉军的实际地位，并不完全相同（八旗满洲内部各旗的地位也不完全相同）。皇太极在称帝改元时，多尔衮捧满字表文、科尔沁土谢图济农巴达礼捧蒙古字表文、都元帅孔有德捧汉字表文，"率诸贝勒大臣、文武各官，诣阙跪进"。皇太极以此显示：大清皇朝是满洲、蒙古、汉人等之共同政权；崇德皇帝不仅代表满洲利益，也不仅代表蒙古利益，还代表汉人利益。五是，于文化，皇太极将汉军纳入八旗，表明满洲进一步吸纳、融合汉文化。由于女真与汉人在历史、地缘、血缘、语言、习俗、宗教、经济、政治等方面关系密切以及满洲对汉官、汉将、汉儒、汉军、汉民采取吸收、合作、接纳的政策，使得满洲文化具有满、蒙、汉文化三元性特征。这是满洲之所以在进入辽河流域并得以巩固政权，也是其后来入主中原并得以巩固政权之机缘所在。皇太极善于利用满洲文化的满、蒙、汉三元特征，使其能应付蒙古草原文化和中原汉族农耕文化的两种挑战，兼容蒙古之犷武雄风与博大气派和汉族先进科技与儒家墨蕴，加以利用吸纳。

八旗满洲、八旗蒙古、八旗汉军，三者统编，形成合力，既具有满洲、蒙古野战骑射之优长，也兼有汉军大炮火器之优长。当年以蒙古一族之力，曾几度兵围北京，甚至俘虏明朝正统皇帝，而以满、蒙联合之力，岂不动摇明朝社稷？再以满、蒙、汉联盟，怎能不摧毁明朝统治？李自成既不会结盟于满洲、蒙古，又不会笼络汉族官员、缙绅、将领、儒士，所以李自成农民军必败于八旗军；明末诸帝视满洲为"东夷"、蒙古为"西鞑"，南明军队也必败于八旗军。总之，八旗满洲、八旗蒙古、八旗汉军，是满洲的满、蒙、汉三元文化的一个表征。满洲的满、蒙、汉三元文化，则是其绥服蒙古、入主中原的基本文化因素，也是八旗汉军的价值所在。

第七，丰富武经宝库。皇太极执政的十七年间，亲自参加并指挥了八次大的战争：天聪元年（丁卯，1627）的宁锦之战、天聪二年（戊辰，1628）的第一次察哈尔之战、天聪三年（己巳，1629）的北京之战、天聪五年（辛未，1631）的大凌河之战、天聪六年（壬申，1632）的第二次察哈尔之战、天聪八年（甲戌，

1634）的第二次入塞之战、崇德元年（丙子，1636）的朝鲜之战、崇德六年（辛巳，1641）的松锦之战。其中对察哈尔的征战，第一次是师出纵骑，无果而归；第二次是劳师远袭、未遇而返。这两次都是"谋而不周"、无果而回。其对明的五次战争，失败者一次，即宁锦之战；有得有失者三次，即己巳北京之役、甲戌第二次入塞之役、辛未大凌河之役；胜利者一次，即松锦之战。皇太极的军事指挥艺术体现在松锦会战。皇太极自宁锦之役失利后，十年间未在辽西同明军做大的争战（大凌河之战规模较小）。崇德四年即崇祯十二年（1639）清军围锦州，守将祖大寿告急。崇祯帝派洪承畴为总督，率八总兵、十三万步骑、四万匹马，解锦州之围。洪承畴于翌年出关。洪总督采取"步步为营，且战且守，待敌自困，一战解围"的兵略，于崇德六年即崇祯十四年（1641）七月，进军至松山。两军初战，"清人兵马，死伤甚多"，清军失利，几至溃败。败报驰传到盛京，皇太极带病急援，史载"上行急，鼻衄不止，承以椀"，昼夜兼行，至松山驻营。他部署：浚濠布兵，断敌退路；袭劫积粟，断敌粮秣；高桥设伏，击敌退兵；大路列阵，截敌援兵。经激战，获大胜。《清太宗实录》记载："是役也，计斩杀敌众五万三千七百八十三，获马七千四百四十匹、骆驼六十六、甲胄九千三百四十六副。明兵自杏山南至塔山，赴海死者甚众，所弃马匹、甲胄以数万计。海中浮尸漂荡，多如雁鹜。"此次明清松锦之战，明朝方面——总督被擒，全军覆没；清朝方面——连克四城，获得大胜。就兵略而言，明军统帅洪承畴兵略错误，清军统帅皇太极兵略正确。一次独立战役的胜败，主帅的谋略是争战否泰演化的关键。皇太极的松锦大捷，产生了深远的历史影响。明朝与后金—大清自万历四十六年即天命三年（1618）抚顺第一次交锋，至崇祯十七年即顺治元年（1644）清军入关前，近三十年间，曾发生大小数百次争战，但对明清兴亡产生极其深远影响的主要是三大战役，这就是萨尔浒之战、沈辽之战和松锦之战。萨尔浒之战是明清正式军事冲突的开端——标志着明朝与后金军事态势的转化，后金由军事防御转为军事进攻，明朝则由军事进攻转为军事防御；沈辽之战是明清重大军事较量的高峰——标志着双方政治形势的转化，明朝在辽东统治的终结，后金在辽东统治的确立；松锦之战是明清辽东军事冲突的结束，标志着双方辽西军事僵局的打破——明军顿失关外的军事凭借，清军转入新的战略进攻，为定鼎燕京、入主中原奠下基础。清人评论皇太极在松锦之役的兵略云："神谋勇略，制胜出奇。"这个评断，似不为过。

第八，兴建盛京宫殿。天命十年即天启五年（1625）努尔哈赤迁都沈阳后，便开始兴建沈阳宫殿。但努尔哈赤迁居沈阳后，仅一年零五个月就死去。所以，盛京沈阳宫殿的建筑，主要用于皇太极的天聪、崇德两朝。经过十余年的时间，大体建成今沈阳故宫东路笃恭殿，即大政殿，及其列署左右的十座廷式殿，俗称"十王亭"；中路前朝之大清门、崇政殿、凤凰楼，后寝之清宁宫及其四宫——关雎宫、麟趾宫、衍庆宫、永福宫等。盛京宫殿是当时中国除北京皇宫以外，最雄伟、最辉煌、最壮丽的皇宫。后修建福陵与昭陵。盛京皇宫与福陵、昭陵，成为清初在关外留下的最重要的历史文化遗产，也是皇太极的一项重大的文化贡献。

《孟子》曰："生于忧患，死于安乐。"皇太极的不幸也许正使他"困于心，衡于虑，而后作"。皇太极在孤独中成长，在诸多考验磨炼中淬砺奋发，不但使他在众多的异母兄弟中脱颖而出，而且成就了他日后的英雄事业！一个杰出的人物，在和平年代，主要是在学校中成长；在战争年代，则主要是在战火中考验。皇太极出生于东北边陲的女真族，那里没有乡学、县学和府学，也没有科举考试，他不可能走童试、乡试、会试、殿试的道路，而成为秀才、举人、进士，只能于劳作、骑射、战火中，学习本领，增长才干，磨炼毅力，丰富智慧。所以，战争是一所大学校，它把皇太极培育成为杰出的经国济世之才。《三国演义·曹操煮酒论英雄》中的一句话：胸怀大志，腹有良谋，有包藏宇宙之机，负吞吐天地之志——这或是清太宗皇太极的一面镜子。

皇太极既继承其父汗开创的基业，又革除其父汗遗留的弊政。皇太极怀抱拓疆图霸的目标，腹藏高广远大的雄心，肩负时代使命的重任，配合着超人的意志与智慧，而且不懈地努力着，终成大业。皇太极以其家世、个性、才能、阅历、际遇、体力、毅力，为清朝拓展基业而奋斗终生。总之，皇太极在十七年的军政生活中，戎旅成才，实力积聚，明暗兼施，玄机精算，终于成为中国历史上杰出的政治家、军事家。

三

皇太极作为军事家，打过胜仗，也打过败仗，下面列举数例。

第一，作战时机不当。皇太极自继承汗位并亲自主持重要战役以来，一个重大的缺陷，是不善于把握作战时机。他即位后亲自指挥的宁锦之战之所以失败，其原因之一，是时机不利。因为略早一些，锦州城未筑完；略晚一些，则袁崇焕去职。他恰选了不利的时机——锦州城刚筑完，袁崇焕未去职。他亲自指挥的北京之战之所以失利，其原因之一，也是时机不利。因为略早一些，袁崇焕尚未受命、阉党尚未铲除、东林内阁亦未形成；略晚一些，阉党则重新控制阁部，也会是另一番局面。而北京之战恰恰是处在两次阉党失势、东林内阁执政这个对他来说极为不利的时间。他亲自指挥的大凌河之战，作战时机选择，也是慢了半拍。皇太极发动大凌河之战，主要是不让明军筑城，逼其退回锦州。要是天聪汗进攻大凌河城的时间提早一个月，即在明军筑城未完之时，那么驱赶筑守大凌城的明朝官军、班军，会容易得多，不至于费时三个月，也不至于伤亡那么多。以上三个战例，都共同说明：皇太极在指挥重大战役之时，作战时机选择失当，决策迟疑，缺乏睿断。选择战机，把握机会，这既是一条重要的军事原则，也是一条宝贵的历史经验。

第二，作战方略欠周。明清辽西军事之争局，主要是攻守关锦防线。先是，天命汗努尔哈赤攻宁远兵败；继而，天聪汗皇太极攻宁、锦又兵败。皇太极愤恨地说："昔皇考太祖攻宁远，不克；今我攻锦州，又未克。似此野战之兵，尚不能胜，其何以张我国威耶！"其时，明辽东巡抚袁崇焕建成了以锦州为前锋、松山为重城、宁远为后劲、山海关为依托的关锦防线，并在辽西地区坚壁清野。于是，皇太极改变谋略。他对蒙古和朝鲜用兵，剪除明朝左右两翼，免去南进后顾之忧。随之，皇太极制定南进中原的新兵略：避开宁锦，绕道蒙古，插入塞内，五掠中原。

第一次是天聪三年即崇祯二年（1629），皇太极亲自领兵，绕过宁远、锦州和山海关，用蒙古人做向导，并取道漠南蒙古，发动第一次入口之战。后金军攻破龙井关和大安口，兵临燕京，京师戒严。后金军在德胜门、广渠门、永定门同明军激战，但因北京城高池深、京都勤王之师奔集，皇太极只好牧马南苑、祭祀金陵，掳掠人口牲畜、翌春北归沈阳。其二贝勒阿敏据守的永平、遵化、滦州、迁安四城，屠戮官民，掠夺财富，孤立无援，不久败归。第二次是天聪八年即崇祯七年（1634），皇太极又亲自领兵，绕过宁远、锦州，远袭宣府、大同。史载其"蹂躏宣、大五旬，杀掠无算"。第三次崇德元年即崇祯九年（1636），皇太极派阿济格等率军逼北京、过保定，凡五十六战，攻陷十二城，横掠京畿，历时三月，掳获人畜十八万。第四次是崇德三年即崇祯十一年（1638），皇太极派岳讬、多尔衮等为大将军，分率左右翼大军由墙子岭和青山关毁垣而入，掠京畿、蹂冀南，渡运河、陷济南，历时半年多，俘获人畜四十六万二千三百余、黄金四千零三十九两、白银九十七万七千四百六十两。第五次是崇德七年即崇祯十五年（1642），皇太极派阿巴泰统兵入山东，俘人口三十六万余、获牲畜三十二万余，因不在本文讨论之内而从略。皇太极耀兵塞内，对崇祯皇帝、对中原人民是一大历史悲剧。史载：后金—清军所过，"遍蹂畿内，民多残破"，"一望荆棘，四郊瓦砾"，"畿南郡邑，民亡什九"，"荒草寒林，无人行踪"。而对皇太极、对八旗官兵是一大历史喜剧。后金—清军所过，重创明军，俘获人畜，贝勒将士，暴发致富。这对皇太极是喜悦，还是悲哀？抛开政治的、民族的、经济的、心理的因素不说，仅从兵略来说，皇太极纵兵入口作战，不是成功范例，原因有四。

一是，兵贵据城。用兵的目的，在于夺取城镇。城镇是彼方地域之行政、经济和文化的重心，占有它就占有或控制一方土地。后金—清军至明城堡，或则仅为空城，如崇德三年即崇祯十一年（1638），清军攻至遵化，遵化"守城之卒，不战自溃，时得空城三座"；或则仅为屯堡，即零星镇屯和分散寨堡。后金—清军所抵明朝城镇，尽管明军腐败，也不乏兵民之抵抗者。以其第二次入口为例，所攻多不能克，劫掠小城堡，盘桓两月多，遭到明军堵截。明宣府巡抚焦源清奏本称："奴贼步步受亏，始不敢存站。……奴贼连年大举入犯，似未见如此番之踉跄者。"清军扫荡州、府、县城后，抢掠完就走，没有占据通衢大城和边塞要隘，达不到军事之政治目的。

二是，兵贵得民。得到土地和人民，就得到实际控制权，也得到获取贡赋的权力。后金—清军扫荡州、府、县城后，掳掠大量人口，回到盛京沈阳，男人为耕农、奴仆，女人为妻妾、奴婢。这虽可补充其劳力，但却上演了背井离乡、家破人亡的惨剧。其所掠牲畜、财帛虽可缓解其经济之困难，但不能促进其经济之发展。用兵之法，全国为上，其次破国，其次伐兵，其次攻城，掳掠最下。皇太极五次派兵入口，屠城，杀戮，焚毁，抢掠，这是兵略中之最下者。

三是，兵贵攻坚。宁远和锦州是后金—清军要攻夺关门的障碍，皇太极在两次受挫之后，不是愈挫愈奋，巧计攻坚，而是绕开坚城，入塞远袭。以其第四次入口作战为例，皇太极将八旗军分作两大部，一部入边袭扰，另一部进攻锦、宁。其入边军队，先分作两翼，复析为八道，逼燕京、迫大同、陷济南。此路清军，虽俘获大量人口、牲畜,却达不到战略目的。其辽西军队,抵中后所,同祖大寿军激战。清军"土默特部落俄木布楚虎尔及满洲兵甲喇章京翁克等,率众先奔。护军统领哈宁噶,甲喇章京阿尔津、俄罗塞臣等,且战且退"。而由豫亲王多铎率领之先锋五百人,亦被祖大寿军"四面围住,扑战良久后,稍开一路,则十王仅以百余骑突阵而出"。由是,清军统帅皇太极率领郑亲王济尔哈朗、豫亲王多铎等败退。可见,皇太极既定锦州、宁远为坚城,却用兵分散,以寡击众,以弱敌强,结果失利。

四是,兵贵争时。在一切财富中,时间是最宝贵的财富。皇太极从天聪三年(1629)到崇德四年(1639),共费时十年,占其帝位生涯十七年的近三分之二的时日,而未能夺取锦州一城,是不能耶,抑不为耶?自袁崇焕死后,皇太极已于天聪五年即崇祯四年(1631)制成红衣大炮。同年八月,皇太极用红衣大炮攻围明将祖大寿据守的大凌河城。此役,八旗军用红衣大炮攻城、破堡、打援,克大凌河城,降明将祖大寿,并缴获明军含红衣大炮在内的大小火炮三千五百多位。实事求是地说,其时,皇太极如采用大凌河之役时的战法,完全有可能较早地攻破并夺取锦州城。乘胜前进,再接再厉,亦望攻取宁远城。

第三,军事谋略不当。清崇德帝皇太极对明朝总的战略是:攻破山海关,占领北京城。于此,他经常思忖:"大兵一举,彼明主若弃燕京而走,其追之乎?抑不追而竟攻京城,或攻之不克,即围而守之乎?彼明主若欲请和,其许之乎、抑拒之乎?若我不许,而彼逼迫求和,更当何以处之?倘蒙天佑,克取燕京,其民人应作何安辑?"为着实现皇太极上述战略目标,汉人降附生员杨名显、杨誉显等条奏急图、缓图和渐图三策：急图之策——先攻燕京，燕京乃天下之元首，天下乃燕京之股肱，未有元首去而股肱能存者；缓图之策——先取近京府县，府县乃京都之羽翼，京都乃府县之腹心，未有羽翼去而腹心能保者；渐图之策——拓地屯田，驻兵于宁、锦附近地方，耕其田土，时加纵掠，使彼不得耕种，彼必弃宁、锦而逃矣，宁、锦一为我有，山海更何所恃？山海既得，我自出入无阻。以上三策，虽有道理，但有隙阙，均不完善。回顾历史，看得更清。皇太极第一次入口作战，千里绕袭，避实击虚，出其不意，攻其不备，破墙入塞，直捣京师，可谓"实有超人之创意"。此举，或可称为急图之策。但明朝京师，城高兵众，国力雄厚，后金攻打，并非"如石投卵之易"。皇太极后三次缓图之攻，均在关内，站不住脚，纵掠而归，燕京亦非"不攻而自得"。皇太极第四次既派兵入口，又带兵攻宁、锦：于前者，仍蹈旧辙；于后者，兵挫而归。所谓渐图之策，明军不会自弃锦州，更不会自弃宁远；清军则不会"不劳而收万全者也"。所以，以上急图、缓图、渐图三策，书生之见，不中用也。那么，清军统帅皇太极正确的兵略应是什么呢？

皇太极应于天聪五年即崇祯四年（1631），在大凌河之役取胜之后，集中兵力，乘威南进，筑城屯田，长久计议，以围城打援、施红衣大炮的战术，围锦州，攻宁远，奋力拼打，逐个击破，但此机错过。崇德六年即崇祯十四年（1641）七月至翌年四月，皇太极取得松锦大战的全胜。他如乘己之锐、趁彼之虚，用"围锦打松"之兵略，围攻宁远，逐节推进，兵叩关门；那么，攻破山海关，问鼎北京城，登上金銮宝殿者，可能是皇太极，而不是李自成。但是，主帅的谋略是争战否泰演化的枢轴。"一朝被蛇咬，十年怕井绳。"乃父乃子宁远两次兵败的"魔影"，始终笼罩在皇太极的头上。因而，皇太极在松锦大捷后第五次派大军入口，继续其兵略之错误。由是，皇太极与紫禁城的金銮宝座，庄田有缘，失之交臂。尽管，皇太极"入口作战"的兵略，清史研究者多加以肯定；但是，余却不以为然，从战略上说，皇太极"入口作战"的兵略，是其军事谋略艺术中的败笔。

清前历史、清皇太极的历史贡献，举出以上案例，做出初步评价。清前历史，争论问题，限于篇幅，仅列数项。

四

关于太宗朝争论的问题很多，举例做如下简述。

第一，"反间计"的设计者。关于"反间计"的设计者，主要有三种意见。第一种是皇太极所设计。其根据是《清太宗实录》记载："先是，获明太监二人，令副将高鸿中，参将鲍承先、宁完我，巴克什达海，监守之。至是，还兵。高鸿中、鲍承先，遵上所授密计，坐近二太监，故作耳语云：'今日撤兵，乃上计也。顷见上单骑向敌，敌有二人来见上，语良久乃去。意袁巡抚有密约，此事可立就矣！'时杨太监者，佯卧窃听，悉记其言。"第二种是后金副将高鸿中陈奏的，其根据是李光涛《袁崇焕与明社》和《明季边防与袁崇焕》均谓"反间计"系高鸿中所献。第三种是范文程陈奏的。阎崇年在《袁督师保卫北京之战》中提出"反间计"是由范文程向皇太极进献的。其根据是黄宗羲《大学士机山钱公神道碑》载为范文程所献。其文曰："己巳之冬，大安口失守，兵锋直指阙下，崇焕提援师至。先是，崇焕守宁远，大兵屡攻不得志，太祖患之。范相国文程时为章京，谓太祖曰：'昔汉王用陈平之计，间楚君臣，使项羽卒疑范增，而去楚。今独不可踵其故智乎？'太祖善之，使人掠得小奄数人，置之帐后，佯欲杀之。范相（国）乃曰：'袁督师既许献城，则此辈皆吾臣子，不必杀也！'阴纵之去。奄人得是语，秘闻于上。上颔之，而举朝不知也。崇焕战东便门，颇得利，然兵已疲甚，约束诸将不妄战，且请入城少憩。上大疑焉，复召对，缒城以入，下之诏狱。"上文"太祖"应作"太宗"，"东便门"应作"左安门"。李霨在《内秘书院大学士范文肃公墓志铭》中也记载"反间计"为范文程所献。

第二，内扎萨克旗的建立时间。扎萨克旗最初是在漠南蒙古建立的，称之为"内扎萨克旗"或"内扎萨克蒙古"，简称"内蒙古"。这个制度后来逐渐被推广到归附的其他蒙古部落，形成了外扎萨克旗。对内扎萨克旗的初建时间和数目等问题，至今众说纷纭。

扎萨克旗成立的标准，一般认为应具备牛录的编制、牧地的划分、旗主——扎萨克的任命和旗的命名等因素。对扎萨克旗初建的时间，有天命九年、天命十一年、天聪八年、天聪九年、崇德元年等说。学者认为天命年间说法明显不能成立，而对天聪年间建旗之说进行讨论。认为天聪八年建旗者，是将该年皇太极遣官往外藩蒙古敖汉等十部会盟，划分牧地，统计户口，作为建扎萨克旗的标志。但有学者认为当时未编牛录，也未任命官职，故此时还没有建立扎萨克旗。认为天聪九年建旗者，其依据是后金编审喀喇沁壮丁为十一旗，除喀喇沁的古鲁思辖布、耿格尔和单把以及土默特俄木布楚虎尔所辖三旗外，其余八旗喀喇沁壮丁都与满洲八旗旧属蒙古分别合并，建立了蒙古八旗。然而，古鲁思辖布等所辖三旗的设立是否标志着内扎萨克旗制度的建立呢？学者认为这不能算作是扎萨克旗制度的建立。因为这八旗蒙古不是与满洲八旗并列的旗，而是分别附属于满洲八旗。在这三个旗内当时虽然编审壮丁，但是没有按五十户为单位编设牛录，也没有像其他八个旗那样设立梅勒章京等官员。这次编审喀喇沁壮丁时划分出的类似后来外藩旗的三旗，无论是从性质上，还是从规模上，都不标志着扎萨克旗制度的正式确立。《明代漠南蒙古历史研究》著者达力扎布认为：扎萨克旗制度的建立和实施在崇德元年（1636）。因察哈尔林丹汗已死，漠南蒙古十六部、四十九贝勒、满洲八旗王公和汉人诸王一道共上皇太极尊号，标志着漠南蒙古诸部全部归顺后金。同年四月，清廷为酬谢有推戴之功的蒙古贵族，分别赐予世爵，并授予扎萨克，继续管领部落。同年十月，清廷派遣蒙古衙门参政阿什达尔汉等，分头前往蒙古地区，与蒙古诸王、台吉会盟，清点壮丁，编设牛录（以五十户编为一牛录），任命额真，建立旗分，在内蒙古地区，推行满洲制度。在确定旗分和编制牛录时，一般不改变原有的隶属关系。其旗长时汉译为"瓜政贝勒"或"扎萨克贝勒"，自崇德七年始统一译为"扎萨克"（蒙古语，意为执政者）。实际上这个名称的确定应在崇德元年，只是在汉译文中不是译自蒙古文，而是译自满语，所以出现了所谓的"瓜政贝勒""扎萨克贝勒"等不同称呼。因此牛录的编定，牛录额真及扎萨克的任命，标志着扎萨克旗的建立，而这些都是在崇德元年完成的。

第三，后金国号"清"的不同诠释。明万历四十四年（1616）正月，建州左卫首领努尔哈赤在赫图阿拉称汗，称"恩养众国英明汗"尊号。天命四年即万历四十七年（1619），努尔哈赤取得萨尔浒大捷后，在明朝和朝鲜文献中开始出现"后金国汗"，并用"后金天命皇帝（印）"。其后在致毛文龙书信中，努尔哈赤自称"大金国皇帝"。努尔哈赤把国号定为"金"，意在表明自己是女真人所建金朝的后继者。因为金朝是女真史上的辉煌时期，用"金"作为国号，既有继承金国事业之意，又有团聚女真各部之意。皇太极在改国号之前，也自称大金国。努尔哈赤和皇太极，都崇拜金朝的太祖、世宗。皇太极喜读《金史》，天聪三年即崇祯二年（1629），率兵远袭北京时，还派贝勒阿巴泰、萨哈廉到北京西南房山金太祖完颜昊、世宗完颜雍二帝陵去祭奠。天聪六年即崇祯五年（1632）八月，金书房相公汉人王文奎，奏议皇太极——"集众誓师曰：幽、燕本大金故地，吾先金坟墓，现在房山，吾第复吾之故疆耳！"这里把金朝称作"先金"，把"幽、燕"视为金朝故地，将夺取河北视作恢复"吾之故疆"。但皇太极没有采纳，因为其时军事实力不够，而以此作为"兴师问罪"的理由，于争取汉官、汉将、汉儒、汉兵、汉民，名之不正，行之不利。

皇太极改"汗"为"帝"，"汗"即"可汗"的简称，为蒙古语，汉语译为"王"或"帝"。女真族与蒙古族相邻，受蒙古文化影响很深，故努尔哈赤建国即位之后，称"汗"。但努尔哈赤在一些对明朝或朝鲜的文书中，称"大金国汗"或"大金国皇帝"。实际上是"汗"即"帝"。万历皇帝在满文中就是"万历汗"。皇太极继位后仍称"汗"。在满文中，凡大金国皇帝处，"帝"仍用"汗"。皇太极与袁崇焕议和时，汉文书信中所写"大金国皇帝"字样，曾被袁崇焕指责为议和的障碍。皇太极对此做出让步，曾声明不称"帝"而称"汗"。这是因为在明朝人看来，只有明朝皇帝才能称"皇帝"，"帝"与"汗"是不同等级的尊称。随着金国军政势力的发展与强大，皇太极的尊称，由"大汗"向"皇帝"提升，当属必然。因为在女真族的概念中，虽然"汗"即"帝"，但"皇帝"一词，在汉文化中是比少数民族的"汗"更尊贵的称谓。皇太极在绥服蒙古、战败朝鲜、南攻明朝、北征索伦，屡次取得胜利之后，自然不甘于做"大汗"，而是要做"皇帝"。皇太极在建号大清的同时，接受了满、蒙、汉群臣恭上"宽温仁圣皇帝"的尊号。皇太极尊称"皇帝"，而把出于蒙古语的"汗"封赐给外藩蒙古王公。

皇太极不仅将尊号"大汗"改称"皇帝"，而且将国号"金"改成"清"。皇太极改"金"为"清"，实际上是改换了一个发音相近的汉字而已。汉字的"清"和"金"字，发音相近，字义吉祥。然而，皇太极做这种更改，自己没做说明，文献也无记载。于是，后来学者做出许多推测。有人从字面上做附会，说"金"与"清"的汉字语音相近；有人从历史上做说明，因为"清"字，以往皇朝没有用过；有人从五行说——"明"为"火"，"清"为"水"，水能克火，加以诠释；也有人从萨满文化找答案；更有人从民族方面去解释——皇太极声明过，他们不是金国的后裔，当然这里面也包含如果沿用历史上的"金"为国号，有刺激汉族的"以宋为鉴"的禁忌。应当说，皇太极把国号由"金"改成"清"，主要是由于当时形势发展，他本人已不仅是满洲的"大汗"，也不仅是满洲和蒙古的"大汗",而是满、蒙、汉的"共主",是天下的"共主"。因此,皇太极要建立一个新的王朝,改换一个新的国号,以同明朝抗衡,并且取而代之。既改新国号为"大清",也改纪元为"崇德"。在清代十二位皇帝中,除皇太极有两个年号外,其余十一帝都是一个皇帝、一个年号。这同明朝一样,在明代十六位皇帝中,除朱祁镇有两个年号外,其余十五帝也都是一个皇帝、一个年号。从中国王朝史来看,当朝的皇帝,改年号是常事,改国号却仅见。只是在改朝换代之际,才出现新王朝的国号。所以,皇太极改国号、改年号,既具有政治家之气魄与胆略,也标示改革家之更制与维新。

总之,清太宗皇太极改国号"金"为"清",标志着原先以女真—满洲为主体的女真国(金国),已经发展为以满洲为主体,包含汉族、蒙古族、东北和漠南地域其他民族在内的清帝国。

第四,皇太极身后的皇位之争。《清太宗实录》记载清太宗皇太极自崇德五年七月二十七日到八年四月初一日"圣躬违和"凡八次。崇德八年八月初九日上午,皇太极御崇政殿听政。当夜,猝然得病,不治而死。清太宗崇德帝皇太极的皇位继承,在肃亲王豪格同睿亲王多尔衮等之间角逐,结果皇位却由第三者——六岁的福临继承。福临继位,谁是经始议者?这是一个清朝历史之谜。有学者认为,拥立福临继位之首议,出自睿亲王多尔衮。也有学者认为,拥立福临继承皇位之首议,出自郑亲王济尔哈朗。

前者认为,在议商皇位继承的大衙门会议上,索尼与鄂拜首先发言,声称定立皇子。多尔衮命其暂时退下。阿济格、多铎劝多尔衮即帝位。多尔衮犹豫未允,多铎即毛遂自荐说:"若不允,当立我,我名在太祖遗诏。"多尔衮不同意,说:"肃亲王(豪格)

亦有名，不独王也。"代善提出，豪格为"帝之长子，当承大统"。以代善的地位和两红旗的支持，豪格以为大局已定，辞让表示谦恭，等待劝进。虎口（豪格）曰："福少德薄，非所堪当！"这颇像乃父皇太极当年被议立时所说"吾凉德，惧不克负荷也"。待众人"坚请不已，然后从之"。其所言显系固套。旋即"固辞退去"，故作姿态，以效乃父。豪格离去后，多铎又提出"不立我，当立礼亲王"。礼亲王代善说："吾以帝（皇太极）兄，常时朝政，老不预知，何可参与此议乎？"又说："睿亲王若允，我国之福，否则当立皇子，我老矣！能当此位耶？"代善的话是面面俱到，但其倾向于立皇子之意则甚明。会上各执一词，各有所立，定策之议，未及归一。帝之手下将领（黄旗大臣）之辈佩剑而前，曰："吾属食于帝，衣于帝，养育之恩与天同大，若不立帝之子，则宁死从帝于地下而已。"以武力胁迫多尔衮拥立皇子，否则将以死相拼。八旗中除多尔衮兄弟将两白旗支持自己外，两黄旗之重要带兵将领，代善（两红旗）都明确支持豪格，镶蓝旗济尔哈朗内心实则支持拥立皇子。力量对比不利于多尔衮的形势严峻，如若强自为君，势必爆发满洲贵族内部的大厮杀。多尔衮当机立断，拥立福临，由己摄政，而黜政敌豪格。

按照清太祖努尔哈赤规定的皇位继承《汗谕》，由满洲八旗贵族共议嗣君。时亲王、郡王共有七人：礼亲王代善、郑亲王济尔哈朗、睿亲王多尔衮、肃亲王豪格、英郡王阿济格、豫郡王多铎和颖郡王阿达礼。那么，拥立福临继位的首议出自谁呢？后者分析：其一，福临继位之首议，出自多尔衮，直接史料，未见一条，所引《沈阳状启》之记载，其辞含糊，且存疑点；其二，从代善坚决辞让、圆

175

融建言、退席避锋与未行摄政四事，可以反证其并未首议福临继位；其三，从豪格或因故套谦恭或由愤颟退席与未行摄政两事，可以反证其并未首议福临继位；其四，三位郡王均未首议立福临——英郡王阿济格主张立胞弟多尔衮，豫郡王多铎也主张立胞兄多尔衮，颖郡王阿达礼因"坐与硕讬谋立睿亲王，谴死"；其五，上述七王中只剩下郑亲王济尔哈朗。后者还认为，从《沈阳状启》《顺治上谕》《清史稿·索尼传》等史料进行历史与逻辑分析来看，郑亲王济尔哈朗在大衙门诸王皇位继承会议上，鉴于豪格与多尔衮争夺皇位陷于僵局，能从大局出发，平衡各旗利益，提出折中方案，首议由福临继承皇位，得到多尔衮的回应，也得到诸王贝勒公议。清太宗皇太极遗位争夺的结果，既不是角立一方的肃亲王豪格，也不是角立另一方的睿亲王多尔衮，而是由六岁的福临继承。福临缵承皇位，是当时政治与军事、帝胤与血缘、智谋与达变、明争与暗斗，诸种因素相互斗争与相互均衡的结果。这个方案及其结果，对于四位和硕亲王来说——于礼亲王代善无利无弊，于睿亲王多尔衮有利有弊，于肃亲王豪格有弊无利，于郑亲王济尔哈朗则有利无弊。所以，皇太极遗位由福临继承，得益最大的四个人是：福临、孝庄太后、济尔哈朗和多尔衮。

从此，在清代史、满洲史上开创了一个由幼童继承皇位的先例，其后有八岁的康熙、六岁的同治、四岁的光绪和三岁的宣统继承皇位，在清入关后的十帝中竟占了五位。由此，清朝皇位与皇权出现分离的状态。稚童继位，必有摄政。大清王朝，亲贵用事，太后垂帘，亲王摄政，"以摄政始，以摄政终"。论其影响，可谓深远！

皇太极死后，其子福临继位，改年号为顺治。清太宗朝史，随之结束。清太宗朝的历史，天聪九年之间，进行重大战争有六次（细分更多）。崇德八年之间，也进行重大战争六次（细分更多）。皇太极在位十七年，以弓马打天下，战争成为清太宗朝历史的基线。因此，本卷撰写战争的文字相对多一些。依据《清朝通史》全书总的体例，突出军政大事，阐述重大专题，本册五十二万五千余字，共列十二个专题。分开来看，叙述文字较详；总起来看，许多要事阙略。总之，既突出军政大事，又受到字数所限，许多史事，或则疏漏，或则缺简，附此说明。

2003 年

评《明清城市空间的文化探析》

中国明清史的研究，近年以来，平易之作、快餐之作多，而精心之作、创新之作少。近读刘凤云教授的新著《明清城市空间的文化探析》，自觉这是一本精心、创新之作。

城市是人们生存居住的重要文化空间。以往对城市历史的研究，传统史学重在历史沿革，地方志书则重在综合记述，都没有对城市空间进行文化研究。这本书对明清两朝近六百年的历史，从城市空间的分布、结构及其文化角度，进行了全面阐述与分析。本书的研究填补了史学空缺，既有开创性，又有前沿性。

《明清城市空间的文化探析》一书，对明清城市空间历史文化研究做出新的探索。

以空间为经、时间为纬，是本书的一个特色。传统史学著作，多以时间为经，以人物、事件、典制为纬，编年体、纪传体、纪事体、典制体史书大多如此。本书却系时间于空间，从城市空间的组合——城墙、壕堑、坊巷、官衙、民居、市廛、寺观、戏院、茶馆、会馆、园林等展开，空经时纬，剖析城市空间的文化内涵。在中国历史研究领域里，城市史研究较少。本书从空间文化视角进行明清城市史的学术研究，给读者打开一扇认识明清城市空间文化的新视窗。

《易经·系辞》说："方以类聚，物以群分。"以清代北京来说，宫城住皇家，皇城住贵族，内城住旗人，外城住民人。南京城北为军营区、城南为住宅区，秦淮河区则是青楼闹市之区。广州则有民谚"东村、西俏、南富、北贫"——东为平民区，西为官宦区，南为富人区，北为贫民区。不同的居住空间，住着不同的居民群体，汇聚成不同文化，形成人文社区。所以，书中论断"不同的居住空间必然会折射出各自文化的特点及其差异性"。明清城市空间的文化走势，政治性逐渐淡化，人文性逐渐浓厚。

以人文为经，以建筑为纬，是本书的又一个特色。城市是人文的载体，人文是城市的神韵。建筑与人文作为城市空间的内容，贯穿人文神韵，展现人文风貌。全书在《坊巷与社区》《市廛与寺观》《茶馆与会馆》等章节里，突出人文对建筑的投影。在以往的城市研究中，人们注重人群同社会关系的研究，忽略了人群同物质关系的探讨。实际上，城市最基本的物质构成与标志是"城市建筑"——既为城居者所建，又为城建者所居。城市空间与文化内涵的相互关系是城市文化的精髓，也是本书的核心。作者在本书中探讨的主题是城市空间的两大载体——物质建筑与人文文化。物质建筑是文明的物化，人文文化是物质的神韵。由城、街、坊、巷组成的城市地域空间，形成不同等级的人文社区。文人、官人、商人、匠人、军人等，不同的社区，凝聚着不同的社区人文文化。

城市中素有"官不修衙"之说。为此，乾隆帝谕：各员在任，或安于简陋，或视同传舍，略不经营。做官一任，兴工修衙，敛钱百姓，招惹民怨。又如官衙多在大堂前竖立"戒石"，其文："尔俸尔禄，民膏民脂，下民易虐，上天难欺。"又建钟鼓楼，是古代鸣钟击鼓、民申冤抑的遗俗。后城中建造钟鼓楼，除报时外，实对官吏有警示作用。因此，"戒石"与"钟鼓楼"被融入官衙建筑文化之中。

全书的史料，既丰富又扎实。作者积多年之力，从浩繁的官书、档案、文集、笔记、方志、小说中，锱积铢累，爬疏整理，丰富了城市文化的内涵，铺垫了城市空间的论述。全书征引文献 229 种，其中地方志 70 种。志书中有通志、府志、州志、县志，其中列举 65 种府、州、县志，分析其城市空间的人文文化，如茶馆、茶园成为市井文化传播的载体；会馆凝聚士人的文化情结；官宦文人退食之后，在兴建私家园林的过程中，尽情展现个人的性格与雅好、灵性与情趣，从而使得私家园林人文化、人格化。

一本新著在莽莽书林中，秀于林，有特色，填补空白，值得插架，是为《明清城市空间的文化探析》的价值所在。

《人民日报》2002 年 1 月

评《中国北方民族萨满教》

近年来，中国萨满教研究有了长足进展，学术活动十分活跃，新成果不断涌现，孟慧英教授的新著《中国北方民族萨满教》，就是其中十分突出的一项。

该书是一部把萨满教纳入一个完整的理论体系进行全面探讨的专门著作。正文前有著名宗教学家吕大吉先生所作的序。全书380余页，内附插图100余张，除序言、绪论、后记外，正文共分八章。第一章，作者首先分析了关于萨满教的认识的各种学说的不同观点和看法，然后借鉴和应用吕大吉先生提出的宗教四要素学说的理论和方法探讨萨满教的本质和内容构成，从而对萨满教重新做了科学的定义，并指出萨满教是原生性的宗教。第二至第四章，从考古学、民族学、历史学的角度讨论萨满教的起源和发展演化过程，阐述了萨满教与不同经济生产方式和不同社会发展阶段相适应的表现形式，然而探讨北方各民族的接触和交往对不同民族的萨满教产生的影响。第五至第七章，运用宗教四要素的理论和方法对萨满教的各要素进行分类，并对萨满教的各种现象做了解释，构建起萨满教基本范畴体系。第八章，全面系统地分析了在中国北方民族的现代社会生活中的萨满遗留，从而总结出中国北方民族萨满教的普遍性和典型性。

该书是孟慧英教授的博士论文，对她个人来说，有着某种纪念价值；对萨满教的研究领域来讲，是一部不可多得的理论力作，可以说该书给中国萨满教的研究带来了理论上的一次飞跃。该书理论方面的特点主要表现在两个方面，一个方面是关于萨满教自身历史的研究。孟慧英教授利用中国历史文件中的大量记载和近十余年民族调查的丰富成果，全面系统地修补了萨满教不同发展阶段上的形貌，比较清楚地展示了萨满教发展变化的历史进程。这种研究更新了以往的学术面貌，不仅将比较完整的历史现象展现出来，更重要的是它说明了一种科学世界观在萨满教领域的理论力量。该书理论特色的另一个方面是借鉴了宗教四要素学说理论，构建了萨满教的范畴体系，将萨满教的内容要素进行了结构性分类。利用这个学说，提出了萨满教作为一种文化体系的观点，从而克服了国内外诸多萨满教理论上的缺陷和不足，使萨满教的本质与现象得到了整体性、系统化的概括和揭示。

我国的萨满教研究起步较晚，由于各种条件限制，我国的萨满教研究中存在着严重自我封闭倾向。各地区、各民族的研究者偏重于自身掌握的资料的研究，缺少与来自不同方面的资料和研究结果的比较。该书首次把北方民族萨满教视为一个整体，进行一番综合性的、全局性的理论研究，所以它的出版标志着中国萨满教研究迈上了新的台阶，而且对中国萨满研究进一步深入化、理论化、系统化做出应有的贡献。

孟慧英教授是一位勤于治学的学者，她一直笑耕不辍，曾先后发表专著论文数种。2001年2月9日中国社会科学院少数民族文学研究所揭牌成立"萨满文化研究中心"，她担任常务副主任。祝愿孟慧英教授在萨满教研究领域耕耘收获，继续创新。

2000年12月

评《揭开雍正皇帝隐秘的面纱》

日本姬路独协大学杨启樵教授新著《揭开雍正皇帝隐秘的面纱》，由商务印书馆于 2000 年 1 月出版。全书收录作品近二十一篇，其以精辟见解、新鲜史料、智巧驳辩、细腻分析，引起清史界、满学界、文化界的广泛注目。

一

雍正帝的皇位，是正取还是逆取？从胤禛登极至今二百七十七年以来，既是学术界激烈争议的问题，也是演艺界火爆炒作的题目。此著收录《雍正缵承帝位新探》等六篇论文，对雍正继承皇位问题做出新的探讨。

清朝的皇位继承，最初没有实行"立嫡以长"的制度。在清太祖、清太宗时，皇位继承采取满洲贵族会议推选制。清世祖福临首用遗嘱制，即在临终前指定皇三子玄烨为皇位继承人，就是康熙皇帝。康熙帝先是指定胤礽为皇太子，继而废，废而立，又再废。康熙帝一生中最大的悲苦莫过于皇位继承人的反复无常。康熙帝生前没有公布皇位继承人，这就给雍正登极留下许多生动而曲折的故事。

雍正继位是否逆取？历史没有留下记载。历史是胜利者的记录，正史不会也不可能对雍正逆取皇位做出记载。康熙帝有三十五子，第一次废太子胤礽时，二十岁以上皇子只有十二名。第二次废太子后，诸皇子争逐大器——长子胤禔、四子胤禛、八子胤禩、十四子胤禵（原名胤祯）。皇长子胤禔首先动念，被革爵幽禁，老死于狱中。继而胤禩崛起，虽受拥戴，却被摒弃。所以，康熙帝末命，争夺皇位者，只有皇四子胤禛与皇十四子胤禵这两位同母兄弟。但是，康熙宾天，雍正继统，即有皇位出自篡夺的传闻异说：康熙皇帝遗诏"传位十四子"，而雍正同党篡改为"传位于四子"或"传位皇四子"。为此，雍正帝亲撰上谕驳斥，编纂《大义觉迷录》一书，颁行天下，进行自辩。然而，事与愿违，弄巧成拙，欲盖弥彰，愈描愈黑。关于雍正逆取皇位的传闻与载述，仅为稗官野史、笔记杂录，未在学术上给予阐述与论证。

民国时期，著名清史学家孟森先生著《清世宗入承大统考实》，引述《东华录》《康熙实录》《大义觉迷录》等史料，精辟分析，对雍正帝篡位说做出学术结论。这个学术结论，影响清史界近半个世纪。其后，海内外学者陆续撰文，论述雍正矫诏篡位。于是，雍正篡位说，已成学术定论，达半个世纪之久。但是，杨启樵教授在《雍正帝及其密折制度研究》中，提出"雍正皇位正取"的新见，声之学界，震人耳聩。

先是，日本宫崎市定教授研究雍正，著有《雍正帝》一书。他于1949年在京都大学发起《雍正朱批谕旨》研读会，每周一次，坚持十九年。杨启樵教授曾参与此会读书研讨，将其学术成果集成专著《雍正帝及其密折制度研究》，博得海内外学界的好评。该书以五万字的篇幅，论证雍正帝继位之合法，以驳论为主，对各家篡位说提出异议。"是谁最早为雍正翻的案？"有人评论说："是著名历史学家杨启樵教授。"从此，雍正篡位说已非"一枝独秀"。尔后，杨教授对此问题又潜心研究二十年，就雍正继位提出新的见解。

作者在新著中,对雍正的"玉牒易名说""雍正伪造遗诏说""雍正逼母杀弟说"等野史遗闻，都根据清代档案与文献资料，提出独到的见解，亦能自圆其理。作者在《雍正篡位说驳论》中，尤对"康熙因爱乾隆而立雍正说""隆科多白帝城受命说""张廷玉篡改《康熙实录》助雍正夺位说"等，详列史料，深入分析，认为上述说法既悖情难解，也盖不合理。作者说："究竟（康熙）心目中的皇储谁属？难以推测。学者们着眼于故宫密档，希能发现皇位授受文献。我以为绝无可能，理由是康熙生前未立遗诏，也不会留下一鳞半爪暗示接班的文献。因此，偶尔觅得的，不外是康熙对某皇子只言片语的赞词或訾语，作为皇位继承的证据，相当薄弱。且论者先立一前提：皇四子雍正与皇十四子胤禵争夺储位，康熙拟于两者中选其一。笔者则以为当时并无双雄对峙局面，且康熙有意使昆仲搭档，则所有疑念霍然冰释。"作者在书中提出一个独到的、新颖的见解：康熙帝有意让胤禛继承大业，由身掌重兵的皇十四弟胤禵辅弼。这样在皇位交接之际，可保大清江山安宁无事。作者写道：

> 康熙瞩望雍正继承大业，由身掌重兵之胞弟允禵（二人同为德妃乌雅氏所出）辅弼。则授受之际,可保安宁无事。此说可解决重要矛盾，如康熙晚年既褒扬雍正，又重用允禵，扑朔迷离，遂有大相径庭之两说：主篡位者以为官书中记载雍正继统合法，出于捏造。主合法者认为允禵不得欢于康

熙，特遣边围而疏远之。两说均难以令人入信。因先有一成
见：昆仲势不两立，互争宝祚，故一提皇位继承，即褒兄贬弟，
反之则赞弟抟兄，相持不下。今愚见以为康熙实有意使兄弟
协力，亦令其他皇子共辅雍正，则所有疑问迎刃而解，更无
庸喋舌。

作者提出：康熙帝让皇四子胤禛继位，并让皇十四子胤禵辅弼，
是清代史、满学史上前无先例的创见。尽管有的学者或会提出商
榷意见，但作者毕竟在雍正继位二百余年争论的云雾中，增添了
一道新的彩霞。

二

雍正帝的生活，是俭朴还是奢华？从雍正的学术传记到演艺
形象，看法雷同，都是俭朴。此著收录《揭开雍正皇帝隐秘的面纱》
等八篇论文，依据新挖掘的档案史料，绘出雍正奢华生活形象。

雍正的私人生活，他自我标榜为秉性不喜华靡，强调撙节美德，
禁止臣工进献华丽、精巧之物。如他说："外间所进香囊、宫扇中，
有装饰华丽、雕刻精工者，此皆开风俗奢侈之端，朕所深恶而不
取也。"廷臣也顺和着，如宠臣张廷玉说："世宗宪皇帝时，廷玉日
值内廷。上进膳，常承命侍食，见上于饭颗、饼屑，未尝废置纤毫。
每见臣工，必以珍惜五谷、暴殄天物为戒。"礼亲王昭梿在《啸亭
杂录》中，美评雍正皇帝说："在位十三年，日夜忧勤，毫无土木、
声色之娱。"总之，清代官书、宠臣、宗室、文人，对雍正皇帝的

私人生活，多为谀辞赞语。当代学者文士，也对雍正皇帝私人生活蹈袭前臼，倍加赞辞："（雍正皇帝）看到其父俭朴如此，十分感动，谕令王公大臣，要崇俭禁侈，他自己也是这么做的。"前述雍正《上谕》、昭梿载记、廷臣目击等，平心而论，都有其事，都是真实的一面。但是，雍正皇帝有多重性格，有多张面孔。研究历史人物的难点和重点在于，揭示其多重性格与典型性格，展示其多重面目与真实面目，特别是要揭开其隐秘面纱与揭露其隐秘性格。

作者挖掘并利用新史料——内务府造办处《各作成做活计清档》（以下简称《活计档》），揭开雍正帝的私人生活："雍正不但不节俭，私生活的奢靡，已达到顶峰。"书中，排比档案，做出举证。

雍正皇帝的性格特点具有两面性：说是一套做是一套、明处一套暗里一套、外朝一套内廷一套。他的双重性格，有其历史渊源。书中分析，胤禛之所以能登上皇位，主要不是因为他比其他兄弟聪明，而是因为他的性格具有两面性。康熙末造，太子胤礽被废后，皇三子胤祉既有学识，又受父皇眷顾，但终与皇位无缘。究其原因是不如胤禛工于心计与会耍两面。胤禛写诗以诚孝奉君与无意大位来包装自己，"太平无一事，常愿奉君王"——表示诚孝事父；"生平耽静僻，每爱住深山"——流露无意君位。胤禛在做皇子的时候，能够"掩短显长"：其长，诚孝父皇、友爱兄弟、勤勉敬业；其短，残忍苛刻、猜忌多疑、虚伪急躁。虚伪造作将"残忍苛刻、猜忌多疑"的性格掩盖，特别是把自己贪禄天位的想法隐藏起来。雍正的急躁性格，常以父皇训诫自律。他说："皇考每训朕，诸事当戒急用忍。"即位后制作"戒急用忍"牌警示自己。所以，在众兄弟角逐皇位时，诸兄弟失败，而胤禛独胜。雍正的两面性格是他取得皇位的秘诀，也是他巩固皇位的法宝。他在做皇帝时，极力表现出节俭、爱民；隐藏其奢靡、残忍。近年来，关于雍正皇帝的学术论著与艺术形象，只突出、显现其节俭的一面，而忽视、隐藏其奢靡的一面。这就给读者、观众以误导。本书的一个重要贡献，就是全面客观地评价雍正皇帝，还原其历史真实面貌。

三

论述谨严，学术驳辩，是本书的突出特色。著者在书中，对前辈师长、同代学友、后起新秀，采取不同的驳辩方法——或正述明辩，或直述暗辩，或先褒后辩，或边议边辩，或迂曲绕辩，或注中附辩，而抱着诚恳热心、谦虚求实的态度，以达到探讨学术、追求真理的旨趣。

史学名家，相与切磋。

书中涉及海内外研究雍正的著名专家十二人，列举史料，进行讨论。如清史专家王钟翰教授的《清世宗夺嫡考实》一文，著者肯定此文的学术贡献后，指出："康熙帝废嫡长子胤礽后，胤礽一直在监禁中，也就是说皇储久已悬空；且按照满洲习俗，嗣君系公选，并无嫡庶之分，因此'夺嫡'两字不甚适宜。"至于皇八子胤禩，康熙帝曾让大臣推选太子，众推八子胤禩，结果失败。王先生认为："此次推选太子，允禩之所以失败，其咎全在大学士马齐一人。"书中全面分析皇八子胤禩失败的多方面原因，并指出其主要原因："允禩不得立，我以为牵涉到皇权与储权的平衡问题。允礽被废的一个原因，正由于权倾父皇。如今又出了第二个'允礽'，众大臣一致拥戴，可知其潜力之强，免不了影响君权，允禵未得立，主因在此。"澳大利亚墨尔本大学金承艺教授，发表《从"胤禵"问题看清世宗夺位》《胤祯：一个帝梦成空的皇子》《胤禛，非清世宗本来名讳的探讨》等颇有分量的论文。金教授仅就皇十四子原名是"胤祯"还是"胤禛"，详加考证，进行驳辩。这个"祯"字，是否改过，十分重要。主雍正皇位逆取者说，康熙死前遗诏传位"胤祯"，雍正篡改为"胤禛"；主雍正皇位正取者说，皇十四子本来就叫"胤禵"。

文学作品，相与讨论。

其一是《红楼解梦》。《红楼解梦》一书，主线为曹天佑心爱之人竺香玉为雍正所夺，曹、竺内应外合，杀死雍正。所以，"(《红楼解梦》) 全书的核心，则是曹雪芹毒死雍正帝一环"。这个编造的历史故事，如果算作武侠小说，倒也无须史家置喙。然而，该书作者自称其为学术著作，而非小说。几位红学大家也纷纷捧场，称《红楼解梦》行世，为维护学术做出巨大贡献，这是"红学研究中划时代的硕果"云云。该书出版后，洛阳纸贵，顿售一空。杨启樵教授通过《旷世奇闻：曹雪芹毒杀雍正帝——评霍国玲等著〈红楼解梦〉》等论文，对《红楼解梦》中的十个重大问题，逐一列出，进行剖析。以"曹雪芹恋人竺香玉被雍正纳为皇后"为例，杨教授认为：清史上雍正帝绝无纳竺香玉为后其事，也绝无曹雪芹、竺香玉合谋进丹药毒死雍正帝其事。进而指出：《红楼解梦》一书，作者"搜集证据牵强附会，多不可信，钻入牛角尖而不能自拔"；读者盲目追求"书势"，造成此书畅销；评者欠缺公正严谨。总之，"学术界颇有黑白混淆现象，不然《解梦》一书不至于轰动社会"！然而，比《红楼解梦》更轰动社会的是历史小说是《雍正皇帝》。

其二是《雍正皇帝》。本书作者在《关于雍正帝的历史小说——评二月河的〈雍正皇帝〉》的长文中，说自己"闲来偶尔也翻阅小说，却不看历史故事。因为荒唐无稽者居多，令人反感，难以卒读。但二月河先生的《雍正皇帝》却是例外，读后觉得不无可取，值得提出来讨论"。接着，列出问题，共三十条，逐条指摘，详加评论。于人物，如李卫、李绂、田文镜、张廷玉等，历史上确有其人。但说李卫是雍正的贴身小厮、张廷玉为两朝宰相，这种违背历史事实的描写，不能加强小说的艺术效果，只能灌输给读者错误的知识。特别是关于邬思道，书中指出："邬思道非但不是雍正仰之为师、言听计从的智囊集团首脑，且非幕客中斫轮老手。"于事件，如康熙遗命、雍正之死——有几种不同的说法，但小说"妙想天开，说他钟情一女子，结果殉情而亡"。书中杨教授引用《雍正皇帝》的内容简介，"作者用史笔著文、用文笔立史"，此书是"雍、乾交替时期历史的一次艺术巡礼"。杨教授对此指出："但倘若未能解答笔者指摘的诸问题，以上赞语是否需要斟酌一番？"杨教授既不主张历史小说是历史的复原，更无意强调小说应"文以载道"，"但读荒谬的历史，总难心安理得"！作者对小说中有不少异想天开、荒谬绝顶之处，难以苟同，认为历史小说、历史电视剧，销路广、影响大，应"尽量减少信口开河的怪论"！

综上，建议研究、关心清代史、满洲史、宫廷史、北京史的各界读者，读一读《揭开雍正皇帝隐秘的面纱》这本书，读后或有不同看法，但能得到很大裨益。

《北京社会科学》2000 年第 4 期

评《清代八旗王公贵族兴衰史》

近年来中国史的研究，无论是在通史还是专史领域，都在向着深度与广度开拓。过去，对中国封建贵族史的研究，尤其是清代八旗贵族史的研究，由于极左思想作祟，长期被列为禁区。然而，《清代八旗王公贵族兴衰史》的著者，不趋时势，积累资料，经过长期辛勤耕耘，终于在最近推出这部著作。此书由辽宁人民出版社出版，杨学琛与周远廉合著，它是新中国成立以来研究中国封建贵族史的开山之作。

《清代八旗王公贵族兴衰史》的两位著者，功力深厚，配合协契，以翔实的史料、细致的分析，使这部学术专著具有鲜明的特点。

通贯淹博，整四百年，是本书的一个特点。

清太祖努尔哈赤于明万历十一年（1583），起兵辽左，四方征战，黄衣称朕，奄据辽东。后清于顺治元年（1644），摄政睿亲王多尔衮，值明末甲乙之际，率军入关，定鼎燕京，进兵江南，统一中原。历"康雍乾盛世"，版图辽阔，民族众多，人口繁增，国力强盛。但月盈则亏，物极必反，八旗贵族，日渐衰落。至清宣统三年（1911），孙中山领导的资产阶级民主革命爆发，翌年，溥仪退位，结束了清朝的统治。前后历时三百三十年。因此，研究清代八旗贵族从无到有、由弱而强、由盛而衰的全部历程，剖析八旗封建贵族的阶级特性、民族色彩，探讨这个贵族集团与中国历代封建贵族集团的共性与差异，是十分必要的。不过，已出版的清朝断代史，述前段的以鸦片战争为终，述后段的则以鸦片战争为始。其他的清史专著，亦未贯通有清一代。至于萧一山的《清代通史》，因其体例等所限，未言及故清王公贵族在新中国的生活史。《清代八旗王公贵族兴衰史》则不然，它对清代八旗王公贵族的论述，自明万历十一年（1583）努尔哈赤起兵，至1983年溥杰当选全国人大代表，时间跨度整四百年。

全书内容，分为三编。第一编是"称霸辽东"。论述了爱新觉罗家族与元勋功臣们，在清太祖努尔哈赤和太宗皇太极的统率下，艰难创业，驰骋疆场，形成强大的八旗贵族，称霸于辽东的历史过程。它包括三章：《宗室贵族的形成》《异姓贵族的兴起》《八旗王公贵族的权势和庄园》。第二编是"入主中原"。论述了八旗贵族率军进关，在夺取和巩固全国统治权的过程中，发展、演变和寄生的状态。它包括五章：《顺治年间八旗贵族的发展》《八旗贵族的权势及其演变》《宗室王公庄园》《异姓贵族庄园》《王公贵族集团的阶级特性》。第三编是"从衰落到新生"。本编分为两章，第一章叙述民国时期王公贵族的衰落——王公权势的丧失和王公庄园的丈放。第二章叙述新中国成立后的新局面——满族人民的解放和王公子弟的新生活。全书像一轴生动的历史画卷，再现了清代八旗王公贵族及其后裔风云变幻四百年的真实情景。

资料翔实，分析细致，是本书的又一个特点。

全书依据的资料，主要有文献、档案、调查和图片等。书中引用官书、方志、文集、笔记等六十余种资料，还大量引录了《满文老档》。所收墓碑、画像、诏书、册文等照片三十幅，弥足珍贵。特别是大量地援引档案资料和调查资料，为本书运用资料的一大特色。

　　档案资料是清史研究的史料宝藏。清代八旗王公贵族的史料，多是以内务府档案的形式保存下来。著者在中国第一历史档案馆及东北档案馆，查阅和搜集了大量资料。书中引用《揭帖》《题本》《奏折》《堂稿》《束文》《地册》《租册》《丁册》《契据》《谕帖》《府票》《清单》等，初步统计有三十二类，一百三十余种。它详明地载述了王府的田地、人丁、地租、铺租以及庄园规模、租佃关系等。著者据东北档案馆藏《肃王府谕帖》《肃王府府票》和《各庄佃地亩纸》等资料，综合分析，推算出肃王府庄园的规模和分布，其分布于今北京、河北、山西、辽宁、内蒙古等数十州、县，拥有耕地和牧场一百七十余万亩。

　　调查资料是研究清代八旗贵族由败落到新中国成立后开始新生活的"活资料"，著者杨学琛曾参加满族社会历史的调查工作。书中除引用《满族社会历史调查》资料外，还利用北京、河北、内蒙古、陕西、四川、广东等地满族社会历史及现状的调查资料。这部分调查资料不少为故清亲王、郡王、贝勒、贝子等王公本人及其子弟所亲口讲述、亲手撰写。

　　拥有详细资料只是学术研究的起点。著者对所拥有的档案和调查资料，采用选择典型、逐个剖析与分列层次、按类剖析的方法进行阐述。

　　选择典型，逐个剖析，使得全书的论述细腻。著者对汉军贵族，着重剖析了"西屋里额驸"佟养性、"抚顺额驸"李永芳和"三顺王"——孔有德、耿仲明、尚可喜，由此论述了清入关前二十七个汉军贵族的产生、发展、特点和作用，得出对汉军贵族的共同结论："八旗汉军官将，效忠新君，辖治汉民，领军从征，立下了'军功'，因而封授爵职，领取庄地人丁，形成了在后金—清国政治、军事、经济、文化等方面颇有影响的汉军贵族集团。"对蒙古贵族，着重分析了恩格德尔、古尔布什、莽果尔、明安、武纳格、布尔喀图和鄂兑克等，由此论述了清初三十七个蒙古八旗贵族的特点，进而得出对蒙古贵族集团的结论。对满洲的宗室贵族，分析了代善、阿济格、多尔衮、多铎、岳讬和萨哈璘；对满洲的异姓贵族，则分析了额亦都、扬古利、安费扬古、费英东、何和礼、劳萨等。由此论述了清初八十四个满洲贵族组成的集团的特点。

分列层次，按类剖析，使得全书的论述明晰、深刻。著者对满洲贵族，分为宗室和异姓两个层次，其中的宗室贵族，由兄及弟，自子而孙，先以血缘和辈分，复以军功和亲疏，分列层次，比较考察。其中的异姓贵族，按开国元勋、文武功臣和皇亲国戚，分作三个层次，于每个层次，又分若干类。对汉军贵族，作者按层次地分析了他们的身世、处境、心理、态度和结局——他们之中有些人在明末怀才不遇、削职闲居或因罪下狱，在大军压境或战败被俘的情势下，愿意背离明君，投靠后金。但这些人对后金能否问鼎中原，统一全国，尚存疑虑。因而三心二意，观望等待，有的则同明朝暗通书信，左右逢源。只是由于后金汗对其采取封官联姻、赏赐财田的政策，并由于军事节节胜利，他们才倾心投靠清朝，逐渐形成了汉军贵族。

立论公允，不乏新见，是本书的另一个特点。

对清代八旗贵族特点的论述，是书中精彩之笔。清朝宗室的列爵，虽仿明制，但有变动。明制，皇子封亲王，出京置府，岁禄万石。但是，有明诸藩，"分封而不赐土，列爵而不临民，食禄而不治事"。藩禁严峻，二王不得相见。出城省墓，请而后许。其本意在杜绝汉、晋末之祸，防范高、宸覆辙之现，但诸王徒拥虚名，坐縻厚禄，贤才不得发挥，智勇亦无所施。清与明略异：皇子酌封亲王，不加郡国，留驻京师府第，不置大量甲士。但作为清朝统治民族的满族，为着统御全国，必用宗室贵族。清朝的诸王，"内襄政本，外领师干，与明所谓不临民、不治事者乃绝相反"。著者详细地阐述了清代宗室王公的权力——"旗主之权，议政之权，用兵之权"，由此形成了清初执掌军国大政的最高统治集团。清迁都北京后，礼、郑、睿、豫、肃、庄、克勤、顺承八王，即所谓的"铁帽王"，以佐命殊勋，世袭罔替。他们统兵议政，左右政局。康熙以后，怡亲王允祥、恭亲王奕䜣、醇亲王奕𫍯、庆亲王奕劻，皆襄赞大政。直至晚清，王爷领班，宗室用事，皇族内阁，亲王摄政。清朝"以摄政始，以摄政终"。这是清朝宗室贵族集团始终掌握朝政、君主极端专制的必然结果。

对清代八旗贵族内部矛盾的论述，是书中精彩之笔的又一例。清代八旗贵族的三个集团，即汉军贵族、蒙古贵族和满洲贵族，其内部和集团之间，矛盾纷繁，盘根错节。尤其是满洲贵族中宗室贵族与异姓贵族的矛盾，更为复杂。努尔哈赤崛起之初，诸子俱年纪尚幼，异姓五大臣权重。后其子俱八大贝勒等宗室贵族，年长统兵，共理国政，异姓贵族，权势下降。努尔哈赤死后，诸子争夺汗位。皇太极袭受汗位，宗室贵族权力上升。皇太极死后，"国势抢攘无主，宗室昆弟，各肆行作乱，争窥大宝"。满洲王公贵族分为两派，一派为两黄旗大臣拥戴豪格继立，另一派为两白旗大臣赞成多尔衮为帝。两派满洲贵族实力相埒，各自让步，由福临登极，多尔衮摄政。多尔衮惩治宗室豪格等反对派，重用亲信的异姓贵族。而多尔衮死后，顺治帝又严惩睿亲王党羽，压抑诸王权力，死前遗命由异姓贵族索尼、苏克萨哈、遏必隆、鳌拜四大臣"保翊幼主，佐理政务"。顺治帝疏远宗室诸王，信用异姓勋旧，使宗室贵族权势下降，异姓贵族地位上升。康熙帝御政后有十二个皇子议政，亲王统兵，宗室贵族权力复升，同时削弱开国诸王权势。清中叶以后，贵族集团内部的矛盾，起伏跌宕，变化复杂。本书作者以皇权为中心，揭示了宗室贵族、异姓贵族内部以及宗室贵族与异姓贵族之间的权力斗争，并对这场斗争的失败者阿敏、豪格等做出了公允评价。

对清代八旗贵族庄园的论述，是书中精彩之笔的另一例。著者于19世纪60年代初就收录了大量有关八旗贵族土地占有和租佃关系的档案资料，并在《历史研究》上发表《清代旗地的性质及其变化》，尔后又发表《关于清代皇庄的几个问题》《清代的王公庄园》等论文，最近又出版《清代租佃制研究》等专著。书内述及八旗王公庄园的篇幅，占全书的34.6%。著者分析了满洲宗室王公庄园、异姓贵族庄园和汉军贵族庄园的共性及差异，概述了这些庄园的形成、扩展、规模、演变、类别、特征及其生产关系、壮丁地位、经营方式、世代传承等。还以庄、肃、郑、礼、睿、裕、恒、果、和、成、端、醇等十二个亲王庄园和平南王尚可喜的庄园作为典型，排比资料，逐个分析。著者依据宗人府的庄王府庄地数目清单等资料，概括出该府庄园的特点：庄园棋布、遍及三省，突破旗界、四向拓展，庄地辽阔、逾数千顷，人丁上万、劳力众多，租银万两、谷米满仓，强行霸占、扩大庄园，子孙承传、延及十世。并分析庄亲王共十代，传九次，析家产八次，二十四个王公，田地五十五万余亩，约需一万八千三百丁，计其家口当为四五万人。这就不仅揭露了八旗王公贵族的政治特权，还揭示了八旗王公贵族的经济基础。

但是，尺有所短，寸有所长。《清代八旗王公贵族兴衰史》像一切事物一样，需要从多角度去加以分析。对其可探讨之处，略述浅见。

清代八旗王公贵族兴衰史的分期，是值得探讨的一个问题。清代贵族的兴衰与清朝的兴衰同步相行。自努尔哈赤建元，至溥仪退位，凡十二帝，近三百年。其全部历程，似可分为兴起、发展、鼎盛、转衰、没落和垂死六个时期。大体上说，太祖、太宗两朝，为建元称帝、占据辽东的兴起时期；顺治、康熙两朝，为迁都燕京、奄有中原的发展时期；雍正、乾隆两朝，为发展统一、国力强大的鼎盛时期；嘉庆、道光两朝，为内变外患、事乱迭起的转衰时期；咸丰、同治两朝，为痛失南京、割地赔款的没落时期；光绪、宣统两朝，为内外交困、危若累卵的垂死时期。清朝八旗王公贵族的兴衰，同整个清王朝的命运是密切相关的。然而，本书著者将清代八旗王公贵族衰落的时间，断限在宣统三年（1911）辛亥革命之后。从历史逻辑讲，尽管辛亥革命后故清贵族的败落和中华人民共和国成立后故清贵族及其后裔的新生活均可入史叙述，但著者论述的是清代贵族兴衰史，因而它的兴起与衰落均应在清王朝内寻求其内在联系。从贵族爵位讲，清代贵族是由皇帝钦定列爵确立的，清帝既被推翻，其旨定爵位亦被历史否定。清代王公贵族已从法律地位上消失，他们只是作为"故清贵族"的历史陈迹而存在。所以，八旗贵族的衰落应是在清代中叶。全书将清八旗贵族史四段分期——兴起、发展、衰落和新生，关于清代王公贵族在新中国成立后获得"新生"的提法，尽管作者本意是明确的，却容易使人产生误解。若将该书第三编的"新生"，析增为第四编，专述故清王公贵族及其子弟在新中国成立后的新生活，或更妥帖。

清代八旗贵族衰落的起点，似应以嘉庆元年（1796）白莲教起义为标志。诚然，清代八旗贵族衰落是一个漫长而复杂的过程。作为群体贵族史，它在康雍时期已见衰落的端倪。削平三藩时八位大将军中有六个王、贝勒被夺职、罚俸，暴露了军功勋旧、诸王子孙的无能。贝勒尚善（济尔哈朗之侄）竟"屯兵岳州城下，八年不战，诸将皆闭营垒，拥诸妇女逸乐而已"。和亲王弘昼好言丧礼，"尝手订丧仪，坐庭际，使家人祭奠哀泣，岸然饮啖以为乐"。是为清宗室贵族显露没落端倪的例证。清代八旗贵族的腐败，在白莲教起义中表露得尤为突出。清廷虽将这次规模大、地域广、时间长的农民起义平息下去，却从此转衰，一蹶不振。19世纪中叶，继白莲教起义之后的两个重大历史事件——中英鸦片战争和太平天国运动，标志着清王朝和八旗贵族的进一步衰落。在鸦片战争中，在相同的武器装备下，林则徐率领广州军民，坚决抵御，力挫顽敌；琦善却在直隶懦弱无能，不行抵拒，妥协求降。这既是清王朝腐败的表现，也是清贵族衰落的反映。在太平天国运动中，八旗军主力的江南大营和江北大营为太平军所击败。后湘军、淮军继起，汉族官员政治军事地位提高，八旗贵族政治军事实权下降。卒以新军，酿变举义。清朝初以兵兴，中以兵衰，终以兵败。八旗军兴、衰、败，正是八旗贵族兴衰史的真实反映。

清代八旗王公贵族兴衰史的纵向与横向比较研究，也是需要探索的一个问题。所谓纵向比较研究，主要是将清代八旗贵族史同中国封建贵族史做对比研究。清代八旗贵族史是中国封建贵族史的一个部分。中国封建贵族史，自周为始，封爵五等。《诗经·大雅·生民之什》载其制曰："价人维藩，大师维垣。大邦维屏，大宗维翰。怀德维宁，宗子维城。无俾城坏，无独斯畏。"即以亲贤，褒扬功德，关诸盛衰，深固根本。秦、汉以降，迨至明、清，历代封爵之制，有继承也有更易，有联系也有区别。对中国封建贵族史的共性与清代八旗贵族史的个性进行对比研究，会将这个问题的探索引向深入。尽管不能要求作者在这方面多落笔墨，但寓对比于论述，绎出清代八旗贵族史的规律和特点仍是必要的。所谓横向比较研究，主要是将清代八旗贵族中的汉军贵族、蒙古贵族和满洲贵族做比较，探寻它们之间的联系与区别、同一与矛盾等。全书对八旗贵族史的个体研究为其所强，群体研究则为其所弱。

清代八旗王公贵族对满汉文化交流的贡献，更是一个应当探求的问题。中华民族的传统文化，是由中国各民族共同缔造的。中华文化既有作为主导的汉族文化，也有丰富多彩的各少数民族文化，它们相互吸收，彼此影响。清代是我国历史上民族文化融合，特别是满、汉文化融合的重要时期。在满、汉文化"撞击"和"融合"的过程中，汉族吸收了大量的满族文化，满族也大量地吸收了汉族文化。在满族吸收汉文化的过程中，清代满洲八旗王公贵族虽然人数不多，但他们居于特殊地位，率先汲取汉族文化，不断地更新本民族的文化，并丰富中华文化的内容，为此而做出了重要的贡献。《八旗通志书目》、《八旗人著述书目》、八旗人遗篇《熙朝雅颂集》、今存八百二十余部满文书籍和中国第一历史档案馆藏一百四十五万余件满文档案等都是佳证。本书虽列《能书善画，文人辈出》一节，但只三页多，是全书叙述最为薄弱的章节。此外，个别史实上或校对上亦有疏忽。但纵观全貌，瑕不掩瑜。因此，《清代八旗王公贵族兴衰史》可列为史苑补白之作，秀于史学论著之林。

《历史研究》1997 年第 2 期

评司徒琳教授所著
《南明史（1644—1662）》

美国印第安纳大学历史系司徒琳（Lynn A. Struve）教授的学术专著《南明史（1644—1662）》（以下简称《南明史》），先由美国耶鲁大学出版社用英文出版，后由上海古籍出版社用中文出版。

17世纪中期是中国历史上最重要、最剧烈的变革时期之一。20世纪以来，对于这个时期历史的研究，学者们或注重于明季，或注重于清初，南明史则几乎是一个被遗忘的"孤儿"。到20世纪50年代，谢国桢教授的《南明史略》问世。其后，国内长时间未有一部南明史著作出版。司徒琳教授的《南明史》的出版，不仅填补了国外南明史著作的空白，而且引起国内学术界专家的瞩目。司徒琳教授的《南明史》，以其填补学术空白、新颖的学术视角、周密的学术论述、广博的学术资料，在海内外引起强烈反响，博得学术同行的一致好评。

一

南明史研究既是中国史研究的一个难点，又是西方汉学界的研究空白。

清兴明亡，在江南出现的弘光、鲁王、隆武及永历等政权，清初学者多称之为"明季""南疆"等，不承认其正统地位。至

19世纪中叶，学者钱绮撰著《南明书》。"南明"这一称谓才逐渐被史学者所采用。

1644年，李自成进京，崇祯帝自缢。随后，睿亲王多尔衮率清军入关，移鼎燕京；明诸王先后举旗抗清复明，建号称帝。由是，清朝与南明，清军与义军，生死搏斗，激烈展开。但是，南明政权如夜间石火，爝光一闪，瞬即熄灭。这场搏斗的壮丽画面，于其时，于后世，既令人心神激动，又引人探索不止。

南明史的研究，在清代经过了"热—冷—热"的三段式过程。在清初，南明永历政权刚刚化作历史，学者文人便出于各自动机，搜求旧资料，编纂回忆录，进行学术研究，探讨历史教训。尤其是南方的许多学者，对南明史表现出浓厚的兴味，他们广罗史事，发而为文。正当南明史研究出现蓬勃热潮之时，新兴的清朝君主，对故明学者这种"亡国之思"表现出疑虑和恐惧。康熙帝为强化新建立的大清王朝，对南明史研究设法加以限制。他以一次株连数百人的"庄氏史狱"使南明史的研究成为禁区。此后清帝一次又一次的"文字狱"，几乎都直接或间接地同南明史的研究和著述相关。清初的政治氛围，清帝的文化专制，使得南明史的研究，万马齐喑，一片萧条。进入18世纪，清朝已经巩固。随着明朝历史编纂的深入和清史列传撰修的展开，乾隆帝以"冀亿万世子孙，共享无疆之麻焉"，既命将明末"忠节之士"进行褒奖，以扬先励后；又命对清初为皇朝一统宇内而立下丰功伟绩的明降官降将贬作"贰臣"，以警往鉴今——这就为南明史的研究变相地开禁。但那个时候对南明的历史描述已变得面目皆非，于南明的史料真伪，也变得混乱不堪。待到清末，维新变法，反满革命，许多志士仁人，怀念南明先贤。南明史重新成为热点，其中半是政治宣传，半是学术研究。

20世纪初期，民国兴，清朝亡，人们思想解放，重新研究南明。梁启超、章炳麟、胡适等独着先鞭，成绩斐然。其后，孟森、陈垣、钱穆、柳亚子、陈寅恪、萧一山等，都发表引人注目的论著。或许由于南明史料过于糅糙，良莠难辨，直到1957年，谢国桢教授的《南明史略》才告问世。人们期待一部详而非略的通史性南明史出版。但这应当突破南明史研究的难点。南明史研究的难点在于：基本史料需要汇集，基本史实需要考辨，基本观点需要梳理，基本架构需要创建。本来这项研究工作，中国学者可以完成，但其后20余年间，中国大陆的史学工作者被卷入"五朵金花"①论争的漩涡中，南明史的研究或被忽视，或被扭曲。中国台湾的史学工作者也受其文化氛围的制约，而未置南明通史研究于应有的地位。恰在这段时期，国外的汉学家却在南明史领域里，爬梳剔抉，刮垢磨光，奋力耕耘，结出硕果，这就是司徒琳教授的《南明史》。

司徒琳教授撰写的第一部英文版学术专著《南明史（1644—1662）》，于1984年由美国耶鲁大学出版社出版。笔者应邀在印第安纳大学访问讲学时，著者面述了这部专著的写作过程、框架结构、创意新见和史料根据。笔者当时拜读了这部著作的汉文译稿前半部，回国后又继续拜读了其译稿的后半部。一位纯美国学者，对中国南明史做出了如此精辟、如此精深的研究，令我赞叹不已。

---

① "五朵金花"是指中国奴隶制与封建制的分期问题、汉民族形成问题、中国封建社会土地所有制问题、农民战争问题和中国资本主义萌芽问题。

这是著者多年呕心沥血的杰作，也是国外汉学论著的精品。

二

历史是一面透镜。通过历史这面透镜，可以凸显国家兴亡，能够探求历史启迪。司徒琳教授《南明史》的旨趣在于：探寻明朝灭亡的基因，寻求明朝历史的启迪。

明朝灭亡的原因，论者或谓亡于朋党之争，或谓亡于宦官专权，或谓亡于义军问鼎，抑或谓亡于皇帝怠惰。智者之见，各有其理。清乾隆帝却提出自己的见解：

> 论者率谓：明亡，不亡于流贼，而亡于宦官，似矣！而朕不谓然。宦官之祸，汉、唐来已然。顾其使宦官得志擅权、肆毒海内者，伊谁之咎也？明代皇城以内，外人不得入；紫禁城以内，朝官不得入。奏事者至午门而止，中外阻绝，判若天人。人君所与处者，若辈耳。凡监军、监役、要地、要务，非若辈弗任也，非若辈之言弗信也。导谀纵逸，愈溺愈深。中叶以后，群臣有数十年不得望见颜色者，而鬼蜮之计得行。遂使是非由其爱憎，刑威恣其燔炙，兵事任其操纵，利权归其掌握。倒持太阿，授之以炳，其失皆由于不与士大夫相接耳。

乾隆帝的上述论断，比起书生之见，显得略高一筹。但他的视角，仅从"人"，而未从"制"去深入剖析明亡之因。司徒琳教授就此做了更深入的探讨。

司徒琳教授在《南明史》的引言中指出：一个王朝受生之初整个胚胎，便已蕴含其后来死亡的基因。所以，南明灭亡的原因要到明朝去寻求，明朝灭亡的原因要到明初去寻求。明在受生之初胚胎中已蕴含死亡的基因，即废除"宰相制"。由此而派生出两个难题：第一，君臣矛盾——大臣们在如何为皇帝辅弼的问题上陷入困境；第二，文武矛盾——文武之间无法取得协调统一以致军人受到贬抑。这两个难题，既出现交叉，又相互区别。在中国历史上这两个问题始终存在，尤其是晚唐至宋代，更甚是到明朝，变得格外凸显。上述矛盾演化，导致明朝灭亡。即在南明，两个难题，彼此交叉，纠葛不已，造成致命伤，加速其灭亡。

君臣矛盾。洪武十三年（1380），明太祖朱元璋借"胡惟庸案"废除"宰相制"。在六部之上，只有皇帝才可以处理大量复杂的公事。就个人素质言，明太祖自可担当此任，明成祖亦可揽纲勤政；其后的各代子孙却无力胜任。由是，在皇帝与群臣之间的这个空白领地，便由"非法的"或"违宪的"成分所填充，他们即是宦官和大学士。这就是明朝宦官专权和朝臣党争的一个重要机缘。

大学士是通过科举考试的出色俊彦。他们先是翰林院的成员，充任宫廷最高办公厅秘书，尔后逐渐参与重大决策。由于辅佐皇帝制定决策，大学士们获得间接执政和立法的权力。但他们的公职权限最终是模糊不清的，因为他们没有祖训赋予的职责和权力，只是由于皇帝寻求辅佐而出现的不稳定的衍生制度。因此，它的占有者就总会被指为越权而受到弹劾，理由不外是贪婪篡取特权或非礼僭越皇权，尤其是当他们试图在政府中获得巩固势力并像宰相那样行使权力的时候。结果，围绕如何充当大学士及首辅角色的朋党之争日益加剧。这个首辅的位置连对最谦和的在位者都是一座烤炉，而且得随时充当皇帝过失的替罪羊。首辅张居正的悲剧和东林志士的殉难，都是例证。

文臣内部"理想主义"与"现实主义"的分歧，也加剧了朋党之争和君臣矛盾。在治国政纲的争论中，前者主张"恪守祖训"，后者则主张"因时变通"。在辅佐国君的争论中，前者主张"臻于至善"，即认为国君不管其天资如何都可以教育好、引导好；后者则主张"容忍弱点"，即皇帝不好可由辅臣操持政府的缰络。在文臣中"理想主义"与"现实主义"的见解鸿沟和派系纷争，在明朝由于缺乏"宰相制"而愈发严重。明朝政府内之所以总存在着密布的派系，是因为明朝在体制上提供了条件，使那些易于转移的权力（派系权力）得以生发滋长。这个体制上的条件，司徒琳教授认为主要是缺乏"宰相制"。

> 派系是一切官僚机器的润滑剂。对于历史学家的问题应当是：在怎样的情形下日常的派系竞争变得狠毒起来，自相残杀乃至导致本团体的最后自杀？在明代，官僚体制的高血压症和致命党争，主要原因在于辅佐皇帝的难题。

辅佐皇帝的难题是由于缺乏"宰相制"而引起的，它又引发了文武之间的矛盾。

文武矛盾。文武不协，古来已有，但到明朝，更为甚之。明太祖的年号是"洪武"，他的儿子成祖选择的年号却是"永乐"。一个在"洪武"精神中建立和巩固的明帝国，却出人意料，很快地厚文薄武。这一现象出现的重要原因，自然是出于对儒家"文治武功"精神的传统理解，即夺取天下靠"武"，治理天下却赖"文"。

明太祖谕定军制：实行军户制、军屯制和卫所制。大致说来，到15世纪末16世纪初，以上"三制"连同军事贵族身份制都惊人地退化了，因为文职官员、特别是兵部官员，逐步控制了军事要务。其后果是：一方面，军户生活水准和士兵服役条件都恶化得令人吃惊，进而加重了世袭军人身份带来的社会耻辱。私脱军籍，在役潜逃，虚登名册，兵伍哗变，这些都是常事，表明帝国正规军体制陷于瘫痪。明廷不得不依赖雇佣兵，这又使其财政支出增加；且雇佣兵来源于流离失所的社会群体，难以指挥且漫无军纪，"贼如梳，军如篦，士兵如剃"！这种军队不可能成为帝国的柱石。另一方面，军事贵族的权势和威信逐年下降。他们被文官们指责为无能，且被鄙视为另一群异类。五军都督府和京营的演化史提供了实例。这两个集团本来都是袭封高级贵族者的禁脔，但逐渐服从兵部节制，且集团的重要职务又丢给非贵族出身的军人，即通过科举考试的武举人和武进士。

右文倾向来自儒家学说，这种理论加剧了文武之间的矛盾。黄宗羲指出："文臣之督抚，虽与军事而专任节制，与兵士离而不属。是故莅军者不得计饷，计饷者不得莅军；节制者不得操兵，操兵者不得节制。"司徒琳教授引述上段文字后说：

在明代中国不会有如同艾森豪威尔或者黑格的官员，也不会有做了州长或市长还向选民炫耀以往军功的上校。这样的角色变换，在明代士大夫是不可思议的。

所以，在中国明代，因厚文薄武，军事力量不仅受文职衙门的管束，还被搞得失去效用；武人不仅受文官统辖，还被降了格。如此右文薄武，在承平时期也许自有作用，但到了明末，特别是到了南明，当王朝已在生死存亡之间挣扎，需要它的所有精英都最大限度地团结之际，文官系统和其他社会成员——尤其和武人——的疏离，竟达到无法调和的程度。这成为南明败亡的重要原因。

当然，司徒琳教授阐明的另外两个难题也是明朝特有的：其一是，遍布各地的明朝诸藩王，其中多数缺乏普通的领导能力；其二是，广泛的社会不安与混乱。但较前述难题而言，这些都是主旋律的副部，因其书的重点是明政权的内部难题，故主旋律的副部不能尽述。还有明朝的经济恶化也是其灭亡的重要因素，因该书的重点是明朝政权的社会矛盾，故在书中也不能尽述。

综上所述，明初废除"宰相制"而派生出的君与臣、文与武两大难题，加速并导致了明朝的灭亡。司徒琳教授的《南明史》以此作为其全书之脊骨，将各章节的内容骨骼贯穿起来。应当说，明朝灭亡是多因而一果。司徒琳教授所著《南明史》的突出特点是对明朝灭亡的原因，从深层次的视角，即不仅是从帝王个人因素，不仅是从朝臣派系因素，不仅是从宫廷宦官因素，不仅是从社会经济因素，不仅是从官场腐败因素，也不仅是从阶级搏斗因素，而是从明朝政治体制因素，即从明朝受生胚胎中之体制基因——其缺陷、演变与恶化，去解开明朝灭亡这个"明朝政权系统的内部难题"。

三

南明灭亡是明朝灭亡悲剧中的最后一幕，也是由明初废除"宰相制"而派生出的君与臣、文与武两大难题的最后终结。司徒琳教授在《南明史》中，做了详细的论述。

《南明史》全书 25 万余字，正文前有英文版序言和引言，正文分作 7 章，后有注释和引用书目，并附有历史地图 17 幅和中文版后记。全书对南明诸政权按其存亡时序，逐个加以论述。

《首次抵抗：弘光政权》与《首次失败：清朝征服长江流域》是该书的前两章，论述了弘光政权兴亡的全过程。这个政权自始至终受明朝两大难题的困扰。福王朱由崧在凤阳总督马士英、总兵刘泽清等南方武臣的扶持下登上宝座，又不得不依仗明末南京要人史可法的辅佐，于是两大难题对弘光政权的腐蚀便凸显出来。在辅佐皇帝的问题上，马士英入阁，伙同阉党余孽阮大铖把持朝政。马阮集团掀起弥漫朝野贻害军政的党争狂浪。皇帝身边的"清流"一系，如吏部尚书张慎言、大学士姜曰广、御史刘宗周等，在马士英排挤异己的过程中相继去职。而一些北来官将也受到无情的迫害，甚至株连其家人和亲友。这就使得人们切齿弘光政权更甚于叛军。马阮集团之政策，以自身派系利益为依归，绝不以抗清事业为圭臬。更有甚者，他们辅佐的皇帝是一个无能之辈。朱由崧做皇帝是错误的时刻、错误的地点之错误的人选。这样的皇帝和这样的辅臣所构成的权力组合，既日益失去民众信赖，又加剧文武之间的矛盾。

　　弘光政权的文武矛盾，以马士英入朝任大学士，史可法赴前线协调与督战为契机，事态日趋恶化。马、史矛盾的起因，是对文武关系的不同认识。作为东林高足的史可法，与士卒同甘苦，反对以力服人，且自视为协调者。马士英虽被指控纵容手下士卒劫掠，却是个能干的谋略家，懂得同将军们共处，并会讨取他们的欢心。在战场上厮杀的武人，对弘光朝以文统武的承平传统表示不满和反对。他们一旦发现百姓和文官非但未能履行其责任，而且阻碍武人发挥其传统军职作用，抗命之事，随即发生。

　　上述两大难题困扰弘光政权的苦果通过一系列军事失败表现出来。面对清军的强力推进，长江以北几乎所有的南明军将领都闻风而降。当清军抵达弘光政权首都南京时，降清的南明守军有总兵23员、副将47员、马步兵238300人。在历史最紧要的关头，弘光政权职业武人所走的道路，明显是从内部破坏国家政权。正是前述两大矛盾的烈火，焚化了弘光政权——1645年6月寿终正寝。

　　《第二次抵抗：鲁监国与隆武政权》与《第二次失败：清朝对东南与华南的初期征服》是该书的又两章，论述了鲁监国和隆武政权兴亡的全过程。这两个政权也自始至终受明朝两大难题的困扰。清军攻陷南京后，颁布"剃发令"，激起江南民众的普遍反抗。这一自发的抗清浪潮，促成鲁王朱以海在绍兴府城称监国，建立鲁王政权。几乎在同时期，另一些人则拥戴唐王朱聿键在福州建立隆武政权。两个政权因各自想要保持自己的唯一合法地位，便发生严重冲突。虽然它们都真心抗清复明，但各自为政，削弱了抗清力量。分立的两个政权也同为始终贯穿弘光政权的两大难题所困扰。于辅佐皇帝，鲁王政权主要是缺乏组织机构，没有建立完备的官僚体系。当隆武帝的挑战升高之际，官员间自生嫌隙，质疑他人是否忠心成了积怨之府，能臣的干练行为受到掣肘。隆武政权的大学士总共任命30余人，遍布众多省份，且大多无所事事。在弘光朝，谋求权势的大学士行使"体制"上所不允许的全权；在鲁王和隆武朝，则是不做决策的人物来到君主身旁。无论哪种情形，均因明朝缺乏宰相职务，使文武关系更为紧张。

于文武关系，两个政权的抗清活动皆因文武不协而失去成效。隆武朝的文武矛盾，集中表现为大学士黄道周与南安伯郑芝龙之间的冲突。郑芝龙出身海盗，为隆武政权的实力支柱。但他在朝中受文官的怀疑和排挤，他的自身利益和皇帝的目标无法调和。黄道周是隆武朝最受尊重的文官，力主亲自带兵以图复明，却不尊重武人，经常斥责他们投机取巧、怯懦无能。这还突出表现在总督万元吉身上。万元吉与各军将帅不能相得，且轻侮朝廷官军。当清军进攻赣州时，他为削弱官军而借助绿林力量。官军先是逃走，继而又为万元吉遣散，他只以五六千人死守赣州城。在坚守六个月后，城被攻破，总督万元吉、兵部尚书杨廷麟和吏部尚书郭维经自尽，文臣百余人丧生，而未战死的武将全部投降。鲁王治下的浙东地域，文官领袖与武官将帅的冲突同样严重，且武官之间，各自为政，分饷分地，相互冲突。后绍兴陷落，鲁王逃离，政权体制瓦解。清军攻下绍兴后，继续向东南和华南地区进攻。隆武帝因郑芝龙降清而兵败如山倒，自己也在汀州死去。

《复振与第三次抵抗：两广的永历政权》与《第三次失败与相

持：大西南与东南》是该书的另两章，论述了永历政权兴亡的全过程。永历政权同弘光、鲁王、隆武政权一样，自始至终受到明朝两大难题的困扰。在得悉隆武政权败亡之后，原广西巡抚瞿式耜和两广总督丁魁楚便合同拥立朱由榔在广东肇庆建立永历政权。永历初期，于皇帝之辅弼，便出现激烈的党争。楚党与吴党作为朝廷主政之中坚却互相攻讦，弄得朝政日非。于文武之水火，拥兵自重的丁魁楚以自身的利益为重，对以大局为重并主持朝政的文臣瞿式耜之主张毫不顾及。文武不协使各种力量相互摩擦，削弱了抗清的实力。后江、广反正，李成栋等加入抗清阵营，并没有推进抗清步伐，却使两个固有难题愈加难解。朱由榔一方面在疲于奔命、勉强糊口，甚至在大难临头的时候依赖其锦衣卫左都督马吉翔；另一方面，完全依靠李成栋的军事组织。在清军凌厉的攻势之下，永历政权的各支武装均告溃败，以播迁著名的朱由榔不得不投入大西军余部首领孙可望的怀抱。从此，南明历史进入了最后的十年。司徒琳教授在书中，对永历政权最后十年西南与东南两股抗清势力做了分析后指出："在这十年中，正规明朝文官体制的最后痕迹几乎全部消失；不论在物质上还是在政治意义上，永历朝廷完全依赖下述军事组织：在西南，是明季叛军最强的残部，现在由孙可望与李定国统率；在东南，是控制该地区的垄断海上贸易的半海盗组织，现在以郑成功为首。这两个组织原来都完全是在明朝体制之外发展起来的。……但我们也能看到，西南地区还是有明朝皇帝，由于这一事实，文武领袖之间的冲突依然存在：一方具有文治倾向，另一方关注的主要是作战。相比之下，东南沿海地区实际上并无明廷存在，反而更能团结一致，抗清更为有效。"这两个地区的抗清实体，从正面和负面证明：明朝"两大难题"的沉重包袱，导致永历帝抗清的最后失败。

《最后的抵抗，最后的失败》是该书的第七章，即最后一章，主要论述永历政权的失败。东南地区的郑成功，虽能自主地抵抗清军，但因力量对比悬殊，退至台湾。至1662年初，朱由榔被俘，永历朝覆亡。

南明四政权覆亡的原因，有人归结为"腐败"。对此，司徒琳教授提出自己的见解：

> 一般定谳在晚明尚未衰亡前总述及官场的普遍腐败，以作为王朝毁灭的肇因。然而，'腐败'是个笼统的字眼，要求特殊的界定和社会学的解析。在大多数案例中，它似乎更多属某一情况的结果，而非其肇因。官员们纳取贿赂，欺骗和勒索他们的子民，长此以往，不正之风于是产生，即无视与他们人人有关的政府前途而采取不正当行径。不管国家的前途被假定为哪一种，是基业不朽还是易代在即，他们都既无认同感又无事业心。

是的，衰朽造成普遍腐败，腐败又加速其灭亡。

总之，司徒琳教授在《南明史》中，通过对弘光、鲁王、隆武、永历四个南明政权的论述与研究，使其在《序言》中阐明的观点，得到历史的证明。

四

南明史研究的难点在于，资料芜杂，鱼鲁难辨。司徒琳教授所著的《南明史》，中外并蓄，广征博引，校核比勘，考证谨严。这对于一个外国学者来说，难能可贵。其深厚的学力功底，源自其长期辛勤的积累和探讨。

1970 年，司徒琳在做研究生时，就以《历史在传统中国社会中的运用：清代史籍中的南明》作为博士论文的选题，并为此赴国外进行长期研究。1974 年，她以这篇优秀的学术论文，成为美国密歇根大学的历史学博士。尔后，再经十年，锲而不舍，孜孜不倦，潜心研究，才完成了《南明史》这部汉学杰作。此间，她先后发表的论文有《影响广州三角洲地区南明诸事件概述》（1973）、《康熙时期几位郁郁不得志的学者：其矛盾心理与所作所为》（1974）《徐氏兄弟及康熙时期对学者的半官方扶助》（1982）、《悲惨结局：永历帝死期考》（1986）等。

司徒琳教授考据精细，治学谨严。书里中文、日文、西文资料并用，是本书在资料上的一个特点。《南明史》中引用书目：中文 309 种，日文 29 种，西文 118 种，共 456 种。书里正文、注文并重，是本书的又一个特点。《南明史》中后附注释：序文 56 条，第一章 143 条，第二章 108 条，第三章 76 条，第四章 106 条，第五章 56 条，第六章 85 条，第七章 99 条，共 764 条。注文共约 140400 字，比正文尚多约 468 字。书里引用资料审慎，是本书的另一个特点。作者在谈到书中引用资料时说道：

　　我尽量使本书立足于最可信的资料之上。这些资料不是出于亲历目睹者，即是出于事后不久作辛勤搜求者，我摒除了大多数清人的第二手和第三手资料。对于道听途说之作，即使出于我所喜欢的作者之手，也不予引用。因此，对南明史有所知的读者会感到惊奇，在我的注释和引用书目中，一些人所熟知的著作极少出现，甚至绝不提及。我不能说，有关南明的第一手好资料，我已搜求殆尽。遗漏在所难免，而且有些重要著作我无法获得。至于大量的20世纪南明史著作，大多供新闻与宣传之用，因此只引用在我看来其中最有学术价值的那部分。

　　司徒琳教授对资料的科学态度确是如此。我目睹她为搜求善本、孤本和稿本，而往返穿越大洋，废寝忘食，劳瘁不已。著名的《剑桥中国史》第七卷中有关南明史的书目，即为司徒琳教授之作。另外，司徒琳教授关于明清之际史料学的新作，足证其对此期历史资料的精细求索与精深研究。

　　此外，司徒琳教授的《南明史》，语言优雅，文采斐然，阐析富于思辨，陈述寓于哲理。

　　司徒琳教授在《南明史》中，对南明弘光、鲁王、隆武、永历四个政权的兴亡史，做了全面系统、深入细致的研究，并独树起一个新的陈述模式。南明朱由崧、朱以海、朱聿键和朱由榔连同其政权一起，做了由其太祖废除"宰相制"并派生出君臣与文武两大难题"祭坛"上的供品。司徒琳教授在《南明史》中，通过对弘光、鲁王、隆武、永历四个南明政权个案的分合研究，使其开宗明义之旨趣得到历史与逻辑的结论，令人信服，发人启迪。不同意见，尽管存在，不妨见仁见智，各申己见之长。

《北京社会科学》1996 年第 2 期

满族认同的价值趣向

——评《孤军——满人一家三代与清帝国的终结》

一

美国八所常春藤大学之一——达特茅斯学院——历史系教授柯娇燕博士研究清史、满学的新成果《孤军——满人一家三代与清帝国的终结》(以下简称《孤军》)由美国普林斯顿大学出版社用英文出版。书刚一出版，就引起了美国内外史学界的重视。《孤军》的作者运用氏族分析与阶层剖析的方法，以满族认同的价值趣向作为全书架构的脊梁与辐辏论证的命题。这个命题蕴涵的学术旨趣，会给清史、满学研究者以思维方法的启发，并会产生絮果波涟的影响。

《孤军》的作者柯娇燕女士，1983年凭借论文《满洲氏族的来源和演变》获得美国耶鲁大学历史学博士。尔后，进行开拓研究，陆续发表论文——《佟家在两个世界》《清朝开国神话浅论》《满洲源流考与满洲文化的程序化》《乾隆朝汉军八旗的衍变》和《对晚清民族问题的思考》等。柯娇燕博士掌握英、汉、满、日、德、俄、法、意八种文字。1987年，柯娇燕博士曾到北京进行学术访问，查阅满文档案，翻检历史文献，踏察清代史迹，拜访清史学者。回美之后，柯娇燕博士仅用两年时间，就完成其清史、满学研究的总结性成果——《孤军》。

《孤军》的架构与内容,首导言,尾结语,中为第一、第二两部分。第一部分三章——《和平与危机》《苏完瓜尔佳氏》《杭州驻防八旗》,第二部分别为《观成》、第五章《凤瑞》《神祇的权力》、第六章《金梁》《清皇室优待之条件》。末附参考文献、索引等。

《孤军》全书以后金八旗满洲军功贵族费英东的子嗣,即苏完瓜尔佳氏观成(约1790—1843)、凤瑞(1824—1896)、金梁(1878—1962)祖、父、孙三代家族为主线,纵向论述从19世纪中叶至20世纪30年代,这三代家族的荣辱与沉浮;又以其时社会文化环境为纬,横向阐述清朝由盛转衰,由危而亡的历程。柯娇燕运用多种文字资料,选用广阔历史视角,以独到的见解、严谨的逻辑,透过满洲三代家族的动态分析,阐明清朝必然灭亡之结局。

二

柯娇燕博士的《孤军》一书,于清代总的演变脉络中,以民族为纵线,以阶层为横线,对19世纪后半叶和20世纪前半叶的满洲历史展开论述。

清代的历史,依其自然发展过程,可以分为六个时期:第一为太祖、太宗的崛兴时期,建号后金与"结盟"朝鲜是其崛兴的内外标志;第二为顺治、康熙的发展时期,迁都燕京与缔约俄国是其发展的内外标志;第三为雍正、乾隆的鼎盛时期,疆圉的强固与廓尔喀败降是其鼎盛的内外标志;第四章嘉庆、道光的转衰时期,白莲教起义与鸦片战争是其转衰的内外标志;第五为咸丰、同治的危机时期,太平天国定都南京与英法联军攻掠北京是其危机的内外标志；第六为光绪、宣统的垂死时期，武昌起义与八国联军侵华是其垂死的内外标志。书中的人物与事件跨越了清代由盛转衰、危机和垂死的时期，并延续至20世纪30年代。在这繁复错综的历史网络中，作者巧妙地选取一个氏族的三代家族演变作为全书的基本线索。

氏族分析，独具匠意。在清史、满学研究的专著中，罕见以某个氏族为线索而铺展全书进行论述的。清代满洲氏族纷繁，仅据《八旗满洲氏族通谱》所载，辑录除爱新觉罗氏以外的满洲姓氏为1114个，立传与附传者凡7178人。其中"瓜尔佳为满洲著姓，而居苏完者尤著"。在《八旗满洲氏族通谱》中，苏完瓜尔佳氏冠于全书首卷，而费英东又冠于首卷之首。《孤军》的作者从中遴选苏完瓜尔佳氏族作为其书的纵线进行缕析，并从中选取费英东家族作为其书的横线展开论述——纵横演绎，典型剖析，阐述了满人一家三代与大清帝国灭亡之历史。

"水有源而流出焉。"费英东为八旗满洲苏完瓜尔佳氏族之先源。史载："费英东事太祖，转战，每遇敌，身先士卒，战必胜，攻必克，摧锋陷阵，当者辄披靡；国事有阙失，辄强谏，毅然不稍挠：佐太祖成帝业，功最高。"费英东的后裔，脉系相缵，世代传承。然而，清初满洲军功贵族的后裔，随着清朝转衰、危机和垂死的困局嬗变，逐渐失去政治与军事、民族与法律的特权，而越来越有一种被大清帝国抛弃的孤衰之感。《孤军》一书的论述，正是在清政衰败的背景下，贯穿1750—1930年的历史，记述一个满洲瓜尔佳氏族中观成—凤瑞—金梁祖孙三代家族的社会文化生活。

阶层分析，独辟蹊径。《孤军》的作者，在满洲瓜尔佳氏族中，选取中产者阶层的观成—凤瑞—金梁三代家族作为典型，进行全面研究。于清代人物的研究，王公显宦的个案资料比较丰富，一般平民的群体资料也易于搜求，但中产阶层的个案资料却凤毛麟角（个别显名者例外）。以观成、凤瑞、金梁为例，据《三十三种清代传记综合引得》载，《清史稿》中有凤瑞的小传。他们的著作，《清史稿艺文志及补编》等亦缺载。这于研究者在资料搜求上有很大难度。但是，作者充分利用了汉、满、英、德、日、法文等资料，披沙拣金，锐意求索，进行了开拓性的研究。

在清史、满学专著中，对满族阶层进行分析与研究，《孤军》尚属首例。以前的清史、满学研究，往往以满、汉划分畛域，探讨满洲对重大历史事件的态度。这是必要的，却是不够的。因为满洲是可以，而且应当分层次的。满洲的贵族、中产、平民，因其氏族旗分、军政权势、经济地位、文化环境和心理状态的不同，而对重大政治事变所持的态度也不同。以戊戌变法为例，尽管朝廷中有保守与维新之分，但就满洲总体而言，不同阶层的态度是异中有同，同中有异。满洲中的权贵阶层，为维护其固有利益而拥护君主专制；平民阶层，认为有皇帝即有钱粮，朝政变与不变，于己无关痛痒；中产阶层，既愿有皇帝以保证自身享有的权益，又忧国忧族，冀施行宽政，以利国强民富，因而主张实行君主立宪制。金梁就是满洲中产阶层的一个实例。

金梁的祖父观成，为满洲正白旗举人，"清廉爱民，不轻准讼"，又喜文墨，著《忆儿词》。金梁的父亲凤瑞，出身笔帖式，尚义侠，工书画，游迹遍天下。金梁则秉承乃祖乃父书香门第家风，成光绪甲辰科进士。在戊戌变法时，金梁是个进步者。光绪二十四年

（1898），金梁和章炳麟同到北京支持变法。变法失败后，金梁遭逮捕。其弟言于同旗分、同氏族的大学士、军机大臣荣禄，荣禄以其同为费英东的后裔，令释出。故章炳麟赞金梁为满洲之材智逾众者。然而，金梁是个复杂的人物。他身历清末、民国、日伪和中华人民共和国四个时期，在各个历史时期有着不同的表现。以清末民初时期为例，在戊戌变法时的先进者金梁，到辛亥革命要推翻清帝国时，却成为落后者。《孤军》作者指出："戊戌变法失败，表明改革没有希望，而应该革命。这时金梁仍主张君主立宪，说明他落后了。"但是，应不以人废言，他在文化上的建树当予肯定。金梁著《近世人物志》书后附自著目录——《光宣小记》《东三省博物馆古物陈列册》《满洲秘档》《黑龙江通志纲要》《雍和宫志略》《天坛志略》《清宫史略》《北京宫殿志》《北京园林志》以及《瓜圃丛刊叙录》等，则是他在文苑里辛勤耕耘的秋实。

综上，《孤军》的作者通过氏族与阶层的分析（民族的分析见下文），不仅研究了满洲三代家族和大清帝国衰亡的历史，而且探讨了满族认同的问题。

三

满族认同的问题，既有理论价值，又有现实意义。

满族是中华统一多民族大家庭中一个既悠久又新兴的民族。它作为一个新的民族共同体出现，明万历十一年（1583）努尔哈赤起兵而肇其端。经过半个世纪的衍变，以建州女真、海西女真为主体，吸收东海女真、黑龙江女真和汉人、蒙古人、达斡尔人等，逐渐形成满洲族共同体。天聪九年（1635）皇太极谕称："我国原有满洲、哈达、乌喇、辉发等名，向者无知之人，往往称为诸申。夫诸申之号，乃席北超墨尔根之裔，实与我国无涉。我国建号满洲，统绪绵远，相传奕世，自今以后，一切人等，止称我国满洲原名，不得仍前妄称。"至于上文中诸申与满洲之关系，这里不做讨论。但是，这道谕旨标志着中国满洲族正式形成。上述谕旨应当是满洲族认同之始源。然而，满族认同作为时代问题的出现，则出现在清代末期。

《孤军》作者所论述的满族认同的问题，是一个历史范畴。在清代，并无满族之称。其时称为"八旗满洲"或"满洲"。清军入关后，八旗满洲在京师或驻防，多系聚居，即在京师驻"内城"或"京营"，在外地驻"满城"或"满营"。他们有共同的语言、宗教、服饰和习俗等。然而，满洲以"大分散小聚居"星布于广大汉族地区，加速了同汉族文化的融合。满族在清代居于统治民族地位，实际上不存在满族认同的问题。在鸦片战争中，英军的坚船利炮使中国人深受其害。观成在乍浦之役抵抗英军的侵略，说明他同其他八旗满洲官兵一样，都站在中华民族利益的立场上，此时历史尚未提出满族认同的问题。《孤军》作者认为太平军起义，要推翻居于统治地位的清朝，满洲人才第一次认识到自身的危机，从而强化了民族意识，出现了满族认同问题。从满族认同问题出现至今，大体上可以分为清末、民国和中华人民共和国三个时期。清朝末期，满族在国内遇到民族大危机有两次：一次是太平天国，另一次是辛亥革命。前者，其例证是：观成之子麟瑞守御乍浦城，对抗太平军，城陷阵亡；杭州和乍浦八旗两防，"阖营数万人同时全殉"。

后者，同盟会"驱除鞑虏"的口号，其合理内核在于"恢复中华"，其悖理外壳则在于加强了满族认同的民族意识。

然而，清朝毕竟是由爱新觉罗氏掌权。辛亥革命推翻清朝后，满族人的地位与利益发生了沧桑巨变。《末代皇弟溥杰昭和风云录》载述："当时，不光是父母，甚至整个爱新觉罗家族都对溥杰说，自从中华民国成立以来，满族处处受到排斥，皇族都必须改姓金，如不改姓就不能就业。"辛亥鼎革之变，满洲失去特权，普遍受到歧视。民国初期的满族认同问题，尖锐地摆在每一个满族人的面前，但到中华人民共和国时期，各民族一律平等，满族认同的问题出现了新的变化。总之，满族认同在上述三个不同历史阶段，有着不同的特征。满族认同在不同历史时期的价值趣向是：在清朝末期，拥戴大清帝国，保住民族利益；在民国时期，争取民族平等，求得生存权利；在中华人民共和国时期，增强民族凝聚，促进中华共荣。

《孤军》作者认为，满族认同既是历史范畴，也是学术问题。满族的认同，与中国近代化攸关。世界上任何一个多民族国家的近代化进程，都与民族认同有着密切的关系。世界上所有中世纪帝国在向现代国家演进时，都或迟或早地遇到多民族文化危机。一个多民族国家的文化，有一元性、多元性和多元一体性三种模式——用专制手段扼杀民族文化特征而强求文化一元性，终是行不通的；强调民族文化多元分解而不求多民族文化和谐，并不符合各民族的利益；多民族文化的多元性与一体性相谐和，则消解了多民族国家近代化所产生的民族文化危机之症结。

这里还有一个满族认同的纽带问题。满族认同的纽带是语言、聚居、经济，还是习俗？《孤军》作者认为，虽然满族认同有多种因素，但主要不是共同语言，因为满语在满族现实生活中几乎消失；不是共同聚居，因为满族早已分散居处；不是共同经济，因为满族经济同其他民族经济无大差别；也不是共同习俗，因为满、汉习俗区别不大，而且习俗不应是民族认同的基本因素。《孤军》作者举美国为例，说明美利坚民族认同主要不是语言（英国人也说英语），也不是地域（同一地域居住不同民族）等，而主要是民族意识。因此，柯娇燕博士认为，满族认同尽管有多种因素，但主要是民族意识。

满族是中国现有的五十五个少数民族之一，它像其他少数民族一样，都对祖国历史的发展做过贡献。但是，在中华五千年的文明史上，建立过全国性大一统政权的少数民族只有两个——一个是蒙古族，另一个是满族。蒙古族建立的元朝享祚 97 年；满族建立的清朝却长达 276 年，若从关外后金初元算起则近三百年，然而，满族居于中国各民族统治地位的 17、18、19 这三个世纪，恰逢世界诸国近代化的三个世纪，也是中国历史发生巨变的三个世纪。同时，满洲为中国，也为世界留下丰富的满学文化宝库。满学即"满洲学"的简称，是主要研究满洲历史、语言、文化、社会及其同中华民族和域外各国文化双向影响的一门学科。我国的藏学、蒙古学、维吾尔学等都有长足的进展，而满学的研究，虽取得不少成绩，但仍处于分散状态。从过去、现在、未来去看，从满族、中国、世界着眼，都应当加强满学研究。柯娇燕博士所著《孤军》一书出版，是美国学者满学研究的最新成果，企盼中国学者有更多的满学新著问世。

　　《孤军——满人一家三代与清帝国的终结》的作者柯娇燕博士，是美国史坛新秀，也是美国研究清史、满学的专家。她的《孤军》以其视野广阔，立意新颖、逻辑严谨、见解独到、叙事条理、分析细腻、资料翔实，文字生动而秀于世界清史、满学著作之林。

《清史研究》1991 年第 3 期

评《清代宫廷史》

宫廷史不可无书，但难以为书。这是因为，每年数以千万计的海内外宾朋熙至紫禁宫苑，却苦于没有一部宫廷史著可读。然而，撰著宫廷历史，前人赍咨涕洟。盖鉴于宫禁森严，外人无由得入，官方记载伪疏讳饰，稗史野乘讹漏漫俚，鲜有研究者问津。虽史界前辈心史、援庵等还诸史事以真实，但宫廷史专著竟付之阙如，成为辛亥以来史林憾事。但是，辽宁人民出版社出版的《清代宫廷史》，由清代宫廷史专家万依、王树卿、刘潞鼎力合撰（万依先生统纂），以其职在故宫博物院，挥汗研冰地求索，翻检历史文献，查考清代档案，谙宫廷掌故，习大内典仪，既于宫阙建筑了如指掌，又于琳琅文物如数家珍，从而使这部专著博采精修、观点公允、史料翔核、信实可读，是一部宫廷历史的补白之著，也是一部清史研究的开拓之作。

《清代宫廷史》一书，架构经纬，脉络分明。清代宫廷是清朝皇帝治居之所，也是清朝社会的神经中枢。清代宫廷系统仿如一个凝缩的小型社会，既设置众多职能部门，又具有自身鲜明特点。举凡社会诸多方面，宫廷无一不相涉及。通史著作，有例可援，而宫廷史著，实无先例。至若明宦官所为的《明朝宫史》和清奉敕所撰的《清朝宫史》，或记述宫阙，或重在典制，像是宫廷志，实非宫廷史。《清代宫廷史》的著者，则独辟蹊径，自创体例。全书纵向论述了从清太祖努尔哈赤至末帝溥仪十二帝后，宫廷之初建、完备、鼎盛、转衰、没落和危亡的三百年间，帝后之政治昏明、治策得失、宫闱阴阳、礼仪繁简，分作六章十三节，探索了清代宫廷演变的规律。全书横向阐述了每个时期宫廷的人物、事件、宫苑、典制、宗教、习俗、文化、艺术等，分作一百二十三纲七十九目，经纬交织地展现出清代宫廷丰富多彩的画卷。著者创设的宫廷史体例框架，对断代宫廷史的撰著提供了镜鉴。

《清代宫廷史》一书，辨伪求真，去疑存信。治宫廷史的难点在于，剔除官修史书的伪饰，拂去野史笔记的讹俚。著者以深厚功力、求实态度和严谨方法，从浩繁的文献、档案、谱乘、碑传、方志和文集中，披沙淘金，爬梳推求，廓清历史真相，还宫史以原貌。举如著者不囿于日人陈说，提出清宫雏形不始自费阿拉，而肇自天命元年（1616）有宫殿、有礼仪的赫图阿拉这一可信论断。著者在《坤宁宫祭神》一节中，对著名学者朱偰《北京宫阙图说》书内"坤宁宫"二百余字的论述，纠其疏误达十处之多。著者还对慈禧家世及入宫，据原奏折及内府档册，澄清了野史与口碑"讹而传讹"的疑窦。此外，于孝庄文皇后之下嫁、乾隆帝之身世、同治帝之死因等历史争议热点，均检核史料，细致分析，做出令人信服的论断。

《清代宫廷史》一书，突出满洲文化特色。中华五千多年来由少数民族建立的大一统政权，只有元朝和清朝。元朝宫阙虽已荡然无存，清朝宫殿却保存至今。清代紫禁宫苑虽为明代创建，但清定鼎燕京后更体现了满洲文化的特色。清帝"首重满语，崇尚骑射"，满洲文化必然辐辏于宫廷。书中记述的满洲文化在帝后心理、妃嫔宫女、八旗禁卫、宫苑建筑、宗教祭祀、宫规礼仪、冠服佩饰、节令习俗、内廷膳食、宗室教育、音乐舞蹈以及春搜秋狝等方面，都濡以浓墨重彩。著者深入研究并详细论述了作为满洲文化之集大成者——满洲宫廷文化的特点及其表现。这对满学的研究有着重要的学术价值，并会引起广大读者的浓厚兴趣。

《光明日报》1991 年 4 月

阐要评鉴　情理交融

——读 1990 年《史学·书评》

　　我国史苑中著述多而评论少，评论中史评多而书评少。1990
年《史学》杂志刊出书评 30 篇，约占其总版面的五分之一。扩大
书评版面，一扫落寞旧态，在著者、评者、读者之间增设桥梁，
初露出 20 世纪 90 年代《史学》一个可喜的信息。

　　书评之要，在于点化。我国史学褒贬之词，迁曰、固赞、晔
论，皆为评，而评之名始见于《三国志》。《广雅》云："评，议也。"
所谓书评，就是阐其新意，述其旨要，评其品位，鉴其短长。《史
学》刊载的书评篇幅长短不一，短者仅一百多字，长者达六千余言。
重头书评，各具特色，每期约一篇，每篇千余字。《史学》杂志上
的书评我每篇必看，通常从三个视角——著者、评者、读者，去品味、
比较、琢磨。好的书评，如睿慧哲文、清逸诗篇，读后启心智、
荡情怀。但著书难，评书亦难。评书以评时人所著为难，尤以评
熟人所著为更难。这就要评书者身在史局，不碍情面，大公至正，
臧否是非。来新夏教授的《读〈张之洞大传〉》一文，特立独行，
吐粗纳精，是名家书评伸其长而不护其短的例证。许多书评出自
名家手笔，吕叔湘、胡厚宣、王钟翰、王思治、苏双碧等撰书评，
具慧眼，中肯綮。史学名家博大精深，学富五车，以高屋建瓴之势，
评断图书在学术上的妙处与品级。吕叔湘先生以耄耋高龄，通读

全书，写就《书柴德赓〈史籍纲要〉》一文，做出"确实是在同类书中允称上选"的评断。"上选"二字，即点化出其书学术的品第与价值。

知书知人，亦情亦理。书评，要知书，又要知人；要论理，也要传情。知书知人愈深，则入情面、入理愈切。撰写书评，发自内心，抒怀析理，忌当任务。某报载，要建立一支训练有素、反应敏捷的书评队伍，切实不敢苟同。评书者要先受而后作，就是要胸中有学、书、人、情、理五字，如学无专精、不知其书、不详其人、胸臆无情、运笔乏理，书评是写不好的。一篇好的书评，除对所评的学科应有精深研究外，要知书知人。王钟翰教授评已故郑天挺先生主编的《清史》，忆述与郑先生师生旧谊及其为人、治学，并以此书"良足告慰郑先生在天之灵"而肯定其学术价值。一篇好的书评，尤要通情达理，以情动人，以理服人。《史学》的书评，不乏情理并茂之作。苏双碧先生评《温陵折柳录》，以《刺桐探史，故园抒情》为题。刺桐为泉州别称，书评者与被评者是泉州同里、情挚谊友，书评倾舒乡思，沁人心脾，可谓是一篇乡情醉书评之作。施宣圆先生评其亡友遗著，寓悼念于书评之中，泪水夹着评赞，是一篇半歌半泣之文。书评倚锐思而立，藉丽文而传，"言之无文，行而不远"。书评的学术性要融于文学性之中，以使人读起来有味道。故评书者莫不挥毫殚思，蕴丽辞章。李乔的《滴酒观世界——读〈明朝酒文化〉》，读其翰章，文字俏丽，如饮醇醪，耐人品味。这些都是书评中情理交融的例子。

秉笔公正，扬美审丑。史评是史学发展的一个学术杠杆，也是史学演进的一种学术导向。史学界需要正确的导向，也需要批评的机制。史书折中千古之是非，书评则褒贬史书之是非。褒，是对学术拓新之著，誉清扬优，加以肯定；贬，则是对伪赝舛误之作，讥浊抑劣，给予批评。近年来史学工作者以摩顶放踵的精神，奋力开拓，勤于撰述。但尚存在无勤学苦索之心、有哗众取宠之意的现象，以至伪学、剽窃之作混迹于史林。《史学》虽刊出三篇批评文章，但深层的弊窦亦应受到指摘。书评的任务之一，是要纠正学界的不正之风，针砭抄说、剽窃的伪学之作，以整肃学风。对著述的失误、编校的失慎，则应宽容大度，善意指出，以求改进。

马腾而奋，舟覆则警。应严肃书评，彰善瘅恶，扬瑜指瑕，促进史学的繁荣。

《光明日报》1991 年 2 月

贞石珠玑　学林宝籍

　　赵朴初先生题签、徐自强先生撰序的《房山石经题记汇编》（下文简称《汇编》），经北京图书馆金石组和中国佛教图书文物馆石经组的合作编纂，已由书目文献出版社出版。

　　房山石经是指今北京市房山区云居寺石经山的石刻佛教经典。这里自北齐以来是著名的佛教圣地。房山石经始兴于隋、唐，繁盛于辽、金，继续于元、明，衰微于清代和民国。房山石经山以藏有珍贵石经与题记等而被誉为"北京的敦煌"。甘肃敦煌以佛像壁画遐迩闻名，"北京的敦煌"则以石经题记饮誉中外。房山石室贞珉，历时千有余载，镌刻佛教经典一千一百多种，三千五百余卷，一万五千余石。石经题记是附刻于经石的说明文字——如刻经的缘起、目的、时间、卷数、施主、书人和刻者等。《汇编》所著录的各类石经题记，资料系统完整，付梓公之于世，具有很高的史料价值，引起中外学者注目。

　　《汇编》著录题记系统完整。房山石经始刻于隋唐之际的高僧静琬。贞观二年（628），静琬题刻载："释迦如来正法像法，凡千五百余岁。至今贞观二年，已浸末法七十五载，……静琬为护正法，率己门徒，知识及好施檀越，就此门山顶刊《华严经》等一十二部，冀于旷劫，济度苍生，一切道俗，同登正觉。"其目的在于"使千载之下，惠灯常照；万代之后，法炬恒明"。后经辽、金、元、明、清，至民国二十五年（1936），历时一千三百零八年，《拓印石经山石经记》共著录碑刻和题记六千八百余条，分为三个部分：碑刻和题记（唐至民国），一百一十余条；大部经题记，九百余条，以经文为序，加以排比；诸经题记，五千七百余条，元、明、清一百余条，以时为序，加以编排。资料完整，分类清晰，纵横联缀，系统有序。

《汇编》为云居寺的历史实录。石经山的经、寺、塔、洞为世人所瞩目。书中搜录的题刻、铭序、塔记、寺碑记和藏经记等三十余石，记述了云居寺的兴起、演变、盛衰和圯葺，是石经山地区千年历史的实录。据《释迦佛舍利塔记》载，云居寺始自北齐。这同唐人唐临的《冥报记》所载互相印证。唐刘济撰《涿鹿山石经堂记》载："济封内山川，有涿鹿山石经者，始自北齐，至隋沙门静琬，睹层峰灵迹，因发愿造十二部石经。"这就为华严洞始凿于北齐磨莹了贞珉之据。文中又载："瀑水浮大木数千株于山下，遂构成云居寺焉。"这不仅载述了云居寺的兴造，而且记述了当时房山地区水丰林茂的生态盛景。寺成之后，《白带山云居寺碑记》载："从平地至于绝顶，杂沓驾肩；自天子达于庶人归依福田。"方圆百里，香客熙攘，万家供馈，共庆佛生。其时虔愚信徒有"所燃指续灯者，所炼顶代香者，所坠崖舍命者，所积火焚躯者"。他们虽灵魂自觉幻慰，却肉体罹受磨难。这是一幅多么黑暗的历史画图。

《汇编》集录北京经济史料。石经题记不但条数多，而且有的行文长，如《佛说百佛名经》《佛说太子和休经》和《佛说八部佛名经》的题记，俱洋洋洒洒，二千余言。题记涉及房山地区古代社会生活的各个方面，如政治、经济、文化、民族、宗教、职官、区划、建筑、民俗和文字等，其中经济史料，尤具重要价值。如邑社,仅《大般若波罗蜜多经》题记中所载邑社,有地区性邑社——幽州石经邑、范阳石经邑等,也有行业性邑社——幽州油行石经社、范阳白米行石经社等,并且题记中还记载了邑社的组织、活动和规模等。又如行会。前著行会之作,多论西安、洛阳、开封、杭州,很少涉及北京。《汇编》的出版,为研究幽州行会提供了具体资料。据徐自强《关于房山云居寺和石经山的几个问题》统计,题记中关于行的资料一百二十余条,可分为三十一行,即饮食类十行(米行二条、白米行十六条、粳米行一条、大米行一条、肉行二条、屠行五条、油行四条、五熟行一条、果子行三条、椒笋行一条);衣着类十三行(绢行十二条、新绢行一条、大绢行六条、小绢行二条、丝绵采绵绢行二条、丝绢彩帛行一条、丝绸彩帛行一条、彩帛行四条、布行一条、小彩行四条、幞头行四条、靴行一条、曾行一条);生活用品类七行(磨行六条、炭行二条、生铁行二条、新货行二条、杂货行五条、杂行三条、角行十一条);其他一行(宝行一条、泐而不明者二条等)。

《汇编》的纂者做出可贵贡献,房山石经及其题记,自明清以来,屡有记述。新中国成立后,对房山石经与题记做了全面系统的研究。本书吸收前人的成果,据北京图书馆所藏房山石经题记拓本著录,并经复核、纠谬、补缺与精校。拓本缺藏或泐损者,以《八琼室金石补正》和《匋斋藏石记》等资料增补。文中附注既便读者考订,又见纂者功力。所录题证均标明其在石经中原来的位置。

《北京日报》1987 年 10 月

打开地方志宝库的钥匙

中国地方志源远流长，内容宏富，卷帙浩繁。保存至今的地方志有九千余种，十万余卷，约占我国现存古籍的十分之一。这些志书，记载着我国各行政区域的自然与人文资料，是中国的地方百科全书。但是，由于年代久远，庋藏分散，查阅不便，我国迫切需要一部完整而系统的、准确而简明的中国地方志联合目录。

1975 年，北京天文台受中国科学院、教育部、文物局的委托，组成由科研院所、高校和图书馆等单位参加的"中国天文史料普查整编组"。这个组普查了全国地方志和二十四史等古籍中的天象记录与天文史料。在普查中，北京天文台庄威凤同志等提议编纂一部《中国地方志联合目录》。这个建议得到有关领导和专家的支持。1976 年，先以朱士嘉编著的《中国地方志综录》（修订本）为蓝本，由中央和 20 余省、直辖市、自治区所属的 175 个图书馆，分别进行核实、补充和修订。1978 年，重新辑成《中国地方志联合目录》（初稿）。1981 年，在山西省太原市举行的首届中国地方史志学术讨论会暨中国地方史志协会成立会上，《中国地方志联合目录》（初稿）得到与会专家的肯定，并被建议尽快核订出版。后由于中华书局的支持，得以付梓问世。《中国地方志联合目录》从始编至见书，数易其稿，历时十载，参与编写的图书馆增至 192 个，经手者不下千余人，可谓是一项长期集体协作的重要科学成果。它有以下几个特点。

系统完整是《中国地方志联合目录》的一个特点。方志一词，源于外史《周礼·春官宗伯》中的"掌四方之志"。其时方志为记载各诸侯国历史与现状的册籍。至《隋书·经籍志》，始将方志列入地理类。隋、唐出现大量"图则作绘之名，经则载言之别"的图经。其中写本唐开元《沙州都督府图经》和乾元《西州图经》是我国现存最早的两部图经，也是《目录》所收录的年代最早的两部方志。其后，方志发展进入成熟和兴盛阶段。《四库全书总目》述其源流谓："古之地志，载方域、山川、风俗、物产而已，其书今已不可见。然《禹贡》《周礼·职方氏》，其大较矣。《元和郡县志》颇涉古迹，盖用《山海经》例。《太平寰宇记》增以人物，又偶及艺文，于是为州县志书之滥觞。"元、明以后，体例相沿，创纂续修，踵事增华。最早的方志专门书目，是清初徐氏传是楼所藏明抄本《天下志书目录》，可惜已佚。今见最早方志目录是缪荃孙于1913年编《清学部图书馆方志目》，仅录志书1676部。1931年，北平故宫博物院编《故宫方志目》，收录志书1400余种。1933年，谭其骧编《国立北平图书馆方志目录》，著录志书5200余种。尔后公、私藏及区域所藏方志书目相继问世，唯缺一部综合性的全国方志目录。1935年，朱士嘉编《中国地方志综录》出版，著录志书5832种，93237卷，以表格形式列其书名、卷数、纂者、撰年、版本及庋藏等项，独着全国方志总目的先鞭。1958年，又据全国41个图书馆所藏方志进行订补，增录1581种，总计收录7413种，109143卷。此次新编《中国地方志联合目录》，又补前录所缺，正前录所误。著录自唐武德元年（618）至1949年，凡1331年间，中国现存于国内外的为192个图书馆所收藏的地方志书，计8264种。因我国修志历史悠久，有的县志甚至续修十余次，而过去的方志目录很少将某一地区不同历史时代所修的各版加以系统收录。《中国地方志联合目录》却像一条纽带把各地修志的历史原貌再现在读者面前。

内容完备是《中国地方志联合目录》的又一个特点。在收录的8264种方志中，以纂修时间言，唐3种、宋28种、元9种、明942种、清4889种、民国1187种。以地域范围言，四川671种、浙江590种、河北567种、山东541种、江苏540种、河南528种，以上六省共3437种，占总数的41.59%。少者新疆81种、黑龙江65种、内蒙古48种、西藏44种、青海39种、宁夏32种，以上六省、自治区共309种，占总数的3.73%。以著录类别言，通志122部、府志879部、州志542部、厅志48部、县志5134部、志略333部、修志资料168部、乡土志529部、里镇志326部、其他183部。纂入的每一种方志，均著录书名、卷数、纂者、版本、庋藏和备注。同地方志攸关的各类方志考异、辨讹、备考、校补、举正、刊误等，附录于该志之后，以便读者参核。至于修志资料、材料、调查记、采访册、考察记和备征录，亦一并录入。其中有些实为方志而不以方志名者，以往志目多所疏漏，这次亦将其采入，如浙江《敬止录》、福建《三山志》、广东《羊城古钞》、江西《历阳典录》、陕西《宰莘退食录》、四川《邛嶲野录》、上海《云间志》、江苏《垂虹识小录》和湖南《湘城访古录》等均予收录。所收录的乡土志、里镇志、关镇志、岛屿志也颇具特色。此外，编者还著录九十余部（含缩微胶卷）收藏于国外的方志珍籍，使其内容更加完备。

资料严核是《中国地方志联合目录》的另一个特点。以往的地方志目录，公藏方志书目，限于一馆；私藏方志书目，囿于一家；

区域方志书目，局于一隅；全国方志综目，则羁于赀力——多为个人或数人积年勤奋之作，均不得窥视我国方志的全貌。《中国地方志联合目录》则不然，它是由全国二十余个省、直辖市、自治区的 192 个图书馆，将其馆藏方志及研究成果逐一录入，然后集中排比，汇总成编。又分别交中央及各地图书馆斠正、校补，后经总编加以综合，纂成初稿。复将初稿印装成八册，分发给各有关图书馆核对、订补。汇集之后，再由总编复核。发排之前，经由有关专家分省审核、进行校阅。出校样后，再行详核，拾遗补阙，订补厘正。如是经过认真反复核对，以力求其所录资料严谨、准确、翔实、可靠。

检索方便是《中国地方志联合目录》的再一个特点。书中著录的方志按全国三十个省、直辖市、自治区分目，目下依今行政区划，按府、州、县、乡为序，以时相贯。在每志之下，列出书名等前述六项内容。新编的《中国地方志联合目录》，在各志书名之前，按纂修年代或记事所止时间标加年号，既清眉目又便使用。于版本，则著录稿本（包括成稿、草稿、初稿）、刻本（包括初刻本、重刻本、增刻本）、活字本、铅印本、石印本、油印本、影印本、晒印本、照相本、复印本、抄本以及缩微胶卷等，不厌其详，极便读者。于庋藏，因读者以往不明某志藏于某馆，故将参加编修单位的馆藏方志，各依版本，尽数罗列。如江苏省《〔元丰〕吴郡图经续记》，不仅著录了二十个不同的版本，而且录列各种版本的收藏单位二百六十七个。又如浙江省《〔乾道〕临安志》，著录十七种不同的版本，并录列全国二十四个省、市、自治区的二百七十七个收藏单位。于歧异，则载之于备注。如《〔嘉靖〕滋阳县志》注文：

"今并入曲阜县。刻本在日本尊经阁文库。"《〔崇祯〕常熟县志》注文:"避明光宗(泰昌)常洛讳,改名尝熟县。"《金村小志》注文:"在常熟县北三十五里,所记为清代中叶事。"注文简明,裨益读者。末附书名索引,亦便查检。

顾颉刚先生在《中国地方志综录·序》中说过:"研究史学者,其取资也无穷,然恒不知材料所在。欲觅一僻邑之志,虽居五都之市,亦未能必得。今既备此一书,则何馆何家所藏,一索即知,登门可读。"同样,《中国地方志联合目录》的问世,使读者拥此书,如钥匙在握,足以开启方志宝库之门。

当然,《中国地方志联合目录》也只能是当前条件下的一个综录。随着全国修志工作的蓬勃开展、各地方志书目的大量纂修、更多藏志单位的通力协作以及中外科学文化的广泛交流,更多藏于国内或国外的方志,将会不断地被增录。广大读者殷望《中国地方志联合目录》能不断地加以修订再版。如果它能每隔五年或十年修订一次,那么所著录的方志就愈系统、完备,就愈加具有科学性和实用性。

《中国社会科学》1987 年第 3 期

介绍《中国通史讲稿》

——兼悼李培浩同志

当前全国电大、夜大如雨后春笋般冒出，高校自学考试为造就和选拔建设四个现代化人才开辟了新途径。北京大学历史系张传玺和李培浩同志编写的文科教材——《中国通史讲稿》（下文简称《讲稿》）一经问世，便受到广大读者的欢迎。此教材内容独具特色，在自学青年中和历史学界引起了反响。

叙述简明扼要、重点突出，是本书的一个特色。《中国通史讲稿》的主要读者是电大学员和自学青年，需要兼顾广播教学的特点和要求，为学员听课和自学提供方便。因此全书按社会经济形态分为原始社会、奴隶社会和封建社会三编，凡二十章八十一节四十五万余字，对中国古代各个时期的政治状况、社会经济、文化科技、边疆民族、重大历史事件和重要历史人物等均做了概述。在叙述中脉络清楚、评论中允、文字晓畅、重点突出。《讲稿》不失为介绍中国古代史图书中较好的一种。

重视社会经济、民族、边疆史，是本书的又一特色。在经济史方面，作者在每章设置专节叙述经济，阐述经济基础与上层建筑之间的辩证关系，且有关经济史的叙述占有相当大的篇幅。如《东晋和南朝》一节，经济与政治在篇幅上的比例为四比六，这在其他通史著作中是少有的。同时，全书置民族与边疆史于重要位置。从秦始皇经略边疆至满洲的兴起，对民族与边疆历史从纵横两个方面，条分缕析，使人读后有个明晰的印象。如《辽朝的历史作用》一节，强调辽朝对北部地区的开发和对当地少数民族的积极影响以及对沟通中西交通的贡献。

吸收考古收获、科研成果，是本书的另一个特色。近年来考古的新收获，如1965年云南元谋人化石的发现、1972年湖南长沙马王堆一号汉墓绢罗和帛书的出土等，编者都收入著中。撰者又汲取近年史学研究的新成果，对重大历史事件和重要历史人物的评论力求公允。如《讲稿》中写道："玄武门之变虽然是一场统治阶级内部争权的斗争，但李世民通过这场斗争对李渊重用的一批保守派官僚予以罢免，同时起用了大批庶族地主的代表人物，这就使得玄武门之变在客观上具有重要的社会意义。"上述论断既肯定了"玄武门之变"的社会作用，又指出其阶级局限。

此外，编者以便于青年自学为基本出发点，著有《中国通史讲授提要（古代部分）》，列出纲目，每节之后附有复习题和参考书，并在有关章节附载《历代帝（王）系表》。另编《中国古代史教学参考地图集》，书中附中国古今地名对照表。因此，提要、讲稿、图集、附表等配套，为自学提供了方便条件，成为一套适用于自学的参考书。

特别值得一提的是，《讲稿》（隋唐—明清）的编著者李培浩同志，未睹书稿出版而与世长辞。培浩同志是河北省隆尧县人，1934年生，1957年毕业于北京大学历史系，遂留校就教。二十余年来，培浩同志于教学、科研均有所贡献。他的讲授，内容充实，条理清晰，深入浅出，生动感人，博得校内外的一致好评。他还编写出大量教材和资料，为提高教学质量做了很大努力。他为人开朗热情，先人后己，凡与他接触的同学、朋友、师长、后辈均对他留下至深的印象。培浩同志热爱党，热爱祖国，虽重病在身，但依旧奋力工作，直至病倒在电大录音室里。培浩同志终因负担过重，积劳成疾，事业未竟，英华早谢，时年仅47岁。他参与编著的《中国通史讲稿》（中）的正式出版可聊慰英魂。

《光明日报》1983年6月

蒋良骐及其《东华录》

蒋良骐，字千之，广西全州人。他撰修的《东华录》是一部传世之作。

清雍正元年（1723），蒋良骐出生在"诗书之乡"的升乡石冈（今全州永岁乡石冈村）。全州的升乡，明清以来文风昌盛。明崇祯朝全州乡试五科九十四人，其中升乡五十四人，占全州举人总数的百分之五十八；而蒋氏又独领二十三人，占升乡举人总数的百分之四十二。入清之后，升乡文风尤著。据乾隆三十年（1765）重修《全州志》统计，清初以来全州进士二十五人，其中升乡十人，占总数的百分之四十。

蒋良骐不仅出生于"诗书之乡"，而且成长在"书香门第"。其父林，字元楚，一字介庵，幼聪慧，愤攻读，"年二十——举于乡，明年成进士，选庶吉士，授检讨"。乾隆元年（1736）晋长芦盐运使。著有《介庵诗稿》。林季叔肇，康熙四十二年（1703）成进士，为侍讲学士。蒋良骐的伯叔兄弟子侄等，先后有十人中举人，四人成进士。而良骐与父林、兄良翊一门三进士，时传为全州佳话。

蒋良骐出身于书香门第，奋励笃学，聪敏过人，"才思宏富，倚马千言，为西粤文人之冠"。乾隆十二年（1747），蒋良骐与伯兄良翊同科乡试中举。乾隆十六年（1751），成辛未科吴鸿榜进士。以文学书法殊异，被选为翰林院庶吉士。三年期满"御试"，又以文义优异被补授翰林院编修。

蒋良骐任翰林院编修后，归里省亲。他兄弟五人，长兄良翊，字廷勤，一字补堂，乾隆十九年（1754），成进士，任直隶万泉县令，远离故里。仲弟良骥，字德甫，乾隆十五年（1750）乡试中华。良骥性虔孝，传记说他"以侍父母重疾，哀劳过度，羸症而卒"。蒋良骐归里终养老母，训课二弟，抚育孤侄，使其"皆列胶庠"。

蒋良骐在定省之暇，纂修乾隆《全州志》。康熙二十八年（1689），黄志璋等修纂《全州志》，"其纲有八，其目六十有三"，凡八卷。到乾隆二十七年（1762），黄德星任全州知州。他以旧志简陋、时移事迁为由，撰修新志。黄德星邀揽曾为翰林院庶吉士、原任山西吉州知州的谢庭瑜和时任翰林院编修蒋良骐为修纂。他们对康熙《全州志》"删其繁芜，补其缺漏"，搜集近年史事，采录荒碑断碣，"据实征调，依类而附"，历时半年，全书告竣。重修的《全州志》，较旧志体例整严、内容详具、取材精核、文字简赅。乾隆《全州志》不仅承上启下，且在现存康熙、乾隆、嘉庆和民国四种《全州（县）志》中，是最好的一种。

乾隆三十年（1765），清廷为重修国史列传，在紫禁城东华门内重开国史馆。蒋良骐返里终养和续修州志事毕，赴京复职，充国史馆纂修官，"著《名臣列传》，经手者居多"。他在国史馆，遍览典籍，随时摘录，经年累月，积材宏富。《东华录·自序》载："乾隆三十年十月，重开国史馆于东华门内稍北，骐以谫陋，滥竽纂修。天拟管窥，事凭珠记。谨按馆例，凡私家著述，但考爵里，不采事实，唯以实录、红本及各种官修之书为主，遇阄分列传事迹及朝章国典兵礼大政，与列传有关合者，则以片纸录之，以备遗忘。"蒋良骐在国史馆摘抄实录、红本、官书、文集等，为编撰《东华录》做了资料准备。

蒋良骐在翰林院国史馆，勤敏敬慎，被"晋日讲，擢侍御"。日讲，即日讲起居注官。先是清顺治帝设满、汉词臣八人为日讲官，每日为其讲解经书。康熙帝又定满、汉词臣数员"备顾问，记起居"。雍正朝其记注官，仍兼日讲衔。乾隆时其职重在起居注。蒋良骐任日讲起居注官，每逢乾隆帝坐朝及举行各种典礼时，都要按班随侍左右，为皇帝记言行，载档案，以备编纂起居注册时查考。

蒋良骐于乾隆四十二年（1777），升为鸿胪寺少卿。后以府丞视学奉天。在奉四年，整饬学弊，丕振文风。乾隆四十八年（1783）十一月，以奉天府丞升为太仆寺卿。又受命稽查京师右翼宗学。乾隆五十年（1785），赴"千叟宴"。嘉庆《全州志》中载有其"千叟宴"七律四首。乾隆五十一年（1786）二月，由太仆寺卿升为通政使司通政使，位列"九卿"。至乾隆五十四年（1789）罢。翌年，卒于京师，年六十七。

蒋良骐生逢"盛世"，居官勤慎，恪守庸正，毁誉不及。他的宦绩虽不足称道，但其所撰的《东华录》却为一部史学名著。

《东华录》是一部清代编年体史料长编，内容起自太祖天命元年（1616），迄雍正十三年（1735），记载清入关前后五帝（太祖、太宗、世祖、圣祖、世宗）六朝（天命、天聪、崇德、顺治、康熙、雍正）之史事，共三十二卷。光绪时王先谦仿蒋《录》体例，续抄乾隆、嘉庆、道光三朝实录，并将蒋《录》增补加详，为《九朝东华录》。尔后，又辑抄咸丰、同治两朝实录，总称《十一朝东华录》，凡六百二十五卷。

《东华录》一书，不但具有重要的史料价值，而且反映了蒋良骐的进步社会历史观。他没有像司马光那样，在编年体史书《资治通鉴》中，以"臣光曰"来表述自己的社会历史见解，这是因为乾隆朝文网严酷，但是透过他对史料颇具匠心的剪裁与取舍，仍可洞见其社会政治观，例如以下五点。

第一，省官宁民。蒋良骐辑录康熙二十一年（1682）八月，左都御史徐旭龄疏言："'国家省事，莫如省官。康熙元年以各省监司浮于郡守，酌议冗官尽去。自十三年变乱，添设巡守道二十七员。今天下承平，多一衙门，即多一供应。请将十三年后所添道员，或裁巡归守，或并守归巡，或守巡全裁，亦息事宁人之道也。'敕九卿议行。"蒋良骐借徐旭龄疏言，指出增设衙署，即增多供应，增加滋扰。因此，要精减机构，裁汰冗员，官吏尽职，息事宁民。

第二，吏治清廉。蒋良骐的父、兄均为清官。《全州志》载乡贤蒋林，历官杭、严、金华三府，课农桑、办学校、平冤狱、赈饥民，"岁饥，檄长吏开仓，不俟报可。又出俸钱籴米他境，设粥厂，四野饲之。老疾更给钱、帛、医、药，全活者无算"。《全州志》又载其兄良翊政绩说："仕万全县令，县为极边通衢。君在任七年，席不暇暖。时连年荒旱，残黎孑然。君尽心抚循。每预请资给籽种，及奏请赈恤。且亲历村堡，按户支发，不使中饱，全活无算。……以挂误去职，士民扳辕卧辙者数里不绝。"

上述《全州志》所载蒋林及其长子良翊廉己恤民，赈灾济贫，平反冤狱，劝农兴学，反映了蒋良骐心目中"清官"的形象。他在《东华录》里记述康熙浙江布政使赵申乔"居官甚清"后，赵申乔陛辞奏言："到任不做好官，请置重典。"做官要做好官，做清官，这是蒋良骐在《东华录》中反复陈述的一个政治观点。

第三，注重经济。蒋良骐在《东华录》中对兴水利、奖垦殖、劝农桑、革苛派、弛海禁、通贸易、平粮价、禁私铸等，均记载为详，援引河南巡抚兼理河道佟凤彩条陈长达一千二百余言，记载靳辅和于成龙关于治河方略的辩论都是例证。

第四，隐砭弊政。蒋良骐在《东华录》中，对顺治间言官论圈地、逃人等弊政而获谴者，康熙间陆清献论捐纳不可开而受斥者等均录之，而王录阙载。

逃人法是清初一大弊政，蒋良骐冒罹文狱之厄，抨击逃人法七弊，疏言："'逃人一事立法过重，株连太多，使海内无贫富无良贱无官民，皆惴惴焉莫保其身家，可为痛心者一也。法立而犯者重，势必有以逃人为奇货，纵令索诈，则富家立破，祸起奴婢，则名分荡然，可为人痛心者二也。犯法不贷，牵引不原，即大逆不道无以过此，且破一家即耗朝廷一家之供赋，杀一人即伤朝廷一家之培养，古人十年生之，十年教之，今乃以逃人一事戕之乎？可为痛心者三也。人情安居，何苦相率而逃至三万之多，不以恩义维系其心，而但以法穷其所往，可为痛心者四也。即曰捕获以后，起解质审，道途骚扰，冤陷实烦，滋蔓不已，生齿凋敝，可为痛心者五也。且饥民流离，地方官以挨查逃人，故闭关不纳，嗟此穷黎，朝廷日捐租煮赈衣而食之，奈何以酷法苛令迫而毙之乎？可为痛心者六也。妇女彳亍于原野，老稚僵仆于沟渠，强有力者势必铤而走险，今寇孽未靖，何为复驱赤子做贼乎？可为痛心者七也。'旨令会议。未几，流徙尚阳堡。"

《东华录》直书清初酷法苛令，表现出蒋良骐不顾当权者的文网，而秉董狐之笔以修史的可贵精神。

第五，重辑桂史。蒋良骐在《东华录》中，尤重广西地方史事的抄录，且多为王录所无。试举二例。

其一，广西抚金鉷疏言："桂林府属涝江等处各矿，请招募本地殷实商民，自备资本开采，所得矿砂，以三归公，以七给商。其梧州府之芋英山，产有金砂，请令委员办理。粤西铜器稀少，不足以资鼓铸，如开采得铜，并请价买以供鼓铸。"从之。

其二，广东巡抚范时崇言："广西全州、灌阳、兴安三州县盐引易销，灵川、阳朔、义宁三县盐引难销，应拨灵川等三县额引于全州等三州县。"从之。

以上说明蒋良骐对广西、全州的生计、民瘼至为关切，特加书录。而载录鼓励当地商民开矿，则反映出蒋良骐同顽固派力阻采矿相左，具有开明的政治态度。虽然，蒋良骐在《东华录》中也表现了他对一些事件的唯心史观，但那是由于历史的局限性，不可苛求。

蒋良骐除撰修《东华录》外，还著有《下学录》《京门草》《伤神杂咏》和《覆釜纪游》诸集，未行于世。在《全州志》中载有其《登书堂山（有序）》《登白云后山绝顶》、七律四首、七绝八首、五绝三首。他博通经史，学识渊洽，"尤工小楷，至于青乌、岐黄悉精其术。"

蒋良骐在文学、书法、史学诸方面造诣精深，尤于史学留下《东华录》，成为清代著名历史编纂学家。

《广西历史人物传》1983 年第 4 辑

苏联的《莫斯科史》

苏联早在 20 世纪 40 年代末 50 年代初就很重视莫斯科史的研究、编修和出版工作。仅据所见，比较全面而系统地叙述莫斯科历史的专著，主要有《莫斯科简史》和《莫斯科史》。

《莫斯科简史》是苏联史学工作者集体编著的。编委会由赫罗莫夫、普列奥布拉任斯基、普罗梅斯洛夫、罗加诺夫和西尼琴五人组成，直接参与编写的史学工作者有十二人。

这部《莫斯科简史》，全一册，大三十二开本，五百四十二页，由莫斯科科学出版社于 1952 年初出版，1978 年增订至第三版。全书共十七章，叙述莫斯科从其创立之初直至 20 世纪 70 年代的历史。其中，前十章简述了在农奴主和资产者的统治下，莫斯科人民被压迫、被剥削及其反抗斗争的历史。该书着重叙述了在俄国 1905 年革命、1917 年二月革命和十月革命时期，莫斯科无产阶级和人民群众，在以列宁为首的布尔什维克党领导下进行英勇斗争的历史。十月革命后共分七章，如《苏维埃国家的首都》《国民经济恢复时期》《最初的几个五年计划》《先进科学和文化的中心》和《战时的莫斯科》等章节。该书附有二百一十五幅插图及人名索引、莫斯科街道名称索引等。

内容简略是该书的一个不足，为弥补这个不足，苏联又编撰了内容更为详尽的《莫斯科史》。

《莫斯科史》卷帙浩繁，洋洋大观，漆布烫金封面，重磅道林纸精印。全书分为六卷七册十四编一百一十八章，大十六开本，达五千七百余页，附有图版、精印彩色插图等。1952 年出版了《莫斯科史》第一卷，并将斯大林所写的《纪念莫斯科八百周年的贺词》刊于卷首。1953 年出版第二卷，1954 年出版第三卷和第四卷，1955 年出版第五卷，1957 年出版第六卷，1966 年出版第七卷（续卷），先后历时十五年，才将《莫斯科史》全部出版完毕。

《莫斯科史》是一部集体著作，采取集体编修和分工撰写相结合的方式。该书按卷成立编委会，下设编写组。编委会分别由二至六人组成，负责本卷的篇章设计、体例统一、著者分工、总纂编审等工作。编写组分别由十四至三十六人组成，分章节撰写。其中电影、音乐、舞蹈、绘画等章节，分邀有关专家学者编写。

《莫斯科史》年经事纬，分卷编述。分卷内容简介如下。

第一卷，分为上下两编，共十一章，由巴赫鲁申等主编，叙述从 12 世纪至 17 世纪初期莫斯科的历史。

第二卷，分为上下两编，共十一章，由巴赫鲁申等主编，叙述 17 世纪初至 18 世纪末，莫斯科封建主义时期的历史。

第三卷，由德鲁日宁等主编，共十七章，叙述 19 世纪初至 1856 年克里木战争农奴制瓦解时期的莫斯科历史。拿破仑入侵莫斯科和十二月党人起义，是这一时期莫斯科史上的两大事件，该卷编者着重做了叙述。

第四卷，由库兹明等主编，分上下两编，共十九章。上编叙述了 1861 年俄国农奴制改革后，莫斯科的资本主义工业（包括重工业、轻工业、铁路运输业）的发展史，下编叙述这一时期莫斯科的科学教育、文化艺术的发展史。

第五卷，由潘克拉托娃等主编，分为三编二十五章。主要叙述帝国主义和资产阶级民主革命时期的莫斯科史。上编叙述1905年革命及斯托雷平反动时期的莫斯科史，中编重点叙述这一时期莫斯科的文化与科学，包括国民教育、医学、科学协会、博物馆、出版社以及音乐、戏剧、造型艺术等，下编主要介绍莫斯科市的行政管理及公用事业等内容。

第六卷，由佳基列夫等主编，分为上下两编，共十七章，记述1917年至1941年的莫斯科史。

第七卷（续卷），由叶哥雷戈夫等八人主编，分为上下两编，共十八章，分由三十七人撰写。上编撰叙卫国战争时期的莫斯科史，下编叙述卫国战争后二十年的莫斯科史。

《莫斯科史》每卷多附有参考书目、插图目录、人名索引、地名索引、史料目录索引、名胜古迹索引和企业机关团体名目索引等。

苏联的《莫斯科史》存在着诸多缺陷和问题，如体例紊乱、内容芜杂；另如各卷在处理苏联通史与莫斯科史的联系与区别、续卷的观点与史料统一等问题，尚须研讨和商榷。但是，全书仍凝聚着许多苏联史学家的聪明才智和辛勤劳动。总之，本文对《莫斯科简史》和《莫斯科史》的著者观点、全书内容未及评述，而只就其分卷设计与编纂结构等略作介绍，作为编写《北京史》的借鉴。

《北京史研究通讯》1981年第2期

读《尚书古文疏证》

我最近重读了清代杰出学者阎若璩的《尚书古文疏证》。阎若璩以批判的精神、缜密的考证、严谨的态度、求实的学风，使《尚书古文疏证》成为轰动清初学术界的一部名著。

阎若璩（1636—1704）字百诗，号潜邱，山西太原人，迁居江苏淮安。他生活在明末清初社会动乱、君主专制的年代，阶级的冲突、民族的纷争、理学的禁锢、文网的严密都给他的思想增添了时代印记，特别是被统治者神化的经学，紧紧地束缚着知识分子的思想，但是阎若璩用毕生的心血和智慧，勇敢地写出《尚书古文疏证》，冲破了经学的樊笼，给人们以启迪。

《尚书》是我国上古史料的汇编，也是一部儒家经典著作。自秦火之后，经典荡然。汉初所传《尚书》二十八篇，经伏生口授，叫《今文尚书》。西汉鲁恭王坏孔子旧宅，于屋壁中得《古文尚书》。孔安国为孔子后裔，考订《古文尚书》，但遭巫蛊之祸，未列于学官，后来失传。东晋元帝时，豫章内史梅赜奏上《古文尚书》，从此今古文经并行于世。唐贞观时诏儒臣纂《五经正义》，误认梅赜所上之书为壁中古文，陆德明掘以作《经典释文》，孔颖达据以作《尚书正义》。从此，梅赜伪造的古文与伏生所传的今文混而为一，伪书被列为经典。对于梅赜《古文尚书》之伪，虽然宋代吴棫所作《书裨传》首先提出怀疑，元代吴澄《书纂言》继续抨击，明代梅鷟《尚书考异》抉其罅漏，但不能定谳。至清阎若璩《尚书古文疏证》出，倾动一时，卓然独立，才揭穿《古文尚书》这部伪经。

在我国封建社会里，从汉武帝以降两千年间，知识分子人人诵读《尚书》，而《古文尚书》自东晋以后的 1356 年，"屹与圣经贤传并立学官，家传人诵，莫能以易焉"。韩愈所谓"曾经圣人手，议论安敢到"，人们是"不敢干乱先圣正经之辞"的。明清时尊为"历代宝训，垂世立教"的经学，被捧到了顶峰。王鸣盛"治经断不敢驳经"之说，反映了当时知识分子普遍的心理状态。将经典奉若神明，绝不许做学问上的研究。

在这种尊经泥古的学风下，阎若璩大胆怀疑东晋晚出的《古文尚书》，当时曾有人斥责他"轻议先儒"。但他敢于非经典、议先儒，不怕"蹈大不韪之罪"，坚持真理，进行探索，《古文尚书》之伪，终于成为铁案。被后儒一直奉为先圣心传的"人心惟危，道心惟微，惟精惟一，允执厥中"原来不是经典，而是赝品。有人评论说，读了《尚书古文疏证》，"如梦初醒，如病新瘥"。这句话虽然有些夸张，但可见其影响之大。

《尚书古文疏证》考证缜密。阎若璩为了论证《古文尚书》之伪，翻检经籍，博引众说，严密精审，钩稽考证，"事必求其根柢，言必求其依据"。他查考了当时所能见到的全部有关史料，"手一书至检数十书相证"，经过归纳，列出一百二十八条证据。阎若璩以其《尚书古文疏证》，为清代考据学奠下一块基石。

阎若璩治学严谨，基础坚实，善于思考。他常说："读书不寻源头，虽得之殊可危。"戴震说他"读一句书，能识其正面背面"。阎若璩二十岁时，读《尚书》至古文二十五篇，疑为伪书，于是博览群书，穷溯源委，精核考据，反复厘剔，以至"饥不食，渴不饮，寒不衣，热不扇，必得其解而后已"。他抱着"何经、何史、何传？亦惟其真而已"的态度，探求真理，大胆疑经。没有怀疑，便没有创见，也就没有建树。古今中外一切学术上的创新，都是从阙疑开始，经过解疑，以释疑终结。当然，我们并不赞成盲目怀疑，而主张在事实基础上的科学怀疑。阎若璩的平生，"长于考证，遇有疑义，反复穷究，必得其解"，就属这种科学怀疑。

阎若璩的《尚书古文疏证》是清代考据学的一面旗子。顾炎武和阎若璩横扫空疏无本的心学，开拓了清代朴实学风的道路，后来形成乾嘉考据学派。清代考据学是值得借鉴的，如研究历史，必须获取详细的史料，而史料并不等于史实。要对史料进行辩伪、校勘、训诂，以去粗存精，去伪存真。《尚书古文疏证》的重要价值，是用训诂考据治经治史，对史料进行科学的辨伪，弄清事实，有所创获。后来的乾嘉汉学家，在这方面也有不少贡献。

然而，史实并不等于史学。因为史实只反映历史发展的个别现象，历史科学则要求揭示历史发展的规律。为了这个目的，需要以马克思主义为指导，严格审订历史资料并开展研究工作。既要反对忽视史料的空谈义理，又要反对轻视义理的烦琐考证，力求做到义理和考据、观点和资料的统一。

但是，清初顾炎武、阎若璩等人的批判精神，并没有被乾嘉学派所继承，他们只承袭其考据方法。以满洲贵族为主体的满汉地主阶级，在平息抗清斗争之后，巩固了新王朝的统治。伴随着君主专制的加强，文化专制也在强化，在封建文化专制的淫威下，除个别人物如戴震还批判理学外，许多学者怕触犯清廷大忌，走上了脱离现实、爬疏故纸的考据道路，这个历史经验值得总结。

总之，我们应该肯定阎若璩的《尚书古文疏证》和乾嘉考据学在学术史上的地位，批判地继承这一份宝贵的学术遗产。

《光明日报》1980 年 2 月